全国中级注册安全工程师职业资格考试配套辅导用书

安全生产法律法规习题集

（2024 版）

全国中级注册安全工程师职业资格考试配套辅导用书编写组　编

应急管理出版社

·北　京·

图书在版编目（CIP）数据

安全生产法律法规习题集：2024 版／全国中级注册安全工程师职业资格考试配套辅导用书编写组编 . --北京：应急管理出版社，2024

全国中级注册安全工程师职业资格考试配套辅导用书

ISBN 978-7-5237-0282-6

I. ①安… II. ①全… III. ①安全生产—安全法规—中国—资格考试—习题集 IV. ①D922.54-44

中国国家版本馆 CIP 数据核字(2024)第 019285 号

安全生产法律法规习题集　2024 版

（全国中级注册安全工程师职业资格考试配套辅导用书）

编　　者	全国中级注册安全工程师职业资格考试配套辅导用书编写组
责任编辑	尹忠昌　唐小磊　曲光宇
责任校对	孔青青
封面设计	卓义云天

出版发行	应急管理出版社（北京市朝阳区芍药居 35 号　100029）
电　　话	010-84657898（总编室）　010-84657880（读者服务部）
网　　址	www.cciph.com.cn
印　　刷	北京世纪恒宇印刷有限公司
经　　销	全国新华书店

开　　本	787mm×1092mm 1/16	印张 28 1/4	字数　672 千字
版　　次	2024 年 5 月第 1 版	2024 年 5 月第 1 次印刷	
社内编号	20240414	定价　75.00 元	

编 写 说 明

1. 2024版全国中级注册安全工程师职业资格考试辅导教材（简称2024版教材）是自2019年注册安全工程师考试制度改革并启用新版教材以来，修订变化最大的一版。除有大量法规、标准的更新外，还增加了许多新内容，对部分原有内容也进行了大幅调整。为让广大考生全面系统地掌握2024版教材内容、熟悉考试题型、巩固学习成果，我们组织行业专家和专业的教师队伍，对"全国中级注册安全工程师职业资格考试配套辅导用书"进行了修订。

2. 2024版"全国中级注册安全工程师职业资格考试配套辅导用书"（简称2024版配套辅导用书）采用习题集、5年真题3套模拟、考点速记3个系列类别，满足考生差别化需求的同时互为补充。

3. 习题集按章节编写习题，根据2024版教材新增和改编了大量题目，同时将习题精心分类为基础知识训练、能力提升训练、历年真题实战，并在一些科目中增加了重要知识点提示，适合进行章节知识练习；5年真题3套模拟包含2019—2023年5年的真题试卷以及3套精心编写的模拟试卷，适合在总复习阶段进行模拟自测、查缺补漏；考点速记针对教材修订内容对知识点进行了补充和完善，内容更加全面，适合随身携带、随时学习。

4. 习题集、5年真题3套模拟中的习题与解析均参考了最新的法规、标准及2024版教材内容。考虑到真题题目的时效性，历年真题仍按考试当年适用的法规、标准以及当年的教材进行解析。请考生在做历年真题时注意知识的更新。同时，考虑到本次2024版教材删除了已经废止的法规规章，增加了一些新的法规规章，为进一步提升学习效率，避免在学习时产生混乱，新修订的《安全生产法律法规习题集》删除了已废止法规规章的相关习题与历年真题，补充了新增加法规规章的习题。

5. 2024版配套辅导用书内容更新较多、题目解析详细，适合考生在考试复习各阶段学习使用。本次修订过程中，我们尽最大努力确保题目高质量、内容更完善，但由于修订内容较多，书中若有疏漏之处，还望读者批评指正！

编 者

2024 年 4 月

目　　次

第一章　安全生产相关国家政策

第一节　习近平法治思想概述

【基础知识训练】　　　　　　　　　　　　　　　　　　　　答案：237 页

1. 【单选】2020 年 11 月 16 日至 17 日，中央全面依法治国工作会议在北京召开。这次会议最重要的是明确了（　　）。这是中国社会主义法治建设进程中具有重大现实意义和深远历史意义的大事。
   A. 深化司法体制改革
   B. 习近平法治思想在全面依法治国工作中的指导地位
   C. 依法治国的理念
   D. 建设社会主义法治国家

2. 【多选】习近平总书记在中央全面依法治国工作会议上提出并系统阐述的"十一个坚持"。下列选项正确的是（　　）。
   A. 坚持抓住领导干部这个"关键少数"
   B. 坚持标本兼治、综合治理
   C. 坚持建设德才兼备的高素质法治工作队伍
   D. 坚持全面推进科学立法、严格执法、公正司法、全民守法
   E. 坚持依宪治国、依宪执政

第二节　习近平有关安全生产重要讲话和指示批示

【基础知识训练】　　　　　　　　　　　　　　　　　　　　答案：237 页

1. 【单选】下列关于国家领导人关于做好安全生产工作作出的重要指示，其中"安全生产红线意识"指的是（　　）。
   A. 发展决不能以牺牲人的生命为代价
   B. 安全生产，要坚持防患于未然
   C. 始终坚持中国共产党的领导，坚定不移地走中国特色社会主义路线
   D. 安全生产和重大安全生产事故风险"一票否决"

2. 【单选】2019 年 3 月 21 日，江苏盐城市响水县陈家港镇天嘉宜化工公司化学储罐发生爆炸事故。生产安全事故发生后，国家领导人作出的一系列重要指示不包括（　　）。

A. 尽快查明事故原因，深刻吸取教训，严肃追责

B. 强化监管和防范措施，严防事故再次发生

C. 争分夺秒全力抢险救援，优先保障国家财产安全

D. 及时救治伤员，切实维护社会稳定

3.【单选】2020 年 4 月，中共中央总书记、国家主席、中央军委主席习近平对安全生产作出重要批示。习近平强调，生命重于泰山，各级党委和政府务必把安全生产摆到重要位置，树牢安全发展理念，（　　　）。

A. 安全生产意识和工作丝毫不能放松

B. 绝不能只重发展不顾安全，更不能将其视作无关痛痒的事，搞形式主义、官僚主义

C. 深入排查各领域各环节安全生产隐患

D. 坚决遏制重特大事故发生，切实维护人民群众生命财产安全

4.【多选】安全生产，要坚持防患于未然。要继续开展安全生产大检查，做到"全覆盖、零容忍、严执法、重实效"。要采用"四不两直"的方式，暗查暗访。以下属于"四不两直"的是（　　　）。

A. 不发通知　　　　　　　　　　　　B. 不用陪同和接待

C. 不乱下命令　　　　　　　　　　　D. 直击要害

E. 直插现场

5.【多选】2016 年 11 月 24 日，江西丰城发电厂三期扩建工程发生冷却塔施工平台坍塌特别重大事故，造成 73 人死亡、2 人受伤，直接经济损失 10197.2 万元。事故发生后，中共中央总书记、国家主席、中央军委主席习近平和国务院总理李克强立即作出重要指示，要求江西省和有关部门组织力量做好救援救治、善后处置等工作，尽快查明原因，深刻吸取教训，严肃追究责任。依据有关规定，事故的责任追究应遵循"四不放过"原则，具体指（　　　）。

A. 事故原因分析不清不放过

B. 事故责任者和群众没有受到教育不放过

C. 事故责任者没有定罪不放过

D. 整改措施未落实不放过

E. 事故责任者没有受到严肃处理不放过

第三节　有关安全生产的重要文件

【基础知识训练】　　　　　　　　　　　　　　　　　　　　　答案：238 页

1.【单选】《中共中央　国务院关于推进安全生产领域改革发展的意见》强调严格落实企业主体责任，企业实行全员安全生产责任制度，法定代表人和（　　　）同为安全生产第一责任人。

A. 总经理　　　　　B. 董事长　　　　　C. 实际控制人　　　　　D. 股东

2.【单选】《中共中央　国务院关于推进安全生产领域改革发展的意见》以问题为导向，

提出了五方面制度性改革举措和工作要求，下列制度中不属于安全改革发展制度的是（   ）。

A. 针对高危工艺、设备、物品、场所和岗位，建立分级管控制度

B. 建立健全隐患排查治理制度。重大隐患治理情况实行自查自改自报闭环管理

C. 建立安全生产不良记录"黑名单"制度

D. 建立安全生产专业技术服务制度，培育多元化责任主体

3.【单选】2016 年 12 月 18 日，中国政府网公布《中共中央 国务院关于推进安全生产领域改革发展的意见》，其中落实安全生产责任制是该文件的重要内容，关于安全生产责任制，错误的是（   ）。

A. 坚持党政同责、一岗双责、齐抓共管、失职追责，完善安全生产责任体系

B. 各级党委要对同级安全生产委员会成员单位和下级政府实施严格的安全生产工作责任考核

C. 按照管行业必须管安全、管业务必须管安全、管生产经营必须管安全和谁主管谁负责的原则，厘清安全生产综合监管与行业监管的关系

D. 负有安全生产监督管理职责的有关部门依法依规履行相关行业领域安全生产和职业健康监管职责，强化监管执法，严厉查处违法违规行为

4.【单选】依据《中共中央 国务院关于推进安全生产领域改革发展的意见》，在大力推进依法治理方面，错误的是（   ）。

A. 制定完善高危行业领域安全规程。各省依据立法法的立法精神，加强安全生产地方性法规建设，解决区域性安全生产突出问题

B. 应加强涉及安全生产相关法规一致性审查，增强安全生产法制建设的系统性、可操作性

C. 对取消、下放、移交的行政许可事项，要加强事中事后安全监管

D. 应完善司法机关参与事故调查机制，严肃查处违法犯罪行为

5.【单选】依据《中共中央 国务院关于推进安全生产领域改革发展的意见》，完善标准体系方面，（   ）负责生产经营单位职业危害预防治理国家标准制定发布工作。

A. 国务院标准化行政主管部门

B. 国务院应急管理部门

C. 国务院负有安全生产监督管理职责的部门

D. 国务院安全生产委员会

6.【单选】依据《中共中央 国务院关于推进安全生产领域改革发展的意见》，在大力推进依法治理方面，正确的是（   ）。

A. 对违法行为当事人拒不执行安全生产行政执法决定的，负有安全生产监督管理职责的部门应强制执行

B. 建立完善的负有安全生产监督管理职责的部门监管执法经费保障机制，将监管执法经费纳入上级财政全额保障范围

C. 建立事故暴露问题整改督办制度，事故结案后一年内，负责事故调查的地方政府和国务院有关部门要组织开展评估，及时向社会公开

D. 完善事故调查的应急管理部门负责制

7. 【多选】《中共中央 国务院关于推进安全生产领域改革发展的意见》的实施，标志着我国安全生产领域改革发展迎来了新的春天，《意见》提出了（ ）基本原则。

 A. 坚持安全发展　　　　　　　　B. 坚持改革创新

 C. 坚持依法监管　　　　　　　　D. 坚持事后防范

 E. 坚持系统治理

8. 【多选】《中共中央 国务院关于推进安全生产领域改革发展的意见》中指出，推进安全生产领域改革发展，建立安全预防控制体系，具体包括（ ）。

 A. 加强安全风险管控　　　　　　B. 强化个人执业预防措施

 C. 建立隐患治理监督机制　　　　D. 强化城乡运行安全保障

 E. 加强重点领域工程治理

9. 【多选】《中共中央 国务院关于推进安全生产领域改革发展的意见》中，推进安全生产领域改革发展的目标任务是（ ）。

 A. 到 2020 年，安全生产监管体制机制基本成熟，法律制度基本完善

 B. 到 2020 年，全国生产安全事故总量明显减少，职业病危害防治取得积极进展

 C. 到 2020 年，全面实现小康社会，安全生产保障能力显著增强

 D. 到 2020 年，重特大生产安全事故频发势头得到有效遏制，安全生产整体水平与全面建成小康社会目标相适应

 E. 到 2025 年，实现安全生产治理体系和治理能力现代化，全民安全文明素质全面提升，安全生产保障能力显著增强

【能力提升训练】　　　　　　　　　　　　　　　　　答案：239 页

1. 【单选】依据《中共中央 国务院关于推进安全生产领域改革发展的意见》，在加强安全基础保障能力建设方面，错误的是（ ）。

 A. 应落实企业安全生产费用提取管理使用制度，建立企业增加安全投入的激励约束机制

 B. 提升现代信息技术与安全生产融合度，统一标准规范，加快安全生产信息化建设，构建安全生产与职业健康信息化全国"一张网"

 C. 应建立安全生产"12345"专线与社会公共管理平台统一接报、分类处置的举报投诉机制

 D. 建立安全生产和职业健康技术服务机构公示制度和由第三方实施的信用评定制，严肃查处租借资质、违法挂靠、弄虚作假、垄断收费等各类违法违规行为

2. 【多选】下列制度性改革举措和工作要求中，属于《中共中央 国务院关于推进安全生产领域改革发展的意见》提出的有（ ）。

 A. 建立健全生产经营单位自我约束、持续改进的内生机制，做到安全责任、管理、投入、文化和应急救援"五到位"

 B. 建立事故暴露问题整改督办制度，事故结案后两年内要组织开展评估，并向社会公开

 C. 地方各级安全生产委员会主任由政府常务负责人担任，成员由本级政府及相关部门

　　　负责人组成

　　D. 树立隐患就是事故的观念，建立健全隐患排查治理制度、重大隐患治理情况"双报
　　　告"制度

　　E. 将安全生产专业技术服务纳入现代服务业发展规划，培育多元化主体

【历年真题实战】　　　　　　　　　　　　　　　　　　　　　　　答案：239 页

1.【2023 年·单选】中国共产党的二十大报告指出，要提高公共安全治理水平，坚持安
　　全第一、预防为主，建立大安全大应急框架，完善公共安全体系，推动公共安全治理
　　模式向（　　）转型。

　　A. 风险防控　　　　　　　　　　　　　B. 隐患治理

　　C. 问责处理　　　　　　　　　　　　　D. 事前预防

2.【2021 年·单选】《中共中央　国务院关于推进安全生产领域改革发展的意见》提出加
　　快落实安全生产责任制。根据该意见，关于安全生产责任制的说法，正确的是
　　（　　）。

　　A. 地方党委和政府的安全生产领导责任是全员安全生产责任制的应有之义

　　B. 党政同责、一岗双责适用于地方各级党政领导，也适用于国有企业党政领导

　　C. 地方各级党委和政府应做到安全责任、管理、投入、培训和应急救援"五到位"

　　D. 企业应建立向应急管理部门和职代会报告重大事故隐患治理情况的"双报告"制度

第二章　安全生产法律基础知识

第一节　法律基础知识

【基础知识训练】 答案：239 页

1. 【单选】依据《立法法》的规定，《安全生产法》的制定主体是（　　）。
    A. 国家安全监督管理总局
    B. 国务院
    C. 全国人民代表大会及其常务委员会
    D. 国务院应急管理部

2. 【单选】按照我国有关法律的规定，有权制定安全生产部门规章的国家机关是（　　）。
    A. 设区的市级以上各级人民政府
    B. 国务院有关部委
    C. 省、自治区、直辖市应急管理部门
    D. 全国人大及其常务委员会

3. 【单选】下列规范性文件，属于部门规章的是（　　）。
    A.《特种设备安全法》
    B.《注册安全工程师分类管理办法》
    C.《女职工劳动保护特别规定》
    D.《生产安全事故应急条例》

4. 【单选】法的分类有不同的标准，按照不同标准对法所划分的类别不同。根据法的创制和表达形式不同为标准，可以把法分为（　　）。
    A. 实体法与程序法
    B. 宪法与普通法律
    C. 制定法和习惯法
    D. 特殊法与一般法

5. 【多选】根据《立法法》，（　　）之间同一事项的规定不一致时，由国务院裁决。
    A. 地方性法规与地方政府规章
    B. 部门规章与部门规章
    C. 部门规章与地方性法规
    D. 地方政府规章与部门规章
    E. 同一机关制定的新的一般规定与旧的特别规定

【能力提升训练】 答案：240 页

1. 【单选】下列关于法的效力，说法正确的是（　　）。
    A. 行政法规与地方性法规效力等级相同
    B. 部门规章的效力高于地方政府规章
    C. 同一机关制定的新的一般规定与旧的特别规定不一致时，由制定机关裁决
    D. 特别规定与一般规定不一致时一定适用特别规定

2. 【单选】按照法律地位和法律效力的层级不同，法应当包括宪法、法律、行政法规、地方性法规和行政规章。下列关于法的制定，说法正确的是（　　）。

　　A. 行政法规的地位和效力高于行政规章，次于宪法和法律

　　B. 《工伤保险条例》属于法律，由全国人民代表大会及其常务委员会制定

　　C. 《安全生产法》的法律效力次于《危险化学品安全管理条例》

　　D. 应急管理部制定的规范性文件的效力高于地方政府的规章

3. 【单选】法律的层级不同，其法律地位和效力也不同。关于安全生产法律层级和效力的说法，正确的是（　　）。

　　A. 《安全生产法》是《消防法》的上位法

　　B. 《安全生产许可证条例》和《上海市安全生产条例》均属于安全生产法规，法律层级和效力相同

　　C. 应急管理部制定的《生产安全事故应急预案管理办法》和北京市人民政府制定的《北京市生产安全事故隐患排查治理办法》的法律层级相同

　　D. 强制性安全生产国家标准与《安全生产法》具有同等法律效力

4. 【单选】关于法的效力，以下正确的是（　　）。

　　A. 《安全生产法》效力高于《特种设备安全法》

　　B. 《特种设备安全法》与《特种设备安全监察条例》具有同等效力

　　C. 《危险化学品安全管理条例》效力高于《危险化学品输送管道安全管理规定》

　　D. 《建设工程安全生产管理条例》与《建筑施工企业主要负责人、项目负责人和专职安全生产管理人员安全生产管理规定》具有同等效力

5. 【单选】关于法的分类，以下错误的是（　　）。

　　A. 依据法的创制和适用主体不同，可以把法分为国内法和国际法

　　B. 依据法的效力、内容和制定程序不同，可以把法分为根本法和普通法

　　C. 依据法律的创制和表达形式不同，可以把法分为成文法和不成文法

　　D. 依据法律规定的内容的不同，可以把法分为一般法和特别法

6. 【多选】关于规范性文件效力比较及处理，说法正确的是（　　）。

　　A. 行政法规的效力低于法律

　　B. 地方性法规的效力低于地方政府规章

　　C. 根据授权制定的法规与法律规定不一致时，由全国人大常委会裁决

　　D. 部门规章与地方政府规章之间对同一事项的规定不一致时，由国务院裁决

　　E. 部门规章与地方性法规之间对同一事项的规定不一致时，由国务院裁决

7. 【多选】关于法的效力，以下说法正确的是（　　）。

　　A. 地方性法规效力高于部门规章

　　B. 地方性法规的效力等于本级政府规章，高于下级地方政府规章

　　C. 行政法规效力高于地方性法规

　　D. 部门规章与地方政府规章效力相同

　　E. 省、自治区的人民政府制定的规章的效力高于本行政区域内的设区的市、自治州的人民政府制定的规章

【历年真题实战】　　　　　　　　　　　　　　　　　　　答案：241 页

1. 【2023 年·单选】根据法的不同层级和效力位阶，安全生产法律体系包括法律、法规和规章。下列法律规范中，属于安全生产行政法规的是（　　　）。

    A. 《消防救援衔条例》

    B. 《女职工劳动保护特别规定》

    C. 《北京市安全生产条例》

    D. 《建筑起重机械安全监督管理规定》

2. 【2022 年·单选】法律的制定主体不同，其法律地位和法律效力也不同。关于法律地位和法律效力的说法，正确的是（　　　）。

    A. 《河南省安全生产条例》的法律效力高于北京市人民政府制定的《北京市生产经营单位安全生产主体责任规定》

    B. 北京市人民政府制定的《北京市生产经营单位安全生产主体责任规定》的法律地位等同于应急管理部制定的《生产安全事故应急预案管理办法》

    C. 《河南省安全生产条例》的法律地位高于《危险化学品安全管理条例》

    D. 《危险化学品安全管理条例》的法律效力高于应急管理部制定的《生产安全事故应急预案管理办法》

3. 【2021 年·单选】具有中国特色的安全生产法律体系正在不断发展和完善，各层级的法律规范相互依存、相互联系、辩证统一，不同层级的法律法规效力不同。关于我国安全生产法律法规效力的说法，正确的是（　　　）。

    A. 《安全生产法》的效力高于《职业病防治法》

    B. 《安全生产许可证条例》的效力高于《煤矿安全监察条例》

    C. 《女职工劳动保护特别规定》与《生产安全事故应急条例》效力相同

    D. 《北京市安全生产条例》的效力高于《沈阳市安全生产条例》

4. 【2020 年·单选】法的效力层次是指规范性法律文件之间的效力等级关系。根据《立法法》，关于我国安全生产法律法规规章效力层次的说法，正确的是（　　　）。

    A. 《安全生产法》的效力高于《突发事件应对法》

    B. 国务院安全生产行政法规的效力高于某省安全生产地方性法规

    C. 应急管理部安全生产规章的效力高于某省政府安全生产规章

    D. 民族自治区安全生产地方性法规的效力低于民族自治区政府安全生产规章

第二节　安全生产法及安全生产法律体系的基础框架

【基础知识训练】　　　　　　　　　　　　　　　　　　　答案：242 页

1. 【单选】同一层级的不同安全生产法律法规对同一类问题都有规定时，应当采取的适用原则是（　　　）。

    A. 普道法优于特殊法原则

  B. 特殊法优于普通法原则

  C. 以适用普通法为基本原则，以适用特殊法为例外原则

  D. 以适用特殊法为基本原则，以适用普通法为例外原则

2. 【单选】安全生产行政法规一般专指国务院制定的有关安全生产规范性文件，下面关于其法律地位和有效力说法，正确的是（　　　）。

  A. 低于行政规章、国家强制性标准

  B. 高于安全生产法、低于宪法

  C. 低于宪法和安全生产法

  D. 与国家安全监管总局令效力一致

3. 【单选】某省人大常务委员会公布实施了《某省安全生产条例》，随后省政府公布实施了《某省生产经营单位安全生产主体责任规定》，下列关于两者法律地位和效力的说法，正确的是（　　　）。

  A. 《某省安全生产条例》属于行政法规

  B. 《某省生产经营单位安全生产主体责任规定》属于地方性法规

  C. 《某省安全生产条例》和《某省生产经营单位安全生产主体责任规定》具有同等法律效力

  D. 《某省生产经营单位安全生产主体责任规定》可以对《某省安全生产条例》没有规定内容作出规定

4. 【单选】关于安全生产地方性法规的法律效力，下列说法中，正确的是（　　　）。

  A. 安全生产地方性法规和安全生产行政法规具有同等法律效力

  B. 安全生产地方性法规的法律效力低于安全生产部门规章

  C. 安全生产地方性法规的法律效力高于安全生产地方政府规章

  D. 安全生产地方性法规和安全生产地方政府规章具有同等法律效力

5. 【单选】下列关于我国安全生产法律法规效力层级的说法，正确的是（　　　）。

  A. 《安全生产法》和《建设工程安全生产管理条例》在安全生产法律体系中，属于同一法律效力层级

  B. 安全生产法规可分为国务院行政法规、部门规章和地方性行政法规

  C. 经济特区安全生产法规的法律地位高于地方性安全生产法规

  D. 《矿山安全法》是矿山安全生产领域的综合性法，也是整个安全生产领域的单行法

6. 【多选】下列关于法的分类和效力的说法，正确的有（　　　）。

  A. 按照法律效力范围的不同，可以将法律分为成文法和不成文法

  B. 按照法律的内容和效力强弱所作的分类，可以将法律分为特殊法和一般法

  C. 按照法律规定的内容不同，可以将法律分为实体法和程序法

  D. 行政规章可以分为部门规章和地方政府规章，效力高于地方性法规

  E. 宪法在我国具有最高的法律效力，任何法律都不能与其抵触，否则无效

7. 【多选】下列关于安全生产法律效力的说法中，正确的有（　　　）。

  A. 《安全生产法》在安全生产领域具有普遍适用的法律效力

  B. 《消防法》的法律效力高于《消防监督检查规定》（公安部令）

C. 国家安全监管总局制定的规范性文件的效力高于地方政府的规章

D. 同一层次的安全生产立法对同一问题规定不一致时，特殊法优于普通法

E. 地方政府规章的效力高于行政法规

【历年真题实战】
答案：243 页

1.【2019 年·单选】我国安全生产国家标准与行业标准的制定修订程序的不同之处是（　　）。

A. 国家标准有备案阶段，行业标准无备案阶段

B. 国家标准无备案阶段，行业标准有备案阶段

C. 国家标准有复审要求，行业标准无复审要求

D. 国家标准无复审要求，行业标准有复审要求

第三章　安 全 生 产 法

第一节　立法目的、适用范围

【基础知识训练】　　　　　　　　　　　　　　　答案：243 页

1. 【单选】下列关于《安全生产法》适用范围的说法，正确的是（　　）。
   A. 个体生产经营企业和外商独资企业的安全生产不适用《安全生产法》
   B. 法律法规对非煤矿山、建筑施工安全没有规定的，不适用《安全生产法》
   C. 法律法规对金属冶炼、危险化学品安全另有规定的，不适用《安全生产法》
   D. 法律法规对特种设备、核与辐射安全另有规定的，不适用《安全生产法》

2. 【单选】依据《安全生产法》，以下说法中错误的是（　　）。
   A. 中华人民共和国领域内的事业单位的安全生产适用安全生产法
   B. 中华人民共和国领域内从事合法生产经营活动的单位的安全生产适用安全生产法
   C. 中华人民共和国领域内进行非法生产经营活动的单位的安全生产不适用安全生产法
   D. 中华人民共和国领域内的中外合资经营企业的安全生产适用安全生产法

3. 【单选】《安全生产法》是对生产经营单位普遍适用的法律。关于《安全生产法》适用范围的说法，正确的是（　　）。
   A.《安全生产法》适用于香港特别行政区和澳门特别行政区
   B. 水上交通安全法律和行政法规对有关安全生产没有规定的，应当依照《安全生产法》执行
   C. 部门规章对民用航空安全另有规定的，不适用《安全生产法》
   D. 中资企业在境内和境外的生产经营活动都适用《安全生产法》

4. 【多选】依据《安全生产法》的规定，其明确了排除适用的特殊规定，（　　）另有规定的，不适用安全生产法。
   A. 核与辐射安全　　　　　　　　B. 危险化学品安全
   C. 特种设备安全　　　　　　　　D. 煤矿和非煤矿山安全
   E. 烟花爆竹安全

第二节　安全生产法的基本规定

【基础知识训练】　　　　　　　　　　　　　　　答案：243 页

1. 【单选】依据《安全生产法》的规定，安全生产工作应当坚持的"十二字方针"指的

是（ 　 ）。

A. 以人为本、安全第一、持续发展　　　　B. 以人为本、生命至上、安全发展

C. 安全第一、预防为主、综合治理　　　　D. 政府监管、行业自律、社会监督

2. 【单选】《安全生产法》确立的安全生产工作机制是（ 　 ）。

A. 生产经营单位负责、行业自律、社会监督、国家监察

B. 生产经营单位负责、政府监管、国家监察、中介机构提供服务

C. 生产经营单位负责、职工参与、政府监管、行业自律、社会监督

D. 生产经营单位负责、职工参与、行业自律、中介机构提供服务

3. 【单选】依据《安全生产法》，生产经营单位的主要负责人在本单位发生生产安全事故时（ 　 ），处 15 日以下的拘留；构成犯罪的，依法追究刑事责任。

A. 不立即组织抢救的　　　　　　　　　　B. 擅离职守的

C. 逃匿的　　　　　　　　　　　　　　　D. 不妥善保护现场的

4. 【单选】根据《安全生产法》的规定，国有企业的主要负责人未按有关规定保证安全生产所需的资金投入，导致发生生产安全事故，尚不够刑事处罚的，对企业主要负责人应当给予（ 　 ）的处分。

A. 罚款　　　　　B. 降职　　　　　C. 撤职　　　　　D. 开除

5. 【单选】依据《安全生产法》，生产经营单位的决策机构、主要负责人或者个人经营的投资人不依照规定保证安全生产所必需的资金投入，致使生产经营单位不具备安全生产条件的，导致发生生产安全事故的，对个人经营的投资人处以（ 　 ）的罚款。

A. 2 万元以上 5 万元以下　　　　　　　　B. 2 万元以上 20 万元以下

C. 10 万元以上 20 万元以下　　　　　　　D. 20 万元以上 50 万元以下

6. 【单选】根据《安全生产法》，关于生产经营单位主要负责人违法行为处罚的说法，正确的是（ 　 ）。

A. 未履行安全生产法规定的安全生产管理职责受撤职处分的，自受处分之日起，七年内不得担任本行业生产经营单位的主要负责人

B. 未履行安全生产法规定的安全生产管理职责受刑事处罚的，自刑罚执行完毕之日起，十年内不得担任任何生产经营单位的主要负责人

C. 未履行安全生产法规定的安全生产管理职责受撤职处分、对特别重大生产安全事故负有责任的，自受处分之日起，终身不得担任本行业生产经营单位的主要负责人

D. 未履行安全生产法规定的生产管理职责、对重大生产安全事故负有责任受刑事处罚的，自刑罚执行完毕之日起，终身不得担任任何生产经营单位的主要负责人

7. 【单选】依据《安全生产法》，关于安全生产违法行为责任主体，下列说法中正确的是（ 　 ）。

A. 责任主体包括生产经营单位及其从业人员，不包括其他主体

B. 责任主体包括生产经营单位、个体工商户和合伙组织，不包括国家机关工作人员

C. 责任主体包括生产经营单位，不包括生产经营单位从业人员

D. 责任主体包括政府及其有关部门的责任人员以及生产经营单位及其从业人员

8. 【单选】依据《安全生产法》的规定，生产经营单位（ 　 ）工程项目的安全设施，

必须与主体工程同时设计、同时施工、同时投入生产或者使用。

A. 新建、扩建、改建   B. 新建、扩建、缓建

C. 扩建、改建、翻修   D. 新建、改建、装修

9.【单选】依据《安全生产法》的规定,下列关于工会、安全服务的机构、人民政府及相关部门安全生产职责的说法,正确的是（   ）。

A. 工会发现生产经营单位违章指挥、强令冒险作业或者发现事故隐患时,有权组织从业人员撤离危险场所

B. 生产经营单位委托依法设立的机构提供安全生产技术、管理服务的,保证安全生产的责任由该机构负责

C. 县级以上地方各级人民政府履行本行政区域内的安全监管职责,对生产经营单位安全生产状况实施监督检查,建立协调机制,及时协调、解决安全生产监督管理中存在的重大问题

D. 县级以上地方各级人民政府应急管理部门依照本法,对本行政区域内安全生产工作实施综合监督管理

10.【单选】《安全生产法》对工会的职责进行了明确的定义,关于工会的职责的说法中,错误的是（   ）。

A. 工会依法对安全生产工作进行监督

B. 工会依法组织职工参加本单位安全生产工作的民主管理

C. 生产经营单位安全生产管理人员的任免,应当征求工会的意见

D. 生产经营单位制定或者修改有关安全生产的规章制度,应当听取工会的意见

11.【单选】某化工有限公司发生一起爆炸事故,造成 3 人死亡,直接经济损失 500 万元。调查发现事故是由企业安全生产责任制不落实,安全生产职责不清,规章制度不健全,主要负责人未履行安全生产管理职责所致。针对该起事故的处罚符合要求的是（   ）。

A. 对主要负责人处上一年年收入百分之一百的罚款,对企业处八十万元的处罚

B. 对主要负责人处上一年年收入百分之六十的罚款,对企业处一百五十万元的处罚

C. 对主要负责人处上一年年收入百分之八十的罚款,对企业处五百万元的处罚

D. 对主要负责人处上一年年收入百分之四十的罚款,对企业处一千万元的处罚

12.【多选】根据《安全生产法》,生产经营单位新建、改建、扩建工程项目的安全设施,必须与主体工程进行"三同时",具体指的是（   ）。

A. 同时立项   B. 同时设计

C. 同时施工   D. 同时投入生产和使用

E. 同时验收并纳入概算

13.【多选】根据《安全生产法》,生产经营单位主要负责人在本单位发生生产安全事故时,不立即组织抢救或者在事故调查处理期间擅离职守或者逃匿的,可追究的责任有（   ）。

A. 处上一年年收入 60% 至 80% 的罚款

B. 处上一年年收入 60% 至 100% 的罚款

C. 给予降级、撤职的处分

D. 处上一年年收入 80% 至 100% 的罚款

E. 对逃匿的处 15 日以下拘留

【能力提升训练】 答案: 246 页

1. 【单选】某股份公司董事长由上一级单位的总经理兼任，长期在外地。该公司的总经理在学校脱产学习 1 年，其间，日常工作由常务副总经理负责，分管安全生产的副总经理协助其工作。根据《安全生产法》，此期间对该公司安全生产工作全面负责的主要负责人是（　　　）。

A. 董事长　　　　　　　　　　　　B. 总经理

C. 常务副总经理　　　　　　　　　D. 分管安全生产的副总经理

2. 【单选】某机械制造企业委托具有相应资质的中介服务机构的专业技术人员为其提供安全生产管理服务。依据《安全生产法》，保证该企业安全生产的责任由（　　　）负责。

A. 专业技术人员　　　　　　　　　B. 中介服务机构

C. 专业技术人员和中介服务机构　　D. 机械制造企业

3. 【单选】某企业的主要负责人甲某因未履行安全生产管理职责，导致发生生产安全事故，于 2021 年 6 月 30 日收到撤职处分，该企业改制分立新企业拟聘甲某为主要负责人，依据《安全生产法》的规定，甲某可以任职的时间是（　　　）。

A. 2022 年 6 月 30 日后　　　　　　B. 2024 年 6 月 30 日后

C. 2025 年 6 月 30 日后　　　　　　D. 2026 年 6 月 30 日后

4. 【单选】某机械股份有限公司因未及时整改隐患发生 3 人死亡、5 人受伤的生产安全事故，该公司总经理张某因此受到刑事处罚。依据《安全生产法》，张某自刑罚执行完毕之日起（　　　）不得担任生产经营单位的主要负责人。

A. 1 年内　　　B. 3 年内　　　C. 5 年内　　　D. 终身

5. 【单选】某国际货运集团，集团董事长兼总经理为王某，集团有三位副总经理，分别是张某、马某、肖某。2019 年 1 月，王董事长出国学习，在学习期间，指定马副总全面主持集团工作，张副总负责安全生产工作。2019 年 3 月，马副总生病住院，在住院期间，集团工作由肖副总主持。2019 年 2 月 13 日，该集团发生一起较大事故，依据《安全生产法》，应当以该集团主要负责人身份被追究法律责任的是（　　　）。

A. 王某　　　　B. 马某　　　　C. 张某　　　　D. 肖某

6. 【多选】某化工企业总经理李某为了确保年度利润指标的完成，减少安全投入，减少安全管理人员，取消月度安全例会和季度安委会会议，暂停年度安全培训和应急救援预案演练等，弱化了安全管理。不到一年时间，公司发生了一起死亡 7 人、重伤 6 人、轻伤 5 人的生产安全事故。经安全监管部门调查，事故与李某的上述一系列做法存在因果关系，是一起责任事故。且李某在调查处理期间逃往国外。依据《安全生产法》的规定，下列关于对李某及其公司法律责任追究的说法，正确的有（　　　）。

A. 撤销李某的总经理职务

B. 对李某处 15 日以下拘留，依照刑法的有关规定追究其刑事责任

C. 处李某上一年年收入 60% 至 100% 的罚款

D. 终身禁止李某担任本行业生产经营单位的主要负责人

E. 对 A 公司处 200 万元以上 500 万元以下的罚款

7.【多选】某安全评价机构对一项目进行安全评价，出具虚假评价报告，尚不够承担刑事责任，依据《安全生产法》的规定，对该安全生产评价机构及相关人员可以实施的处罚有（　　　　）。

A. 对该机构处 5000 元以上 2 万元以下罚款

B. 对其直接负责的主管人员处 5000 元以上 5 万元以下罚款

C. 吊销该机构安全评价资质

D. 没收违法所得

E. 对其直接负责人实施行政拘留

【历年真题实战】　　　　　　　　　　　　　　　　　　　答案：247 页

1.【2023 年·单选】生产经营单位应当开展经常性的安全检查，排除事故隐患。根据《安全生产法》，关于安全检查的说法，正确的是（　　　　）。

A. 安全生产管理人员应当对本单位安全生产状况开展经常性的检查

B. 安全检查的责任主体是生产经营单位承担安全生产管理职责的部门

C. 安全生产管理人员对检查中发现的问题应当报告本单位主要负责人并及时处理

D. 安全生产管理人员对检查中发现的重大事故隐患应当向应急管理部门报告

2.【2023 年·多选】根据《安全生产法》，关于该法适用范围的说法，正确的有（　　　　）。

A. 中国在国外投资设立的企业适用《安全生产法》

B. 不具有法人资格的单位不适用《安全生产法》

C. 个人独资企业适用《安全生产法》

D. 水上交通运输企业不适用《安全生产法》

E. 核电企业适用《安全生产法》

3.【2022 年·单选】某矿山建设项目按照国家有关规定进行了安全评价，依法完成了安全设施设计并通过有关部门审查。目前，该项目正在施工过程中。根据《安全生产法》，关于该矿山建设项目安全管理的说法，正确的是（　　　　）。

A. 该建设项目安全设施投资应当单独列支，并与项目投资计划分别编报

B. 施工单位必须按照批准的安全设施设计施工，不得更改设计文件

C. 该建设项目安全设施应当进行单独验收，不得与建设项目同时验收

D. 负责该建设项目安全设施设计审查的部门，应当对安全设施设计负责

4.【2021 年·单选】甲、乙、丙、丁四个乡隶属于某县。根据《安全生产法》，关于四个乡人民政府履行安全生产管理职责的做法，正确的是（　　　　）。

A. 甲乡人民政府协助县应急管理部门开展安全生产监督检查，对轻微违法行为进行处罚

B. 乙乡人民政府协助县应急管理部门开展生产安全事故应急救援，调查处理轻伤事故

C. 丙乡人民政府监督检查辖区内生产经营单位的安全生产情况，发现重大违法行为，根据县人民政府的授权予以处罚

D. 丁乡人民政府监督检查辖区内生产经营单位的安全生产情况，督促事故隐患整改工作

第三节　生产经营单位的安全生产保障

【基础知识训练】答案：248 页

1. 【单选】根据《安全生产法》的规定，下列的建设项目，应当按照国家有关规定进行安全评价的是（　　）。

　　A. 城市轻轨建设项目　　　　　　　　B. 危险物品装卸的建设项目

　　C. 大型输变电站建设项目　　　　　　D. 大型国际机场建设项目

2. 【单选】依据《安全生产法》的规定，下列关于生产经营单位重大危险源安全管理的说法，正确的是（　　）。

　　A. 生产经营单位应当委托安全评价机构对重大危险源进行安全评价

　　B. 应急管理部门应当将本单位重大危险源及安全措施、应急措施向从业人员告知

　　C. 生产经营单位对重大危险源应当登记建档，进行定期检测、评估、监控，并制定应急预案

　　D. 将本单位重大危险源及有关安全措施、应急措施报所在地人民政府备案

3. 【单选】《安全生产法》对企业安全生产资金的投入保障主体做了明确的定义，以下不符合《安全生产法》要求的是（　　）。

　　A. 某股份制企业，由董事长保证其安全生产的资金投入

　　B. 某国有企业，由主要负责人保证其安全生产的资金投入

　　C. 某个体户，由投资人保证安全生产的资金投入

　　D. 某私营企业，由投资人保证安全生产的资金投入

4. 【单选】依据《安全生产法》，以下关于主要负责人和安全生产管理人员的安全生产知识和管理能力考核的说法中，错误的是（　　）。

　　A. 危险物品经营企业的主要负责人应当由主管的负有安全生产监督管理职责的部门对其安全生产知识和管理能力考核合格

　　B. 金属冶炼企业的安全生产管理人员应当由主管的负有安全生产监督管理职责的部门对其安全生产知识和管理能力考核合格

　　C. 道路运输企业的主要负责人应当由主管的负有安全生产监督管理职责的部门对其安全生产知识和管理能力考核合格

　　D. 考核只能收取成本费用

5. 【单选】《安全生产法》规定，生产经营单位应当对从业人员进行安全生产教育和培训，保证从业人员具备必要的安全生产知识，熟悉有关的安全生产规章制度和安全操作规程，掌握本岗位的安全操作技能，了解事故应急处理措施，知悉自身在安全生产

方面的权利和义务关于教育培训。关于生产经营单位使用被派遣劳动者和企业接受的实习生的培训和管理的说法中，错误的是（　　　）。

A. 生产经营单位使用被派遣劳动者的，应对被派遣劳动者进行岗位安全操作规程培训

B. 劳务派遣单位应当对被派遣劳动者进行安全操作技能的培训

C. 学校应当协助生产经营单位对实习学生进行安全生产教育和培训

D. 生产经营单位接收中等职业学校、高等学校学生实习的，应提供必要的劳动防护用品

6.【单选】依据《安全生产法》，关于建设项目的施工和验收，以下说法中错误的是（　　　）。

A. 对于金属冶炼建设项目，有关部门应在施工前对安全设施设计进行审查，在施工完成后对安全设施进行验收

B. 负有安全生产监督管理职责的部门应当加强对建设单位验收活动和验收结果的监督核查

C. 矿山建设项目的施工单位必须按照批准的安全设施设计施工，并对安全设施的工程质量负责

D. 储存危险物品的建设项目验收合格后，方可投入生产和使用

7.【单选】根据《安全生产法》规定，某渔业公司必须为从业人员缴纳的保险是（　　　）。

A. 安全生产责任保险　　　　　　　　B. 工伤保险

C. 医疗保险　　　　　　　　　　　　D. 失业保险

8.【多选】依据《安全生产法》的规定，下列关于生产经营单位的安全生产管理人员职责的说法，正确的有（　　　）。

A. 组织本单位安全生产教育和培训，如实记录安全生产教育和培训情况

B. 健全本单位安全生产责任制，实施本单位安全生产教育和培训计划

C. 制止和纠正违章指挥、强令冒险作业、违反操作规程的行为

D. 保证本单位安全生产投入的有效实施，组织拟订本单位安全生产操作规程

E. 组织开展危险源辨识和评估，督促落实本单位重大危险源的安全管理措施

9.【多选】依据《安全生产法》，下列关于安全生产资金投入的说法中，正确的有（　　　）。

A. 个人投资公司的安全投入，由投资者即股东决定

B. 有限责任公司的安全投入，由董事会决定

C. 非公司制的生产经营单位的安全投入，由主要负责人决定

D. 个体工商户的安全投入，由职工代表大会决定

E. 学校的安全投入，由教工代表大会决定

10.【多选】根据《安全生产法》，关于生产经营单位主要负责人职责的说法，正确的有（　　　）。

A. 组织制定并实施本单位安全生产规章制度和操作规程

B. 组织建立并落实安全风险分级管控和隐患排查治理双重预防工作机制，督促、检查本单位的安全生产工作，及时消除生产安全事故隐患

C. 督促落实本单位重大危险源的安全管理措施

D. 及时、如实报告生产安全事故

E. 检查本单位的安全生产状况，及时排查生产安全事故隐患，提出改进安全生产管理的建议

11.【多选】依据《安全生产法》，下列单位中，其主要负责人和安全生产管理人员应当由有关主管部门对其安全生产知识和管理能力考核合格后方可任职的有（　　）。

A. 非金属矿山企业　　　　　　　B. 危险物品储存单位

C. 机械加工企业　　　　　　　　D. 危险物品使用单位

E. 建筑施工单位

【能力提升训练】　　　　　　　　　　　　　　　　　　答案：249页

1.【单选】某贸易公司、煤业公司、当地投资公司以4：3：3的比例共同成立一家化工公司。该化工公司的董事长由常驻海外的贸易公司张某担任；总经理由贸易公司王某担任，全面负责生产经营活动；副总经理由煤业公司孙某担任，负责日常生产管理；安全总监由投资公司赵某担任，负责安全管理。依据《安全生产法》的规定，负责组织制定并实施该化工公司安全生产应急预案的是（　　）。

A. 张某　　　　　　B. 王某　　　　　　C. 孙某　　　　　　D. 赵某

2.【单选】生产经营单位安全生产管理应设置安全生产管理机构，或者配备专职、兼职安全生产管理人员。甲企业是一家道路运输单位，从业人员数量为85人；乙企业是一家食品加工公司，从业人员数量为155人；丙企业是一家化工厂压力容器生产厂，从业人员数量为95人；丁企业是一家金属冶炼公司，从业人员数量为88人。依据《安全生产法》，上述生产经营单位中，应当设置安全生产管理机构或者配备专职安全生产管理人员的企业是（　　）。

A. 甲、乙、丙　　　　　　　　　　B. 甲、乙、丁

C. 丙、丁　　　　　　　　　　　　D. 乙、丙

3.【单选】现有三家企业，分别是某危险物品销售公司、某炼钢厂、某建筑公司。这三家企业分别配备了专职安全生产管理人员。依据《安全生产法》的规定，下列关于这三家企业安全生产管理人员的说法，正确的是（　　）。

A. 这三家企业均应配有注册安全工程师从事安全生产管理工作

B. 这三家企业的专职安全生产管理人员的任免均应告知安全生产监管部门

C. 危险物品销售公司、炼钢厂应配有注册安全工程师从事安全生产管理工作

D. 炼钢厂应配有注册安全工程师从事安全生产管理工作

4.【单选】张某为某服装厂安全主管，王某为某食品厂安全主管，李某为某炼钢厂安全主管，赵某为某建筑公司安全主管。依据《安全生产法》的规定，上述人员的任免应当告知安全监管主管部门的是（　　）。

A. 张某　　　　　　B. 王某　　　　　　C. 李某　　　　　　D. 赵某

5.【单选】某煤矿生产过程中存在粉尘职业危害，依据《安全生产法》的规定，下列关于防尘口罩的佩戴及相关责任的说法，正确的是（　　）。

A. 健康是矿工自己的事，是否佩戴口罩是矿工的权利

B. 煤矿为每个矿工配备防尘口罩，矿工必须按规定正确佩戴

C. 矿工不佩戴口罩导致尘肺病，其责任由矿工自己负责

D. 矿工不佩戴口罩导致尘肺病，其责任由煤矿和矿工共同负责

6. 【单选】某地铁运营企业的安全生产管理人员张某在日常安全检查中发现重大事故隐患。依据《安全生产法》的规定，下列关于张某报告隐患的正确做法应该是（　　）。

A. 立即报告所在地安全监管部门

B. 立即报告所在地的市政主管部门

C. 立即报告地铁运营企业有关负责人

D. 立即报告所在地交通主管部门

7. 【单选】某电厂的火电机组脱硫改造项目，由甲公司负责总体设计，乙公司承担其中的土建及设备基础工程，丙公司承担其中的钢结构安装、加固及管道工程，委托丁公司负责施工监理。四家公司同时开展相关工作。依据《安全生产法》的规定，下列关于签订安全生产管理协议的做法，正确的是（　　）。

A. 甲公司与乙、丙公司分别签订安全生产管理协议，由乙、丙公司负责该改造项目安全生产工作的统一协调和管理

B. 电厂分别与甲、乙、丙、丁公司签订安全生产管理协议，并指定专职安全生产管理人员进行安全检查与协调

C. 甲公司与丁公司签订安全生产管理协议，由丁公司负责该改造项目安全生产工作的统一协调和管理

D. 乙、丙公司与丁公司签订安全生产管理协议，由丁公司负责承包范围内的安全生产工作的协调和管理

8. 【单选】某钢铁公司要建一个厂房，选定由甲公司和乙公司承建，并与其签订专门的安全生产管理协议，甲公司没有相关资质，在施工当中发生了人身伤亡事故，依据《安全生产法》的规定，下列关于安全生产管理职责的说法，错误的是（　　）。

A. 钢铁公司将建设项目发包给甲公司违反规定

B. 钢铁公司已经与甲、乙公司签订安全生产管理协议，因此事故发生后钢铁公司不承担安全生产责任

C. 钢铁公司与乙公司可以在承包合同中约定各自的安全生产管理责任

D. 钢铁公司需要对甲、乙公司的建设工程的安全生产进行统一协调、管理

9. 【单选】甲公司将办公楼出租给乙公司，乙公司在对办公楼进行装修时，将招生广告牌安装项目发包给李某。李某在驾驶起重车辆吊装过程中操作失误，导致广告牌坠落将路过此地的行人张某砸死。根据《安全生产法》，关于安全生产管理及责任的说法，正确的是（　　）。

A. 甲公司、乙公司之间可以口头约定各自的安全生产管理职责

B. 甲公司、乙公司对张某的死亡应当承担连带赔偿责任

C. 乙公司与李某之间不存在合同关系，无权对李某的安全生产工作进行检查

D. 乙公司应当查验李某的起重吊装资质，并对李某的吊装作业进行监督检查

10.【单选】某厂焊接工张某因生产安全事故受到伤害，依据《安全生产法》的规定，下列关于张某获取赔偿的说法中，正确的是（　　）。

A. 只能依法获得工伤社会保险赔偿

B. 只能依照有关民事法律提出赔偿要求

C. 工伤社会保险赔偿不足的，应当向民政部门提出赔偿要求

D. 除依法享有工伤保险赔偿外，可以依照有关民事法律提出赔偿要求

11.【单选】某国有煤矿企业的领导包括总经理张某、分管安全副总经理王某、分管财务副总经理孙某和分管机电设备副总经理赵某。安全执法检查发现，该企业所属某矿山的 14 个作业地点仅有 12 台便携式报警仪，掩护式液压支架使用年限已经超过 5 年，设备老化严重。根据《安全生产法》，下列人员中，保证安全设备设施配备所需资金投入的是（　　）。

A. 张某　　　　　B. 王某　　　　　C. 孙某　　　　　D. 赵某

12.【单选】依据《安全生产法》对安全设施设计的审查进行了规定，2021 年 3 月，有关部门收到四个项目的安全设施设计审查申请，分别是：①甲危险物品经营项目；②乙道路施工项目；③丙非煤矿山建设项目；④丁大型民用建筑项目。根据《安全生产法》，需要进行安全设施设计审查的是（　　）。

A. 甲项目　　　　B. 乙项目　　　　C. 丁项目　　　　D. 丙项目

13.【单选】某市应急管理局对辖区内安全生产情况进行了突击检查，以下四家企业日常管理的做法中，不符合《安全生产法》要求的是（　　）。

A. 甲企业进行爆破作业，安排专门人员进行现场安全管理

B. 乙企业因经营需要，在征得全体员工同意后封堵了经营场所出口

C. 丙企业向从业人员如实告知作业场所和工作岗位存在的危险因素、防范措施以及事故应急措施

D. 丁企业为从业人员提供符合国家标准或者行业标准的劳动防护用品

14.【多选】《安全生产法》对企业安全生产管理机构设置和安全生产管理人员配备做出了规定。下列企业的做法中，符合规定的是（　　）。

A. 某信息技术公司有 99 名员工，配备 3 名专职安全管理人员

B. 某肉禽加工企业有 98 名员工，配备 2 名兼职安全管理人员

C. 某商场有 115 名员工，配备 10 名兼职安全管理人员

D. 某道路运输企业有 5 名员工，配备 1 名兼职安全管理人员

E. 某重型机械生产单位有 98 名员工，配备 3 名兼职安全管理人员

15.【多选】某化工厂，安某是厂长，肖某是主管安全的副厂长，吴某是主管财务的副厂长，李某是该厂安全科的科长，乔某是安全科的科员。根据《安全生产法》，关于上述五位人员的职责，正确的是（　　）。

A. 安某组织制定并实施本单位安全生产教育和培训计划，并如实记录安全生产教育和培训情况

B. 吴某保证本单位安全生产投入的有效实施

C. 肖某组织本单位应急救援演练

D. 李某督促、检查本单位的安全生产工作，及时消除生产安全事故隐患

E. 乔某督促落实本单位重大危险源的安全管理措施

【历年真题实战】 答案：251 页

1.【2023 年·单选】为保证生产经营活动安全，防止和减少生产安全事故，生产经营单位的设施、设备、人员素质、管理制度和工艺技术等应当具备法定的安全生产条件。关于法定安全生产条件的说法，正确的是（　　　）。

A. 不同类型的生产经营单位应当具备相同的安全生产条件

B. 生产经营单位应当具备法律法规和各类标准规定的安全生产条件

C. 生产经营单位从事生产经营活动应当取得安全生产许可

D. 个体工商户应当具备必要的安全生产条件

2.【2023 年·单选】王某是某建设工程公司专职安全生产管理人员。根据《安全生产法》，下列安全生产职责中，属于王某职责范围的是（　　　）。

A. 督促落实重大危险源安全管理措施，保证本公司安全生产投入的有效实施

B. 建立并落实本公司全员安全生产责任制，加强安全生产标准化建设

C. 组织制定并实施本公司安全生产规章制度和操作规程

D. 检查本公司的安全生产工作，提出改进安全生产管理的建议

3.【2023 年·单选】甲危险化学品经营企业有员工 20 人，乙机械加工企业有员工 105 人，丙建筑企业有员工 99 人，丁金融服务企业有员工 150 人。根据《安全生产法》，关于安全生产管理机构和安全生产管理人员的说法，正确的是（　　　）。

A. 甲企业可以不设置安全生产管理机构，但应当配备专职安全生产管理人员

B. 乙企业应当设置安全生产管理机构并配备专职安全生产管理人员

C. 丙企业可以不设置安全生产管理机构，但应当配备专职或者兼职安全生产管理人员

D. 丁企业属于危险性较小的企业，可以不配备安全生产管理人员

4.【2023 年·单选】从业人员的安全素质直接关系到生产经营单位的安全生产水平，加强安全生产教育培训是保障安全生产的重要举措。根据《安全生产法》，关于安全生产教育培训的说法，正确的是（　　　）。

A. 从业人员有权放弃生产经营单位组织的安全生产教育培训

B. 从业人员经过安全生产教育培训即可上岗作业

C. 被派遣劳动者可以不参加用工单位的安全生产教育培训

D. 从业人员应当通过教育培训掌握本岗位安全操作技能

5.【2023 年·单选】生产经营单位开展作业活动应当落实安全措施，确保遵守操作规程。根据《安全生产法》，下列作业中，生产经营单位应当安排专门人员进行现场安全管理的是（　　　）。

A. 爆破、吊装、动火、临时用电

B. 动火、爆破、高温、地下挖掘

C. 吊装、高温、交叉、有限空间

D. 拆除、土方、搬运、临高压线

6. 【2023 年·单选】隐患是导致事故发生的根源。根据《安全生产法》，关于隐患排查治理工作的说法，正确的是（   ）。

A. 生产经营单位安全生产管理机构是本单位隐患排查治理的责任主体

B. 事故隐患排查治理情况应当向主要负责人报告，但不需要向员工通报

C. 生产经营单位应当建立从主要负责人到员工的事故隐患排查治理责任制

D. 重大事故隐患应当向生产经营单位安全生产管理机构和职工大会进行"双报告"

7. 【2023 年·多选】甲地铁运营公司委托乙公司进行施工，同时委托丙公司在同一区域进行设备安装作业。根据《安全生产法》，关于交叉作业安全管理的说法，正确的有（   ）。

A. 乙公司应当对丙公司作业现场的安全生产工作进行统一管理

B. 甲公司应当与乙公司、丙公司签订安全管理协议，明确各自安全职责

C. 乙公司、丙公司应当共同指定同一个专职安全管理人员进行安全检查与协调

D. 乙公司、丙公司应当就交叉作业区域的生产活动签订安全生产管理协议

E. 乙公司、丙公司应当独立负责交叉作业现场的安全管理

8. 【2023 年·多选】某百货公司有地下两层和地上四层的经营场所，将第四层出租给甲个体工商户经营娱乐项目，将地面一层和地下一层出租给乙企业，其余各层由百货公司使用。根据《安全生产法》，关于百货公司对生产经营场所出租安全管理的说法，正确的有（   ）。

A. 应当与甲个体工商户签订安全生产管理协议

B. 应当对甲个体工商户和乙企业的安全生产工作统一协调、管理

C. 应当对乙企业定期进行安全检查，发现问题，督促整改

D. 可以与乙企业在承包合同中约定各自安全生产管理职责

E. 可以约定由甲个体工商户独自承担第四层的安全责任

9. 【2023 年·多选】建设项目安全设施是生产经营活动的重要设施，是与建设项目主体工程相关联的设施，必须与建设项目主体工程同时进行设计、施工和投入使用。根据《安全生产法》，关于建设项目安全管理的说法，正确的有（   ）。

A. 建设项目主体工程投入使用半年后，方可对安全设施进行验收

B. 矿山建设项目可根据项目规模和类型，决定是否进行安全评价

C. 建设单位对建设项目安全设施的工程质量负责

D. 设计单位对建设项目安全设施设计负责

E. 危险化学品建设项目安全设施设计应当经过有关部门审查

10. 【2022 年·单选】根据《安全生产法》，下列职责中，属于生产经营单位安全生产管理机构及安全生产管理人员职责的是（   ）。

A. 组织制定本单位安全风险分级管控制度

B. 组织实施本单位的生产安全事故应急救援预案

C. 组织实施本单位安全生产教育和培训计划

D. 督促落实本单位重大危险源的安全管理措施

11.【2022年·单选】某技改项目的设备安装需要在同一作业区域进行吊装和现场动火作业，为此，项目部专门制定了安全管理措施。根据《安全生产法》，关于该现场安全管理措施的说法，正确的是（　　）。

A. 项目负责人可以作为专门人员同时对吊装作业和动火作业进行现场安全管理

B. 吊装作业、动火作业不得同时进行，必要时须经主要负责人批准

C. 吊装作业、动火作业应当报所在地应急管理部门备案

D. 吊装作业和动火作业应当分别安排专人进行现场安全管理

12.【2022年·单选】安全生产责任保险是保险机构对投保的生产经营单位发生生产安全事故造成的人员伤亡和有关经济损失等予以赔偿的保险。根据《安全生产法》及相关规定，关于安全生产责任保险的说法，正确的是（　　）。

A. 生产经营单位应当投保安全生产责任保险

B. 安全生产责任保险的被保险人是生产经营单位的从业人员

C. 安全生产责任保险属于生产经营单位投保的社会保险

D. 承保机构应当为生产经营单位提供生产安全事故预防技术服务

13.【2022年·单选】生产经营单位安全生产资金投入不足，是导致安全设施设备老化失效、事故多发的重要原因。根据《安全生产法》，关于生产经营单位安全生产资金投入的说法，正确的是（　　）。

A. 日用品销售企业的总经理应当保障本企业安全生产所必需的资金投入

B. 机械制造企业的安全总监应当保证事故隐患排查治理费用

C. 矿山企业的安全副总经理应当保证安全投入的有效实施

D. 木材加工企业应当按照国家规定比例提取安全生产费用

14.【2022年·单选】企业应当建立安全风险分级管控制度，按照安全风险分级采取相应的管控措施。根据《安全生产法》，关于安全风险分级管控的说法，正确的是（　　）。

A. 安全风险分级管控的措施应当向职工代表大会报告

B. 设置作业点岗位风险告知卡属于安全风险管控措施

C. 相同行业企业安全风险分级标准和管控措施应一致

D. 安全风险等级发生变化时应当及时向主管部门报告

15.【2022年·多选】甲公司发包管道改造项目，由乙公司承担土方开挖工程，丙公司承担管道吊装工程，丁公司负责施工监理。乙公司和丙公司需要同时在同一区域内施工。根据《安全生产法》，关于作业安全管理的做法，正确的有（　　）。

A. 甲公司分别与乙公司、丙公司签订安全生产管理协议

B. 甲公司与乙、丙公司共同签订安全生产管理协议

C. 乙公司与丙公司签订安全生产管理协议

D. 甲公司与丁公司签订协议，约定丁公司负责该项目安全生产的统一协调管理

E. 乙公司和丙公司指定专职安全生产管理人员进行安全检查与协调

16.【2022年·多选】某矿业有限公司现有从业人员500人，为提高公司的智能化水平，对一号煤矿进行智能化改造，招录设备维护人员，并配备注册安全工程师。根

据《安全生产法》及相关规定，关于该公司保障安全生产条件的做法，正确的有（   ）。

A. 配备的安全管理人员中注册安全工程师的比例为百分之十

B. 班组岗前培训内容包括岗位之间衔接配合的安全事项

C. 公司总经理组织制定新进员工的安全教育和培训计划

D. 对新招录的设备维护人员进行了 24 学时的岗前安全培训

E. 矿级岗前培训内容未涉及从业人员安全生产权利和义务

17. 【2021 年·单选】根据《安全生产法》，关于安全生产条件的说法，正确的是（   ）。

A. 个体工商户从事生产经营活动应具备安全生产条件

B. 事业单位不适用《安全生产法》关于安全生产条件的规定

C. 各类生产经营单位应具备相同的安全生产条件

D. 生产经营单位应具备有关安全生产的法律、法规、规章和标准规定的条件

18. 【2021 年·单选】某道路运输公司有从业人员 120 人，受新冠肺炎疫情影响，该公司削减经营规模，裁员 30 人。根据《安全生产法》，关于该公司安全生产管理机构设置和安全生产管理人员配备的说法，正确的是（   ）。

A. 应当设置安全生产管理机构或者配备专职安全生产管理人员

B. 可以不设置安全生产管理机构，但必须委托具有相应资质的机构提供管理服务

C. 应当配备专职安全生产管理人员或者兼职安全生产管理人员

D. 可以配备兼职安全生产管理人员，但必须配备至少一名注册安全工程师

19. 【2021 年·单选】某玩具生产企业因业务高速增长，通过多种渠道扩大员工规模，包括面向高校招收应届毕业生、面向社会招聘技术人员、使用被派遣劳动者、接收实习生等。根据《安全生产法》，关于有关人员安全生产教育培训的说法，正确的是（   ）。

A. 该企业接收的实习生，由学校负责进行相应的安全生产教育培训，企业应当协助学校按规定开展教育培训

B. 该企业面向社会招聘的技术人员，具有同类工作经验的，上岗前可不要求进行安全教育培训

C. 该企业对被派遣劳动者与本企业从业人员统一实施安全教育培训，并保证相同岗位的考核标准一致

D. 该企业对新入厂的各类人员，必须按照统一的时间、内容和考核标准，经过安全生产教育培训后，方可上岗

20. 【2021 年·多选】根据《安全生产法》，下列设备中，必须取得安全使用证或者安全标志方可投入使用的有（   ）。

A. 海洋石油开采特种设备
B. 煤矿井下专用防爆电气设备

C. 烟花企业特种生产设备
D. 化工企业大型生产设备

E. 非煤矿山井下特种设备

21. 【2021 年·多选】某机械公司准备将闲置的厂房出租，其中 300 平方米拟出租给甲公

司用作食品加工经营，1000平方米拟出租给乙快递公司用作仓库。根据《安全生产法》，关于机械公司厂房出租安全管理的说法，正确的是（　　）。

A. 将厂房出租给甲公司和乙公司的行为合法

B. 应当与甲公司和乙公司签订安全生产管理协议

C. 应当对甲公司和乙公司的安全生产工作进行统一协调和管理

D. 应当对甲公司和乙公司的安全生产情况定期进行安全检查

E. 应当对乙公司运行中存在的事故隐患负整改责任

22. 【2020年·单选】生产经营项目、场所、设备发包或出租必须符合法律规定。根据《安全生产法》，关于生产经营项目、场所、设备发包或者出租的做法，正确的是（　　）。

A. 甲建筑企业将某楼盘附属设施拆除工程发包给个体老板张某，张某借用有建筑施工资质企业的名义与甲企业签订了承包合同

B. 丙仓储企业为盘活固定资产，将位于市郊的300平方米的仓库租赁给附近某加工厂作为库房，双方签订了安全生产管理协议，丙企业定期组织安全检查

C. 乙煤矿企业将某采区副井施工工程承包给某建筑企业，并签订了安全生产管理协议，规定由该建筑企业在施工期间承担全部安全生产管理职责

D. 丁公路运输企业具有运输危险化学品专业资质，因运输业务不足，将部分闲置车辆租赁给个人从事危险化学品运输

23. 【2020年·单选】生产经营单位必须为从业人员提供劳动防护用品，并监督、教育从业人员按照使用规则佩戴、使用。根据《安全生产法》，关于企业为员工提供劳动防护用品的做法，正确的是（　　）。

A. 甲企业经理办公会研究决定，按照略低于国家标准的本企业标准为从业人员提供劳动防护用品

B. 丙企业为特种作业人员只提供了一般劳动防护用品，但是特种防护用品由个人自购后单位报销

C. 丁企业通过市场调研，将从业人员所需劳动防护用品折算为现金与工资一并发放

D. 乙企业提供符合本省地方标准的劳动防护用品，该地方标准的要求高于国家标准和行业标准

24. 【2020年·单选】某企业开会讨论员工安全培训工作。张某认为，安全培训走走形式就行了，别耽误生产；李某认为，培训的重点是安全规章制度和操作规程，不要培训员工的安全权利；赵某认为，我没有经过培训照样上岗也没出事，培训无所谓；王某认为，培训内容应该与工作相关，培训考核不合格不能工作。根据《安全生产法》，下列员工中，说法正确的是（　　）。

A. 张某　　　　B. 王某　　　　C. 李某　　　　D. 赵某

25. 【2020年·单选】张某是某化工厂的厂长，李某是该厂安全生产管理人员。根据《安全生产法》，关于张某和李某安全生产职责的说法，正确的是（　　）。

A. 李某负责组织或者参与本单位安全生产教育和培训，如实记录安全生产教育和培训情况

B. 张某负责拟订安全生产规章制度、操作规程和生产安全事故应急救援预案

C. 张某负责检查安全生产状况，及时排查生产安全事故隐患，提出改进安全生产管理的建议

D. 李某负责实施生产安全事故应急救援预案，参与应急救援演练

26.【2020年·单选】对特种设备进行检测、检验，是保证特种设备性能良好、运行正常的重要措施。根据《安全生产法》，矿山井下特种设备投入使用前应经具有专业资质的机构检测、检验合格，并应取得的证照或者标志是（　　）。

A. 安全使用证或者安全标志

B. 生产许可证或者安全警示标志

C. 检验合格证或者安全警示标志

D. 安全生产许可证或者安全标志

27.【2020年·多选】甲煤矿在A区进行开采活动，乙采石场在B区进行采石活动，A、B两区相邻，甲煤矿的开采活动可能危及乙采石场安全生产。根据《安全生产法》，关于甲、乙安全管理的说法，正确的有（　　）。

A. 甲、乙可以不签订协议，但必须明确各自的安全生产管理职责

B. 甲、乙应当签订安全生产管理协议

C. 甲、乙应当协商指定专职安全生产管理人员进行安全检查与协调

D. 甲、乙可以通过口头约定，明确各自的管理范围

E. 甲、乙协商由甲设立安全生产管理机构，同时负责甲、乙的安全管理

28.【2019年·单选】某矿山企业为改善矿井安全生产条件，制定了安全生产费用提取和使用管理制度。根据《安全生产法》，关于该企业安全生产费用提取和使用的说法，正确的是（　　）。

A. 该企业应当根据经营情况提取和使用安全生产费用

B. 该企业可使用安全生产费用提高安全生产管理人员待遇

C. 该企业应当在成本中据实列支安全生产费用

D. 该企业在发生亏损时可以停止提取安全生产费用

29.【2019年·单选】某客运公司经营城际客运业务，共有职工65人、中型客车20辆。根据《安全生产法》，关于安全生产管理机构设置和安全生产管理人员配备的说法，正确的是（　　）。

A. 该公司应当设置安全生产管理机构或者配备专职安全生产管理人员

B. 该公司应当设置安全生产管理机构或者配备兼职安全生产管理人员

C. 该公司应当设置安全生产管理机构或者配备注册安全工程师

D. 该公司不需设置安全生产管理机构，但应当配备兼职安全生产管理人员

30.【2019年·单选】甲煤矿企业拟对矿井进行改扩建，通过招投标与乙矿山设计院签订了安全设施设计合同，与丙矿山建筑公司签订了施工合同，与丁公司签订了建设项目施工监理合同。根据《安全生产法》，关于该煤矿改扩建项目安全管理的说法，正确的是（　　）。

A. 项目安全设施设计应当经甲煤矿企业审查批准后即可施工

B. 乙矿山设计院、丁公司应当对该项目安全设施设计共同负责

C. 丙公司应当对该矿井改扩建项目安全设施的施工质量负责

D. 项目竣工后应当由安全监管部门负责组织对安全设施进行验收

31.【2019年·单选】根据《安全生产法》，关于企业安全生产管理的做法，正确的是（　　）。

A. 某化工企业因厂房紧张，在外租用一处独幢三层楼房存放电石半成品，一楼用作仓库，二楼用作仓库管理人员宿舍，三楼用作员工活动室

B. 某肉类加工企业生产车间设有四个安全出口，为方便职工考勤管理，只保留一个出口作为职工上下班使用，其他三个出口长期锁闭

C. 某KTV酒吧重新进行装修，改变了内部格局，同时设置了若干疏散标志和两个紧急安全出口

D. 某煤矿企业根据矿井设计要求建设了一处地面炸药库，该炸药库远离该矿职工自盖简易生活用房，但紧邻煤矿地面主要生产经营场所

32.【2019年·单选】甲建筑公司在某市承建商业大厦，进行吊装作业。根据《安全生产法》，关于该吊装作业现场安全管理的说法，正确的是（　　）。

A. 该市安全监管部门应当安排专门人员进行现场安全管理

B. 甲建筑公司应当安排专门人员进行现场安全管理

C. 该市建设主管部门应当安排专门人员负责现场安全管理

D. 项目设计单位应当安排专门人员负责现场安全管理

33.【2019年·单选】甲建筑公司和乙装饰装修公司在同一作业区域内进行作业活动，可能危及对方生产安全。根据《安全生产法》，关于在同一作业区域内安全管理的说法，正确的是（　　）。

A. 甲、乙公司应当签订合作经营协议，各指定一名人员负责各自的安全管理

B. 甲、乙公司应当签订安全生产管理协议，指定专职安全生产管理人员进行安全检查与协调

C. 所在地安全监管部门应当派专人，负责甲、乙公司交叉作业的安全管理

D. 所在地建设主管部门应当派专人，负责甲、乙公司交叉作业的安全管理

34.【2019年·单选】甲装备公司（简称甲公司）在乙化工公司（简称乙公司）生产车间拆除尾气炉，用气割断开与尾气炉相连接的管道，因炉体锈蚀严重发生倾斜，导致甲公司一名工人从炉体顶部坠落死亡。在分析事故时，有四种主要观点：①甲、乙公司应当签订专门的安全生产管理协议，或者在设备拆除施工合同中约定各自的安全生产管理职责；②甲公司应当对在乙公司的施工安全生产工作统一协调、管理；③甲公司在对该施工进行安全检查时发现的问题，应当及时进行整改；④甲公司的拆除作业资质正在审核中，在此期间甲公司是可以进行作业的。根据《安全生产法》，这四种主要观点中，正确的是（　　）。

A. ①②　　　　　B. ②④　　　　　C. ①③　　　　　D. ③④

35.【2019年·多选】王某为某煤矿企业矿长，李某为该矿安全管理科科长，根据《安全生产法》，关于此2人安全生产职责的说法，正确的有（　　）。

A. 王某负责保证该矿安全生产投入的有效实施

B. 王某负责组织制定并实施该矿安全生产规章制度和操作规程

C. 李某负责组织制定并实施该矿生产安全事故应急救援预案

D. 王某负责督促落实该矿安全生产整改措施，及时、如实报告生产安全事故

E. 李某负责检查该矿安全生产状况，及时排查生产安全事故隐患，提出改进安全生产管理的建议

36. 【2019 年·多选】根据《安全生产法》，关于企业安全生产管理机构设置和安全生产管理人员配备的说法，正确的有（　　）。

A. 某食品加工厂共有职工 115 人，配备了 3 名专职安全生产管理人员

B. 某大型酒店共有职工 130 人，配备了 8 名兼职安全生产管理人员

C. 某贸易公司共有职工 45 人，未配备专兼职安全生产管理人员

D. 某露天采石场共有职工 85 人，设置了安全生产管理机构，并配备 6 名专职安全生产管理人员

E. 某仓储企业共有职工 105 人，配备了 5 名专职安全生产管理人员

第四节　从业人员的权利和义务

【基础知识训练】 答案：258 页

1. 【单选】依据《安全生产法》的规定，下列关于从业人员安全生产义务的说法，错误的是（　　）。

A. 在作业过程中，严格遵守安全生产规章制度和操作规程，服从管理，正确佩戴和使用劳动防护用品

B. 具备与本单位所从事的生产经营活动相应的安全生产知识和能力，并由有关行政主管部门考核合格

C. 接受安全生产教育和培训，掌握工作所需的安全生产知识，提高安全生产技能，增强事故预防和应急处理能力

D. 发现事故隐患或者其他不安全因素，应当立即向现场安全生产管理人员或本单位负责人报告

2. 【单选】根据《安全生产法》，从业人员安全生产权利与义务包括（　　）。

A. 发现直接危及人身安全的紧急情况时，从业人员有权立即撤离作业现场

B. 从业人员有权拒绝接受生产经营单位提供的安全生产教育培训

C. 从业人员发现事故隐患，立即报告现场安全管理人员或者本单位负责人

D. 从业人员受到事故伤害获得工伤保险后，不再享有获得民事赔偿的权利

3. 【单选】《安全生产法》明确了从业人员的权利与义务，某危险化学品生产单位的行为中，符合要求的是（　　）。

A. 从业人员拒绝违章指挥，立即解除劳动合同

B. 告知从业人员发现直接危及人身安全的紧急情况时重点保护重要设备

C. 要求从业人员应当接受安全生产教育和培训，增强事故预防和应急处理能力

D. 对因生产安全事故受到损害的从业人员，要求享有工伤保险，不能再向本单位提出赔偿要求

4.【多选】根据《安全生产法》，生产经营单位的从业人员，其安全生产权利包括（　　）。

A. 紧急避险权

B. 批评、检举、控告权

C. 佩戴安全帽

D. 拒绝违章指挥和强令冒险作业

E. 作业方案修改权

5.【多选】《安全生产法》对劳动合同中的保障条款有明确的规定，根据《安全生产法》生产经营单位与从业人员订立的劳动合同，应当载明有关（　　）的事项。

A. 保障从业人员劳动安全

B. 防止职业危害

C. 从业人员权利和义务

D. 工作场所环境保护

E. 办理工伤保险

6.【多选】《安全生产法》对从业人员的权利进行了明确规定。根据《安全生产法》，生产经营单位的从业人员有权了解工作岗位存在的（　　）。

A. 安全风险

B. 危险因素

C. 防范措施

D. 事故应急措施

E. 职业病隐患

【能力提升训练】

答案：259 页

1.【单选】某企业施工队队长甲某开挖沟槽，作业中，现场未采取任何安全支撑措施。工人乙认为风险很大，要求暂停作业，但甲某以不下去干活就扣本月奖金相威胁，坚持要求继续作业，乙拒绝甲某的指挥。依据《安全生产法》的规定，下列关于企业对乙可采取措施的说法，正确的是（　　）。

A. 不得给予乙任何处分

B. 可以给予乙通报批评、记过等处分

C. 可以解除与乙订立的劳动合同

D. 可以降低乙的工资和福利待遇

2.【单选】某煤矿企业与矿工签订的用工协议中规定：如果矿工作业时发生事故而丧失部分劳动能力，将得到一次性补偿金 20000 元，完全丧失劳动能力则一次性补偿 50000 元，此后企业与矿工不再有任何关系，不再负责其他善后事项。依据《安全生产法》的规定，下列关于该企业用工协议的说法，正确的是（　　）。

A. 该协议无效，应对企业的主要负责人给予 10 日以下拘留

B. 该协议具有法律效力，若矿工因工受伤，应遵照办理

C. 该协议无效，因工受伤的矿工有权向企业提出赔偿要求

D. 该协议中的赔偿事项成立，数额不足部分由企业补足

3.【单选】某生产车间进行吊装作业，为防止吊装物料大量滑落，班长要求工人站在吊装的物料上，根据《安全生产法》，工人正确的做法是（　　）。

A. 执行班长的工作指令

B. 系上安全带进行作业

C. 拒绝班长的工作指令

D. 穿上防滑鞋进行作业

4. 【单选】李某是金属冶炼企业的从业人员。根据《安全生产法》，关于安全生产权利义务的说法，正确的是（　　）。

A. 李某行使紧急撤离权给企业造成损失的，企业可以降低其工资待遇

B. 李某对作业中发现的重大事故隐患自行采取措施予以排除后，可以不向现场安全生产管理人员报告

C. 李某在该企业未教育其正确使用劳动防护用品的情形下，可以拒绝作业

D. 李某认为该企业制定的安全生产培训计划内容不完整，可以拒绝参加培训

【历年真题实战】　　　　　　　　　　　　　　　　答案：259 页

1. 【2023 年·单选】甲公司为员工王某缴纳了工伤保险费。由于公司管理不善，导致王某因事故受到伤害，王某获得了工伤保险赔偿。根据《安全生产法》，关于王某民事赔偿权利的说法，正确的是（　　）。

A. 自动丧失民事赔偿　　　　　　　　B. 仍有权提出民事赔偿

C. 应当放弃民事赔偿　　　　　　　　D. 无权享有民事赔偿

2. 【2023 年·单选】某企业进行地铁深基坑工程施工。张某为该工程测量管理人员，在基坑日常监测过程中，发现地面存在裂缝，基坑变形监测数据超过方案设置的红线，存在基坑坍塌的重大风险。根据《安全生产法》，关于张某安全生产义务的说法，正确的是（　　）。

A. 张某应当立即撤离施工现场

B. 张某应当立即报告本企业负责人

C. 张某应当立即向建设行政主管部门报告

D. 张某应当立即向应急管理部门报告

3. 【2021 年·单选】甲单位投资建设高层住宅，通过公开招标确定乙公司为总承包单位，乙公司将基坑开挖分包给丙公司，丙公司李工长带领 10 名工人在 9 米深基坑进行清理作业。由于护坡混凝土刚喷锚完成，未达到养护强度，大型载重汽车在基坑边沿通道上通行时可能导致边坡坍塌。根据《安全生产法》，关于李工长采取安全措施的做法，正确的是（　　）。

A. 安排专人观察情况，其余人员继续施工，发现危险立即撤离

B. 自己去找乙公司现场安全员沟通，建议停止大型运土车通过基坑边道行驶

C. 安排所有坑底施工人员暂时停止作业，撤离现场并马上报告丙公司现场经理

D. 要求工地所有人员立即撤离现场，停止工地施工作业

4. 【2021 年·单选】某化工企业机械操作工张某在作业过程中，发现供电线路绝缘破损，铜丝裸露。根据《安全生产法》，关于张某安全生产权利、义务和责任的说法，正确的是（　　）。

A. 张某有权立即撤离现场

B. 张某应当排除事故隐患

C. 张某对事故隐患应当立即向有关负责人报告

D. 张某未及时报告事故隐患，应当给予其罚款处罚

5. 【2020年·单选】根据《安全生产法》，关于生产经营单位从业人员安全生产权利和义务的说法，错误的是（　　　）。

   A. 从业人员有权了解其作业场所和工作岗位存在的危险因素、防范措施及事故应急措施

   B. 从业人员有权对本单位安全生产工作中存在的问题提出批评、检举、控告

   C. 从业人员拒绝违章指挥造成损失的，应承担一定的责任

   D. 从业人员发现直接危及人身安全的紧急情况时，有权停止作业

6. 【2020年·单选】某企业发生火灾事故，从业人员张三看到火势较大快速撤离现场时背部被灼伤，经鉴定达到了四级伤残。根据《安全生产法》，关于张三安全生产权利和义务的说法，正确的是（　　　）。

   A. 张三应当立即协助救火，保障企业财产安全，不得擅自撤离现场

   B. 张三撤离现场前未请示当班领导，该企业有权降低其当班工资

   C. 张三现场工作时未佩戴合格的劳动防护用品，无权享受工伤保险

   D. 张三有权依照有关民事法律向该企业提出赔偿要求

7. 【2019年·单选】张某由劳务派遣公司派遣到某生产经营单位工作。根据《安全生产法》，关于张某安全生产权利和义务的说法，错误的是（　　　）。

   A. 张某有权了解其作业场所和工作岗位存在的危险因素

   B. 张某应当遵守该生产经营单位的安全生产规章制度和操作规程

   C. 张某只需接受劳务派遣公司的安全生产教育和培训

   D. 张某发现事故隐患应当及时报告

第五节　安全生产的监督管理

【基础知识训练】　　　　　　　　　　　　　　　　　　　　答案：260页

1. 【单选】为了加强安全生产领域信用体系建设，规范安全生产严重失信主体名单管理，负有安全生产监督管理职责的部门应当建立安全生产违法行为信息库，对于存在失信行为的生产经营单位及有关从业人员实施联合惩戒措施。对于有关部门和机构开展联合惩戒和违法失信公开的规定正确的是（　　　）。

   A. 如实记录有关从业人员的个人信息

   B. 对违法行为情节严重的从业人员向户籍所在地的有管部门通报

   C. 对生产经营单位作出处罚决定后七个工作日内在监督管理部门公示系统予以公开曝光

   D. 对存在失信行为的生产经营单位及其有关从业人员采取加大执法检查频次、暂停营业、上调有关保险费率、行业或者职业禁入等联合惩戒措施

2. 【单选】依据《安全生产法》的规定，下列关于安全监管人员履行监管职责的说法，错误的是（　　　）。

   A. 负有安全监管职责的部门在监督检查中，应当互相配合，实行联合检查

    B. 执行监督检查任务时，对涉及被检查单位的技术秘密和业务秘密予以保密

    C. 对违法生产、储存、使用、经营危险物品的作业场所予以查封

    D. 将检查发现的问题及其处理情况以口头形式告知被检查单位的负责人

3. 【单选】《安全生产法》明确了应急管理部门的职责，以下理解正确的是（　　　）。

    A. 县级以上地方各级人民政府应急管理部门应当依据本行政区域内的安全生产状况组织有关部门对本行政区域内的生产经营单位进行严格检查

    B. 应急管理部门应当按照统筹监督管理的要求，制定安全生产年度监督检查计划

    C. 县级以上人民政府对涉及安全生产的事项需要审查批准的，必须严格依照有关法律、法规和国家标准或者行业标准规定的安全生产条件和程序进行审查

    D. 对已经依法取得批准的单位，负责行政审批的部门发现其不再具备安全生产条件的，应当撤销原批准

4. 【单选】《安全生产法》规定，负有安全生产监督管理职责的部门依法对存在重大事故隐患的生产经营单位作出停产停业决定后，企业拒不执行，并且有随时发生危险的可能性，安全生产监督管理职责的部门拟对该企业进行停止供电措施，除有危及生产安全的紧急情形外，应当（　　　）。

    A. 提前 12 小时通知   B. 提前 24 小时通知

    C. 提前 36 小时通知   D. 提前 48 小时通知

5. 【单选】依据《安全生产法》对于安全生产监督管理作出了明确的规定，以下不符合要求的是（　　　）。

    A. 负有安全生产监督管理职责的部门应当建立举报制度

    B. 任何单位对事故隐患或者安全生产违法行为，均有权向负有安全生产监督管理职责的部门报告或者举报

    C. 任何人发现其所在区域内的生产经营单位存在事故隐患时，应当向当地人民政府报告

    D. 县级以上各级人民政府及其有关部门对报告重大事故隐患或者举报安全生产违法行为的有功人员，给予奖励

6. 【多选】依据《安全生产法》的规定，安全生产监管部门有着依法对生产经营单位执行安全生产法律、法规和国家标准或者行业标准的情况进行监督检查的权利，可以依法行使的职权有（　　　）。

    A. 现场检查权   B. 当场处理权

    C. 紧急处置权   D. 行政拘留权

    E. 查封扣押权

7. 【多选】《安全生产法》规定，对有依据认为不符合保障安全生产的国家标准或者行业标准的设施、设备、器材，应急管理部门和其他负有安全生产监督管理职责的部门，在执法过程中可以行使的职权包括（　　　）。

    A. 查封   B. 没收

    C. 扣押   D. 拍卖

    E. 行政拘留

【能力提升训练】　　　　　　　　　　　　　　　　答案：262页

1. 【单选】甲市安全监管人员在执法检查时，发现某烟花爆竹企业存在重大事故隐患，监管人员责令企业立即停止作业，并要求立即从车间撤出作业人员，排除隐患。依据《安全生产法》的规定，该企业排除重大事故隐患后，有权对其恢复生产经营进行审查同意的单位是（　　　）。

   A. 企业上级主管部门　　　　　　　　B. 应急管理部门

   C. 公安机关　　　　　　　　　　　　D. 人民政府

2. 【单选】按照年度安全监督检查计划，某地级市安全监管部门负责危化品监管的执法人员张某，深入该市某化工企业检查其危化品生产和储存情况。依据《安全生产法》的规定，张某在检查过程中的做法，正确的应该是（　　　）。

   A. 检查前，向企业负责人出示工作证

   B. 企业未实施风险公告，当即责令其停产整改

   C. 检查中涉及技术秘密，但仍要求企业提供相关工艺参数

   D. 检查结束，未要求企业负责人在检查记录上签字

3. 【单选】某农药生产企业存在重大事故隐患，安全监管部门对该企业作出停产停业整顿处罚，但该企业仍然继续生产，安全监管部门决定对该企业采取停止供电措施。依据《安全生产法》的规定，通知对该生产经营单位停止供电措施的时间应当至少提前（　　　）。

   A. 8 小时　　　　　B. 12 小时　　　　　C. 24 小时　　　　　D. 48 小时

4. 【单选】某安监站依法对某建筑施工企业进行安全检查。依据《安全生产法》的规定，下列关于安全检查人员的做法，正确的是（　　　）。

   A. 对检查中发现的问题作出书面记录，并要求被检查单位安全管理人员签字

   B. 发现施工人员佩戴的安全帽规格不符合规定，要求其购买某合格品牌安全帽

   C. 为便于进入危险区域检查，保证检查安全，责令该企业停止施工接受检查

   D. 对检查中了解到的该企业节能环保内墙保温涂层技术秘密，严格为其保密

5. 【单选】某市下辖甲乙丙丁四县，该市应急管理局对四县负有安全生产监督管理职责的部门的执法情况进行了检查。检查结果如下：①甲县负有安全生产监督管理职责的部门对涉及安全生产的事项进行审查时，只能收取人工成本费用，未再收取其他任何费用；②乙县安全生产监督检查人员执行监督检查时，忘记携带证件，但由于和企业负责人熟识，经企业负责人同意后，继续进行检查；③丙县安全生产监督检查人员张某在对丙企业进行检查后，将检查的时间、地点、内容、发现的问题及其处理情况，作出书面记录，张某签字后，要求丙企业负责人王某签字，王某拒绝签字，张某对丙企业进行罚款处理；④丁县负有安全生产监督管理职责的部门在监督检查时，发现存在的安全问题应当由其他有关部门进行处理的，及时移送其他有关部门并形成记录备查。根据《安全生产法》，甲乙丙丁四县执法符合要求的是（　　　）。

   A. 甲县　　　　　B. 丙县　　　　　C. 丁县　　　　　D. 乙县

【历年真题实战】 答案：262 页

1. **【2023 年·单选】** 某县应急管理部门开展专项执法检查，发现某公司一库房住有人员，同时存放有大量危险化学品，决定对该公司采取行政强制措施。根据《行政强制法》《安全生产法》，关于县应急管理部门执法人员采取行政强制措施的说法，正确的是（　　）。

   A. 无权扣押该批危险化学品

   B. 可以根据部门规章做出查封决定

   C. 可以对有关人员采取限制人身自由的措施

   D. 有权查封该库房

2. **【2023 年·单选】** 某市应急管理部门多次检查发现某企业安全生产设施及劳动防护用品投入不到位，危及作业人员安全，遂通报有关部门，采取联合惩戒措施。根据《安全生产法》，下列安全生产失信行为联合惩戒相关措施中，错误的是（　　）。

   A. 增加执法检查频次　　　　　　　　　B. 上调有关保险费率

   C. 加大行政处罚力度　　　　　　　　　D. 实施相关行业禁入

3. **【2023 年·单选】** 应急管理部门对某危险化学品生产企业进行执法检查。根据《安全生产法》，关于执法检查人员行使职权的说法，错误的是（　　）。

   A. 发现违法行为，应当立即责令停产整顿

   B. 可以向该企业了解情况并调阅有关资料

   C. 对发现的事故隐患，应当责令立即排除

   D. 对不符合行业标准的设施予以查封或扣押

4. **【2022 年·单选】** 某县应急管理部门对某机械制造企业进行检查时，发现该企业存在重大事故隐患，依法责令停产停业，但该企业拒不执行，遂决定对其采取停止供电措施。根据《安全生产法》，应急管理部门采取停止供电措施应当提前通知该企业的时间是（　　）。

   A. 12 小时　　　　　B. 6 小时　　　　　C. 24 小时　　　　　D. 48 小时

5. **【2022 年·单选】** 2021 年 7 月 10 日，某企业发生管道液化石油气泄漏爆炸事故，造成 9 人死亡，4 人受伤，直接经济损失约 1797 万元。有关部门拟按程序将涉事企业纳入安全生产失信联合惩戒"黑名单"。根据《安全生产法》，有关部门可以对该企业采取的联合惩戒措施是（　　）。

   A. 上调有关保险费率　　　　　　　　　B. 永久停止项目审批

   C. 吊销企业营业执照　　　　　　　　　D. 暂停生产经营活动

6. **【2022 年·单选】** 负有安全生产监督管理职责的部门依照有关法律、法规的规定，对涉及安全生产的事项需要审查批准或者验收的，必须严格依照有关法律、法规和国家标准或者行业标准规定的安全生产条件和程序进行。根据《安全生产法》，关于负有安全生产监督管理职责的部门行使行政许可审批职权的说法，正确的是（　　）。

   A. 对涉及安全生产的事项进行审查、验收时，应当公示收费标准

   B. 为保障安全，有权要求接受审查、验收的单位使用指定的品牌产品

C. 对未依法取得批准的单位，应当立即予以取缔并处以罚款

D. 对已依法取得批准但不再具备安全生产条件的单位，应当撤销原批准

7. 【2021年·单选】新修订的《安全生产法》对安全生产公益诉讼作出规定。根据《安全生产法》，关于安全生产公益诉讼的说法，错误的是（　　）。

A. 安全生产公益诉讼包括安全生产行政公益诉讼和民事公益诉讼

B. 人民检察院决定应否提起安全生产公益诉讼

C. 只有人民检察院有权提起安全生产公益诉讼

D. 因安全生产违法行为导致重大事故的，应当提起安全生产公益诉讼

8. 【2021年·单选】2021年9月12日，某县应急管理局接到举报称某煤矿发生一起生产安全事故，造成1人死亡。根据《安全生产法》，对该起举报负责核查处理的是（　　）。

A. 县级人民政府　　　　　　　　　B. 所在地煤矿安全监察分局

C. 县应急管理局　　　　　　　　　D. 县公安局

9. 【2021年·单选】2020年3月底，甲企业复工复产，并按照政府新冠肺炎防疫要求对返岗员工进行14天的集中隔离观察。由于现有宿舍不能满足要求，企业决定将危险化学品库存量较少的某一层库房腾出作为临时集中观察宿舍，某区应急管理局在复工复产检查时发现此问题。根据《安全生产法》，关于区应急管理局采取执法措施的做法，正确的是（　　）。

A. 要求企业加强管理保证人员安全　　B. 责令企业立即将集中观察宿舍搬离

C. 责令企业停产停业整顿　　　　　　D. 移交司法机关追究刑事责任

10. 【2021年·单选】某县应急管理局对某企业进行安全生产监督检查时发现正在作业的起重机属于国家明令淘汰产品，存在重大事故隐患，于是作出责令该企业立即停止使用决定。该企业以疫情期间设备更换困难、可以通过加强监控避免事故为由拒不执行，县应急管理局决定通知供电公司停止电力供应。根据《安全生产法》，县应急管理局采取该强制措施应提前（　　）小时以书面形式通知该企业。

A. 12　　　　　　　B. 36　　　　　　　C. 24　　　　　　　D. 48

11. 【2021年·多选】某县应急管理局两名执法人员前往辖区某危险化学品生产企业进行安全检查。根据《安全生产法》，关于检查执法人员行使职权的做法，正确的有（　　）。

A. 检查发现一处设备存在明显泄漏隐患，危及岗位工人安全，责令立即停止设备运行

B. 检查发现特种作业岗位操作人员无证上岗，当场作出罚款1万元的处罚

C. 主动出示执法证件，进入生产车间进行检查，调阅监控台账和工人培训记录

D. 查封检查发现的未经批准违法存储危险化学品的临时仓库

E. 没收检查发现的不符合安全生产国家标准或者行业标准的器材

12. 【2020年·多选】应急管理部门在对某机械铸造企业进行安全生产监督检查时，发现熔炼炉存在重大事故隐患。根据《安全生产法》《安全生产事故隐患排查治理暂行规定》，关于该部门处理该重大事故隐患的说法，正确的有（　　）。

A. 必要时有权作出关闭该企业的决定

B. 经负责人批准可以对该企业作出停电的决定

C. 应当下达整改指令书并建立信息管理台账

D. 有权作出该企业停止使用熔炼炉的决定

E. 应当采用书面方式通知相关部门对该企业停电

13. 【2019年·单选】某化肥生产企业存在重大事故隐患，安全监管部门对该企业作出停产决定，但该企业仍然继续生产，随时有发生生产安全事故的现实危险，安全监管部门决定对该企业采取停止供电措施。根据《安全生产法》，除有危及生产安全的紧急情形外，应当提前（　　）小时通知对该企业采取停止供电措施。

A. 8　　　　　　　B. 12　　　　　　　C. 24　　　　　　　D. 36

14. 【2019年·单选】根据《安全生产法》，关于安全生产监督管理的说法，正确的是（　　）。

A. 负有安全监管职责的部门对涉及安全生产的事项进行审查、验收，可以收取一定费用

B. 负有安全监管职责的部门可以要求接受审查、验收的单位购买指定品牌的安全设备

C. 负有安全监管职责的部门在监督检查中，应当相互配合，实行联合检查

D. 负有安全监管职责的部门可以要求被检查单位停止生产经营活动，接受检查

15. 【2019年·单选】应急管理部门对某生产经营单位进行安全生产监督检查。根据《安全生产法》，关于对该单位安全监督检查的说法，错误的是（　　）。

A. 监督检查人员有权进入现场，调阅相关资料，向现场工人了解相关情况

B. 检查发现存在违法行为的，当场予以纠正或者要求限期改正

C. 检查发现事故隐患的，应当责令立即排除

D. 检查发现安全设备使用不符合国家标准的，应当采取停止供电措施

16. 【2019年·单选】根据《安全生产法》，关于安全生产监督检查人员履行安全监管职责的说法，正确的是（　　）。

A. 监督检查人员忘记携带执法证件，可以口头告知被检查单位来意

B. 涉及被检查单位技术秘密和业务秘密的，监督检查人员不得进行检查

C. 监督检查人员将检查出来的问题及其处理情况，可以书面或者口头形式告知被检查单位的负责人

D. 被检查单位的负责人拒绝签字的，监督检查人员应当将情况记录在案，并向负有安全监管职责的部门报告

第六节　生产安全事故的应急救援与调查处理

【基础知识训练】　　　　　　　　　　　　　　　　　　　　答案：266页

1. 【单选】依据《安全生产法》的规定，下列关于生产经营单位应急救援工作的说法，错误的是（　　）。

A. 生产经营单位应当制定本单位生产安全事故应急救援预案，并与所在地县级以上地

方人民政府的生产安全事故应急救援预案相衔接

B. 生产经营单位应当建立应急救援组织，生产经营规模较小的可以不建立应急救援组织，但应当指定兼职的应急救援人员

C. 危险物品的生产经营单位应当配备必要的应急救援器材、设备和物资，并进行经常性的维护保养，保证正常运转

D. 生产经营单位发生生产安全事故后，应当迅速采取有效措施，组织抢救，防止事故扩大

2. 【单选】依据《安全生产法》的规定，当企业发生生产安全事故时，企业有关人员的做法，正确的应该是（　　）。

A. 企业事故现场人员立即报告当地安全监管部门

B. 企业事故现场人员应立即撤离作业场所，并在2小时内报告安全监管部门

C. 企业负责人应当迅速组织抢救，减少人员伤亡和财产损失

D. 企业负责人因组织抢救破坏现场的，必须报请安全监管部门批准

3. 【单选】依据《安全生产法》的规定，下列关于事故报告和应急预案工作的说法，正确的是（　　）。

A. 危险物品的生产、经营、储存、装卸单位都应建立应急救援组织，配备必要的应急救援器材、设备和物资

B. 负有安全监管职责的部门接到事故报告后，应在3小时内核实上报事故情况

C. 应急管理部门接到生产安全事故报告后，应在2小时内赶赴事故现场

D. 有关地方政府负责人接到生产安全事故报告后，应按要求立即赶到事故现场，组织事故抢救

4. 【单选】某公司发生生产安全事故。依据《安全生产法》的规定，关于该公司事故报告和应急救援的说法，正确的是（　　）。

A. 发生一般及以上生产安全事故时，该公司负责人应当立即组织抢救，并按有关规定立即如实报告有关部门

B. 发生较大及以上生产安全事故时，该公司负责人应当立即组织抢救，一般事故由该公司安全员立即组织抢救

C. 发生重大及以上生产安全事故时，该公司负责人应当立即组织抢救，一般事故和较大事故由该公司安全管理人员立即组织抢救

D. 发生特别重大生产安全事故时，该公司负责人应当立即组织抢救，其他事故由该公司安全管理机构负责人立即组织抢救

5. 【单选】《安全生产法》对于生产安全事故的应急救援与调查处理进行了明确规定，以下说法中正确的是（　　）。

A. 国务院应急管理部门应加强生产安全事故应急能力建设，在重点行业、领域建立应急救援基地和应急救援队伍

B. 国务院应建立全国统一的生产安全事故应急救援信息系统

C. 国务院应急管理部门应建立健全相关行业、领域的生产安全事故应急救援信息系统

D. 国家鼓励生产经营单位和其他社会力量建立应急救援队伍，配备相应的应急救援装

备和物资

6. 【单选】《安全生产法》对需要建立应急救援组织的企业类型进行了规定，下列企业中，应当建立应急救援组织的是（ 　　）。

    A. 某小型民用机场   B. 某大型机械加工企业

    C. 某中型地铁运营企业   D. 某小型建筑施工企业

7. 【单选】《安全生产法》对政府和企业在事故发生后的应急救援有明确的规定。某市一大型建筑施工企业发生一起事故，下列做法中符合要求的是（ 　　）。

    A. 现场有关人员立刻组织抢救

    B. 单位负责人接到事故报告后 2 小时内必须报告当地负有安全生产监督管理职责的部门

    C. 该事故属于一般事故，应由主管安全的领导组织抢救

    D. 当地人民政府负责人接到生产安全事故报告后，应当按照生产安全事故应急救援预案的要求立即赶到事故现场，组织事故抢救

【能力提升训练】   答案：267 页

1. 【多选】依据《安全生产法》的规定，下列生产经营规模较大的公司中，应当建立应急救援组织的是（ 　　）。

    A. 食品加工公司   B. 建筑施工公司

    C. 钟表制造公司   D. 服装加工公司

    E. 金属冶炼公司

【历年真题实战】   答案：267 页

1. 【2023 年·单选】某危险化学品生产企业有 800 名员工。根据《安全生产法》，关于该企业应急准备措施的说法，正确的是（ 　　）。

    A. 可以不建立应急救援组织，但应当指定专职的应急救援人员

    B. 应当建立应急救援组织，且专职应急救援人员必须经过严格训练

    C. 应当建立应急救援组织，且兼职应急救援人员数量不得少于 8 人

    D. 可以不建立应急救援组织，但应当委托临近的应急救援队伍提供服务

2. 【2022 年·多选】某企业发生生产安全事故，市人民政府委托市应急管理部门组织事故调查。2022 年 5 月，市人民政府对该起事故调查报告依法进行了批复。根据《安全生产法》，关于该事故调查报告落实情况评估的说法，正确的有（ 　　）。

    A. 市应急管理部门应当组织事故调查报告落实情况的评估

    B. 市人民政府应当委托第三方机构对事故调查报告落实情况进行评估

    C. 事故调查报告落实情况的评估应当在 2023 年 5 月底之前完成

    D. 评估的内容应当包括事故整改和防范措施的落实情况

    E. 评估结果应当委托有关机构进行论证并及时向社会公开

3. 【2021 年·单选】某化工企业发生爆燃事故，政府有关部门和相关单位赶赴现场组织开展应急救援工作。根据《安全生产法》，关于事故应急救援的说法，错误的是（ 　　）。

A. 单位负责人接到事故报告后，应当立即采取有效措施保护事故现场

B. 参与事故抢救的部门应当根据事故救援的需要采取警戒、疏散等措施

C. 参与事故抢救的不同单位和部门应当服从统一指挥，并加强协同联动

D. 为支持、配合事故救援，任何单位和个人都应当无条件地提供一切便利

4.【2020年·单选】某化工企业生产车间发生火灾事故，造成1人死亡、2人受伤。根据《安全生产法》，关于该企业事故报告和抢救的说法，正确的是（　　）。

A. 接到事故报告后，立即向当地有关部门报告并等待抢救

B. 立即采取措施组织抢救，防止事故扩大

C. 向当地有关部门报告死亡1人，未报2人受伤

D. 立即清理事故现场，防止产生负面影响

5.【2020年·多选】发生事故后，生产经营单位应该开展事故应急救援工作。根据《安全生产法》，关于企业应急管理的做法，正确的有（　　）。

A. 某危险化学品经营企业制定生产安全事故应急救援预案，多年未发生事故，未定期组织应急演练

B. 某金属冶炼企业制定生产安全事故应急救援预案后，建立了应急救援组织，配备了专职应急救援人员

C. 某城市轨道交通运营企业独立制定生产安全事故应急救援预案，未与所在地政府生产安全事故应急救援预案相衔接

D. 某矿山企业因生产经营规模较小，未建立应急救援组织，但指定了若干名兼职的应急救援人员

E. 某建筑施工企业根据生产安全事故应急救援预案规定，配备了应急救援器材、设备和物资，并进行经常性维护、保养

6.【2019年·单选】根据《安全生产法》，关于生产安全事故应急救援与调查处理的说法，正确的是（　　）。

A. 单位负责人接到事故报告后，除因病重、出国或无法及时赶到现场等原因外，必须迅速采取一切有效措施，组织事故抢救

B. 除尚未查清伤亡人数、财产损失等原因外，必须立即将事故报告当地安全监管部门

C. 除尚未核实事故起因和伤亡人数等原因外，不得迟报事故

D. 在任何情况下均不得故意破坏事故现场和毁灭有关证据

7.【2019年·单选】根据《安全生产法》，关于生产安全事故应急救援工作的说法，正确的是（　　）。

A. 乡镇人民政府组织制定的生产安全事故应急救援预案必须报上级政府安全监管部门批准

B. 任何单位和个人都应当支持、配合事故抢救，并提供一切便利条件

C. 负有安全监管职责的部门的负责人接到事故报告后，应当立即采取警戒、疏散措施

D. 应急救援工作结束后，地方人民政府必须立即对应急救援工作进行评估

8.【2019年·单选】甲企业为大型危险化学品储存仓库，乙企业为大型建筑施工单位，丙企业为地铁运营单位，丁企业为大型机械加工单位。根据《安全生产法》，关于建立

应急救援组织的说法，正确的是（　　）。

A. 甲企业可以不建立应急救援组织，但应当指定兼职的应急救援人员

B. 乙企业应当建立应急救援组织

C. 丙企业可以不建立应急救援组织，但应当指定兼职的应急救援人员

D. 丁企业应当建立应急救援组织

9.【2019年·多选】某危险化学品生产企业发生火灾事故。根据《安全生产法》等法律法规，关于该企业事故报告和应急救援的说法，正确的有（　　）。

A. 事故现场有关人员应当立即报告本单位负责人

B. 该企业负责人接到事故报告后，应当迅速采取有效措施，组织抢救，防止事故扩大，减少人员伤亡和财产损失

C. 该企业负责人接到报告后，应当于12小时内向事故发生地县级以上人民政府安全监管部门和负有安全监管职责的有关部门报告

D. 该企业主要负责人应当按照本企业危险化学品应急预案组织救援，并向当地安全监管部门和环境保护、公安、卫生行政主管部门报告

E. 该企业主要负责人不得瞒报、谎报或者迟报，不得故意破坏事故现场、毁灭有关证据

第七节　安全生产法律责任

【基础知识训练】　　　　　　　　　　　　　　　　　　　　答案：269页

1.【多选】依据《安全生产法》规定，负有安全生产监督管理职责的部门的工作人员，有下列（　　）行为的，给予降级或者撤职的处分。

A. 在监督检查中发现重大事故隐患，不依法及时处理的

B. 接到举报后不予取缔或者不依法予以处理的

C. 对不符合法定安全生产条件的涉及安全生产的事项，予以批准或者验收通过的

D. 要求被审查的单位购买其指定的安全设备、器材或者其他产品的

E. 在对安全生产事项的审查中未出示行政执法证件，并收取费用的

【能力提升训练】　　　　　　　　　　　　　　　　　　　　答案：269页

1.【单选】某安全评价机构在收取甲矿山企业15万元的安全评价费用后，为其出具一份虚假的安全评价报告，因而给与甲矿山企业长期合作的乙企业造成了巨大的经济损失。根据《安全生产法》，关于该安全评价机构法律责任的说法，正确的是（　　）。

A. 对该安全评价机构应当没收违法所得，责令停业整顿

B. 对该安全评价机构应当处10万元以上20万元以下的罚款

C. 对该安全评价机构的直接责任人员应当给予警告

D. 该安全评价机构对乙企业的经济损失承担连带赔偿责任

2.【单选】某施工单位项目部将自己的业务发包给不具备经营资质的施工队。在施工过程中，因施工队不注重安全防护导致在建工程基坑坍塌，造成1人死亡，2人重伤。依据

《安全生产法》，下列关于此次事故伤亡赔偿责任的说法中，正确的是（　　）。

A. 由施工队承担赔偿责任

B. 由施工单位项目部承担赔偿责任

C. 由施工单位承担赔偿责任

D. 由施工单位与施工队承担连带赔偿责任

3. 【单选】某县应急管理部门在调查一起死亡事故时，发现某生产经营单位与从业人员订立的劳动合同中，有减轻该单位对从业人员因生产安全事故伤亡依法应承担责任的条款。依据《安全生产法》的规定。可以对该单位的主要负责人给予罚款，处罚金额符合规定的是（　　）。

A. 5000 元　　　　　　B. 15000 元　　　　　　C. 40000 元　　　　　　D. 120000 元

4. 【单选】2021 年 1 月，甲安全评估公司受乙企业委托对乙企业进行安全现状评价，收取费用 9 万元。2021 年 5 月，应急管理部门接到举报，甲公司出具了虚假的安全评价报告，2021 年 6 月，应急管理部门对举报进行查实，根据《安全生产法》，应急管理部门应当对甲公司进行处罚，甲公司在接受处罚前账户余额 120 万元，处罚后，甲公司最有可能的账户余额是（　　）。

A. 80 万元　　　　　　B. 99 万元　　　　　　C. 111 万元　　　　　　D. 115 万元

5. 【单选】某县应急管理局在对辖区内一国有石灰厂进行检查时发现，主要负责人未保证安全生产所必需的资金投入，致使生产经营单位不具备安全生产条件，依据《安全生产法》，对该厂的处理决定中，正确的是（　　）。

A. 责令限期改正，提供必需的资金　　　　B. 停产停业整顿，提供必需的资金

C. 对主要负责人处以三万元罚款　　　　　D. 吊销安全生产许可证

6. 【单选】某化工厂发生一起安全事故，应依法承担赔偿责任，但该企业负责人逃匿。依据《安全生产法》，应（　　）。

A. 由人民法院依法强制执行

B. 由负有安全生产监督管理职责的部门强制执行

C. 提请所在地人民政府关闭该企业

D. 由公安机关予以通缉

【历年真题实战】　　　　　　　　　　　　　　　　　　　　答案：270 页

1. 【2022 年·单选】2022 年某饮料生产企业发生一起重大生产安全事故。经调查，该企业主要负责人未履行安全生产管理职责，其 2020 年和 2021 年的年收入分别为 60 万元和 70 万元。根据《安全生产法》，应急管理部门应当对该主要负责人处以罚款的数额是（　　）。

A. 56 万元　　　　　　B. 48 万元　　　　　　C. 52 万元　　　　　　D. 36 万元

2. 【2022 年·单选】某企业安全生产管理人员张某在检查中发现石蜡储罐的塑料管老化需要更换，企业生产副总李某认为该塑料管仍能继续使用，拒绝更换。后因该塑料管老化脱落，导致 9 人死亡、1 人重伤。经调查，该起事故被认定为责任事故。根据《安全生产法》，对李某的事故罚款数额应当是上一年年收入的（　　）。

A. 10% ~ 20%　　　　　　　　　　　B. 20% ~ 50%

C. 60%　　　　　　　　　　　　　　D. 80%

3. 【2022 年·单选】2022 年 4 月 1 日，某县应急管理局执法人员执法检查时发现某公司未依法设置安全生产管理机构，遂责令该公司在 4 月 21 日之前改正，并对该公司处以 3 万元罚款。4 月 22 日，执法人员复查时发现该公司仍未改正。根据《安全生产法》《行政处罚法》，关于对该公司逾期未改正违法行为处理的做法，正确的是（　　　）。

A. 责令停产停业整顿，并处 5 万元罚款

B. 责令停产停业整顿，并处 15 万元罚款，同时按日连续处罚

C. 责令停产停业整顿，并处 63 万元罚款

D. 对该违法行为直接负责的主管人员处 1 万元罚款

4. 【2021 年·单选】某国有公司厂房发生火灾事故，造成 1 人死亡，财产损失约 500 万元。公司总经理赵某按规定向县应急管理部门进行了报告。在事故调查期间，赵某因工作原因未经批准擅自离开。根据《安全生产法》，关于赵某擅自离开的法律责任的做法，正确的是（　　　）。

A. 降级处分并处上一年年收入 60% 的罚款

B. 处上一年年收入 50% 的罚款

C. 处 15 日以下拘留

D. 通报批评并扣发全年奖金

5. 【2021 年·单选】某石化公司的 120 万吨/年石脑油综合利用项目，2021 年 8 月 2 日，因催化重整联合装置加热炉管蠕胀破裂，导致原料石脑油、氢气泄漏，引发火灾事故，造成 1 人重伤，直接经济损失 800 万元。调查发现，事故起因是操作工违规操作引起炉管短期过热破裂。根据《安全生产法》，应急管理部门有权对该公司作出的罚款数额是（　　　）。

A. 40 万元　　　　B. 80 万元　　　　C. 150 万元　　　　D. 200 万元

6. 【2021 年·单选】某铁矿开采企业发生一起工业中毒事故，造成 5 人死亡。调查发现，某安全评价机构在验收评价时出具虚假评价报告并收取 15 万元的评价费用。根据《安全生产法》，应急管理部门有权没收 15 万元，并对该安全评价机构作出（　　　）万元的罚款。

A. 15　　　　　　B. 75　　　　　　C. 90　　　　　　D. 150

7. 【2021 年·单选】甲投资设立一家个人独资企业，聘请乙为总经理。2021 年 9 月 5 日，该企业在生产过程中发生一起爆炸事故，造成 2 人死亡、1 人重伤，直接经济损失 1000 万元。调查发现，该企业近年来效益不佳，安全投入不足，紧急停车系统发生故障并已带病运行超过 1 年。根据《安全生产法》，关于安全投入责任及事故处罚的做法，正确的是（　　　）。

A. 对甲处 2 万元以上 20 万元以下的罚款，对该企业处 100 万元的罚款

B. 对乙处上一年年收入 30% 的罚款，对该企业处 50 万元的罚款

C. 对甲处上一年年收入 40% 的罚款，对该企业处 100 万元的罚款

D. 对乙处上一年年收入 30% 的罚款，对该企业处 100 万元的罚款

8. 【2021年·单选】某公司法定代表人是周某，该公司发生爆炸事故，共造成 10 人死亡、15 人重伤，直接经济损失 6000 多万元。事故调查报告显示，该公司安全设备管理存在重大缺陷，需要时无法启动，造成本次事故的发生。法定代表人周某被依法追究刑事责任。根据《安全生产法》，关于该起事故责任追究的说法，正确的是（　　）。

A. 应当对周某处上一年年收入 60% 的罚款

B. 应当对该公司处 1000 万元以上 2000 万元以下的罚款

C. 周某终身不得担任任何行业生产经营单位的主要负责人

D. 可以对周某和该公司同时给予罚款

9. 【2020年·单选】张某是某矿业公司的法定代表人，该公司一台安全设备已经超过使用期限，因更换成本过高，张某不同意更换该设备，后因该设备故障发生生产安全事故，造成 3 人死亡。根据《安全生产法》，关于张某职责及事故责任的说法，错误的是（　　）。

A. 张某未履行保证本单位必要的安全生产投入的职责

B. 张某未履行及时消除生产安全事故隐患的职责

C. 张某应当受到负有安全生产监督管理职责部门的行政处罚

D. 张某终身不得担任任何生产经营单位的主要负责人

10. 【2020年·单选】王某是甲化工企业的法定代表人，该企业与农村进城务工人员张某、李某等多人签订了劳动合同。有关部门对甲化工企业现场检查时，发现该企业与张某、李某等人签订的劳动合同中有"员工因自身过错造成工伤的，企业概不承担责任"的约定。根据《安全生产法》《劳动合同法》，关于劳动合同效力及法律责任的说法，错误的是（　　）。

A. 关于"员工因自身过错造成工伤的，企业概不承担责任"的约定无效

B. 甲企业与张某、李某等人签订的劳动合同无效

C. 有关部门有权因上述约定对王某进行罚款

D. 有关部门无权因上述约定对甲企业进行罚款

11. 【2020年·单选】某企业发生一起危险化学品爆炸事故，事故发生后，该企业主要负责人擅离职守，未立即组织抢救。根据《安全生产法》，应急管理部门对该企业主要负责人可处上一年年收入百分之（　　）的罚款。

A. 十　　　　　　　B. 三十　　　　　　C. 七十　　　　　　D. 五十

12. 【2019年·单选】某石化集团欲投资建设生产硫化物的工厂，委托某安全评价机构对项目进行评价。安全评价机构在评价过程中发现了若干不符合安全条件的问题，在石化集团将服务费提高至 30 万元后，便直接出具了建设项目符合要求的安全评价报告。根据《安全生产法》，关于安全监管部门对该机构实施处罚的做法，正确的是（　　）。

A. 没收违法所得，并处 30 万元的罚款

B. 没收违法所得，并处 50 万元的罚款

C. 没收违法所得，并处 120 万元的罚款

D. 没收违法所得，并处 200 万元的罚款

13. 【2019 年·多选】某生产经营单位未向从业人员提供符合国家标准或者行业标准的劳动防护用品。根据《安全生产法》，关于对该违法行为责任追究的说法，正确的有（　　　）。

A. 责令限期改正，可以处十万元以下的罚款

B. 责令限期改正，逾期未改正的，处五万元以上二十万元以下的罚款

C. 对直接负责的主管人员和其他直接责任人员处二万元以上五万元以下的罚款

D. 情节严重的，责令停产停业整顿

E. 相关责任人员构成犯罪的，依照刑法有关规定追究刑事责任

第四章　安全生产单行法律

第一节　矿山安全法

【基础知识训练】　　　　　　　　　　　　　　　　　答案：272 页

1. 【单选】《矿山安全法》规定的矿山建设工程的"三同时"，是指矿山建设工程的安全设施必须和主体工程（　　　）。

   A. 同时设计、同时勘察、同时施工

   B. 同时施工、同时修复、同时投入生产和使用

   C. 同时审批、同时设计、同时施工

   D. 同时设计、同时施工、同时投入生产和使用

2. 【单选】根据《矿山安全法》的规定，矿山企业必须从（　　　）中按照国家规定提取安全技术措施专项费用。

   A. 矿产品销售额　　　　　　　　　B. 矿产品销售利润

   C. 企业经营纯利润　　　　　　　　D. 企业经营总收入额

3. 【单选】根据《矿山安全法》，对矿山建设的安全保障规定，下列对矿井安全出口和运输、通信设施的安全保障要求中，不属于强制要求的是（　　　）。

   A. 每个矿井必须有三个以上能行人的安全出口

   B. 矿井通信设施可以有所不同但必须与外界相通

   C. 安全出口之间的距离必须符合相关的技术规范

   D. 矿山运输设施必须能够安全正常运行并预防事故

4. 【单选】《矿山安全法》规定，每个矿井的两个安全出口之间的（　　　）必须符合矿山安全规程和行业技术规范。

   A. 垂直高度　　　　　　　　　　　B. 标高差

   C. 相互连接通道　　　　　　　　　D. 直线水平距离

5. 【单选】矿山开采风险高、生产复杂，需要满足相关的安全标准和条件。依据《矿山安全法》的规定，下列关于矿山安全保障的说法，正确的是（　　　）。

   A. 矿山设计保留的矿柱、岩柱，经风险评估后可进行适度开采

   B. 矿山企业必须对井下温度和湿度进行检测

   C. 矿山企业使用的有特殊安全要求的设备、器材和个人防护用品，必须符合国内外安全标准

   D. 矿山企业必须对机电设备及其防护装置、安全检测仪器，定期检查、维修，保证使

用安全

6. 【单选】根据《矿山安全法》的规定，矿山企业必须对作业场所中的有毒有害物质和井下空气（　　　）进行检测，保证符合安全要求。

A. 含氢量　　　　　B. 含氮量　　　　　C. 含氧量　　　　　D. 含氯量

7. 【单选】依据《矿山安全法》的规定，矿山企业中，应当具备安全专业知识，具有领导安全生产和处理矿山事故的能力，并必须经过考核合格的人员是（　　　）。

A. 总工程师　　　　　　　　　　B. 安全生产管理人员

C. 矿长　　　　　　　　　　　　D. 特种作业人员

8. 【单选】根据《矿山安全法》，矿山建设工程安全设施的设计必须由（　　　）参加审查。

A. 负责安全生产监督管理的部门

B. 卫生行政主管部门

C. 工程质量监督部门

D. 国务院管理矿山企业的主管部门

9. 【单选】根据《矿山安全法》，下列各项不属于矿山设计中安全规程和行业技术规范的是（　　　）。

A. 矿井的通风系统和供风量、风质、风速

B. 露天矿的边坡角和台阶的宽度、高度

C. 防水、排水系统和防火、灭火系统

D. 抗噪声振动系统

10. 【单选】根据《矿山安全法》，矿山建设工程安全设施竣工后，要由（　　　）组织竣工验收。

A. 矿山管理部门　　　　　　　　B. 劳动部门

C. 管理矿山企业的主管部门　　　　D. 安全生产监督部门

11. 【多选】《矿山安全法》的立法目的有（　　　）。

A. 保障矿山生产安全　　　　　　B. 防止矿山事故

C. 促进采矿业的发展　　　　　　D. 防止矿山爆炸

E. 保护矿山职工人身安全

12. 【多选】根据《矿山安全法》，矿山设计的（　　　）具体项目必须符合矿山安全规程和行业技术规范。

A. 供电系统　　　　　　　　　　B. 防水系统

C. 通风系统　　　　　　　　　　D. 保障系统

E. 排水系统

13. 【多选】依据《矿山安全法》，矿山企业应采取预防措施，为防止可能引起危害的行为包括（　　　）。

A. 使用机械、电气设备　　　　　B. 矸石山

C. 尾矿库　　　　　　　　　　　D. 使用防尘系统

E. 使用专用运输工具

【能力提升训练】   答案：274 页

1. 【单选】依据《矿山安全法》，下列关于各矿山企业的做法中，正确的是（   ）。
   A. 甲矿山企业必须建立由专职人员组成的救护和医疗急救组织，配备必要的装备、器材和药物
   B. 乙矿山企业任命本企业经验丰富的王女士为采矿工段井下作业班组长
   C. 丙矿山企业要求对员工进行安全教育培训后方可上岗
   D. 丁矿山企业矿长考核后，确定具备了矿山安全事故调查能力后上岗

2. 【单选】依据《矿山安全法》，下列说法中正确的是（   ）。
   A. 矿山设计规定保留的矿柱、岩柱，在规定的期限内，未经许可，不得开采或者毁坏
   B. 矿山使用的防护用品必须符合国家安全标准、行业安全标准或者企业标准
   C. 矿山企业工会发现企业行政方面违章指挥、强令工人冒险作业或者生产过程中发现明显重大事故隐患和职业危害，有权给予纠正
   D. 矿山企业对使用电气设备可能引起的危害，应当采取预防措施

3. 【多选】依据《矿山安全法》，矿山开采作业中，下列说法正确的有（   ）。
   A. 有特殊安全要求的防护用品中不符合国家安全标准或者行业安全标准的，经主管矿长批准后方能使用
   B. 对作业场所中的有毒有害物质和井下空气含氧量进行检测，保证达标率 90% 以上
   C. 对冒顶、片帮、边坡滑落、瓦斯爆炸等事故隐患采取预防措施
   D. 每个矿井必须有一个能行人的安全出口
   E. 使用的防护用品应符合国家安全标准或者行业安全标准

4. 【多选】根据《矿山安全法》，关于矿山企业的安全管理与矿山安全的监督与管理，下列说法错误的是（   ）。
   A. 县级以上人民政府管理矿山企业的主管部门负责矿山建设工程安全设施的竣工验收工作
   B. 矿长不必经过考核，但要具备安全专业知识，具有领导安全生产和处理矿山事故的能力
   C. 矿山建设工程安全设施的设计必须由县级以上人民政府管理矿山企业的主管部门审查批准
   D. 所有作业人员必须接受专门培训，经考核合格取得操作资格证书的，方可上岗作业
   E. 矿山企业安全生产的特种作业人员必须接受专门培训，经考核合格取得操作资格证书的，方可上岗作业

5. 【多选】根据《矿山安全法》，对于危害安全的事故隐患矿山企业必须采取预防措施。下列属于危害安全的事故隐患的有（   ）。
   A. 冒顶片帮、边坡滑落和地表塌陷，瓦斯爆炸、煤尘爆炸
   B. 冲击地压、瓦斯突出、井喷
   C. 坠落、泄漏危险、危害
   D. 地面和井下的火灾、水灾

E. 粉尘、有毒有害气体、放射性物质和其他有害物质引起的危害

6.【多选】依照《矿山安全法》的规定，工会在矿山企业安全管理工作中具有（　　）的基本权利的职责。

A. 参加矿山安全管理，对矿山安全工作进行监督并提出建议

B. 组织矿山事故抢险救灾

C. 参与事故调查处理

D. 组织职工进行安全生产培训

E. 发现危险情况，有权提出撤离作业现场的建议

7.【多选】《矿山安全法》对矿山的急救组织和设备所做的规定不包括（　　）。

A. 医疗急救组织中必须都是专职的医护人员，并有资格证书

B. 提供安全技术措施专项费用

C. 配备必要的装备、器材和药物

D. 建立由专职或者兼职人员组成的救护和医疗急救组织

E. 建造职工医院

【历年真题实战】　　　　　　　　　　　　　　　　　答案：275 页

1.【2020 年·多选】矿山开采危险性较大，安全设施是矿山开采系统的重要组成部分。根据《矿山安全法》，关于矿山建设工程设计、施工和验收的说法，正确的有（　　）。

A. 每个矿井必须有两个以上的出口，出口之间的距离必须符合矿山安全规程和行业技术规范

B. 矿山建设工程的安全设施，必须和主体工程同时设计、同时施工、同时投入生产和使用

C. 矿山建设工程的设计文件，必须符合矿山安全规程和行业技术规范

D. 矿山必须有与外界相通的、符合安全要求的运输和通讯设施

E. 矿山建设工程安全设施竣工后，由施工单位负责组织对安全设施进行验收

2.【2019 年·单选】根据《矿山安全法》，关于矿山企业开采安全保障的说法，正确的是（　　）。

A. 矿山闭坑后，对可能引起的危害，矿山企业应当采取预防措施

B. 矿山设计规定保留的矿柱、岩柱，经论证在保证安全的前提下可以开采

C. 矿山企业必要时可以对井下空气含氧量进行检测，保证符合作业要求

D. 矿山企业使用的有特殊安全要求的设备、器材、安全检测仪器，可以由非专业厂家生产

第二节　消　防　法

【基础知识训练】　　　　　　　　　　　　　　　　　答案：275 页

1.【单选】依据《消防法》的规定，商场营业期间发生严重火灾时，下列灭火救援的做

法，错误的是（　　）。

A. 商场组织火灾现场扑救时，优先抢救贵重物品

B. 商场员工立即组织、引导在场人员疏散撤离

C. 消防队接到报警后立即赶赴现场、救援遇险人员，实施扑救

D. 医疗单位及时赶赴现场，实施伤员救治

2. 【单选】根据《消防法》的规定，下列场所不得与易燃易爆危险品储存地点设置在同一建筑物内的是（　　）。

A. 供销社 　　　　　　　　　　B. 建材超市

C. 员工宿舍 　　　　　　　　　D. 货物仓库

3. 【单选】依据《消防法》的规定，下列关于灭火救援的说法，正确的是（　　）。

A. 乡镇人民政府应当组织有关部门针对本行政区域内的火灾特点制定应急预案，提供装备等保障

B. 单位、个人为火灾报警提供便利的，应获得适当报酬

C. 任何单位发生火灾，必须立即组织力量扑救，邻近单位应当给予支援

D. 公安机关消防机构统一组织和指挥火灾现场扑救，应当优先保障国家财产安全

4. 【单选】依据《消防法》，下列说法中错误的是（　　）。

A. 按照政府统一领导、部门依法监管、单位全面负责、公民积极参与的原则，实行消防安全责任制

B. 国务院应急管理部门领导全国的消防工作，地方各级人民政府负责本行政区域内的消防工作

C. 法律、行政法规对森林、草原的消防工作另有规定的，从其规定

D. 矿井地下部分、核电厂、海上石油天然气设施的消防工作，由其主管单位监督管理

5. 【单选】依据《消防法》，下列关于各单位及个人职责的说法中，错误的是（　　）。

A. 任何单位和自然人都有参加有组织的灭火工作的义务

B. 教育、人力资源行政主管部门和学校、有关职业培训机构应当将消防知识纳入教育、教学、培训的内容

C. 机关、团体、企业、事业等单位，应当加强对本单位人员的消防宣传教育

D. 居民委员会应当协助人民政府以及公安机关、应急管理等部门，加强消防宣传教育

6. 【单选】依据《消防法》，按照国家工程建设消防技术标准需要进行消防设计的建设工程，实行建设工程消防设计（　　）。

A. 备案制度 　　　　　　　　　B. 自查制度

C. 审查验收制度 　　　　　　　D. 审查核准制度

7. 【单选】依据《消防法》，下列说法中正确的是（　　）。

A. 举办大型群众性活动，承办人应当依法向应急管理部门申请安全许可

B. 经营易燃易爆危险品的场所与居住场所设置在同一建筑物内的，应当符合国家工程建设消防技术标准

C. 进行电焊、气焊作业的人员和自动消防系统的操作人员，必须持证上岗

D. 在修建道路以及停电、停水、截断通信线路时有可能影响消防队灭火救援的，有关

单位必须事先通知当地应急管理部门

8. 【单选】依据《消防法》，下列说法中错误的是（　　）。

   A. 进入生产、储存易燃易爆危险品的场所，必须执行消防安全规定

   B. 禁止非法携带易燃易爆危险品进入公共场所

   C. 建筑构件、建筑材料和室内装修、装饰材料的防火性能必须符合国家标准或国际标准

   D. 人员密集场所室内装修、装饰，应当按照消防技术标准的要求，使用不燃、难燃材料

9. 【单选】依据《消防法》，关于消防安全的说法中，错误的是（　　）。

   A. 任何单位不得损坏、挪用或者擅自拆除、停用消防设施、器材

   B. 任何单位不得埋压、圈占、遮挡消火栓

   C. 任何场所的门窗不得设置影响逃生和灭火救援的障碍物

   D. 任何人不得占用、堵塞、封闭疏散通道、安全出口、消防车通道

10. 【单选】依据《消防法》，关于消防队的建立的说法中，正确的是（　　）。

    A. 设区的市级以上地方人民政府按照国家规定建立国家综合性消防救援队

    B. 县级以上地方人民政府依据当地经济发展和消防工作的需要建立专职消防队

    C. 乡镇人民政府依据当地经济发展和消防工作的需要建立志愿消防队

    D. 乡镇人民政府按照国家规定建立专职消防队

11. 【单选】依据《消防法》，统一组织和指挥火灾现场扑救的是（　　）。

    A. 县级以上人民政府　　　　　　　B. 消防救援机构

    C. 县级以上人民政府应急管理部门　　D. 志愿消防救援队

12. 【单选】依据《消防法》，下面关于国家综合性消防救援队、专职消防队参加火灾以外的其他重大灾害事故应急救援工作的说法中，正确的是（　　）。

    A. 由国务院应急管理部门统一领导

    B. 由设区的市级以上人民政府统一领导

    C. 由县级以上人民政府统一领导

    D. 由县级以上人民政府应急管理部门统一领导

13. 【单选】依据《消防法》，下列关于参加扑救火灾的费用及补偿的说法中，错误的是（　　）。

    A. 国家综合性消防救援队扑救火灾不得收取任何费用

    B. 专职消防队扑救火灾不得收取任何费用

    C. 志愿消防队参加扑救外单位火灾所损耗的燃料，由事故发生单位给予补偿

    D. 单位专职消防队参加扑救外单位火灾所损耗的燃料，由火灾发生地的人民政府给予补偿

14. 【多选】依据《消防法》的规定，下列关于消防安全重点单位的消防安全职责的说法，正确的有（　　）。

    A. 确定消防安全管理人，组织实施本单位的消防安全管理工作

    B. 建立消防档案，确定消防安全重点部位

  C. 设置防火标志，实行严格管理

  D. 实行每周防火巡查，并建立巡查记录

  E. 对职工进行岗前消防安全培训，定期组织消防安全培训和消防演练

15.【多选】依据《消防法》，地方各级人民政府应当在（ ）期间，组织开展有针对性的消防宣传教育，采取防火措施，进行消防安全检查。

  A. 农业收获季节   B. 重大活动期间

  C. 森林和草原防火期间   D. 重大节假日期间

  E. 火灾多发季节

【能力提升训练】   答案：277 页

1.【单选】甲企业与乙企业相邻，甲企业发生火灾后乙企业立即给予支援，最终在公安消防队的带领下成功扑灭大火，依据《消防法》的规定，乙企业损耗的灭火剂、器材及装备等应由（ ）给予补偿。

  A. 甲企业   B. 保险公司

  C. 当地人民政府   D. 公安消防队

2.【单选】某人员密集的商场突然发生火灾，依据《消防法》的规定，该商场现场工作人员应优先采取的行动是（ ）。

  A. 立即抢运商店存放的部分货物，等待公安消防队的救援

  B. 立即报警，并立即组织、引导顾客疏散，组织力量扑救

  C. 等待公安消防队的救援，因为商场没有设立专职消防队

  D. 立即报告值班经理，经理接到报告后向消防队报警

3.【单选】某县消防救援大队通过调查核实，依法确定该县某洗浴中心为消防安全重点单位。根据《消防法》，下列消防安全职责中，不属于该洗浴中心应当履行的事项是（ ）。

  A. 投保火灾公众责任保险

  B. 对消防设施每年至少进行一次全面检测

  C. 实行每日防火巡查并建立巡查记录

  D. 洗浴场所装修使用不燃、难燃材料

4.【多选】某大厦由甲公司和乙公司共同使用，甲乙明确了双方消防责任，依据《消防法》，应确定责任人进行统一管理的设施包括（ ）。

  A. 共用的疏散通道   B. 共用的安全出口

  C. 共用的大楼扶梯   D. 共用的建筑消防设施

  E. 共用的天井

【历年真题实战】   答案：278 页

1.【2023 年·单选】某企业新建大型综合商场。根据《消防法》，在商场营业前该企业应当向商场所在地消防救援机构申请（ ）。

  A. 消防安全检查   B. 消防设施审查

C. 消防设施验收   D. 消防安全备案

2. 【2023 年·多选】专职消防队按照国家规定承担重大灾害事故和其他以抢救人员生命为主的应急救援工作。根据《消防法》，下列单位中，应当建立专职消防队的有（　　）。

A. 主要港口运营单位   B. 生产易燃危险品的大型企业

C. 小型发电厂   D. 大型体育场运营单位

E. 军用机场运营单位

3. 【2022 年·单选】甲公司承建乙公司位于某市的展览馆工程，施工完成后，乙公司决定在 1 个月后投入使用。根据《消防法》，关于该建设工程消防检查和验收的说法，正确的是（　　）。

A. 甲公司应当向市应急管理部门申请建设工程竣工消防验收

B. 甲公司应当向市住房和城乡建设部门申请建设工程竣工消防安全检查

C. 乙公司采用告知承诺方式办理的，市消防救援机构应当自受理申请之日起 7 个工作日内予以许可

D. 乙公司不采用告知承诺方式办理的，市消防救援机构应当自受理申请之日起 10 个工作日内对该场所进行检查

4. 【2022 年·多选】根据《消防法》，关于灭火救援的说法，正确的有（　　）。

A. 火灾现场救援人员有权决定截断电力、可燃气体和可燃液体的输送

B. 人员密集场所发生火灾，该场所的现场工作人员应当立即组织、引导在场人员疏散

C. 任何单位发生火灾，必须立即组织力量扑救，邻近单位视情况给予支援

D. 消防车执行火灾扑救任务，在安全前提下，不受行驶速度限制，但不得逆行

E. 志愿消防队参加扑救外单位火灾所损耗的燃料应当由火灾发生地的人民政府给予补偿

5. 【2020 年·单选】灭火救援工作应当符合法律的规定。根据《消防法》，关于灭火救援的说法，正确的是（　　）。

A. 专职消防队参加火灾以外的其他重大灾害事故的应急救援工作，由设区的市级以上人民政府统一领导

B. 国家综合性消防救援队扑救火灾的，可以向火灾发生单位收取燃料等耗材的成本费用

C. 单位专职消防队参加扑救外单位火灾所损耗的燃料、灭火剂，由火灾发生单位给予补偿

D. 消防救援机构的火灾现场总指挥根据扑救火灾的需要，有权截断电力、可燃气体和可燃液体的输送

6. 【2021 年·多选】志愿消防队是专职消防队的补充力量，在灭火救援中发挥重要作用。根据《消防法》，关于志愿消防队的说法，正确的有（　　）。

A. 乡镇人民政府可建立志愿消防队，承担火灾扑救工作

B. 居民委员会可建立志愿消防队，开展群众性的消防自救工作

C. 消防救援机构应当对志愿消防队进行业务指导

D. 志愿消防队参加扑救火灾所损耗的燃料、灭火剂和器材装备，由火灾单位给予补偿

E. 设立志愿消防队的单位，可不再建立专职消防队

7. 【2020年·多选】有关单位建立专职消防队，应当符合国家有关规定，并报当地消防救援机构验收。根据《消防法》，下列单位中，必须建立专职消防队的有（　　）。

A. 大中型危化品仓储企业　　　　B. 小型民用飞机场

C. 大型玻璃制造厂　　　　　　　D. 大型钢材仓库

E. 大型核能发电厂

8. 【2019年·单选】根据《消防法》，应当建立专职消防队的单位是（　　）。

A. 大型电子企业

B. 大型别墅区管理单位

C. 大型发电厂

D. 省级重点文物保护单位的古建筑群管理单位

9. 【2019年·单选】根据《消防法》，关于灭火救援的说法，正确的是（　　）。

A. 单位专职消防队参加扑救外单位火灾所损耗的灭火剂和器材等，应当由被救援单位给予补偿

B. 消防救援机构在进行灭火救援时，不得破损毗邻火灾现场的建筑物

C. 消防救援机构统一组织和指挥火灾现场扑救，应当优先保障重要设施的安全

D. 人员密集场所发生火灾，该场所的现场工作人员应当立即组织、引导在场人员疏散

10. 【2019年·多选】根据《消防法》，关于某公司预防火灾的做法，正确的有（　　）。

A. 组织进行有针对性的消防演练

B. 组织防火检查，及时消除火灾隐患

C. 保障疏散通道、安全出口、消防车通道畅通

D. 按规定设置消防安全标志，并定期组织检验和维修，确保完好有效

E. 对建筑消防设施每两年全面检测一次，确保完好有效，将完整准确的检测记录存档备查

第三节　道路交通安全法

【基础知识训练】　　　　　　　　　　　　　　　　　　答案：280页

1. 【单选】依据《道路交通安全法》的规定，机动车在车道减少的路段、路口，或者在没有交通信号灯、交通标志、交通标线或者交通警察指挥的交叉路口遇到停车排队等候或者缓慢行驶时，正确的做法应该是（　　）。

A. 停车避让　　　　　　　　　　B. 抓紧快行

C. 鸣笛提醒通行　　　　　　　　D. 依次交替通行

2. 【单选】依据《道路交通安全法》的规定，下列车辆通行的说法，正确的是（　　）。

A. 机动车通过没有交通信号灯的交叉路口时，应当减速慢行，并让行人先行

B. 机动车载运爆炸物品应当按照最短路线、指定的时间和速度行驶

C. 电动自行车在非机动车道内行驶时，最高速度不能超过30公里

D. 铰接式客车驶入高速公路，最高时速不得超过 120 公里

3. 【单选】依据《道路交通安全法》的规定，下列道路通行条件的说法，正确的是
（　　）。

    A. 工程建设挖掘道路，施工作业完毕无须经过验收即可恢复通行

    B. 在城市道路施划停车泊位必须报经公安交通管理部门批准

    C. 无行人过街设施的城市医院门前的道路应当施划人行横道线并设置提示标志

    D. 道路出现坍塌，公安交通管理部门和安全监管部门应当及时修复

4. 【单选】依据《道路交通安全法》的规定，拖拉机、轮式专用机械车、铰接式客车、
全挂拖斗车不得进入高速公路，其他机动车进入高速公路的设计最高时速不低于
（　　）。

    A. 60 公里　　　　　B. 70 公里　　　　　C. 80 公里　　　　　D. 90 公里

5. 【单选】依据《道路交通安全法》的规定，机动车在高速公路上发生故障时，警告标
志应当设置在故障车来车方向（　　）以外。

    A. 50 米　　　　　B. 100 米　　　　　C. 150 米　　　　　D. 200 米

6. 【单选】依据《道路交通安全法》，下列不属于交通信号的是（　　）。

    A. 交通信号灯　　　　　　　　　　B. 交通标志

    C. 交通信息牌　　　　　　　　　　D. 交通警察的指挥

7. 【单选】依据《道路交通安全法》，若门前的道路没有行人过街设施的，应当施划人行
横道线，并设置提示标志的场所包括（　　）。

    A. 人民法院　　　　　　　　　　　B. 养老院

    C. 人民政府　　　　　　　　　　　D. 大型商场

8. 【单选】依据《道路交通安全法》，下列可以在高速公路上拦截检查行驶车辆的部门是
（　　）。

    A. 公安机关的人民警察依法执行紧急公务

    B. 人民法院法官依法执行紧急公务

    C. 公安机关交通管理部门依法执行紧急公务

    D. 交通设施养护部门执行养护任务

9. 【多选】依据《道路交通安全法》的规定，伪造变造或者使用伪造变造的驾驶证的，
由公安机关部门予以（　　）的处罚。

    A. 收缴驾驶证　　　　　　　　　　B. 扣留机动车

    C. 处 15 日以下拘留　　　　　　　D. 没收机动车

    E. 并处 2000 元以上 5000 元以下罚款

10. 【多选】依据《道路交通安全法》的规定，对道路交通安全违法行为行政处罚的种类
有（　　）。

    A. 责令学习交通法规　　　　　　　B. 警告、罚款

    C. 暂扣或者吊销机动车驾驶证　　　D. 拘留

    E. 劳动教养

11. 【多选】依据《道路交通安全法》的规定，道路施工作业或者道路出现损毁，未及时

设立警示标志、未采取防护措施，或者（　　），致使通行的人员、车辆及其他财产遭受损失的，负有相关职责的单位应当依法承担赔偿责任。

A. 未安排交通警察值勤 　　　　　B. 未按照规定设置交通标志

C. 未按照规定设置交通标线 　　　D. 未安排交通协管员协助管理

E. 未按照规定设置交通信号灯

12.【多选】依据《道路交通安全法》的规定，在道路上发生交通事故，车辆驾驶人应当（　　）。

A. 立即停车，保护现场

B. 造成人身伤亡的，车辆驾驶人应当立即抢救受伤人员

C. 立即将车停靠在路边

D. 迅速报告执勤的交通警察或者公安机关交通管理部门

E. 因抢救受伤人员变动现场的，应当标明位置

13.【多选】依据《道路交通安全法》，铁路与道路平面交叉的道口，应当设置（　　）。

A. 警示灯 　　　　　　　　　　　B. 专人值班

C. 警示标志 　　　　　　　　　　D. 视频监控设备

E. 安全防护设施

【能力提升训练】　　　　　　　　　　　　　　　答案：281 页

1.【单选】依据《道路交通安全法》的规定，对于没有划分机动车道、非机动车道和人行道的道路，下列关于道路通行的说法，正确的是（　　）。

A. 机动车在道路左侧通行，非机动车和行人在道路右侧通行

B. 机动车在道路右侧通行，非机动车和行人在道路左侧通行

C. 机动车在道路两侧通行，非机动车和行人在道路中间通行

D. 机动车在道路中间通行，非机动车和行人在道路两侧通行

2.【单选】依据《道路交通安全法》的规定，下列关于道路通行限速的说法，正确的是（　　）。

A. 在高速公路行驶的拖拉机时速不得低于 70 公里

B. 高速公路限速标示标明的最高时速不得超过 150 公里

C. 残疾人轮椅车在非机动车道行驶时，最高时速不得超过 15 公里

D. 电动自行车在非机动车道行驶时，最高时速不得超过 20 公里

3.【单选】依据《道路交通安全法》的规定，机动车与非机动车驾驶人、行人之间发生交通事故，机动车一方没有过错的，处理正确的是（　　）。

A. 由机动车一方承担全部赔偿责任

B. 机动车一方不承担赔偿责任

C. 根据过错程度适当减轻机动车一方的赔偿责任

D. 机动车一方承担不超过百分之十的赔偿责任

4.【单选】依据《道路交通安全法》的规定，酒后驾驶的，公安机关部门的下列处罚正确的是（　　）。

A. 酒后驾驶机动车的，处暂扣六个月机动车驾驶证，处十日以下拘留，并处 1000 元以上 2000 元以下罚款

B. 醉酒驾驶机动车的，吊销机动车驾驶证，依法追究刑事责任；三年内不得重新取得机动车驾驶证

C. 醉酒驾驶营运机动车的，吊销机动车驾驶证，十年内不得驾驶营运机动车

D. 饮酒后或者醉酒驾驶机动车发生重大交通事故，吊销机动车驾驶证，终身不得重新取得机动车驾驶证

5.【单选】依据《道路交通安全法》，下列说法中错误的是（　　）。

A. 任何单位不得擅自移动交通信号灯

B. 交通设施出现损毁时，公安机关交通管理部门应当设置警示标志并及时修复

C. 任何单位占用道路从事非交通活动必须经过许可

D. 黄色交通信号灯表示警示

6.【单选】依据《道路交通安全法》，下列关于因工程建设需要占用道路并影响交通安全时的做法中，错误的是（　　）。

A. 征得道路主管部门和公安机关交通管理部门同意后方可作业

B. 施工作业单位应当在经批准的路段和时间内施工作业

C. 施工作业时，公安机关交通管理部门应在距离施工作业地点来车方向安全距离处设置明显的安全警示标志

D. 施工作业完毕，应当迅速清除道路上的障碍物，消除安全隐患

7.【单选】依据《道路交通安全法》，下列说法中正确的是（　　）。

A. 行人、非机动车、拖拉机、轮式专用机械车、铰接式客车、全挂拖斗车以及其他设计最高时速低于 70 公里的机动车，不得进入高速公路

B. 客运机动车不得违反规定载货，禁止货运机动车载人

C. 机动车载运爆炸物品、易燃易爆化学物品以及剧毒、放射性等危险物品，应当经道路主管部门批准后，按指定的时间、路线、速度行驶，悬挂警示标志并采取必要的安全措施

D. 机动车在高速公路上发生故障时，警告标志应当设置在故障车来车方向 100 米以外

8.【单选】依据《道路交通安全法》，下列关于特殊车辆限制的说法中，错误的是（　　）。

A. 工程救险车执行紧急任务时，在确保安全的前提下不受信号灯的限制

B. 道路养护车辆在不影响过往车辆通行的前提下，不受行驶速度的限制

C. 清扫车在不影响其他车辆通行的情况下，可以不受车辆分道行驶的限制

D. 工程救险车执行紧急任务时，可以使用警报器

9.【单选】机动车驾驶人应当遵守道路交通安全法律法规，在允许社会机动车通行的道路上安全驾驶。根据《道路交通安全法》，关于机动车驾驶人的做法，正确的是（　　）。

A. 李某驾驶道路养护车辆进行作业时，其行驶路线和方向不受交通标线限制

B. 张某驾驶市政清扫车辆作业时，在不影响其他车辆通行的情况下逆向行驶

C. 赵某驾驶货运机动车在设置保护作业人员的安全措施后附载作业人员

D. 刘某驾驶大货车在可以左转弯的地点超越前方同车道正在左转弯的机动车

10.【多选】魏某因违反《道路交通安全法》机动车登记证书、号牌、行驶证、检验合格标志、保险标志的相关规定被公安机关交通管理部门处以 4000 元罚款，魏某有可能的行为是（　　）。

A. 使用伪造的机动车登记证书

B. 伪造检验合格标志

C. 变造保险标志

D. 使用其他车辆的机动车登记证书

E. 使用其他车辆的检验合格标志

11.【多选】机动车在高速公路上发生故障时，下列处理方式正确的是（　　）。

A. 立即开启危险报警闪光灯

B. 在 100 米外故障车来车方向设置警告标志

C. 车上人员应当迅速转移到右侧路肩上

D. 来车方向设置警告标志

E. 无法正常行驶的，应当由救援车、清障车拖曳、牵引

【历年真题实战】 答案：283 页

1.【2023 年·单选】根据《道路交通安全法》，关于高速公路车辆通行的说法，正确的是（　　）。

A. 公安机关的人民警察依法执行紧急公务时，有权在高速路上拦截检查行驶的车辆

B. 张某驾驶的私家车在高速路上行驶赶往医院，时速可以超过 120 公里

C. 某公司运货的全挂拖斗车在高速公路上行驶，时速不得低于 70 公里

D. 人民法院的法警依法执行紧急公务时，在保证安全的前提下有权在高速路上拦截检查行驶的车辆

2.【2023 年·单选】某企业轨道交通项目涉及跨越道路的架设设施施工，影响道路交通安全。根据《道路交通安全法》，该项目施工应当事先征得同意的部门是（　　）。

A. 道路主管部门和市政管理部门

B. 道路主管部门和公安机关交通管理部门

C. 市政管理部门和公安机关交通管理部门

D. 市政管理部门和城市管理部门

3.【2022 年·单选】根据《道路交通安全法》，关于在道路上驾车行驶的做法，错误的是（　　）。

A. 张某在非机动车道内骑行电动自行车，时速达到 20 公里

B. 某制药公司司机驾驶货车遇行人正在通过人行横道，主动停车让行

C. 某运输公司司机驾驶设计最高时速 75 公里的机动车在高速公路上行驶

D. 赵某驾驶非机动车在没有非机动车道的道路上靠车行道的右侧行驶

4.【2021 年·单选】某房屋中介公司新开业，为提升公司知名度开展宣传、咨询等活动，

其中一些活动与道路通行安全有关。根据《道路交通安全法》，关于该公司影响道路通行条件的做法，正确的是（　　）。

A. 公司临时使用公共停车场所组织开业活动

B. 在公司门前人行道上临时摆放办公桌椅接待咨询人员

C. 在道路隔离带上邻近红绿灯设置发光红色广告牌

D. 征得有关主管部门同意后开挖门前道路，设置广告牌

5.【2020年·单选】道路通行条件有明确的法律规定和要求。根据《道路交通安全法》，关于道路通行条件的说法，正确的是（　　）。

A. 铁路与道路平面交叉的道口，应当设置警示灯、警示标志或者安全防护设施，并配备专人看守

B. 穿越道路架设、增设通信线路，必须同时征得道路主管部门和公安机关交通管理部门的同意

C. 施工作业单位施工作业完毕，必须经道路主管部门和公安机关交通管理部门验收合格，方可恢复通行

D. 在城市道路范围内，在不影响行人、车辆通行的情况下，有关企事业单位可施划停车泊位

6.【2019年·单选】根据《道路交通安全法》，关于高速公路车辆通行的说法，正确的是（　　）。

A. 韩某驾驶的私家车在高速路上行驶赶往医院，时速可以超过130公里

B. 某公司运货的全挂拖斗车在高速公路上行驶，时速不得低于70公里

C. 人民法院的执法人员依法执行紧急公务时，有权在高速路上拦截检查行驶的车辆

D. 公安机关的人民警察依法执行紧急公务时，可以在高速路上拦截检查行驶的车辆

7.【2019年·单选】根据《道路交通安全法》，关于道路通行条件的说法，正确的是（　　）。

A. 在城市道路范围内，政府有关部门不得施划停车泊位

B. 施工作业单位应当在批准的路段和时间内施工作业，并在施工作业地点的去车方向设置安全警示标志

C. 工程建设需要穿越道路架设管线设施时，施工单位应当首先征得公安交通管理部门同意

D. 学校、医院、养老院门前的道路没有行人过街设施的，应当施划人行横道线，设置提示标志

8.【2019年·多选】根据《道路交通安全法》，关于道路通行的做法，正确的有（　　）。

A. 在允许拖拉机通行的道路上，张某驾驶拖拉机拒绝别人搭载

B. 适逢临近春节，某货运机动车顺路搭载了5名急于回老家的客人

C. 为装修新房，孙某将装修用的木材塞满自家的客运机动车，上路行驶

D. 某客运机动车核定载客人数为18人，实际载客21人，其中3人为儿童

E. 某残疾人驾驶机动轮椅车在非机动车道内行驶时，最高时速达14公里

第四节 特种设备安全法

【基础知识训练】   答案: 285 页

1. 【单选】根据《特种设备安全法》，关于特种设备经营的说法，正确的是 (   )。

    A. 特种设备在出租期间的使用管理义务由承租单位承担，法律另有规定的除外

    B. 特种设备在出租期间的维护保养义务由出租单位承担，当事人另有约定的除外

    C. 经营企业销售未经检验的特种设备，应当报经特种设备安全监管部门批准

    D. 进口特种设备的安装及使用维护保养说明，应当采用中文和英文两种文字

2. 【单选】依据《特种设备安全法》的规定，下列关于特种设备使用的说法，正确的是 (   )。

    A. 特种设备使用单位可以在特种设备投入使用 3 个月后，向特种设备安全监督管理部门办理使用登记

    B. 特种设备使用单位应该按照安全技术规范要求，在检验合格有效期届满前 3 个月，向特种设备检验机构提出定期检验要求

    C. 特种设备使用过程中发生紧急的情况时，安全管理人员可以决定停止使用特种设备

    D. 特种设备出现故障或者发生异常情况，使用单位在采取应急措施后可以继续使用

3. 【单选】依据《特种设备安全法》的规定，特种设备生产单位的下列人员中，无须按照国家有关规定取得相应资格的是 (   )。

    A. 特种设备安全管理人员   B. 特种设备检测人员

    C. 特种设备作业人员   D. 该单位分管安全生产的负责人

4. 【单选】依据《特种设备安全法》的规定，下列关于特种设备的生产、经营、使用的说法正确的是 (   )。

    A. 电梯安装验收合格、交付使用后，使用单位应当对电梯的安全性能负责

    B. 锅炉改造完成后，施工单位应当及时将改造方案等相关资料归档保存

    C. 进口大型起重机，应当向进口地的安全监管部门履行提前告知义务

    D. 压力容器的使用单位应当向特种设备安全监管部门办理使用登记

5. 【单选】依据《特种设备安全法》的规定，下列关于特种设备监督管理执法的说法，错误的是 (   )。

    A. 发现特种设备存在事故隐患时，应当以书面形式发出特种设备安全监察指令，责令有关单位及时采取措施予以改正或者消除事故隐患

    B. 对有证据表明不符合安全技术规范要求或者存在严重事故隐患的特种设备实施查封、扣押

    C. 特种设备安全监管部门实施安全检查时，应当至少有三名特种设备安全监察员参加

    D. 发现特种设备存在事故隐患，紧急情况下立即要求有关单位采取紧急处置措施，随后补发特种设备安全监察指令

6. 【单选】依据《特种设备安全法》，经负责特种设备安全监督管理的部门核准的检验机

构鉴定, 方可用于制造的特种设备是 (   )。

A. 小型锅炉
B. 大型起重机械
C. 轻型厂内机动车辆
D. 大型自动扶梯

7.【单选】依据《特种设备安全法》, 下列说法中错误的是 (   )。

A. 特种设备使用单位应当使用取得许可生产并经检验合格的特种设备

B. 特种设备检验、检测机构的检验、检测人员不得同时在两个以上检验、检测机构中执业

C. 特种设备达到设计使用年限应予以报废

D. 电梯的维护保养单位应当在电梯维护保养中严格执行安全技术规范的要求, 保证电梯的安全性能

8.【单选】依据《特种设备安全法》, 关于特种设备使用的说法中, 错误的是 (   )。

A. 特种设备使用单位应当建立岗位责任、隐患治理、应急救援等安全管理制度, 制定操作规程, 保证特种设备安全运行

B. 特种设备的使用应当具有规定的安全距离、安全防护措施

C. 特种设备属于共有的, 应委托物业服务单位管理特种设备, 委托人履行特种设备使用单位的义务

D. 特种设备出现故障或者发生异常情况, 特种设备使用单位应当对其进行全面检查, 消除事故隐患, 方可继续使用

9.【单选】依据《特种设备安全法》, 负责特种设备安全监督管理的部门在办理许可时, 其受理、审查、许可的程序必须公开, 并应当自受理申请之日起 (   ) 日内, 作出许可或者不予许可的决定。

A. 7
B. 30
C. 15
D. 45

10.【单选】依据《特种设备安全法》, 下列关于特种设备的监督管理的说法中, 错误的是 (   )。

A. 负责特种设备安全监督管理的部门在依法履行职责过程中, 发现重大违法行为时应当及时向上级负责特种设备安全监督管理的部门报告

B. 特种设备安全监督管理部门不得要求在其他地方取得许可的特种设备生产单位重复取得许可

C. 负责特种设备安全监督管理的部门实施安全监督检查时, 应当有二名以上特种设备安全监察人员参加

D. 负责特种设备安全监督管理的部门检查完毕后, 应由被检查单位的有关负责人签字后归档

11.【单选】依据《特种设备安全法》, 下列关于特种设备事故调查的说法中, 正确的是 (   )。

A. 特种设备发生特别重大事故, 由国务院授权有关部门组织事故调查组进行调查

B. 特种设备发生重大事故, 由省、自治区、直辖市人民政府负责特种设备安全监督管理的部门会同有关部门组织事故调查组进行调查

C. 特种设备较大事故, 由设区的市级人民政府负责特种设备安全监督管理的部门会

同有关部门组织事故调查组进行调查

　　D. 特种设备一般事故，由县级人民政府负责特种设备安全监督管理的部门会同有关部门组织事故调查组进行调查

12.【单选】根据《安全生产法》《特种设备安全法》，关于安全生产监督管理职责的说法，正确的是（　　）。

　　A. 煤矿井上、井下特种设备安全的监督管理由矿山安全监察机构负责

　　B. 海洋石油开采特种设备安全的监督管理由应急管理部门负责

　　C. 建筑工地起重机械的制造、安装、使用安全的监督管理由住房和城乡建设部门负责

　　D. 金属矿山井上、井下特种设备安全的监督管理由矿山安全监管部门负责

13.【多选】依据《特种设备安全法》，负责特种设备安全监督管理的部门在依法履行职责过程中，发现特种设备存在事故隐患时，应当（　　）。

　　A. 以书面形式发出特种设备安全监察指令

　　B. 责令有关单位及时采取措施予以改正

　　C. 责令有关单位及时采取措施消除事故隐患

　　D. 对有关单位进行行政处罚

　　E. 对特种设备进行查封、扣押

14.【多选】根据《特种设备安全法》，特种设备使用单位应当建立特种设备安全技术档案。安全技术档案应当包括的内容有（　　）。

　　A. 特种设备的日常使用状况记录

　　B. 特种设备的设计文件、产品质量合格证明

　　C. 特种设备的登记标志

　　D. 特种设备的运行故障和事故记录

　　E. 特种设备的监督检验证明

15.【多选】根据《特种设备安全法》，下列为公众提供服务的特种设备，其运营使用单位应当对特种设备的使用安全负责，设置特种设备安全管理机构或者配备专职的特种设备安全管理人员的有（　　）。

　　A. 压力管道　　　　　　　　　　B. 电梯

　　C. 锅炉　　　　　　　　　　　　D. 客运索道

　　E. 大型游乐设

16.【多选】依据《特种设备安全法》，未经监督检验或者监督检验不合格的，不得出厂或者交付使用的是（　　）。

　　A. 压力容器的制造过程　　　　　B. 起重机械的安装过程

　　C. 锅炉的制造过程　　　　　　　D. 客运索道的改造过程

　　E. 厂内专用机动车辆的改造

17.【多选】依据《特种设备安全法》，从事特种设备检验检测的机构应当具备的条件包括（　　）。

　　A. 有与检验、检测工作相适应的检验、检测人员

B. 设置安全生产管理机构或配置专职安全生产管理人员

C. 有与检验、检测工作相适应的仪器和设备

D. 通过质量管理认证体系

E. 健全的检验、检测管理制度

18. 【多选】依据《特种设备安全法》，下列应实施重点安全监督检查的特种设备包括（　　）。

A. 某幼儿园使用的锅炉

B. 某体育馆使用的电梯

C. 某大型建筑施工企业使用的起重机械

D. 某人员密集的景区使用的客运索道

E. 某危险化学品企业使用的压力容器

【能力提升训练】　　　　　　　　　　　　　　　　　　　　答案：287 页

1. 【单选】某大厦内甲、乙、丙三个公司对大厦的一部电梯拥有共同产权，其中甲公司占50%，乙公司占30%，丙公司占20%。三个公司共同委托大厦物业管理方丁公司负责管理电梯，电梯主要由丙公司日常使用。依据《特种设备安全法》，影响特种设备检验机构提出定期检验申请的单位是（　　）。

A. 甲公司　　　　B. 乙公司　　　　C. 丙公司　　　　D. 丁公司

2. 【单选】某机械制造企业的机加车间有一台在用的桥式起重机，该起重机安全检验合格有效期至 2017 年 6 月 1 日，依据《特种设备安全监察条例》的规定，下列关于该起重机的维护和检验的说法，正确的是（　　）。

A. 应当至少每季度进行一次自行检查，并作出记录

B. 应当至少每半年进行一次自行检查，并作出记录

C. 应当最迟在 2017 年 5 月 1 日前向特种设备检验检测机构提出定期检验要求

D. 应当最迟在 2017 年 4 月 1 日前向特种设备检验检测机构提出定期检验要求

3. 【单选】甲公司是一家五星级酒店，为解决蒸汽不足的问题，从乙公司购进一台蒸发量为 4 t/h 的燃气锅炉。依据《特种设备安全监察条例》，下列关于该锅炉安全管理要求的说法中，正确的是（　　）。

A. 甲公司应当在该锅炉投入使用前或者投入使用后 60 日内，向省级特种设备安全监督管理部门登记

B. 甲公司应当按照安全技术规范的要求进行锅炉水（介）质处理，并接受特种设备检验检测机构实施的水（介）质处理定期检验

C. 甲公司应当按照安全技术规范的定期检验要求，在该锅炉安全检验合格有效期届满后 30 日内，向特种设备检验检测机构提出定期检验要求

D. 在该锅炉出现故障时，乙公司应当及时全面检查及处理，经甲公司确认消除事故隐患后，方可重新投入使用

4. 【单选】甲公司为一家电梯生产企业，乙公司为一家有资质的电梯维护保养企业，丙公司为一家大型商场，丙公司从甲公司购置了一部电梯，并与乙公司签订了电梯维护保

养合同，委托乙公司负责该电梯的维护保养。下列关于该电梯使用安全管理的表述中，正确的是（　　）。

A. 丙公司负责电梯报废后的拆除工作

B. 乙公司应建立该电梯的安全技术档案

C. 乙公司应至少每月对电梯进行一次清洁、润滑、调整和检查

D. 甲公司应对该电梯安全运行方面存在的问题，提出使用改进建议

5.【单选】李某是一家特种设备检验检测单位的检验检测人员，依据《特种设备安全法》的规定，下列关于李某从事特种设备检验检测的说法，正确的是（　　）。

A. 李某需要经单位培训考核，取得上岗资格证，即可从事检验检测工作

B. 李某最多可以在两个特种设备检验检测单位中从事检验检测工作

C. 李某在检验检测中发现特种设备存在严重事故隐患，告知使用单位，并立即向特种设备安全监管部门进行报告

D. 李某得知其服务单位需更新一台压力容器，根据经验主动向该单位推荐另外品牌的压力容器

6.【单选】甲公司是某电梯的产权单位，乙公司是该电梯的制造单位，丙公司是该电梯的维护保养单位，丁公司租用甲公司大厦，并租用该电梯，双方在租赁合同中仅对大厦的租赁价格进行了约定，对其他事宜未进行约定。依据《特种设备安全法》，该电梯的租期内的使用管理由（　　）完成。

A. 甲公司　　　　B. 丁公司　　　　C. 乙公司　　　　D. 丙公司

7.【单选】某小区所安装的电梯由 A 公司负责提供，电梯使用者是小区居民，小区业主委员会就电梯管理事项对小区物业 B 公司进行委托，C 公司为该小区电梯的维保单位。依据《中华人民共和国特种设备安全法》，关于该小区电梯的做法中，正确的是（　　）。

A. C 公司应按照安全技术规范的要求，在检验合格有效期届满前一个月向特种设备检验机构提出定期检验要求

B. B 公司应当建立岗位责任、隐患治理、应急救援等安全管理制度，制定操作规程，保证特种设备安全运行

C. C 公司应当对其使用的特种设备的安全附件、安全保护装置进行定期校验、检修，并作出记录

D. A 公司应当按照安全技术规范的要求，在检验合格有效期届满前一个月向特种设备检验机构提出定期检验要求

8.【多选】某新建商贸大厦，安装一台从国外进口的观光电梯，大厦物业公司在日常使用该设备时，制定了相关的安全管理规定，根据《特种设备安全法》，下列观光电梯管理规定中，正确的有（　　）。

A. 使用前应当向进口地安监部门履行提前告知义务

B. 投入使用后 30 日内，须取得使用登记证书

C. 物业公司应当定期维护保养观光电梯

D. 出现异常情况，使用单位应立即停止运行，消除隐患后方可继续使用

E. 需配备专职的特种设备安全管理人员

9. 【多选】依据《特种设备安全法》，下列关于特种设备的检验、检测的说法中，正确的是（   ）。

A. 特种设备检验、检测机构的检验、检测人员应当经考核，取得检验、检测人员资格，方可从事检验、检测工作

B. 特种设备检验、检测机构的检验、检测人员要在多个检验、检测机构中执业，必须经有关部门批准

C. 特种设备检验、检测机构及其检验、检测人员在检验、检测中发现特种设备存在严重事故隐患时，应立即向负责特种设备安全监督管理的部门报告

D. 负责特种设备安全监督管理的部门应当组织对特种设备检验、检测机构的检验、检测结果和鉴定结论进行监督抽查，监督抽查结果应当向特种设备使用单位公布

E. 特种设备检验、检测人员不得监制、监销特种设备

10. 【多选】依据《特种设备安全法》的规定，下列关于电梯的生产、安装的说法，正确的有（   ）。

A. 企业需经负责特种设备安全监督管理的部门许可，方可从事电梯生产

B. 生产企业可以委托取得相应许可的单位为客户安装电梯

C. 电梯安装单位对电梯安全性能负责

D. 施工单位应当在电梯安装前，向企业所在地县级特种设备安全监管部门书面告知拟安装情况

E. 电梯的安装过程，应当经特种设备检验机构按照安全技术规范的要求进行监督检验

11. 【多选】根据《特种设备安全法》，关于特种设备的说法，正确的有（   ）。

A. 特种设备使用单位可以在特种设备投入使用后 30 日内，向负责特种设备安全监管的部门办理使用登记，取得使用登记证书

B. 特种设备使用单位应当使用取得许可生产并经检验合格的特种设备

C. 进口特种设备，应当向使用地负责特种设备安全监管的部门履行提前告知义务

D. 达到设计使用年限的特种设备即使按照安全技术规范要求检验或评估合格，也必须强制报废

E. 特种设备出厂时，应当随附安全技术要求的设计文件等相关技术资料和文件

12. 【多选】依据《特种设备安全法》，下列关于特种设备的使用的说法中，正确的有（   ）。

A. 为公众服务的电梯每日投入使用前，运营使用单位应当进行试运行和例行安全检查

B. 电梯的运营使用单位应当将电梯的安全使用说明、安全注意事项和警示标志置于易于为乘客注意的显著位置

C. 公众乘坐电梯应当遵守安全使用说明和安全注意事项的要求，服从有关工作人员的管理和指挥

D. 锅炉使用单位应当按照安全技术规范的要求进行锅炉水（介）质处理，并接受特

种设备检验机构的定期检验

  E. 电梯制造单位应当对其制造的电梯的安全运行情况进行跟踪调查和了解

13. 【多选】依据《特种设备安全法》，下列关于特种设备安全监督管理的部门在依法履行职责行使职权的说法中，正确的有（ ）。

  A. 向特种设备检验、检测机构的主要负责人和其他有关人员调查、了解有关情况

  B. 复制特种设备经营单位的有关合同

  C. 对存在事故隐患的特种设备实施扣押

  D. 对违法行为进行行政处罚

  E. 对流入市场的已经报废的特种设备实施销毁

【历年真题实战】答案：289 页

1. 【2023 年·单选】某公司是一家大型化工企业，有一台锅炉已经超过了设计使用年限，但并未达到报废条件，该公司拟继续使用该锅炉。根据《特种设备安全法》，关于该锅炉安全管理措施的说法，正确的是（ ）。

  A. 按照负责特种设备安全监督管理的部门要求，通过安全评估后即可使用

  B. 按照安全技术规范的要求，通过检验后即可使用

  C. 按照负责特种设备安全监督管理的部门要求，通过安全验收后即可使用

  D. 按照安全技术规范的要求通过检验或者安全评估，并办理使用登记证书变更

2. 【2023 年·单选】根据《特种设备安全法》，关于特种设备检验、检测及法律责任的说法，正确的是（ ）。

  A. 特种设备检验、检测人员可以同时在两个检验、检测机构中执业

  B. 特种设备检验、检测人员发现特种设备存在严重事故隐患的，应当立即向负责特种设备安全监督管理的部门报告

  C. 特种设备检验、检测人员开展的检验、检测，以单位名义出具报告，个人无须承担责任

  D. 负责特种设备安全监督管理的部门对检验、检测结果和鉴定结论进行监督抽查，不合格的应当向社会公布

3. 【2023 年·单选】根据《特种设备安全法》，关于特种设备安全工作的说法，正确的是（ ）。

  A. 特种设备安全工作的原则是安全第一、预防为主、节能环保和综合治理

  B. 国家对特种设备的生产、经营、使用，实施分阶段、全过程管理

  C. 国务院应急管理部门负责对全国特种设备安全实施监督管理

  D. 县级以上应急管理部门应当建立协调机制，及时协调、解决特种设备安全监督管理中存在的问题

4. 【2022 年·单选】某游乐场的客运索道在运营过程中制动器失灵，导致牵引钢丝绳断裂、吊厢坠落，事故造成 12 人死亡、6 人受伤。根据《特种设备安全法》及相关规定，负责该事故调查的牵头部门是（ ）。

  A. 县级人民政府负责特种设备安全监督管理的部门

B. 市级人民政府负责特种设备安全监督管理的部门

C. 省级人民政府负责特种设备安全监督管理的部门

D. 国务院负责特种设备安全监督管理的部门

5. 【2022年·单选】张某为某特种设备检验、检测机构的检测人员，在检测工作过程中发现某特种设备存在严重事故隐患，张某未及时告知设备单位，也未立即向负责特种设备安全监督管理的部门报告。根据《特种设备安全法》，关于该机构和张某应承担的法律责任的说法，正确的是（　　）。

A. 应当责令该机构停业整顿并处罚款

B. 应当给予张某罚款的行政处罚

C. 应当撤销张某检测人员资格

D. 应当吊销该机构检验、检测资质

6. 【2022年·多选】甲公司将其制造的电梯销售给乙公司使用。根据《特种设备安全法》及相关规定，关于电梯经营和使用的说法，正确的有（　　）。

A. 甲公司应当建立电梯检查验收和销售记录制度

B. 乙公司应当至少每30日对电梯进行一次清洁润滑和检查

C. 乙公司应当在电梯投入使用后60日内向有关部门办理使用登记

D. 甲公司应当对该电梯的安全运行情况进行跟踪调查和了解

E. 乙公司应当在检验合格有效期届满前60日向特种设备检验机构提出定期检验要求

7. 【2021年·单选】某文旅公司在其运营的景区设有客运索道。根据《特种设备安全法》，关于该公司对客运索道安全管理的说法，正确的是（　　）。

A. 应当设置专职或者兼职客运索道安全管理人员

B. 应当每周对该客运索道进行试运行和例行安全检查

C. 应当将该客运索道的安全警示标志置于易于被乘客注意的显著位置

D. 无须为该客运索道设置安全使用说明

8. 【2021年·多选】某汽车生产制造企业，厂区内新建有办公楼、组装车间、锅炉房和库房等，其中特种设备设置情况为在办公楼设置有1部直梯，组装车间设置有2台天车，锅炉房配备有1台蒸汽锅炉。根据《特种设备安全法》，关于该企业特种设备安全管理的说法，正确的有（　　）。

A. 应当制定特种设备岗位责任书、隐患治理和应急救援等制度

B. 应当为每台特种设备配备兼职安全管理人员1名

C. 必须与电梯制造单位签订电梯维修委托合同

D. 应当在特种设备投入使用前或者投入使用后30日内申请使用登记

E. 应当将登记标志存放于特种设备安全技术档案中

9. 【2020年·单选】某气瓶充装单位擅自转移被执法机关查封的气瓶，情节严重，其充装许可证于2018年6月30日被依法吊销。根据《特种设备安全法》，特种设备安全监督管理部门不予受理该单位新的许可申请的截止时间为（　　）。

A. 2021年6月30日   B. 2019年6月30日

C. 2020年6月30日   D. 2022年6月30日

10.【2020年·单选】根据《特种设备安全法》，关于电梯安装的说法，正确的是（   ）。

A. 电梯安装必须由电梯制造单位实施，禁止委托其他单位实施安装

B. 电梯安装前，应书面告知直辖市或者设区的市级人民政府负责特种设备安全监督管理的部门

C. 电梯安装单位对电梯安全性能负责，其他单位不承担任何安全责任

D. 竣工后，电梯安装施工单位应当在验收后六十日内将相关技术资料和文件移交给电梯使用单位

11.【2020年·单选】某地发生锅炉爆炸重大事故，根据《特种设备安全法》，负责组织调查该事故的部门是（   ）。

A. 国务院或者国务院授权的有关部门

B. 省级人民政府负责特种设备安全监督管理的部门会同有关部门

C. 设区的市级人民政府负责特种设备安全监督管理的部门会同有关部门

D. 国务院负责特种设备安全监督管理的部门会同有关部门

12.【2019年·单选】根据《特种设备安全法》，下列设备的安全监督管理适用该法的是（   ）。

A. 核材料运输车辆　　　　　　　B. 大型游乐设施

C. 军用起重设施　　　　　　　　D. 航天特种设备

13.【2019年·单选】根据《特种设备安全法》，关于特种设备检验、检测人员执业要求的说法，正确的是（   ）。

A. 注册安全工程师执业范围包括安全检验、检测，可以在特种设备检验、检测机构从事特种设备的检验、检测工作

B. 特种设备检验、检测机构的检验、检测人员在为客户服务时可以推荐质量、声誉好的特种设备

C. 特种设备检验、检测机构的检验、检测人员可以同时在两个以上检验、检测机构中执业

D. 特种设备检验、检测机构的检验、检测人员应当经考核取得检验、检测人员资格，方可从事检验、检测工作

14.【2019年·单选】根据《特种设备安全法》，关于特种设备安全监管的说法，正确的是（   ）。

A. 负责特种设备安全监管的部门在紧急情况下，要求有关单位采取紧急处置措施的，应当随后补发特种设备安全监察指令

B. 负责特种设备安全监管的部门在特定情形下，可以要求对已经依法在其他地方取得许可的特种设备生产单位重新取得许可

C. 负责特种设备安全监管的部门实施安全监督检查时，应当由3名以上特种设备安全监察人员参加

D. 负责特种设备安全监管的工作人员经本部门负责人同意，方可监制特种设备

15.【2019年·单选】某建筑工程公司在施工中起重机整体倾覆，事故没有造成人员伤

亡。根据《特种设备安全法》等法律法规，负责组织对该起事故调查的部门是（　　）。

A. 国务院负责特种设备安全监管的部门会同有关部门

B. 省级负责特种设备安全监管的部门会同有关部门

C. 设区的市级负责特种设备安全监管的部门会同有关部门

D. 县级负责特种设备安全监管的部门会同有关部门

16. 【2019年·多选】根据《特种设备安全法》，下列设备的制造，其设计文件需要经过特种设备安全监管部门核准的检验机构鉴定后方可实施的有（　　）。

A. 锅炉　　　　　　　　　　　　B. 气瓶

C. 客运索道　　　　　　　　　　D. 大型游乐设施

E. 电梯

第五节　建　　筑　　法

【基础知识训练】　　　　　　　　　　　　　　　　　　　答案：293 页

1. 【单选】根据《建筑法》，建筑工程开工前，（　　）应当按照国家有关规定向工程所在地县级以上人民政府建设行政主管部门申请领取施工许可证。

A. 施工单位　　　　　　　　　　B. 建设单位

C. 质量监督站　　　　　　　　　D. 监理单位

2. 【单选】根据《建筑法》，施工企业必须为职工办理的保险是（　　）。

A. 意外伤害险　　　　　　　　　B. 工伤保险

C. 职业责任险　　　　　　　　　D. 财产险

3. 【单选】依据《建筑法》，建筑施工企业在编制施工组织设计时，应当依据建筑工程的特点制定相应的安全技术措施；对专业性较强的工程项目，应当编制（　　）。

A. 专项施工方案　　　　　　　　B. 专项安全技术措施

C. 专项安全施工组织设计　　　　D. 专项设计方案

4. 【单选】依据《建筑法》，应当向建筑施工企业提供与施工现场相关的地下管线资料的是（　　）。

A. 设计单位　　　　　　　　　　B. 建设单位

C. 建立单位　　　　　　　　　　D. 市政管理部门

5. 【多选】根据《建筑法》，申请领取施工许可证应具备的条件有（　　）。

A. 已办理建筑工程用地批准手续

B. 需要拆迁的，拆迁工作已经完成

C. 已确定工程监理单位

D. 建设资金全部到位

E. 有保证工程质量和安全的具体措施

【能力提升训练】　　　　　　　　　　　　　　　答案：293 页

1.【单选】根据《建筑法》，关于建设工程依法实行工程监理的说法，正确的是（　　　）。
   A. 建设单位应当委托该工程的设计单位进行工程监理
   B. 建设单位应当委托具有相应资质等级的工程监理单位进行监理
   C. 工程监理单位不能与建设单位有隶属关系
   D. 工程监理单位不能与该工程的设计单位有利害关系

2.【单选】根据《建筑法》，关于施工许可的说法，正确的是（　　　）。
   A. 建设单位应当自领取施工许可证之日起 1 个月内开工
   B. 建设单位领取施工许可证时，应当有保证质量和安全的具体措施
   C. 中止施工满 3 年的工程恢复施工前，建设单位应当报发证机关核验施工许可证
   D. 建筑工程开工前，建设单位应当按照国家有关规定向工程所在地市级以上人民政府建设主管部门申请施工许可证

3.【单选】根据《建筑法》，关于承揽工程业务的说法，正确的是（　　　）。
   A. 企业承揽分包工程，应当取得相应建筑业企业资质
   B. 不具有相应资质等级的施工企业，可以采取同一专业联合承包的方式满足承揽工程业务要求
   C. 施工企业与项目经理部签订内部承包协议，属于允许他人以本企业名义承揽工程
   D. 自然人可以成为承揽分包工程业务的主体

4.【单选】根据《建筑法》，关于建设工程分包的说法，正确的有（　　　）。
   A. 总承包单位可以按照合同约定将建设工程部分非主体、非关键性工作分包给其他企业
   B. 总承包单位可以将全部建设工程拆分成若干部分后全部分包给其他施工企业
   C. 总承包单位可以将建设工程主体结构中技术较为复杂的部分分包给其他企业
   D. 总承包单位经建设单位同意后，可以将建设工程的关键性工作分包给其他企业

5.【单选】依据《建筑法》，下列说法中错误的是（　　　）。
   A. 施工现场安全由建筑施工企业负责。实行施工总承包的，由总承包单位负责
   B. 建筑施工企业应当依法为从事危险作业的职工办理意外伤害保险
   C. 涉及建筑主体和承重结构变动的装修工程，建设单位应当在施工前委托原设计单位或者具有相应资质条件的设计单位提出设计方案
   D. 国家鼓励建筑施工企业为从事危险作业的职工办理意外伤害保险，支付保险费

6.【单选】依据《建筑法》，下列说法中正确的是（　　　）。
   A. 建筑工程开工前，应由施工单位向有关部门申请领取施工许可证
   B. 施工许可证应向工程所在地县级以上人民政府申请
   C. 建设行政主管部门应当自收到申请之日起十五日内，对符合条件的申请颁发施工许可证
   D. 建设单位应当自领取施工许可证之日起三个月内开工

7.【单选】某建筑施工企业将施工资质证书出借给李某，李某因此成功承揽某市地铁深基

坑工程，在施工过程中由于管控不当发生生产安全事故且情节严重。根据《建筑法》，关于该建筑施工企业法律责任的说法，正确的是（　　）。

A. 责令立即改正，3 个月后方可继续施工

B. 责令停工整顿，降低资质等级

C. 没收违法所得，吊销资质证书

D. 给予罚款处罚，提请关闭企业

8.【单选】在建工程中止施工的，建设单位应当向发证机关履行报告义务。根据《建筑法》，关于建设单位向发证机关报告的说法，正确的是（　　）。

A. 因故中止施工满 1 年的工程，恢复施工前，建设单位应当报发证机关核验施工许可证

B. 因故中止施工满 2 年的工程，恢复施工前，建设单位应当报发证机关重新办理施工许可证

C. 因故中止施工的，建设单位应当自中止施工之日起 3 个月内，向发证机关报告，并按照规定做好建筑工程的维护管理工作

D. 按照国务院有关规定批准开工报告的建筑工程，因故不能按期开工超过 6 个月的，建设单位应当报发证机关核验施工许可证

9.【多选】根据《建筑法》，关于施工许可证有效期的说法，正确的有（　　）。

A. 自领取施工许可证之日起 3 个月内不能按期开工的，应当申请延期

B. 施工许可证延期以一次为限，且不超过 6 个月

C. 施工许可证延期以两次为限，每次不超过 3 个月

D. 因故中止施工的，应当自中止施工之日起 1 个月内向施工许可证发证机关报告

E. 中止施工满 6 个月以上的工程恢复施工前，应当报施工许可证发证机关核验

10.【多选】根据《建筑法》，关于总承包单位与分包单位对建设工程承担质量责任的说法，正确的有（　　）。

A. 分包单位按照分包合同的约定对其分包工程的质量向总承包单位及建设单位负责

B. 分包单位对分包工程的质量负责，总承包单位未尽到相应监管义务的，承担相应的补充责任

C. 建设工程实行总承包的，总承包单位应当对全部建设工程质量负责

D. 当分包工程发生质量责任或者违约责任，建设单位可以向总承包单位或分包单位请求赔偿；总承包单位或分包单位赔偿后，有权就不属于自己责任的赔偿向另一方追偿

E. 当分包工程发生质量责任或者违约责任，建设单位应当向总承包单位请求赔偿，总承包单位赔偿后，有权要求分包单位赔偿

【历年真题实战】　　　　　　　　　　　　　　　　　　　答案：294 页

1.【2023 年·单选】甲施工企业承担乙市政公司的道路雨污水管道工程，丙公司为监理单位。甲企业的顶管作业现场邻近丁公司的大型商场，可能会对该商场安全造成影响。根据《建筑法》，负责对商场采取安全防护措施的单位是（　　）。

　　A. 甲施工企业　　　　　　　　　　　B. 乙市政公司

　　C. 丙公司　　　　　　　　　　　　　D. 丁公司

2. 【2022 年·单选】甲企业重新装修办公大楼，涉及部分建筑主体和承重结构的变动，通过竞争性谈判选择了乙企业为施工单位，丙企业为甲企业办公大楼的原设计方，丁企业与丙企业都具有相应设计资质。根据《建筑法》，变动的设计方案应当由（　　）。

　　A. 甲企业委托乙企业提出　　　　　　B. 甲企业委托丁企业提出

　　C. 乙企业委托丙企业提出　　　　　　D. 乙企业委托丁企业提出

3. 【2022 年·单选】甲公司将某拆除工程发包给具备相应资质及安全条件的乙公司，乙公司项目经理受委托负责该拆除工程，丙公司承担拆除工程项目监理。根据《建筑法》，关于该拆除工程安全责任人的说法，正确的是（　　）。

　　A. 甲公司负责人　　　　　　　　　　B. 乙公司负责人

　　C. 乙公司项目经理　　　　　　　　　D. 丙公司负责人

4. 【2020 年·单选】甲公司为某施工项目总承包单位，乙公司为该项目分包单位。根据《建筑法》，关于施工现场安全管理责任的说法，正确的是（　　）。

　　A. 乙公司作为独立单位，承担施工作业任务，全权负责施工现场安全生产管理

　　B. 甲公司负责施工现场安全，乙公司应向甲公司负责，服从甲公司的安全生产管理

　　C. 分包合同中约定乙公司承担安全生产管理责任，甲公司不承担安全生产管理责任

　　D. 乙公司不服从甲公司安全生产管理导致生产安全事故，甲公司不承担安全生产责任

第五章　安全生产相关法律

第一节　民　法　典

【基础知识训练】　　　　　　　　　　　　　　答案：295 页

1.【单选】根据《民法典》规定，在过错责任原则中，过错是确定行为人是否承担侵权责任的核心要件。行为人的过错造成损害需要承担责任的构成要件不包括（　　）。
　　A. 存在侵权行为　　　　　　　　　B. 行为人存在过错
　　C. 无免责事由　　　　　　　　　　D. 受害人的民事权益受到损害

2.【单选】根据《民法典》规定，无过错责任的构成需要具备的要件不包括（　　）。
　　A. 造成损害
　　B. 行为人的行为与受害人的损害之间有因果关系
　　C. 存在致害行为
　　D. 致害行为与损害之间有因果关系

3.【多选】下列选项属于知识产权有（　　）。
　　A. 发明、实用新型、外观设计　　　B. 作品
　　C. 集成电路布图设计　　　　　　　D. 商标
　　E. 公民的荣誉权

4.【多选】根据《民法典》规定，民事责任的承担方式主要有（　　）。
　　A. 没收违法所得　　　　　　　　　B. 停止侵害
　　C. 消除危险　　　　　　　　　　　D. 消除影响、恢复名誉
　　E. 支付违约金

【能力提升训练】　　　　　　　　　　　　　　答案：296 页

1.【单选】下列选项关于侵权责任的特征说法，错误的是（　　）。
　　A. 侵权责任以损害赔偿为中心，但不限于损害赔偿
　　B. 侵权责任是民事责任的一种类型
　　C. 侵权责任以侵权行为为前提
　　D. 侵权责任不具有强制性

【历年真题实战】　　　　　　　　　　　　　　答案：296 页

1.【2023 年·单选】某危险化学品企业发生一起生产安全事故，造成 6 人死亡，包括 1

位公司领导、2 位正式员工、3 位劳务派遣人员。根据《民法典》，关于本次事故死亡赔偿金额的说法，正确的是（　　　）。

A. 应当按照死者身份，分别确定死亡赔偿金额

B. 死亡赔偿金额原则上不同，一人一方案

C. 为节省司法资源，死亡赔偿金额应当一致

D. 对事故中的死者，可以以相同数额确定死亡赔偿金

2.【2022 年·单选】甲市政公司将道路维修工程发包给乙公司，乙公司在道路上进行挖掘活动，但未设置安全警示标志，也未采取安全措施，行人丙夜间跌入坑中受伤。根据《民法典》，关于行人丙损害赔偿的说法，正确的是（　　　）。

A. 甲市政公司承担赔偿责任

B. 甲市政公司与乙公司承担连带责任

C. 甲市政公司与乙公司承担按份责任

D. 乙公司承担赔偿责任

第二节　刑　　法

【基础知识训练】　　　　　　　　　　　　　　　　　　　　答案：296 页

1.【单选】陈某承包经营电镀厂，未按照国家标准为电镀设备安装漏电保护装置，导致两名工人作业时触电死亡。根据《刑法》的规定，陈某的行为构成（　　　）。

A. 失职渎职罪　　　　　　　　　　　　B. 重大劳动安全事故罪

C. 强令、组织他人违章冒险作业罪　　　D. 玩忽职守罪

2.【单选】依据《刑法》的规定，由于强令、组织他人违章冒险作业而导致重大伤亡事故发生或者造成其他严重后果，情节特别恶劣的，应处以有期徒刑（　　　）。

A. 10 年以上　　　　　　　　　　　　B. 7 年以上

C. 5 年以上　　　　　　　　　　　　　D. 3 年以上

3.【单选】某施工企业，因擅自降低工程质量标准，造成一起较大事故。依据《中华人民共和国刑法》，下列对该企业直接责任人员的量刑中，合适的是（　　　）。

A. 处 2 年有期徒刑，并处罚金　　　　B. 处 4 年有期徒刑，并处罚金

C. 处 6 年有期徒刑，并处罚金　　　　D. 处 12 年有期徒刑，并处罚金

4.【单选】危险作业罪是指在生产作业中违反有关安全管理的规定，具有发生重大伤亡事故或者其他严重后果的现实危险的犯罪行为。下列关于危险作业罪构成要件的说法，错误的是（　　　）。

A. 危险作业罪的犯罪主体，包括对生产、作业负有组织、指挥或者管理职责的负责人、管理人员、实际控制人、投资人等人员，以及直接从事生产、作业的人员

B. 危险作业罪中认定是否属于"拒不执行"，应当综合考虑行政决定、命令是否具有法律、行政法规等依据，行政决定、命令的内容和期限要求是否明确、合理等

C. 危险作业罪侵犯的客体是公共安全

D. 危险作业罪的主观方面是故意，即行为人对违反安全管理的行为主观上具有明确的认识

5. 【多选】某国有化工厂发生一起重大事故，后经调查造成事故的原因是安全设施不符合国家规定，对其直接主管人员定罪和量刑恰当的是（　　）。

A. 涉嫌构成重大劳动安全事故罪　　　B. 涉嫌构成玩忽职守罪

C. 涉嫌构成重大责任事故罪　　　　　D. 判处有期徒刑 4 年

E. 判处有期徒刑 2 年

【能力提升训练】　　　　　　　　　　　　　　　　　　答案：297 页

1. 【单选】某煤矿发生透水事故，当场死亡 5 人，主管安全生产的副总经理李某未向有关部门报告，贻误了事故抢险救援的时机，又导致 3 人死亡，依据《刑法》及相关规定，对李某的处罚，下列说法正确的是（　　）。

A. 应处 3 年以下有期徒刑　　　　　　B. 应处 7 年以上有期徒刑

C. 应处 3 年以上 7 年以下有期徒刑　　D. 应处以拘役

2. 【单选】某矿井井下工人甲在工作时发现矿井通风设备出现故障，遂向当班副矿长乙报告。副矿长乙接到报告后立即安排维修工丙维修，维修工丙疏忽大意检修不到位即离开现场，副矿长乙也未做检查验收。矿井通风设备运行十几分钟后又发生故障，进而导致瓦斯聚集发生爆炸，造成 21 人死亡、1 人重伤。依据《刑法》及相关规定，下列关于对有关人员刑事责任追究的说法，正确的是（　　）。

A. 工人甲可能触犯重大责任事故罪

B. 副矿长乙可能触犯重大劳动安全事故罪

C. 维修工丙可能触犯重大劳动安全事故罪

D. 维修工丙可能触犯重大责任事故罪

3. 【多选】生产经营单位主要负责人及其有关人员涉嫌构成不报、谎报安全事故罪，应依法追究刑事责任。根据《刑法》及相关司法解释，下列不报、谎报安全事故罪的情形中，属于情节严重的有（　　）。

A. 甲公司发生锅炉爆炸事故，死亡 1 人，经理李某决定不报事故，致使不能及时有效开展事故抢救

B. 乙公司发生爆燃事故，死亡 5 人，经理张某串通安全管理人员谎报死亡 1 人，致使不能及时有效开展事故抢救

C. 丙公司发生火灾事故，在事故抢救期间投资人王某为逃避责任逃匿

D. 丁公司发生中毒事故，经理张某谎报事故，贻误事故抢救导致增加重伤 2 人

E. 戊公司经理刘某强令职工冒险作业，发生事故后毁灭与事故有关的操作记录

4. 【多选】某高新科技企业 2021 年 9 月 2 日发生一起爆炸事故，造成 3 人死亡、4 人重伤，主要负责人王某在事故发生后决定暂时不报告有关部门，导致救援不及时增加死亡 1 人。调查发现，王某对事故发生负主要责任，且在调查过程中存在作伪证的行为，其 2020 年全年收入为 200 万元。根据《安全生产法》《刑法》，关于王某法律责任追究的做法，正确的有（　　）。

A. 县级人民政府应急管理部门对王某罚款 120 万元

B. 设区的市级人民政府应急管理部门对王某罚款 200 万元

C. 王某因重大责任事故罪，被判处 4 年有期徒刑

D. 王某因不报安全事故罪，被判处 4 年有期徒刑

E. 王某因在事故调查中作伪证，被罚款 80 万元

【历年真题实战】　　　　　　　　　　　　　　　　　　答案：297 页

1.【2023 年·单选】某煤矿发生一起顶板事故，造成 3 人重伤、5 人轻伤，直接经济损失 90 万元。经查，该煤矿未取得安全生产许可证。根据《刑法》《关于办理危害生产安全刑事案件适用法律若干问题的解释》，该起事故符合"发生重大伤亡事故或者造成其他严重后果"的情形是（　　）。

A. 造成 5 人轻伤　　　　　　　　　　B. 造成 3 人重伤

C. 造成直接经济损失 90 万元　　　　　D. 未取得安全生产许可证

2.【2023 年·多选】某施工现场发生一起作业人员高处坠落事故。经初步调查，1 名作业人员因躲避往来车辆，身体向右靠在基坑临边防护上，由于防护搭设不牢固，人员和防护栏杆一同掉入基坑，造成人员当场摔死。根据《刑法》《关于办理危害生产安全刑事案件适用法律若干问题的解释》，关于该起事故刑事责任追究的说法，正确的有（　　）。

A. 应当对直接负责的主管人员判处有期徒刑或者拘役

B. 应当对事故单位处以罚金

C. 应当对责任人员处三年以上七年以下有期徒刑

D. 应当对直接负责的主管人员处以罚金

E. 应当对其他直接责任人员判处有期徒刑或者拘役

3.【2022 年·单选】某煤矿存在重大事故隐患，在责令停产整顿、暂扣安全生产许可证期间，矿长何某擅自安排 30 名作业人员下井作业。作业期间发生透水事故，20 多人被困，经全力救援，所有人员成功获救，但事故造成直接经济损失 2000 余万元。根据《刑法》《关于办理危害生产安全刑事案件适用法律若干问题的解释》，关于何某刑事责任的说法，正确的是（　　）。

A. 应当对其处一年以下有期徒刑、拘役或者管制

B. 应当对其处三年以上七年以下有期徒刑

C. 应当对其处三年以下有期徒刑或者拘役

D. 应当对其处五年以上有期徒刑

4.【2022 年·单选】某企业发生爆炸事故，县委书记李某、县长朱某接到报告赶到现场了解情况后，朱某认为被困人员获救可能性较大，建议暂不上报，李某同意。因延误救援，造成 10 人死亡，1 人失踪，直接经济损失 6000 万元。根据《刑法》《关于办理危害生产安全刑事案件适用法律若干问题的解释》，关于李某、朱某刑事责任的说法，正确的是（　　）。

A. 李某、朱某无事故报告义务，不构成犯罪

B. 李某、朱某涉嫌构成滥用职权罪

C. 朱某涉嫌构成瞒报事故罪，李某不构成犯罪

D. 李某、朱某均涉嫌构成不报安全事故罪

5. 【2022年·多选】某公司未取得危险化学品生产许可证，法定代表人张某指挥作业人员违规将卸料软管一端连接至运输罐车阀门，另一端直接插入危险化学品储罐顶部入孔进行敞开式卸料。储罐内的有毒气体从顶部入孔溢出，致使现场多人中毒死亡。根据《刑法》，张某涉嫌的罪名有（   ）。

A. 危险作业罪   B. 重大责任事故罪

C. 重大劳动安全事故罪   D. 强令、组织他人违章冒险作业罪

E. 危险物品肇事罪

6. 【2021年·单选】某露天矿洗煤厂维修工韩某、郭某进行设备检修作业时，因不遵守操作规程发生事故，造成韩某死亡、郭某轻伤。事故发生时，现场值班负责人是赵某，该洗煤厂的法定代表人是张某。该事故没有报告有关部门。根据《刑法》及《关于办理危害生产安全刑事案件适用法律若干问题的解释》，关于不报、谎报事故罪犯罪主体的说法，正确的是（   ）。

A. 郭某在事故现场，负有事故报告义务，属于不报、谎报事故罪的犯罪主体

B. 赵某是现场值班负责人，但不属于不报、谎报事故罪的犯罪主体

C. 张某负有事故报告职责，属于不报、谎报事故罪的犯罪主体

D. 洗煤厂外部人员不可能成为本次事故不报、谎报事故罪的犯罪主体

7. 【2021年·单选】为保护人民群众生命财产安全，依法打击严重安全生产违法行为，《中华人民共和国刑法修正案（十一）》新增危险作业罪。下列行为中，涉嫌构成危险作业罪的是（   ）。

A. 甲煤矿企业为逃避监管，矿长指示员工销毁超产能信息

B. 乙企业存在重大事故隐患被责令停产停业，主要负责人拒不执行

C. 丙企业未取得危险化学品安全生产许可证，安排职工进行危险化学品生产

D. 丁企业员工李某破坏本企业防爆报警装置，具有发生重大伤亡事故的现实危险

8. 【2021年·多选】构成安全生产犯罪的，应当依法承担刑事责任。根据《刑法》及相关司法解释，关于安全生产犯罪刑事责任的说法，正确的有（   ）。

A. 强令他人违章冒险作业，因而发生重大伤亡事故的，处3年以下有期徒刑或者拘役

B. 在安全事故发生后，负有报告职责的人员不报或者谎报事故的，处5年以下有期徒刑或者拘役

C. 在生产、作业中违反有关安全生产管理的规定，因而造成严重后果的，处3年以下有期徒刑或者拘役

D. 举办大型群众性活动违反安全管理规定，因而发生重大伤亡事故的，对直接负责的主管人员，处5年以下有期徒刑或者拘役

E. 安全生产条件不符合国家规定，因而发生重大伤亡事故，对直接负责的主管人员，处3年以下有期徒刑或者拘役

9. 【2020年·单选】某石膏矿发生采空区重大坍塌事故，经调查，该矿总经理尹某涉嫌

构成重大责任事故罪。根据《刑法》及相关司法解释，可以对尹某处 3 年以上 7 年以下有期徒刑的情形是（   ）。

A. 造成 1 人死亡，负事故次要责任

B. 造成 1 人死亡，负事故主要责任

C. 造成直接经济损失 500 万元，负事故主要责任

D. 造成直接经济损失 500 万元，负事故次要责任

10. 【2020 年·多选】事故单位的责任人和对事故负有监管职责的人员在事故发生后弄虚作假，贻误事故抢救，应承担相应的法律责任。根据《刑法》及相关司法解释，关于不报、谎报安全事故罪犯罪情形，应当认定为情节特别严重的有（   ）。

A. 导致事故后果扩大增加死亡 2 人以下的

B. 导致事故后果扩大增加死亡 3 人以上的

C. 导致事故后果扩大增加重伤 10 人以上的

D. 导致事故后果扩大增加经济损失 500 万元以上的

E. 采用暴力、胁迫、命令等方式阻止他人报告事故情况，导致事故后果扩大的

11. 【2019 年·单选】某市政工程公司进行地下管道安装施工，李某作为项目经理违反安全管理规定安排工人作业，造成 2 名工人死亡。根据《刑法》及相关司法解释，李某的行为涉嫌构成（   ）。

A. 一般责任事故罪
B. 重大责任事故罪
C. 强令违章冒险作业罪
D. 重大劳动安全事故罪

12. 【2019 年·单选】某自来水公司的安全设施不符合国家规定，造成 2 名工人在进行管道维修作业时死亡。根据《刑法》及相关司法解释，关于犯罪主体及其罪名的说法，正确的是（   ）。

A. 自来水公司直接责任人员涉嫌构成重大责任事故罪

B. 自来水公司负责人涉嫌构成强令违章冒险作业罪

C. 自来水公司安全管理人员涉嫌构成重大责任事故罪

D. 自来水公司直接负责的主管人员涉嫌构成重大劳动安全事故罪

第三节 行政处罚法

【基础知识训练】   答案：300 页

1. 【单选】根据不同的标准，行政处罚有不同的分类。下列行政处罚中属于行为罚的是（   ）。

A. 罚款
B. 销毁违禁物品
C. 责令停产停业
D. 没收违法所得

2. 【单选】依据《行政处罚法》的规定，限制人身自由的行政处罚只能由（   ）设定。

A. 法律
B. 行政法规
C. 地方性法规
D. 部门规章

3. 【单选】依据《行政处罚法》的规定，行政法规和地方性法规对行政处罚的设定形式和权限的区别在于（　　）。

A. 地方性法规不得设定没收违法所得和责令停产的行政处罚

B. 地方性法规不得设定吊销营业执照的行政处罚

C. 地方性法规不得设定暂扣营业执照的行政处罚

D. 地方性法规不得设定吊销许可证的行政处罚

4. 【单选】依据《行政处罚法》的规定，违法行为在两年内未被发现的，不再给予行政处罚。违法行为的期限从（　　）起计算。

A. 受害人发现其权益受到违法行为侵害之日

B. 违法行为发生之日

C. 违法行为终了之日

D. 违法行为终了之日起计算，但违法行为有连续或者继续状态的，从行为发生之日

5. 【单选】依据《行政处罚法》的规定，违法行为构成犯罪的，（　　）。

A. 追究行政责任　　　　　　　　　　　B. 不行刑事处罚

C. 依法追究刑事责任　　　　　　　　　D. 罚款

6. 【单选】依据《行政处罚法》的规定，行政处罚由违法行为发生地的县级以上地方人民政府具有行政处罚权的行政机关管辖，这种管辖属于（　　）管辖。

A. 行政　　　　　　B. 移送　　　　　　C. 属地　　　　　　D. 指定

7. 【单选】依据《行政处罚法》的规定，行政处罚案件一般由（　　）的行政机关管辖。

A. 违法行为发生地　　　　　　　　　　B. 侵权行为发生地

C. 违法行为人户籍所在地　　　　　　　D. 违法行为人经常居住地

8. 【单选】根据《行政处罚法》的规定，当事人对于责令停产停业、吊销许可证或者执照、较大数额罚款等行政处罚有异议，提出听证要求的，应当（　　）。

A. 缴纳听证费用

B. 不缴纳听证费用

C. 有困难的可以申请听证费用的减交、缓交和免交

D. 有正当理由的可以不缴纳听证费用

9. 【单选】在对违反安全生产法规的单位采取的行政处罚措施中，可以适用简易程序的是（　　）。

A. 责令停产　　　　　　　　　　　　　B. 对生产经营单位当场处以800元罚款

C. 暂扣营业执照　　　　　　　　　　　D. 罚款5万元

10. 【单选】某市负有安全监督管理职责的部门对安全生产许可证过期但仍组织生产的企业实施行政处罚，该企业不服行政处罚决定，申请行政复议，根据《行政处罚法》，在行政复议期间，该行政处罚（　　）。

A. 暂停执行　　　　　　　　　　　　　B. 不停止执行

C. 延期执行　　　　　　　　　　　　　D. 中止执行

11. 【单选】根据《行政处罚法》的规定，对于违法事实确凿并有法定依据，对公民处以200元以下、对法人或者其他组织处以3000元以下的罚款的案件，行政机关可以使用

（　　）作出决定。

A. 简易程序 　　　　　　　　　　B. 一般程序

C. 听证程序 　　　　　　　　　　D. 特殊程序

12.【单选】依据《行政处罚法》的规定，行政机关根据当事人的申请，决定举行听证的，听证的费用由（　　）承担。

A. 当事人 　　　　　　　　　　　B. 司法机关

C. 行政机关 　　　　　　　　　　D. 当事人与行政机关

13.【单选】依据《行政处罚法》的规定，行政当事人无正当理由拒不履行行政机关的处罚规定时，行政机关可以采取的措施是（　　）。

A. 直接实施强制执行

B. 向人民法院提起诉讼

C. 依法将查封、扣押的财物拍卖、依法处理或者将冻结的存款、汇款划拨抵缴罚款

D. 对到期不缴纳罚款的，每日按应罚款数额的5%加处罚款

14.【单选】依据《行政处罚法》的规定，行政机关应当建立健全对行政处罚的监督制度，（　　）应当加强对行政处罚的监督检查。

A. 县级以上人民政府 　　　　　　B. 国务院有关部门

C. 地方人大常委会 　　　　　　　D. 司法机关

15.【单选】根据《行政处罚法》，在不存在争议的情况下，两个以上行政机关都有管辖权的，由（　　）的行政机关管辖。

A. 最先立案 　　　　　　　　　　B. 最后立案

C. 行政级别高 　　　　　　　　　D. 上级行政机关指定

16.【单选】张某有违法行为被行政机关进行了行政处罚，根据《行政处罚法》，行政机关在实施行政处罚时，应对张某（　　）。

A. 进行罚款 　　　　　　　　　　B. 责令其改正违法行为

C. 进行批评教育 　　　　　　　　D. 进行行政拘留

17.【单选】徐某是尚未完全丧失辨认能力的智力残疾人士，根据《行政处罚法》，徐某有违法行为时，对其的行政处罚，正确的是（　　）。

A. 不予处罚 　　　　　　　　　　B. 加重处罚

C. 减轻处罚 　　　　　　　　　　D. 正常处罚

18.【单选】根据《行政处罚法》，当事人认为执法人员与案件有直接利害关系或者有其他关系可能影响公正执法的，有权申请回避。当事人提出回避申请的，行政机关应当依法审查，由行政机关负责人决定。决定作出之前（　　）。

A. 暂停调查 　　　　　　　　　　B. 不停止调查

C. 征求执法人员意见 　　　　　　D. 征求有关部门意见

19.【单选】根据《行政处罚法》，公开的行政处罚决定被依法变更、撤销、确认违法或者确认无效的，行政机关应当在（　　）日内撤回行政处罚决定信息并公开说明理由。

A. 3 　　　　　　B. 7 　　　　　　C. 5 　　　　　　D. 15

20. 【单选】根据《行政处罚法》，执法人员当场作出行政处罚决定的，应当向当事人出示执法证件，填写预定格式、编有号码的行政处罚决定书，并当场交付当事人。当事人拒绝签收的，执法人员应（　　　　）。

    A. 在行政处罚决定书上注明　　　　　　B. 按照行政处罚上限对其进行处罚

    C. 立即报告行政机关主要负责人　　　　D. 约定再次签收时间

21. 【多选】为了保证行政处罚活动的合法、适当，规范行政处罚实施机关及其工作人员的行政执法活动，防止行政违法和滥用行政处罚权，《行政处罚法》赋予行政相对人的权利有（　　　　）。

    A. 申辩权　　　　　　　　　　　　　　B. 仲裁权

    C. 复议权　　　　　　　　　　　　　　D. 诉讼权

    E. 索赔权

22. 【多选】依据《行政处罚法》的规定，地方性法规可以设定的行政处罚种类包括（　　　　）。

    A. 罚款　　　　　　　　　　　　　　　B. 没收违法所得

    C. 限制人身自由　　　　　　　　　　　D. 吊销企业营业执照

    E. 责令停产停业

23. 【多选】依据《行政处罚法》的规定，可以当场作出行政处罚决定的情况是（　　　　）。

    A. 违法行为轻微　　　　　　　　　　　B. 对公民处以 100 元罚款

    C. 违法人同意当场作出行政处罚　　　　D. 对法人处以 2500 元罚款

    E. 对法人给予警告

24. 【多选】依据《行政处罚法》的规定，行政处罚决定书应包含的内容有（　　　　）。

    A. 当事人的违法行为　　　　　　　　　B. 行政处罚依据

    C. 罚款数额　　　　　　　　　　　　　D. 行政机关名称

    E. 行政执法机关主要负责人的签名或者盖章

25. 【多选】依据《行政处罚法》的规定，可以当场收缴罚款的情况是（　　　　）。

    A. 对企业处以 200 元罚款　　　　　　　B. 对个人处以 150 元罚款

    C. 对个人处以 80 元罚款　　　　　　　D. 对流动经营人员作出 200 元罚款

    E. 在边远地区，当事人向指定的银行缴纳罚款确有困难的情况

26. 【多选】根据《行政处罚法》，可以决定一个行政机关行使有关行政机关的行政处罚权的是（　　　　）。

    A. 国务院　　　　　　　　　　　　　　B. 国务院有关部门

    C. 省人民政府　　　　　　　　　　　　D. 省人大常委会

    E. 设区的市人民政府

27. 【多选】根据《行政处罚法》，行政机关依照法律、行政法规规定利用电子技术监控设备收集、固定违法事实的，应当经过法制和技术审核，确保电子技术监控设备（　　　　）。

    A. 符合标准　　　　　　　　　　　　　B. 设置合理

    C. 运行正常　　　　　　　　　　　　　D. 标志明显

E. 提示有效

28.【多选】根据《行政处罚法》,证据应当包括 ( )。

A. 物证　　　　　　　　　　　　　B. 电子数据

C. 视听资料　　　　　　　　　　　D. 代理意见

E. 当事人的陈述

【能力提升训练】　　　　　　　　　　　　　　　　答案:302 页

1.【单选】依据《行政处罚法》的规定,下列关于行政处罚规定的说法,正确的是
( )。

A. 行政法规可以设定限制人身自由、吊销企业营业执照之外的行政处罚

B. 地方性法规可以设定限制人身自由、吊销企业营业执照之外的行政处罚

C. 国务院部委可以设定限制人身自由、吊销企业营业执照之外的行政处罚

D. 国务院批准的较大的市人民政府可以设定限制人身自由、吊销企业营业执照之外的
行政处罚

2.【单选】下列关于行政处罚听证的表述,正确的是 ( )。

A. 只要当事人要求听证的,实施处罚的行政机关就应当组织听证

B. 当事人必须亲自参加听证

C. 当事人不承担行政机关组织听证的费用

D. 听证可由案件的调查人员主持

3.【单选】依据《行政处罚法》的规定,下列关于行政处罚执行程序的说法,正确的是
( )。

A. 当事人对行政处罚决定不服申请行政复议或者提起行政诉讼的,行政处罚暂缓执行

B. 除法定可当场收缴罚款的情形外,作出行政处罚决定的行政机关及其执法人员不得
自行收缴罚款

C. 当事人拒不履行法定义务的,行政机关只能申请法院强制执行

D. 行政机关及其执法人员当场收缴罚款的,必须向当事人出具本部门统一制发的罚款
收据

4.【单选】依据《行政处罚法》的行政处罚决定程序,当调查终结,行政机关负责人应
当审查调查结果,酌情作出决定,下列决定正确的是 ( )。

A. 违法行为轻微的,不得给予行政处罚

B. 确有应受行政处罚的违法行为的,从重作出行政处罚决定

C. 违法行为已构成犯罪的,应当予以行政处罚后移送司法机关

D. 违法事实不能成立的,不得给予行政处罚

5.【单选】某行政机关给予某用人单位 2000 元罚款的行政处罚。依据《行政处罚法》的
规定,下列关于行政处罚执行的说法,正确的是 ( )。

A. 该单位对行政处罚决定不服申请行政复议的,行政处罚应当停止执行

B. 执法人员应当当场收缴罚款,并出具罚款收据

C. 该单位应当自收到行政处罚决定书之日起 15 日内,到指定的银行或者通过电子支

付系统缴纳罚款

    D. 该单位到期未缴纳罚款，行政机关可每日按罚款数额的千分之三加处罚款

6.【单选】依据《行政处罚法》，下列关于行政处罚执行的说法，错误的是（   ）。

    A. 行政处罚决定依法作出后，当事人应当在决定书载明的期限内，予以履行

    B. 当事人确有经济困难，需要延期或者分期缴纳罚款的，经当事人申请和行政机关批准，可以暂缓或者分期缴纳

    C. 作出罚款决定的行政机关应当与收缴罚款的机构分离

    D. 当事人应当自收到行政处罚决定书之日起十五日内，到指定的政府部门缴纳罚款

7.【单选】行政机关在对谢某进行调查时，发现其同一违法行为违反了多个法律规范的规定，根据《行政处罚法》的规定，行政机关对于谢某的处理，正确的是（   ）。

    A. 按照罚款数额高的规定处罚

    B. 根据不同的法律规范分别给予处罚

    C. 只给予一次行政处罚，应给予所违反法律规范中规定的累加处罚

    D. 可以给予罚款和行政拘留处罚

8.【单选】齐某有违法行为，行政机关拟对其进行罚款，但尚未执行。后发现齐某的违法行为构成犯罪，人民法院判处有期徒刑并处罚金 5000 元。根据《行政处罚法》，对于行政机关尚未进行的罚款，正确的是（   ）。

    A. 要求齐某缴纳罚款   B. 要求齐某缴纳罚款及滞纳金

    C. 不再给予罚款   D. 收缴罚款冲抵罚金

9.【单选】2021 年 1 月，行政机关在对马某进行调查时，发现其在 2017 年 5 月至 6 月期间存在金融安全且有危害后果的违法行为，根据《行政处罚法》，行政机关应（   ）。

    A. 给予其行政处罚   B. 不再给予其行政处罚

    C. 将其移交公安机关处理   D. 对其进行批评教育

10.【单选】刘某在 2020 年 2 月有违法行为，2021 年 3 月，该市行政机关发现刘某有该市 2018 年颁布的《××市治安处罚条例》中规定违法行为，但该条例已经于 2021 年 1 月被废止，新出台的《××市治安处罚条例》中认定刘某的行为不属于违法行为。根据《行政处罚法》，行政机关正确的做法是（   ）。

    A. 根据 2018 年颁布的《××市治安处罚条例》给予处罚

    B. 根据 2021 年颁布的《××市治安处罚条例》不予处罚

    C. 提请相关部门修改《××市治安处罚条例》

    D. 经行政机关讨论后决定是否给予处罚

11.【单选】2021 年 1 月，某化工厂接到县应急管理局的行政处罚决定书，要求 15 日内到指定银行缴纳罚款 5000 元。化工厂因故逾期 20 日未缴纳罚款。后该厂申请行政复议，行政复议用时 10 日，经行政复议，行政复议认为本次处罚认定事实清楚，证据确凿，适用依据正确，程序合法，内容适当，维持原行政处罚决定。该厂在行政复议后应缴纳的罚款数额为（   ）。

    A. 5000 元   B. 8000 元   C. 10500 元   D. 6500 元

12.【单选】未成年人的生理和心理尚未成熟，不能独立地辨别自己行为的合法性，因此，

法律对未成年人违法行为的行政处罚进行了专门规定。根据《行政处罚法》，应当从轻或者减轻行政处罚的年龄范围是（　　）。

A. 已满 12 周岁不满 16 周岁　　　　B. 已满 14 周岁不满 16 周岁

C. 已满 14 周岁不满 18 周岁　　　　D. 已满 16 周岁不满 18 周岁

13. 【单选】某县应急管理部门在查处一起批发经营不合格烟花爆竹产品违法行为时，依法对某烟花爆竹批发企业作出没收不合格烟花爆竹 200 箱、没收违法所得 5 万元、罚款人民币 5000 元的处罚决定。根据《行政处罚法》，关于本案所涉行政处罚的说法，正确的是（　　）。

A. 该企业 10 日内未缴纳罚款的，应当每日按罚款数额的 3% 加处罚款

B. 该企业地处边远地区，县应急管理部门应当当场收取罚款

C. 该县应急管理部门应当对没收的烟花爆竹予以拍卖，并将拍卖款项上交国库

D. 该企业逾期未缴纳罚款的，县应急管理部门可以申请人民法院强制执行

14. 【多选】依据《行政处罚法》的规定，下列有关行政处罚适用的表述，正确的有（　　）。

A. 行政处罚的追诉时效为 3 年

B. 行政处罚由违法行为发生地的乡镇人民政府行政机关管辖

C. 行为人的违法行为受他人胁迫作出的，应当依法从轻或减轻处罚

D. 行为人的违法行为轻微并及时纠正，没有造成危害后果的，不予行政处罚

E. 行为人的违法行为构成犯罪，将案件移送司法机关，依法追究刑事责任

15. 【多选】根据《行政处罚法》，行政处罚决定依法作出后，当事人应当在行政处罚决定书载明的期限内，予以履行。当事人确有经济困难，需要延期或者分期缴纳罚款的，可以分期或延缓缴纳，关于延期或者分期缴纳罚款，正确的是（　　）。

A. 应经当事人申请

B. 应经行政机关批准

C. 应经银行同意

D. 应报上级行政机关备案

E. 如当事人逾期不履行申请人民法院强制执行的期限，自暂缓或者分期缴纳罚款期限开始之日起计算

16. 【多选】行政处罚应当遵循行政合法原则，否则，行政机关作出的行政处罚决定可能无效。根据《行政处罚法》，下列情形中，属于无效行政处罚的有（　　）。

A. 某应急管理部门依据县人民政府文件责令甲公司停产停业

B. 某矿山安全监察机构对制造煤矿井下特种设备的乙公司作出行政处罚

C. 某公安机关对李某作出罚款的行政处罚时，立案审批表遗漏了填写日期

D. 某市场管理部门对丙企业作出行政处罚决定后未送达

E. 某应急管理部门根据中止听证的笔录对丁企业作出行政处罚决定

【历年真题实战】　　　　　　　　　　　　　　　　　　　　答案：304 页

1. 【2023 年·单选】6 月 5 日，某市应急管理部门在执法检查中发现某企业违规存放大量

易燃易爆物品，拟作出罚款 30 万元的行政处罚，并于当日告知该企业。该企业负责人认为处罚过重，提出听证申请。根据《行政处罚法》，关于行政处罚听证程序的说法，正确的是（　　）。

A. 该企业应当最迟在 6 月 15 日前提出听证申请

B. 市应急管理部门应当在举行听证的 15 日前通知该企业

C. 市应急管理部门可以指定本案调查人员主持听证

D. 该企业可以委托企业工作人员参加听证

2. 【2021 年·单选】有关机关作为行政处罚的主体，应当依法行使行政处罚权。根据《行政处罚法》，关于行政处罚的种类及规定的说法，正确的是（　　）。

A. 国家行政机关都有行政处罚权

B. 行政机关所作出的警告处罚属于声誉罚

C. 行政机关所作出的加处罚款属于财产罚

D. 部门规章可以设定吊销证照的行政处罚

3. 【2021 年·单选】行政处罚的管辖和适用应依法进行。根据《行政处罚法》，关于行政处罚的管辖和适用的做法，正确的是（　　）。

A. 张某是甲市人，在乙市驾驶车辆发生违章行为，乙市的公安交通管理行政部门对其进行行政处罚

B. 赵某驾驶私家车在某镇超速行驶，该镇政府综合执法大队对其进行行政处罚

C. 李某在驾车行驶时突发精神疾病，车辆失去控制造成多车受损，当地公安交通管理行政部门对其进行行政处罚

D. 王某 13 岁，在机动车道路上使用滑行工具并闯红灯，当地公安交通管理行政部门对其作出警告的行政处罚

4. 【2020 年·单选】某县应急管理部门对甲公司进行现场检查时，发现甲公司存在事故隐患，要求甲公司限期消除。期限届满，甲公司未采取任何有效措施消除事故隐患。该县应急管理部门对甲公司的行为依法责令停产停业整顿，并处 20 万元罚款。根据《行政处罚法》，关于行政处罚程序的说法，错误的是（　　）。

A. 县应急管理部门调查取证时，不得少于 2 名执法人员

B. 该行政处罚应当进行法制审核

C. 该行政处罚不适用听证程序

D. 该行政处罚应当进行集体讨论决定

5. 【2020 年·单选】根据《行政处罚法》，下列行政行为中，属于行政处罚的是（　　）。

A. 责令改正安全生产违法行为　　　　B. 责令立即排除事故隐患

C. 查封不符合国家标准的设备　　　　D. 没收非法所得

6. 【2019 年·单选】某市安全监管部门对该市一木材加工有限公司进行执法检查，发现该公司多套安全设备的安装、使用不符合国家标准，遂依法作出罚款 5 万元的行政处罚。根据《行政处罚法》，关于该罚款收缴的说法，正确的是（　　）。

A. 该市安全监管部门作出处罚决定后，执法人员应当当场收缴罚款，将罚款交到银行

B. 该公司自收到处罚决定书之日起 15 日内应当到指定的银行或者通过电子支付系统缴纳罚款，银行将收缴的罚款直接上缴国库

C. 该公司自收到处罚决定书之日起 7 日内应当到该市安全监管部门缴纳罚款，安全监管部门将收缴的罚款直接上缴银行

D. 该公司自收到处罚决定书之日起 30 日内应当到该市安全监管部门缴纳罚款，安全监管部门将收缴的罚款直接上缴国库

7. 【2019 年·多选】根据《行政处罚法》，关于行政处罚管辖的说法，正确的有（　　）。

A. 地域管辖以违法行为发生地的行政机关管辖为一般原则

B. 对管辖发生争议的，报请共同的上一级行政机关指定管辖

C. 行政处罚由具有行政处罚权的行政机关在法定职权范围内实施

D. 行政处罚由违法行为发生地的县级以上人民政府具有行政处罚权的行政机关管辖

E. 行政处罚由违法行为人所在地的县级以上人民政府具有行政处罚权的行政机关管辖

第四节　行政强制法

【基础知识训练】　　　　　　　　　　　　　　　　　　　答案：306 页

1. 【单选】下列选项不属于行政强制措施的种类有（　　）。
   A. 冻结存款、汇款　　　　　　　　B. 限制公民人身自由
   C. 查封场所、设施或者财物　　　　D. 责令停产停业

2. 【单选】下列选项不属于行政强制执行的方式的是（　　）。
   A. 加处罚款或者滞纳金　　　　　　B. 划拨存款、汇款
   C. 没收全部财产　　　　　　　　　D. 排除妨碍、恢复原状

3. 【单选】有下列（　　）的情形，行政机关应当及时作出解除查封、扣押决定。
   A. 当事人有违法行为
   B. 查封、扣押的场所、设施或者财物与违法行为有关
   C. 行政机关对违法行为未作出处理决定
   D. 查封、扣押期限已经届满

4. 【单选】根据《行政强制法》规定，下列（　　）情形可以终结执行。
   A. 当事人履行行政决定确有困难或者暂无履行能力的
   B. 第三人对执行标的主张权利，确有理由的
   C. 行政机关认为需要中止执行的其他情形
   D. 公民死亡，无遗产可供执行，又无义务承受人的

5. 【单选】根据《行政强制法》规定，下列（　　）情形可以中止执行。
   A. 执行可能造成难以弥补的损失，且中止执行不损害公共利益的
   B. 法人或者其他组织终止，无财产可供执行，又无义务承受人的
   C. 执行标的灭失的

D. 据以执行的行政决定被撤销的

6. 【单选】申请人民法院强制执行，人民法院应当自受理之日起（　　）内作出是否执行的裁定。

A. 15 日　　　　　　B. 20 日　　　　　　C. 30 日　　　　　　D. 60 日

【能力提升训练】　　　　　　　　　　　　　　　　　　　　　　　　　答案：306 页

1. 【单选】行政机关作出强制执行决定前，应当事先催告当事人履行义务。催告应当以书面形式作出，下列说法错误的是（　　）。

A. 履行义务的期限

B. 履行义务的方式

C. 涉及金钱给付的，不用明确的金额和给付方式

D. 当事人依法享有的陈述权和申辩权

2. 【多选】行政机关实施行政强制措施的程序有（　　）。

A. 实施前须向行政机关负责人报告并经批准

B. 由一名以上行政执法人员实施

C. 出示执法身份证件

D. 通知当事人到场

E. 听取当事人的陈述和申辩

3. 【多选】行政机关向人民法院申请强制执行，应当提供的材料有（　　）。

A. 强制执行申请书

B. 行政决定书及作出决定的事实、理由和依据

C. 代理人的意见及行政机关催告情况

D. 申请强制执行标的情况

E. 法律、行政法规规定的其他材料

4. 【多选】人民法院发现有下列（　　）情形之一的，在作出裁定前可以听取被执行人和行政机关的意见。

A. 明显缺乏事实根据的

B. 明显缺乏法律、法规依据的

C. 其他明显违法并损害被执行人合法权益的

D. 被执行人提出异议的

E. 以上选项都正确

【历年真题实战】　　　　　　　　　　　　　　　　　　　　　　　　　答案：307 页

1. 【2022 年·单选】某县应急管理部门对某化工企业进行现场执法检查时，发现该企业使用不符合保障安全生产国家标准的设备，遂予以扣押。根据《行政强制法》，关于扣押该设备及相关责任的说法，正确的是（　　）。

A. 县应急管理部门承担扣押设备的保管费用

B. 化工企业承担扣押期间设备损毁的责任

C. 化工企业承担该设备委托机构鉴定的费用

D. 扣押设备的期限不得超过 15 日

第五节　劳　动　法

【基础知识训练】　　　　　　　　　　　　　　　　　答案：307 页

1.【单选】根据《劳动法》的规定，应当给予特殊保护的未成年工是指（　　）的劳动者。
    A. 年满 12 周岁未满 14 周岁　　　　　B. 年满 14 周岁未满 16 周岁
    C. 年满 14 周岁未满 18 周岁　　　　　D. 年满 16 周岁未满 18 周岁

2.【单选】依据《劳动法》的规定，下列企业对女职工的工作安排，符合女职工特殊保护规定的是（　　）。
    A. 某矿山企业临时安排女职工到井下工作 1 天
    B. 某翻译公司安排已怀孕 3 个月的女职工本周每天加班 1 小时
    C. 某医院安排女护士（孩子 5 个月大）值夜班
    D. 某食品公司安排女职工在例假期间从事冷库搬运作业

3.【单选】依据《劳动法》的规定，用人单位不得安排女职工在哺乳未满 1 周岁的婴儿期间从事的工作是（　　）。
    A. 第一级体力劳动强度的劳动　　　　　B. 夜班劳动
    C. 电工　　　　　　　　　　　　　　　D. 驾驶机动车

4.【单选】某汽车制造公司从技校毕业生中招收了一批新员工，拟安排从事喷漆作业。依据《劳动法》的规定，该公司拟安排从事喷漆作业的新员工应至少年满（　　）周岁。
    A. 16　　　　　　B. 18　　　　　　C. 20　　　　　　D. 22

5.【单选】女职工李某正在哺乳 10 个月的婴儿。依据《劳动法》，李某所在单位可以安排她从事的劳动是（　　）。
    A. 夜班劳动　　　　　　　　　　　　　B. 延长工作时间的劳动
    C. 国家规定的第二级体力劳动强度的劳动　D. 国家规定的第三级体力劳动强度的劳动

6.【多选】依据《劳动法》，禁止用人单位安排未成年工从事的劳动有（　　）。
    A. 矿山井下劳动　　　　　　　　　　　B. 有毒有害劳动
    C. 低温作业劳动　　　　　　　　　　　D. 国家规定的第三级体力劳动强度的劳动
    E. 国家规定的第四级体力劳动强度的劳动

7.【多选】某单位如下工作安排中，符合《劳动法》劳动保护规定的有（　　）。
    A. 安排怀孕 6 个月的女工钱某从事夜班工作
    B. 安排 17 岁的李某担任矿井安检员
    C. 安排女工赵某在经期从事冷水作业
    D. 批准女工孙某休产假 120 天

E. 安排 15 岁的周某担任仓库管理员

8. 【多选】根据《劳动法》，下列职工中可以从事第三级体力劳动强度劳动的是（　　　）。

A. 甲煤矿女工

B. 乙危险化学品生产企业处于例假期的女工

C. 丙烟花爆竹生产企业怀孕期女工

D. 丁剧毒化学品生产企业 19 岁工人

E. 戊道路运输企业抚养 2 岁儿子的女工

9. 【多选】为减少和解决女职工在劳动中因生理特点造成特殊困难，保护女职工的健康，《劳动法》《女职工劳动保护特别规定》中针对女职工劳动做出了具体规定。依据《劳动法》，女职工不得从事的劳动有（　　　）。

A. 高处作业
B. 矿山井下工作

C. 冷水作业
D. 国家规定的第四级体力劳动强度的劳动

E. 低温作业

10. 【多选】依据《劳动法》，女职工在经期不得从事的劳动包括（　　　）。

A. 夜班劳动
B. 高温作业

C. 冷水作业
D. 国家规定的第二级体力劳动强度的劳动

E. 高处作业

【能力提升训练】

答案：308 页

1. 【单选】根据《劳动法》，下列关于女职工特殊保护的说法中，正确的是（　　　）。

A. 禁止安排女职工从事矿山井下、国家规定的第三级体力劳动强度的劳动和其他禁忌从事的劳动

B. 不得安排女职工在经期从事高处、低温、冷水作业和国家规定的第二级体力劳动强度的劳动

C. 不得安排女职工在怀孕期间从事国家规定的第三级体力劳动强度的劳动和孕期禁忌从事的劳动

D. 不得安排女职工在哺乳未满一周岁的婴儿期间从事国家规定的第二级体力劳动强度的劳动和哺乳期禁忌从事的其他劳动

2. 【单选】根据《劳动法》，关于妇女、未成年人劳动保护的说法，错误的有（　　　）。

A. 企业应当为未成年工定期进行健康检查

B. 企业不得安排未成年人从事有毒有害的劳动

C. 企业不得安排妇女从事高处、低温、冷水作业

D. 企业不得安排妇女从事国家规定的第 4 级体力劳动强度的劳动

3. 【单选】某公司有女职工和未成年工。根据《劳动法》，下列对女职工和未成年工特殊保护的做法中，正确的是（　　　）。

A. 该公司安排 17 周岁员工李某从事矿山井下的劳动

B. 该公司安排 16 周岁员工王某从事第二级体力劳动强度的后勤保障工作

C. 该公司安排女职工金某生育期间休两个月的产假

D. 该公司安排怀孕七个月以上的女职工胡某夜班劳动

4.【多选】根据《劳动法》，关于妇女、未成年人劳动保护的说法，正确的有（　　）。

A. 企业应当为未成年工定期进行健康检查

B. 企业不得聘用未满 18 周岁的未成年人

C. 企业不得安排未成年人从事有毒有害的劳动

D. 企业不得安排妇女从事高处、低温、冷水作业

E. 企业不得安排妇女从事国家规定的第 4 级体力劳动强度的劳动

5.【多选】某厂洗刷车间女职工范某于 2021 年 1 月 5 日产下一名男婴，2021 年 4 月 1 日重返工作岗位，该车间主任对范某的工作安排，符合《劳动法》要求的是（　　）。

A. 安排范某从事第二级体力劳动强度的工作

B. 安排范某值夜班并为其提供休息室

C. 要求范某每周加班时间合计不得超过 3 小时

D. 安排范某从事高处作业

E. 安排范某从事有毒有害作业

【历年真题实战】　　　　　　　　　　　　　　　　　　　　答案：309 页

1.【2023 年·单选】某食品公司新招聘一批工人。其中，李某和王某被分配在包装车间。李某已怀孕 2 个月，王某现年 17 周岁。根据《劳动法》，关于女职工和未成年工特殊保护的说法，正确的是（　　）。

A. 该公司不得安排王某从事有毒有害的工作

B. 该公司不得安排李某加班

C. 该公司不得安排李某从事国家规定的第二级体力劳动强度的工作

D. 该公司不得安排王某加班

2.【2022 年·单选】甲、乙、丙、丁是某煤业公司的四名职工。甲男，17 周岁；乙女，矿井建设工程技术专业毕业；丙女，已怀孕 7 个月；丁女，育有 10 个月的婴儿。根据《劳动法》，关于该公司工作岗位安排的做法，正确的是（　　）。

A. 安排甲从事井下作业

B. 安排乙从事井下设备布置工作

C. 安排丙从事第二级体力劳动强度的工作

D. 安排丁暂时顶替某职工夜间值班

3.【2021 年·单选】某公司招用未满 17 周岁的周某。根据《劳动法》及相关规定，关于该公司对周某工作安排和健康检查的做法，正确的是（　　）。

A. 根据劳动合同约定安排周某从事接触有毒物质的劳动

B. 安排周某从事国家规定的第三级体力劳动强度的劳动

C. 在生产任务紧急时安排周某到矿山井下加班

D. 根据工作安排对周某不定期进行健康检查

4.【2019 年·单选】某医院年轻女职工较多，并且处于生育和哺乳高峰期。该医院安排（　　）的女职工值夜班或者加班工作，违反了《劳动法》。

A. 怀孕 3 个月   B. 怀孕 6 个月

C. 哺乳出生未满 9 个月婴儿   D. 哺乳出生未满 15 个月婴儿

第六节 劳动合同法

【基础知识训练】 答案：310 页

1. 【单选】根据《劳动合同法》，用人单位与劳动者已建立劳动关系，未同时订立书面劳动合同的，应当自用工之日起（　　）内订立书面劳动合同。

A. 1 个月   B. 2 个月   C. 3 个月   D. 6 个月

2. 【单选】根据《劳动合同法》，劳动者不能胜任工作，经过培训或者调整工作岗位，仍不能胜任工作，用人单位决定解除劳动合同的，需要提前（　　）以书面形式通知劳动者本人。

A. 10 日   B. 15 日   C. 20 日   D. 30 日

3. 【单选】根据《劳动合同法》，劳动者在试用期内被证明不能胜任工作，用人单位决定解除劳动合同的，需要提前（　　）以书面形式通知劳动者本人。

A. 30 日   B. 60 日   C. 20 日   D. 0 日

4. 【单选】依据《劳动合同法》的规定，用人单位自用工之日起超过 1 个月不满 1 年未与劳动者订立书面劳动合同的，应当向劳动者每月支付（　　）的工资。

A. 1 倍   B. 2 倍   C. 3 倍   D. 5 倍

5. 【单选】依据《劳动合同法》，用人单位可以额外支付劳动者一个月工资后与解除劳动合同的情形是（　　）。

A. 劳动者因公负伤，在规定的医疗期满后不能从事原工作，也不能从事由用人单位另行安排的工作

B. 劳动者不能胜任工作，经过培训或者调整工作岗位，仍不能胜任工作

C. 劳动者严重违反用人单位的规章制度

D. 劳动者严重失职给用人单位造成重大损害

6. 【单选】用人单位应当依法与劳动者签订劳动合同，约定工作内容、工作时间、劳动报酬、竞业限制和违约补偿等事项。根据《劳动合同法》，关于订立劳动合同的说法，正确的是（　　）。

A. 用人单位与劳动者自签订劳动合同之日起，与劳动者建立劳动关系

B. 用人单位与劳动者签订 2 年期限劳动合同，试用期不得超过 2 个月

C. 劳动者试用期工资不得低于本单位最低工资或者劳动合同约定工资的 80%

D. 劳动者违反服务期约定，支付违约金的数额不得超过劳动者已取得的报酬

7. 【多选】劳动合同履行过程中，劳动者不需事先告知用人单位，可以立即与用人单位解除劳动合同的情形有（　　）。

A. 在试用期内证明不符合录用条件的

B. 用人单位濒临破产

C. 用人单位未依法缴纳社会保险费

D. 用人单位违章指挥、强令冒险作业危及劳动者人身安全

E. 用人单位以暴力、威胁手段强迫劳动者劳动

8. 【多选】下列终止劳动合同的情形中，用人单位应向劳动者支付经济补偿的有（　　）。

A. 用人单位未及时足额支付劳动报酬，解除劳动合同的

B. 劳动合同期满，但劳动者不同意按原劳动合同条件续订劳动合同，终止固定期限劳动合同的

C. 因劳动者同时与他人建立劳动管理，对完成本单位的工作任务造成严重影响，解除劳动合同的

D. 用人单位与劳动者协商一致，解除劳动合同的

E. 劳动者不能胜任工作，经培训或者调整工作岗位后仍不能胜任工作，解除劳动合同的

9. 【多选】下列情形中，用人单位可以随时解除劳动合同的有（　　）。

A. 在试用期间被证明不符合录用条件的

B. 严重违反用人单位规章制度的

C. 被依法追究民事责任的

D. 不能胜任工作，经过培训或者调整工作岗位，仍不能胜任工作的

E. 严重失职，营私舞弊，对用人单位利益造成重大损害的

10. 【多选】依据《劳动合同法》，用人单位不得解除劳动合同的情况包括（　　）。

A. 职工从事接触职业病危害作业的劳动者未进行上岗前职业健康检查

B. 职工原在军队服役，因公负伤致残，已取得革命伤残军人证，到本单位后旧伤复发

C. 职工在本单位因工负伤未丧失劳动能力

D. 职工非因工负伤，在规定的医疗期内

E. 女职工在哺乳期

【能力提升训练】　　　　　　　　　　　　　　　　　　　　　　　　答案：311 页

1. 【单选】甲与某施工企业签订了一份 2 年期的劳动合同，合同中约定的生效时间为 2014 年 5 月 1 日，为了考察甲是否具备相应的工作能力，合同约定了试用期，则试用期最长截止于（　　）。

A. 2014 年 6 月 1 日　　　　　　　　　　B. 2014 年 7 月 1 日

C. 2014 年 8 月 1 日　　　　　　　　　　D. 2014 年 11 月 1 日

2. 【单选】甲应聘到某施工单位，双方于 2014 年 6 月 1 日签订为期 3 年的劳动合同，其中约定试用期 3 个月，次日合同开始履行。2014 年 10 月 12 日，甲拟解除劳动合同，则（　　）。

A. 必须取得用人单位同意

B. 口头通知用人单位即可

C. 应提前 30 日以书面形式通知用人单位

D. 应报请劳动行政主管部门同意后以书面形式通知用人单位

3. 【单选】甲、乙、丙、丁均是某煤矿企业的员工，依据《劳动合同法》的规定，下列关于劳动合同解除的说法，正确的是（   ）。

A. 企业如果强令甲冒险作业并危及其人身安全，甲有权拒绝作业，但不能立即解除劳动合同

B. 乙非因工负伤，在规定的医疗期内，企业可以和乙解除劳动合同

C. 丙为疑似职业病病人，目前正在诊断期间，企业此时不能解除劳动合同

D. 丁经过企业培训后仍然不能胜任现在的工作，企业提前 10 日以书面形式通知丁后，可以解除劳动合同

4. 【单选】赵某与某公司签订了劳动合同，该公司为其提供专项培训费用进行专业技术培训，赵某取得电焊工特种作业资格证。该公司由于转产进行裁员，与赵某解除了劳动合同。依据《劳动合同法》的规定，下列关于赵某与该公司权利义务的说法，正确的是（   ）。

A. 赵某应向该公司返还为其支付的专业技术培训费

B. 该公司在解除与赵某的劳动合同前，应组织对赵某进行离岗前职业健康检查

C. 赵某离职后 3 年内不得到与该公司从事同类业务的有竞争关系的其他用人单位就业

D. 该公司可以直接单方解除与赵某的劳动合同

5. 【单选】甲建筑公司与在其公司工作了十五年的海外部副总王经理解除了劳动合同，之前 12 个月王经理的平均工资为 8000 元，当地的市级人民政府公布的本地区上年度职工月平均工资为 2500 元。甲建筑公司向王经理支付经济补偿的月工资标准应按（   ）支付。

A. 2500 元   B. 8000 元   C. 7500 元   D. 24000 元

6. 【单选】某施工企业与李某协商解除劳动合同，李某在该企业工作了 2 年 3 个月，在解除合同前 12 个月李某月平均工资为 6000 元，根据《劳动合同法》，该企业应当给予李某经济补偿（   ）。

A. 6000 元   B. 12000 元   C. 18000 元   D. 15000 元

【历年真题实战】   答案：312 页

1. 【2023 年·单选】某建筑公司仓库突发火灾，该公司副总经理马某为减少经济损失，在没有任何防护措施的情况下，强令员工李某进入着火的仓库搬出存放的沥青卷材，并称若李某不服从安排就予以辞退。根据《劳动合同法》，关于该公司与李某之间劳动合同的履行的说法，正确的是（   ）。

A. 李某应当服从马某安排，立即进入仓库搬运沥青卷材

B. 李某可以不服从马某安排，并立即解除与该公司的劳动合同，但应当事先告知该公司

C. 李某可以不服从马某安排，并立即解除与该公司的劳动合同，无需事先告知该公司

D. 李某可以不服从马某安排，并立即解除与该公司的劳动合同，但无权获得经济补偿

2. 【2023年·单选】2022年5月10日，张某进入某公司工作；同年6月1日，张某与该公司签订了一年期的劳动合同，约定试用期为一个月。根据《劳动合同法》，关于该劳动合同订立的说法，正确的是（   ）。

A. 张某与该公司2022年6月1日建立劳动关系

B. 合同自2022年7月1日起生效

C. 合同自2022年6月1日起生效

D. 张某与该公司2022年7月1日建立劳动关系

3. 【2022年·单选】李某是某建筑公司的员工。某日，该公司的建筑工地仓库突发火灾，公司安全副总王某为减少经济损失，在没有采取任何防护措施的情况下，强行要求李某进入着火的仓库搬出存放的沥青卷材，并称李某若不服从安排就予以辞退。根据《劳动合同法》，关于李某采取措施的说法，正确的是（   ）。

A. 李某应当服从王某安排，立即进入仓库搬运沥青卷材，公司应给予经济补偿

B. 李某应当服从王某安排，有权立即解除劳动合同，但需要事先告知公司，可以获得经济补偿

C. 李某有权不服从王某安排，可以立即解除劳动合同，不需事先告知公司，可以获得经济补偿

D. 李某有权不服从王某安排，可以立即解除劳动合同，但需要事先告知公司，不能获得经济补偿

4. 【2022年·单选】某公司新招录甲、乙、丙、丁四名员工。根据《劳动合同法》，关于该公司与新员工订立劳动合同的做法，正确的是（   ）。

A. 因甲为财务主管，在订立劳动合同时约定暂扣其身份证

B. 因乙先行入职，在入职之日起第20天与其订立劳动合同

C. 与丙订立劳动合同的期限为一年，约定其试用期为70天

D. 因丁为高级管理人员，劳动合同约定其离职后的竞业限制期限为3年

5. 【2021年·单选】某矿业公司依法与劳动者签订书面劳动合同，双方约定履行各自的义务。根据《劳动合同法》，关于履行该劳动合同的说法，正确的是（   ）。

A. 该矿业公司在生产设备发生故障需要抢修时，要求职工加班，职工有权拒绝

B. 职工因培训考核不合格，该矿业公司调整职工到新的工作岗位，职工有权拒绝

C. 该矿业公司因生产任务调整致使职工的工作岗位被取消，调整职工到新工作岗位，职工有权拒绝

D. 该矿业公司的矿井因存在重大事故隐患被责令封堵后，矿长安排职工下井作业，职工有权拒绝

6. 【2021年·多选】公司新招用劳动者时应当与劳动者签订劳动合同。根据《劳动合同法》，关于公司与劳动者订立劳动合同的说法，正确的有（   ）。

A. 劳动关系自签订书面劳动合同之日起建立

B. 有权了解劳动者的家庭财产、婚姻状况等个人情况

C. 与同一劳动者只能约定一次试用期

D. 有权要求劳动者提供订立和履行劳动合同的保证金

E. 应当如实告知劳动者劳动条件、安全生产状况等情况

7.【2020年·单选】某建筑公司的管理人员强令其员工冒险作业，威胁到员工人身安全。根据《劳动合同法》，关于该员工的做法，错误的是（　　）。

　A. 立即解除劳动合同　　　　　　　　B. 拒绝执行命令

　C. 要求给予风险补贴　　　　　　　　D. 控告用人单位

8.【2019年·单选】张某在单位从事接触职业病危害作业的劳动，根据《劳动合同法》，该单位未对张某进行（　　），不得解除与张某订立的劳动合同。

　A. 身体健康综合评估检查　　　　　　B. 上岗前职业健康检查

　C. 在岗期间职业健康检查　　　　　　D. 离岗前职业健康检查

第七节　突发事件应对法

【基础知识训练】　　　　　　　　　　　　　　　　　　　　答案：313页

1.【单选】依据《突发事件应对法》规定，国家应当建立健全突发事件应急预案体系，突发事件应急预案的制定、修订程序由（　　）规定。

　A. 地方政府　　　　　　　　　　　　B. 国家应急中心

　C. 安全生产监督管理总局　　　　　　D. 国务院

2.【单选】依据《突发事件应对法》的规定，社会安全事件发生后，针对事件的性质和特点，依据有关法律，行政法规和国家其他有关规定，采取应急处理措施的部门是（　　）。

　A. 人民法院　　　　　　　　　　　　B. 公安机关

　C. 安全监督部门　　　　　　　　　　D. 突发事件应急小组

3.【单选】较大的突发事件，由发生地（　　）统一领导和协调应急处置工作。

　A. 县级人民政府　　　　　　　　　　B. 县级人民政府建设主管部门

　C. 设区的市级人民政府　　　　　　　D. 设区的市级人民政府建设主管部门

4.【多选】《突发事件应对法》所指的突发事件具有下列（　　）特征。

　A. 紧迫性　　　　　　　　　　　　　B. 破坏性

　C. 危害性　　　　　　　　　　　　　D. 私力救济即可解决

　E. 明显的公共性或者社会性

5.【多选】依据《突发事件应对法》的规定，在突发事件的分类中，下列（　　）属于事故灾难。

　A. 自然灾害　　　　　　　　　　　　B. 交通运输事故

　C. 公共设施和设备事故　　　　　　　D. 环境污染和生态破坏事件

　E. 社会安全事件

6.【多选】《突发事件应对法》规定的应急管理机制，在责任义务的确定中应当遵守的原则包括（　　）。

　A. 属人为主　　　　　　　　　　　　B. 分级负责

C. 条块结合
D. 鼓励越级
E. 分类管理

7. 【多选】依据《突发事件应对法》的规定，突发事件预防与应急准备的基础性工作主要包括（　　）。

A. 制定应急预案
B. 建设应急避难场所
C. 封锁危险场所
D. 建立健全监测预警制度
E. 开展应急培训

8. 【多选】下列各项属于应急保障措施内容的有（　　）。

A. 治安维护
B. 人员防护
C. 医疗卫生保障
D. 预防与预警机制
E. 人力资源保障

9. 【多选】下列各项属于县级人民政府应急能力建设内容的有（　　）。

A. 组织开展应急宣传普及和必要的演练
B. 建立应急通信保障
C. 开展学校应急教育
D. 鼓励并发展保险事业
E. 对有关部门负责处置突发事件职责的工作人员定期考核

10. 【多选】依据《突发事件应对法》，下列企业中应当制定具体应急预案的有（　　）。

A. 某建筑施工企业
B. 某危险化学品经营企业
C. 某食品加工厂
D. 某大型购物中心
E. 某大型电影院

11. 【多选】学校教育是突发事件预防的重要手段，《突发事件应对法》规定：各级各类学校应当把应急知识教育纳入教学内容，对学生进行应急知识教育，培养学生的（　　）。

A. 安全意识
B. 安全管理能力
C. 自救能力
D. 互救能力
E. 预案执行能力

12. 【多选】《突发事件应对法》按照社会危害程度、影响范围等因素将（　　）分为特别重大、重大、较大和一般四级。

A. 自然灾害
B. 群体聚集事件
C. 公共卫生事件
D. 社会安全事件
E. 事故灾难

【能力提升训练】
答案：314 页

1. 【单选】依据《突发事件应对法》的规定，下列关于突发事件的预防与应急准备的说法，正确的是（　　）。

A. 乡镇人民政府应当建立应急救援物资、生活必需品和应急处置装备的储备制度
B. 学校应当把应急知识教育纳入教学内容，对学生进行相关知识教育

C. 国务院有关部门组织制定国家突发事件专项应急预案，并适时修订

D. 新闻媒体应当按照无偿与有偿相结合原则，积极开展突发事件预防与应急、自救与互救知识的公益宣传

2. 【单选】依据《突发事件应对法》的规定，下列关于突发事件预警级别的说法，正确的是（　　）。

A. 分为一、二和三级，分别用红、橙和黄色标示，一级为最高等级

B. 分为一、二和三级，分别用黄、橙和红色标示，三级为最高等级

C. 分为一、二、三和四级，分别用红、橙、黄和蓝色标示，一级为最高等级

D. 分为一、二、三和四级，分别用蓝、黄、橙和红色标示，四级为最高等级

3. 【单选】依据《突发事件应对法》的规定，下列有关应急监测与预警的说法中，正确的是（　　）。

A. 乡级人民政府应当在村民委员会建立专职信息报告员制度

B. 县级人民政府应当通过多种途径收集突发事件信息

C. 对即将发生的社会安全事件，市级人民政府不得越级上报

D. 预警级别的划分标准由省级人民政府负责制定

4. 【单选】某矿区由于长期私挖滥采，为现生产煤矿遗留下重大水害隐患，近日该地区局部有雷雨天气，地方政府为防范矿井水害事故发生，发布了三级警报。根据《突发事件应对法》，警报发布后，地方政府应当采取的措施是（　　）。

A. 责令有关部门、专业机构和负有特定职责的人员收集、报告有关情况

B. 责令矿山应急救援队伍，负有特定职责的人员进入待命状态

C. 加强对重点煤矿、重要部位和重要基础设施的安全保卫

D. 转移、疏散或者撤离易受雷雨危害的煤矿人员并予以妥善安置

5. 【单选】依据《突发事件应对法》的规定，下列关于突发事件的预防与应急准备的说法，正确的是（　　）。

A. 应急预案制定机关应当按照本机关规定的修订程序修订应急预案

B. 可能引发社会安全事件的矛盾纠纷均应由县级以上人民政府及其有关部门负责调解处理

C. 各单位都应当制定具体应急预案，并及时采取措施消除隐患，防止发生突发事件

D. 新闻媒体应当无偿开展突发事件预防与应急、自救与互救知识的公益宣传

6. 【单选】某公司丢失了一枚放射源，可能会危害公共安全。依据《突发事件应对法》的规定，下列关于该公司报告的做法，正确的是（　　）。

A. 及时向当地人民政府报告

B. 待确定捡拾者后报告给当地人民政府

C. 待确定伤害情况后报告给当地人民政府

D. 待确定放射源是否泄漏后报告给当地人民政府

7. 【单选】根据《突发事件应对法》，突发事件的危害消除后，履行统一领导职责或者组织处置突发事件的人民政府在事后恢复与重建过程中的下列做法，正确的是（　　）。

A. 继续执行应急处置措施

B. 继续要求公民自力救济

C. 向上一级应急管理部门报告恢复重建计划

D. 及时查明事件经过与原因

8.【单选】根据《突发事件应对法》，下列关于突发事件准备、监测与预警的说法，正确的是（　　）。

A. 新闻媒体开展突发事件预防与应急、自救与互救知识的公益宣传时，只能收取成本费用

B. 国务院应急管理部门应建立全国统一的突发事件信息系统

C. 乡镇人民政府应当在居民委员会、村民委员会和有关单位建立专职或者兼职信息报告员制度

D. 发生事故灾难的单位，应当立即组织本单位应急救援队伍和工作人员营救受害人员，疏散、撤离、安置受到威胁的人员，控制危险源，标明危险区域，封锁危险场所

9.【单选】依据《突发事件应对法》，下列关于突发事件的管理的说法，错误的是（　　）。

A. 应急管理部制定国家突发事件总体应急预案

B. 应急预案应具体规定突发事件应急管理工作的组织指挥体系与职责和突发事件的预防与预警机制、处置程序、应急保障措施以及事后恢复与重建措施等内容

C. 县级以上人民政府作出应对突发事件的决定、命令，应当报本级人民代表大会常务委员会备案

D. 城乡规划应当统筹安排应对突发事件所必需的设备和基础设施建设，合理确定应急避难场所

10.【单选】依据《突发事件应对法》，下列关于人民政府在突发事件预防工作中职责的说法，正确的是（　　）。

A. 县级人民政府应当对本行政区域内容易引发特别重大、重大突发事件的危险源、危险区域进行调查、登记、风险评估

B. 省级人民政府应当对本行政区域内容易引发自然灾害、事故灾难和公共卫生事件的危险源、危险区域进行调查、登记、风险评估

C. 设区的市级人民政府应当对本行政公共卫生事件的危险源、危险区域进行调查、登记、风险区域内容易引发自然灾害、事故灾难和评估

D. 设区的市级人民政府应当对本行政区域内容易引发特别重大、重大突发事件的危险源、危险区域进行调查、登记、风险评估

11.【单选】《突发事件法》规定了突发事件预防与应急准备的基础性工作，下列关于突发事件的预防与准备的说法，正确的是（　　）。

A. 各级人民政府应当及时调解处理可能引发社会安全事件的矛盾纠纷

B. 设区的市级以上人民政府应当整合应急资源，建立或者确定综合性应急救援队伍

C. 县级以上人民政府及其有关部门可以建立由成年志愿者组成的应急救援队伍

D. 新闻媒体应当采用有偿与无偿结合的方式开展突发事件预防与应急、自救与互救

知识的公益宣传

12.【单选】依据《突发事件法》，下列关于突发事件的预警发布的说法，正确的是（   ）。

A. 县级以上人民政府应急管理部门负责发布相应级别的警报

B. 发布警报后应向上级人民政府报告，不得越级上报

C. 发布警报后应通知当地驻军

D. 发布警报后应通知本地知名企业

13.【多选】关于所有单位预防突发事件的义务，下列说法正确的有（   ）。

A. 建立健全安全管理制度

B. 掌握并及时处理本单位存在的可能引发社会安全事件的问题

C. 及时消除事故隐患

D. 不定期检查本单位各项安全防范措施的落实情况

E. 对本单位可能发生的突发事件和采取安全防范措施的情况，应当按照规定及时报告

14.【多选】发生事故灾难的单位的处置与救援对于控制突发事件起到了重要作用。依据《突发事件法》，下列关于事故灾难发生单位应急处置的说法，正确的有（   ）。

A. 立即组织本单位应急救援队伍和工作人员营救受害人员

B. 疏散、撤离、安置受到威胁的人员

C. 控制危险源，标明危险区域，封锁危险场所

D. 向所在地县级人民政府报告

E. 查明事故灾难原因

【历年真题实战】   答案：316 页

1.【2023 年·单选】我国将自然灾害、事故灾难和公共卫生事件预警分为一级、二级、三级和四级。根据《突发事件应对法》，关于预警分级的说法，正确的是（   ）。

A. 一级为最高级别，用蓝色标示

B. 四级为最高级别，用黄色标示

C. 四级为最高级别，用橙色标示

D. 一级为最高级别，用红色标示

2.【2023 年·单选】某县突发特大暴雨，导致城区内涝严重，县政府发布相应的自然灾害警报并组织处置。五天后，内涝得到有效控制。根据《突发事件应对法》，关于该起突发事件事后恢复与重建的说法，正确的是（   ）。

A. 内涝有效控制后，县政府在请示上一级政府后方可停止执行应急处置措施

B. 县政府应当报请上一级政府同意后，方可开展恢复重建工作

C. 内涝消除后，县政府应当采取必要措施，防止次生灾害发生

D. 内涝有效控制后，应当立即查明内涝原因，总结经验教训

3.【2023 年·多选】某地区一液化气加气站发生液化气泄漏事故，大量液化气泄漏，已造成 2 人死亡。根据《突发事件应对法》，关于本起事故应急处置与救援措施的说法，

正确的有（　　）。

A. 液化气泄漏后，发生地的居民委员会应当组织群众开展自救和互救，协助维护社会秩序

B. 加气站应当控制危险源，标明危险区域，封锁危险场所，并向社会发布紧急信息

C. 液化气泄漏地的居民应当配合人民政府采取的应急处置措施，积极参加应急救援工作

D. 周边的单位应当配合加气站的应急处置措施，服从加气站的统一调度

E. 加气站应当立即组织营救受害人员，疏散、撤离、安置受到威胁的人员

4.【2022年·单选】监测与预警是人民政府应对突发事件的重要手段。根据《突发事件应对法》，关于突发事件的监测与预警的说法，正确的是（　　）。

A. 地方各级人民政府应当建立本地区统一的突发事件信息系统

B. 县级人民政府有关部门应当通过多种途径收集突发事件信息

C. 乡镇人民政府应当在村民委员会建立专职或者兼职信息报告员制度

D. 地方各级人民政府应当及时汇总突发事件监测与预警信息

5.【2022年·多选】某地因大暴雨引发局部泥石流，市人民政府立即启动应急预案，采取应急处置措施。根据《突发事件应对法》，市人民政府采取的下列应急措施中，正确的有（　　）。

A. 疏散、撤离并妥善安置该地区所有人员

B. 封锁泥石流发生区域，划定警戒区，实行交通管制

C. 启用本级人民政府设置的财政预备费和储备的应急救援物资

D. 无偿征用泥石流发生地附近企业和个人的物资

E. 从快严惩哄抬生活必需品价格的某超市

6.【2021年·单选】对突发的重大山体崩塌事件，应当按照有关规定统一、准确、及时发布有关突发事件事态发展和应急处置工作的信息。根据《突发事件应对法》，负责向社会公众公开发布信息的单位是突发事件发生地的（　　）。

A. 应急管理部门　　　　　　　　B. 公安机关

C. 自然资源部门　　　　　　　　D. 人民政府

7.【2019年·单选】某市汛期持续多日大雨，市人民政府发布洪灾警报，启动防汛抢险应急预案，责令市水利等部门加强水文监测，及时报告有关信息，责令市防汛抢险大队和有关人员进入待命状态，动员后备人员做好参加防汛抢险工作准备。根据《突发事件应对法》，该市人民政府发布的洪灾警报级别属于（　　）。

A. 蓝色警报　　　　　　　　　　B. 黄色警报

C. 一级或二级警报　　　　　　　D. 三级或四级警报

8.【2020年·单选】《突发事件应对法》规定了突发事件预防与应急准备的基础性工作。关于突发事件的预防与应急准备的说法，正确的是（　　）。

A. 各级人民政府应当建立应急救援物资、生活必需品和应急处置装备的储备制度

B. 学校应当把应急知识教育纳入教学内容，对学生进行相关知识教育

C. 国务院有关部门组织制定国家突发事件总体应急预案，并适时修订

D. 突发事件应急预案分国家、省、市、县四级

9. 【2020年·单选】某化工厂发生爆炸事故，当地政府立即采取有力措施，积极开展应急救援工作。根据《突发事件应对法》，关于应急处置措施的说法，错误的是（　　）。

A. 封锁现场，严禁无关人员出入

B. 调用急需的物资、设备

C. 疏散、撤离受到威胁的人员

D. 封锁事故信息，避免群众恐慌

10. 【2019年·单选】某设区的市发生泥石流灾害，该市人民政府启动应急预案，统一领导市应急管理、自然资源等部门和泥石流灾害发生地县人民政府采取有效措施，及时进行了处置。根据《突发事件应对法》，应急处置工作结束后，由（　　）负责组织进行损失评估，恢复生产、生活、工作和社会秩序。

A. 市人民政府　　　　　　　　B. 市应急管理部门

C. 市自然资源部门　　　　　　D. 县人民政府

11. 【2019年·多选】关于一级、二级警报应采取的措施，下列说法错误的有（　　）。

A. 对易受突发事件危害的人员全部转移，不许留在当地

B. 责令应急救援队伍、负有特定职责的人员进入待命状态

C. 采取必要措施，确保交通、通信等公共设施的安全和正常运行

D. 对易受突发事件危害的场所，一律关闭

E. 及时向社会发布有关采取特定措施避免或者减轻危害的建议、劝告

第八节　职业病防治法

【基础知识训练】　　　　　　　　　　　　　　　　　答案：319 页

1. 【单选】发生或者可能发生急性职业病危害事故时，用人单位应当及时向（　　）报告。

A. 医疗卫生机构负责人

B. 所在地负有安全生产监督管理职责的部门

C. 用人单位负责人

D. 用人单位的上级主管部门

2. 【单选】依据《职业病防治法》的规定，承担职业病诊断的机构应是经（　　）批准的医疗卫生机构。

A. 卫生行政部门　　　　　　　　B. 劳动保障行政部门

C. 安全生产监督管理行政部门　　D. 煤矿安全监察行政部门

3. 【单选】位于甲省乙市丙县某建材公司是乙市所属企业，正在进行项目改造，依据《职业病防治法》的规定，该公司应在项目竣工验收后，向（　　）申报职业病危害项目变更。

A. 国务院安全监管部门　　　　　B. 甲省安全监管部门

C. 乙市安全监管部门　　　　　　D. 丙县卫生行政部门

4. 【单选】根据《职业病防治法》的规定，职业病危害预评价报告应当对建设项目可能产生的职业病危害因素及其对工作场所和劳动者健康的影响作出评价，确定危害类别和（　　　）。

A. 危害后果　　　　　　　　　　B. 危害登记

C. 职业病应急措施　　　　　　　D. 职业病防护措施

5. 【单选】根据《职业病防治法》，建设项目竣工验收时，其职业病防护设施经安全监管部门验收合格后，方可投入生产和使用。在建设项目竣工验收前，建设单位当进行（　　　）。

A. 职业病危害预评价　　　　　　B. 职业病危害现状评价

C. 职业病危害控制效果评价　　　D. 职业病危害条件论证

6. 【单选】依据《职业病防治法》，职业病危害控制效果评价由依法取得资质认可的（　　　）进行。

A. 卫生保健机构　　　　　　　　B. 卫生医疗机构

C. 职业病医疗诊断机构　　　　　D. 职业卫生技术服务机构

7. 【单选】依据《职业病防治法》的规定，国内首次进口与职业病危害有关的化学材料，进口单位应当向有关部门报送该化学材料的毒性鉴定，以及登记注册或者批准进口的文件等资料。受理上述文件资料的有关部门是（　　　）。

A. 国务院卫生行政部门与公安部门

B. 国务院安全监管部门与工业和信息化管理部门

C. 国务院卫生行政部门

D. 国务院公安部门与安全监管部门

8. 【单选】某采石场在与从业人员订立的劳动合同中明确约定从业人员患有职业病由本人负责，该采石场未参加工伤保险，两年后有从业人员被确诊为尘肺病，依据《职业病防治法》的规定，被确诊为尘肺病的从业人员的医疗和生活保障费用应当由（　　　）承担。

A. 从业人员　　　　　　　　　　B. 采石场

C. 从业人员和采石场　　　　　　D. 工伤保险基金管理机构

9. 【单选】依据《职业病防治法》第五十七条的规定，用人单位应当按照规定对从事接触职业病危害作业的劳动者给予岗位津贴，安排职业病病人进行（　　　）。

A. 自费诊疗　　　　　　　　　　B. 定期教育培训

C. 疗养休假　　　　　　　　　　D. 治疗、康复和定期检查

10. 【单选】根据《职业病防治法》规定，对可能发生急性职业损伤的有毒、有害工作场所，用人单位应当设置报警装置，（　　　）、应急撤离通道和必要的泄险区。

A. 配制现场急救用品、冲洗设备　　B. 配置急救交通车辆

C. 配置现场专职医疗人员　　　　D. 配置性能稳定的通信工具

11. 【多选】依据《职业病防治法》规定，产生职业病危害的用人单位工作场所的职业卫

生要求有（　　）。

　　A. 有与职业病危害防护相适应的设施

　　B. 生产布局合理，有害与无害作业分开

　　C. 配备专业职业卫生医师和体检设备

　　D. 设备、工具、用具等设施符合保护劳动者生理、心理健康的要求

　　E. 有配套的更衣间、洗浴间、孕妇休息间等卫生设施

12.【多选】依据《职业病防治法》的规定，用人单位在职业病管理方面应当履行的义务有（　　）。

　　A. 职业病诊断

　　B. 职业病危害申报

　　C. 职业病危害公告和警示

　　D. 急性职业病危害事故应急救援和控制

　　E. 向劳动者如实告知可能的职业病危害及其后果

13.【多选】根据《职业病防治法》，产生职业病危害的用人单位，应当在醒目位置设置公告栏，公布的相关内容包括（　　）。

　　A. 有关职业病防治的规章制度

　　B. 有关职业病防治的操作规程

　　C. 职业病危害的申报结果

　　D. 职业病危害事故应急救援措施

　　E. 工作场所职业病危害因素检测结果

14.【多选】向用人单位提供可能产生职业病危害的化学品、放射性同位素和含有放射性物质的材料的，应当提供中文说明书。说明书应当载明的内容包括（　　）。

　　A. 产品特性　　　　　　　　　　　B. 存在的有害因素

　　C. 可能产生的危害后果　　　　　　D. 产品功能

　　E. 职业病防护以及应急救治措施

15.【多选】根据《职业病防治法》，职业健康监护档案的主要内容包括（　　）。

　　A. 劳动者的职业史　　　　　　　　B. 职业病危害接触史

　　C. 劳动者的家庭病史　　　　　　　D. 职业健康检查结果

　　E. 职业病诊疗

16.【多选】用人单位与其他单位合并的，应当对从事接触职业病危害作业的劳动者（　　）。

　　A. 进行健康检查　　　　　　　　　B. 酌情安置

　　C. 进行健康咨询　　　　　　　　　D. 按规定妥善安置职业病病人

　　E. 给予一次性经济补助

【能力提升训练】　　　　　　　　　　　　　　　　　　　　答案：321 页

1.【单选】依据《职业病防治法》的规定，下列关于职业病病人享受国家规定的职业病待遇的说法，正确的是（　　）。

A. 职业病病人变动工作岗位的，其依法享受的职业病待遇随工作岗位改变

B. 职业病病人变动工作岗位的，其依法享受的职业病待遇不变

C. 职业病人退休后，不再享受职业病待遇

D. 职业病病人单位分立为两个单位的，其依法享受的职业病待遇由社会承担

2.【单选】依据《职业病防治法》，下列情况中不属于法定职业病范畴的是（　　）。

A. 煤矿工人长期吸入生产环境中粉尘所引起的煤工尘肺

B. 石灰厂工人因接触有毒有害物质所引起的接触性皮炎

C. 烟花厂工人因长期体位不良所引起的颈椎病

D. 化工厂工人因接触氯乙烯所引起的肝血管肉瘤

3.【单选】职业病的诊断在职业病管理环节中起到了重要的作用，依据《职业病防治法》，关于职业病诊断与职业病病人保障的说法，正确的是（　　）。

A. 职业病诊断争议由县级以上地方人民政府卫生行政部门根据当事人的申请，组织职业病诊断鉴定委员会进行鉴定

B. 设区的市级人民政府卫生行政部门应当设立相关的专家库

C. 职业病诊断、鉴定费用由人民政府卫生行政部门承担

D. 疑似职业病病人在诊断、医学观察期间的费用，由用人单位承担

4.【单选】依据《职业病防治法》，下列关于职业病人的保障的说法，错误的是（　　）。

A. 用人单位对不适宜继续从事原工作的职业病病人，应当调离原岗位，并妥善安置

B. 用人单位对疑似职业病的劳动者，应当给予适当岗位津贴

C. 职业病病人除依法享有工伤保险外，依照有关民事法律，尚有获得赔偿的权利的，有权向用人单位提出赔偿要求

D. 劳动者被诊断患有职业病，但用人单位没有依法参加工伤保险的，其医疗和生活保障由该用人单位承担

5.【单选】李师傅应聘成为某公司的电焊操作工，上岗前按照规定做了职业健康检查，两年后被查出罹患电光性眼炎。根据《职业病防治法》，关于该公司职业病防护管理的说法，错误的是（　　）。

A. 李师傅被查出罹患电光性眼炎后可享受带薪回家治疗

B. 李师傅上岗前职业健康检查的费用应由个人承担

C. 该公司应当为李师傅调换工作岗位

D. 李师傅离职时有权索取职业健康监护档案复印件

6.【多选】依据《职业病防治法》的规定，下列关于劳动者劳动过程中职业病的防护与管理的说法，正确的有（　　）。

A. 用人单位应当定期对工作场所进行职业病危害因素检测、评价。检测、评价结果存入用人单位职业卫生档案，定期向所在地安全监管部门报告并向劳动者公布

B. 对从事接触职业病危害作业的劳动者，用人单位应当组织上岗前、在岗期间和离岗时的职业健康检查，并将检查结果书面告知劳动者

C. 劳动者在已订立劳动合同期间因工作岗位或者工作内容变更，从事与所订立劳动合同中未告知的存在职业病危害的作业时，用人单位应当向劳动者履行如实告知的义

务，原劳动合同相关条款可不予变更

D. 职业健康检查应当由省级以上人民政府卫生行政部门批准的医疗卫生机构承担。职业健康检查费用由用人单位承担

E. 劳动者离开用人单位时，有权索取本人职业健康监护档案复印件，用人单位应当如实、无偿提供，并在所提供的复印件上签章

7. 【多选】甲公司是一家有色金属冶炼企业，存在严重的职业病危害，依据《职业病防治法》的规定，该公司的下列职业健康管理做法中，正确的有（   ）。

A. 将工作过程中可能产生的职业病危害及其后果、职业病防护措施和待遇等如实告知劳动者，未在劳动合同中明确存在的职业病危害

B. 在醒目位置设置了公告栏，公布有关职业病防治的规章制度、操作规程、职业病危害事故、应急救援措施和工作场所职业病危害因素检测结果

C. 为劳动者建立了包含相关信息的职业病健康监护档案

D. 对职业病防护设备设施等进行经常性的维护、检修，定期检测其性能和效果，确保其处于正常状态

E. 在协商解除劳动合同时，为职工提供盖章的职业健康监护档案复印件并收取管理费

【历年真题实战】 答案：322 页

1. 【2023 年·单选】王某是某电子制造企业的喷涂工，入职 2 年后开始频频咳嗽、气喘，并伴有持续性的发烧。经诊断，王某因从事喷涂工作罹患职业病。根据《职业病防治法》，关于劳动过程中职业病的防护与管理及法律责任的说法，正确的是（   ）。

A. 该企业应当为王某安排离岗前的职业健康检查，并且承担检查费用

B. 王某应当自行安排上岗前的职业健康检查，费用由单位报销

C. 王某康复出院后，经本人同意，该企业可以安排回原工作岗位

D. 王某康复出院后，该企业给予经济补偿，可以终止与其订立的劳动合同

2. 【2022 年·单选】某公司从事木质家具加工业务，有从业人员 50 人。其中，甲从事木材切削工作，乙从事家具胶合工作，丙从事家具入库统计工作，丁从事职业卫生管理工作。根据《职业病防治法》，关于该公司职业病危害管理的做法，错误的是（   ）。

A. 在甲作业的车间设置职业病危害警示标志

B. 对提出离岗申请的乙进行职业健康检查

C. 安排丙同时负责职业病危害因素日常监测

D. 安排丁负责本单位的职业病防治工作

3. 【2022 年·多选】根据《职业病防治法》，关于职业病诊断的说法，正确的有（   ）。

A. 职业病诊断应当由取得《医疗机构执业许可证》的医疗卫生机构承担

B. 劳动者应当在用人单位所在地进行职业病诊断

C. 承担职业病诊断的医药卫生机构在任何情况下不得拒绝劳动者职业病诊断的要求

D. 没有证据否定职业病危害因素与病人临床表现之间的必然联系的，可以诊断为职业病

E. 职业病诊断有争议的，由职业病诊断鉴定委员会作出裁决

4. 【2021年·单选】某公司为预防劳动过程中的职业病，采取了一系列举措。根据《职业病防治法》，关于该公司劳动过程中职业病防护与管理的做法，错误的是（　　）。

A. 安排专人负责职业病危害因素的日常监测，确保监测系统处于正常运行状态

B. 配备专职和兼职的职业卫生管理人员，负责公司的职业病防治工作

C. 为劳动者提供符合卫生标准和防治职业病要求的个人职业病防护用品

D. 口头告知劳动者职业病的危害及其后果、职业病防护措施和待遇

5. 【2019年·单选】某矿山企业新建项目可能产生职业病危害，应当进行职业病危害预评价。根据《职业病防治法》，关于该矿山企业新建项目职业病危害预评价的说法，正确的是（　　）。

A. 矿山企业应当在项目实施阶段进行职业病危害预评价

B. 矿山企业应当在可行性论证阶段进行职业病危害预评价

C. 职业病危害预评价报告不包括对劳动者健康影响的评价

D. 职业病危害预评价应当经卫生行政部门审核同意

第六章 安全生产行政法规

第一节 安全生产许可证条例

【基础知识训练】 答案：323 页

1. 【单选】根据《安全生产许可证条例》的规定，（　　）应当申请安全生产许可证。

   A. 矿山企业、危险物品生产企业、建筑施工企业

   B. 矿山企业、危险物品生产企业、机械加工企业

   C. 矿山企业、食品加工企业、危险物品生产企业

   D. 危险物品生产企业、电子生产企业、家具制造企业

2. 【单选】《安全生产许可证条例》第七条规定，安全生产许可证颁发管理机关应当自收到申请之日起（　　）日内审查完毕，经审查符合规定的安全生产条件的，颁发安全生产许可证。

   A. 30　　　　　　　B. 15　　　　　　　C. 45　　　　　　　D. 60

3. 【单选】某危险化学品生产经营企业于 2010 年 6 月 10 日向省安全监管部门申请办理安全生产许可证，省安全监管部门于 2010 年 7 月 15 日向该企业颁发了安全生产许可证。依据《安全生产许可条例》的规定，该企业申请办理安全生产许可证延期手续合适的日期是（　　）。

   A. 2013 年 3 月 10 日　　　　　　　B. 2015 年 3 月 10 日

   C. 2013 年 4 月 15 日　　　　　　　D. 2015 年 4 月 15 日

4. 【单选】甲省乙市丙县拟成立一家县属民用爆炸物品生产企业，根据《安全生产许可证条例》，该企业安全生产许可证的颁发和管理由（　　）负责。

   A. 国务院民用爆炸物品行业主管部门　　B. 甲省民用爆炸物品行业主管部门

   C. 乙市民用爆炸物品行业主管部门　　　D. 丙县民用爆炸物品行业主管部门

5. 【单选】根据《安全生产许可证条例》规定，安全生产许可证由（　　）规定统一的式样。

   A. 国务院

   B. 国务院安全生产监督管理部门

   C. 国务院负有安全生产监督管理职责的部门

   D. 省、自治区、直辖市人民政府安全生产监督管理部门

6. 【多选】《安全生产许可证条例》国务院安全生产监督管理部门和省、自治区、直辖市人民政府安全生产监督管理部门对（　　）取得安全生产许可证的情况进行监督。

A. 建筑施工企业　　　　　　　　　　B. 煤矿企业

C. 非煤矿山企业　　　　　　　　　　D. 危险化学品生产企业

E. 民用爆炸物品生产企业

【能力提升训练】　　　　　　　　　　　　　　　答案：324 页

1. **【单选】**某非煤矿企业拟申请安全生产许可证，企业负责人为此咨询了律师，依据《安全生产许可证条例》的规定，下列关于安全生产许可证申请的说法，正确的是（　　）。

   A. 安全生产许可证的有效期是 3 年，并且不需要年检

   B. 由矿产资源管理部门负责安全生产许可证的颁发

   C. 安全生产许可证颁发机关自收到企业申请资料之日起，应当在 30 日内完成审查发证工作

   D. 安全生产许可证可以在企业试生产期间提出申请

2. **【单选】**某危化品生产企业的安全生产许可证在有效期内，严格遵守安全生产的法律法规，未发生死亡事故。依据《安全生产许可证条例》规定，下列关于其安全生产许可证有效期届满延期的说法，正确的是（　　）。

   A. 应当在有效期满前提出延期的申请，经同意可免审延续 1 年

   B. 应当在有效期满前提出延期的申请，经同意可免审延续 2 年

   C. 应当在有效期满前提出延期的申请，经同意可免审延续 3 年

   D. 应当在有效期满前提出延期的申请，经同意可免审延续 5 年

3. **【单选】**某铁矿石生产企业近日通过试生产，需向本省安全生产许可证颁发机关申请取得非煤矿山安全生产许可证。依据《安全生产许可证条例》的规定，下列说法正确的是（　　）。

   A. 该企业须配备专职或兼职安全生产管理人员

   B. 该企业主要负责人和安全生产管理人员须取得安全资格证书

   C. 该企业须具有职业危害防治措施

   D. 该企业须为从业人员投保人身意外伤害保险

4. **【单选】**根据《安全生产许可证条例》，下列关于安全生产许可证颁发的说法，正确的是（　　）。

   A. 某省属非煤矿山企业的安全生产许可证由国务院应急管理部门颁发

   B. 某中央管理建筑施工企业的安全生产许可证由省、自治区、直辖市人民政府建设主管部门

   C. 某中央管理的煤矿企业的安全生产许可证由国务院应急管理部门颁发

   D. 某省属危险化学品生产企业的安全生产许可证由国务院应急管理部门颁发

5. **【多选】**某市一新成立的危险化学品生产企业，为了取得安全生产许可证，在完善企业的安全生产条件方面做了以下工作，以下工作属于取得安全生产许可证的必要条件的是（　　）。

   A. 制定完备的安全生产规章制度和操作规程

B. 从业人员经安全生产教育和培训合格

C. 依法参加社会保险，为从业人员缴纳保险费

D. 有重大危险源检测、评估、监控措施和应急预案

E. 为从业人员配备符合国家标准或者地方标准的劳动防护用品

【历年真题实战】　　　　　　　　　　　　　　　　答案：325 页

1. 【2023 年·单选】国家对有关行业企业实行安全生产许可制度。根据《安全生产许可证条例》，下列企业中，应当取得安全生产许可证的是（　　　）。

A. 从业人员 30 人的建筑施工企业

B. 从业人员 100 人的船舶制造企业

C. 从业人员 300 人的服装加工企业

D. 从业人员 50 人的金属冶炼企业

2. 【2022 年·单选】国家对危险化学品生产企业实行安全生产许可制度。根据《安全生产许可证条例》，关于企业取得安全生产许可证条件的说法，正确的是（　　　）。

A. 应当设置安全生产管理机构、配备专职或兼职安全生产管理人员

B. 从业人员应当经有关业务主管部门考核合格，取得岗位资格证书

C. 应当依法参加安全生产责任保险，为从业人员缴纳保险费

D. 应当有重大危险源检测、评估、监控措施和应急预案

3. 【2021 年·单选】对安全生产许可证申请的审查工作分为形式审查和实质审查。考虑到实质审查工作的安全技术要求和办理时间要求，某市应急管理局拟将现场审查工作委托给其他单位代为进行。市应急管理局可以依法委托的单位是（　　　）。

A. 依法登记的市安全生产管理协会

B. 依法取得相应资质的安全评价机构

C. 市应急管理局下属的安全生产技术研究院

D. 申请企业所在地的县应急管理局

4. 【2021 年·多选】安全生产许可证制度是保障生产经营单位安全生产的一项重要制度。根据《安全生产许可证条例》，下列企业应当申请安全生产许可证的有（　　　）。

A. 煤矿企业　　　　　　　　　　B. 非煤矿山企业

C. 金属冶炼企业　　　　　　　　D. 建筑施工企业

E. 道路运输企业

5. 【2020 年·单选】根据《安全生产许可证条例》，关于安全生产许可证监督管理的说法，正确的是（　　　）。

A. 县级以上人民政府负责安全生产监督管理的部门负责对建筑施工企业、民用爆炸物品生产企业、煤矿企业取得安全生产许可证的情况进行管理和监督

B. 安全生产许可证颁发管理机关在检查中发现取得安全生产许可证的企业不再具备安全生产条件的，应当责令立即停产，并注销安全生产许可证

C. 企业经安全生产许可证颁发管理机关批准，可以转让安全生产许可证，受转让企业应当加强日常安全生产管理

D. 企业取得安全生产许可证后，不得降低安全生产条件，并应当接受安全生产许可证颁发管理机关的监督检查

6.【2019年·单选】根据《安全生产许可证条例》，企业依法参加（　　），为从业人员缴纳保险费，是取得安全生产许可证的必备条件。

A. 人身意外伤害险 　　　　　B. 工伤保险

C. 重大疾病险 　　　　　　　D. 第三者责任险

第二节　煤矿安全生产条例

【基础知识训练】　　　　　　　　　　　　　　答案：326页

1.【单选】煤矿安全生产工作实行安全生产的"三个必须"，即管行业必须管安全、管业务必须管安全、管生产经营必须管安全。根据《煤矿安全生产条例》，下列关于煤矿安全生产责任的说法，错误的是（　　）。

A. 设区的市级以上人民政府应当加强对煤矿安全生产工作的领导，建立健全工作协调机制

B. 县级以上人民政府负有煤矿安全生产监督管理职责的部门对煤矿安全生产实施监督管理

C. 国家矿山安全监察机构及其设在地方的矿山安全监察机构负责煤矿安全监察工作

D. 国家矿山安全监察机构及其设在地方的矿山安全监察机构应当建立举报制度

2.【单选】新建、改建、扩建煤矿工程项目的建设单位应当委托具有建设工程设计企业资质的设计单位进行安全设施设计。根据《煤矿安全生产条例》，安全设施设计应当报（　　）审查。

A. 县级人民政府负有煤矿安全生产监督管理职责的部门

B. 设区的市级人民政府负有煤矿安全生产监督管理职责的部门

C. 省级人民政府负有煤矿安全生产监督管理职责的部门

D. 国务院负有煤矿安全生产监督管理职责的部门

3.【单选】根据《煤矿安全生产条例》，煤矿企业的（　　）应当按照国家有关规定经专门的安全技术培训和考核合格，并取得相应资格。

A. 安全生产管理人员 　　　　B. 主要技术负责人

C. 专业技术人员 　　　　　　D. 特种作业人员

4.【单选】某县负有煤矿安全生产监督管理职责的部门依法对煤矿企业进行监督检查，根据《煤矿安全生产条例》，下列监督检查人员的做法中，错误的是（　　）。

A. 进入煤矿企业进行检查，重点检查一线生产作业场所，调阅煤矿企业有关资料

B. 对检查中发现的安全生产违法行为，当场予以纠正或者要求限期改正

C. 对检查中发现的事故隐患，责令停止使用相关设施、设备，排除隐患

D. 对有根据认为不符合保障安全生产的国家标准或者行业标准的设备予以扣押

5.【单选】根据《煤矿安全生产条例》，对被责令停产整顿的煤矿企业经验收合格恢复生

产的，应当自恢复生产之日起（　　　）内向社会公告。

A. 5 个工作日 　　　　　　　　　B. 7 个工作日

C. 15 个工作日 　　　　　　　　D. 30 个工作日

6. 【单选】根据《煤矿安全生产条例》，下列关于煤矿企业安全生产责任的说法，错误的是（　　　）。

A. 井工煤矿应当按矿井瓦斯等级选用相应的煤矿许用炸药和电雷管，爆破工作由专职爆破工承担

B. 煤矿企业应当定期对露天煤矿进行边坡稳定性评价，评价范围应当涵盖露天煤矿所有边坡

C. 露天煤矿的采场及排土场边坡与重要建筑物、构筑物之间应当留有足够的安全距离

D. 正常生产煤矿若发生了地质、生产技术条件、采煤方法或者工艺等的变化时，应当依法重新核定其生产能力

7. 【单选】根据《煤矿安全生产条例》，下列关于各煤矿企业应急救援准备的做法，错误的是（　　　）。

A. 甲煤矿制定了生产安全事故应急救援预案，与所在地县级以上地方人民政府组织制定的应急救援预案相衔接

B. 乙煤矿设立了 7 人组成的专职救护队，并且配备应急救援设备，定期检查，保证其正常使用

C. 丙煤矿设立了专职救护队，并与邻近的专职救护队签订救护协议

D. 丁煤矿未设立专职或兼职救援队，但与邻近的专职救护队签订救护协议

8. 【单选】煤矿企业应当建立安全风险分级管控制度，开展安全风险辨识评估，按照安全风险分级采取相应的管控措施。根据《煤矿安全生产条例》，重大事故隐患排查治理情况应（　　　）报县级以上地方人民政府负有煤矿安全生产监督管理职责的部门和所在地矿山安全监察机构。

A. 每月 　　　　　　　　　　　B. 每季度

C. 每半年 　　　　　　　　　　D. 每年

9. 【单选】某地方的矿山安全监察机构发现其辖区内有一煤矿企业存在重大事故隐患，责令其停产整顿。根据《煤矿安全生产条例》，该矿山安全监察机构应当及时将此事件移送（　　　）处理并进行督办。

A. 上级矿山安全监察机构

B. 国家矿山安全监察机构

C. 县级以上地方人民政府负有煤矿安全生产监督管理职责的部门

D. 设区的市级以上地方人民政府负有煤矿安全生产监督管理职责的部门

10. 【单选】某煤矿发生生产安全事故，造成死亡 5 人，重伤 10 人，直接经济损失 2000 万元。根据《煤矿安全生产条例》，本次事故应当由（　　　）组织调查处理。

A. 事故发生地设区的市级人民政府

B. 事故发生地省级人民政府

C. 国务院或者国务院授权有关部门

D. 国家矿山安全监察机构及其设在地方的矿山安全监察机构

11. 【单选】甲煤矿为责令关闭的煤矿企业，后经人员举报，该煤矿存在擅自恢复生产的行为，违法所得达 12 万元。根据《煤矿安全生产条例》，下列关于对甲煤矿处罚的说法，错误的是（　　）。

　　A. 责令立即停止生产，没收违法开采出的煤炭以及采掘设备

　　B. 没收违法所得，可以并处 12 万元的罚款

　　C. 没收违法所得可以并处 25 万元的罚款

　　D. 没收违法所得可以并处 50 万元的罚款

12. 【多选】根据《煤矿安全生产条例》，下列煤矿中应当设立相应的专门防治机构，配备专职副总工程师的有（　　）。

　　A. 长壁采煤矿　　　　　　　　B. 高瓦斯煤矿

　　C. 冲击地压煤矿　　　　　　　D. 露天煤矿

　　E. 水文地质类型复杂的煤矿

13. 【多选】有关地方人民政府对煤矿作出予以关闭的决定，应当立即组织实施。根据《煤矿安全生产条例》，下列属于关闭煤矿应当达到的要求的是（　　）。

　　A. 查封、扣押矿井生产设备

　　B. 设立标识牌

　　C. 封闭、填实矿井井筒，平整井口场地，恢复地貌

　　D. 妥善处理劳动关系，组织离岗时职业健康检查

　　E. 经有关人民政府和矿山监察机构核查

【能力提升训练】　　　　　　　　　　　　　　　　　　答案：327 页

1. 【单选】根据《煤矿安全生产条例》，下列关于煤矿建设项目安全责任的说法，正确的是（　　）。

　　A. 煤矿建设项目的建设单位应当对设计、施工、监理等单位进行统一协调管理

　　B. 煤矿建设项目的施工单位对煤矿建设项目安全管理负总责

　　C. 施工单位应当按照批准的安全设施设计施工，施工期间不得变更设计内容

　　D. 煤矿建设项目竣工投入生产或者使用前，应当由煤矿安全监察机构负责组织对安全设施进行验收

2. 【单选】郭某为某煤矿新上岗的作业人员，根据《煤矿安全生产条例》，下列关于郭某和煤矿企业的做法，符合规定的是（　　）。

　　A. 郭某有多年工作经验，新入职后无须进行安全生产教育培训

　　B. 郭某应当及时报告发现的事故隐患并且及时消除事故隐患

　　C. 对煤矿企业强令冒险作业的行为，郭某有权拒绝并向所在地矿山安全监察机构报告

　　D. 因郭某拒绝违章指挥，煤矿企业可以以不服从管理调整工作岗位

3. 【单选】根据《煤矿安全生产条例》，下列关于煤矿企业下井作业的说法，正确的是（　　）。

　　A. 井工煤矿企业的负责人应当实行带班下井，并建立下井登记档案

B. 煤矿企业应当为从业人员提供符合国家标准或者国际标准的劳动防护用品

C. 煤矿井下作业人员实行安全限员制度，煤矿井下工作岗位不得使用劳务派遣用工

D. 煤矿井下作业人员应当经安全生产教育培训和考核合格，方可上岗作业

4.【单选】某煤矿存在重大事故隐患仍然进行生产，根据《煤矿安全生产条例》，下列关于其处罚的说法，正确的是（　　）。

A. 对煤矿企业处 50 万元以上 100 万元以下的罚款

B. 对煤矿企业处 50 万元以上 200 万元以下的罚款

C. 对煤矿企业主要负责人处 5 万元以上 15 万元以下的罚款

D. 对煤矿企业主要负责人处 10 万元以上 20 万元以下的罚款

5.【单选】煤矿安全生产实行地方党政领导干部安全生产责任制，强化煤矿安全生产属地管理。根据《煤矿安全生产条例》，下列关于有关部门安全生产监督管理职责的说法，错误的是（　　）。

A. 县级以上人民政府相关主管部门对未依法取得安全生产许可证等擅自进行煤矿生产的，应当依法查处

B. 乡镇人民政府在所辖区域内发现未依法取得安全生产许可证等擅自进行煤矿生产的，应当采取有效措施制止，并向县级人民政府相关主管部门报告

C. 省、自治区、直辖市人民政府负有煤矿安全生产监督管理职责的部门审查煤矿建设项目安全设施设计，应当自受理之日起 30 日内审查完毕

D. 省、自治区、直辖市人民政府负有煤矿安全生产监督管理职责的部门应当负责对建设单位安全设施进行验收和核查

6.【单选】根据《煤矿安全生产条例》，下列关于煤矿安全生产监督管理的说法，正确的是（　　）。

A. 国家矿山安全监察机构及其设在地方的矿山安全监察机构负责煤矿企业安全生产许可证的颁发和管理

B. 煤矿企业安全生产许可证的颁发和管理情况，应当受到国家矿山安全监察机构及其设在地方的矿山安全监察机构的监督

C. 矿山安全监察机构应当编制煤矿安全生产年度监督检查计划，并按照计划进行监督检查

D. 煤矿安全生产年度监督检查计划应当抄送上级矿山安全监察机构

7.【多选】根据《煤矿安全生产条例》，下列情形中属于重大事故隐患的有（　　）。

A. 露天煤矿边坡角大于设计最大值或者边坡发生严重变形的

B. 超能力、超强度或者超定员组织生产的

C. 有冲击地压危险，未采取有效措施的

D. 监控与通讯系统不能正常运行的

E. 使用应当淘汰的危及生产安全的设备、工艺的

8.【多选】张某为某煤矿矿长，陈某为该煤矿主管安全的副矿长，蒋某为该煤矿的财务人员，周某为该煤矿新入职的安全生产管理人员，白某为该煤矿的主要技术负责人。根据《煤矿安全生产条例》，下列关于上述人员职责的说法，正确的有（　　）。

A. 张某应当负责组织制定并实施生产安全事故应急救援预案

B. 陈某应当负责组织制定并实施安全生产教育和培训计划

C. 蒋某应当负责保证安全生产投入的有效实施

D. 周某应当负责检查安全生产状况，及时排查事故隐患

E. 白某应当负责建立健全并落实技术管理体系

9. 【多选】根据《煤矿安全生产条例》，下列煤矿企业应当提请县级以上地方人民政府予以关闭的有（　　　）。

A. 未依法取得安全生产许可证等擅自进行生产的

B. 3 个月内 2 次或者 2 次以上发现有重大事故隐患仍然进行生产的

C. 采用可能危及相邻煤矿安全的决水、爆破、贯通巷道等危险方法进行采矿作业的

D. 未按照规定为煤矿配备矿长等人员和机构，或者未按照规定设立救护队的

E. 经地方人民政府组织的专家论证在现有技术条件下难以有效防治重大灾害的

第三节　建设工程安全生产管理条例

【基础知识训练】　　　　　　　　　　　　　　　答案：330 页

1. 【单选】《建设工程安全生产管理条例》规定，建设工程安全作业环境及安全施工措施所需费用，应由（　　　）承担。

A. 设计单位　　　　　　　　　　　B. 建设单位

C. 施工单位　　　　　　　　　　　D. 监理单位

2. 【单选】《建设工程安全生产管理条例》规定，依法批准开工报告的建设工程，建设单位应当自开工报告批准之日起（　　　）内，将保证安全施工的措施报送建设工程所在地县级以上地方人民政府建设行政主管部门或者其他有关部门备案。

A. 15 日　　　　B. 30 日　　　　C. 45 日　　　　D. 60 日

3. 【单选】某施工单位在开挖基坑时因无地下管线资料不慎挖断天然气管道，导致天然气泄漏并发生爆炸，造成人员伤亡和财产损失。依据《建设工程安全生产管理条例》，施工现场及毗邻区域内的管线资料应由（　　　）提供给施工单位。

A. 工程建设单位　　　　　　　　　B. 工程勘察单位

C. 工程设计单位　　　　　　　　　D. 工程监理单位

4. 【单选】依据《建设工程安全生产管理条例》的规定，实行施工总承包的建设工程，支付意外伤害保险费的单位是（　　　）。

A. 总承包单位　　　　　　　　　　B. 施工单位

C. 总承包单位与施工单位　　　　　D. 施工单位与监理单位

5. 【单选】依据《建设工程安全生产管理条例》的规定，施工组织设计中的安全技术或者专项施工方案应当符合工程建设强制性标准，负责符合性审查的单位是（　　　）。

A. 建设单位　　　　　　　　　　　B. 设计单位

C. 监理单位　　　　　　　　　　　D. 施工单位

6.【单选】根据《建设工程安全生产管理条例》的规定，垂直运输机械作业人员、安装拆卸工必须按照国家有关规定经过专门的安全作业培训，并取得（　　），方可上岗作业。

 A. 安全培训合格证书   B. 安全管理人员资格证书

 C. 安全资格证书   D. 特种作业操作资格证书

7.【单选】根据《建设工程安全生产管理条例》的规定，建设行政主管部门在审核发放施工许可证时，应当对建设工程是否有（　　）进行审查，否则不得颁发施工许可证。

 A. 环境保护措施   B. 应急救援措施

 C. 职业病防治措施   D. 安全施工措施

8.【单选】《建设工程安全生产管理条例》规定了建筑施工工期的内容，建设单位工期按照要求，应该做到（　　）。

 A. 可以压缩合同工期   B. 不得压缩合同工期

 C. 可以适当地压缩合同工期 D. 压缩工期最多不超过 10 天

9.【单选】根据《建设工程安全生产管理条例》，关于建设工程安全管理的说法，正确的是（　　）。

 A. 施工单位可以自行安装、拆卸施工现场的施工起重机械

 B. 安装、拆卸施工起重机械应当编制拆装方案、制定安全施工措施

 C. 安装、拆卸施工起重机械应当由建设单位人员现场监督

 D. 施工起重机械安装完毕后，施工单位应当检验，并出具检验合格证明

10.【单选】依据《建设工程安全生产管理条例》的规定，建设工程施工前应进行交底，施工单位的相关人员应对有关安全施工的技术要求向施工作业班组、作业人员作出详细说明，并双方签字确认，进行交底的人员是（　　）。

 A. 项目负责人   B. 负责各项目的班组长

 C. 专职安全生产管理人员   D. 负责项目管理的技术人员

11.【单选】依据《建设工程安全生产管理条例》的规定，监理单位对施工组织设计进行强制性标准符合性审查，下列属于审查内容的是（　　）。

 A. 安全管理方案   B. 安全技术措施

 C. 安全培训计划   D. 安全投入计划

12.【多选】根据《建设工程安全生产管理条例》规定，县级以上人民政府负有建设工程安全生产监督管理职责的部门在各自的职责范围内履行安全监督检查职责时，有权采取的措施有（　　）。

 A. 要求提供有关建设工程安全生产的文件和资料

 B. 进入施工现场进行检查

 C. 没收存在隐患的设备

 D. 检查中一经发现事故隐患，责令立即停止施工

 E. 纠正施工中违反安全生产要求的行为

13.【多选】根据《建设工程安全生产管理条例》规定，勘察单位的主要安全责任有（　　）。

A. 应按规定进行勘察，提供真实的勘察文件

B. 应按规定进行勘察，提供准确的勘察文件

C. 严格执行操作规程，采取措施保证各类管线、设施的安全

D. 严格执行操作规程，采取措施保证周边建筑物、构筑物的安全

E. 发现问题，应当要求施工单位整改或暂时停止施工，并及时报告建设单位

14.【多选】根据《建设工程安全生产管理条例》规定，工程监理单位的主要安全责任有（   ）。

A. 审查安全技术措施是否符合工程建设强制性标准

B. 如发现问题应要求施工单位整改或暂时停止施工

C. 按法律、法规和工程建设强制性标准实施监理

D. 对建设工程安全生产承担管理责任

E. 负责建设工程安全许可证的申报

15.【多选】根据《建设工程安全生产管理条例》，安装、拆卸施工起重机械和整体提升脚手架、模板等自升式架设设施，应当（   ）。

A. 由有相应资质的单位承担

B. 制定安全施工措施

C. 由专业技术人员现场监督

D. 编制拆装方案

E. 施工方案经专家论证、审查

16.【多选】根据《建设工程安全生产管理条例》，下列属于施工单位项目负责人选用条件和履行职责的有（   ）。

A. 由取得相应执业资格的人员担任

B. 建立安全生产责任制度

C. 确保安全生产费用的有效使用

D. 根据工程的特点组织制定安全施工措施

E. 及时、如实报告生产安全事故

【能力提升训练】   答案：331 页

1.【单选】依据《建设工程安全生产管理条例》的规定，下列关于建设工程相关单位安全责任的说法，正确的是（   ）。

A. 建设工程的合理工期应由施工单位和监理单位双方协商一致确定

B. 建设单位在编制工程概算时，应当确定建设工程的安全作业环境和安全施工所需费用

C. 工程设计单位向施工单位提供施工现场内供水、排水、供电、通信等地下管线资料

D. 建设单位应当在开工报告批准之日 30 日内，将安全施工保证措施报送有关主管部门备案

2.【单选】甲公司采取施工总承包方式将一建设工程发包给乙公司，乙公司又将该工程中的液氨罐区安装工程分包给丙公司，将供水工程分包给丁公司，依据《建设工程安全

生产管理条例》的规定，对该建设工程安全生产负总责的单位是（   ）。

A. 甲公司　　　　　　B. 乙公司　　　　　　C. 丙公司　　　　　　D. 丁公司

3. 【单选】依据《建设工程安全生产管理条例》，下列关于建设工程承包中施工总承包单位和分包单位安全责任的说法中，正确的是（   ）。

A. 建设工程实行施工总承包的，由建设单位和总承包单位对施工现场的安全生产负总责

B. 分包单位应当服从总承包单位的安全管理，分包单位不服从管理导致生产安全事故的，由分包单位承担主要责任

C. 总承包单位依法将建设工程分包给其他单位的，分包单位对分包工程的安全生产承担主要责任

D. 分包单位不服从管理导致生产安全事故的，分包单位和总承包单位对分包工程的安全生产承担连带责任

4. 【单选】建设单位是建设工程的投资主体，在建筑活动中居于主导地位。依据《建设工程安全生产管理条例》的规定，下列关于建设单位安全责任的说法，正确的是（   ）。

A. 建设单位可以根据市场需求压缩合同约定的工期

B. 建设单位应当自开工报告批准之日起 10 日内，将保证安全施工的措施报送所在地建设行政主管部门或有关部门备案

C. 建设单位应当在拆除工程施工 10 日前，将有关资料报送所在地建设行政主管部门或有关部门备案

D. 建设单位应当根据工程需要向施工企业提供施工现场相邻建筑物的相关资料

5. 【单选】依据《建设工程安全生产管理条例》的规定，对于不领取施工许可证的建设工程，建设单位应当将保证安全施工的措施报送政府有关行政主管部门备案。关于备案的有关注意事项，下列说法错误的是（   ）。

A. 自开工报告批准之日起 15 日内备案

B. 报送备案的内容是保证安全施工的措施

C. 应当向当地人民政府国土资源部门报送备案

D. 报送备案的内容的具体要求与申请领取施工许可证的要求相同

6. 【单选】根据《建设工程安全生产管理条例》，下列关于施工单位现场安全管理的说法中，正确的是（   ）。

A. 施工单位应当在出入通道口设置明显的安全警示标志

B. 施工单位在尚未竣工的建筑物内设置员工集体宿舍的，必须有保证安全的措施

C. 在城市市区内的建设工程，施工单位应当对施工现场实行军事化管理

D. 在施工中发生危及人身安全的紧急情况时，作业人员有权立即撤离危险区域

7. 【单选】甲公司将位于某县风景名胜区的房屋拆除工程发包给乙公司。根据《建设工程安全生产管理条例》，关于该拆除工程的说法，正确的是（   ）。

A. 乙公司应当具有相应等级资质证书并办理施工许可证后，方能承担该拆除工程

B. 乙公司实施爆破作业人员应当经县级人民政府公安机关考核合格，并取得爆破作业

人员许可证

C. 乙公司将爆破作业方案报该县住房和城乡建设部门批准后，可以在风景名胜区实施爆破作业

D. 甲公司在拆除房屋工程施工 15 日前，应当将拆除施工组织方案等文件报送县住房和城乡建设部门备案

8.【单选】王某为某公司主要负责人，该公司中标建筑面积 5 万平方米的安置房工程后，成立了项目部并任命李某为项目负责人。根据《建设工程安全生产管理条例》及有关规定，关于该项目安全管理的说法，正确的是（　　）。

A. 项目部应当配备 2 名专职安全生产管理人员

B. 李某应当保证该安置房项目安全生产条件所需的资金投入

C. 王某应当对该项目进行定期安全检查并做好记录

D. 李某应当制定安全生产规章制度和操作规程

【历年真题实战】　　　　　　　　　　　　　　　　　　　　答案：333 页

1.【2022 年·单选】某施工单位承建地铁站基坑工程，因违规施工，基坑严重超挖，支撑体系存在严重缺陷。监理单位项目总监蒋某发现问题后没有采取任何措施，施工过程中发生塌陷事故，导致 2 人死亡。根据《刑法》《建设工程安全生产管理条例》，关于该起事故中相关单位和人员法律责任的说法，正确的是（　　）。

A. 蒋某的行为涉嫌构成重大责任事故罪

B. 蒋某的行为涉嫌构成工程重大安全事故罪

C. 施工单位承担主要责任，监理单位承担次要责任

D. 监理单位承担主要责任，施工单位承担次要责任

2.【2021 年·单选】根据《建设工程安全生产管理条例》，关于建筑施工单位的主要负责人对本单位安全生产工作职责的说法，错误的是（　　）。

A. 保证本单位安全生产条件所需资金的投入

B. 对所承担的建设工程进行定期和专项安全检查

C. 对建设工程项目的安全施工负责

D. 建立健全安全生产责任制

3.【2021 年·单选】某建设工程由甲公司作为施工总承包单位，乙、丙、丁公司为分包单位，根据《建设工程安全生产管理条例》，关于事故应急救援和调查处理的说法，正确的是（　　）。

A. 该建设工程发生生产安全事故，应由甲公司组织乙、丙、丁公司共同向应急管理部门、建设行政主管部门或者其他有关部门报告

B. 甲公司应当统一组织编制建设工程生产安全事故应急救援预案，甲公司和乙、丙、丁公司按照应急救援预案，各自建立应急救援组织或者配备应急救援人员，配备救援器材、设备，并定期组织演练

C. 甲、乙、丙、丁公司应分别制定生产安全事故应急救援预案，各自建立应急救援组织或者配备应急救援人员，配备救援器材、设备，并定期各自组织演练

D. 该建设工程发生生产安全事故，应当由乙、丙、丁公司各自向应急管理部门、建设行政主管部门或者其他有关部门报告

4.【2020 年·单选】甲公司将某住宅项目发包给乙公司施工，并与丙公司签订监理合同。乙公司承接后，将其中的外墙装饰工程分包给丁公司。根据《建设工程安全生产管理条例》，负责统一组织编制建设工程生产安全事故应急预案的单位是（　　　）。

A. 甲公司　　　　　B. 丙公司　　　　C. 乙公司　　　　D. 丁公司

5.【2020 年·单选】根据《建设工程安全生产管理条例》，关于施工现场起重机械安装及责任的说法，正确的是（　　　）。

A. 施工现场起重机械必须由施工单位安装，建设单位不承担安全责任

B. 安装单位安装完毕后应当自检，并出具自检合格证明

C. 施工单位编制安装方案，制定安全措施，建设单位应安排人员现场监督

D. 建设单位对施工现场起重机械安装情况进行检验，办理验收手续并签字

6.【2019 年·单选】根据《建设工程安全生产管理条例》，关于实行施工总承包的建设工程安全责任的说法，正确的是（　　　）。

A. 总承包单位和分包单位依据承包合同的规定，对施工现场的安全生产各自独立承担相应责任

B. 总承包单位依法将建设工程分包给其他单位的，分包合同中应当明确各自的安全生产方面的权利、义务

C. 建设单位、总承包单位和分包单位对分包工程的安全生产承担连带责任

D. 分包单位不服从管理导致生产安全事故的，由分包单位承担全部责任

7.【2019 年·多选】根据《建设工程安全生产管理条例》，关于建设工程安全的说法，正确的有（　　　）。

A. 勘察单位提供的勘察文本应当真实、准确，满足建设工程安全生产的要求

B. 监理单位应当与施工单位共同拟定安全技术措施或者专项施工方案

C. 监理单位在监理中，发现有事故隐患苗头，应当立即要求施工单位停止施工

D. 采用新结构、新材料、新工艺的建设工程，设计单位应当提出保障施工作业人员安全的措施建议

E. 如涉及地下管线的防护、外电防护、深基坑工程，设计单位应当在设计文件中注明

第四节　危险化学品安全管理条例

【基础知识训练】　　　　　　　　　　　　　　　　　答案：335 页

1.【单选】《危险化学品安全管理条例》规定的危险化学品安全管理环节是（　　　）。

A. 生产、储存、经营、运输、废弃

B. 生产、储存、使用、经营、运输

C. 生产、使用、经营、运输、废弃

D. 生产、储存、使用、运输、废弃

2. 【单选】《危险化学品安全管理条例》所称危险化学品，是指具有毒害、腐蚀、爆炸、燃烧、助燃等性质，对（　　）具有危害的剧毒化学品和其他化学品。

    A. 人体、环境、产品　　　　　　　　B. 设施、场所、产品

    C. 人体、设施、环境　　　　　　　　D. 人体、设施、设备

3. 【单选】依据《危险化学品安全管理条例》，负责进口化学品登记的部门是（　　）。

    A. 商务部门　　　　　　　　　　　　B. 发展改革部门

    C. 环境保护部门　　　　　　　　　　D. 安全生产监管部门

4. 【单选】依据《危险化学品安全管理条例》的规定，重复使用的危险化学品的包装物、容器的检查记录至少应当保存（　　）。

    A. 1 年　　　　　　B. 2 年　　　　　　C. 3 年　　　　　　D. 5 年

5. 【单选】根据《危险化学品安全管理条例》规定，生产、储存危险化学品的企业，应当委托具备国家规定的资质条件的机构，对本企业的安全生产条件每（　　）进行 1 次安全评价，提出安全评价报告。

    A. 3 年　　　　　　B. 2 年　　　　　　C. 1 年　　　　　　D. 4 年

6. 【单选】依据《危险化学品安全管理条例》的规定，剧毒化学品以及储存数量构成重大危险源的其他危险化学品必须在专用仓库内单独存放，实行（　　）制度。

    A. 双人收发、单人保管　　　　　　　B. 单人收发、双人保管

    C. 双人收发、双人保管　　　　　　　D. 单人收发、单人保管

7. 【单选】依据《危险化学品安全管理条例》的规定，下列化学品中，禁止向个人销售的是（　　）。

    A. 易自燃化学品　　　　　　　　　　B. 强腐蚀性化学品

    C. 属于剧毒化学品的农药　　　　　　D. 易制爆化学品

8. 【单选】依据《危险化学品安全管理条例》的规定，剧毒化学品经营企业销售剧毒化学品时应当登记，销售记录至少应当保存（　　）。

    A. 1 年　　　　　　B. 2 年　　　　　　C. 3 年　　　　　　D. 5 年

9. 【单选】根据《危险化学品安全管理条例》的规定，运输危险化学品的车辆，必须配备必要的（　　）和防护用品。

    A. 医疗救护人员　　　　　　　　　　B. 技术指导人员

    C. 车辆动态稳定装置　　　　　　　　D. 应急救援器材

10. 【单选】《危险化学品安全管理条例》规定，禁止通过内河运输的剧毒化学品及其他危险化学品的范围，由国务院交通运输主管部门会同国务院环境保护主管部门、安全生产监督管理部门以及（　　）规定并公布。

    A. 公安部门　　　　　　　　　　　　B. 工商行政主管部门

    C. 工业和信息化主管部门　　　　　　D. 质量监督检验检疫主管部门

11. 【单选】甲市下辖 4 区 3 县，其中的乙县有一炼油厂，该厂根据自身的特点制定了火灾爆炸事故应急预案。根据《危险化学品安全管理条例》，该炼油厂火灾爆炸事故应急预案的上报备案单位是（　　）。

    A. 乙县安全监管部门　　　　　　　　B. 乙县公安消防机构

C. 甲市安全监管部门　　　　　　　　　　D. 甲市公安消防机构

12.【单选】民用爆炸品、放射性物品、核能物质和（　　）的安全管理，不适用《危险化学品安全管理条例》。

A. 遇湿易燃物品　　　　　　　　　　　　B. 农药

C. 烟花爆竹　　　　　　　　　　　　　　D. 监控化学品

13.【单选】依据《危险化学品安全管理条例》的规定，（　　）负责发放剧毒化学品购买凭证和准购证。

A. 道路交通管理部门　　　　　　　　　　B. 安全生产监督管理部门

C. 公安部门　　　　　　　　　　　　　　D. 卫生行政管理部门

14.【单选】根据《危险化学品安全管理条例》，国务院质检部门应当将颁发危险化学品生产许可证的情况通报国务院（　　）。

A. 同级工业和信息化主管部门、环境保护主管部门、公安机关

B. 质检部门、公安部门、安全监察部门

C. 经济贸易综合管理部门、质检部门、公安部门

D. 环境保护部门、质检部门、安全监察部门

15.【单选】根据《危险化学品安全管理条例》，应当建立危险化学品安全监督管理工作协调机制的是（　　）。

A. 县级以上人民政府

B. 县级以上人民政府安全生产监督管理部门

C. 设区的市级以上人民政府

D. 设区的市级以上人民政府安全生产监督管理部门

16.【单选】甲企业使用危险化学品从事生产并且使用量达到规定数量的化工企业，根据《危险化学品安全管理条例》，下列关于甲企业的要求，错误的是（　　）。

A. 甲企业使用危险化学品应当取得危险化学品安全使用许可证

B. 甲企业应当有安全管理机构和专职安全管理人员

C. 甲企业应当组织技术人员进行安全评估并出具安全评估报告

D. 甲企业应当向所在地设区的市级人民政府安监部门申请危险化学品安全使用许可证

17.【单选】根据《危险化学品安全管理条例》，申请剧毒化学品道路运输通行证应经过公安机关的批准，应当自收到前款规定的材料之日起（　　）内，作出批准或者不予批准的决定。

A. 3 日　　　　　　B. 7 日　　　　　　C. 10 日　　　　　　D. 15 日

18.【单选】根据《危险化学品安全管理条例》，载运危险化学品的船舶在内河航行，通过过船建筑物的，应当提前向（　　）申报。

A. 交通部门　　　　　　　　　　　　　　B. 应急管理部门

C. 住建部门　　　　　　　　　　　　　　D. 海事部门

19.【多选】依据《危险化学品安全管理条例》的规定，下列单位中，应当设置治安保卫机构、配备专职治安保卫人员的是（　　）。

A. 危险化学品生产单位　　　　　　B. 危险化学品储存单位

C. 剧毒化学品生产单位　　　　　　D. 易制爆危险化学品生产单位

E. 易制爆化学品储存单位

20. 【多选】某化学品仓储运输有限公司，从事危险化学品的仓储和道路运输业务。根据《危险化学品安全管理条例》，该公司应当经交通运输主管部门考核合格，取得从业资格的人员有（　　　）。

A. 装卸管理人员　　　　　　　　　B. 押运人员

C. 驾驶人员　　　　　　　　　　　D. 现场检查员

E. 主要负责人

21. 【多选】根据《危险化学品安全管理条例》，安监部门负责危险化学品安全监督管理综合工作，组织确定、公布、调整危险化学品目录，对新建、改建、扩建生产、储存危险化学品的建设项目进行安全条件审查，并且负责核发（　　　）。

A. 危险化学品安全使用许可证

B. 危险化学品运输许可证

C. 危险化学品及其包装物、容器生产企业的工业产品生产许可证

D. 危险化学品经营许可证

E. 危险化学品运输许可证

22. 【多选】根据《危险化学品安全管理条例》，生产、储存危险化学品的单位，应当在其作业场所（　　　）。

A. 设置通信装置　　　　　　　　　B. 安排专职安全管理人员值守

C. 安排兼职安全管理人员值守　　　D. 设置报警装置

E. 设置视频监控系统

23. 【多选】根据《危险化学品安全管理条例》，生产、储存危险化学品的单位转产、停产、停业或者解散的，应当采取有效措施，及时、妥善处置其危险化学品生产装置、储存设施以及库存的危险化学品，不得丢弃危险化学品；处置方案应当报所在地县级（　　　）备案。

A. 安监部门　　　　　　　　　　　B. 工信部门

C. 人民政府　　　　　　　　　　　D. 环保部门

E. 公安机关

24. 【多选】根据《危险化学品安全管理条例》，使用危险化学品的单位建立、健全使用危险化学品的安全管理规章制度和安全操作规程的依据有（　　　）。

A. 危险化学品的种类

B. 危险化学品的危险特性

C. 危险化学品的使用方式

D. 危险化学品的存储方法

E. 危险化学品的使用量

25. 【多选】根据《危险化学品安全管理条例》，从事危险化学品经营的企业应当具备条件包括（　　　）。

A. 有符合地方标准的经营场所

B. 从业人员经过专业技术培训并经考核合格

C. 主要负责人经过专业技术培训并经考核合格

D. 有专职或兼职安全管理人员

E. 有必要的应急救援器材、设备

26. 【多选】根据《危险化学品安全管理条例》，负有危险化学品安全监督管理职责的部门依法进行监督检查时，下列做法符合规定的是（　　）。

A. 发现危险化学品事故隐患，责令停止生产并立即消除

B. 对不符合国家标准、行业标准要求的设施、设备，责令立即停止使用

C. 检查人员发现违法生产、储存、使用、经营危险化学品的场所，予以查封

D. 一名监督检查人员依法进行监督检查，并应当出示执法证件

E. 发现影响危险化学品安全的违法行为，当场予以纠正或者责令限期改正

27. 【多选】某危险化学品运输公司在运送易制爆危险化学品的途中丢失了部分易制爆化学品，驾驶人员、押运人员立即采取相应的警示措施并向当地公安机关报告，根据《危险化学品安全管理条例》，公安机关接到报告后，应当根据实际情况立即向（　　）通报。

A. 该企业所在地公安机关　　　　　B. 应急管理部门

C. 环保部门　　　　　　　　　　　D. 卫生部门

E. 民用爆炸物品行业管理部门

【能力提升训练】

答案：337 页

1. 【单选】依据《危险化学品安全管理条例》的规定，下列关于危险化学品安全使用许可的说法正确的是（　　）。

A. 危险化学品生产企业使用危险化学品不需要取得安全使用许可证

B. 化工企业危险化学品使用量达到规定的数量均需取得安全使用许可证

C. 危险化学品安全使用许可证应当向所在地省级安全监管部门申请办理

D. 安全监管部门自收到申请之日起 60 日内作出是否批准安全使用许可的决定

2. 【单选】依据《危险化学品安全管理条例》规定，下列关于危险化学品经营许可的说法中，不正确的是（　　）。

A. 依法设立的危险化学品生产企业在其厂区范围内销售本企业生产的危险化学品，不需要取得危险化学品经营许可

B. 依据《港口法》的规定取得港口经营许可证的港口经营人，不需要取得危险化学品经营许可

C. 从事危险化学品经营的企业，应当向所在地设区的市级人民政府安全生产监督管理部门提出申请

D. 安全生产监督管理部门应对提出办理危险化学品经营许可证申请的企业进行审查，予以批准的，颁发危险化学品经营许可证；不予批准的，应当面通知申请人并说明理由

3. 【单选】依据《危险化学品安全管理条例》的规定，下列关于剧毒化学品运输管理的说法，正确的是（　　）。

A. 可以通过内河封闭水域运输剧毒化学品

B. 禁止通过内河运输剧毒化学品

C. 安全监管部门负责审批剧毒化学品道路运输通行证

D. 海事管理机构负责确定剧毒化学品船舶运输的安全运输条件

4. 【单选】根据《危险化学品安全管理条例》，下列关于危险化学品运输规定的说法中，正确的是（　　）。

A. 危险化学品禁止通过内河水域运输

B. 载运危险化学品的船舶在内河航行，必须申请引航

C. 通过道路运输危险化学品的，应当配备押运人员，并保证所运输的危险品处于押运人员的监控之下

D. 危险化学品道路运输企业、水路运输企业应当配备专职或兼职安全管理人员

5. 【单选】根据《危险化学品安全管理条例》，下列关于各部门职责的说法不正确的是（　　）。

A. 安监部门负责公布危险化学品目录

B. 公安机关负责危险化学品运输车辆的道路交通安全管理

C. 交通部门负责核发剧毒化学品道路运输通行证

D. 质检部门负责核发危险化学品及其包装物、容器生产企业的工业产品生产许可证

6. 【单选】根据《危险化学品安全管理条例》，下列关于危险化学品的使用和经营安全的说法，正确的是（　　）。

A. 某危险化学品生产企业，使用量达到规定数量，需要危险化学品安全使用许可证

B. 购买剧毒化学品的单位应当在购买后5日内向公安机关备案

C. 申请危险化学品安全使用许可证的化工企业，应当向所在地县级以上人民政府安监部门提出申请

D. 个人不得购买属于剧毒化学品的农药

7. 【单选】根据《危险化学品安全管理条例》，关于某危险化学品生产的扩建项目，以下说法错误的是（　　）。

A. 应当由安监部门进行安全条件审查

B. 建设单位应当进行安全条件论证

C. 建设单位应将安全条件论证和安全评价的情况报告报建设项目所在地县级人民政府安监部门

D. 安监部门应当自收到报告之日起45日内作出审查决定，并书面通知建设单位

8. 【单选】根据《危险化学品安全管理条例》，下列关于危险化学品生产经营储存的说法错误的是（　　）。

A. 申请危险化学品安全使用许可证的化工企业应当有安全管理机构和专职安全管理人员

B. 危险化学品生产企业在其厂区范围内销售本企业生产的危险化学品，不需要取得危

险化学品经营许可

C. 储存危险化学品的企业，应当委托具备国家规定的资质条件的机构对本企业的安全生产条件每3年进行一次安全评价

D. 存储易制爆学品的应当配备专职治安保卫人员，并实行双人收发、双人保管制度

9. 【单选】根据《危险化学品安全管理条例》，下列关于危险化学品监督管理职责的说法，错误的是（　　）。

A. 任何单位和个人对违反本条例规定的行为，有权向负有危险化学品安全监督管理职责的部门举报

B. 负有危险化学品安全监督管理职责的部门接到举报，应当及时依法处理；对不属于本部门职责的，应当及时告知举报人

C. 县级以上人民政府应当建立危险化学品安全监督管理工作协调机制，协调、解决危险化学品安全监督管理工作中的重大问题

D. 负有危险化学品安全监督管理职责的部门应当相互配合、密切协作，依法加强对危险化学品的安全监督管理

10. 【单选】甲市乙县丙危险化学品企业拟进行危险化学品经营项目的扩建，该项目由丁企业对其进行安全评价。根据《危险化学品安全管理条例》，错误的是（　　）。

A. 丁企业应是具备国家规定的资质条件的机构

B. 丙企业应将安全条件论证和安全评价的情况报告报甲市人民政府

C. 安监部门应当自收到报告之日起45日内作出审查决定

D. 安监部门应将审查决定书面通知丙企业

11. 【单选】根据《危险化学品安全管理条例》，施工单位进行可能危及危险化学品管道安全的施工作业，下列关于本次施工作业的做法错误的是（　　）。

A. 施工单位在开工的3日前书面通知管道所属单位

B. 施工单位与管道所属单位共同制定应急预案

C. 施工单位采取相应的安全防护措施

D. 管道所属单位应指派专门人员到现场进行管道安全保护指导

12. 【单选】根据《危险化学品安全管理条例》，下列关于危险化学品包装物、容器生产的说法错误的是（　　）。

A. 生产列入国家实行生产许可证制度的工业产品目录的危险化学品包装物、容器的企业，应依照相关规定取得工业产品生产许可证

B. 生产危险化学品包装物、容器的企业生产的产品应经国务院质检部门认定的检验机构检验合格，方可出厂销售

C. 对重复使用的危险化学品包装物、容器，使用单位在重复使用前应当进行检查

D. 重复使用的危险化学品包装物、容器的单位应当对检查情况作出记录，记录的保存期限不得少于1年

13. 【单选】《危险化学品安全管理条例》对危险化学品企业的安全评价进行了严格规定，下列关于危险化学品企业安全评价的说法正确的是（　　）。

A. 储存危险化学品的企业应当组织本单位专业技术人员，对本企业的安全生产条件

进行安全评价

B. 经营危险化学品的企业应当委托具备国家规定的资质条件的机构，对本企业的安全生产条件每5年进行安全评价

C. 生产危险化学品的企业应当将安全评价报告以及整改方案的落实情况报所在地县级安监部门备案

D. 在港区内储存危险化学品的企业，应当将安全评价报告以及整改方案的落实情况报海事部门备案

14. 【单选】根据《危险化学品安全管理条例》，下列关于剧毒化学品购买许可证申请的说法错误的是（   ）。

A. 申请人应当向所在地县级公安机关申请

B. 申请时应当提交营业执照的原件

C. 申请时应当提交经办人的身份证明

D. 公安机关应当自收到前款规定的材料之日起3日内，作出批准或者不予批准的决定

15. 【单选】乙公司受甲公司委托通过道路运输危险化学品，根据《危险化学品安全管理条例》，下列关于剧毒化学品道路运输通行证申请的说法正确的是（   ）。

A. 乙公司应向公安机关提交拟运输的剧毒化学品品种、数量的说明

B. 乙公司应向公安机关提交本公司运输车辆取得营运证

C. 甲公司应向公安机关提交驾驶人员、押运人员取得上岗资格的证明文件

D. 甲公司应向公安机关提交运输安全保障方案

16. 【单选】应急管理部门在对辖区内危险化学品生产企业进行检查时发现某企业未依照规定对其安全生产条件定期进行安全评价，根据《危险化学品安全管理条例》，应急管理部门对该企业的处罚正确的是（   ）。

A. 责令停产停业整顿   B. 吊销危险化学品生产许可证件

C. 吊销其营业执照   D. 处以6万元罚款

17. 【单选】为预防和减少危险化学品事故，企业应当加强危险化学品储存的安全管理。根据《危险化学品安全管理条例》及相关规定，关于危险化学品储存安全管理的做法，错误的是（   ）。

A. 甲公司贮存不同级别的危险化学品时，按最高等级危险物品的性能标志

B. 乙公司危险化学品出入库前，均按合同进行检查验收和登记

C. 丙公司剧毒化学品仓库设专人管理，实行专人收发、专人保管制度

D. 丁公司在危险化学品专用仓库内安装自动监测和火灾报警系统

18. 【多选】依据《危险化学品安全管理条例》的规定，下列关于危险化学品道路运输安全的说法，正确的有（   ）。

A. 应当采取相应的安全防护措施，并配备必要的防护用品和应急救援器材

B. 应当按照运输车辆的核定载质量装载危险化学品

C. 危险化学品运输企业必须取得危险化学品道路运输通行证

D. 应当配备随车押运人员并取得相应资格

E. 运输车辆应当定期进行安全技术检验

19. 【多选】依据《危险化学品安全管理条例》的规定，下列关于危险化学品运输安全管理的说法，正确的有（　　）。

　　A. 从事危险化学品道路运输、水路运输的，应当取得危险货物道路运输许可、危险货物水路运输许可，并向工商行政管理部门办理登记手续

　　B. 危险化学品道路运输企业、水路运输企业应当配备专职或兼职安全管理人员

　　C. 危险化学品道路运输企业、水路运输企业的驾驶人员、船员、装卸管理人员、押运人员、申报人员、集装箱装箱现场检查员应当经交通运输主管部门考核合格，取得从业资格

　　D. 运输危险化学品，应当根据危险化学品的危险特性采取相应的安全防护措施，并配备必要的防护用品和应急救援器材

　　E. 通过道路运输剧毒化学品的，托运人应当向运输始发地或者目的地县级人民政府交通运输主管部门申请剧毒化学品道路运输通行证

20. 【多选】根据《危险化学品安全管理条例》，下列关于申请危险化学品安全使用许可证的说法正确的有（　　）。

　　A. 应当向所在地设区的市级人民政府安监部门提出申请

　　B. 应当向所在县级市级人民政府安监部门提出申请

　　C. 安监部门应自收到证明材料之日起 45 日内作出批准或者不予批准的决定

　　D. 安监部门应自收到证明材料之日起 15 日内作出批准或者不予批准的决定

　　E. 安监部门应自收到证明材料之日起 30 日内作出批准或者不予批准的决定

21. 【多选】化工企业未取得危险化学品安全使用许可证，使用危险化学品从事生产，根据《危险化学品安全管理条例》，安全生产监督管理部门对该化工企业处罚正确的有（　　）。

　　A. 责令限期改正　　　　　　　　　　B. 责令停产整顿

　　C. 处以 15 万元罚款　　　　　　　　D. 没收违法所得

　　E. 处以 35 万元罚款

22. 【多选】某公司是一家生产、销售危险化学品的企业。根据《危险化学品安全管理条例》，关于该企业危险化学品包装的做法，正确的有（　　）。

　　A. 在外包装上拴挂与包装内危险化学品相符的化学品安全标签

　　B. 发现危险化学品有新的危险特性时立即修订化学品安全标签

　　C. 危险化学品包装的型式、规格、方法与所包装的危险化学品性质相适应

　　D. 对重复使用的危险化学品包装物，在重复使用前进行抽样检查

　　E. 对重复使用的危险化学品容器的检查记录保存期少于 1 年

【历年真题实战】　　　　　　　　　　　　　　　　　　　答案：341 页

1. 【2023 年·单选】下列危险物品中，不适用《危险化学品安全管理条例》的是（　　）。

　　A. 氧化剂　　　　　　　　　　　　B. 毒性物质

　　C. 放射性物质　　　　　　　　　　D. 压缩天然气

2. 【2023 年·单选】根据《危险化学品安全管理条例》，关于危险化学品登记与事故应急救援的说法，正确的是（　　）。

A. 长期进口某种危险化学品的企业发现其存在新的危险特性，可以不再办理登记手续

B. 危险化学品生产企业制定的事故应急预案，应当经县级以上应急管理部门审查批准

C. 危险化学品生产企业制定的事故应急预案，应当报县级以上应急管理部门备案

D. 登记机构在办理登记时，既要登记危险化学品的化学性质，也要登记物理性质

3. 【2023 年·多选】危险化学品的使用应当符合法律、行政法规和国家标准、行业标准等要求。根据《危险化学品安全管理条例》，关于危险化学品使用安全的说法，正确的有（　　）。

A. 申请危险化学品安全使用许可证的化工企业，应当依法进行安全评价

B. 使用危险化学品从事生产的化工企业应当取得危险化学品安全使用许可证

C. 使用危险化学品的企业应当向所在地市级应急管理部门申请危险化学品安全使用许可证

D. 使用危险化学品从事生产的企业应当向生态环境主管部门报告化学品信息

E. 使用危险化学品的企业停产的，不得丢弃危险化学品

4. 【2022 年·单选】危险化学品具有易燃、易爆、易中毒、易污染环境等特性，一旦发生事故就可能造成严重后果，是安全生产的重点监管领域。根据《危险化学品安全管理条例》，关于危险化学品监管部门及职责的说法，正确的是（　　）。

A. 应急管理部门负责危险化学品的综合安全监管，核发危险化学品生产企业工业产品生产许可证，并负责危险化学品登记工作

B. 生态环境主管部门负责废弃危险化学品处置的监督管理，组织危险化学品的环境危害性鉴定和环境风险程度评估，负责危险化学品事故现场的应急环境监测

C. 交通运输主管部门负责危险化学品道路运输、水路运输、管道运输的许可以及运输工具的安全管理

D. 卫生健康主管部门负责危险化学品毒性鉴定的管理，负责组织、协调危险化学品事故的调查处理和受伤人员的医疗卫生救援工作

5. 【2022 年·单选】甲化工企业对生产过程中的副产品"甲酸甲酯混合液"做了物理性鉴定，安全标签和安全技术说明书标明该混合液具有易燃易爆特性。购买该混合液的乙企业在卸货过程中，因操作不当导致混合液泄漏，造成 5 人中毒死亡。根据《危险化学品安全管理条例》，关于甲化工企业生产安全及法律责任的说法，正确的是（　　）。

A. 甲化工企业应当对"甲酸甲酯混合液"做毒理特性鉴定

B. 该起事故因混合液泄漏致人中毒死亡，属于环境污染事故

C. 该起事故由乙企业操作不当引起，甲企业不承担责任

D. 该"甲酸甲酯混合液"的安全标签符合法律法规标准的要求

6. 【2022 年·单选】危险化学品的运输安全关乎社会安全和公共利益，法律法规对运输危险化学品进行了严格限制。根据《危险化学品安全管理条例》，关于危险化学品运输安全的说法，正确的是（　　）。

A. 从事危险化学品道路运输的企业，必须依法取得危险货物道路运输许可，并向工商行政管理部门办理登记手续

B. 在运输危险化学品途中因交通管制需要长时间停车的，驾驶人员应当及时向当地公安机关报告

C. 个人从事内河运输危险化学品的，必须具备相应的安全条件，并依法取得危险货物水路运输许可

D. 有证据证明单位或者个人在邮件、快件内夹带危险化学品的，邮政企业、快递企业可以开拆查验

7. 【2022年·单选】张某在甲省设立一家危险化学品生产企业，生产剧毒化学品苯基硫醇，同时在乙省丙市丁县设立公司进行销售。根据《危险化学品安全管理条例》，关于苯基硫醇经营许可的说法，正确的是（　　）。

A. 在本生产企业厂区范围内销售苯基硫醇的，应当取得危险化学品经营许可证

B. 应当先办理销售公司工商营业执照，然后申请危险化学品经营许可证

C. 应当向乙省丙市应急管理部门申请销售苯基硫醇的经营许可证

D. 应当向乙省丙市丁县公安机关办理销售苯基硫醇的经营许可证备案

8. 【2022年·多选】某企业生产剧毒化学品，已经取得安全生产许可证，在生产过程中需要使用易制爆危险化学品。根据《危险化学品安全管理条例》，关于该企业危险化学品使用安全及法律责任的说法，正确的有（　　）。

A. 应当取得危险化学品使用许可证

B. 应当如实记录其使用的易制爆危险化学品的数量、流向

C. 应当设置治安保卫机构，配备专职治安保卫人员

D. 发现易制爆危险化学品丢失或者被盗的，应当立即向所在地县级人民政府公安机关报告

E. 应当将转让易制爆危险化学品的有关情况向所在地县级人民政府行业管理部门报告

9. 【2021年·单选】某应急管理局执法人员对某化工公司的储罐及装卸作业进行检查时发现：①危险化学品储罐没有防雷系统；②罐区安装的可燃气体报警器检测数据不准确；③公司超过批准范围，违法生产消毒与抑菌产品；④没有制定装卸作业事故应急救援预案。根据《危险化学品安全管理条例》，关于此次执法检查应采取措施的说法，正确的是（　　）。

A. "危险化学品储罐没有防雷系统"属于违法行为，应责令停止使用危险化学品储罐

B. "罐区安装的可燃气体报警器检测数据不准确"属于违法行为，应责令改正

C. "超过批准范围，违法生产消毒与抑菌产品"属于违法行为，应直接查扣违法生产的消毒与抑菌产品

D. "没有制定装卸作业事故应急救援预案"属于事故隐患，应责令限期消除

10. 【2021年·单选】某化工公司需要使用危险化学品。根据《危险化学品安全管理条例》，关于危险化学品使用安全的说法，正确的是（　　）。

A. 该公司属于化工企业，需要取得危险化学品安全使用许可证

B. 该公司应在易爆危险化学品储存罐上设置明显的安全标志

C. 该公司不再使用危险化学品时，要制定处置方案并报应急管理部门

D. 该公司丢失危险化学品时，应立即向当地应急管理部门报告

11. 【2021年·单选】甲化工企业生产的剧毒化学品拟通过与外界无通航联系的内河封闭水域运输到乙化工品生产企业。甲化工企业委托依法取得危险货物水路运输许可的丙企业承运该批货物。根据《危险化学品安全管理条例》，关于该批剧毒化学品运输安全的说法，正确的是（　　）。

A. 该批剧毒化学品经有关部门批准后，可通过该水域运输

B. 该剧毒化学品不得通过该水域运输

C. 丙企业可再委托其他专门从事剧毒化学品水上运输的单位通过该水域运输

D. 丙企业依法取得了危险货物水路运输许可，可以按甲企业要求进行运输

12. 【2021年·单选】某高速公路甲市乙区路段，一辆小型面包车与一辆重型罐车相撞，导致重型罐车后下部防护装置及卸料管损坏，所载汽油泄漏，起火燃烧。该重型罐车属丙市丁区某危险化学品道路运输公司所有。根据《危险化学品安全管理条例》，关于该起危险化学品事故应急救援的说法，正确的是（　　）。

A. 驾驶员除应向甲市乙区应急管理部门报告外，还应向丙市丁区交通运输、应急管理等部门报告

B. 该事故发生在甲市乙区，运输公司主要负责人无须向丙市丁区有关部门报告事故

C. 因该事故发生在异地，运输公司的应急预案无法适用于本次事故救援

D. 甲市乙区人民政府应当立即组织有关部门启动本地区危险化学品事故应急救援预案并组织实施救援

13. 【2021年·多选】某公司是一家危险化学品港口储存企业，为扩大储存规模，扩建危险化学品储存仓库，同时在地下铺设剧毒危险化学品专用管道。工程竣工后，紧邻工厂围墙外一家职业培训学校投入运行。根据《危险化学品安全管理条例》，关于该公司危险化学品安全管理的说法，正确的有（　　）。

A. 扩建储存危险化学品的港口建设项目，应当由应急管理部门进行安全条件审查

B. 扩建储存危险化学品的港口建设项目，应当由港口行政管理部门按照国务院交通运输主管部门的规定进行安全条件审查

C. 在地下铺设剧毒化学品专用管道，虽然该管道设置在地下，但仍需要设置明显标志

D. 已建的危险化学品生产装置构成重大危险源的危险化学品储存设施，不受学校的影响

E. 已建的危险化学品生产装置构成重大危险源的危险化学品储存设施，由所在地县应急管理部门会同有关部门监督其在规定期限内进行整改

14. 【2020年·单选】危险化学品单位应当制定本单位事故应急救援预案。根据《危险化学品安全管理条例》，危险化学品事故应急救援预案应当报（　　）应急管理部门备案。

A. 省级人民政府　　　　　　　　　B. 设区的市级人民政府

C. 县级人民政府　　　　　　　　　D. 乡镇人民政府

15. 【2020年·单选】国家对危险化学品的使用实施许可制度。根据《危险化学品安全管理条例》，下列使用危险化学品的单位中，必须取得安全使用许可证的是（　　）。

A. 危险化学品生产企业

B. 使用危险化学品从事生产且使用量达到规定数量的化工企业

C. 科研院所实验室

D. 使用危险化学品且使用量达到规定数量的金属冶炼企业

16. 【2020年·单选】某化工企业生产国家禁止生产的危险化学品, 应急管理部门接到群众举报后, 依法对该化工企业进行查处。根据《危险化学品安全管理条例》, 关于应急管理部门对该企业采取的执法措施, 正确的是 (   )。

　　A. 责令限期改正　　　　　　　　　B. 强制关闭

　　C. 责令停止生产　　　　　　　　　D. 处10万元罚款

17. 【2020年·单选】我国非常重视危险物品安全管理工作。根据《危险化学品安全管理条列》, 下列危险物品中, 适用该条例的是 (   )。

　　A. 进口农药　　　　　　　　　　　B. 矿山爆破用炸药

　　C. 实验室放射源　　　　　　　　　D. 烟花爆竹

18. 【2020年·多选】某化工企业拟投资设立一条易制爆危险化学品的生产线。根据《危险化学品安全管理条例》, 关于该企业易制爆危险化学品生产、储存安全的说法, 正确的有 (   )。

　　A. 发现易制爆危险化学品丢失的, 应当立即向当地应急管理部门报告

　　B. 易制爆危险化学品管道应设置明显标志, 并定期检查、检测

　　C. 易制爆危险化学品专用仓库应当设置相应的技术防范措施

　　D. 应当设置治安保卫机构或配备专职治安保卫人员

　　E. 应当如实记录易制爆危险化学品的数量和流向

19. 【2020年·多选】根据《危险化学品安全管理条例》, 关于危险化学品生产、储存安全管理的说法, 正确的有 (   )。

　　A. 危险化学品生产企业进行生产前, 应当取得危险化学品安全生产许可证

　　B. 施工单位进行可能危及危险化学品管道安全的施工作业, 应当在开工3日前书面通知管道所属单位

　　C. 已建的危险化学品生产装置不符合规定, 需要转产、停产、搬迁、关闭的, 由设区的市级人民政府应急管理部门决定并组织实施

　　D. 生产、储存危险化学品的企业, 应当委托安全技术专家对本企业的安全生产条件每3年进行一次安全评价

　　E. 剧毒化学品以及储存数量构成重大危险源的其他危险化学品, 应当在专用仓库内单独存放, 并实行双人收发、双人保管制度

20. 【2019年·单选】负有危险化学品安全监管职责的部门, 在监督检查某化工公司时, 发现该公司未按规定在作业场所设置通信、报警装置。根据《危险化学品安全管理条例》, 关于负有安全监管职责的部门采取的执法措施, 正确的是 (   )。

　　A. 查封生产危险化学品的场所　　　B. 责令改正, 处4万元的罚款

　　C. 暂扣安全生产许可证　　　　　　D. 提请政府予以关闭

21. 【2019年·单选】根据《危险化学品安全管理条例》, 关于危险化学品生产、储存安

全管理的说法，正确的是（　　　）。

A. 生产、储存危险化学品的企业，应当每5年进行一次安全评价

B. 进行可能危及危险化学品管道安全的施工作业，施工单位应当在开工的5日前书面通知管道所属单位

C. 剧毒化学品储存单位应当将储存数量、储存地点以及管理人员的情况，报所在地设区的市级安全监管部门和公安机关备案

D. 剧毒化学品应当在专用仓库内单独存放，并实行双人收发、双人保管制度

22. 【2019年·单选】根据《危险化学品安全管理条例》，关于危险化学品经营安全的说法，正确的是（　　　）。

A. 危险化学品生产企业在其厂区范围内销售本企业生产的危险化学品，应当取得危险化学品经营许可证

B. 危险化学品经营企业经批准，可以在规定范围内经营没有化学品安全技术说明书的危险化学品

C. 依法取得危险化学品安全生产许可证的企业，可以凭安全生产许可证购买剧毒化学品

D. 个人不得购买剧毒化学品（包括属于剧毒化学品的农药）和易制爆危险化学品

23. 【2019年·单选】根据《危险化学品安全管理条例》，关于危险化学品运输安全的说法，正确的是（　　　）。

A. 通过道路运输剧毒化学品的，托运人应当向运输始发地或者目的地交通运输主管部门申请剧毒化学品道路运输通行证

B. 载运危险化学品的船舶在内河航行，通过过船建筑物的，应当提前向水利主管部门申报

C. 船舶载运危险化学品进出内河港口，应当将危险化学品的名称、危险特性、包装以及进出港时间等事项，事先报告海事管理机构

D. 在内河港口内进行危险化学品的装卸、过驳作业，应当将危险货物的名称、特性、包装和作业的时间、地点等事项报告公安部门

24. 【2019年·多选】根据《危险化学品安全管理条例》，某化工企业申请危险化学品安全使用许可证，应当具备的条件有（　　　）。

A. 配备与所使用的危险化学品相适应的专业技术人员

B. 制定符合国家规定的危险化学品事故应急预案

C. 配置必要的应急救援器材、设备

D. 组织技术人员进行安全评估并出具安全评估报告

E. 设置安全管理机构和配备专职安全管理人员

第五节　烟花爆竹安全管理条例

【基础知识训练】　　　　　　　　　　　　　　　　答案：347页

1. 【单选】根据《烟花爆竹安全管理条例》的规定，烟花爆竹是指烟花爆竹制品和用于

生产烟花爆竹的民用黑火药、烟火药、（　　）等物品。

A. 炸药　　　　　　B. 雷管　　　　　　C. 导火索　　　　　　D. 引火线

2. 【单选】根据《烟花爆竹安全管理条例》，从事烟花爆竹零售的经营者，应当取得烟花爆竹经营（零售）许可证。许可证应当载明经营负责人、经营场所地址、经营期限、烟花爆竹种类和（　　）。

A. 限制销售量　　　　　　　　　　　B. 限制存放量

C. 限制销售对象　　　　　　　　　　D. 限制购买量

3. 【单选】甲县某烟花爆竹批发企业委托乙县一家具有资质的汽车运输公司，前往丙县某烟花爆竹生产企业运回一批烟花爆竹，途经丁县。依据《烟花爆竹安全管理条例》，这次运输应当向（　　）公安局申请办理烟花爆竹道路运输许可证。

A. 甲县　　　　　　B. 乙县　　　　　　C. 丙县　　　　　　D. 丁县

4. 【单选】依据《烟花爆竹安全管理条例》的规定，从事道路运输烟花爆竹的托运人将烟花爆竹运达目的地后，收货人应于（　　）内将《烟花爆竹道路运输许可证》交回发证机关核销。

A. 2 日　　　　　　B. 3 日　　　　　　C. 5 日　　　　　　D. 10 日

5. 【单选】依据《烟花爆竹安全管理条例》，举办焰火晚会以及其他大型焰火燃放活动，应当按照举办的时间、地点、（　　）、活动性质、规模以及燃放烟花爆竹的种类、规格及数量，确定危险等级，实行分级管理。

A. 单位　　　　　　B. 人员　　　　　　C. 天气　　　　　　D. 环境

6. 【单选】依据《烟花爆竹安全管理条例》规定，焰火晚会以及其他大型焰火燃放活动燃放作业单位和作业人员违反焰火燃放安全规程，燃放作业方案进行燃放作业的，由公安部门（　　）。

A. 责令立即改正　　　　　　　　　　B. 责令停止燃放

C. 对作业人员处以一定数额罚款　　　D. 吊销《焰火燃放许可证》

7. 【单选】依据《烟花爆竹安全管理条例》的规定，在禁止燃放烟花爆竹的时间、地点燃放烟花爆竹，或者以危害公共安全和人身、财产安全的方式燃放烟花爆竹的，由公安部门责令停止燃放，处（　　）的罚款。

A. 100 元以上 500 元以下　　　　　　B. 100 元以上 1000 元以下

C. 200 元以上 1000 元以下　　　　　 D. 200 元以上 5000 元以下

8. 【单选】根据《烟花爆竹安全管理条例》，从事危险工序的作业人员经（　　）考核合格，方可上岗作业。

A. 县级市人民政府公安机关

B. 设区的市级人民政府公安机关

C. 县级市人民政府安全生产监督管理部门

D. 设区的市级人民政府安全生产监督管理部门

9. 【单选】根据《烟花爆竹安全管理条例》，可以根据本行政区域的实际情况，确定限制或者禁止燃放烟花爆竹的时间、地点和种类的是（　　）。

A. 县级以上地方人民政府

B. 设区的市级以上地方人民政府

C. 县级以上地方人民政府应急管理部门

D. 设区的市级以上地方人民政府应急管理部门

10. 【多选】依据《烟花爆竹安全管理条例》的规定，下列禁止燃放烟花爆竹的场所有（　　）。

    A. 文物保护单位　　　　　　　　　B. 医疗机构

    C. 中小学校　　　　　　　　　　　D. 水上公园

    E. 飞机场

11. 【多选】从事烟花爆竹批发的企业，应当具备的条件有（　　）。

    A. 有符合国家标准的经营场所和储存设施

    B. 经营场所与周边建筑、设施保持必要的安全距离

    C. 不需要具有企业法人条件

    D. 有事故应急救援预案、应急救援组织和人员，并配备必要的器材、设备

    E. 依法进行了安全评价

12. 【多选】根据《烟花爆竹安全管理条例》，生产烟花爆竹的企业，应当对生产作业人员进行安全生产知识教育，对从事（　　）危险工序的作业人员进行专业技术培训。

    A. 药物混合　　　　　　　　　　　B. 筛选

    C. 筑药　　　　　　　　　　　　　D. 装箱

    E. 分拣

13. 【多选】根据《烟花爆竹安全管理条例》，《烟花爆竹道路运输许可证》应当载明的内容包括（　　）。

    A. 托运人　　　　　　　　　　　　B. 行驶路线

    C. 规格烟花爆竹的　　　　　　　　D. 经停地点

    E. 应急处置方法

【能力提升训练】　　　　　　　　　　　　　　　　答案：348 页

1. 【单选】依据《烟花爆竹安全管理条例》的规定，下列关于烟花爆竹生产安全的说法，正确的是（　　）。

    A. 生产烟花爆竹的企业应当到公安机关办理登记手续，方可从事生产活动

    B. 生产烟花爆竹的企业进行技术改造，应当依法办理安全生产许可证

    C. 生产烟花爆竹使用的原料超过规定的用量，必须报有关部门批准

    D. 生产烟花爆竹的企业应当在烟花爆竹上印制易燃易爆危险品警示标志

2. 【单选】根据《烟花爆竹安全管理条例》，下列关于烟花爆竹安全生产许可证申请核发的说法错误的是（　　）。

    A. 应当在投入生产前向所在地设区的市人民政府安全生产监督管理部门提出安全审查申请

    B. 安全生产监督管理部门应当自收到材料之日起 20 日内提出安全审查初步意见

    C. 省、自治区、直辖市人民政府安全生产监督管理部门对符合条件的企业核发《烟花

爆竹安全生产许可证》

D. 从提出申请到核发《烟花爆竹安全生产许可证》最长 50 日

3. 【单选】根据《烟花爆竹安全管理条例》，下列关于烟花爆竹生产管理要求的说法中，不正确的是（　　）。

A. 生产烟花爆竹使用的原料，国家标准有用量限制的，不得超过规定的用量

B. 生产烟花爆竹的企业应当在烟花爆竹产品上印制易燃易爆危险物品警示标志

C. 生产烟花爆竹的企业，应当对黑火药建立购买、领用、销售登记制度

D. 生产烟花爆竹的企业发现引火线丢失的，应当立即向当地安全生产监督管理部门和公安部门报告

4. 【单选】根据《烟花爆竹安全管理条例》，下列关于烟花爆竹经营的说法正确的是（　　）。

A. 从事烟花爆竹零售的企业，应当向生产烟花爆竹的企业采购烟花爆竹

B. 从事烟花爆竹批发的经营者，不得销售按照国家标准规定应由专业燃放人员燃放的烟花爆竹

C. 经营引火线的企业不得向个人销售引火线

D. 生产黑火药的企业向未取得烟花爆竹安全生产许可的单位销售黑火药必须经过县级应急管理部门的批准

5. 【单选】根据《烟花爆竹安全管理条例》，下列关于烟花爆竹道路运输许可证申请的说法中，正确的是（　　）。

A. 承运人向运达地县级人民政府公安部门提出申请

B. 托运人向运达地县级人民政府公安部门提出申请

C. 托运人向始发地县级人民政府应急管理部门提出申请

D. 承运人向运达地县级人民政府应急管理部门提出申请

6. 【单选】甲公司从事烟花爆竹批发业务，乙公司从事烟花爆竹零售业务。根据《烟花爆竹安全管理条例》，关于从事烟花爆竹批发、零售业务应当具备条件的说法，正确的是（　　）。

A. 甲公司全体从业人员应当经过安全教育培训合格持证上岗

B. 甲公司不得在城市市区布设烟花爆竹批发场所

C. 乙公司应当编制事故应急救援预案，配有专职应急救援人员

D. 乙公司应当实行专柜销售，由兼职安全管理人员负责安全管理

【历年真题实战】　　　　　　　　　　　　　　　　　　　　　　　　答案：350 页

1. 【2023 年·单选】张某欲设立一家烟花爆竹生产企业。根据《烟花爆竹安全管理条例》，关于烟花爆竹生产安全及法律责任的说法，错误的是（　　）。

A. 企业在投入生产前，应当向所在地设区的市人民政府应急管理部门提出安全审查申请

B. 企业在取得《烟花爆竹安全生产许可证》后，即可组织生产

C. 企业从事危险工序的作业人员，必须经设区的市人民政府应急管理部门考核合格

D. 企业的生产工序不符合有关国家标准的，由应急管理部门责令限期改正并处以罚款

2. 【2023年·单选】春节期间，某县人民政府发布了关于燃放烟花爆竹的规定。根据《烟花爆竹安全管理条例》，关于燃放烟花爆竹安全管理的说法，正确的是（ ）。
   A. 燃放单位可以自行确定限制燃放烟花爆竹的时间、地点
   B. 县公安机关应当对违反焰火燃放规定的单位进行处理
   C. 对举办春节焰火晚会的申请，应当自受理之日起30日内作出决定
   D. 县应急管理部门应当负责监督检查春节期间焰火燃放活动

3. 【2022年·单选】根据《烟花爆竹安全管理条例》，关于烟花爆竹运输安全的说法，正确的是（ ）。
   A. 经由道路运输烟花爆竹的，托运人应当取得所在地县级人民政府交通运输主管部门许可
   B. 经由道路运输烟花爆竹的，承运人应当向运达地县级人民政府公安机关申请许可
   C. 经由道路运输烟花爆竹的，途中因交通管制长时间停车，必须有专人看守并向当地公安机关报告
   D. 烟花爆竹运达目的地后，收货人应当在3日内将《烟花爆竹道路运输许可证》交回发证机关核销

4. 【2022年·单选】某国有投资公司拟设立烟花爆竹生产企业，并就企业设立问题向某安全评价机构咨询。根据《烟花爆竹安全管理条例》，下列该安全评价机构给出的咨询意见中，正确的是（ ）。
   A. 企业必须按照安全生产许可证核定的生产工序和产品种类进行生产
   B. 厂房和仓库的防火设备设施应当符合国家有关标准和规范
   C. 企业在办理工商登记手续后才能申请烟花爆竹生产许可证
   D. 产品品种、规格、质量应当符合行业标准

5. 【2021年·单选】某大型电商集团公司举行十周年庆典，准备在庆典晚会上进行大型焰火燃放活动。根据《烟花爆竹安全管理条例》，关于该公司焰火燃放安全的说法，正确的是（ ）。
   A. 不得在文化活动广场、体育场所进行庆典晚会焰火燃放
   B. 应当按照分级管理的规定取得焰火燃放许可后方可燃放
   C. 应当按照分级管理的规定报有关人民政府应急管理部门批准
   D. 焰火燃放作业人员应当按照经备案的燃放方案进行燃放作业

6. 【2021年·单选】烟花爆竹的生产、经营、运输、储存等单位应当遵守烟花爆竹安全管理的规定。根据《烟花爆竹安全管理条例》，关于烟花爆竹安全管理的说法，正确的是（ ）。
   A. 中华全国工商业联合会应当加强对会员单位经营烟花爆竹活动的管理
   B. 国家对烟花爆竹的生产、经营、运输实行安全生产许可证制度
   C. 烟花爆竹生产、经营、运输企业和焰火晚会以及其他大型焰火燃放活动主办单位的主要负责人对本单位的烟花爆竹安全工作负责
   D. 应急管理部门应当组织查处非法生产、经营、储存、运输、邮寄烟花爆竹以及非法

燃放烟花爆竹的行为

7. 【2020年·单选】李某计划在甲市乙县开办一个烟花爆竹零售点,需要办理烟花爆竹经营(零售)许可证。根据《烟花爆竹安全管理条例》,李某应当向(　　)提出申请办理经营许可证。

    A. 乙县应急管理部门   B. 甲市应急管理部门

    C. 甲市公安机关   D. 乙县公安机关

8. 【2020年·单选】张某投资兴办一家烟花爆竹企业,引入新型安全环保生产线生产大型焰火晚会专用烟花。根据《烟花爆竹安全管理条例》,关于该企业安全管理的说法,正确的是(　　)。

    A. 从事危险工序的作业人员经企业培训考核合格,即可上岗作业

    B. 使用的原料超过规定用量的,应当报企业主要负责人批准

    C. 在生产的烟花爆竹上,应当印制易燃易爆危险品警示标志

    D. 扩大产能进行技术改造的,应当按规定办理安全生产许可证

9. 【2019年·单选】甲是A市B县的烟花爆竹零售经营商,经由道路向C市D县运输烟花爆竹。根据《烟花爆竹安全管理条例》,甲需要向(　　)公安机关提出运输许可申请。

    A. A市   B. B县   C. C市   D. D县

10. 【2019年·单选】根据《烟花爆竹安全管理条例》,关于烟花爆竹生产安全规定的说法,正确的是(　　)。

    A. 生产烟花爆竹的企业为扩大生产能力进行技术改造的,应当依照规定申请办理安全生产许可证

    B. 生产烟花爆竹的企业申请获得《烟花爆竹安全生产许可证》后,即可从事烟花爆竹生产活动

    C. 生产烟花爆竹的企业从事危险工序的作业人员经企业进行专业技术培训合格,方可上岗作业

    D. 生产烟花爆竹的企业应当在烟花爆竹产品上印制易燃易爆危险物品警示标志,并标注燃放说明

第六节　民用爆炸物品安全管理条例

【基础知识训练】   答案:352页

1. 【单选】《民用爆炸物品安全管理条例》规定,无民事行为能力人、(　　)或者曾因犯罪受过刑事处罚的人,不得从事民用爆炸物品的生产、销售、购买、运输和爆破作业。

    A. 曾因违法受过行政处罚的人   B. 限制民事行为能力人

    C. 未受过专项安全培训的人   D. 受过行政处分的人

2. 【单选】《民用爆炸物品安全管理条例》规定,申请从事民用爆炸物品销售的企业,应

当向所在地（　　）提交申请书、可行性研究报告以及能够证明其符合规定条件的有关材料。

A. 省、自治区、直辖市人民政府安全生产监管部门

B. 省、自治区、直辖市人民政府

C. 设区的市人民政府安全生产监管部门

D. 省、自治区、直辖市人民政府民用爆炸物品行业主管部门

3.【单选】L省甲县某施工企业由于施工原因，需要到J省乙县取得《民用爆炸物品销售许可证》的一企业购买2，4，6三硝基甲苯100千克。根据《民用爆炸物品安全管理条例》，该施工企业提出购买申请的审批行政机关是（　　）。

A. L省甲县安全监管部门　　　　　　　　B. L省甲县公安机关

C. J省乙县安全监管部门　　　　　　　　D. J省乙县公安机关

4.【单选】某爆破公司购买一批雷管。依据《民用爆炸物品安全管理条例》的规定，该公司应自购买雷管之日起（　　）内，将所购买雷管的品种、数量向所在地县级人民政府公安机关备案。

A. 3 日　　　　　　B. 5 日　　　　　　C. 7 日　　　　　　D. 10 日

5.【单选】依据《民用爆炸物品安全管理条例》的规定，销售民用爆炸物品的企业，应将购买单位的许可证、银行账户转账凭证、经办人身份证明复印件保存备查，保存期是（　　）。

A. 3 个月　　　　　B. 6 个月　　　　　C. 1 年　　　　　D. 2 年

6.【单选】依据《民用爆炸物品安全管理条例》的规定，从事营业性爆破作业活动的单位在办理工商登记时，须持（　　）。

A. 民用爆炸物品生产许可　　　　　　　B. 爆破作业人员许可证

C. 民爆企业安全生产许可证　　　　　　D. 爆破作业单位许可证

7.【单选】某企业仓库内储存的工业火雷管已过期失效，准备予以销毁。该仓库负责人对拟销毁的工业火雷管进行登记造册，并提出了销毁实施方案。根据《民用爆炸物品安全管理条例》，负责组织监督本次工业火雷管销毁工作的部门除本省民用爆炸物品行业主管部门外，还有（　　）。

A. 省级安全监管部门　　　　　　　　　B. 省级公安机关

C. 县级安全监管部门　　　　　　　　　D. 县级公安机关

8.【单选】民用爆炸物品的生产、销售、购买、进出口、运输、爆破作业和储存以及（　　）的销售、购买，适用《民用爆炸物品安全管理条例》。

A. 硝酸铵　　　　　　　　　　　　　　B. 亚硝酸钠

C. 硫酸铵　　　　　　　　　　　　　　D. 磷酸钠

9.【单选】依据《民用爆炸物品安全管理条例》，申请从事民用爆炸物品生产的企业，应当向民用爆炸物品行业主管部门提交申请书、可行性研究报告以及能够证明其符合规定条件的有关材料。民用爆炸物品行业主管部门应当自受理申请之日起（　　）内进行审查。

A. 30 日　　　　　　B. 15 日　　　　　　C. 45 日　　　　　　D. 60 日

10. 【单选】根据《民用爆炸物品安全管理条例》，爆破作业人员应当经（　　）考核合格，取得《爆破作业人员许可证》后，方可从事爆破作业。
    A. 县级人民政府公安机关
    B. 县级人民政府民用爆炸物品行业主管部门
    C. 设区的市级人民政府公安机关
    D. 设区的市级人民政府民用爆炸物品行业主管部门

11. 【多选】民用爆炸物品从业单位有（　　）情形的，由公安机关处2万元以上10万元以下的罚款；情节严重的，吊销其许可证；有违反治安管理行为的，依法给予治安管理处罚。
    A. 违反安全管理制度，致使民用爆炸物品丢失、被盗、被抢的
    B. 民用爆炸物品丢失、被盗、被抢，未按照规定向当地公安机关报告或者故意隐瞒不报的
    C. 转让、出借、转借、抵押、赠送民用爆炸物品的
    D. 未按照规定在专用仓库设置技术防范设施的
    E. 未按照规定建立检查、登记制度或者收存和发放民用爆炸物品的

12. 【多选】某企业拟从事民用爆炸物品销售，根据《民用爆炸物品安全管理条例》，该企业应当具备的条件包括（　　）。
    A. 有具备相应资格的安全管理人员、仓库管理人员
    B. 有健全的安全管理制度、岗位安全责任制度
    C. 具有从事民用爆炸物品销售专用的设备
    D. 主要负责人经民用爆炸物品行业主管部门培训并考核合格
    E. 销售场所和专用仓库符合国家有关标准和规范

13. 【多选】根据《民用爆炸物品安全管理条例》，爆破作业单位应当对本单位的（　　）进行专业技术培训。
    A. 爆破作业人员　　　　　　　　B. 安全管理人员
    C. 仓库管理人员　　　　　　　　D. 主要负责人
    E. 爆破监护人员

【能力提升训练】　　　　　　　　　　　　　　　　　　　　答案：353 页

1. 【单选】甲公司是一家生产乳化震源药柱的中型企业，公司依照法律法规要求取得了民用爆炸物品生产许可证。乙公司是一家商贸公司，依法取得了民用爆炸物品销售许可证。依据《民用爆炸物品安全管理条例》的规定，下列关于甲、乙公司生产经营活动的说法，正确的是（　　）。
    A. 甲公司必须取得民用爆炸物品销售许可证后方可出售本单位生产的乳化震源药柱
    B. 乙公司向甲公司购买乳化震源药柱，应当通过银行账户交易，不得使用现金或实物进行交易
    C. 甲公司见到乙公司提供的民用爆炸物品销售许可证5日后，方可进行交易
    D. 乙公司销售民用爆炸物品后3日内，要将销售的品种、数量和购买单位向所在地设

区的市人民政府公安机关备案

2. 【单选】关于民用爆炸物品的储存，下列说法不正确的是（　　）。

   A. 储存在专用仓库内，并按照国家规定设置技术防范设施

   B. 建立出入库检查、登记制度，做到账目清楚，账物相符

   C. 储存的民用爆炸物品数量不得超过储存设计容量

   D. 性质相抵触的民用爆炸物品必须分库储存，可以在库房内存放其他物品

3. 【单选】依据《民用爆炸物品安全管理条例》的规定，下列关于民用爆炸物品的销售和购买的说法，正确的是（　　）。

   A. 民用爆炸物品生产企业销售自己生产的民用爆炸物品，应取得民用爆炸物品销售许可证

   B. 销售民用爆炸物品的企业应自买卖成交3日内，将销售品种、数量和购买单位向省级民用爆炸物品行业主管部门和所在地县级公安机关备案

   C. 购买民用爆炸物品的单位应自买卖成交3日内，将购买品种、数量向省级民用爆炸物品行业主管部门备案

   D. 可以通过银行转账或者现金交易方式购买或销售民用爆炸物品

4. 【单选】甲省乙市丙县某民用爆炸物品生产企业在基本建设完成后，应向（　　）申请安全生产许可。

   A. 甲省民用爆炸物品行业主管部门

   B. 国务院民用爆炸物品行业主管部门

   C. 乙市民用爆炸物品行业主管部门

   D. 丙县民用爆炸物品行业主管部门

5. 【单选】根据《民用爆炸物品安全管理条例》，下列关于民用爆炸物品销售的说法中，正确的是（　　）。

   A. 购买民用爆炸物品，经有关部门审批后可以使用现金进行交易

   B. 销售民用爆炸物品的企业，应当将购买单位的许可证、银行账户转账凭证、经办人的身份证明复印件保存1年备查

   C. 销售民用爆炸物品的企业，应当自民用爆炸物品买卖成交之日起3日内，将销售的品种和数量向所在地省、自治区、直辖市人民政府民用爆炸物品行业主管部门和同级公安机关备案

   D. 购买民用爆炸物品的单位，应当自民用爆炸物品买卖成交之日起3日内，将购买的品种、数量向所在地县级人民政府公安机关备案。

6. 【单选】根据《民用爆炸物品安全管理条例》，下列关于民用爆炸物品生产安全的说法中，错误的是（　　）。

   A. 民用爆炸物品生产企业应当严格按照《民用爆炸物品生产许可证》核定的品种和产量进行生产

   B. 民用爆炸物品生产企业应当对民用爆炸物品做出警示标识、登记标识、编码打号

   C. 试验或者试制民用爆炸物品，必须在专门场地或者专门的试验室进行

   D. 严禁在生产车间或者仓库内试验或者试制民用爆炸物品

7. 【单选】根据《民用爆炸物品安全管理条例》，下列关于民用爆炸物品购买的说法中，错误的是（　　）。

　　A. 民用爆炸物品生产企业可凭《民用爆炸物品生产许可证》购买属于民用爆炸物品的原料

　　B. 民用爆炸物品销售企业可凭《民用爆炸物品销售许可证》向民用爆炸物品生产企业购买民用爆炸物品

　　C. 民用爆炸物品使用单位可凭《民用爆炸物品使用许可证》购买民用爆炸物品

　　D. 对民用爆炸物品使用单位购买民用爆炸物品时，销售企业应当按照许可的品种、数量销售

8. 【单选】根据《民用爆炸物品安全管理条例》，下列关于爆破作业的说法中，正确的是（　　）。

　　A. 爆破作业单位跨省、自治区、直辖市行政区域从事爆破作业的，应当事先将爆破作业项目的有关情况向爆破作业所在地省级人民政府公安机关报告

　　B. 爆破作业单位应当如实记载领取、发放民用爆炸物品的品种、数量、编号以及领取、发放人员姓名

　　C. 爆破作业单位应当将领取、发放民用爆炸物品的原始记录保存 1 年备查

　　D. 爆破作业单位不再使用民用爆炸物品时，应当将剩余的民用爆炸物品登记造册，报所在地县级人民政府公安机关备案保存

【历年真题实战】　　　　　　　　　　　　　　　答案：354 页

1. 【2023 年·单选】甲省乙市丙县某爆破公司长期为本县的矿山企业实施爆破作业。根据《民用爆炸物品安全管理条例》，关于该公司爆破作业安全管理的说法，错误的是（　　）。

　　A. 该公司实施爆破作业的人员，应当经丙县公安机关考核合格

　　B. 在该县风景名胜区实施爆破作业的，应当向乙市公安机关提出申请

　　C. 在该县城区实施爆破作业的，应当由具有相应资质的安全监理企业进行监理

　　D. 该公司应当将不再使用的雷管登记造册，并报丙县公安机关监督销毁

2. 【2023 年·单选】根据《民用爆炸物品安全管理条例》，关于民用爆炸物品安全管理的说法，正确的是（　　）。

　　A. 民用爆破器材生产企业不适用《民用爆炸物品安全管理条例》

　　B. 因交通肇事被判处拘役的人员不得从事民用爆炸物品的运输

　　C. 硝酸铵的销售、购买不适用《民用爆炸物品安全管理条例》

　　D. 公安机关是民用爆炸物品的行业主管部门

3. 【2022 年·单选】根据《民用爆炸物品安全管理条例》，关于民用爆炸物品企业设立及生产的说法，正确的是（　　）。

　　A. 申请从事民用爆炸物品生产的企业应当符合地方产业结构规划

　　B. 应当向当地民用爆炸物品行业主管部门提交企业设立申请

　　C. 因调整生产能力进行改建的，应当申请办理《民用爆炸物品生产许可证》

D. 依法取得《民用爆炸物品生产许可证》并完成基本建设后，可以生产民用爆炸物品

4. 【2022年·单选】根据《民用爆炸物品安全管理条例》，关于民用爆炸物品销售、购买安全管理的说法，正确的是（　　　）。

A. 企业申请《民用爆炸物品销售许可证》的，省级人民政府行业主管部门应当自受理之日起45日内进行审查

B. 企业取得《民用爆炸物品销售许可证》后，应当在3日内向所在地县级人民政府公安机关备案

C. 使用单位凭《民用爆炸物品购买许可证》，可以购买民用爆炸物品

D. 销售、购买民用爆炸物品的，不得使用现金进行交易

5. 【2021年·单选】甲矿业公司需要使用炸药和雷管进行爆破作业，向非法生产炸药的乙公司购买炸药，并向丙进出口公司购买雷管。根据《民用爆炸物品安全管理条例》，关于购买、使用炸药和雷管的安全监管的说法，正确的是（　　　）。

A. 应急管理部门负责组织查处乙公司非法生产炸药的行为

B. 煤矿安全监察机构负责监控甲矿业公司所使用炸药和雷管的流向

C. 公安机关负责甲矿业公司爆破作业的安全监督管理

D. 市场监管部门负责炸药和雷管销售、购买和进出口的监督管理

6. 【2021年·单选】民用爆炸物品属于危险物品，管理不善可能造成事故，危及生产安全和社会公共安全。因此，民用爆炸物品应当储存在专用仓库内并实行严格管理。根据《民用爆炸物品安全管理条例》，关于民用爆炸物品储存的说法，正确的是（　　　）。

A. 在民用爆炸物品库房内可临时存放即将发放的库管员劳保用品

B. 清点时发现黑火药比登记账目少10千克，应立即向应急管理部门报告

C. 县公安机关有权对过期失效的民用爆炸物品的销毁进行监督

D. 不同性质的民用爆炸物品必须分库储存

7. 【2020年·单选】民用爆炸物品储存不当极易导致重大事故，我国实行严格的民用爆炸物品储存安全管理制度。根据《民用爆炸物品安全管理条例》，关于民用爆炸物品储存安全的说法，正确的是（　　　）。

A. 对性质相抵触的民用爆炸物品同库储存时，必须分开存放

B. 容易引起燃烧、爆炸的其他物品带入仓库内时，应与所储存爆炸物品保持安全距离

C. 爆破作业现场严禁存放民用爆炸物品

D. 民用爆炸物品应当储存在专用仓库内，其储存数量不得超过设计容量

8. 【2020年·单选】某省甲市乙县某化工厂委托该县某具备资质的运输公司，将其生产的1吨TNT炸药，运至该省丙市丁县某爆破公司。根据《民用爆炸物品安全管理条例》，该爆破公司应向（　　　）申领民用爆炸物品运输许可证。

A. 甲市公安机关
B. 丁县公安机关
C. 乙县公安机关
D. 丙市公安机关

9. 【2019年·单选】根据《民用爆炸物品安全管理条例》，关于民用爆炸物品生产的安全管理的说法，正确的是（　　　）。

A. 民用爆炸物品生产企业应当持《民用爆炸物品生产许可证》到工商行政管理部门办理工商登记，并在办理工商登记后 1 个月内，向所在地县级人民政府公安机关备案

B. 民用爆炸物品生产企业应当对民用爆炸物品做出警示标识、登记标识，并编码打号

C. 试验或者试制民用爆炸物品，在保障安全距离的条件下，可以在生产车间或者仓库内试验或者试制

D. 民用爆炸物品生产企业调整生产能力及品种进行改建的，应当按规定申请办理《民用爆炸物品生产许可证》

10. 【2019 年·单选】根据《民用爆炸物品安全管理条例》，关于销售和购买民用爆炸物品的说法，正确的是（ ）。

A. 民用爆炸物品生产企业凭《民用爆炸物品生产许可证》，可以销售本企业生产的民用爆炸物品

B. 购买民用爆炸物品使用现金或者实物进行交易的，应当经所在地县级人民政府公安机关批准

C. 民用爆炸物品销售企业取得《民用爆炸物品销售许可证》，即可销售民用爆炸物品

D. 购买民用爆炸物品的单位应当自买卖成交之日起 5 日内，向所在地县级人民政府公安机关备案

第七节　特种设备安全监察条例

【基础知识训练】　　　　　　　　　　　　　　　　　　　　答案：358 页

1. 【单选】依据《特种设备安全监察条例》的规定，下列特种设备中，其设计文件应当经国务院特种设备安全监督管理部门核准的检验检测机构鉴定，方可用于制造的是（ ）。

A. 电梯　　　　　　　　　　　　　　　B. 压力管道
C. 起重机械　　　　　　　　　　　　　D. 大型游乐设施

2. 【单选】依据《特种设备安全监察条例》的规定，特种设备在投入使用前或者投入使用后（ ）内，特种设备使用单位应当向直辖市或者设区的市的特种设备安全监督管理部门登记。

A. 15 日　　　　　B. 30 日　　　　　C. 45 日　　　　　D. 60 日

3. 【单选】《特种设备安全监察条例》规定，使用单位对在用的特种设备应当（ ）进行一次自行检查。

A. 每月　　　　　B. 每季　　　　　C. 每半年　　　　　D. 每年

4. 【单选】根据《特种设备安全监察条例》的规定，大型游乐设施的运营使用单位，应当将（ ）和警示标志置于易为乘客注意的显著位置。

A. 产品合格证　　　　　　　　　　　　B. 安全注意事项
C. 专利权使用证　　　　　　　　　　　D. 营业执照

5. 【单选】根据《特种设备安全监察条例》的规定，按照安全技术规范的要求，应当进

行型式试验的特种设备产品、部件或者试制特种设备新产品、新部件、新材料，必须进行型式试验和（　　）。

A. 安全测试　　　　　　　　　　　　B. 能效测试

C. 无损检测　　　　　　　　　　　　D. 产品试制

6.【单选】根据《特种设备安全监察条例》的规定，压力容器的设计单位应当经（　　）部门许可，方可从事压力容器的设计活动。

A. 国家计量监督管理

B. 国家安全生产监督管理总局

C. 国务院特种设备安全监督管理

D. 县级以上特种设备安全监督管理

7.【单选】根据《特种设备安全监察条例》的规定，特种设备的维修单位，应当有与特种设备维修相适应的人员和必要的检测手段，并经（　　）特种设备安全监督管理部门许可，方可从事相应的维修活动。

A. 国务院　　　　　　　　　　　　　B. 省级政府

C. 市级政府　　　　　　　　　　　　D. 省级以上政府

8.【单选】依据《特种设备安全监察条例》的规定，锅炉、压力容器、电梯、起重机械、客运索道、大型游乐设施的安装、改造、维修竣工后，安装、改造、维修的施工单位应当在验收后的（　　）内将有关技术资料移交使用单位，由使用单位存入特种设备安全技术档案。

A. 15 日　　　　B. 30 日　　　　C. 45 日　　　　D. 60 日

9.【单选】根据《特种设备安全监察条例》的规定，特种设备使用单位应当建立特种设备安全技术档案，下列不属于安全技术档案的是（　　）。

A. 特种设备的设计文件、制造单位、产品质量合格证明等

B. 特种设备改造记录

C. 特种设备的日常使用状况记录

D. 特种设备运行故障和事故记录

10.【单选】下列特种设备的运营使用单位，必须设置特种设备安全管理机构或者配备专职的安全管理人员的是（　　）。

A. 压力管道　　　　　　　　　　　　B. 锅炉

C. 客运索道　　　　　　　　　　　　D. 起重机械

11.【单选】大型游乐设施的运营使用单位在（　　）投入使用前，应当进行试运行和例行安全检查，并对安全装置进行检查确认。

A. 每隔一周　　　　　　　　　　　　B. 每月

C. 每日　　　　　　　　　　　　　　D. 每隔一日

12.【单选】客运索道的运营使用单位的主要负责人至少应当（　　）召开一次会议，督促、检查客运索道的安全使用工作。

A. 每周　　　　B. 每月　　　　C. 每日　　　　D. 每隔一日

13.【单选】特种设备使用单位应当按照安全技术规范的定期检验要求，在安全检验合格

有效期届满前（　　）向特种设备检验检测机构提出定期检验要求。

A. 1 个月　　　　　B. 2 个月　　　　　C. 3 个月　　　　　D. 4 个月

14.【多选】适用《特种设备安全监察条例》安全监察的特种设备有（　　）。

A. 海上设施和船舶　　　　　　　　　　B. 核设施

C. 起重机械　　　　　　　　　　　　　D. 客运索道

E. 铁路机车

15.【多选】根据《特种设备安全监察条例》的规定，使用单位应当对（　　）的特种设备及时予以报废。

A. 无改造、维修价值　　　　　　　　　B. 未按规定检测检验

C. 技术性能下降　　　　　　　　　　　D. 存在严重事故隐患

E. 超过规定的使用年限

16.【多选】根据《特种设备安全监察条例》，电梯使用单位未按规定对电梯进行定期检验和维护的，特种设备安全监管部门可对使用单位进行处罚，处罚的种类有（　　）。

A. 责令限期改正　　　　　　　　　　　B. 责令停止使用

C. 责令停产停业整顿　　　　　　　　　D. 处 2 万元以上 5 万元以下罚款

E. 吊销电梯使用许可证

17.【多选】根据《特种设备安全监察条例》，特种设备生产单位对其生产的特种设备的（　　）负责，不得生产国家产业政策明令淘汰的特种设备。

A. 安全性能　　　　　　　　　　　　　B. 能效指标

C. 节能指标　　　　　　　　　　　　　D. 清洁指标

E. 安全指标

18.【多选】根据《特种设备安全监察条例》，特种设备出厂时，要求附有（　　）文件。

A. 安全技术规范要求的设计　　　　　　B. 产品质量合格证明

C. 安装及使用维修说明　　　　　　　　D. 监督检验证明

E. 特种设备生产许可证

19.【多选】根据《特种设备安全监察条例》，特种设备检验检测机构应当具备的条件有（　　）。

A. 有专职技术管理人员　　　　　　　　B. 有合格的检验检测人员

C. 有必要的检验检测仪器设备　　　　　D. 有健全的管理制度和责任制度

E. 有事故应急救援预案机制

20.【多选】根据《特种设备安全监察条例》，特种设备事故发生，事故发生单位应当（　　）。

A. 立即启动事故应急预案

B. 组织抢救，防止事故扩大

C. 追究直接责任人

D. 减少人员伤亡和财产损失

E. 及时向事故发生地县以上特种设备安全监督管理部门和有关部门报告

21.【多选】根据《特种设备安全监察条例》的规定，下列设备中适用本条例的有

（　　　）。

  A. 船舶使用的特种设备

  B. 危险化学品企业使用的特种设备

  C. 民用机场专用设备

  D. 民用爆炸物品生产企业使用的特种设备

  E. 核设施内的特种设备

【能力提升训练】　　　　　　　　　　　　　　　答案：360 页

1.【单选】《特种设备安全监察条例》对特种设备作业人员和管理人员的要求是（　　　）。

  A. 特种设备的作业人员要经特种设备安全监督管理部门考核合格，取得国家统一格式的特种作业人员证书，特种设备的管理人员要懂得有关特种设备的知识

  B. 特种设备的管理人员要经特种设备安全监督管理部门考核合格，取得国家统一格式的特种作业人员证书，特种设备的作业人员要懂得有关特种设备的知识

  C. 特种设备的作业人员和管理人员要懂得有关特种设备的知识

  D. 特种设备的作业人员和管理人员都要经特种设备安全监督管理部门考核合格，取得国家统一格式的特种作业人员证书

2.【单选】某大型机械生产企业拥有众多特种设备，经国务院特种设备安全监督管理部门核准，设立了特种设备检验检测机构。根据《特种设备安全监察条例》，该机构可以开展的检验检测工作是（　　　）。

  A. 无损检验　　　　　　　　　　B. 定期检验

  C. 监督检验　　　　　　　　　　D. 型式试验

3.【多选】依据《特种设备安全监察条例》，下列关于特种设备设计、生产、使用、维修、检验的说法中，正确的有（　　　）。

  A. 压力容器的设计单位应当经国务院特种设备安全监督管理部门许可，方可从事压力容器的设计活动

  B. 氧舱的客运过道、大型游乐设施的设计文件，应当经国务院特种设备安全监督管理部门核准的检验检测机构鉴定，方可用于制造

  C. 客运索道、大型游乐设施的维修单位，应当有与特种设备维修相适应的专业技术人员和技术工人以及必要的检测手段，并经省、自治区、直辖市特种设备安全监督管理部门许可方可从事相应的维修活动

  D. 锅炉、压力容器、压力管道元件、起重机械的安装、改造、重大维修，必须经国务院特种设备安全监督管理部门按照安全技术规范的要求进行检验检测方可出厂或者交付使用

  E. 气瓶充装单位应当经省、自治区、直辖市的特种设备安全监督管理部门许可，方可从事充装活动

4.【多选】某公司从事机械制造需使用起重机，依据《特种设备安全法》的规定，下列关于起重机械使用的说法，正确的有（　　　）。

  A. 该公司使用的起重机械必须经检验合格

B. 起重机械出现故障或者发生异常情况，该公司应当对其进行全面检查，消除事故隐患

C. 该公司使用的起重机械，应当在投入使用后 60 日内办理使用登记

D. 该公司使用的起重机械，应当建立岗位责任、隐患治理等安全管理制度，制定操作规程

E. 该公司应当按要求在检验合格有效期届满前一个月向检验检测机构提出特种设备定期检验要求

5. 【多选】根据《特种设备安全监察条例》，为做好特种设备检验检测工作，必须做到（　　）。

A. 从事特种设备检验检测的人员应当经国务院特种设备安全监督管理部门组织的考核合格，取得检验检测人员证书

B. 检验检测结果、鉴定结论经检验检测人员签字后，由特种设备安全监督管理部门签署

C. 特种设备安全监督管理部门对检测结果、鉴定结论进行监督抽查的结果要向社会公布

D. 检验检测机构和检验检测人员可以向使用单位推荐他们认为质量可靠的特种设备

E. 进行检验检测时发现严重事故隐患，应当及时告知特种设备使用单位，并立即向负责安全生产综合监督管理的部门报告

6. 【多选】根据《特种设备安全监察条例》，国务院特种设备安全监督管理部门和省、自治区、直辖市特种设备安全监督管理部门应当定期向社会公布特种设备安全以及能效状况，应当包括（　　）等内容。

A. 特种设备质量安全状况

B. 特种设备事故的情况、特点、原因分析、防范对策

C. 特种设备能效状况

D. 特种设备的定期检验和定期自行检查的记录

E. 特种设备运行记录

【历年真题实战】　　　　　　　　　　　　　　　　　　　　答案：360 页

1. 【2023 年·单选】为了加强特种设备的安全监察，防止和减少事故，保障人民群众生命和财产安全，促进经济发展，制定《特种设备安全监察条例》。下列设备适用《特种设备安全监察条例》的是（　　）。

A. 船舶上的压力容器　　　　　　　B. 矿山井下使用的升降机

C. 机械加工企业的压力管道　　　　D. 民用机场专用机动车辆

2. 【2023 年·单选】某公司拥有一家大型游乐设施场所，设置了客运索道。根据《特种设备安全监察条例》，关于该公司客运索道安全管理的说法，正确的是（　　）。

A. 客运索道投入使用前 30 日内，必须向所在直辖市或者设区的市特种设备安全监督管理部门登记

B. 应当建立客运索道的技术档案，档案内容必须包括设备运行故障和事故记录

C. 应当对客运索道每季度进行一次自行检查并作出记录

D. 主要负责人应当至少每半年召开一次索道安全工作会议

3.【2022年·单选】特种设备使用单位应当遵守国家有关法律法规，保证特种设备的使用安全。根据《特种设备安全监察条例》，关于特种设备使用安全的做法，正确的是（　　）。

A. 某企业蒸汽锅炉投入使用后30日内，向该县市场监督管理部门申请登记

B. 某儿童乐园对运行的大型游乐设施每季度进行一次自行检查，并作出记录

C. 某公司起重机械超过安全技术规范使用年限，经专家论证具备使用条件后，决定继续使用

D. 某景区营运公司总经理每月召开一次安全会议，督促、检查景区客运索道的安全使用工作

4.【2022年·单选】根据《特种设备安全监察条例》，关于特种设备事故分类的说法，正确的是（　　）。

A. 某炼钢厂压力容器爆炸，造成5000元直接经济损失，属于一般事故

B. 某码头装卸船舶货物的起重机的起升机构坠落，属于较大事故

C. 某化工厂压力管道有毒介质泄漏，造成4万人转移，属于较大事故

D. 某大型游乐设施高空滞留人员15个小时，属于一般事故

5.【2022年·多选】某机械加工生产企业对新招聘的大学毕业生进行入职培训，培训资料中涉及压路机、氧气瓶、乙炔瓶、锅炉、重锤夯、客运索道、电梯、叉车、羊角碾、大型游乐设施等机械与设备设施。根据《特种设备安全监察条例》，下列机械与设备设施中，属于特种设备的有（　　）。

A. 压路机、氧气瓶　　　　　　　B. 重锤夯、客运索道

C. 乙炔瓶、锅炉　　　　　　　　D. 叉车、大型游乐设施

E. 电梯、羊角碾

6.【2021年·单选】根据《特种设备安全监察条例》，关于特种设备检验检测人员进行特种设备检验检测活动的说法，正确的是（　　）。

A. 从事特种设备检验检测的人员应当经单位培训考核合格后执业

B. 从事特种设备检验检测的人员最多可在两个检验检测机构执业

C. 特种设备检验检测机构负责人对检验检测结果、鉴定结论负责

D. 特种设备检验检测机构发现严重事故隐患的，应当及时告知使用单位

7.【2020年·单选】某港务公司起重机械数量众多，经有关部门核准设立了特种设备检测所，具体负责本公司起重机械的检验检测工作。根据《特种设备安全监察条例》，下列检验检测工作中，该检测所可以开展的是（　　）。

A. 起重机械监督检验　　　　　　B. 起重机械定期检验

C. 自制非标起重机械的型式试验　　D. 起重机械无损检测

8.【2019年·单选】A市B县的某化工厂于2018年3月5日采购一批压力容器，计划于2018年5月1日投入使用。根据《特种设备安全监察条例》，该化工厂可（　　）登记。

A. 在 2018 年 4 月 15 日向 A 市的特种设备安全监管部门

B. 在 2018 年 4 月 10 日向 B 县的特种设备安全监管部门

C. 在 2018 年 6 月 10 日向 A 市的特种设备安全监管部门

D. 在 2018 年 3 月 10 日向 B 县的特种设备安全监管部门

第八节　生产安全事故应急条例

【基础知识训练】　　　　　　　　　　　　　　答案：362 页

1. 【单选】依据《生产安全事故应急条例》的规定，下列单位中应当建立应急值班制度，配备应急值班人员的是（　　）。

   A. 道路交通运营单位

   B. 大型特种设备生产经营单位

   C. 易燃易爆物品、危险化学品等危险物品的生产、经营、储存、运输单位

   D. 宾馆、商场、娱乐场所、旅游景区等人员密集场所经营单位

2. 【单选】根据《生产安全事故应急条例》，发生生产安全事故后，有关人民政府认为有必要的，可以设立由本级人民政府及其有关部门负责人、应急救援专家、应急救援队伍负责人、事故发生单位负责人等人员组成的应急救援现场指挥部，现场指挥部实行（　　）。

   A. 事故发生地应急管理部门负责制

   B. 事故发生地人民政府负责制

   C. 总指挥负责制

   D. 事故发生单位负责制

3. 【多选】根据《生产安全事故应急条例》的规定，下列单位中应当至少每半年组织 1 次生产安全事故应急救援预案演练的有（　　）。

   A. 娱乐场所经营单位　　　　　　　　B. 大型发电厂

   C. 旅游景区经营企业　　　　　　　　D. 金属冶炼单位

   E. 道路运输单位

4. 【多选】根据《生产安全事故应急条例》的规定，下列情形中，生产安全事故应急救援预案制定单位应当及时修订相关预案的有（　　）。

   A. 法定代表人及主要负责人发生重大变化的

   B. 应急指挥机构及其职责发生调整

   C. 安全生产面临的风险发生重大变化

   D. 重要应急资源发生重大变化

   E. 在预案演练或者应急救援中发现需要修订预案的重大问题

5. 【多选】根据《生产安全事故应急条例》，发生生产安全事故后，生产经营单位应当立即启动生产安全事故应急救援预案，可采取的应急救援措施包括（　　）。

   A. 根据需要请求邻近的应急救援队伍参加救援

B. 迅速控制危险源，组织抢救遇险人员

C. 划定警戒区域，疏散受到威胁的人员

D. 维护事故现场秩序，组织安抚遇险人员和遇险遇难人员亲属

E. 及时通知可能受到事故影响的单位和人员

【能力提升训练】 答案：363 页

1. 【单选】规范生产安全事故应急预案管理是及时开展事故应急救援、减少人员伤害和事故损失的重要举措。根据《安全生产事故应急预案管理办法》，关于应急预案演练和评估的说法，正确的是（　　）。

    A. 县应急管理部门应当至少每年组织一次应急预案演练

    B. 旅游景区应当至少每半年组织一次生产安全事故应急预案演练

    C. 影剧院应当至少每两年组织一次综合应急预案演练或专项应急演练

    D. 烟花爆竹生产企业应当至少每年进行一次应急预案评估

2. 【单选】依据《生产安全事故应急条例》的规定，下列关于生产经营单位应急救援工作的说法，正确的是（　　）。

    A. 易燃易爆物品、危险化学品等危险物品的生产、经营、储存、运输单位，应当建立应急救援队伍

    B. 小型商场或者微型宾馆等规模较小的生产经营单位，可以不建立应急救援队伍，但应当指定专职的应急救援人员

    C. 生产经营单位应当建立应急救援队伍；其中，小型企业或者微型企业等规模较小的生产经营单位，可以不建立应急救援队伍

    D. 工业园区、开发区等产业聚集区域内的生产经营单位，可以联合建立应急救援队伍

3. 【单选】根据《生产安全事故应急条例》，下列关于人民政府和相关部门应急工作职责的说法中，错误的是（　　）。

    A. 国务院应急管理部门统一领导全国的生产安全事故应急工作

    B. 县级以上地方人民政府统一领导本行政区域内的生产安全事故应急工作

    C. 生产安全事故应急工作涉及两个以上行政区域的，可以由有关行政区域共同的上一级人民政府负责

    D. 生产安全事故应急工作涉及两个以上行政区域的，可以由各有关行政区域的上一级人民政府共同负责

4. 【单选】某乡镇通过招商引资在工业园区设立甲、乙、丙三家化工企业，甲企业生产苯混合物危险物质；乙企业生产普通洗衣皂；丙企业生产打火机，需要建设打火机气体储存设施。根据《生产安全事故应急条例》，关于应急预案管理的说法，正确的是（　　）。

    A. 甲、乙、丙三家企业必须联合制定应急预案

    B. 该乡镇人民政府不需要制定应急预案

    C. 甲、乙、丙三家企业的应急预案应当向县级以上人民政府应急管理部门备案

    D. 乙企业制定的应急预案向从业人员公布即可

5. 【单选】某市应急管理部门在监督检查过程中发现，某大型商场编制了专项应急预案，但未编制综合应急预案，且自 2020 年 6 月组织专项应急预案演练以来，未再组织过应急演练。根据《生产安全事故应急条例》，关于该商场应急预案编制及演练的说法，正确的是（   ）。

A. 该商场没有编制综合应急预案符合法律规定

B. 该商场应当在 2022 年 6 月前至少组织 1 次应急救援预案演练

C. 该商场组织的应急预案演练情况应当报当地负有安全监管职责的部门

D. 该市应急管理部门应当对该商场应急预案演练进行检查

6. 【单选】某县为发展经济，设立工业园区并通过招商引资方式成立了甲、乙、丙三家企业。甲企业为大型危险化学品生产企业，乙企业为中型金属冶炼企业，丙企业为小型食品加工企业。根据《生产安全事故应急条例》，关于甲、乙、丙三家企业建立应急救援队伍的说法，正确的是（   ）。

A. 丙企业不适用《生产安全事故应急条例》关于应急救援队伍建立的规定

B. 甲、乙、丙三家企业应当联合建立应急救援队伍

C. 丙企业指定兼职的应急救援人员后可不建立应急救援队伍

D. 甲、乙企业根据需要决定是否建立应急救援队伍

【历年真题实战】   答案：364 页

1. 【2023 年·单选】根据《生产安全事故应急条例》，关于应急培训的说法，正确的是（   ）。

A. 对应急救援人员进行必要的应急救援技能培训即可

B. 应急救援人员经培训后即可参加应急救援工作

C. 专兼职应急救援人员所在单位应当对应急救援人员进行培训

D. 应急救援人员培训情况应当报送应急管理部门

2. 【2023 年·单选】某县工业园区中聚集了大量危险化学品生产、储存、经营企业。根据《生产安全事故应急条例》，关于应急救援队伍建设的说法，正确的是（   ）。

A. 园区内各企业应当自行建立应急救援队伍

B. 园区内各企业可联合建立应急救援队伍

C. 园区内不建立应急救援队伍的企业应当指定兼职应急救援人员

D. 园区应当建立统一的应急救援队伍

3. 【2022 年·单选】为检验应急预案的科学性、针对性和可操作性，增强应对突发事件的应急反应能力，某矿山企业定期开展应急演练。根据《生产安全事故应急条例》，该企业组织应急救援预案演练的频次应当是（   ）。

A. 每 3 个月一次   B. 每 6 个月一次

C. 每 9 个月一次   D. 每 12 个月一次

4. 【2022 年·单选】某县住房和城乡建设部门组建一支专业建筑施工应急救援队伍后，将其暂时交由该县某建筑施工企业使用。根据《生产安全事故应急条例》及有关规定，关于该救援队伍人员素质和教育培训的说法，正确的是（   ）。

A. 企业应当负责对应急救援队伍人员的教育培训

B. 企业应当委托有资质的机构对应急救援队伍人员进行教育培训

C. 应急救援队伍人员经培训合格后方可参加应急救援工作

D. 应急救援队伍人员应当具有建筑施工领域两年以上工作经历

5. 【2022年·单选】某建设工程公司在施工过程中发生坍塌事故，造成多名施工人员受伤被困，该公司立即启动生产安全事故应急救援预案并采取应急救援措施。根据《生产安全事故应急条例》，下列该公司采取的应急救援措施中，正确的是（　　）。

A. 尽快向社会发布征用应急资源的信息

B. 及时隔离事故现场，实施交通管制

C. 立即发布有关事故情况和应急救援信息

D. 迅速对坍塌体进行支护，抢救遇险人员

6. 【2022年·多选】根据《生产安全事故应急条例》，下列生产经营单位中，应当建立应急救援队伍的有（　　）。

A. 家具制造企业　　　　　　　　　B. 石油炼化企业

C. 航空运输公司　　　　　　　　　D. 小型危险化学品储存企业

E. 大理石开采企业

7. 【2021年·单选】县级以上地方各级人民政府在各类生产安全事故应急救援工作中处于组织指挥的核心地位。根据《安全生产法》《生产安全事故应急条例》，关于县级以上地方各级人民政府应急工作职责的说法，错误的是（　　）。

A. 组织有关部门制定本行政区域内生产安全事故应急救援预案

B. 组织有关部门建立本行政区域内生产安全事故应急救援体系

C. 在重点行业、领域必须单独建立生产安全事故应急救援队伍

D. 对制定的生产安全事故应急救援预案应当定期组织演练

8. 【2021年·单选】某省甲市乙县和丙市丁县的交界处发生山体滑坡，造成乙县和丁县的村民住宅被冲垮、20人被埋压。调查发现，山体滑坡因乙县某采石场违规放炮采石导致。根据《生产安全事故应急条例》，负责此次山体滑坡事故应急工作的是（　　）。

A. 省应急管理部门　　　　　　　　B. 乙县人民政府

C. 乙县和丁县人民政府　　　　　　D. 甲市和丙市人民政府

9. 【2021年·单选】某大型危险化学品生产集团公司成立了由专职救援人员组成的应急救援队伍，集团公司下属子公司建立了兼职专业应急救援队伍。集团公司所在地的市应急管理部门依托该集团公司建立了应急救援队伍。根据《生产安全事故应急条例》，关于应急救援队伍建设的说法，正确的是（　　）。

A. 该集团公司设立的应急救援队伍符合法律规定

B. 该集团公司各子公司必须建立应急救援队伍

C. 市应急管理部门依托集团公司建立应急救援队伍不符合法律规定

D. 该集团公司应急救援队伍建设情况无须报送有关部门

10. 【2021年·单选】某建筑施工企业在进行设备安装作业时发生一起设备倾覆事故，造

成1人死亡、1人受伤。事故发生后，该企业立即启动生产安全事故应急救援预案。根据《生产安全事故应急条例》，关于该企业采取应急救援措施的做法，错误的是（   ）。

A. 迅速控制危险源，组织抢救遇险人员

B. 及时通知可能受到事故影响的单位和人员

C. 研判事故危害程度，等待专业应急救援队伍救援

D. 采取必要措施，防止事故危害扩大

11. 【2021年·多选】生产经营单位根据本单位生产安全事故的特点和危害，配备相应的应急物资和装备，并加强应急值守，对于迅速应对突发事故，减少事故损失具有重要意义。根据《生产安全事故应急条例》，关于应急救援装备储备和应急值守的说法，正确的有（   ）。

A. 某县应急管理局应当建立应急值班制度，实行工作人员应急值班

B. 某矿山救护队应当建立应急值班制度，遇事故险情时随时待命

C. 某冶金企业应当成立应急处置技术组，实行24小时应急值班

D. 某服装企业应当设立应急救援物资储备仓库，并实行台账管理

E. 某化工厂应当储备灭火、通风等应急救援器材，并保证正常运转

12. 【2021年·多选】某集团公司在下属煤矿圆满完成井下水害事故应急救援预案演练任务，成功解救被困人员。根据《生产安全事故应急条例》，关于生产安全事故应急救援预案演练的说法，正确的有（   ）。

A. 本次演练应当邀请煤矿所在地应急管理部门的人员参加

B. 该煤矿应当至少每年组织1次生产安全事故应急救援预案演练

C. 本次演练情况应当报送该煤矿所在地县级以上地方人民政府负有安全生产监督管理职责的部门

D. 本次演练情况应当报送该煤矿所在地设区的市级人民政府

E. 该煤矿所在地负有安全生产监督管理职责的部门发现本次演练不符合要求的，应当责令限期改正

13. 【2020年·单选】根据《生产安全事故应急条例》，甲市乙县人民政府负有安全生产监督管理职责的部门制定的生产安全事故应急救援预案应当报送（   ）。

A. 甲市应急管理部门备案   B. 乙县人民政府审批

C. 乙县人民政府备案   D. 甲市应急管理部门审批

14. 【2020年·单选】根据《生产安全事故应急条例》，关于生产安全事故应急工作的说法，正确的是（   ）。

A. 国务院应急管理部门统一领导全国的生产安全事故应急工作

B. 根据生产安全事故的类型确定统一领导生产安全事故应急工作的部门

C. 生产安全事故应急工作涉及两个行政区域的，可由这两个行政区域人民政府共同负责

D. 生产安全事故应急工作涉及两个行政区域的，可由共同的上一级人民政府负责

15. 【2020年·多选】发生事故后，生产经营单位应当实施应急救援。根据《生产安全事故应急条例》，生产经营单位采取的应急救援措施，正确的有（   ）。

A. 事故发生后立即组织现场人员撤离

B. 维护事故现场秩序，等待救援

C. 及时通知可能受到事故影响的单位和人员

D. 采取必要措施，防止事故危害扩大和次生、衍生灾害发生

E. 立即征用相邻单位的物资进行救援，控制事故危害扩大

第九节　生产安全事故报告和调查处理条例

【基础知识训练】　　　　　　　　　　　　　　　　　　答案：368 页

1. 【单选】依据《生产安全事故报告和调查处理条例》的规定，较大事故应当逐级上报至（　　）和负有安全生产监督管理职责的有关部门。

   A. 国务院安全生产监督管理部门

   B. 省、自治区、直辖市人民政府安全生产监督管理部门

   C. 设区的市级人民政府安全生产监督管理部门

   D. 县级人民政府安全生产监督管理部门

2. 【单选】依据《生产安全事故报告和调查处理条例》的规定，一般事故应上报至（　　）安全生产监督管理部门和负有安全生产监督管理职责的有关部门。

   A. 县（区）市人民政府　　　　　　B. 设区的市级人民政府

   C. 省（区、市）级人民政府　　　　D. 国务院

3. 【单选】一辆油罐车在 A 省境内的高速公路上与一辆大客车追尾，引发油罐车爆燃，造成 20 人死亡。该油罐车中所载溶剂油是自 B 省发往 C 省某企业的货物。依据《生产安全事故报告和调查处理条例》的规定，负责该起事故调查的主体是（　　）。

   A. A 省人民政府　　　　　　　　　B. B 省人民政府

   C. C 省人民政府　　　　　　　　　D. 国务院安全监管部门

4. 【单选】某矿井发生了罐笼坠落重大事故，在事故调查过程中，调查组现场勘查用了 5 天时间。根据《生产安全事故报告和调查处理条例》的规定，该事故从事故发生之日起到提交事故调查报告，特殊情况下经批准，最长不能超过（　　）。

   A. 60 天　　　　B. 65 天　　　　C. 120 天　　　　D. 125 天

5. 【单选】根据《生产安全事故报告和调查处理条例》，安全生产监督管理部门和负有安全生产监督管理职责的有关部门逐级上报事故情况，每级上报的时间不得超过（　　）。

   A. 1 小时　　　　B. 2 小时　　　　C. 3 小时　　　　D. 4 小时

6. 【单选】甲省乙市发生一起死亡 31 人，重伤 25 人，直接经济损失 3000 万元的爆炸事故，根据《生产安全事故报告和调查处理条例》，负责该事故调查的是（　　）。

   A. 国务院

   B. 乙市人民政府安全生产监督管理部门

   C. 甲省人民政府

D. 甲省人民政府安全生产监督管理部门

7. 【单选】根据《生产安全事故报告和调查处理条例》的规定，（   ）应当在事故调查报告上签名。

A. 事故发生单位负责人

B. 事故责任人员

C. 事故调查政府负责人

D. 事故调查组成员

8. 【多选】根据《生产安全事故报告与调查处理条例》规定，事故调查报告应包括的内容有（   ）。

A. 事故发生单位概况

B. 事故发生经过和事故救援情况

C. 事故造成的人员伤亡和直接经济损失

D. 事故发生的原因和事故性质

E. 事故发生单位的经营状况

9. 【多选】根据《生产安全事故报告与调查处理条例》规定，事故调查组履行的职责有（   ）。

A. 查明事故发生的经过、原因、人员伤亡情况及直接经济损失

B. 认定事故的性质和事故责任

C. 决定对事故责任者的处理决定

D. 总结事故教训，提出防范和整改措施

E. 提交事故调查报告

【能力提升训练】   答案：369 页

1. 【单选】位于 A 省 B 市 C 区的某污水处理厂发生了一起生产安全事故，造成 3 人死亡。依据《生产安全事故报告和调查处理条例》的规定，下列关于该厂生产安全事故报告的说法，正确的是（   ）。

A. 该厂负责人应在接到事故报告后 2 小时内，上报至 C 区安全监管部门

B. C 区安全监管部门必须在 1 小时内上报至 B 市安全监管部门

C. B 市安全监管部门不需上报至 A 省安全监管部门

D. C 区安全监管部门上报至 B 市安全监管部门时，应同时报 C 区人民政府

2. 【单选】依据《生产安全事故报告和调查处理条例》的规定，事故造成的伤亡人数发生变化的，应当及时补报。其中道路交通事故、火灾事故补报的时限为自事故发生之日起（   ）内。

A. 5 日   B. 7 日   C. 15 日   D. 30 日

3. 【单选】2012 年 7 月 4 日 18 时 20 分，某省煤业集团一新井发生一起死亡 4 人的生产安全事故。由于通信故障，15 分钟后矿长崔某接到井下带班人员的报告。依据《生产安全事故报告和调查处理条例》的规定，崔某应于（   ）上报至县安全监督管理部门。

A. 19 时 20 分　　　　　　　　　　B. 19 时 35 分

C. 20 时 20 分　　　　　　　　　　D. 20 时 35 分

4. 【单选】某化工厂发生一起火灾事故，造成 2 人死亡 1 人重伤，3 人轻伤，事故发生 1 个月后，重伤者因救治无效死亡，依据《生产安全事故报告和调查处理条例》的规定，下列关于事故补报的说法，正确的是（　　　）。

A. 该厂应在 3 日内向安全监管部门补报该事故伤亡情况并说明情况

B. 该厂无须向安全监管部门补报该事故伤亡人数更新情况

C. 安全监管部门应该根据更新的伤亡人数重新界定该事故等级

D. 安全监管部门应向本级人民政府补报该事故伤亡人数更新情况

5. 【单选】根据《生产安全事故报告和调查处理条例》，下列关于事故调查组及事故调查过程的说法中，正确的是（　　　）。

A. 事故调查组组长由负责事故调查的人民政府安全监督管理部门指定

B. 事故调查组可以直接组织专家进行技术鉴定

C. 技术鉴定所需时间应计入事故调查期限

D. 事故调查组应当自事故发生之日起 30 日内提交事故调查报告

6. 【多选】某日 9 时，某建设工地发生事故，现场安全员立即将事故情况向施工企业负责人报告，企业负责人立即组织人员前往现场营救。事故造成 7 人当场死亡，3 人受伤送医院治疗。次日 7 时施工企业负责人向当地县安全监管局报告事故情况，3 日后 1 人因救治无效死亡。依据《生产安全事故报告和调查处理条例》的规定，下列关于该起事故报告的说法中，正确的有（　　　）。

A. 现场安全员只向企业负责人报告，未及时向当地安全监管局报告，属违法行为

B. 企业负责人在事故发生后 22 小时向当地安全监管局报告事故情况，属于迟报

C. 企业负责人还应该向建设主管部门报告

D. 因死亡人数增加 1 人，企业应当及时向当地县安全监管局和建设主管部门补报

E. 当地县安全监管局应当向上一级安全生产监管部门报告

【历年真题实战】　　　　　　　　　　　　　　　　　答案：370 页

1. 【2023 年·单选】甲施工单位承建乙建设单位开发的项目。2021 年 5 月 8 日，甲施工单位在地下室浇筑施工作业过程中，发生模板坍塌事故。事故发生后，甲施工单位立即组织自救并向相关部门进行报告。根据《生产安全事故报告和调查处理条例》，甲施工单位应当报告的内容是（　　　）。

A. 乙建设单位概况和事故的详细经过

B. 事故发生的原因和事故造成的经济损失

C. 事故现场情况和已经采取的措施

D. 事故造成的直接经济损失和事故的性质

2. 【2023 年·多选】2023 年 4 月 1 日，某市发生一起道路交通事故，当场死亡 8 人、重伤 5 人；4 月 6 日 1 名重伤者死亡；4 月 10 日又 1 名重伤者死亡；事故直接经济损失 1200 万元。根据《生产安全事故报告和调查处理条例》，关于生产安全事故等级划分

的说法，正确的有（　　）。

A. 该起事故共造成 10 人死亡，认定为重大事故

B. 该起事故按照 9 人死亡，认定为较大事故

C. 该起事故按照 8 人死亡，认定为较大事故

D. 4 月 10 日死亡的人员导致事故等级发生变化

E. 该起事故按照直接经济损失 1200 万元认定为较大事故

3. 【2022 年·单选】甲省某建筑施工企业在乙省某工地施工，发生脚手架坍塌事故，人员伤亡情况不明。根据《安全生产法》《生产安全事故报告和调查处理条例》，关于该事故报告和应急救援的说法，正确的是（　　）。

A. 现场管理人员应当及时组织抢救，视事故情况向本单位负责人报告

B. 事故现场有关人员最迟应当在 1 小时内报告本单位负责人

C. 单位负责人接到事故报告后，应当在 1 小时内向施工地有关部门报告

D. 事故单位抢救过程中在任何情况下不得破坏事故现场、毁灭证据

4. 【2022 年·单选】甲市某客运车辆途经乙省丙市丁县时，与戊县方向驶来的货车发生碰撞，导致 6 人死亡、27 人受伤。根据《生产安全事故报告和调查处理条例》，关于该起事故调查的说法，正确的是（　　）。

A. 该起事故应当由乙省人民政府组织事故调查

B. 事故调查组应当邀请甲市人民政府和戊县人民政府派人参加

C. 丙市人民政府可以委托有关部门组织事故调查

D. 事故发生 10 日后，死亡人数上升至 10 人的，应当由乙省人民政府组织事故调查

5. 【2021 年·单选】甲省乙市丙县发生四起事故：第一起是天然气管道爆炸事故，造成 35 人死亡；第二起是建筑施工过程中脚手架倒塌事故，造成 10 人重伤；第三起是煤矿瓦斯爆炸事故，造成 2 人死亡；第四起是在开采石材过程中造成风力发电设备损坏事故，直接经济损失达 500 多万元。根据《生产安全事故报告和调查处理条例》，关于组织事故调查组的说法，正确的是（　　）。

A. 第一起事故由甲省人民政府组织事故调查组进行调查

B. 第二起事故由丙县人民政府组织事故调查组进行调查

C. 第三起事故由乙市人民政府组织事故调查组进行调查

D. 第四起事故由丙县人民政府组织事故调查组进行调查

6. 【2021 年·多选】某危险化学品仓储公司因动火作业引发火灾，造成 10 人当场死亡、5 人受伤，其中员工宋某被严重烧伤。事故发生后，现场管理人员杜某立即报告单位负责人赵某，并按动消防警报。赵某在接报后向县应急管理部门报告。宋某经医院救治无效，10 日后死亡。根据《生产安全事故报告和调查处理条例》，关于本次事故报告的说法，正确的有（　　）。

A. 赵某应当在得知火灾发生后 2 个小时内向县应急管理部门报告

B. 县应急管理部门接到报告后应当在 2 个小时内向上一级应急管理部门报告

C. 杜某可以直接向应急管理部报告

D. 县应急管理部门应当逐级上报至应急管理部

E. 宋某死亡后公司应当及时向县应急管理部门补报

7.【2020年·单选】某县化工企业发生危险化学品泄漏爆炸事故，造成5人死亡。根据《生产安全事故报告和调查处理条例》，关于事故报告的说法，正确的是（　　）。

A. 该化工企业负责人接到事故报告后，应当在2小时内向县应急管理部门报告

B. 县应急管理部门在向上一级应急管理部门报告的同时，应当将事故情况报告本级人民政府

C. 县应急管理部门接到事故报告后，应当在24小时内向上级应急管理部门报告

D. 该事故应当逐级上报，不得越级直接向所在地省应急管理部门报告

8.【2020年·单选】某建筑施工企业的注册地在甲县，该企业在乙县施工过程中发生脚手架坍塌事故，造成1人死亡、1人重伤，直接经济损失1350万元。甲县和乙县相邻，都隶属于丙省丁市。根据《生产安全事故报告和调查处理条例》，负责调查该事故的单位是（　　）。

A. 甲县人民政府　　　　　　　　B. 丁市人民政府

C. 乙县人民政府　　　　　　　　D. 丙省人民政府

9.【2020年·单选】2019年12月，某公司因必要的安全投入不足导致生产安全事故，造成2人死亡、3人重伤。王某任该公司总经理，其2018年、2019年的年收入分别为200万元、300万元。根据《生产安全事故报告和调查处理条例》，应急管理部门对王某处以罚款的金额应当为（　　）。

A. 60万元　　　B. 80万元　　　C. 90万元　　　D. 120万元

10.【2019年·单选】某金属冶炼厂发生一起火灾事故，当场造成2人死亡、1人重伤、3人轻伤，事故发生3天后，重伤者因救治无效死亡。根据《生产安全事故报告和调查处理条例》，该厂应自事故发生之日起（　　）内补报该事故伤亡情况。

A. 45日　　　B. 30日　　　C. 15日　　　D. 7日

11.【2019年·多选】根据《生产安全事故报告和调查处理条例》，属于较大生产安全事故的有（　　）。

A. 甲企业发生的造成15人重伤、3000万元直接经济损失的事故

B. 乙企业发生的造成3人死亡的事故

C. 丙企业发生的造成10人急性工业中毒的事故

D. 丁企业发生的造成5人重伤、6000万元直接经济损失的事故

E. 戊企业发生的造成3人死亡、60人重伤的事故

第十节　工伤保险条例

【基础知识训练】　　　　　　　　　　　　　　　　　　　答案：372页

1.【单选】依据《工伤保险条例》的规定，工伤保险费根据（　　）的原则确定费率。

A. 以收定支、收支平衡　　　　　B. 以支定收、收支平衡

C. 以支定收、收小于支　　　　　D. 以收定支、收大于支

2. 【单选】某技术矿采掘企业自开办以来，一直不缴纳工伤保险费。依据《工伤保险条例》的规定，社会保险行政部门应当责令该企业限期参加工伤保险，补缴应当缴纳的工伤保险费，并自欠缴之日起，按日加收（   ）的滞纳金。

   A. 万分之一   B. 万分之二
   C. 万分之三   D. 万分之五

3. 【单选】某单位发生车辆伤害事故，导致某员工受伤，经过鉴定，该员工为二级伤残，根据《工伤保险条例》的规定，下列关于对该员工一次性伤残补助的金额是（   ）。

   A. 25 个月的本人工资   B. 23 个月的本人工资
   C. 21 个月的本人工资   D. 18 个月的本人工资

4. 【单选】某医疗器械公司 2018 年发生四起事件：①甲职工在工作时间内进行起重作业，发生起重伤害造成腿骨骨折；②乙职工被诊断为尘肺病；③丙职工在抢险救灾活动中受重伤；④丁职工在工作岗位突发心脏病住院。根据《工伤保险条例》，在上述四起事件中，可视同工伤的是（   ）。

   A. ①   B. ③   C. ②   D. ④

5. 【单选】根据《工伤保险条例》，生活护理费按照生活完全不能自理、生活大部分不能自理或者生活部分不能自理 3 个不同等级支付，其中生活大部分不能自理的标准为（   ）。

   A. 统筹地区上年度职工月平均工资的 50%

   B. 该职工上一年度工资的 50%

   C. 统筹地区上年度职工月平均工资的 40%

   D. 该职工上一年度工资的 40%

6. 【多选】依据《工伤保险条例》的规定，下列情形中，应当被认定为工伤的有（   ）。

   A. 员工在工作时间和工作场所内，因工作原因受到事故伤害

   B. 员工在上班途中，受到因他人负主要责任的交通事故伤害

   C. 员工在工作时间和工作岗位，突发心脏病死亡

   D. 员工因公外出期间，由于工作原因受到伤害

   E. 员工在工作时间和工作场所内，因饮酒导致操作不当而受伤

7. 【多选】依据《工伤保险条例》的规定，下列应当认定为工伤的情形有（   ）。

   A. 某职工违章操作机床，造成右臂骨折

   B. 某职工外出参加会议期间，在宾馆内洗澡时滑倒，造成腿骨骨折

   C. 某职工在上班途中，受到非本人主要责任的交通事故伤害

   D. 某职工在下班后清理机床时，机床意外启动造成职工受伤

   E. 某职工在易燃作业场所内吸烟，导致火灾，本人受伤

8. 【多选】根据《工伤保险条例》，工伤保险基金的用途包括（   ）。

   A. 工伤保险待遇

   B. 职业病防治设施建设

   C. 工伤预防培训费用

D. 劳动能力鉴定

E. 对工伤管理办公场所的改建项目

【能力提升训练】　　　　　　　　　　　　　　答案：373 页

1.【单选】在甲县某个体采石场工作的小郝作业时突然摔伤，经医院诊断为旧伤复发所致，小郝自行支付了住院医药费，后小郝与采石场就工伤认定产生纠纷，小郝提出劳动能力鉴定申请。依据《工伤保险条例》的规定，下列有关小郝劳动能力鉴定的说法，正确的是（　　　）。

A. 小郝应向甲县劳动能力鉴定委员会提出劳动能力鉴定申请

B. 甲县所在市的劳动能力鉴定委员会的劳动能力鉴定结论为最终结论

C. 小郝的父亲不能代小郝提出劳动能力鉴定申请

D. 如小郝不服有关部门的鉴定结论，可以再次申请鉴定

2.【单选】某企业新员工李某在作业过程中因工负伤，经鉴定为六级劳动功能障碍。李某尚在试用期内，企业未为其缴纳工伤保险。依据《工伤保险条例》的规定，下列关于李某工伤保险待遇的说法中，正确的是（　　　）。

A. 该企业应从工伤保险基金中一次性支付李某伤残补助金

B. 该企业可单方解除与李某的劳动关系，但应按月发给李某伤残津贴

C. 李某主动提出与企业解除劳动关系，该企业不得同意解除

D. 李某主动提出与企业解除劳动关系，企业应按标准支付伤残就业补助金和工伤医疗补助金

3.【单选】依据《工伤保险条例》的规定，下列关于工伤保险待遇的说法，正确的是（　　　）。

A. 职工住院治疗工伤的伙食补助费不在工伤保险基金的支付范围内

B. 经工伤职工本人提出，该职工可以与用人单位解除或者终止劳动关系，由工伤保险基金支付一次性工伤医疗补助金，由用人单位支付一次性伤残就业补助金

C. 工伤职工拒不接受劳动能力鉴定的，从拒不接受的第 4 个月起停止享受工伤保险待遇

D. 职工被借调期间受到工伤事故伤害的，由借调单位承担工伤保险责任，但借调单位与原用人单位可以约定补偿办法

4.【单选】某设区的市的一家机械设备制造企业发生一起生产安全事故，导致职工赵某受伤。2016 年 5 月 10 日赵某向该市劳动能力鉴定委员会提出劳动能力鉴定申请。依据《工伤保险条例》的规定，下列关于赵某劳动能力鉴定的说法，正确的是（　　　）。

A. 该市劳动能力鉴定委员会从医疗卫生专家库中随机抽取 2 名相关专家，组成专家组，实施鉴定

B. 该市劳动能力鉴定委员会于 2016 年 6 月 20 日作出劳动能力鉴定结论

C. 赵某对鉴定结论不服，应在收到鉴定结论 30 日内再次提出鉴定申请

D. 赵某对鉴定结论不服，应于 30 日内向该市人民法院提起诉讼

5.【单选】根据《工伤保险条例》，下列关于工伤保险基金的说法中，正确的是（　　　）。

    A. 工伤保险费根据以收定支、收支平衡的原则，确定费率

    B. 用人单位与职工按比例缴纳工伤保险费

    C. 工伤保险基金逐步实行省级统筹

    D. 国务院人力资源和社会保障部门负责全国的工伤保险工作

6. 【单选】根据《工伤保险条例》，下列关于工伤认定的说法中，正确的是（　　）。

    A. 在工作时间和工作岗位，因公受伤并在 48 小时之内经抢救无效死亡的应视为工伤

    B. 职工被诊断为职业病，职工应当自被鉴定为职业病之日起 15 日内，向统筹地区社会保险行政部门提出工伤认定申请

    C. 用人单位未提出工伤认定申请的，职工亲友可在事故伤害发生之日起 1 年内向用人单位所在地统筹地区社会保险行政部门提出工伤认定申请

    D. 职工或者其近亲属认为是工伤，用人单位不认为是工伤的，由用人单位承担举证责任

7. 【单选】根据《工伤保险条例》，下列关于工伤认定的说法中，错误的是（　　）。

    A. 社会保险行政部门应当自受理工伤认定申请之日起 60 日内作出工伤认定的决定

    B. 社会保险行政部门对受理的事实清楚、权利义务明确的工伤认定申请，应当在 15 日内作出工伤认定的决定

    C. 在司法机关或者有关行政主管部门尚未作出结论期间，作出工伤认定决定的时限不中止

    D. 社会保险行政部门工作人员与工伤认定申请人有利害关系的，应当回避

8. 【单选】根据《工伤保险条例》，社会保险行政部门作出认定为工伤的决定后发生行政复议、行政诉讼的，关于在行政复议和行政诉讼期间工伤职工治疗工伤的医疗费用的支付情况的说法中，正确的是（　　）。

    A. 行政复议期间停止支付工伤职工治疗工伤的医疗费用，行政诉讼期间不停止支付工伤职工治疗工伤的医疗费用

    B. 行政复议期间不停止支付工伤职工治疗工伤的医疗费用，行政诉讼期间停止支付工伤职工治疗工伤的医疗费用

    C. 行政复议和行政诉讼期间不停止支付工伤职工治疗工伤的医疗费用

    D. 行政复议和行政诉讼期间停止支付工伤职工治疗工伤的医疗费用

9. 【单选】根据《工伤保险条例》，下列关于停工留薪期的说法中，正确的是（　　）。

    A. 停工留薪期一般不超过 18 个月

    B. 伤情严重或者情况特殊停工留薪期可以适当延长，但必须经省级劳动能力鉴定委员会确认

    C. 工伤职工评定伤残等级后，停发原待遇，按照有关规定享受伤残待遇

    D. 在停工留薪期内，工资待遇应不低于当地最低工资标准

10. 【多选】小李下班后顺路去菜市场买菜，买完菜在回家路上被一辆闯红灯的小汽车撞伤住院，之后，小李与工作单位因此事故伤害是否可以认定工伤的问题产生纠纷。依据《工伤保险条例》的规定，下列关于小李工伤认定的说法，正确的有（　　）。

    A. 小李在下班途中受到非本人主要责任的交通事故伤害，应当认定为工伤

B. 小李下班后顺路去菜市场买菜，不属于上下班途中受到伤害，不能认定工伤

C. 若小李认为是工伤，工作单位不认为是工伤，应当由工作单位承担举证责任

D. 工作单位不提出工伤认定申请，小李可在伤害发生之日起 1 年内直接向工作单位所在地的社会保险行政部门提出工伤认定申请

E. 提出工伤认定申请，应当提交工伤认定申请表、小李与工作单位存在劳动关系的证明材料、医疗诊断证明等

11.【多选】王某为某设备制造企业职工，2016 年 3 月 10 日被诊断为职业病，依据《工伤保险条例》的规定，下列关于工伤认定申请的做法正确的有（　　）。

A. 该企业于 2016 年 3 月 25 日向企业所在地统筹地区社会保险行政部门提出王某的工伤认定申请

B. 该企业未提出工伤认定申请，王某于 2017 年 5 月 15 日向本人户籍所在地统筹地区社会保险行政部门提出王某的工伤认定申请

C. 该企业未提出工伤认定申请，王某所在工会组织于 2016 年 7 月 25 日向王某企业所在地统筹地区社会保险行政部门提出王某的工伤认定申请

D. 该企业提出王某的工伤认定申请，提交了工伤认定申请表、与用人单位存在事实劳动关系的证明材料及职业病诊断证明

E. 提交的王某的工伤认定申请表的内容包括了事故发生的时间、地点、原因以及职工伤害程度等基本情况

12.【多选】2019 年 5 月 17 日下午，北京市气象局发布了橙色预警雷暴天气，于是唐某未到下班时间驾车载着韩某提前开溜，下班路上遇上罕见冰雹天气，韩某出于好奇下车捡拾冰雹拍照留念，因雨天路面湿滑，唐某被紧跟其后的小汽车追尾导致唐某腰椎间盘突出，经鉴定为五级伤残；韩某在捡拾冰雹过程中被冰雹砸伤，经鉴定为八级伤残；本次交通事故唐某负次要责任。依据《工伤保险条例》的规定，唐某、韩某就工伤认定的说法，正确的有（　　）。

A. 唐某与韩某均未到下班时间提前开溜，不予认定为工伤

B. 韩某被冰雹砸伤，不予认定为工伤

C. 韩某应当认定为工伤，从工伤保险基金中支付一次性伤残补助金为 11 个月的本人工资

D. 唐某应当认定为工伤，与企业保留劳动关系，企业按月发放给唐某的伤残津贴标准为唐某工资的 70%

E. 唐某对海淀区劳动能力鉴定委员会作出的鉴定结论不服，向北京市劳动能力鉴定委员会提出了再次鉴定申请；若唐某仍对鉴定结论不服，可以提出行政复议或行政诉讼

【历年真题实战】　　　　　　　　　　　　　　　　　　　　　　答案：375 页

1.【2023 年·单选】张某和刘某系某企业职工，被单位派往外省同客户洽谈设备销售事宜时，乘坐的交通工具发生意外坠入峡谷，导致张某受伤而刘某下落不明，后张某被认定为四级伤残。根据《工伤保险条例》，关于工伤保险待遇的说法，正确的是（　　）。

A. 张某和该企业以伤残津贴为基数，缴纳基本医疗保险费

B. 张某可以领取的一次性伤残补助金为 24 个月的本人工资

C. 该企业可以自该起事故发生第 3 个月起对刘某停发工资

D. 刘某被宣告死亡后，其妻子享受每月 30% 的供养亲属抚恤金

2. 【2023 年·单选】某机床生产企业电焊工李某在焊接作业时，未佩戴护目镜，导致眼睛受伤，被鉴定为六级伤残。根据《工伤保险条例》，关于工伤认定的说法，正确的是（　　）。

A. 李某受伤系个人违规操作所致，不能认定为工伤

B. 在企业未对李某提出工伤认定情况下，李某应当自事故伤害之日起 180 天内提出工伤认定申请

C. 在企业未对李某提出工伤认定情况下，李某的哥哥可以提出工伤认定申请

D. 企业不认为是工伤，李某申请工伤认定时，应当由李某承担举证责任

3. 【2023 年·多选】根据《工伤保险条例》，下列情形中，应当认定为工伤的有（　　）。

A. 国家机关工作人员罹患职业病的

B. 职工在下班途中受到非本人主要责任的交通事故伤害的

C. 个人聘请的保姆从事家务劳动时被烫伤的

D. 职工因工作外出期间，由于工作原因发生事故下落不明的

E. 企业中的实习学生因工作原因受到伤害的

4. 【2022 年·单选】工伤保险是法定的强制性社会保险。根据《工伤保险条例》，下列用人单位的职工或者雇工中，可享受工伤保险待遇的是（　　）。

A. 某境外中方独资企业经理　　　　　B. 某行业协会的办公室主任

C. 某县行政机关负责人　　　　　　　D. 某参照公务员法管理的事业单位领导

5. 【2022 年·单选】职工因工作遭受事故伤害或者患职业病进行治疗的，依法享有工伤医疗待遇。根据《工伤保险条例》，关于工伤保险待遇的说法，正确的是（　　）。

A. 工伤职工治疗工伤必须在签订服务协议的医疗机构就医，不得到其他医疗机构救治

B. 工伤职工治疗非工伤引发的疾病，不享受工伤医疗待遇，按照基本医疗保险办法处理

C. 职工因工作患职业病需要暂停工作接受治疗的，在停工留薪期内，原工资福利待遇不变，由所在单位按月支付，停工留薪期一般不超过 6 个月

D. 职工因工致残被鉴定为一级伤残的，保留劳动关系，退出工作岗位，从工伤保险基金支付一次性伤残补助金，标准为 7 个月的本人工资

6. 【2022 年·多选】根据《工伤保险条例》，关于工伤保险费缴纳的说法，正确的有（　　）。

A. 工伤保险费根据以支定收、收支平衡的原则确定费率

B. 国务院社会保险行政部门负责批准行业差别费率及行业内费率档次的方案

C. 用人单位和职工缴纳工伤保险费的数额为工资总额乘以缴纳费率之积

D. 用人单位、职工个人应当按比例缴纳工伤保险费

E. 统筹地区经办机构负责确定单位缴费费率

7. 【2021年·单选】根据《工伤保险条例》，关于工伤保险基金的说法，正确的是（　　）。
   A. 工伤保险基金不能用于兴建或者改建办公场所等，可用于投资运营，获取更多收益，充实基金
   B. 工伤保险基金的目的在于保障工伤劳动者获得及时赔偿，工伤保险基金中应有一定比例的资金用于工伤预防
   C. 工伤保险基金应留有一定比例的储备金，用于统筹地区各类工伤事故的工伤保险待遇支付
   D. 工伤保险基金用于支付工伤保险待遇，职工个人申请因工伤而引起的劳动能力鉴定费用应由用人单位承担，不能从工伤保险基金中支付

8. 【2021年·单选】甲市乙县某石料公司风钻工刘某感觉身体不适，去某医院检查显示肺部有阴影，被诊断为职业病矽肺Ⅰ期。因石料公司不愿支付刘某的医疗费，双方发生纠纷，刘某申请劳动能力鉴定。根据《工伤保险条例》，关于劳动能力鉴定的说法，正确的是（　　）。
   A. 刘某罹患职业病，无须对其进行劳动能力鉴定
   B. 甲市劳动能力鉴定委员会应对刘某劳动功能障碍程度进行等级鉴定
   C. 对刘某进行劳动能力鉴定的专家组由3至5名医疗卫生专家组成
   D. 劳动能力鉴定专家组成员由乙县劳动能力鉴定委员会随机抽取

9. 【2021年·多选】2019年7月，张某出差外地在开会期间突发疾病，送往医院紧急抢救20小时后死亡。张某所在单位认为张某不构成工伤，没有在规定期限内提出工伤认定申请，而张某的近亲属认为张某构成工伤。根据《工伤保险条例》，关于张某工伤认定和赔偿的说法，正确的有（　　）。
   A. 张某在出差期间突发疾病死亡，不应认定为工伤
   B. 张某近亲属应承担张某构成工伤的举证责任
   C. 张某近亲属可在张某死亡之日起2年内向社会保险行政部门提出工伤认定申请
   D. 张某近亲属可从工伤保险基金领取丧葬补助金、供养亲属抚恤金和一次性工亡补助金
   E. 张某的丧葬补助金为6个月的统筹地区上年度职工月平均工资

10. 【2020年·单选】根据以支定收、收支平衡的原则，以一个周期内工伤保险基金的支付额度确定工伤保险费征缴额度。根据《工伤保险条例》，下列费用中，不属于工伤保险基金支付范围的是（　　）。
    A. 工伤保险经办机构运行费用　　　　B. 工伤保险待遇费用
    C. 劳动能力鉴定费用　　　　　　　　D. 工伤预防宣传和培训费用

11. 【2020年·单选】工伤保险是法定的强制性社会保险，是通过对受害人实施医疗救治和给予必要的经济补偿以保障其经济权利的补救措施。根据《工伤保险条例》，关于缴纳工伤保险费和享受工伤保险待遇的说法，正确的是（　　）。
    A. 合伙制律师事务所不需要为员工缴纳工伤保险费
    B. 因职工过错导致事故发生的，该职工不享受工伤保险待遇
    C. 未缴纳工伤保险费的用人单位职工不享受工伤保险待遇
    D. 用人单位的全体职工享有工伤保险待遇的权利

12. 【2020年·单选】根据《工伤保险条例》，下列情形中，应当认定为工伤或者视同工伤的是（　　）。

A. 李某在公司上班期间突发脑出血，经抢救无效三天后死亡

B. 张某调任新的工作岗位后，因工作压力大患抑郁症自杀死亡

C. 王某下班乘公交车回家途中，因公交车发生交通事故死亡

D. 贾某在公司上班期间因过量饮酒，经抢救无效三天后死亡

13. 【2020年·多选】职工发生工伤，经治疗伤情相对稳定后仍然存在残疾、影响劳动能力的，应当进行劳动能力鉴定。根据《工伤保险条例》，关于劳动能力鉴定的说法，正确的有（　　）。

A. 劳动能力鉴定是指劳动功能障碍程度和生活自理障碍程度的等级鉴定，劳动能力鉴定标准由国务院卫生行政部门会同国务院应急管理部门等部门制定

B. 劳动能力鉴定由用人单位、工伤职工或者其近亲属向设区的市级劳动能力鉴定委员会提出申请，并提供工伤认定决定和职工工伤医疗的有关资料

C. 劳动能力鉴定委员会由社会保险行政部门、卫生行政部门、应急管理部门、工会组织、经办机构代表以及用人单位代表组成

D. 劳动能力鉴定委员会建立医疗卫生专家库，设区的市级劳动能力鉴定委员会根据专家组的鉴定意见作出工伤职工劳动能力鉴定结论

E. 自劳动能力鉴定结论作出之日起半年内，工伤职工或者其近亲属、所在单位或者经办机构认为伤残情况发生变化的，可以申请劳动能力复查鉴定

14. 【2020年·多选】工伤保险费按照以支定收、收支平衡的原则确定费率。根据《工伤保险条例》，工伤保险交费档次和费率确定的依据包括（　　）。

A. 工伤发生率

B. 工伤保险费的使用情况

C. 不同行业的工伤风险程度

D. 企业所有制性质

E. 不同行业不同工种的危险等级

15. 【2019年·单选】根据《工伤保险条例》，关于工伤保险费缴纳的说法，正确的是（　　）。

A. 工伤保险基金在留有一定比例的储备金后可用于投资经营

B. 工伤保险费可以由职工个人缴纳

C. 工伤保险费的数额为用人单位职工工资总额乘以单位缴费费率

D. 工伤保险费率根据以收定支原则确定

16. 【2019年·单选】某企业职工孙某发生事故，认定为工伤，经治疗伤情相对稳定后留下残疾，影响劳动能力。根据《工伤保险条例》，关于劳动能力鉴定的说法，正确的是（　　）。

A. 劳动功能障碍分为十个伤残等级，最重的为一级，最轻的为十级

B. 生活自理障碍分为两个等级：生活完全不能自理、生活部分不能自理

C. 对孙某劳动能力鉴定的专家组，应当从专家库中随机抽取7名专家组成

D. 自劳动能力鉴定结论作出之日起半年后，孙某认为伤残情况发生变化，可以申请劳动能力复查

17. 【2019年·单选】某企业职工郭某发生工伤。根据《工伤保险条例》，关于郭某工伤保险待遇的说法，正确的是（   ）。

A. 社会保险部门作出认定郭某工伤的决定后，发生行政复议、行政诉讼的，行政复议和行政诉讼期间停止支付郭某治疗工伤的医疗费用

B. 郭某因暂停工作接受工伤医疗，停工留薪期一般不超过12个月，特殊情况不得超过18个月

C. 郭某经评定伤残等级并经劳动能力鉴定委员会确认为生活部分不能自理，护理费标准为统筹地区上年度职工月平均工资的40%

D. 郭某经鉴定为六级伤残，从工伤保险基金支付一次性伤残补助金，标准为16个月的本人工资

18. 【2019年·多选】根据《工伤保险条例》，关于工伤认定的说法，正确的有（   ）。

A. 所在单位应当自事故伤害发生之日或者被诊断、鉴定为职业病之日起60日内，向统筹地区社会保险行政部门提出工伤认定申请

B. 用人单位未在规定时限内提交工伤认定申请，在此期间发生符合规定的工伤待遇等有关费用由本人负担

C. 社会保险行政部门应当自受理工伤认定申请之日起60日内作出工伤认定的决定

D. 社会保险行政部门对受理的事实清楚、权利义务明确的工伤认定申请，应当在15日内作出工伤认定的决定

E. 职工或者其近亲属认为是工伤，用人单位不认为是工伤的，由用人单位承担举证责任

第十一节　大型群众性活动安全管理条例

【基础知识训练】　　　　　　　　　　　　　　　　　　　　答案：380页

1. 【单选】依据《大型群众性活动安全管理条例》规定，以下属于大型群众性活动的是（   ）。

A. 参加人数达到500人以上大型相亲活动

B. 在容纳2000人以上影剧院举行演唱会

C. 在体育馆举行的足球比赛活动

D. 参赛人数达1500人的马拉松体育比赛

2. 【单选】根据《大型群众性活动安全管理条例》，大型群众性活动承办者负责的安全事项不包括（   ）。

A. 保障临时搭建的设施、建筑物的安全，消除安全隐患

B. 保障监控设备和消防设施、器材配置齐全、完好有效

C. 落实医疗救护、灭火、应急疏散等应急救援措施并组织演练

D. 配备与大型群众性活动安全工作需要相适应的专业保安人员以及其他安全工作人员

3. 【单选】根据《大型群众性活动安全管理条例》，大型群众性活动时，公安机关应当履行的职责不包括（　　）。

　　A. 制订大型群众性活动安全监督方案和突发事件处置预案

　　B. 在大型群众性活动举办前，对活动场所组织安全检查，发现安全隐患及时责令改正

　　C. 落实医疗救护、灭火、应急疏散等应急救援措施并组织演练

　　D. 在大型群众性活动举办过程中，对安全工作的落实情况实施监督检查，发现安全隐患及时责令改正

4. 【单选】某县拟举办一大型群众性活动，根据《大型群众性活动安全管理条例》，承办者应当在活动举办日前 20 日提出安全许可申请，公安机关收到申请材料应当依法做出受理或者不予受理的决定。对受理的申请，应当自受理之日起（　　）进行审查。

　　A. 3 日　　　　　　B. 5 日　　　　　　C. 7 日　　　　　　D. 15 日

【能力提升训练】　　　　　　　　　　　　　　　　　　　　答案：381 页

1. 【单选】依据《大型群众性活动安全管理条例》规定，关于大型群众性活动安全许可的说法，正确的是（　　）。

　　A. 大型群众性活动的预计参加人数在 1000 人以下的，由活动所在地县级人民政府公安机关实施安全许可

　　B. 大型群众性活动的预计参加人数在 1000 人以上 5000 人以下的，由活动所在地县级人民政府公安机关实施安全许可

　　C. 大型群众性活动预计参加人数在 5000 人以上的，由国务院公安部门实施安全许可

　　D. 跨省、自治区、直辖市举办大型群众性活动的，由活动所在地设区的市级人民政府公安机关或者直辖市人民政府公安机关实施安全许可

2. 【单选】甲省乙市丙县拟举办一参与人数超过 10000 人的大型体育赛事，根据《大型群众性活动安全管理条例》，关于该活动的安全许可的说法中，正确的是（　　）。

　　A. 由丙县人民政府公安机关实施安全许可

　　B. 由乙市人民政府公安机关实施安全许可

　　C. 由甲省人民政府公安机关实施安全许可

　　D. 由国务院公安部门实施安全许可

3. 【单选】国家对大型群众性活动实行安全许可制度。位于甲市乙县的某公司为庆祝公司成立 5 周年，拟在公司厂区内举办焰火晚会，预计晚会参加人数为 3100 人。根据《大型群众性活动安全管理条例》，下列政府及部门中，实施安全许可的是（　　）。

　　A. 甲市应急管理部门　　　　　　　　　B. 甲市人民政府

　　C. 乙县公安机关　　　　　　　　　　　D. 乙县应急管理部门

【历年真题实战】　　　　　　　　　　　　　　　　　　　　答案：381 页

1. 【2023 年·单选】甲企业委托乙传媒公司策划并承办一场面向社会公众的大型文艺演出，乙传媒公司遂租用丙剧院作为演出场所。根据《大型群众性活动安全管理条例》，关于本次演出安全责任的说法，正确的是（　　）。

A. 丙剧院应当负责对参加活动的人员进行安全检查

B. 乙传媒公司应当制定本次活动安全监督方案和突发事件处置预案

C. 甲企业应当配备与本次演出安全工作需要相适应的专业保安人员

D. 丙剧院必须保障演出场所的应急广播符合法律、法规、技术标准的规定

2. 【2022年·单选】大型群众性活动应当加强安全管理，落实安全责任。根据《大型群众性活动安全管理条例》，关于大型群众性活动安全责任的说法，正确的是（　　）。

A. 大型群众性活动的承办者应当具体负责保障监控设备和消防设施、器材配置齐全完好有效

B. 大型群众性活动的场所管理者应当保障临时搭建的设施、建筑物的安全，消除安全隐患

C. 应急管理部门负责大型群众性活动安全许可，并制订安全监督方案和突发事件处置预案

D. 公安机关负责在大型群众性活动举办前对活动场所组织安全检查，发现安全隐患应当及时责令改正

3. 【2021年·单选】大型群众性活动的安全管理应当遵循安全第一、预防为主的方针。根据《大型群众性活动安全管理条例》，大型群众性活动应当坚持的安全管理原则是（　　）。

A. 承办者负责、政府监管　　　　　　B. 承办者负责、社会监督

C. 主办者负责、政府监管　　　　　　D. 主办者负责、社会监督

4. 【2020年·单选】根据《大型群众性活动安全管理条例》，举办大型群众性活动预计参加人数达到（　　）人以上的，由活动所在地设区的市级人民政府公安机关实施安全许可。

A. 5000　　　　　　B. 3000　　　　　　C. 8000　　　　　　D. 10000

第十二节　女职工劳动保护特别规定

【基础知识训练】　　　　　　　　　　　　　　　　　　　　　答案：382页

1. 【单选】根据《女职工劳动保护特别规定》，女职工在经期禁忌从事的作业不包括（　　）。

A. 第二级冷水作业　　　　　　B. 第四级低温作业

C. 第三级体力劳动强度作业　　　D. 第四级高温作业

【能力提升训练】　　　　　　　　　　　　　　　　　　　　　答案：382页

1. 【单选】依据《女职工劳动保护特别规定》，关于女职工的保护措施，正确的是（　　）。

A. 对怀孕7个月以上的女职工，用人单位不得延长劳动时间或者安排夜班劳动

B. 女职工生育享受90天产假，其中产前可以休假15天

C. 怀孕女职工在劳动时间内进行产前检查，所需时间不计入劳动时间

D. 女职工生育双胞胎的，可以享受 115 天产假

2. 【单选】根据《女职工劳动保护特别规定》，下列关于女职工劳动保护的说法中，正确的是（　　）。

A. 女职工在孕期不能适应原劳动的，用人单位应根据医疗机构的证明，可不安排具体工作

B. 对怀孕 7 个月以上的女职工，用人单位要延长劳动时间必须经过职工本人同意

C. 怀孕满 4 个月流产的，享受 42 天产假

D. 女职工生育享受 98 天产假，其中产前可以休假 30 天

3. 【单选】某公司员工赵某怀孕 5 个月。根据《女职工劳动保护特别规定》，下列工作中，该公司可以安排赵某从事的是（　　）。

A. 噪声作业分级标准中的第二级的作业

B. 间断负重、每次负重不超过 30 公斤的作业

C. 体力劳动强度分级标准中规定的第四级体力劳动强度作业

D. 高温作业分级标准中规定的第三级的作业

4. 【多选】王某已经怀孕 6 个月，仍然坚持继续上班，王某产前的工资是 8000 元，该用人单位上年度职工月平均工资标准为 5500 元。但由于考虑用人单位女职工较少，所以并未给职工缴纳职工生育保险，该用人单位的下列做法中，符合《女职工劳动保护特别规定》的有（　　）。

A. 安排王某在监控室夜间看护监控视频两个半月后开始休产假

B. 王某在休产假期间的工资按用人单位上年度职工月平均工资标准 5500 元支付

C. 若王某生育为双胞胎，用人单位准予休产假 120 天

D. 三某产假期间的生育津贴，按照 8000 元的标准由用人单位支付

E. 王某生育的医疗费用由用人单位承担

5. 【多选】某炼钢厂女职工范某目前处于哺乳期，根据《女职工劳动保护特别规定》，范某可以从事的工作包括（　　）。

A. 第四级的高处作业

B. 第四级体力劳动强度的作业

C. 第四级的高温作业

D. 密闭空间作业

E. 非密封源放射性物质的操作

【历年真题实战】

答案：383 页

1. 【2023 年·单选】甲、乙、丙、丁四名女工中，甲从事第四级高处作业，乙从事第三级体力强度作业，丙从事第四级噪声作业，丁从事第三级高温作业。若甲和丁在经期，丙在孕期，乙在哺乳期。根据《女职工劳动保护特别规定》，可以继续从事原岗位工作的是（　　）。

A. 甲　　　　　　B. 乙　　　　　　C. 丙　　　　　　D. 丁

2. 【2023 年·多选】根据《女职工劳动保护特别规定》，下列劳动作业中，属于女职工禁

忌从事劳动作业的有（　　）。

A. 体力劳动强度分级标准中规定的第四级体力劳动强度的作业

B. 体力劳动强度分级标准中规定的第三级体力劳动强度的作业

C. 每次负重超过 25 公斤的作业

D. 高处作业分级标准中规定的第三级高处作业

E. 高处作业分级标准中规定的第四级高处作业

3. 【2021 年·单选】国家对女职工实施特殊劳动保护。根据《女职工劳动保护特别规定》，关于女职工在经期和孕期禁忌从事劳动范围的说法，正确的是（　　）。

A. 在经期可以从事第二级低温作业

B. 在经期可以从事第二级高处作业

C. 在孕期可以从事低温作业

D. 在孕期可以从事第三级高温作业

4. 【2020 年·单选】根据《女职工劳动保护特别规定》，下列劳动作业中，属于女职工禁忌从事的劳动作业是（　　）。

A. 体力劳动强度分级标准中规定的第四级体力劳动强度的作业

B. 体力劳动强度分级标准中规定的第三级体力劳动强度的作业

C. 高处作业分级标准中规定的第三级高处作业

D. 高处作业分级标准中规定的第四级高处作业

第七章　安全生产部门规章

第一节　注册安全工程师分类管理办法

【基础知识训练】

答案：384 页

1. 【单选】某继续教育机构为注册安全工程师提供继续教育服务，总学时为 96 学时，根据《注册安全工程师分类管理办法》，该教育机构继续教育服务中专业课学时满足要求的是（　　）。
   A. 专业课 56 学时
   B. 专业课 46 学时
   C. 专业课 32 学时
   D. 专业课 16 学时

2. 【单选】根据《注册安全工程师分类管理办法》，下列关于注册安全工程师的说法中，正确的是（　　）。
   A. 注册安全工程师专业类别划分为：煤矿安全、金属非金属矿山安全、化工安全、金属冶炼安全、建筑施工安全、道路运输安全、消防安全、其他安全
   B. 应急管理部或其授权的机构负责中级注册安全工程师职业资格公共科目和专业科目（含建筑施工安全、道路运输安全）考试大纲的编制和命审题组织工作。
   C. 各省、自治区、直辖市授权的道路运输主管机构分别负责其职责范围内负责道路运输安全类别中级注册安全工程师的注册初审工作
   D. 应急管理部或其授权的机构负责建筑施工安全专业中级注册安全工程师的注册终审工作

3. 【单选】根据《注册安全工程师分类管理办法》，下列关于注册安全工程师考试、注册的说法中，错误的是（　　）。
   A. 注册安全工程师必须在相应行业领域生产经营单位中执业
   B. 高级注册安全工程师采取考试与评审相结合的评价方式
   C. 应急管理部或其授权的机构负责中级注册安全工程师的注册终审工作
   D. 注册安全工程师是指依法取得注册安全工程师职业资格证书，并经注册的专业技术人员

4. 【多选】依据《注册安全工程师分类管理办法》，下列关于注册安全工程师管理的说法，正确的有（　　）。
   A. 中级注册安全工程师专业课程继续教育不得少于 48 学时
   B. 金属冶炼单位应当有本专业类别的中级及以上注册安全工程师从事安全生产管理工作

C. 金属冶炼单位安全生产管理人员中的中级及以上注册安全工程师比例应自本办法施行之日起 2 年内达到 15% 左右并逐步提高

D. 矿山单位安全生产管理人员中的中级及以上注册安全工程师比例应自本办法施行之日起 5 年内达到 20% 左右并逐步提高

E. 危险物品的生产、储存单位安全生产管理人员中的中级及以上注册安全工程师比例应自本办法施行之日起 2 年内达到 15% 左右并逐步提高

5. 【多选】依据《注册安全工程师分类管理办法》，下列单位中，安全生产管理人员中的中级及以上注册安全工程师比例应自本办法施行之日起 2 年内达到 15% 左右并逐步提高的有（   ）。

A. 危险物品的生产、储存单位　　　　　B. 建筑施工单位

C. 金属冶炼单位　　　　　　　　　　　D. 矿山单位

E. 道路运输单位

【能力提升训练】　　　　　　　　　　　　　　　　　　　答案：384 页

1. 【多选】2022 年 1 月，某市有甲、乙、丙、丁、戊五家企业。其中，甲企业从事机械制造，有正式员工 90 人；乙企业从事危险化学品储存，有正式员工 32 人；丙企业从事服装加工，有正式员工 600 人；丁企业从事危险物品装卸，有正式员工 50 人；戊企业从事金属冶炼，有正式员工 500 人。根据《安全生产法》《注册安全工程师分类管理办法》，关于安全生产管理机构和管理人员配备的说法，正确的有（   ）。

A. 甲企业应当设置安全生产管理机构或者配备 1 名专职安全生产管理人员

B. 乙企业应当至少配备 1 名专职安全生产管理人员，且安全管理人员中至少有 1 名中级及以上注册安全工程师

C. 丙企业配备的专职安全生产管理人员超过 8 人的，应当至少有 2 名中级及以上注册安全工程师

D. 丁企业应当设置安全生产管理机构或者配备专职安全生产管理人员，且安全管理人员中至少有 1 名中级及以上注册安全工程师

E. 戊企业应当设置安全生产管理机构或者配备专职安全生产管理人员，安全管理人员中应当有中级及以上注册安全工程师

【历年真题实战】　　　　　　　　　　　　　　　　　　　答案：385 页

1. 【2023 年·单选】李某是化工专业类注册安全工程师，在某化工企业从事安全生产管理工作。根据《注册安全工程师管理规定》，下列事项中，无需李某参与并签署意见的是（   ）。

A. 制定安全生产规章制度

B. 确定企业安全生产费用支出

C. 制定从业人员安全培训计划

D. 选用发放劳动防护用品

2. 【2022 年·单选】注册安全工程师在享有权利的同时应当承担相应的义务。根据《注

册安全工程师管理规定》，关于注册安全工程师权利和义务的说法，错误的是（　　　）。

A. 注册安全工程师按照注册类别有权从事规定范围内的执业活动

B. 注册安全工程师不得同时在两个以上的生产经营单位受聘执业

C. 注册安全工程师应当在本单位安全生产年度工作报告上署名

D. 注册安全工程师应当保证执业活动的质量并承担相应的责任

3. 【2021年·单选】为加强安全生产领域专业化人员管理，国家将注册安全工程师列入准入类专业技术人员职业资格并对其执业范围进行规定。根据《注册安全工程师管理规定》，应当有注册安全工程师参与并签署意见的安全生产工作是（　　　）。

A. 调查处理生产安全事故　　　　B. 制定职工技能培训计划

C. 制定事故隐患整改方案　　　　D. 组织实施应急救援预案

4. 【2020年·单选】根据《注册安全工程师分类管理办法》，该办法实施2年内，危险化学品生产企业安全生产管理人员中的中级及以上注册安全工程师占比应当达到（　　　）左右并逐步提升。

A. 5%　　　　　B. 10%　　　　　C. 15%　　　　　D. 20%

5. 【2020年·单选】根据《注册安全工程师分类管理办法》，下列专业类别中，属于注册安全工程师专业类别的是（　　　）。

A. 金属冶炼安全　　　　　　　　B. 特种设备安全

C. 矿山安全　　　　　　　　　　D. 机械安全

第二节　生产经营单位安全培训规定

【基础知识训练】　　　　　　　　　　　　　　　　　　答案：386页

1. 【单选】根据《生产经营单位安全培训规定》，某电梯生产企业主要负责人安全培训大纲及考核标准由（　　　）制定。

A. 应急管理部

B. 设区的市安全生产监督管理部门

C. 省、自治区、直辖市安全生产监督管理部门

D. 该企业安全管理部门

2. 【单选】根据《生产经营单位安全培训规定》，某叉车厂新上岗生产工人，安全培训培训时间不得少于（　　　）。

A. 24学时　　　　B. 32学时　　　　C. 48学时　　　　D. 72学时

3. 【单选】安某为某餐饮企业的主要负责人，根据《生产经营单位安全培训规定》，不属于安其安全培训培训内容的是（　　　）。

A. 重大危险源管理　　　　　　　B. 职业危害及其预防措施

C. 事故调查处理的有关规定　　　D. 伤亡事故统计

4. 【单选】根据《生产经营单位安全培训规定》，加工、制造业等生产单位的其他从业人

员，在上岗前必须经过（　　）培训教育。

A. 厂、车间、岗位
B. 车间、班组、岗位
C. 厂、车间、班组
D. 车间、工段、班组

5.【多选】根据《生产经营单位安全培训规定》，生产经营单位应对被派遣劳动者进行（　　）的教育和培训。

A. 岗位安全操作规程
B. 安全管理理论
C. 企业安全文化
D. 应急预案
E. 安全操作技能

6.【多选】某危险化学品对新上岗的临时工进行强制性培训，根据《生产经营单位安全培训规定》，培训后临时工应具备本岗位（　　）所需的知识和技能后，方能安排上岗作业。

A. 安全操作
B. 工作需要
C. 自救互救
D. 应急处置
E. 职业病防治

【能力提升训练】　　　　　　　　　　　　　　　　　　　答案：386 页

1.【单选】依据《生产经营单位安全培训规定》，下列关于生产经营单位主要负责人、安全生产管理人员、特种作业人员以外的其他从业人员安全培训的说法，正确的是（　　）。

A. 高危行业生产经营单位新上岗的人员，岗前培训时间不少于 36 学时
B. 非高危行业生产经营单位新上岗的人员，岗前培训时间不少于 24 学时
C. 安全生产经营单位三级安全培训是指厂（矿）级、车间级、部门级安全培训
D. 调整工作岗位或离岗 1 年重新上岗人员必须进行三级教育培训

2.【单选】某化工生产企业的主要负责人和安全生产管理人员依法参加安全生产培训考核，根据《生产经营单位安全培训规定》，下列关于该企业安全生产培训管理的说法中，正确的是（　　）。

A. 主要负责人安全资格由安全监管部门组织考核
B. 安全生产管理人员的培训依照培训机构制定的培训大纲组织实施
C. 主要负责人经培训考核合格，由培训机构发给证书
D. 安全生产管理人员经培训考核合格，由培训机构发给证书

3.【单选】根据《生产经营单位安全培训规定》，下列关于某厂一线装配工安全培训的说法错误的是（　　）。

A. 工作半年后调整工作岗位，应重新接受车间（工段、区、队）和班组级的安全培训
B. 工作一年后调整工作岗位，应重新接受车间（工段、区、队）和班组级的安全培训
C. 离岗一年后重新上岗时，应重新接受车间（工段、区、队）和班组级的安全培训
D. 离岗半年后重新上岗时，应重新接受车间（工段、区、队）和班组级的安全培训

4.【单选】根据《生产经营单位安全培训规定》，下列关于生产经营单位安全教育培训的说法正确的是（　　）。

A. 某金属冶炼企业的厂级培训应包括事故应急预案演练及防范措施等内容

B. 某危化品生产企业车间级培训应包括从业人员安全生产权利和义务

C. 某食品厂车间级培训应包括岗位之间工作衔接配合的安全与职业卫生事项

D. 某化工厂班组级培训应包括本单位安全生产情况及安全生产基本知识

5. 【单选】张某是矿山开采企业的主要负责人，王某是机械制造企业的主要负责人，李某是危险化学品生产企业的安全生产管理人员，刘某是金属冶炼企业的安全生产管理人员。根据《安全生产法》《生产经营单位安全培训规定》，关于安全培训的说法，正确的是（　　）。

A. 张某自任职之日起 3 个月内，必须经矿山安全监察机构考核合格；初次安全培训时间不得少于 48 学时，每年再培训时间不得少于 16 学时

B. 王某自任职之日起 3 个月内，必须经应急管理部门考核合格；初次安全培训时间不得少于 32 学时，每年再培训时间不得少于 12 学时

C. 李某自任职之日起 6 个月内，必须经应急管理部门考核合格；初次安全培训时间不得少于 48 学时，每年再培训时间不得少于 24 学时

D. 刘某自任职之日起 6 个月内，必须经应急管理部门考核合格；初次安全培训时间不得少于 48 学时，每年再培训时间不得少于 16 学时

6. 【单选】2021 年 9 月 1 日，邢某被聘请为某烟花爆竹厂的安全生产管理人员，根据《生产经营单位安全培训规定》，郭某最晚可以于（　　）经安全生产监管监察部门对其安全生产知识和管理能力考核合格。

A. 2021 年 11 月 1 日前

B. 2021 年 12 月 1 日前

C. 2022 年 3 月 1 日前

D. 2022 年 4 月 1 日前

7. 【单选】根据《生产经营单位安全培训规定》，下列关于从业人员的安全培训的说法，错误的是（　　）。

A. 生产经营单位的主要负责人负责组织制定并实施本单位安全培训计划

B. 生产经营单位安排从业人员进行安全培训期间，从业人员不计入工时，无需支付工资

C. 具备安全培训条件的生产经营单位，应当以自主培训为主

D. 生产经营单位委托其他机构进行安全培训的，保证安全培训的责任仍由本单位负责

【历年真题实战】　　　　　　　　　　　　　　　　　　　　答案：388 页

1. 【2023 年·单选】王某于 2022 年被聘为某危险化学品生产企业总经理，上岗前进行了安全培训，取得了安全知识和管理能力考核合格证。根据《生产经营单位安全培训规定》，2023 年王某参加安全培训的最少时间是（　　）。

A. 8 学时　　　　　　　　　　　　　　B. 12 学时

C. 32 学时　　　　　　　　　　　　　 D. 16 学时

2. 【2023 年·单选】根据《生产经营单位安全培训规定》，关于生产经营单位从业人员安

全培训的说法，正确的是（　　　）。

A. 接收中等职业学校学生实习的，应当对实习学生进行相应的安全培训

B. 生产经营单位的新入职财务人员可以不经安全培训，直接上岗

C. 使用被派遣劳动者的，安全培训工作由劳务派遣单位负责

D. 对于新入职的工作经验丰富的职工，可根据实际减少安全培训时间

3.【2022年·单选】生产经营单位主要负责人和安全生产管理人员应当接受安全培训。根据《生产经营单位安全培训规定》，关于生产经营单位主要负责人和安全生产管理人员安全培训的做法，正确的是（　　　）。

A. 某危险化学品公司主要负责人初次安全培训时间48学时，每年再培训时间12学时

B. 某机械仪表公司主要负责人初次安全培训时间30学时，每年再培训时间16学时

C. 某炼钢公司安全生产管理人员初次安全培训时间46学时，每年再培训时间18学时

D. 某服装公司主要负责人初次安全培训时间40学时，每年再培训时间12学时

4.【2022年·单选】生产经营单位应当不断加强安全培训工作。根据《生产经营单位安全培训规定》，关于安全培训组织实施的说法，正确的是（　　　）。

A. 煤矿企业从业人员的安全培训工作，应当由企业所在地县级人民政府应急管理部门组织实施

B. 金属冶炼企业应当坚持以考促学、以讲促学，确保全体职工熟练掌握岗位安全生产知识和技能

C. 危险化学品生产企业、食品加工企业应当完善和落实师傅带徒弟制度

D. 烟花爆竹生产企业必须委托具备安全培训条件的机构对从业人员进行安全培训

5.【2021年·单选】某企业是机械加工企业。根据《生产经营单位安全培训规定》，关于该企业开展从业人员安全培训的说法，正确的是（　　　）。

A. 新上岗从业人员的岗前安全培训时间不得少于24学时，每年再培训的时间不得少于20学时

B. 新上岗电工的岗前安全培训时间不得少于72学时，每年再培训的时间不得少于20学时

C. 在企业内调整工作岗位或离岗一年以上重新上岗时，应当重新接受厂级、车间级和班组级安全培训

D. 企业的厂级、车间级和班组级岗前安全培训的内容都应当包括有关事故案例

6.【2020年·单选】王某是一家金属矿山公司的董事长，聘请李某担任该公司的高级安全主管。根据《生产经营单位安全培训规定》，关于从业人员安全培训时间要求的说法，正确的是（　　　）。

A. 王某的初次安全培训时间不得少于32学时

B. 李某的初次安全培训时间不得少于24学时

C. 李某每年再培训时间不得少于12学时

D. 王某每年再培训时间不得少于16学时

7.【2019年·单选】根据《生产经营单位安全培训规定》，关于安全培训组织实施的说法，正确的是（　　　）。

A. 生产经营单位从业人员的安全培训工作必须由有资质的机构进行

B. 生产经营单位委托其他机构进行安全培训，保证安全培训的责任由其他机构承担

C. 生产经营单位安排从业人员参加培训期间，可以不支付从业人员工资

D. 生产经营单位安排从业人员参加培训，应当承担从业人员的培训费用

8. 【2019年·单选】根据《生产经营单位安全培训规定》，下列从业人员安全培训时间符合规定的是（　　）。

A. 食品加工企业新上岗的从业人员，岗前安全培训时间达到20学时

B. 烟花爆竹企业新上岗的从业人员，岗前安全培训时间达到48学时

C. 金属冶炼企业的从业人员，每年安全再培训时间达到16学时

D. 危险化学品生产企业的从业人员，每年安全再培训时间达到20学时

9. 【2019年·多选】根据《生产经营单位安全培训规定》，关于生产经营单位主要负责人、安全生产管理人员安全培训学时的做法，正确的有（　　）。

A. 某制衣厂主要负责人进行32学时的初次安全培训

B. 某金属冶炼企业主要负责人每年进行14学时的安全再培训

C. 某铁矿企业安全生产管理人员进行48小时的初次安全培训

D. 某烟花爆竹企业安全生产管理人员每年进行20小时的安全再培训

E. 某纺织企业安全生产管理人员每年进行12学时的安全再培训

第三节　特种作业人员安全技术培训考核管理规定

【基础知识训练】　　　　　　　　　　　　　　答案：389页

1. 【单选】某工人在其特种作业操作证有效期内，连续在起重吊装岗位工作11年，从未发生过违章。根据《特种作业人员安全技术培训考核管理规定》，该工人的特种作业证经考核发证机关同意，复审时间可以延长至（　　）。

A. 每3年1次　　　　　　　　B. 每5年1次

C. 每6年1次　　　　　　　　D. 每10年1次

2. 【单选】根据《特种作业人员安全技术培训考核管理规定》，不属于特种作业人员的安全技术培训、考核、发证、复审工作原则的是（　　）。

A. 统一监管　　　　　　　　B. 分级实施

C. 属地管理　　　　　　　　D. 教考分离

3. 【单选】根据《特种作业人员安全技术培训考核管理规定》，特种作业人员复审或延期复审不予通过的情形是（　　）。

A. 有2次以上违章行为的

B. 有安全生产违法行为的

C. 对发生生产安全事故负有责任的

D. 本人未亲自提交复审材料的

4. 【单选】根据《特种作业人员安全技术培训考核管理规定》，离开特种作业岗位

（　　）以上的特种作业人员，应当重新进行实际操作考试，经确认合格后方可上岗作业。

A. 3 个月　　　　　B. 6 个月　　　　　C. 9 个月　　　　　D. 12 个月

【能力提升训练】　　　　　　　　　　　　　　　　　　　　答案：390 页

1.【单选】A 省某化工厂每班有甲、乙、丙三人负责粗苯加氢装置的运行，甲是班长、户籍在 B 省；乙、丙是操作工，当地人。依据《特种作业人员安全技术培训考核管理规定》，下列关于甲、乙、丙三人从业条件的说法中，正确的是（　　）。

A. 甲、乙、丙应当具有高中或相当于高中及以上文化程度

B. 甲、乙、丙应当具有初中及以上文化程度

C. 甲应当在 B 省申请特种作业操作证，不得在 A 省申请

D. 甲、乙、丙的特种作业操作证应当每年复审一次

2.【单选】王某高中毕业后到四川宜宾市一家化工厂工作。2010 年 3 月，王某参加市安全生产监督管理部门委托的安全培训机构的压力焊作业培训，考试合格。2010 年 10 月，王某应聘到广东省深圳市一家造船厂，并向深圳市安全生产监督管理部门申请办理了特种作业操作证。2011 年 2 月，王某的特种作业证遗失。依据《特种作业人员安全技术培训考核管理规定》，王某应向（　　）申请补发特种作业证。

A. 宜宾市安全生产监督管理部门

B. 四川省安全生产监督管理部门

C. 深圳市安全生产监督管理部门

D. 广东省安全生产监督管理部门

3.【单选】余某于 2009 年 4 月在甲市经安全技术培训并考核合格，取得特种作业操作证。次年 9 月，余某来到乙市打工，工作期间余某有违章作业，但未受到行政处罚。依据《特种作业人员安全技术培训考核管理规定》，下列关于余某的特种作业操作证复审的说法，正确的是（　　）。

A. 余某应在 2012 年 9 月前提出复审申请

B. 余某可以向乙市考核发证机关提出复审申请

C. 考核发证机关应当在收到余某复审申请之日起 30 个工作日内完成复审

D. 考核发证机关对余某的复审不予通过

4.【单选】依据《特种作业人员安全技术培训考核管理规定》，特种作业人员操作证一般每 3 年复审 1 次。下列关于特种作业操作证复审的说法，正确的是（　　）。

A. 特种作业操作证需要复审的，应当在期满前 90 日内，按规定申请复审

B. 特种作业操作证申请复审前，特种作业人员应参加不少于 8 个学时的安全培训

C. 按规定参加安全培训，考试不合格的允许补考 1 次

D. 有安全生产违法行为的，复审一律不予通过

5.【单选】依据《特种作业人员安全技术培训考核管理规定》，下列关于特种作业操作证复审的说法，正确的是（　　）。

A. 特种作业操作证每 2 年复审 1 次

    B. 特种作业人员在特种作业操作证有效期内，连续从事本工种 6 年以上，严格遵守有关安全生产法律法规的，经原发证机关同意，复审时间可以延长至每 3 年 1 次

    C. 特种作业操作证申请复审或者延期复审前，特种作业人员应当参加不少于 8 学时必要的安全培训并经考试合格

    D. 特种作业人员有安全生产违法行为，并给予行政处罚或者有 3 次以上违章行为并经查证确实的，复审或者延期复审不予通过

6.【单选】根据《特种作业人员安全技术培训考核管理规定》，关于特种作业复审，以下说法不正确的是（　　）。

    A. 应当在期满前 60 日内提出复审申请

    B. 复审申请可以由申请人的用人单位向从业所在地考核发证机关提出申请

    C. 复审申请时需要提交的材料包括社区的市级以上医疗机构出具的健康证明

    D. 复审前安全培训时间不少于 8 个学时

7.【单选】对特种作业人员应当严格考核发证。根据《特种作业人员安全技术培训考核管理规定》，关于特种作业人员考核发证的说法，正确的是（　　）。

    A. 特种作业人员的考试和考核应当由考核发证机关负责，不得委托其他单位实施

    B. 收到办证申请的考核发证机关应当在 5 个工作日内完成对特种作业人员所提交申请材料的审查，作出受理或者不予受理的决定

    C. 考核发证机关对已经受理的办证申请，应当在 30 个工作日内完成审核工作，符合条件的，颁发特种作业操作证

    D. 考核发证机关收到考试申请后，应当在 30 日内组织考试

8.【单选】特种作业人员应当经过专门的安全技术培训，并经考核合格。根据《特种作业人员安全技术培训考核管理规定》，关于特种作业人员安全培训的说法，正确的是（　　）。

    A. 取得职业高中学历的毕业生从事与其所学专业相应的特种作业，应当免予专业培训

    B. 对特种作业人员的培训应当以安全技术理论而非实际操作为主

    C. 委托其他机构对特种作业人员安全技术培训的，保证培训的责任由委托的生产经营单位负责

    D. 特种作业人员申请复审前应当参加不少于 12 学时的安全培训

9.【单选】某县应急管理部门在执法检查中发现，某企业未建立特种作业人员档案，从事电焊作业的张某借用李某的特种作业证件。根据《特种作业人员安全技术培训考核管理规定》，关于违法行为法律责任的说法，正确的是（　　）。

    A. 该企业未建立特种作业人员档案，应当给予警告，或者处以罚款

    B. 该企业安排张某上岗作业，应当责令停产停业整顿，并处以罚款

    C. 应当暂扣李某的特种作业操作证，并追究张某、李某的刑事责任

    D. 应当给予张某、李某警告，并处以罚款

【历年真题实战】　　　　　　　　　　　　　　　　　　　　　　　答案：391 页

1.【2023 年·单选】李某依法取得了低压电工作业操作证书，证书初领日期为 2007 年 10

月5日，最近一次复审日期为2020年9月20日，持证上岗期间严格遵守有关安全生产法律法规。根据《特种作业人员安全技术培训考核管理规定》，关于李某特种作业操作证复审的说法，错误的是（　　）。

A. 经考核发证机关同意，可以在2026年9月20日前复审

B. 复审应当提交社区或者县级以上医疗机构出具的健康证明

C. 复审应当在期满前30日内，向原考证发证机关或者从业地考核发证机关提出申请

D. 复审应当提交从事特种作业的情况、安全培训考核合格记录

2.【2023年·单选】甲、乙、丙是某生物制药公司员工。甲是老员工，经验丰富，但无制冷与空调设备安装、修理作业的证书；乙是新招录的职业学院制冷专业毕业生；丙持有制冷与空调设备运行操作作业的证书；丁是某制冷设备修理公司员工，持有制冷与空调设备安装、修理作业的证书。现该生物制药公司需检修中型制冷空调设备，根据《特种作业人员安全技术培训考核管理规定》，适合从事该修理作业的人员是（　　）。

A. 甲　　　　　　　　B. 乙　　　　　　　　C. 丁　　　　　　　　D. 丙

3.【2023年·单选】某县应急管理部门对辖区某机械加工企业执法检查，发现该企业未建立特种作业人员档案，电工未取得特种作业操作证上岗作业。根据《特种作业人员安全技术培训考核管理规定》，关于该应急管理部门对上述违法行为行政处理的做法，正确的是（　　）。

A. 对未建立特种作业人员档案的违法行为，给予警告，并处10万元的罚款

B. 对安排未取得特种作业操作证的人员上岗作业的违法行为，责令限期改正

C. 对未取得特种作业操作证的人员处5万元的罚款

D. 对安排未取得特种作业操作证的人员上岗作业的违法行为，责令停业整顿

4.【2023年·多选】王某毕业于户籍所在地甲省一所职业技术学院焊接技术专业，毕业后应聘到乙省某公司电工岗位，公司与王某签订合同后要求王某到相关培训机构参加特种作业人员安全技术培训，取得电工特种作业人员操作证后上岗。根据《特种作业人员安全技术培训考核管理规定》，关于王某参加特种作业人员安全技术培训考核的说法，正确的有（　　）。

A. 经考核发证机关同意可以免除王某的安全技术理论培训

B. 经考核发证机关同意可以免除王某的实际操作培训

C. 王某可以在甲省参加特种作业安全技术培训

D. 保证王某特种作业安全技术培训的责任由培训机构负责

E. 王某可以在乙省参加特种作业安全技术培训

5.【2022年·单选】生产经营单位及特种作业人员违反规定的，应当给予相应的行政处罚。根据《安全生产法》《特种作业人员安全技术培训考核管理规定》，关于生产经营单位及特种作业人员违反规定给予行政处罚的说法，正确的是（　　）。

A. 未建立健全特种作业人员档案的，应当给予警告，并处2万元以下的罚款

B. 使用未取得特种作业操作证的特种作业人员上岗作业的，应当责令限期改正，处10万元以下的罚款

C. 特种作业人员转借特种作业操作证的，应当给予警告，并处 1000 元以下的罚款

D. 使用伪造的特种作业操作证的人员从事特种作业的，应当给予警告，并处 5 万元以下的罚款

6. 【2022 年·单选】特种作业人员应当经培训考核合格，取得特种作业操作证后持证上岗。根据《特种作业人员安全技术培训考核管理规定》，关于特种作业人员考核发证的说法，正确的是（　　）。

A. 特种作业实际操作考试不及格的允许补考，补考前应当重新参加培训

B. 经考试合格的特种作业人员，只能在从业单位所在地申办特种作业操作证

C. 考核发证机关受理特种作业操作证申请后，应当在 20 个工作日内完成审核

D. 特种作业操作证遗失需要补办的，应当向从业单位所在地考核发证机关申请

7. 【2022 年·单选】特种作业人员应当具备相应的学历教育背景和身体健康条件。根据《特种作业人员安全技术培训考核管理规定》，下列人员中，符合特种作业人员有关条件的是（　　）。

A. 王某 16 周岁，初中毕业，拟从事高处作业，除糖尿病外无其他病症和生理缺陷

B. 张某 19 周岁，高中毕业，拟从事高压电工作业，除眩晕症外无其他病症和生理缺陷

C. 李某 20 周岁，职高毕业，拟从事煤矿瓦斯检查作业，除高血压外无其他病症和生理缺陷

D. 马某 21 周岁，初中毕业，拟从事危险化学品特种作业，除眼睛近视外无其他病症和生理缺陷

8. 【2022 年·多选】特种作业操作证应当定期复审。根据《特种作业人员安全技术培训考核管理规定》，关于特种作业操作证复审的说法，正确的有（　　）。

A. 张某连续从事特种作业 10 年，经原考核发证机关同意，其特种作业操作证复审时间可以延长至每 5 年 1 次

B. 王某特种作业操作证需要复审的，应当在有效期满前 30 日内向考核发证机关提出申请

C. 李某特种作业操作证申请复审前，应当参加不少于 8 个学时必要的安全培训并考试合格

D. 赵某申请特种作业操作证复审的，考核发证机关应当在收到其申请之日起 20 个工作日内完成复审

E. 孙某违章操作或者有违章行为并经查证确实的，则其特种作业操作证复审不予通过

9. 【2021 年·单选】国家对特种作业人员实行分类管理。根据《特种作业人员安全技术培训考核管理规定》，关于电工类特种作业的分类，正确的是（　　）。

A. 低压电工作业、高压电工作业、超高压电工作业

B. 低压电工作业、高压电工作业、特高压电工作业

C. 低压电工作业、中压电工作业、高压电工作业

D. 低压电工作业、高压电工作业、防爆电气作业

10. 【2021 年·单选】小王和小李是某机械厂机修车间的两名焊工，从事压力焊作业。因

工作需要，两人被调至该厂的其他岗位，小王做了4个月的质量管理工作，小李做了9个月的安全管理工作。小王和小李重回机修车间从事压力焊工作，两人的特种作业操作证书都在有效期内。根据《特种作业人员安全技术培训考核管理规定》，关于小王和小李重新从事压力焊作业的说法，正确的是（   ）。

A. 小王和小李的特种作业操作证书都在有效期内，两人都可以直接上岗

B. 小王可以直接上岗，小李应当参加特种作业实际操作考试，经确认合格后方可上岗

C. 小王和小李都应当参加特种作业实际操作考试，经确认合格后方可上岗

D. 小王和小李应当参加特种作业安全技术理论和实际操作考试，经确认合格后方可上岗

11.【2020年·单选】张某从技工学校电焊专业毕业后，被招录到某建筑公司从事电焊工作，按要求申办特种作业操作证。根据《特种作业人员安全技术培训考核管理规定》，关于张某安全培训要求的说法，正确的是（   ）。

A. 持学历证明经考核发证机关同意，可免于专业培训

B. 免于安全培训，可以直接取得操作证

C. 免于实际操作培训，仍需理论培训

D. 免于理论培训，仍需实际操作培训

12.【2020年·单选】特种作业操作证应当定期复审。根据《特种作业人员安全技术培训考核管理规定》，关于特种作业人员特种作业操作证复审的说法，正确的是（   ）。

A. 申请复审的，应当参加必要的安全培训并考核合格

B. 连续从事本工种10年以上的，复审时间自动延长至每6年一次

C. 申请复审的，安全培训时间不少于4学时

D. 有1次违章行为并查证属实的，复审不予通过

13.【2020年·单选】王某是某化工企业氯化岗位特种作业人员，2019年5月因病住院，2020年6月病愈上班。根据《特种作业人员安全技术培训考核管理规定》，关于王某重新上岗的说法，正确的是（   ）。

A. 无须参加理论和实际操作考试

B. 必须再申请特种作业操作证

C. 应当重新进行实际操作考试并经确认合格

D. 应当再经过实际操作培训但无须进行考试

14.【2020年·多选】陈某应聘到一家危险化学品生产企业从事过氧化工艺作业。根据《特种作业人员安全技术培训考核管理规定》，陈某应当具备的条件有（   ）。

A. 年满16周岁

B. 身体健康，并无妨碍从事相应特种作业的疾病和生理缺陷

C. 具有初中及以上文化程度

D. 具有3年以上相应工作岗位经历

E. 具备必要的安全技术知识与技能

15.【2020年·多选】根据《特种作业人员安全技术培训考核管理规定》，关于特种作业人员资格许可的说法，正确的有（   ）。

A. 特种作业人员必须取得《中华人民共和国特种作业操作证》后，方可上岗作业

B. 特种作业人员的安全技术培训、考核、发证、复审工作，实行统一监管、集中考核、分类实施、教考分离的原则

C. 县级以上地方人民政府应急管理部门负责监督检查本行政区域特种作业人员的安全技术培训和持证上岗工作

D. 煤矿特种作业人员的安全技术培训、考核、发证、复审工作，由省级煤矿安全监督管理部门指导、监督

E. 省级人民政府应急管理部门可以委托县级人民政府应急管理部门实施特种作业人员的考核、发证、复审工作

16. 【2019 年·单选】根据《特种作业人员安全技术培训考核管理规定》，下列危险化学品特种作业人员应当具备的条件中，正确的是（　　）。

A. 具备高中或者相当于高中及以上文化程度

B. 经设区的市级以上医疗机构体检健康合格

C. 具备 3 年以上现场工作经验

D. 年满 16 周岁并且不超过国家法定退休年龄

第四节　安全生产培训管理办法

【基础知识训练】   答案：395 页

1. 【单选】根据《安全生产培训管理办法》，矿山新招井下作业人员，除按照规定进行安全培训外，还应当在有经验的职工带领下至少实习（　　）后，方可独立上岗作业。

A. 1 个月　　　　　　B. 3 个月　　　　　　C. 2 个月　　　　　　D. 6 个月

2. 【单选】根据《安全生产培训管理办法》，接受安全培训人员经考核合格的，由考核部门在考核结束后（　　）个工作日内颁发相应的证书。

A. 10　　　　　　　　B. 15　　　　　　　　C. 30　　　　　　　　D. 60

3. 【单选】根据《安全生产培训管理办法》，安全生产监管执法证的有效期为（　　）。

A. 1 年　　　　　　　B. 2 年　　　　　　　C. 3 年　　　　　　　D. 5 年

4. 【多选】根据《安全生产培训管理办法》，（　　）的机构应当将教师、教学和实习实训设施等情况报告所在地安全监管部门。

A. 从事危险化学品生产单位主要负责人安全培训

B. 从事金属冶炼企业的安全生产管理人员安全培训

C. 从事矿山起重作业的特种作业人员安全培训

D. 从事危险化学品使用单位主要负责人安全培训

E. 从事注册安全工程师安全培训

【能力提升训练】   答案：396 页

1. 【单选】依据《安全生产培训管理办法》的规定，下列关于安全培训的说法，正确的

是（　　）。

A. 生产经营单位的主要负责人、特种作业人员的安全培训，由所在地安全监管部门负责

B. 对从业人员的安全培训，生产经营单位应当自主进行，不得委托培训

C. 危险物品生产经营单位新招的危险工艺操作岗位人员，除按规定进行安全培训外，还应当在有经验的职工带领下实习满 1 个月后，方可独立上岗作业

D. 职业院校毕业生从事与所学专业相关的作业，可以免予参加初次培训，实际操作培训除外

2. 【单选】依据《安全生产培训管理办法》的规定，以下关于安全生产培训工作的说法，正确的是（　　）。

A. 生产经营单位接收学生实习，学生的安全生产培训工作由学校负责，生产经营单位不必进行安全教育培训

B. 生产经营单位使用被派遣劳动者，由劳务派遣单位对其进行岗位安全操作规程和安全操作技能教育和培训

C. 特种作业人员对造成人员死亡的生产安全事故负有直接责任的，应当重新参加安全培训

D. 职业院校毕业生从事与所学专业相关的作业，可以免予参加初次培训和实际操作培训

3. 【单选】根据《安全生产培训管理办法》，关于培训大纲制定，以下说法不正确的是（　　）。

A. 安全监管监察人员的培训大纲由应急管理部组织制定

B. 危险物品生产企业安全管理人员的培训大纲由应急管理部组织制定

C. 锅炉生产企业主要负责人的培训大纲由应急管理部组织制定

D. 叉车生产企业安全管理人员的培训大纲由省级应急管理管理部门组织制定

4. 【单选】根据《安全生产培训管理办法》，下列关于生产经营单位安全生产培训的说法正确的是（　　）。

A. 生产经营单位使用被派遣劳动者的，应当要求劳务派遣单位进行安全操作技能培训

B. 中央企业的分公司发生造成人员重伤的事故时，其主要负责人和安全生产管理人员应当重新参加安全培训

C. 矿山新招的井下作业人员和危险物品生产经营单位新招的危险工艺操作岗位人员，除按照规定进行安全培训外，还应当在有经验的职工带领下实习满 2 个月后，方可独立上岗作业

D. 职业院校毕业生从事与所学专业相关的作业，可以免予参加实际操作培训

5. 【单选】根据《安全生产培训管理办法》，下列关于相关人员安全生产培训考核的说法中，错误的是（　　）。

A. 应急管理部负责省级以上安全生产监督管理部门的安全生产监管人员的考核

B. 省级应急管理部门负责市级应急管理部门的安全生产监管人员的考核

C. 市级应急管理部门负责县级应急管理部门的安全生产监管人员的考核

D. 省级煤矿安全培训监管机构负责所辖区域内煤矿企业的主要负责人、安全生产管理人员和特种作业人员的考核

6.【单选】从业人员应当依法参加安全培训，提高安全意识和能力。根据《安全生产培训管理办法》，关于安全培训的说法，正确的是（　　）。

A. 矿山企业从业人员的安全培训，由企业所在地矿山安全监察机构负责

B. 交通运输企业委托培训机构进行安全培训的，保证安全培训的责任由培训机构负责

C. 中央企业所属公司发生造成人员死亡的生产安全事故的，事故单位主要负责人应当重新参加安全培训

D. 危险物品生产公司新招的危险工艺操作岗位人员应当在有经验的职工带领下实习满1个月方可独立上岗作业

7.【多选】依据《安全生产培训管理办法》的规定，下列关于安全培训机构的说法，正确的有（　　）。

A. 安全培训机构应当具备从事安全培训工作所需要的条件

B. 从事危险物品的生产经营单位安全生产管理人员培训的安全培训机构，应当将教师、教学和实习实训设施等情况书面报告所在地安全监管部门

C. 从事煤矿企业主要负责人培训的安全培训机构，应当将教师、教学和实习实训设施情况书面报告所在地安全监管部门、煤矿安全培训监管机构

D. 从事注册安全工程师培训的安全培训机构，应当将教师、教学和实习实训设施情况书面报告所在地安全监管部门

E. 国家安全监管部门及省级安全监管部门对相应级别的安全培训机构实行统一管理

【历年真题实战】 答案：397 页

1.【2023 年·单选】甲为中央企业子公司，乙为民营企业集团公司，丙为省属企业子公司，丁为省属企业总公司。根据《安全生产培训管理办法》，关于上述公司主要负责人安全培训考核的说法，正确的是（　　）。

A. 甲公司主要负责人的考核由国务院应急管理部门负责

B. 乙公司主要负责人的考核由省应急管理部门负责

C. 丙公司主要负责人的考核由市应急管理部门负责

D. 丁公司主要负责人的考核由县应急管理部门负责

2.【2022 年·单选】甲是某煤业公司采煤机操作人员，工龄超过 20 年。乙、丙是该公司新招录员工，从事井下作业，其中丙毕业于煤炭职业院校。某日，因甲操作不当造成事故，导致 1 人死亡。调查发现，该煤业公司员工安全生产教育和培训工作不到位。根据《安全生产法》《安全生产培训管理办法》，关于安全生产教育和培训的说法，正确的是（　　）。

A. 该煤业公司主要负责人应当重新参加安全培训

B. 甲根据工作经历可以不重新参加安全培训

C. 乙在完成规定的安全培训后可以独立上岗作业

D. 丙可以免予参加初次培训及实际操作培训

3. 【2022年·单选】根据《安全生产培训管理办法》，关于安全培训和考核发证的说法，正确的是（　　）。

A. 某矿业公司从业人员接受安全培训经考核合格的，考核部门应当在考核结束后20个工作日内向其颁发相应的证书

B. 某炼钢企业主要负责人、安全生产管理人员经考核合格后，考核部门应当向其颁发培训合格证

C. 某危险化学品登记机构的登记人员经考核合格后，考核部门应当向其颁发安全合格证

D. 某省应急管理部门颁发的主要负责人、安全生产管理人员的安全合格证，在全国范围内有效

4. 【2021年·单选】安全生产培训应当按照标准进行考核。根据《安全生产培训管理办法》，关于安全生产培训考核标准制定权限的说法，正确的是（　　）。

A. 国务院应急管理部门制定中央企业主要负责人的考核标准

B. 国家煤矿安全监察机构制定煤矿企业特种作业人员的考核标准

C. 省级应急管理部门制定省属企业安全生产管理人员的考核标准

D. 省级应急管理部门制定安全生产应急救援人员的考核标准

5. 【2020年·单选】根据《安全生产培训管理办法》，关于负有安全监督管理职责的部门颁发的证书效力的说法，正确的是（　　）。

A. 李某在上海市取得的企业主要负责人安全合格证，仅在上海市范围内有效

B. 王某在山东省取得的煤矿安全管理人员安全合格证，仅在山东省范围内有效

C. 赵某在北京市取得的企业安全管理人员安全合格证，在广东省也有效

D. 张某在安徽省取得的特种作业操作证，仅在安徽省范围内有效

6. 【2020年·单选】某中央企业总部位于北京市朝阳区，王某是该企业设在石家庄市的河北分公司主要负责人，按规定参加安全生产培训。根据《安全生产培训管理办法》，安全生产培训结束后，负责对王某进行考核的部门是（　　）。

A. 北京市应急管理部门

B. 北京市朝阳区应急管理部门

C. 河北省石家庄市应急管理部门

D. 河北省应急管理部门

7. 【2019年·单选】根据《安全生产培训管理办法》，关于生产经营单位安全生产培训的说法，正确的是（　　）。

A. 煤矿企业的主要负责人和安全生产管理人员、特种作业人员的培训大纲由省级安全监管部门组织制定

B. 生产经营单位的从业人员的安全培训，由所在地县级安全监管部门负责

C. 对从业人员的安全培训，具备安全培训条件的生产经营单位应当以自主培训为主，也可以委托具备安全培训条件的机构进行安全培训

D. 生产经营单位委托其他机构进行安全培训的，安全培训责任由被委托的机构承担

第五节　安全生产事故隐患排查治理暂行规定

【基础知识训练】 答案：399 页

1. 【单选】依据《安全生产事故隐患排查治理暂行规定》，生产经营单位应当履行事故隐患排查治理职责，生产经营单位（　　　）对本单位事故隐患排查治理工作全面负责。

   A. 主要负责人　　　　　　　　　B. 安全管理部门

   C. 安全生产委员会　　　　　　　D. 工程技术部门

2. 【单选】依据《安全生产事故隐患排查治理暂行规定》，安全生产监管监察部门在对生产经营单位进行安全生产检查时，发现生产经营场所或者相关设计存在重大事故隐患，应当（　　　），并建立信息管理台账。

   A. 责令停产停业整顿　　　　　　B. 责令立即停止作业

   C. 下达整改指令书　　　　　　　D. 提请政府挂牌督办

3. 【多选】按照《安全生产事故隐患排查治理暂行规定》的规定，事故隐患分为（　　　）。

   A. 轻微事故隐患　　　　　　　　B. 一般事故隐患

   C. 重大事故隐患　　　　　　　　D. 较大事故隐患

   E. 特大事故隐患

4. 【多选】依据《安全生产事故隐患排查治理暂行规定》，重大事故隐患报告内容应包括（　　　）。

   A. 隐患的现状及其产生原因　　　B. 隐患排查所需资金

   C. 隐患的危害程度分析　　　　　D. 事故隐患的责任主体

   E. 隐患的治理方案

5. 【多选】依据《安全生产事故隐患排查治理暂行规定》，重大事故隐患治理方案应当包括（　　　）等内容。

   A. 治理的目标和任务　　　　　　B. 采取的方法和措施

   C. 负责治理的机构和人员　　　　D. 治理过程中的安全评估

   E. 隐患整改难易程度分析

【能力提升训练】 答案：399 页

1. 【单选】某公司在安全检查中发现所属分厂的油罐区防火设施存在重大事故隐患，根据《安全生产事故隐患排查治理暂行规定》，下列关于重大事故隐患管理工作的情形中，正确的是（　　　）。

   A. 公司对发现的重大事故隐患在治理完成后方才向当地安全监管部门报告

   B. 该重大事故隐患报告内容应包含隐患的危害程度及整改难易程度分析

   C. 由公司安全管理部门组织制定并实施该事故隐患的治理方案

   D. 该事故隐患的治理方案应包括停产治理影响公司产量的分析

2. 【单选】根据《安全生产事故隐患排查治理暂行规定》，生产经营单位应加强事故隐患治理。下列关于实施隐患治理安全防范措施的情形中，错误的是（　　　）。

A. 事故隐患排除前无法保证安全的，应当从危险区域内撤出作业人员，并疏散可能危及的其他人员

B. 事故隐患排除过程中无法保证安全的，应当设置警戒标志，暂时停产停业或者停止使用

C. 对可能产生致命性伤害的隐患，在短时间内无法治理的，可暂时通过加强个体防护的方式，继续组织生产

D. 对暂时难以停产或者停止使用的相关生产储存装置、设施、设备，应当加强维护和保养

3. 【单选】依据《安全生产事故隐患排查治理暂行规定》，下列关于事故隐患排查治理的说法，正确的是（　　　）。

A. 生产经营单位应当每季对事故隐患排查治理情况进行统计分析并报政府有关部门备案

B. 生产经营单位将生产经营场所发包、出租的，应当与承包、承租单位签订安全管理协议，事故隐患排查治理由承包、承租单位负全责

C. 对一般事故隐患由生产经营单位的车间、分厂、区队等负责人或者有关人员立即组织整改

D. 局部停产停业治理的重大事故隐患，政府有关部门收到生产经营单位恢复生产的申请报告后，应当在 10 日内进行现场审查

4. 【单选】依据《安全生产事故隐患排查治理暂行规定》，下列关于生产经营单位对事故隐患排查治理情况进行统计分析，向安全监管监察部门和有关部门报送书面统计分析表的时间要求的说法，正确的是（　　　）。

A. 生产经营单位应当每周对本单位事故隐患排查治理情况进行统计分析，并于下一周周三前向安全监管监察部门和有关部门报送书面统计分析表

B. 生产经营单位应当每月对本单位事故隐患排查治理情况进行统计分析，并于下月 10 日前向安全监管监察部门和有关部门报送书面统计分析表

C. 生产经营单位应当每季度对本单位事故隐患排查治理情况进行统计分析，并于下一季度 15 日前向安全监管监察部门和有关部门报送书面统计分析表

D. 生产经营单位应当每年对本单位事故隐患排查治理情况进行统计分析，并于下一年 2 月 15 日前向安全监管监察部门和有关部门报送书面统计分析表

5. 【单选】依据《安全生产事故隐患排查治理暂行规定》，下列关于生产经营单位安全生产事故隐患治理的说法，正确的是（　　　）。

A. 对于一般事故隐患，应由生产经营单位有关人员会同安全监管执法人员共同组织整改

B. 对于一般事故隐患，应由生产经营单位主要负责人及有关人员立即组织整改

C. 对于重大事故隐患，应由生产经营单位分管负责人或者有关人员组织制定并实施事故隐患治理方案

D. 对于重大事故隐患，应由生产经营单位主要负责人组织制定并实施事故隐患治理方案

6. 【单选】甲公司将其生产经营场所出租给乙公司。依据《安全生产事故隐患排查治理暂行规定》，下列关于生产经营单位职责的说法，正确的是（   ）。

A. 甲公司可以与乙公司口头约定安全生产管理职责

B. 甲公司应当与乙公司签订安全生产管理协议，明确各方对事故隐患排查治理和防控的管理职责

C. 甲公司可以与乙公司约定甲公司对事故隐患排查治理不承担任何管理责任

D. 乙公司对事故隐患排查治理负有统一协调和监督管理的职责

7. 【单选】根据《安全生产事故隐患排查治理暂行规定》，下列关于安全生产监督事故隐患报送的说法，正确的是（   ）。

A. 安全监管监察部门应每月将本行政区域重大事故隐患的排查治理情况和统计分析表上报

B. 安全监管监察部门应每季将本行政区域重大事故隐患的排查治理情况和统计分析表上报

C. 省级安全监管监察部门应每季将本行政区域重大事故隐患的排查治理情况和统计分析表上报

D. 省级安全监管监察部门应每年将本行政区域重大事故隐患的排查治理情况和统计分析表上报

8. 【单选】2022年4月初，某企业在日常检查中发现一项重大事故隐患，考虑到季度报告时间临近，该企业安全总监在组织有关部门研究后报总经理同意，将该重大事故隐患纳入季度统计分析报表于4月15日报送。根据《安全生产事故隐患排查治理暂行规定》，关于该企业报告事故隐患排查治理情况违法行为处罚的说法，正确的是（   ）。

A. 应当对企业予以警告，并处以罚款

B. 应当对企业予以警告，对总经理处以罚款

C. 应当责令企业限期改正，对总经理给予撤职处分

D. 应当责令企业限期改正，对安全总监给予撤职处分

【历年真题实战】   答案：401页

1. 【2023年·单选】某新建汽车零部件生产企业编制事故隐患排查治理制度。根据《安全生产事故隐患排查治理暂行规定》，关于该企业履行事故隐患排查治理职责的做法，正确的是（   ）。

A. 分管安全副总经理全面负责事故隐患排查治理工作

B. 每季度、每年统计分析事故隐患排查情况并将统计表报有关部门

C. 车间主任负责本车间重大事故隐患排查治理工作

D. 事故隐患排查治理所需的资金从各部门生产成本中扣支

2. 【2023年·单选】某化工企业开展生产装置日常隐患排查时发现乙醇输送泵有轻微泄

漏,经专家评估认定暂时可以保证安全。根据《安全生产事故隐患排查治理暂行规定》,关于该企业事故隐患治理的说法,正确的是( )。

A. 应当加强对该乙醇输送泵的维护保养,防止事故发生

B. 事故隐患排除前,应当从作业区域内撤出作业人员

C. 事故隐患排除过程中,应当从作业区域内撤出作业人员

D. 事故隐患排除过程中,应当疏散临近作业区的其他人员

3. 【2022年·单选】根据《安全生产事故隐患排查治理暂行规定》,关于生产经营单位事故隐患排查治理职责的说法,正确的是( )。

A. 总经理应当对公司事故隐患排查治理工作全面负责,组织制定重大事故隐患治理方案

B. 安全管理部门联合车间开展安全检查发现事故隐患的,应当由车间主任负责组织整改

C. 事故隐患排查治理统计报表应当由分管安全负责人签字同意后,报应急管理部门

D. 生产经营单位在事故隐患排查治理工作中发现存在重大事故隐患的,应当立即停产停业整改

4. 【2022年·单选】生产经营单位在生产经营活动中,发现事故隐患应当按规定及时处理。根据《安全生产事故隐患排查治理暂行规定》,关于生产经营单位事故隐患排查治理中紧急处置和自然灾害预警的说法,错误的是( )。

A. 在事故隐患排除前,应当设置警戒线和警示标志

B. 在事故隐患排除过程中无法保证安全的,应当从危险区域内撤出作业人员

C. 在接到可能导致事故灾难的自然灾害预报时,应当及时向下属单位发出预警通知

D. 对于因自然灾害可能导致事故灾难的隐患,应当制定应急预案

5. 【2022年·多选】某化工企业在安全检查中发现,盛有大量有毒物质的化学反应容器因地基沉降出现倾斜,一旦发生倾翻,后果不堪设想。该企业立即停产并向应急管理部门报告该重大事故隐患。根据《安全生产事故隐患排查治理暂行规定》,该企业应当向应急管理部门报告的内容有( )。

A. 化学反应容器基本情况

B. 隐患排查治理制度及实施情况

C. 企业生产安全事故应急预案

D. 化学反应容器倾斜原因、危害程度以及整改难易程度分析

E. 维修措施及具体工作方案

6. 【2021年·单选】小王是某企业的安全生产管理人员,其主要工作任务是开展安全生产检查、发现事故隐患并督促进行整改。根据《安全生产事故隐患排查治理暂行规定》,小王检查发现的事故隐患,应当认定为一般事故隐患的是( )。

A. 职工李某在离地面2米高的外墙进行设备安装作业,未系好安全带具有坠落危险

B. 职工张某等3人在新开挖的深槽内进行维修作业,深槽边坡未支护具有坍塌危险

C. 其他企业的易燃物品库房毗邻本企业,可能发生火灾事故危及本企业安全

D. 生产车间的大型生产设备的接地装置接地阻值偏大,接地保护系统失效

7. 【2021年·单选】某市应急管理部门在检查中发现某公司存在重大事故隐患，责令其停产停业整顿，该公司整改后向市应急管理部门提出恢复生产的申请。根据《安全生产事故隐患排查治理暂行规定》，关于该市应急管理部门处理该申请的说法，正确的是（   ）。

   A. 收到申请后，15日内进行现场审查

   B. 审查合格的，对事故隐患进行核销

   C. 审查不合格的，依法责令重新整改

   D. 对整改无望的，提请市政府予以关闭

8. 【2021年·多选】某精密仪器生产企业位于河流的主河道旁边，为有效应对洪水灾害，该企业制定洪水灾害应急预案并采取相应的安全措施。近期连日大雨，河水暴涨，当地政府部门发布了洪水灾害预警。根据《安全生产事故隐患排查治理暂行规定》，该企业应当采取的安全措施有（   ）。

   A. 停止作业   B. 撤离人员

   C. 加强河流水位监测   D. 留下专人保护仪器

   E. 启动预案并通过媒体发布预警信息

9. 【2020年·单选】根据《安全生产事故隐患排查治理暂行规定》，由生产经营单位（   ）组织制定和实施重大事故隐患治理方案。

   A. 安全生产管理机构

   B. 安全生产管理机构负责人

   C. 车间、分厂、区队等负责人

   D. 主要负责人

10. 【2020年·单选】应急管理部门发现某企业高炉煤气上升管存在重大事故隐患，责令停止生产，并对隐患治理实行挂牌督办。该企业治理后向该部门提出恢复生产的书面申请。根据《安全生产事故隐患排查治理暂行规定》，关于该部门对重大事故隐患治理监督检查的说法，正确的是（   ）。

    A. 经审查不合格的，对企业主要负责人罚款10万元

    B. 经审查发现该企业整改无望的，注销其安全生产许可证

    C. 收到申请报告后，在10日内进行现场审查

    D. 对拒不执行整改指令的，提请政府予以关闭

11. 【2019年·单选】某市安全监管部门在安全检查中发现一公司存在重大事故隐患，责令其停产停业。根据《安全生产事故隐患排查治理暂行规定》，关于该公司开展隐患治理的说法，错误的是（   ）。

    A. 应当及时开展安全生产事故隐患治理工作

    B. 应当适时对治理情况进行安全评估

    C. 必须委托安全评价机构进行安全评估

    D. 安全评估合格后，再提交恢复生产的申请

12. 【2019年·单选】根据《安全生产事故隐患排查治理暂行规定》，关于事故隐患排查治理的做法，正确的是（   ）。

A. 某煤矿对排查出的事故隐患，按照事故隐患的等级进行登记，建立事故隐患信息档案

B. 某化工企业被有关部门挂牌督办的重大事故隐患治理完毕后，将治理情况报有关部门备案后恢复生产

C. 某建筑施工公司将排查出的一般事故隐患及时向安全监管部门报告，并申请整改验收

D. 某冶金厂在定期排查中发现的重大事故隐患，由车间负责人组织制定隐患治理方案

第六节　生产安全事故应急预案管理办法

【基础知识训练】　　　　　　　　　　　　　　　　　答案：403 页

1. 【单选】根据《生产安全事故应急预案管理办法》，对于某一类的风险，生产经营单位应当根据存在的重大危险源和可能发生的事故类型，制定相应的（　　　）。
   A. 综合应急预案　　　　　　　　　B. 专项应急预案
   C. 现场处置方案　　　　　　　　　D. 风险评估方案

2. 【单选】某企业拟针对厌氧反应塔制定应急预案，根据《生产安全事故应急预案管理办法》，该预案应为（　　　）。
   A. 现场处置方案　　　　　　　　　B. 综合预案
   C. 专项预案　　　　　　　　　　　D. 单项预案

3. 【单选】根据《生产安全事故应急预案管理办法》，以下不属于应急处置卡内容的是（　　　）。
   A. 重点岗位、人员的应急处置程序
   B. 相关联络人员和联系方式
   C. 应配备的个人防护用品
   D. 重点岗位、人员的应急处置措施

4. 【单选】根据《生产安全事故应急预案管理办法》，以下不属于应急预案评审时应注重的要素是（　　　）。
   A. 基本要素的完整性　　　　　　　B. 组织体系的合理性
   C. 应急救援方案的先进性　　　　　D. 应急预案的衔接性

5. 【单选】根据《生产安全事故应急预案管理办法》，生产经营单位应当按照本法规定将本单位编制的应急预案进行备案，下列资料中不属于申请应急预案备案提交资料的是（　　　）。
   A. 应急预案备案申报表　　　　　　B. 应急预案纸质文档
   C. 应急资源调查清单　　　　　　　D. 风险评估结果

6. 【多选】依据《生产安全事故应急预案管理办法》，生产经营单位应当编制本单位的综合应急预案，该预案应当包括（　　　）。

A. 事故预防及应急保障   B. 危险性分析

C. 本单位的应急组织机构及其职责 D. 预案体系及响应程序

E. 可能发生的事故特征

7. 【多选】根据《生产安全事故应急预案管理办法》，应急预案应及时修订并归档，生产经营单位应急预案应当进行修订的情形有（ ）。

A. 应急指挥机构的职责发生调整

B. 企业主要负责人发生变更

C. 安全生产面临的风险发生变化

D. 重要应急资源发生重大变化

E. 事故应急救援中发现需要修订预案的重大问题

8. 【多选】某化工厂编制了应急预案，规定了应急组织机构及其职责，根据《生产安全事故应急预案管理办法》，该化工厂可能编制的预案有（ ）。

A. 专项预案   B. 综合预案

C. 单项预案   D. 现场处置方案

E. 设备设施管理方案

9. 【多选】根据《生产安全事故应急预案管理办法》，为使有关人员了解应急预案内容，熟悉应急职责、应急处置程序和措施，生产经营单位应当组织开展本单位的（ ）培训活动。

A. 应急预案   B. 应急知识

C. 自救互救   D. 应急设备设施使用

E. 避险逃生技能

【能力提升训练】

答案：404 页

1. 【单选】依据《生产安全事故应急预案管理办法》的规定，生产经营单位应结合本单位的危险源危险性分析情况和可能发生的事故的特点，制订相应的应急预案。下列关于应急预案编制的说法，正确的是（ ）。

A. 对于危险性较大的重点岗位，应当制订专项应急预案

B. 对于危险性较大的某一类风险，应当制订现场处置方案

C. 编制的应急预案应当与所涉及的其他单位的应急预案相互衔接

D. 应急预案编制完成后不需要组织专家评审

2. 【单选】应急预案的实施包括应急预案的宣传教育培训、应急预案的演练和应急预案的修订。根据《生产安全事故应急预案管理办法》，下列关于应急预案实施的说法中，正确的是（ ）。

A. 生产经营单位应当每年至少组织一次现场处置方案演练

B. 生产经营单位制定的应急预案应当至少每 3 年修订 1 次

C. 应急预案的要点和程序应当张贴在应急地点和应急培训场所

D. 生产经营单位的产量发生变化时，应急预案应当及时修订

3. 【单选】依据《生产安全事故应急预案管理办法》的规定，下列关于应急预案评审的

说法，正确的是（　　　　）。

A. 所有生产经营单位应当组织专家对本单位编制的应急预案进行论证，论证应当形成书面纪要并附有专家名单

B. 省级应急管理部门编制的应急预案无须组织有关专家进行审定，设区的市、县级应急管理部门编制的应急预案应组织有关专家进行审定

C. 参加生产经营单位应急预案评审的人员应当包括应急预案涉及的政府部门工作人员和有关安全生产及应急管理方面的专家

D. 生产经营单位的应急预案经评审或者论证后，由生产经营单位分管安全的领导签署公布

4.【单选】依据《生产安全事故应急预案管理办法》下列对于使用危险化学品达到国家规定数量的化工企业的应急预案备案的说法，正确的是（　　　　）。

A. 使用单位不需要向应急管理部门备案

B. 报所在地县级以上地方人民政府应急管理部门备案

C. 报所在地设区的市级以上人民政府应急管理部门备案

D. 报所在地省级人民政府应急管理部门或国务院主管的负有安全生产监督管理职责的部门备案

5.【单选】根据《生产安全事故应急预案管理办法》，关于应急预案备案的说法，正确的是（　　　　）。

A. 地方各级应急管理部门的应急预案，应当报上一级应急管理部门备案

B. 生产经营单位应当在应急预案公布之日起1个月内，按照分级属地原则向应急管理部门和其他负有安全生产监督管理职责的部门进行备案并依法向社会公布

C. 央企业总部（上市公司）的应急预案报所在地的省级或者设区的市级人民政府负有安全监管职责的部门备案

D. 对于实行安全生产许可的生产经营单位，已经进行应急预案备案的，在申请安全生产许可证时，可以不提供相应的应急预案，仅提供应急预案备案登记表

6.【单选】根据《生产安全事故应急预案管理办法》，下列关于生产安全事故应急预案的说法不正确的是（　　　　）。

A. 编制应急预案前，编制单位应当进行事故风险辨识、评估和应急资源调查

B. 生产经营单位风险种类多、可能发生多种类型事故的，应当组织专项应急预案

C. 生产经营单位对于某一种或者多种类型的事故风险，编制的专项应急预案可以并入综合应急预案。

D. 事故风险单一、危险性小的生产经营单位，可以只编制现场处置方案

7.【单选】根据《生产安全事故应急预案管理办法》，下列关于生产经营单位应急预案编制的说法中，错误的是（　　　　）。

A. 预案应有明确、具体的应急程序和处置措施，并与其应急能力相适应

B. 编制应急预案应当成立编制工作小组，由本单位有关负责人任组长

C. 专项应急预案应当规定应急指挥机构与职责、处置程序和措施以及预案管理等内容

D. 对于危险性较大的场所、装置或者设施，生产经营单位应当编制现场处置方案

8. 【单选】根据《生产安全事故应急预案管理办法》，编制应急预案前，编制单位应当进行事故风险辨识、评估和应急资源调查，关于事故风险辨识、评估和应急资源调查的说法，错误的是（　　）。

   A. 事故风险辨识、评估应识别生产经营单位存在的危险危害因素
   B. 事故风险辨识、评估应提出防范和控制事故风险措施的过程
   C. 应急资源调查应全面调查本地区第一时间可以调用的应急资源状况
   D. 应急资源调查不包括合作区域内可以请求援助的应急资源状况

9. 【单选】根据《生产安全事故应急预案管理办法》，下列关于应急预案备案程序的说法，正确的是（　　）。

   A. 受理备案登记的负有安全生产监督管理职责的部门应当在 7 个工作日内对应急预案材料进行核对
   B. 受理备案登记的负有安全生产监督管理职责的部门逾期不予备案又不说明理由的，视为备案不通过
   C. 某市属城市轨道交通运营企业，应当在应急预案公布之日起 20 个工作日内，向人民政府应急管理部门和其他负有安全生产监督管理职责的部门进行备案
   D. 对于实行安全生产许可的生产经营单位，已经进行应急预案备案的，在申请安全生产许可证时，可仅提供应急预案电子文档

10. 【多选】地方各级人民政府应急管理部门应当组织有关专家对本部门编制的部门应急预案进行审定。根据《生产安全事故应急预案管理办法》，下列生产经营单位的应急预案应当进行评审的有（　　）。

    A. 非金属矿山企业
    B. 机械加工企业
    C. 小型家具制造企业
    D. 小型危险化学品储存企业
    E. 烟花爆竹批发经营企业

11. 【多选】根据《生产安全事故应急预案管理办法》，关于应急预案评审与备案的说法正确的有（　　）。

    A. 生产经营单位编制的预案与应急救援队伍的应急预案应相衔接
    B. 各级安全生产监督管理部门应当召开听证会，听取社会有关方面对本部门编制应急预案的意见
    C. 某大型餐饮企业本可以根据自身需要，对本单位编制的应急预案进行论证
    D. 基本要素的完整性是应急预案的评审或者论证的主要内容之一
    E. 生产经营单位的应急预案经评审或者论证后，由本单位主要负责人签署，并及时向社会公布

【历年真题实战】　　　　　　　　　　　　　　　　　　　　答案：406 页

1. 【2023 年·单选】甲公司是乙县丙镇的一家氯乙烯生产企业。根据《生产安全事故应急条例》《生产安全事故应急预案管理办法》，关于生产安全事故应急救援预案演练的

说法，正确的是（　　）。

A. 甲公司应当至少每季度组织 1 次生产安全事故应急救援预案演练

B. 丙镇人民政府生产安全事故应急救援预案演练应当至少每 2 年组织 1 次

C. 甲公司应当将应急救援预案演练情况报送至乙县人民政府

D. 乙县人民政府生产安全事故应急救援预案演练应当至少每 3 年组织 1 次

2.【2023 年·单选】某经济开发区有金属冶炼、危险化学品生产、饮料生产、机械制造等企业。根据《生产安全事故应急预案管理办法》，关于企业应急预案论证或者评审的说法，正确的是（　　）。

A. 小型规模金属冶炼企业应当对本单位编制的应急预案进行论证

B. 大型规模饮料生产企业应当对本单位编制的应急预案进行论证

C. 小型规模机械制造企业应当对本单位编制的应急预案进行评审

D. 中型规模服装加工企业应当对本单位编制的应急预案进行评审

3.【2022 年·单选】甲企业是大型的钢铁冶炼民营企业，乙企业是大型的从事建筑施工的中央企业二级单位，丙企业是中型的从事船舶制造的中央企业二级单位，丁企业是中型的石膏矿开采民营企业。根据《生产安全事故应急预案管理办法》，关于企业应急预案备案的说法，正确的是（　　）。

A. 甲、乙企业应当在应急预案公布之日起 20 个工作日内，向所在地的省、自治区、直辖市或者设区的市级人民政府负有安全生产监督管理职责的部门备案

B. 乙、丙企业应当在应急预案公布之日起 15 个工作日内，向所在地的省、自治区、直辖市或者设区的市级人民政府负有安全生产监督管理职责的部门备案

C. 丙、丁企业应当在应急预案公布之日起 15 个工作日内，向所在地县级以上人民政府负有安全生产监督管理职责的部门进行备案

D. 甲、丁企业应当在应急预案公布之日起 20 个工作日内，向所在地县级以上人民政府负有安全生产监督管理职责的部门进行备案

4.【2021 年·单选】为保障生产安全事故应急预案的质量，生产经营单位应当组织对本单位编制的生产安全事故应急预案进行评审或者论证。根据《生产安全事故应急预案管理办法》，下列生产经营单位中应当对其编制的应急预案进行论证的是（　　）。

A. 某特种钢铁冶炼公司　　　　　B. 某市政工程施工队

C. 某烟花爆竹批发企业　　　　　D. 某中型规模烟草企业

5.【2021 年·单选】生产安全事故应急预案的及时修订是保证生产安全事故应急预案针对性、时效性的重要措施。根据《生产安全事故应急预案管理办法》，不属于应当及时修订生产安全事故应急预案的情形是（　　）。

A. 安全生产风险发生重大变化的　　　B. 重要应急资源发生重大变化的

C. 在应急演练中发现重大问题的　　　D. 企业主要负责人发生重大变化的

6.【2020 年·单选】应急预案演练是应急管理的基础工作，是检验和提升应急救援预案科学性和有效性的重要措施。根据《生产安全事故应急预案管理办法》，关于应急预案演练的说法，正确的是（　　）。

A. 旅游景区应当每半年至少组织一次应急预案演练

B. 矿山企业应当每年至少组织一次现场处置方案演练

C. 建筑施工企业应当每年至少组织一次应急预案演练

D. 高尔夫球场应当每半年至少组织一次专项应急预案演练

7.【2020年·单选】规范生产安全事故应急预案管理工作，是提高预案质量、科学开展应急救援工作的重要举措。根据《生产安全事故应急预案管理办法》，关于企业应急预案论证或评审的说法，正确的是（　　）。

A. 危险化学品储存企业应当对本单位编制的应急预案进行评审

B. 金属冶炼企业应当对本单位编制的应急预案进行论证

C. 大型食品加工企业应当对本单位编制的应急预案进行论证

D. 小型家具制造企业应当对本单位编制的应急预案进行评审

8.【2019年·单选】为了加强事故应急处置能力，某建筑工程施工公司计划编制生产安全事故应急预案。根据《生产安全事故应急预案管理办法》，关于该公司应急预案编制的说法，正确的是（　　）。

A. 该公司根据不同事故类型，针对具体场所、装置所制定的应急处置措施，属于专项应急预案

B. 该公司应当针对不同工作场所、岗位的特点，编制简明、实用、有效的应急处置卡

C. 该公司应当根据多种事故风险，编制专项应急预案，并可以根据实际需要编制综合应急预案

D. 该公司编制应急预案应当成立编制小组，且必须由公司主要负责人担任组长

9.【2019年·单选】根据《生产安全事故应急预案管理办法》，关于应急预案备案的说法，正确的是（　　）。

A. 中央企业总部的应急预案，报所在地省级或设区的市级应急管理部门备案

B. 省属金属冶炼企业的应急预案，报省级应急管理部门备案

C. 油气输送管道运营企业的应急预案，报所跨行政区域的县级应急管理部门备案

D. 煤矿企业的应急预案，报所在地的煤矿安全监察机构备案

第七节　生产安全事故信息报告和处置办法

【基础知识训练】　　　　　　　　　　　　　　　　　　答案：409页

1.【单选】事故具体情况暂不清晰的，负责事故报告的单位可以先报事故概况，随即补报事故全面情况，需要进行续报时，重大事故每日至少续报（　　）。

A. 1次　　　　　　B. 2次　　　　　　C. 3次　　　　　　D. 5次

2.【单选】根据《生产安全事故信息报告和处置办法》的规定，下列不属于电话快报内容的是（　　）。

A. 事故发生单位的名称、地址、性质

B. 事故发生的时间、地点

C. 事故已经造成或者可能造成的伤亡人数

D. 事故的简要经过和应急救援情况

3. 【单选】根据《生产安全事故信息报告和处置办法》，下列情形中构成涉险事故的是（   ）。

A. 某事故涉险 15 人   B. 某事故造成 1 人下落不明

C. 某事故紧急疏散人员 450 人   D. 某事故危及一处人迹罕至的旅游景点

4. 【单选】根据《生产安全事故信息报告和处置办法》，安全生产监督管理部门、煤矿安全监察机构接到任何单位或者个人的事故信息举报后，应当立即与事故单位或者下一级安全生产监督管理部门、煤矿安全监察机构联系，并进行调查核实。下级单位接到事故信息举报核查通知后，应当立即组织查证核实，并在（   ）内向上一级安全生产监督管理部门、煤矿安全监察机构报告核实结果。

A. 1 月   B. 2 月   C. 3 月   D. 6 月

【能力提升训练】   答案：409 页

1. 【单选】甲省安全监管部门接到乙市丙县发生生产安全事故的实名举报，甲省安全监管部门立即联系乙市安全监督管理部门要求其调查核实。依据《生产安全事故信息报告和处置办法》的规定，下列关于乙市安全监管部门对事故举报处置的做法，正确的是（   ）。

A. 立即联系丙县安全监管部门核查，并通报公安机关、劳动保障部门等单位

B. 立即组织调查核实，并在 10 日内对事故情况进行初步查证

C. 事故信息经初步查证后，立即向甲省安全监管部门报告

D. 3 个月内向甲省安全监管部门报告详细核实结果

2. 【单选】甲省乙市丙县从事危化品生产的企业丁公司发生一起 3 人死亡，51 人重伤的事故，根据《生产安全事故信息报告和处置办法》，本次事故报告的说法错误的是（   ）。

A. 丁公司负责人接到事故信息报告后应当于 1 小时内报告丙县安全生产监督管理部门

B. 丁公司负责人接到事故信息报告后应当于 1 小时内报告省级人民政府

C. 丁公司负责人接到事故信息报告后应当于 1 小时内报告甲省安全生产监督管理部门

D. 丁公司负责人接到事故信息报告后可以立即报告应急管理部

3. 【单选】某根据《生产安全事故信息报告和处置办法》，以下关于某危化品生产企业事故报告的说法不正确的是（   ）。

A. 发生较大涉险事故逐级上报至县级安全生产监督管理部门

B. 发生一般事故逐级上报至设区的市级安全生产监督管理部门

C. 发生较大事故逐级上报至省级安全生产监督管理部门

D. 发生重大事故逐级上报至应急管理部

4. 【单选】根据《生产安全事故信息报告和处置办法》，下列关于电话快报的说法中，正确的是（   ）。

A. 发生较大生产安全事故时，县级安全生产监督管理部门应当在 2 小时内先用电话快报省级安全生产监督管理部门

B. 乡镇安监站可以根据事故情况越级直接报告省级安全生产监督管理部门

C. 发生重大生产安全事故时，县级安全生产监督管理部门接到事故报告后应当在 1 小时内先用电话快报报告应急管理部

D. 电话快报应包含事故简要经过

5. 【单选】某煤矿发生一起重大事故，根据《生产安全事故信息报告和处置办法》，下列关于本次事故的说法正确的是（　　）。

A. 县级煤矿安全监察局负责人应立即赶赴事故现场

B. 设区的市级煤矿安全监察局负责人应立即赶赴事故现场

C. 省级煤矿安全监察局负责人应立即赶赴事故现场

D. 国家煤矿安全监察局负责人应立即赶赴事故现场

6. 【多选】根据《生产安全事故信息报告和处置办法》的规定，关于事故信息报告，下列说法正确的有（　　）。

A. 发生较大以上生产安全事故的，事故发生单位在依照规定报告的同时，还应当在 1 小时内报告省级安全生产监督管理部门

B. 无论什么类别的事故，都不可越级上报

C. 省级安全生产监督管理部门、省级煤矿安全监察机构接到事故报告后，应当在 1 小时内先用电话快报国家安全生产监督管理总局、国家煤矿安全监察局，随后补报文字报告

D. 国家安全生产监督管理总局、国家煤矿安全监察局接到事故报告后，应当在 1 小时内以文字报告的方式报告国务院总值班室

E. 发生较大以上生产安全事故的单位可以直接向国家安全生产监督管理总局、国家煤矿安全监察局报告

7. 【多选】根据《生产安全事故信息报告和处置办法》的规定，关于事故信息的续报，下列说法正确的有（　　）。

A. 一般事故每日至少续报 1 次

B. 较大事故每日至少续报 2 次

C. 重大事故每日至少续报 2 次

D. 特别重大事故每日至少续报 3 次

E. 火灾事故自发生之日起 7 日内伤亡人数发生变化的，应当当日补报

【历年真题实战】　　　　　　　　　　　　　　　　　　　　　　　　　　　答案：411 页

1. 【2023 年·单选】根据《生产安全事故信息报告和处置办法》，下列涉险事故中，属于较大涉险事故的是（　　）。

A. 某煤业公司发生顶板事故，涉险 5 人

B. 某化工企业发生爆炸事故，造成 2 人下落不明

C. 某化工企业发生燃气泄漏事故，紧急疏散人员 200 人

D. 某建筑企业发生塌方事故，造成 3 人被困

2. 【2020 年·单选】根据《生产安全事故信息报告和处置办法》，下列事故中，属于较大

涉险事故的是（　　）。

A. 化工企业的运输车辆发生故障，泄漏的化学品流入农田造成严重污染

B. 非煤矿山企业的矿井坍塌，导致 1 人被困井下、1 人下落不明

C. 纺织加工企业仓库突然发生火灾，紧急疏散员工及周边居民 300 人

D. 设备安装公司的装卸平台倒塌，所幸 8 名现场工作人员都有惊无险

3. 【2019 年·单选】甲市乙县某焦化企业发生一起有毒气体泄漏事故，当场造成 3 人死亡、2 人重伤。根据《生产安全事故信息报告和处置办法》，关于该事故信息报告与处置的做法，正确的是（　　）。

A. 乙县安全监管部门在接到报告后 2 小时内上报甲市安全监管部门，并在 1 小时内电话快报省安全监管部门

B. 甲市安全监管部门负责人接到报告后，立即安排乙县安全监管部门负责人代其赶赴事故现场组织抢险救援

C. 乙县安全监管部门从县医院接到又有 1 人因伤势过重死亡的报告后，因听说甲市安全监管部门已知该消息，故未向甲市安全监管部门补报

D. 乙县安全监管部门按照有关规定，在县政府的统一安排下，组织开展事故调查处理工作

第八节　安全生产严重失信主体名单管理办法

【基础知识训练】　　　　　　　　　　　　　　　　　　　答案：411 页

1. 【单选】根据《安全生产严重失信主体名单管理办法》的规定，（　　）应当建立健全严重失信主体名单信息管理制度，加大信息保护力度。

A. 各级人民政府　　　　　　　　　　B. 各级工业与信息化部门

C. 各级公安机关　　　　　　　　　　D. 各级应急管理部门

2. 【单选】根据《安全生产严重失信主体名单管理办法》，下列人员应当被列入严重失信主体名单的是（　　）。

A. 发生有人死亡的生产安全事故单位的主要负责人

B. 承担安全评价机构的直接责任人员出具失实报告的

C. 发生生产安全事故后，不立即组织抢救的安全生产管理人员

D. 未依法取得安全生产相关许可便从事生产经营活动的生产经营单位及其主要负责人

3. 【单选】根据《安全生产严重失信主体名单管理办法》，应急管理部门应当自作出列入严重失信主体名单决定后（　　）内，通过国家有关信用信息共享平台、国家企业信用信息公示系统和部门政府网站等公示严重失信主体信息。

A. 7 个工作日　　　　　　　　　　　B. 15 个工作日

C. 20 个工作日　　　　　　　　　　D. 30 个工作日

4. 【单选】根据《安全生产严重失信主体名单管理办法》，严重失信主体名单管理期限为（　　）年。

A. 1　　　　　　　　B. 2　　　　　　　　C. 3　　　　　　　　D. 5

5.【单选】列入严重失信主体名单的依据发生变化的，应急管理部门应当重新进行审核认定。根据《安全生产严重失信主体名单管理办法》，对于不符合列入严重失信主体名单情形的，作出列入决定的应急管理部门应当（　　　　）。

A. 撤销列入决定，立即将当事人移出严重失信主体名单并停止公示和解除管理措施

B. 撤销列入决定，3 个工作日内将当事人移出严重失信主体名单并停止公示和解除管理措施

C. 在安全生产信用信息管理系统修改有关信息，并在 3 个工作日内停止公示和解除管理措施

D. 在安全生产信用信息管理系统修改有关信息，并在 10 个工作日内停止公示和解除管理措施

6.【单选】被列入对象申请提前移出严重失信主体名单的，应当向作出列入决定的应急管理部门提出申请。根据《安全生产严重失信主体名单管理办法》，应急管理部门应当在收到提前移出严重失信主体名单申请后（　　　　）内作出是否受理的决定。

A. 3 个工作日　　　　　　　　　　　　B. 5 个工作日

C. 7 个工作日　　　　　　　　　　　　D. 10 个工作日

7.【多选】根据《安全生产严重失信主体名单管理办法》，应急管理部门对被列入严重失信主体名单的对象可以采取的管理措施包括（　　　　）。

A. 加大执法检查频次、暂停项目审批、实施行业或者职业禁入

B. 限制高消费，限制乘坐高铁、火车软卧、飞机等

C. 取消参加应急管理部门组织的评先评优资格

D. 在政府资金项目申请、财政支持等方面予以限制

E. 限制出入国边境

8.【多选】某企业向所在地县级应急管理部门申请提前移出严重失信主体名单。根据《安全生产严重失信主体名单管理办法》，下列关于应急管理部门的做法，正确的有（　　　　）。

A. 应急管理部门自受理提前移出严重失信主体名单申请之日起 20 个工作日内进行核实

B. 应急管理部门自受理提前移出严重失信主体名单申请之日起 30 个工作日内进行核实

C. 县级应急管理部门应当通过安全生产信用信息管理系统报告设区的市级应急管理部门

D. 县级应急管理部门应当通过安全生产信用信息管理系统报告省级应急管理部门

E. 县级应急管理部门应当通过安全生产信用信息管理系统报告国家应急管理部门

【能力提升训练】　　　　　　　　　　　　　　　　　　　　　答案：413 页

1.【单选】根据《安全生产严重失信主体名单管理办法》，下列关于各级人民政府有关部门监督管理职责的说法，错误的是（　　　　）。

  A. 国务院应急管理部门负责组织、指导全国严重失信主体名单管理工作

  B. 省级、设区的市级应急管理部门负责组织、实施并指导下一级应急管理部门严重失信主体名单管理工作

  C. 县级以上地方应急管理部门负责本行政区域内严重失信主体名单管理工作

  D. 设区的市级以上地方应急管理部门负责严重失信主体名单管理工作

2. 【单选】张某为某化工企业主要负责人，于 2024 年 1 月 15 日被列入严重失信主体名单。根据《安全生产严重失信主体名单管理办法》，张某最早可以于（　　）申请提前移出。

  A. 2024 年 7 月 15 日　　　　　　　　B. 2025 年 1 月 15 日

  C. 2026 年 1 月 15 日　　　　　　　　D. 2027 年 1 月 15 日

3. 【单选】根据《安全生产严重失信主体名单管理办法》，下列关于严重失信主体名单列入和移出程序的说法，错误的是（　　）。

  A. 应急管理部门作出列入严重失信主体名单决定的，应当出具书面决定

  B. 对社会公示的信息，不得出现有关人员的身份证件号码等个人隐私

  C. 被列入对象公示信息包括市场主体名称、登记注册地址、统一社会信用代码等事项

  D. 被列入对象对列入决定不服的，可以依法申请行政复议或者提起行政诉讼

4. 【单选】某企业于 2023 年 1 月 5 日被列入严重失信主体名单，2024 年 2 月 10 日申请提前移出，应急管理部门于 2 月 15 日批准其移出，后经检查发现，该企业存在隐瞒真实情况、弄虚作假情形的情况，故于 2024 年 4 月 6 日撤销提前移出决定，恢复其列入状态。根据《安全生产严重失信主体名单管理办法》，该企业的名单管理期自（　　）计算。

  A. 2023 年 1 月 5 日　　　　　　　　B. 2024 年 2 月 10 日

  C. 2024 年 2 月 15 日　　　　　　　　D. 2024 年 4 月 6 日

5. 【多选】根据《安全生产严重失信主体名单管理办法》，下列生产经营单位及其有关人员应当列入严重失信主体名单的有（　　）。

  A. 发生特别重大、重大、较大生产安全事故的生产经营单位及其主要负责人

  B. 24 个月内累计发生 3 起以上较大生产安全事故的生产经营单位及其主要负责人

  C. 发生生产安全事故，情节特别严重、影响特别恶劣，被处以罚款数额 2 倍以上 5 倍以下罚款的生产经营单位及其主要负责人

  D. 瞒报、谎报生产安全事故的生产经营单位及其有关责任人员

  E. 发生生产安全事故后，不立即组织抢救的生产经营单位主要负责人

6. 【多选】甲企业被列入严重失信主体名单，根据《安全生产严重失信主体名单管理办法》，若已符合时间要求，在其提出提前移出申请时，应当符合的条件包括（　　）。

  A. 已经履行行政处罚决定中规定的义务

  B. 已经主动消除危害后果或者不良影响

  C. 已经签署安全生产承诺书

  D. 未再发生规定的严重失信行为

  E. 未再雇佣事故相关责任人员

7. 【多选】根据《安全生产严重失信主体名单管理办法》，下列关于安全生产严重失信主

体名单的说法，错误的是（　　　）。

A. 未发生生产安全事故，但因安全生产违法行为，受到行政处罚的生产经营单位或者机构及其有关人员，也有可能被列入严重失信主体名单

B. 被列入严重失信主体名单的对象，不再适用告知承诺制等基于诚信的管理措施

C. 应急管理部门作出列入严重失信主体名单书面决定前，应当告知当事人和其主管部门

D. 被列入对象应当及时进行信用修复，纠正失信行为、消除不良影响，否则将延长列入期限

E. 依照法律、行政法规或者国务院规定实施职业或者行业禁入期限尚未届满的不予提前移出严重失信主体名单

第九节　建设工程消防设计审查验收管理暂行规定

【基础知识训练】 答案：414 页

1. 【单选】根据《建设工程消防设计审查验收管理暂行规定》，对于为降低工程造价选用不合格的消防产品、不能满足防火性能要求的建筑构件、建筑材料及室内装修装饰材料承担责任的是（　　　）。

A. 建设单位　　　　　　　　　B. 设计单位
C. 施工单位　　　　　　　　　D. 监理单位

2. 【单选】依据《建设工程消防设计审查验收管理暂行规定》，下列消防施工的质量和安全责任，属于施工单位的是（　　　）。

A. 依法申请建设工程消防验收，依法办理消防设计和竣工验收备案手续并接受抽查

B. 依法应当经消防设计审核、消防验收的建设工程，未经审核或者审核不合格的，不得组织施工

C. 查验消防产品和具有防火性能要求的建筑构件、建筑材料及装修材料的质量，使用合格产品，保证消防施工质量

D. 实行工程监理的建设工程，应当将消防施工质量一并委托监理

3. 【单选】依据《建设工程消防设计审查验收管理暂行规定》，下列建设工程应当向主管部门申请消防审核的是（　　　）。

A. 建筑总面积为 1500 平方米的公共图书馆的阅览室

B. 国家标准规定的二类高层住宅建筑

C. 城市轨道交通、隧道工程

D. 建筑总面积为 10000 平方米的体育场馆

4. 【多选】下列属于建设单位消防设计和施工的质量责任的有（　　　）。

A. 依法办理消防设计和竣工验收备案手续并接受抽查

B. 选用具有国家规定资质等级的消防设计、施工单位

C. 选用合格的消防产品

D. 对消防施工质量签字确认

E. 选择满足防火性能要求的建筑构件、建筑材料及室内装修装饰材料

【能力提升训练】
答案：415 页

1. 【单选】甲公司为某建设工程的施工单位。依据《建设工程消防设计审查验收管理暂行规定》，下列关于甲公司在该建设工程中消防施工质量和安全责任的说法，正确的是（　　）。

   A. 申请建设工程消防设计审核

   B. 参加建设单位组织的建设工程竣工验收，对建设工程消防施工质量签字确认

   C. 保证在建工程竣工验收前消防通道、消防水源、消防设施和器材等完好有效

   D. 组织建设工程消防验收

2. 【多选】关于公安机关消防机构的执法监督，下列说法正确的有（　　）。

   A. 对设有人员密集场所的建设工程的抽查比例不应低于 30%

   B. 主管部门接到有关建设工程违反消防法律法规和国家工程建设消防技术标准的举报，应当在 3 日内组织人员核查

   C. 市级主管部门应当在互联网上设立消防设计和竣工验收备案受理系统

   D. 不得指定消防产品和建筑材料的品牌、销售单位

   E. 实施消防设计审核、消防验收和备案、抽查，不得收取任何费用

【历年真题实战】
答案：415 页

1. 【2023 年·单选】某地规划新建氢气加气站项目，甲为建设单位，乙为设计单位，丙为施工单位，丁为工程监理单位。现甲委托丙购进一批灭火器。根据《建设工程消防设计审查验收管理暂行规定》，灭火器投入使用前，负责核查灭火器质量证明文件的单位是（　　）。

   A. 甲　　　　　　B. 丁　　　　　　C. 乙　　　　　　D. 丙

2. 【2022 年·单选】相对于特殊建设工程，其他建设工程的规模较小、火灾风险较低、火灾后果较轻，因此，国家对其他建设工程实行消防备案抽查制度。根据《建设工程消防设计审查验收管理暂行规定》，关于其他建设工程消防备案抽查的说法，正确的是（　　）。

   A. 建设单位申请办理其他建设工程消防备案，应当提交消防验收备案表、工程竣工验收报告和消防设计图纸等材料

   B. 对备案的其他建设工程的抽查工作推行"双随机、一公开"制度，随机抽取检查对象，随机选派检查人员，并向社会公开

   C. 其他建设工程被确定为检查对象之日起，消防设计审查验收主管部门应当在 15 个工作日内按照消防验收有关规定完成检查

   D. 对备案的其他建设工程进行抽查的比例，由消防设计审查验收主管部门结合本辖区内消防设计、施工质量情况确定

3. 【2022 年·单选】有关单位应当依法承担消防设计、施工质量的义务与责任。根据《建设工程消防设计审查验收管理暂行规定》，关于消防设计、施工质量的义务与责任

的说法，正确的是（　　）。

A. 消防施工委托监理的，监理单位对消防施工质量承担首要责任

B. 施工单位应当对建设工程消防设计、施工质量承担首要责任

C. 监理单位负责申请建设工程消防验收，办理备案并组织接受抽查

D. 设计单位从业人员对建设工程消防设计质量承担相应的个人责任

4. 【2021年·单选】根据《建设工程消防设计审查验收管理暂行规定》，关于建设工程消防设计审查验收管理的说法，正确的是（　　）。

A. 建设单位依法对建设工程消防设计、施工质量负主体责任

B. 国家实行建设工程消防设计审查制度

C. 实行施工图设计文件联合审查的，建设工程消防设计的技术审查应并入联合审查

D. 建设工程消防设计审查抽查比例由设区的市级人民政府住房和城乡建设主管部门确定

5. 【2019年·单选】根据《建设工程消防设计审查验收管理暂行规定》，下列建设工程中，必须向相关政府部门申请消防设计审核和消防验收的是（　　）。

A. 建设总面积10000平方米的民用机场航站楼建设工程

B. 建筑总面积2000平方米的劳动密集型企业的生产加工车间建设工程

C. 国家标准规定的二类高层住宅建筑

D. 国家机关办公楼、电信楼、邮政楼、广播电视楼、档案楼建设工程

第十节　高层民用建筑消防安全管理规定

【基础知识训练】　　　　　　　　　　　　　　　答案：416页

1. 【单选】高层民用建筑应当每年至少进行一次全要素综合演练，建筑高度超过100米的高层公共建筑应当（　　）至少进行一次全要素综合演练。

    A. 每年　　　　　　B. 每半年　　　　　　C. 每季度　　　　　　D. 每月

2. 【单选】高层公共建筑内的人员密集场所应当按照楼层、区域确定（　　），负责在火灾发生时组织、引导在场人员安全疏散。

    A. 消防管理员　　　　　　　　　　B. 安全负责人

    C. 安全监督员　　　　　　　　　　D. 疏散引导员

3. 【单选】在高层民用建筑的公共门厅、疏散走道、楼梯间、安全出口停放电动自行车或者为电动自行车充电，拒不改正的。由消防救援机构责令改正，对经营性单位和个人处（　　）罚款，对非经营性单位和个人处500元以上1000元以下罚款。

    A. 2000元以下　　　　　　　　　　B. 10000元以上

    C. 20000元以下　　　　　　　　　D. 2000元以上10000元以下

4. 【单选】高层民用建筑消防安全管理贯彻（　　）的方针，实行消防安全责任制。

    A. 预防为主、安全第一　　　　　　B. 预防为主、防消结合

    C. 专门机关与群众相结合　　　　　D. 依法治火、防消结合

5. 【单选】未设置（　　）的高层住宅建筑，鼓励因地制宜安装火灾报警和喷水灭火系统、火灾应急广播以及可燃气体探测、无线手动火灾报警、无线声光火灾警报等消防设施。

A. 自动消防设施   B. 安全出口

C. 消防车通道   D. 疏散通道

6. 【单选】根据《高层民用建筑消防安全管理规定》，下列建筑中，属于高层民用建筑的是（　　）。

A. 建筑高度 25 米的非单层通讯大厦   B. 建筑高度 20 米的非单层文化大厦

C. 建筑高度 26 米的住宅楼   D. 建筑高度 18 米的非单层写字楼

7. 【多选】消防安全评估报告应当包括存在的（　　）等内容。

A. 消防安全问题   B. 火灾隐患

C. 建筑设计安全   D. 改进措施

E. 以上都不是

【历年真题实战】 答案：417 页

1. 【2023 年·单选】甲公司的大型商业综合体为高层公共建筑，分别出租给乙公司开酒店、丙公司开超市，并委托丁公司对该商业综合体提供物业服务。根据《高层民用建筑消防安全管理规定》，负责该商业综合体火灾隐患排查整治的是（　　）。

A. 甲公司   B. 乙公司

C. 丙公司   D. 丁公司

2. 【2022 年·单选】根据《高层民用建筑消防安全管理规定》，下列建筑中，属于高层民用建筑的是（　　）。

A. 建筑高度 26 米的住宅楼   B. 建筑高度 24 米的非单层商业楼

C. 建筑高度 30 米的非单层科研大厦   D. 建筑高度 20 米的非单层公寓楼

第十一节　工贸企业粉尘防爆安全规定

【基础知识训练】 答案：417 页

1. 【单选】粉尘涉爆企业未按照规定对有关负责人和粉尘作业岗位相关从业人员进行粉尘防爆专项安全生产教育和培训，且逾期未改正，由相关安全监管部门责令停产停业整顿，处（　　）罚款。

A. 5 万元以上   B. 5 万元以上 20 万元以下

C. 10 万元以下   D. 10 万元以上 20 万元以下

2. 【单选】粉尘涉爆企业未按照规定辨识评估管控粉尘爆炸安全风险，未建立安全风险清单，由相关安全监管部门对其直接负责的主管人员和其他直接责任人员处（　　）的罚款。

A. 3 万元以下   B. 1 万元以上 2 万元以下

  C. 1 万元以下   D. 2 万元以上 5 万元以下

3. 【单选】安全生产技术服务机构接受委托开展技术服务工作，出具失实报告的，依照有关规定，责令停业整顿，并处（   ）罚款。

  A. 3 万元以下   B. 3 万元以上 10 万元以下

  C. 10 万元以下   D. 2 万元以上 5 万元以下

4. 【单选】安全生产技术服务机构接受委托开展技术服务工作，出具虚假报告，违法所得在 10 万元以上的，依照有关规定，受到以下（   ）处罚。

  A. 处违法所得 4 倍以上罚款

  B. 处违法所得 3 倍以上罚款

  C. 处违法所得 2 倍以上 5 倍以下罚款

  D. 直接责任人员处 5 万元以上罚款

5. 【单选】对出具虚假报告的安全生产技术服务机构及其直接责任人员，（   ）不得从事安全评价、认证、检测、检验等工作。

  A. 终身   B. 5 年内   C. 2 年内   D. 3 年内

6. 【多选】根据《工贸企业粉尘防爆安全规定》的规定，存在可燃性粉尘爆炸危险的（   ）等工贸企业（以下简称粉尘涉爆企业）的粉尘防爆安全工作及其监督管理，适用本规定。

  A. 冶金   B. 有色

  C. 建材   D. 机械

  E. 轻工食品

7. 【多选】粉尘涉爆企业有（   ）的，由负责粉尘涉爆企业安全监管的部门责令限期改正，处 3 万元以下的罚款，对其直接负责的主管人员和其他直接责任人员处 1 万元以下的罚款。

  A. 企业新建、扩建工程项目安全设施没有进行粉尘防爆安全设计

  B. 未按照规定建立粉尘防爆安全管理制度或者内容不符合企业实际的

  C. 未按照规定辨识评估管控粉尘爆炸安全风险，未建立安全风险清单或者未及时维护相关信息档案的

  D. 粉尘防爆安全设备正常运行的

  E. 企业改建未按照设计施工的

【能力提升训练】   答案：418 页

1. 【单选】某市应急管理部门执法人员在对某木业公司进行现场执法检查时，发现该公司未结合企业实际情况建立和落实粉尘防爆安全管理制度。根据《工贸企业粉尘防爆安全规定》，关于该公司粉尘防爆安全管理及法律责任的说法，正确的是（   ）。

  A. 该公司安全管理人员是建立和落实粉尘防爆安全管理制度的责任人

  B. 该公司粉尘防爆安全管理制度内容应当包括粉尘爆炸事故应急处置和救援

  C. 可以对该公司处 5 万元以下的罚款

  D. 可以对该公司主要负责人处 3 万元以下的罚款

【历年真题实战】　　　　　　　　　　　　　　　　　　　答案：419 页

1. 【2023 年·单选】根据《工贸企业粉尘防爆安全规定》，关于粉尘防爆安全生产保障的说法，正确的是（　　）。
   A. 镁合金粉尘应当优先采用大量水浸泡方式暂存
   B. 更换新的涉及粉尘爆炸危险的设备，无需重新开展安全风险辨识评估
   C. 木质粉尘可以采用粉尘沉降室除尘
   D. 粉尘涉爆企业多层厂房应当优先采用轻型结构并设置符合标准的泄压面积

2. 【2023 年·单选】某企业涉及铝镁金属粉尘爆炸风险。根据《工贸企业粉尘防爆安全规定》，关于该企业粉尘防爆安全管理的做法，正确的是（　　）。
   A. 存在粉尘爆炸危险的工艺单独采用隔爆措施
   B. 铝制品加工区金属粉尘采用负压方式除尘
   C. 铝镁金属粉尘废屑的收集采用袋装后多层堆垛码放
   D. 对停止运行的除尘系统进行维修作业时使用非防爆工具

3. 【2022 年·单选】某企业拟建造一座铝镁合金汽车轮毂加工厂，委托专业机构进行厂房设计和建设。根据《工贸企业粉尘防爆安全规定》，关于该工厂粉尘防爆安全管理的说法，正确的是（　　）。
   A. 轮毂打磨车间内设置办公室的，应当采取安全保障措施
   B. 打磨产生的铝镁粉尘应当采用正压方式吹送，并采取可靠的防范点燃源的措施
   C. 铝镁粉尘湿式除尘系统应当安装与打磨抛光设备联锁的液位、流速监测报警装置
   D. 根据工艺特点和设备布置要求，可以采用粉尘沉降室除尘

第十二节　建设项目安全设施"三同时"监督管理办法

【基础知识训练】　　　　　　　　　　　　　　　　　　　答案：420 页

1. 【单选】根据《建设项目安全设施"三同时"监督管理办法》，在建设项目可行性研究阶段，下列建设项目中，需要进行安全预评价的建设项目是（　　）。
   A. 省级建材重点建设项目　　　　　B. 国家金属冶炼建设项目
   C. 省级烟草重点建设项目　　　　　D. 国家体育场馆建设项目

2. 【单选】某氧气厂 35000 Nm³/h 制氧机组建设项目竣工后，根据有关规定，在正式投入生产或者使用前需要进行建设项目试运行。依据《建设项目安全设施"三同时"监督管理办法》的规定，该建设项目试运行时间应当不少于 30 日，最长不得超过（　　）。
   A. 60 日　　　　　B. 90 日　　　　　C. 180 日　　　　　D. 210 日

3. 【单选】某烟花爆竹生产企业建设项目安全设施未经验收擅自投入生产，被当地安监管理部门责令停止生产、限期改正，但该企业逾期未改正。根据《建设项目安全设施"三同时"监督管理办法》，下列对该企业作出的罚款数额中，符合规定的是（　　）。

A. 5 万元   B. 10 万元   C. 60 万元   D. 20 万元

4. 【单选】某金属冶炼项目，在安全设施设计完成后，生产经营单位向安全生产监督管理部门提出审查申请，根据《建设项目安全设施"三同时"监督管理办法》，以下不属于审查申请时应提交的资料是（   ）。

A. 建设项目安全设施设计审查申请

B. 建设项目审批文件

C. 施工单位资质证明文件

D. 建设项目安全预评价报告

5. 【单选】根据《建设项目安全设施"三同时"监督管理办法》，甲省乙市丙县某生物制药基地建设项目安全设施设计完成后应（   ）。

A. 向甲省安全生产监督管理部门提出审查申请并提交相关资料

B. 向乙市安全生产监督管理部门提出审查申请并提交相关资料

C. 向丙县安全生产监督管理部门提出审查申请并提交相关资料

D. 由该建设项目业主单位自行组织审查，形成书面报告备查

6. 【单选】《建设项目安全设施"三同时"监督管理办法》规定，危险性较大的建设项目安全设施设计完成后，生产经营单位应当按照规定向安全生产监督管理部门提出审查申请。安全生产监督管理部门收到申请后，对属于本部门职责范围内的，应当及时进行审查，并在收到申请后（   ）工作日内作出受理或者不予受理的决定，书面告知申请人。

A. 3 个   B. 5 个   C. 7 个   D. 10 个

7. 【单选】《建设项目安全设施"三同时"监督管理办法》规定，安全生产监督管理部门在进行建设项目安全设施设计审查时，应当自受理之日起（   ）工作日内作出是否批准的决定，并书面告知申请人。

A. 15 个   B. 20 个   C. 30 个   D. 45 个

8. 【单选】根据《建设项目安全设施"三同时"监督管理办法》，施工单位应当在施工组织设计中编制安全技术措施和施工现场临时用电方案，同时对危险性较大的分部分项工程依法编制专项施工方案，并附具安全验算结果，经施工单位技术负责人和（   ）签字后实施。

A. 施工单位安全负责人   B. 总监理工程师

C. 设计单位技术负责人   D. 建设单位技术负责人

9. 【多选】依据《建设项目安全设施"三同时"监督管理办法》，对于（   ）进行可行性研究时，生产经营单位应当分别对其安全生产条件进行安全预评价。

A. 非煤矿矿山建设项目

B. 生产、储存危险化学品

C. 生产、储存烟花爆竹的建设项目

D. 矿山开采建设项目

E. 省级道路运输重点建设项目

10. 【多选】依据《建设项目安全设施"三同时"监督管理办法》，建设项目安全设施设

计有（　　）情形时，不予批准，并不得开工建设。

A. 未提交初步设计报告及安全专篇的

B. 未采纳安全预评价报告中的安全对策和建议，且未作充分论证说明的

C. 未按照有关安全生产的法律、法规、规章和国家标准或者行业标准、技术规范的规定进行设计的

D. 未委托具有相应资质的设计单位进行设计的

E. 无建设项目审批、核准或者备案文件的

11.【多选】依据《建设项目安全设施"三同时"监督管理办法》，生产烟花爆竹建设项目有下列（　　）情形之一的，给予警告，并处 5000 元以上 3 万元以下的罚款。

A. 施工单位未按照安全设施设计施工的

B. 没有安全设施设计的

C. 未选择具有相应资质的施工单位施工的

D. 投入生产或者使用前，安全设施未经竣工验收合格，并形成书面报告的

E. 未依法设置安全生产管理机构或者配备安全生产管理人员的

【能力提升训练】　　　　　　　　　　　　　　　　　　答案：421 页

1.【单选】依据《建设项目安全设施"三同时"监督管理办法》的规定，下列关于建设项目安全设施施工管理等的说法，正确的是（　　）。

A. 高危建设项目中的安全设施应当由具有甲级建筑施工资质的单位承建

B. 监理单位发现施工现场存在事故隐患应当要求施工单位整改

C. 对危险性较大的分部分项工程，设计单位应当编制专项施工方案

D. 监理单位对建设项目中的安全设施施工进行监理，并对工程质量和安全负责

2.【单选】某非煤矿山建设项目，甲公司是业主单位，乙公司是设计单位，丙公司是施工单位，丁公司是监理单位，根据《建设项目安全设施"三同时"监督管理暂行办法》，以下说法正确的是（　　）。

A. 丙公司发现设计文件有错漏的，应及时向乙公司和丁公司提出

B. 丙公司发现安全设施存在重大事故隐患时，应当立即停止施工并报告丁公司进行整改

C. 丁公司在实施监理过程中，发现存在严重事故隐患，应当要求丙公司暂时停止施工，并及时报告甲公司

D. 丁公司应当审查施工组织设计中的安全技术措施或者专项施工方案是否符合工程建设国家和行业标准

3.【单选】某存储烟花爆竹的建设项目，施工单位未按照批准的安全设施设计施工，根据《建设项目安全设施"三同时"监督管理办法》，相关安全生产监督管理部门应（　　）。

A. 处 50 万元以上 100 万元以下的罚款

B. 责令停止建设，限期改正

C. 对直接负责的主管人员处 2 万元以上 5 万元以下的罚款

D. 其他直接责任人员处处 1 万元以上 2 万元以下的罚款

4. 【单选】安全设施竣工验收合格后，方可投入生产和使用，根据《建设项目安全设施"三同时"监督管理办法》，下列关于建设项目安全设施竣工验收的说法中，正确的是（　　）。

A. 监理单位应组织竣工验收

B. 安全监管部门对非煤矿矿山建设项目的安全设施竣工验收报告按照不少于总数 10% 的比例进行随机抽查

C. 安全监管部门对储存危险化学品的建设项目的抽查和审查以现场核查为主

D. 安全监管部门对城市轨道交通建设项目的安全设施竣工验收报告按照不少于总数 30% 的比例进行随机抽查

【历年真题实战】   答案：422 页

1. 【2023 年·单选】对建设项目安全设施"三同时"进行监管，是安全生产监督管理的一项重要内容。根据《建设项目安全设施"三同时"监督管理办法》，关于建设项目安全设施的说法，正确的是（　　）。

A. 用于预防生产安全事故的规章制度属于安全设施

B. 用于预防职业病危害的标识属于安全设施

C. 用于预防急性工业中毒的设施不属于安全设施

D. 用于预防生产安全事故的技术措施属于安全设施

2. 【2023 年·单选】某企业将电子芯片建设项目发包给具有相应资质的某施工单位。根据《建设项目安全设施"三同时"监督管理办法》，关于该建设项目安全设施施工的说法，错误的是（　　）。

A. 该建设项目安全设施应当与建设项目主体工程同时施工

B. 施工单位发现安全设施设计文件有错漏的，应当及时向该企业和设计单位提出

C. 施工单位编制的安全技术措施，经技术负责人签字后即可实施

D. 施工单位发现安全设施存在重大事故隐患时，应当立即停止施工

3. 【2023 年·多选】甲公司拟进行危险化学品生产项目建设，乙公司拟进行烟花爆竹生产项目建设，丙公司拟进行危险化学品经营项目建设，丁公司拟进行建材加工项目建设。根据《建设项目安全设施"三同时"监督管理办法》，关于该四家公司建设项目安全设施设计审查的说法，正确的有（　　）。

A. 甲、丙两家公司可以自行组织审查建设项目安全设施设计，并形成书面报告备查

B. 四家公司应当委托有相应资质的设计单位对建设项目安全设施进行设计

C. 甲、乙两家公司建设项目安全设施设计应当充分考虑安全预评价报告提出的安全对策措施

D. 乙、丁两家公司完成建设项目安全设施设计后，应当向应急管理部门提出审查申请

E. 甲、丁两家公司未完全采纳安全预评价报告中的安全对策和建议，也可开工建设

4. 【2022 年·单选】根据《建设项目安全设施"三同时"监督管理办法》及相关规定，下列设施中，不属于建设项目安全设施的是（　　）。

A. 某煤矿的井下排水系统   B. 某铁矿的防排烟系统

C. 某化工企业的安全保卫系统 　　　　　D. 某木材家具企业的除尘系统

5. 【2022年·单选】甲企业拟新建大型铁矿开采项目，乙企业拟扩建年产30万吨的煤矿项目，丙企业拟新建年产30万辆新能源汽车制造项目，丁企业拟扩建铜冶炼生产线。根据《建设项目安全设施"三同时"监督管理办法》，关于建设项目安全设施设计审查的做法，正确的是（　　　　）。

A. 甲企业委托有相应资质的设计单位完成项目安全设施设计，并组织相关专家进行论证后，开工建设

B. 乙企业委托某设计院完成项目安全设施设计，并由该设计院向有关部门提出设计审查申请

C. 应急管理部门在收到丙企业的安全设施设计审查申请后，在5个工作日内作出予以受理的决定

D. 应急管理部门在受理丁企业安全设施设计审查的申请后，在15日内作出予以批准的决定

6. 【2022年·多选】甲企业拟建设年产100万吨的煤矿项目，乙企业拟建设年产10万吨苯乙烯的化工项目，丙企业拟扩建金属冶炼生产线，丁企业拟建造芯片生产线。四家企业建设项目均于2022年3月1日竣工。根据《建设项目安全设施"三同时"监督管理办法》，关于建设项目安全设施施工和竣工验收的说法，正确的有（　　　　）。

A. 建设项目在施工过程中，存在危险性较大的分部分项工程的，应当编制专项施工方案，并经项目部技术负责人、总监理工程师签字后实施

B. 根据规定需要试运行的建设项目，项目竣工立即投入试运行的，试运行可以在3月21日之前结束

C. 乙企业和丙企业的建设项目，应当在建设项目试运行前将试运行方案报负责安全许可的有关部门备案

D. 对甲企业和乙企业的建设项目实施有关安全许可时，有关部门应当对项目安全设施竣工验收报告进行审查

E. 企业存在未依法设置安全生产管理机构或者配备安全生产管理人员的，不得通过竣工验收

7. 【2021年·单选】甲公司从事危险化学品生产，乙公司从事燃煤发电，丙公司从事煤矿开采，丁公司从事机械设备制造。根据《建设项目安全设施"三同时"监督管理办法》，关于该四家公司扩建项目安全设施"三同时"的说法，正确的是（　　　　）。

A. 甲、乙、丙、丁公司均应委托安全评价机构对其扩建项目进行安全预评价，并编制安全预评价报告

B. 甲、乙、丙公司的扩建项目安全设施设计完成后，应向应急管理部门提出审查申请

C. 甲、乙、丙、丁公司均应委托安全评价机构对扩建项目安全设施进行验收评价，并编制建设项目安全验收评价报告

D. 甲、乙、丙公司可以自行组织扩建项目安全设施的竣工验收，形成书面报告备查

8. 【2021年·多选】安全预评价通常在建设项目可行性研究阶段、工业园区规划阶段或者生产经营活动组织实施之前进行。根据《建设项目安全设施"三同时"监督管理办

法》，下列建设项目按规定应当开展安全预评价的有（　　）。

A. 铁矿开采建设项目　　　　　　　B. 钢铁冶炼建设项目

C. 铝制品加工建设项目　　　　　　D. 烟花爆竹储存建设项目

E. 粮食加工建设项目

9.【2020年·单选】建设项目安全设施"三同时"是安全生产基本制度，是预防事故隐患的重要措施。根据《建设项目安全设施"三同时"监督管理办法》，下列建设项目安全设施设计中，可以由生产经营单位组织审查的是（　　）。

A. 使用危险化学品从事非危险物品生产的化工建设项目

B. 金属矿山建设项目

C. 烟花爆竹储存建设项目

D. 金属冶炼建设项目

10.【2020年·单选】安全预评价是分析与预测性质的评价，其主要目的是预测发生事故的可能性及其严重程度，提出安全对策措施建议，作出安全评价结论。根据《建设项目安全设施"三同时"监督管理办法》，安全预评价应当在建设项目的（　　）阶段进行。

A. 建议书编制　　　　　　　　　　B. 初步设计

C. 开工建设　　　　　　　　　　　D. 可行性研究

11.【2019年·单选】某企业建设100万吨/年乙烯项目，根据《建设项目安全设施"三同时"监督管理办法》，关于该项目试运行和安全设施竣工验收的说法，正确的是（　　）。

A. 该建设项目试运行方案应当报负责安全许可的安全监管部门备案

B. 该建设项目试运行时间，应当不少于60天

C. 该建设项目试运行时间，最长可为2年

D. 该建设项目安全设施竣工验收报告应当报安全监管部门备案

第十三节　煤矿企业安全生产许可证实施办法

【基础知识训练】　　　　　　　　　　　　　　　　　　　答案：424页

1.【单选】依据《煤矿企业安全生产许可证实施办法》，煤矿企业取得安全生产许可证，应当具备的安全生产条件是（　　）。

A. 设置安全生产管理机构或配备专职安全生产管理人员

B. 煤与瓦斯突出矿井委托了防治煤与瓦斯突出管理机构进行安全评价

C. 主要负责人和安全生产管理人员取得矿长资格证和安全资格证

D. 参加工伤保险，为从业人员缴纳工伤保险费

2.【单选】依据《煤矿企业安全生产许可证实施办法》，井工煤矿矿井至少有2个能行人的通达地面的安全出口，各个出口之间的距离不得小于（　　）。

A. 10米　　　　　　B. 20米　　　　　　C. 30米　　　　　　D. 50米

3. 【单选】依据《煤矿企业安全生产许可证实施办法》，安全生产许可证的有效期为（　　）。

A. 1年　　　　　　　B. 3年　　　　　　　C. 5年　　　　　　　D. 10年

4. 【单选】依据《煤矿企业安全生产许可证实施办法》，安全生产许可证颁发管理机关发现有下列（　　）情形的，应当撤销已经颁发的安全生产许可证。

A. 煤矿企业取得安全生产许可证后，降低安全生产条件

B. 超越职权颁发安全生产许可证的

C. 煤矿企业转让、出借或者使用伪造的安全生产许可证

D. 安全生产许可证有效期满未申请办理延期手续的

第十四节　煤矿建设项目安全设施监察规定

【基础知识训练】　　　　　　　　　　　　　　　　　　　答案：425页

1. 【单选】依据《煤矿建设项目安全设施监察规定》，煤矿建设项目在竣工完成后，应当在正式投入生产或使用前进行联合试运转。联合试运转的时间一般为（　　）。

A. 1~3个月　　　　　　　　　　　B. 1~6个月

C. 3~6个月　　　　　　　　　　　D. 6~12个月

2. 【单选】依据《煤矿建设项目安全设施监察规定》，煤矿建设项目在竣工完成后，应当在正式投入生产或使用前进行联合试运转。联合试运转的时间有特殊情况需要延长的，总时长不得超过（　　）。

A. 6个月　　　　　　　　　　　　B. 9个月

C. 12个月　　　　　　　　　　　D. 18个月

3. 【单选】依据《煤矿建设项目安全设施监察规定》，关于煤矿施工和联合试运转的说法正确的是（　　）。

A. 煤矿建设项目的安全设施应由建设单位承担

B. 施工单位在施工期间，发现煤矿建设项目存在事故隐患时，应当立即停止施工

C. 煤矿建设项目安全验收评价后，应当进行联合试运转

D. 煤矿建设项目在竣工完成后，应当在正式投入生产或使用前进行联合试运转

第十五节　煤　矿　安　全　规　程

【基础知识训练】　　　　　　　　　　　　　　　　　　　答案：425页

1. 【单选】根据《煤矿安全规程》，下列关于煤矿安全管理，错误的是（　　）。

A. 煤矿企业每年必须至少组织1次矿井救灾演习

B. 入井人员必须戴安全帽、随身携带自救器和矿灯，随身携带点灯的火工物品

C. 煤矿企业必须建立入井检身制度和出入井人员清点制度

D. 严禁穿化纤衣服，入井前严禁喝酒

2. 【单选】根据《煤矿安全规程》，每个生产矿井通达地面的安全出口的设置要求，正确的是（　　）。

A. 至少有 2 个能行人的通达地面的安全出口，各个出口间的距离不得小于 20 米

B. 未建成 2 个安全出口的水平或采区，可以采用主要绞车道兼作人行道

C. 对于通达地面的安全出口和 2 个水平之间的安全出口，倾角等于或小于 60° 时，必须设置人行道

D. 井巷交叉点，必须设置路标，标明所在地点，指明通往安全出口的方向

第十六节　煤矿安全培训规定

【基础知识训练】　　　　　　　　　　　　　　　　答案：425 页

1. 【单选】依据《煤矿安全培训规定》规定，煤矿特种作业人员在参加资格考试前应当按照规定的培训大纲进行安全生产知识和实际操作能力的专门培训。其中，初次培训的时间不得少于（　　）。

A. 48 学时　　　　　　　　　　　　　　B. 72 学时

C. 60 学时　　　　　　　　　　　　　　D. 90 学时

2. 【单选】依据《煤矿安全培训规定》规定，煤矿企业其他从业人员的安全培训时间是（　　）。

A. 初次安全培训时间不得少于 48 学时，每年再培训的时间不得少于 16 学时

B. 初次安全培训时间不得少于 72 学时，每年再培训的时间不得少于 20 学时

C. 初次安全培训时间不得少于 72 学时，每年再培训的时间不得少于 24 学时

D. 初次安全培训时间不得少于 48 学时，每年再培训的时间不得少于 20 学时

3. 【单选】依据《煤矿安全培训规定》规定，煤矿企业新上岗的井下作业人员安全培训合格后，应当在有经验的工人师傅带领下，实习满（　　），并取得工人师傅签名的实习合格证明后，方可独立工作。

A. 2 个月　　　　　　　　　　　　　　B. 3 个月

C. 4 个月　　　　　　　　　　　　　　D. 6 个月

4. 【单选】依据《煤矿安全培训规定》规定，关于煤矿企业从业人员的安全培训时间，下列符合规定的是（　　）。

A. 主要负责人、安全生产管理人员安全资格初次培训时间不得少于 64 学时

B. 煤矿矿长资格和主要负责人安全资格合并培训的，初次培训时间不得少于 48 学时

C. 从事采煤、掘进、机电、运输、通风、地测等工作的班组长初次安全培训时间不得少于 72 学时

D. 新招入矿的从业人员初次安全培训时间不得少于 64 学时

5. 【单选】依据《煤矿安全培训规定》，关于煤矿特种作业操作证的管理，以下错误的是（　　）。

A. 特种作业操作证有效期为 6 年

B. 特种作业操作证在全国范围内有效

C. 特种作业操作证有效期届满需要延期换证的，应当在有效期届满 60 日前参加不少于 8 学时的专门培训

D. 离开特种作业岗位 6 个月以内，但特种作业操作证仍在有效期内的特种作业人员，不需要重新参加考试

第十七节　非煤矿矿山企业安全生产许可证实施办法

【基础知识训练】　　　　　　　　　　　　　　　　答案：426 页

1.【单选】非煤矿山企业安全生产许可证颁发管理机关应当依照规定颁发安全生产许可证。依据《非煤矿矿山企业安全生产许可证实施办法》的规定，下列关于非煤矿山企业安全生产许可证说法错误的是（　　）。

A. 对中央管理的金属非金属矿山企业总部，向企业总部颁发安全生产许可证

B. 对金属非金属矿山企业，向企业及其所属各独立生产系统分别颁发安全生产许可证

C. 对地质勘探单位，向该单位颁发安全生产许可证

D. 对尾矿库单独颁发安全生产许可证

2.【单选】依据《非煤矿矿山企业安全生产许可证实施办法》的规定，下列关于非煤矿矿山企业取得安全生产许可证应当具备安全生产条件的说法，错误的是（　　）。

A. 安全投入符合安全生产要求，专户存储安全生产风险抵押金

B. 设置安全生产管理机构，或者配备专职安全生产管理人员

C. 所有从业人员需经安全生产监督管理部门考核合格，取得安全资格证书

D. 特种作业人员经有关业务主管部门考核合格，取得特种作业操作资格证书

第十八节　非煤矿矿山外包工程安全管理暂行办法

【基础知识训练】　　　　　　　　　　　　　　　　答案：426 页

1.【单选】根据《非煤矿矿山外包工程安全管理暂行办法》，发包单位的安全生产职责的说法，不正确的是（　　）。

A. 属非金属矿山分项发包单位，应当将承包单位及其项目部纳入本单位的安全管理体系，实行统一管理

B. 应当依法设置安全生产管理机构或者配备专职安全生产管理人员，对外包工程的安全生产实施管理和监督

C. 属非金属矿山总发包单位对地下矿山一个生产系统进行分项发包的，承包单位原则上不得超过两家

D. 外包工程实行总发包的，发包单位应当督促总承包单位统一组织编制外包工程事故

应急预案

2. 【单选】根据《非煤矿矿山外包工程安全管理暂行办法》，承包单位承包地下矿山工程的项目部的人员配备符合要求的是（　　　）。

A. 应当配备与工程施工作业相适应的专职工程技术人员，其中至少有1名注册安全工程师

B. 应当配备与工程施工作业相适应的专职工程技术人员，其中至少有1名具有5年以上井下工作经验的安全生产管理人员

C. 项目部具备高中以上文化程度的从业人员比例应当不低于50%

D. 承包地下矿山工程的项目部负责人不得同时兼任其他工程的项目部负责人

第十九节　尾矿库安全监督管理规定

【基础知识训练】　　　　　　　　　　　　　　　　　　　　答案：426页

1. 【单选】依据《尾矿库安全监督管理规定》规定，尾矿库应当每（　　　）至少进行一次安全现状评价。

A. 1年　　　　　　　B. 2年　　　　　　　C. 3年　　　　　　　D. 5年

2. 【单选】依据《尾矿库安全监督管理规定》规定，尾矿库被确定为危库、险库和病库的，生产经营单位应采取相应的措施，下列说法中正确的是（　　　）。

A. 确定为病库的，应当立即停产，在限定的时间内消除隐患

B. 确定为危库的，应当在限定的时间内按照正常库标准进行整治，消除事故隐患

C. 确定为险库的，应当在限定的时间内按照正常库标准进行整治，消除事故隐患

D. 确定为险库的，应当立即停产，在限定的时间内消除险情，并向相关部门报告

3. 【单选】依据《尾矿库安全监督管理规定》规定，关于尾矿库回采和闭库的说法，不正确的是（　　　）。

A. 尾矿库运行到设计最终标高或者不再进行排尾作业的，应当在1个月内完成闭库

B. 特殊情况不能按期完成闭库的，应当报经相应的安全生产监督管理部门同意后方可延期，但延长期限不得超过6个月

C. 尾矿库运行到设计最终标高的前12个月内，生产经营单位应当进行闭库前的安全现状评价和闭库设计

D. 尾矿回采再利用工程应当进行回采勘察、安全预评价和回采设计

4. 【多选】依据《尾矿库安全监督管理规定》规定，关于不同等别的尾矿库相关规定，正确的是（　　　）。

A. 一等尾矿库建设项目施工单位具有总承包一级或者特级资质

B. 二等尾矿库建设项目勘察、设计、安全评价、监理单位具有甲级资质

C. 三等尾矿库建设项目勘察、设计、安全评价、监理单位具有乙级或者乙级以上资质

D. 四等尾矿库建设项目勘察、设计、安全评价、监理单位具有甲级资质

E. 五等尾矿库建设项目施工单位具有总承包三级或者三级以上资质

第二十节 冶金企业和有色金属企业安全生产规定

【基础知识训练】 答案：427 页

1. 【单选】依据《冶金企业和有色金属企业安全生产规定》，关于冶金企业存在金属冶炼工艺的，安全生产机构和安全生产管理人员配备的说法正确的是（　　）。

   A. 某有色金属企业有从业人员 80 人，配备 3 名兼职安全生产管理人员

   B. 某冶金企业有从业人员 110 人，配备 3 名专职安全生产管理人员

   C. 某冶金企业从业人员 500 人，从事金属冶炼工艺的人员 200 人，应当配备 2 名专职安全人员

   D. 某金属冶炼企业从业人员 98 人，最少设置 3 名专职安全生产管理人员

2. 【多选】依据《冶金企业和有色金属企业安全生产规定》，关于冶金企业安全生产保障的说法，以下正确的是（　　）。

   A. 从业人员有 150 人的金属冶炼企业，应当设置安全生产管理机构

   B. 从业人员有 350 人的金属冶炼企业，应当至少配备 1 名专职安全生产管理人员

   C. 从业人员有 80 人的金属冶炼企业，应当设置安全生产管理机构

   D. 存在金属冶炼工艺企业的主要负责人自任职之日起 6 个月内，必须接受相关部门对其进行考核

   E. 存在金属冶炼工艺企业的主要负责人自任职之日起 3 个月内，必须接受相关部门对其进行考核

第二十一节 烟花爆竹生产企业安全生产许可证实施办法

【基础知识训练】 答案：427 页

1. 【单选】某烟花爆竹生产企业有从业人员 80 人，依据《烟花爆竹生产企业安全生产许可证实施办法》，企业设置安全生产管理机构，配备专职安全生产管理人员，符合要求的是（　　）。

   A. 配备 1 名专职安全生产管理人员，3 名兼职安全员

   B. 配备 1 名专职安全生产管理人员，5 名兼职安全员

   C. 配备 2 名专职安全生产管理人员，3 名兼职安全员

   D. 配备 3 名专职安全生产管理人员，5 名兼职安全员

2. 【单选】依据《烟花爆竹生产企业安全生产许可证实施办法》规定，关于企业安全生产许可证监督管理的说法，正确的是（　　）。

   A. 企业多位股东各自独立进行烟花爆竹生产活动的，依法吊销其安全生产许可证

   B. 企业出租、转让安全生产许可证的，依法暂扣其安全生产许可证

   C. 发生重大生产安全责任事故的，依法暂扣其安全生产许可证

D. 改建烟花爆竹生产设施未办理安全生产许可证变更手续的，依法吊销其安全生产许可证

3.【单选】依据《烟花爆竹生产企业安全生产许可证实施办法》规定，企业在安全生产许可证有效期内，需要申请变更安全生产许可证的情形是（　　）。

A. 变更产品名称   B. 变更企业法人

C. 变更烟花爆竹销售渠道   D. 变更企业名称

第二十二节　烟花爆竹生产经营安全规定

【基础知识训练】 答案：428 页

1.【单选】依据《烟花爆竹生产经营安全规定》，以下关于烟花爆竹生产企业和批发企业的相关管理，说法错误的是（　　）。

A. 生产企业和批发企业的生产经营场所和有关设施设备应当设置明显的安全警示标志

B. 生产企业和批发企业均可依法申请设立零售经营场所

C. 生产企业和批发企业应当建立值班制度和现场巡查制度

D. 生产企业和批发企业在仓库内进行拆箱、包装作业时要保持仓库内通道畅通

2.【单选】依据《烟花爆竹生产经营安全规定》，生产经营单位留存过期及废弃的烟花爆竹成品、半成品、原材料等危险废弃物，逾期仍不予消除隐患的，可以处（　　）的罚款。

A. 二万元以上十万元以下

B. 十万元以上五十万元以下

C. 二十万元以上五十万元以下

D. 五十万元以上一百万元以下

第二十三节　危险化学品生产企业安全生产许可证实施办法

【基础知识训练】 答案：428 页

1.【单选】依据《危险化学品生产企业安全生产许可证实施办法》，危险化学品生产企业申请安全生产许可证应满足的条件是（　　）。

A. 设置安全生产管理机构，配备专职或兼职安全生产管理人员

B. 企业主要负责人、分管安全负责人和安全生产管理人员必须经考核合格，取得安全资格证书

C. 企业应当依法参加工伤保险和意外伤害险，为所有从业人员缴纳保险费

D. 企业应当依法进行安全评估

2.【单选】依据《危险化学品生产企业安全生产许可证实施办法》规定，下列关于实施机关应当注销其安全生产许可证的情形是（　　）。

A. 超越职权颁发安全生产许可证的

B. 安全生产许可证有效期届满未被批准延续的

C. 违反本办法规定的程序颁发安全生产许可证的

D. 以欺骗、贿赂等不正当手段取得安全生产许可证的

第二十四节　危险化学品经营许可证管理办法

【基础知识训练】　　　　　　　　　　　　　　　　　　　　答案：428 页

1. 【单选】根据《危险化学品经营许可证管理办法》，从事危险化学品经营活动的中央企业所属省级、设区的市级公司（分公司），应取得危险化学品经营许可证。负责接受危化学品经营企业申请，并颁发危险化学品经营许可证的行政机关是（　　　）。

   A. 县级安全监管部门

   B. 县级公安机关

   C. 设区的市级安全监管部门

   D. 设区的市级公安机关

2. 【单选】某企业是位于 A 省 B 市 C 区港口内的一家危险化学品仓储经营企业，已经取得了港口经营许可证。依据《危险化学品经营许可证管理办法》的规定，下列关于该企业申请危险化学品经营许可证的说法，正确的是（　　　）。

   A. 需要向 B 市的港口行政管理部门申请危险化学品经营许可证

   B. 需要向 C 区的港口行政管理部门申请危险化学品经营许可证

   C. 需要向 A 省的安全监管部门申请危险化学品经营许可证

   D. 不需要申请危险化学品经营许可证

3. 【多选】依据《危险化学品经营许可证管理办法》的规定，申请人经营剧毒化学品的，应当建立剧毒化学品（　　　）管理制度。

   A. 双人验收、双人保管　　　　　　　　B. 双人发货

   C. 专用仓库、专人保管　　　　　　　　D. 双把锁

   E. 双本账

第二十五节　危险化学品安全使用许可证实施办法

【基础知识训练】　　　　　　　　　　　　　　　　　　　　答案：429 页

1. 【单选】依据《危险化学品安全使用许可证实施办法》，使用危险化学品企业的做法，不正确的是（　　　）。

   A. 按照国家有关规定编制危险化学品事故应急预案，并报送有关部门备案

   B. 建立应急救援组织，明确应急救援人员，配备必要的应急救援器材、设备设施，并按照规定定期进行应急预案演练

C. 储存和使用氯气、氨气等对皮肤有强烈刺激的吸入性有毒有害气体的企业，配备了一套全封闭防化服

D. 新建企业的生产区与非生产区分开设置

第二十六节　危险化学品输送管道安全管理规定

【基础知识训练】　　　　　　　　　　　　　　　　　答案：429 页

1. 【单选】依据《危险化学品输送管道安全管理规定》，要严格控制穿（跨）越公共区域的有毒气体的危险化学品输送管道是（　　）。

   A. 光气管道　　　　　　　　　　B. 氨气管道

   C. 氯气管道　　　　　　　　　　D. 二氧化硫管道

2. 【单选】根据《危险化学品输送管道安全管理规定》第十四条，危险化学品管道试压半年后一直未投入生产（使用）的，管道单位应当在其投入使用前重新进行（　　）。

   A. 气密性试验　　　　　　　　　B. 水密性试验

   C. 压力试验　　　　　　　　　　D. 强度试验

3. 【单选】根据《危险化学品输送管道安全管理规定》，实施下列可能危及危险化学品管道安全运行的施工作业的，施工单位应当在开工的（　　）前书面通知管道单位，将施工作业方案报管道单位，并与管道单位共同制定应急预案，采取相应的安全防护措施。

   A. 3 日　　　　　B. 5 日　　　　　C. 7 日　　　　　D. 10 日

4. 【多选】根据《危险化学品输送管道安全管理规定》，施工单位实施（　　）的作业，应当在开工前履行通知程序，与管道单位共同制定应急预案并采取相应的安全防护措施，管道单位应当指派专人到现场进行管道安全保护指导。

   A. 穿越管道施工

   B. 在管道附属设施上方架设通信线路

   C. 在管道线路中心线一侧 30 米处扩建公路

   D. 在管道线路中心线一侧 30 米处设置避雷接地体

   E. 在管道附属设施周边 300 米处爆破

5. 【多选】《危险化学品输送管道安全管理规定》对参加危险化学品管道作业的人员资质提出了要求，必须具备相应操作资格证书的作业人员是（　　）。

   A. 危险化学品管道焊接　　　　　B. 危险化学品管道防腐

   C. 危险化学品管道清洗　　　　　D. 危险化学品管道无损检测

   E. 危险化学品管道清扫

【能力提升训练】　　　　　　　　　　　　　　　　　答案：429 页

1. 【单选】某企业计划建设一条氯气输送管道。根据《危险化学品输送管道安全管理规定》，下列关于该管道敷设禁止穿越的说法，正确的是（　　）。

    A. 禁止穿越市区广场　　　　　　　B. 禁止穿越地震活动断层

    C. 禁止穿越可能发生洪水的区域　　D. 禁止穿越公路

2. 【单选】关于《危险化学品输送管道安全管理规定》的适用范围，错误的是（　　）。

    A. 某储存危险化学品的单位在厂区外公共区域埋地的危险化学品输送管道管理适用本规定

    B. 某生产危险化学品的单位在厂区外公共区域架空的危险化学品输送管道管理适用本规定

    C. 某燃气供应的单位在厂区外公共区域埋地的燃气管道管理适用本规定

    D. 某存储天然气的单位在厂区外公共区域架空的天然气管道管理不适用本规定

3. 【单选】根据《危险化学品输送管道安全管理规定》，下列关于危险化学品管道运行的说法中，错误的是（　　）。

    A. 危险化学品管道应当设置明显标志

    B. 管道单位应当建立、健全危险化学品管道巡护制度，配备专人进行日常巡护

    C. 巡护人员发现危害危险化学品管道安全生产情形的，应当立即报告当地安全生产监督管理部门

    D. 管道单位对危险化学品管道存在自身排除有困难的外部事故隐患，应当向当地安全生产监督管理部门报告

4. 【单选】甲公司新建一条危险化学品输送管道，委托乙公司进行工程设计、丙公司进行工程施工、丁公司负责工程监理。根据《危险化学品输送管道安全管理规定》，下列单位中，承担该工程总体建设质量监督职责的是（　　）。

    A. 甲公司　　　　　　B. 乙公司　　　　　　C. 丙公司　　　　　　D. 丁公司

5. 【单选】为确保危险化学品管道的安全使用，新建、改建、扩建危险化学品管道建设项目应当依法接受有关部门的监督管理。根据《危险化学品输送管道安全管理规定》，关于违法行为行政处罚的说法，错误的是（　　）。

    A. 新建危险化学品管道建设项目未经安全条件审查的，由应急管理部门处罚

    B. 未对危险化学品管道设置明显的安全警示标志的，由应急管理部门处罚

    C. 将管道建设项目发包给不具备相应资质等级的勘察单位的，由住房和城乡建设部门处罚

    D. 未指派专人到现场进行管道安全保护指导的，由住房和城乡建设部门处罚

6. 【多选】某企业运营了一条氧气管道。依据《危险化学品管道输送安全管理规定》，下列关于该氧气管道安全运行管理，正确的做法有（　　）。

    A. 该企业建立了管道巡护制度，安排兼职人员进行日常巡线

    B. 巡线员发现有人在管架上面悬挂广告牌，上前制止并向企业负责人汇报，制止无效后，企业向当地安全监管部门进行报告

    C. 巡线员发现在管道一侧约 15 米的区域有人栽种树木，上前制止并向企业负责人汇报，制止无效后，企业向当地安全监管部门进行报告

    D. 公路部门拟在距管线 20 米区域扩建公路，在开工的 7 日前，施工单位书面通知了该企业，并将施工作业方案报给该企业

E. 巡线员发现在管道一侧约 150 米的区域内有人实施爆破作业，上前制止并向企业负责人汇报，制止无效后，企业向当地安全监管部门进行报告

7. 【多选】根据《危险化学品输送管道安全管理规定》，关于有毒气体的危险化学品管道规划的说法，正确的有（　　　）。

A. 严格控制氯气管道穿越公共区域　　　B. 严格控制硫化氢管道穿越公共区域

C. 禁止氨气管道穿越公共区域　　　　　D. 禁止光气管道穿越公共区域

E. 禁止氯气管道穿越非公共区域

【历年真题实战】　　　　　　　　　　　　　　　　　答案：430 页

1. 【2023 年·单选】下列管道中，适用《危险化学品输送管道安全管理规定》的是（　　　）。

A. 某氯碱企业厂区内危险化学品管道

B. 某炼化企业的成品油输送管道

C. 某食品企业厂区外城镇燃气管道

D. 某农药企业厂区外公共区域架空危险化学品管道

2. 【2022 年·单选】为了将甲公司生产的氯气通过管道输送至乙公司，甲公司需要修建一条氯气输送管道。根据《危险化学品输送管道安全管理规定》，关于该氯气输送管道规划和安全管理的说法，正确的是（　　　）。

A. 经过充分论证，该氯气输送管道可以穿越某乡镇医院

B. 氯气属于剧毒化学品，不能通过架空管道输送

C. 该氯气管道确须穿过地震活动断层的，应当采取可靠的工程处理措施

D. 乙公司对该氯气输送管道的安全负责

3. 【2021 年·单选】危险化学品管道输送单位应当加强管道运行安全管理。根据《危险化学品输送管道安全管理规定》，关于管道单位安全管理的说法，正确的是（　　　）。

A. 管道单位发现危险化学品管道阀门被擅自开启的，应当立即向有关部门报告

B. 管道单位发现危险化学品管道两侧 6 米处有种植乔木的，应当立即向有关部门报告

C. 管道单位在巡查中发现存在事故隐患的，应当立即向应急管理部门报告

D. 管道单位应当及时更新不符合安全标准的危险化学品管道，并向应急管理部门报告

4. 【2020 年·单选】根据《危险化学品输送管道安全管理规定》，管道单位发现的下列行为应当及时予以制止的是（　　　）。

A. 在距离危险化学品管道附属设施外缘一侧 10 米处进行挖掘施工

B. 在距离危险化学品管道中心线一侧 4 米处种植芦苇

C. 在距离危险化学品管道中心线一侧 15 米处修水渠

D. 在距离危险化学品管道附属设施外缘一侧 20 米处修建水产养殖场

5. 【2019 年·单选】根据《危险化学品输送管道安全管理规定》，规划危险化学品输送管道时应（　　　）。

A. 严格控制光气管道穿（跨）越公共区域

B. 禁止氨管道穿（跨）越公共区域

C. 严格控制硫化氢管道穿（跨）越公共区域

D. 严格控制氯气管道穿（跨）越公共区域

第二十七节　危险化学品建设项目安全监督管理办法

【基础知识训练】   答案：431 页

1. 【单选】依据《危险化学品建设项目安全监督管理办法》规定，下列建设项目中，应当由省级安全生产监督管理部门负责安全审查的是（　　）。

A. 国务院审批的建设项目

B. 生产剧毒化学品的建设项目

C. 涉及国家安全生产监督管理总局公布的重点监管危险化学品的建设项目

D. 国家安全生产监督管理总局审批的建设项目

第二十八节　危险化学品重大危险源监督管理暂行规定

【基础知识训练】   答案：431 页

1. 【单选】根据《危险化学品重大危险源监督管理暂行规定》，危险化学品单位（　　）的应当对重大危险源重新进行辨识、安全评估及分级。

A. 重大危险源安全评估已满两年

B. 法定代表人发生变更

C. 外界生产安全环境因素发生变化，影响重大危险源级别和风险程度

D. 发生危险化学品事故造成 5 人以上受伤

2. 【单选】根据《危险化学品重大危险源监督管理暂行规定》，以下不属于重大危险源安全评估报告的内容的是（　　）。

A. 评估的主要依据　　　　　　　　B. 大危险源的基本情况

C. 事故发生的可能性及危害程度　　D. 劳动防护用品的配备情况

3. 【单选】某危险化学品企业正在组织制定重大危险源事故应急预案演练计划。根据《危险化学品重大危险源监督管理暂行规定》，关于应急预案演练的说法，正确的是（　　）。

A. 重大危险源专项应急预案，每年至少进行一次演练

B. 重大危险源专项应急预案，每两年至少进行一次演练

C. 重大危险源现场处置方案，每两年至少进行一次演练

D. 重大危险源现场处置方案，每年至少进行一次演练

4. 【单选】根据《危险化学品重大危险源监督管理暂行规定》，下列关于危险化学品重大危险源监督检查的说法，正确的是（　　）。

A. 县级人民政府安全生产监督管理部门应当在每年 1 月 31 日前，将辖区内上一年度

重大危险源的汇总信息报送至设区的市级人民政府安全生产监督管理部门

B. 省级人民政府安全生产监督管理部门应当在每年 2 月 15 日前，将辖区内上一年度重大危险源的汇总信息报送至国家安全生产监督管理总局

C. 县级人民政府安全生产监督管理部门应当每月将辖区内一级、二级重大危险源的核销材料报送至设区的市级人民政府安全生产监督管理部门

D. 设区的市级人民政府安全生产监督管理部门应当每半年将辖区内一级、二级重大危险源的核销材料报送至省级人民政府安全生产监督管理部门

5.【单选】根据《危险化学品重大危险源监督管理暂行规定》，下列情况中无须委托具有相应资质的安全评价机构进行安全评估的是（　　　）。

A. 构成一级重大危险源，且毒性气体实际存在（在线）量与其在《危险化学品重大危险源辨识》中规定的临界量比值之和大于或等于 1 的

B. 构成二级重大危险源，且毒性气体实际存在（在线）量与其在《危险化学品重大危险源辨识》中规定的临界量比值之和大于或等于 1 的

C. 构成一级重大危险源，且爆炸品或液化易燃气体实际存在（在线）量与其在《危险化学品重大危险源辨识》中规定的临界量比值之和大于或等于 1 的

D. 构成二级重大危险源，且爆炸品或液化易燃气体实际存在（在线）量与其在《危险化学品重大危险源辨识》中规定的临界量比值之和大于或等于 1 的

【能力提升训练】　　　　　　　　　　　　　　　　　　　　答案：432 页

1.【单选】县安全监管部门在对某危险化学品生产企业检查时发现，该企业重大危险源未按照要求登记建档，遂对该企业作出 8 万元罚款的处罚，并要求该企业 30 天内完成整改。30 天后，该企业仍未按要求完成重大危险源登记建档，根据《危险化学品重大危险源监督管理暂行规定》，下列对该企业及相关责任人员的处罚中正确的是（　　　）。

A. 对该企业直接负责的主管人员和其他直接责任人员各处 3 万元的罚款

B. 责令该企业停产停业整顿，并处 30 万元的罚款

C. 责令该企业停产停业整顿，并处 60 万元的罚款

D. 对该企业直接负责的主管人员和其他直接责任人员各处 1 万元的罚款

2.【单选】某县应急管理部门在对辖区内重大危险源进行检查时发现，一危险化学品生产企业未按照规定要求对重大危险源进行登记建档。根据《危险化学品重大危险源监督管理暂行规定》，应急管理部门对该企业的处罚，符合要求的是（　　　）。

A. 责令停产停业整顿

B. 吊销该企业危险化学品安全生产许可证

C. 对该企业处以 8 万元罚款

D. 对该企业负责人处以 3 万元罚款

3.【单选】危险化学品生产经营单位应当制定重大危险源事故应急预案，按照要求进行事故应急预案演练以及评估，并向应急管理部门报告或备案。根据《危险化学品重大危险源监督管理暂行规定》，关于重大危险源安全管理工作的说法，正确的是（　　　）。

A. 对重大危险源专项应急预案，应当每年至少进行一次演练

B. 对重大危险源现场处置方案，应当每季度至少进行一次演练

C. 应急预案演练结束后，应当根据需要对应急预案演练效果进行评估

D. 完成重大危险源安全评估报告后 20 日内，应当报送应急管理部门备案

4.【单选】危险化学品单位应当对重大危险源进行安全评估并确定重大危险源等级。根据《危险化学品重大危险源监督管理暂行规定》，下列关于危险化学品重大危险源辨识与评估的说法，正确的是（　　）。

A. 危险化学品单位应当委托具有相应资质的安全评价机构进行安全评估

B. 重大危险源安全评估可以与安全评价一起进行，以安全评价报告代替安全评估报告

C. 危险化学品单位应当组织本单位的注册安全工程师、技术人员和有关专家进行安全评估

D. 重大危险源等级分为一级、二级、三级和四级，四级为最高级别

5.【多选】根据《危险化学品重大危险源监督管理暂行规定》，关于危险化学品重大危险源安全管理的说法，正确的有（　　）。

A. 重大危险源的化工生产装置，应当装备满足安全生产要求的自动化控制系统

B. 重大危险源中储存剧毒物质的场所或者设施，应当设置视频监控系统

C. 重大危险源安全评估报告完成后，应当在 30 日内向地方安全监管部门报告

D. 重大危险源涉及剧毒气体，应当配备两套以上气密型化学防护服

E. 重大危险源出现重大变化，危险化学品单位应当及时更新档案

【历年真题实战】　　　　　　　　　　　　　　　　　答案：433 页

1.【2023 年·多选】某危险化学品储存企业储罐区储存大量易燃易爆气体、剧毒液体等危险化学品，经专家评定达到三级重大危险源。根据《危险化学品重大危险源监督管理暂行规定》，关于该企业危险化学品重大危险源安全管理的说法，正确的有（　　）。

A. 重大危险源应当配备温度、压力、液位、流量、组份等信息的不间断采集和监测系统

B. 重大危险源中的毒性气体、剧毒液体和易燃气体等重点设施，应当设置紧急切断装置

C. 重大危险源中储存剧毒物质的场所或者设施，应当设置视频监控系统

D. 重大危险源可燃气体泄漏检测报警装置记录的电子数据保存时间，应当不少于 20 天

E. 重大危险源中涉及剧毒液体的三级重大危险源，必须配备独立的安全仪表系统（SIS）

2.【2022 年·单选】根据《危险化学品重大危险源监督管理暂行规定》，下列重大危险源中，应当委托具有相应资质的安全评价机构确定个人和社会风险值的是（　　）。

A. 构成三级（含）以上重大危险源，且毒性气体实际存在（在线）量与其在《危险化学品重大危险源辨识》中规定的临界量比值之和大于或等于 1 的

B. 构成二级（含）以上重大危险源，且爆炸品实际存在（在线）量与其在《危险化学品重大危险源辨识》中规定的临界量比值之和大于或等于 1 的

C. 构成二级（含）以上重大危险源，且液化易燃气体实际存在（在线）量与其在《危险化学品重大危险源辨识》中规定的临界量比值之和大于或等于1的

D. 构成一级重大危险源，且毒性气体实际存在（在线）量与其在《危险化学品重大危险源辨识》中规定的临界量比值之和大于或等于1的

3. 【2022年·单选】危险化学品单位应当根据构成重大危险源的危险化学品种类、数量、生产、使用工艺（方式）或者相关设备、设施等实际情况，建立健全安全监测监控体系，完善控制措施。根据《危险化学品重大危险源监督管理暂行规定》，关于重大危险源安全监测监控体系的说法，正确的是（　　　）。

A. 重大危险源检测报警装置记录的电子数据，应当保存不少于20天

B. 重大危险源配备的监测和报警系统，应当具备紧急停车功能

C. 涉及毒性气体、液化气体的二级重大危险源，应当配备独立的安全仪表系统

D. 重大危险源中储存剧毒物质或者易燃气体的场所，应当设置视频监控系统

4. 【2021年·单选】危险化学品重大危险源登记建档是一项重要的安全管理工作。根据《危险化学品重大危险源监督管理暂行规定》，不属于危险化学品重大危险源档案的文件资料是（　　　）。

A. 重大危险源主要设备一览表　　　　B. 重大危险源的基本特征表

C. 涉及的所有化学品安全标签　　　　D. 场所安全警示标志设置情况

5. 【2021年·单选】某危险化学品公司拟申请核销重大危险源。根据《危险化学品重大危险源监督管理暂行规定》，关于该公司重大危险源申请核销的说法，错误的是（　　　）。

A. 经安全评价不再构成重大危险源的，方可申请核销

B. 危险化学品单位应当向所在地县级人民政府应急管理部门申请核销

C. 应急管理部门应自收到核销材料之日起45日内进行审查

D. 县级人民政府应急管理部门应当将一级重大危险源核销材料报送上一级部门

6. 【2020年·单选】某企业在库区存放大量危险化学品，2017年1月经过评估后，构成三级重大危险源。根据《危险化学品重大危险源监督管理暂行规定》，关于该重大危险源辨识评估的说法，正确的是（　　　）。

A. 该企业进行重大危险源评估时，必须委托具有资质的评价机构进行安全评估

B. 该企业应当最迟在2019年2月前，对重大危险源重新进行辨识、安全评估及分级

C. 该企业应当最迟在2020年2月前，对重大危险源重新进行辨识、安全评估及分级

D. 该库区危险化学品的储存量激增，重新评估后可能升级为四级重大危险源

7. 【2020年·多选】重大危险源具有较大危险性，一旦发生事故后果非常严重。根据《安全生产法》《危险化学品重大危险源监督管理暂行规定》，关于生产经营单位重大危险源安全管理的说法，正确的有（　　　）。

A. 应对一级或二级重大危险源装备紧急停车系统

B. 应当告知有关人员在紧急情况下采取的应急措施

C. 对辨识确认的重大危险源，应当及时报送县应急管理部门逐项登记建档

D. 对重大危险源现场处置方案，应当每年组织一次事故应急演练并记录存档

E. 应当将本单位重大危险源及有关安全措施报有关地方人民政府审批

8.【2019年·单选】根据《危险化学品重大危险源监督管理暂行规定》，关于危险化学品单位重大危险源安全管理的说法，正确的是（ ）。

A. 一级重大危险源记录电子数据的保存时间，应当不少于30天

B. 重大危险源中储存剧毒物质的场所或者设施，应当设置视频监控系统

C. 涉及剧毒气体的重大危险源，应当至少配备一套气密型化学防护服

D. 重大危险源专项应急预案的演练，应当每两年至少进行一次

9.【2019年·单选】根据《危险化学品重大危险源监督管理暂行规定》，关于危险化学品重大危险源的说法，正确的是（ ）。

A. 危险化学品单位必须由安全评价机构对重大危险源每年进行安全评估

B. 重大危险源根据其危险程度，分为一级、二级、三级和四级，四级为最高级别

C. 对构成重大危险源的场所进行扩建时，危险化学品单位应当对重大危险源重新进行辨识、安全评估及分级

D. 构成一级重大危险源，且毒性气体实际存在量与《危险化学品重大危险源辨识》中规定的临界量比值之和小于1的，应当委托具有相应资质的安全评价机构进行安全评估

第二十九节　工贸企业有限空间作业安全规定

【基础知识训练】　　　　　　　　　　　　　　答案：436页

1.【单选】根据《工贸企业有限空间作业安全规定》，有限空间作业的安全第一责任人是（ ），应当组织制定有限空间作业安全管理制度。

A. 有限空间作业审批人

B. 有限空间监护人员

C. 工贸企业安全生产管理人员

D. 工贸企业主要负责人

2.【单选】甲工贸企业将本单位的有限空间作业发包给乙企业进行。根据《工贸企业有限空间作业安全规定》，下列关于有限空间作业的说法，错误的是（ ）。

A. 甲工贸企业可以和乙企业在合同中约定各自的安全生产管理职责

B. 甲工贸企业可以和乙企业在协议中约定各自的安全生产管理职责

C. 甲工贸企业应当对其发包的有限空间作业统一协调、管理

D. 现场作业的安全检查应当由乙企业负责，检查情况应当上报甲工贸企业

3.【单选】根据《工贸企业有限空间作业安全规定》，工贸企业应当（ ）至少组织一次有限空间作业专题安全培训。

A. 每季度　　　　　　　　　　　B. 每半年

C. 每年　　　　　　　　　　　　D. 每两年

4.【单选】根据《工贸企业有限空间作业安全规定》，有限空间作业应当严格遵守

（ 　　 ） 要求。

A. "先检测、再隔离、后作业"

B. "先检测、再作业、后通风"

C. "先通风、再检测、后作业"

D. "先隔离、再检测、后作业"

5. 【单选】根据《工贸企业有限空间作业安全规定》，下列关于工贸企业有限空间作业安全保障的说法，正确的是 （ 　　 ）。

A. 作业过程中，工贸企业应当安排专人对作业区域持续进行气体浓度检测

B. 作业过程中，工贸企业应当安排专人对作业区域每2小时进行一次气体浓度检测

C. 作业中断30分钟内，作业人员再次进入有限空间作业，无须进行气体检测

D. 作业中断60分钟内，作业人员再次进入有限空间作业，无须进行气体检测

6. 【单选】根据《工贸企业有限空间作业安全规定》，（ 　　 ） 应当加强对工贸企业有限空间作业的监督检查，将检查纳入年度监督检查计划。

A. 工贸企业主要负责人

B. 工贸企业安全生产管理机构

C. 各级人民政府

D. 负责工贸企业安全生产监督管理的部门

7. 【单选】根据《工贸企业有限空间作业安全规定》，工贸企业未按照规定开展有限空间作业专题安全培训或者未如实记录安全培训情况的，应当责令限期改正，处 （ 　　 ）的罚款。

A. 5万元以下　　　　　　　　　　B. 10万元以下

C. 15万元以下　　　　　　　　　　D. 20万元以下

8. 【多选】工贸企业应当根据有限空间作业安全风险大小，明确审批要求。根据《工贸企业有限空间作业安全规定》，对于存在中毒和窒息等风险的有限空间作业，可以由工贸企业的 （ 　　 ） 进行审批。

A. 主要负责人

B. 安全生产管理人员

C. 专业技术负责人

D. 有限空间作业监护人

E. 主要负责人书面委托的人员

9. 【多选】负责工贸企业安全生产监督管理的部门及其行政执法人员对辖区内工贸企业进行监督检查。根据《工贸企业有限空间作业安全规定》，下列关于监督检查部门和行政执法人员的说法，正确的有 （ 　　 ）。

A. 发现有限空间作业存在重大事故隐患的，应当责令立即或者限期整改

B. 发现有限空间作业存在重大事故隐患的，应当责令暂时停止作业

C. 重大事故隐患排除前无法保证安全的，应当责令停产停业整顿

D. 重大事故隐患排除过程中无法保证安全的，应当责令暂时停止作业，撤出作业人员

E. 重大事故隐患排除后，经审查同意，工贸企业方可恢复作业

10. 【多选】根据《工贸企业有限空间作业安全规定》，负责工贸企业安全生产监督管理的部门对纳入重点检查范围的工贸企业有限空间作业进行检查时，应当突出检查的事项包括（　　）。

    A. 监护人员配备和履职情况

    B. 作业审批

    C. 防护用品和应急救援装备配备

    D. 有限空间作业现场处置方案

    E. 应急演练频次和效果

11. 【多选】根据《工贸企业有限空间作业安全规定》，工贸企业组织有限空间作业专题安全培训，旨在提高相关人员的有限空间作业安全知识和技能，下列人员中应当进行培训被记录的有（　　）。

    A. 作业审批人　　　　　　　　　B. 监护人员

    C. 主要负责人　　　　　　　　　D. 作业人员

    E. 应急救援人员

12. 【多选】某纺织企业未按照规定制定有限空间作业现场处置方案。根据《工贸企业有限空间作业安全规定》，下列关于其处罚的说法，正确的有（　　）。

    A. 责令限期改正，处 5 万元以下的罚款

    B. 责令限期改正，处 10 万元以下的罚款

    C. 逾期未改正的，责令停产停业整顿，并处 5 万元以上 20 万元以下的罚款

    D. 逾期未改正的，责令停产停业整顿，并处 5 万元以上 10 万元以下的罚款

    E. 逾期未改正的，对其直接负责的主管人员和其他直接责任人员处 2 万元以上 5 万元以下的罚款

13. 【多选】某烟草企业未按照规定配备、使用符合国家标准或者行业标准的有限空间作业安全仪器、设备、装备和器材。根据《工贸企业有限空间作业安全规定》，下列关于对其处罚的说法，正确的有（　　）。

    A. 责令限期改正，对烟草企业处 5 万元以下的罚款

    B. 责令限期改正，对其直接负责的主管人员和其他直接责任人员处 1 万元以上 2 万元以下的罚款

    C. 逾期未改正的，对烟草企业处 5 万元以上 20 万元以下的罚款

    D. 逾期未改正的，责令烟草企业停产停业整顿

    E. 逾期未改正的，对其直接负责的主管人员和其他直接责任人员处 2 万元以上 5 万元以下的罚款

【能力提升训练】　　　　　　　　　　　　　　　　　　答案：438 页

1. 【单选】根据《工贸企业有限空间作业安全规定》，下列关于工贸企业有限空间作业安全保障的说法，正确的是（　　）。

    A. 工贸企业应当实行有限空间作业监护制，明确专职或者兼职的监护人员，负责监督有限空间作业安全措施的落实

B. 有限空间作业审批人、监护人员、作业人员应当能够正确使用气体检测、机械通风、呼吸防护、应急救援等用品、装备

C. 工贸企业应当采用信息化、数字化和智能化技术，提升有限空间作业安全风险管控水平

D. 具有重大隐患的工贸企业应当对有限空间进行辨识，建立有限空间管理台账，鼓励其他工贸企业建立有限空间管理台账

2. 【单选】有限空间，是指封闭或者部分封闭，未被设计为固定工作场所，人员可以进入作业，易造成有毒有害、易燃易爆物质积聚或者氧含量不足的空间。根据《工贸企业有限空间作业安全规定》，下列关于有限空间作业的说法，错误的是（　　）。

A. 有限空间作业存在爆炸风险的，应当采取消除或者控制措施，相关设备应当符合防爆安全要求

B. 作业前，应当组织对作业人员进行安全交底，监护人员应当对通风、检测和必要的隔断、清除、置换等风险管控措施逐项进行检查

C. 监护人员应当全程进行监护，与作业人员保持实时联络，不得离开作业现场或者进入有限空间参与作业

D. 发现异常情况时，监护人员应当立即组织作业人员撤离现场，若发生有限空间作业事故后，应当立即进行施救

3. 【单选】负责工贸企业安全生产监督管理的部门及其行政执法人员在监督检查时发现，某工贸企业未按照规定配备、使用符合国家标准或者行业标准的有限空间作业安全仪器、设备、装备和器材。根据《工贸企业有限空间作业安全规定》，下列关于对该企业及其相关人员处罚的说法，正确的是（　　）。

A. 责令限期改正，处 5 万元以下的罚款

B. 责令限期改正，处 10 万元以下的罚款

C. 对其直接负责的主管人员和其他直接责任人员处 1 万元以上 3 万元以下的罚款

D. 对其直接负责的主管人员和其他直接责任人员处 2 万元以上 5 万元以下的罚款

4. 【单选】某化工企业 3 名员工进入有限空间储罐进行清淤作业，根据《工贸企业有限空间作业安全规定》，下列关于本次清淤作业安全保障的说法，正确的是（　　）。

A. 工贸企业应当在有限空间出入口等醒目位置设置明显的安全警示标志和安全风险告知牌

B. 进入储罐后，应当组织对作业人员进行安全交底，监护人员应当对风险管控措施逐项进行检查

C. 监护人员应当全程进行监护，与作业人员保持实时联络，不得离开作业现场，必要时应当进入有限空间协助作业

D. 发生有限空间作业事故后，监护人员应当立即按照现场处置方案进行应急处置，组织科学施救

5. 【单选】根据《工贸企业有限空间作业安全规定》，工贸企业应当对可能产生（　　）的有限空间采取上锁、隔离栏、防护网或者其他物理隔离措施。

A. 窒息危险　　　　　　　　　　　　　B. 有毒物质

C. 剧毒物质　　　　　　　　　　　　D. 环境污染

6. 【单选】根据《工贸企业有限空间作业安全规定》，未落实有限空间作业审批，应当对工贸企业处（　　　）的罚款。

　　A. 3 万元以下　　　　　　　　　　B. 5 万元以下

　　C. 7 万元以下　　　　　　　　　　D. 10 万元以下

7. 【多选】工贸企业应当根据有限空间作业安全风险大小，明确审批要求。根据《工贸企业有限空间作业安全规定》，下列有限空间作业中，应当由工贸企业主要负责人或者其书面委托的人员进行审批的有（　　　）。

　　A. 存在硫化氢的有限空间作业

　　B. 存在一氧化碳的有限空间作业

　　C. 存在氢气的有限空间作业

　　D. 存在氮气的有限空间作业

　　E. 存在二氧化碳的有限空间作业

8. 【多选】根据《工贸企业有限空间作业安全规定》，下列关于工贸企业有限空间作业安全保障的说法，正确的有（　　　）。

　　A. 工贸企业应当制定有限空间作业现场处置方案，组织演练并进行演练效果评估

　　B. 工贸企业应当在有限空间出入口等醒目位置设置明显的安全警示标志

　　C. 工贸企业应当对有限空间采取上锁、隔离栏、防护网或者其他物理隔离措施

　　D. 工贸企业有限空间作业的作业人员负责在作业前解除物理隔离措施

　　E. 工贸企业应当配备气体检测报警仪器、全身式安全带等防护用品和应急救援装备

9. 【多选】根据《工贸企业有限空间作业安全规定》，下列情形中，应当对其直接负责的主管人员和其他直接责任人员处 1 万元以下的罚款的有（　　　）。

　　A. 未配备监护人员，或者监护人员未按规定履行岗位职责的

　　B. 未对有限空间进行辨识，或者未建立有限空间管理台账的

　　C. 未按要求进行通风和气体检测的

　　D. 未按照规定设置明显的有限空间安全警示标志的

　　E. 未按照规定开展有限空间作业专题安全培训的

第三十节　食品生产企业安全生产监督管理暂行规定

【基础知识训练】　　　　　　　　　　　　　　　　　　答案：439 页

1. 【单选】某大型食品生产企业，从业人员 1000 余人，为加强食品生产企业的安全生产工作，防止和减少生产安全事故，依据《食品生产企业安全生产监督管理暂行规定》，下列选项中，做法不正确的是（　　　）。

　　A. 设置安全生产管理机构

　　B. 配备 3 名以上专职安全生产管理人员

　　C. 鼓励配备注册安全工程师从事安全生产管理工作

D. 委托安全生产中介机构提供安全生产服务

2. 【单选】某食品生产企业有从业人员 270 人。依据《食品生产企业安全生产监督管理暂行规定》的规定，下列关于该企业设置安全生产管理机构或者配备专职安全生产管理人员的说法，符合规定的是（　　　）。

    A. 应当设置安全生产管理机构或者配备 3 名以上兼职安全生产管理人员

    B. 应当设置安全生产管理机构或者配备 3 名以上专职安全生产管理人员

    C. 应当设置安全生产管理机构或者配备 3 名以上注册安全工程师

    D. 应当设置专职安全管理人员并配备 3 名以上注册安全工程师

3. 【单选】依据《食品生产企业安全生产监督管理暂行规定》，关于县级以上地方人民政府负责食品生产企业安全生产监管的部门对食品生产企业安全生产的监督检查做法，错误的是（　　　）。

    A. 对违反有关安全生产法律、行政法规、国家标准或者行业标准和本规定的违法行为，依法实施行政处罚

    B. 应当将食品生产企业纳入年度执法工作计划，明确检查的重点企业、关键事项、时间和标准，对检查中发现的重大事故隐患实施挂牌督办

    C. 接到食品生产企业报告的重大事故隐患后，督促食品生产企业按照治理方案排除事故隐患，防止事故发生

    D. 对食品生产企业进行监督检查时，发现其存在工程建设、消防和特种设备等方面的事故隐患或者违法行为的，应当及时移送上级人民政府有关部门处理

第三十一节　建筑施工企业安全生产许可证管理规定

【基础知识训练】　　　　　　　　　　　　　　　　　　答案：440 页

1. 【单选】依据《建筑施工企业安全生产许可证管理规定》，建筑施工企业取得安全生产许可证，应当具备的条件包括（　　　）。

    A. 保证本单位安全生产条件所需资金的投入

    B. 设置安全生产管理机构并配备兼职安全生产管理人员

    C. 依法为施工现场全部作业人员办理意外伤害保险并交纳保险费

    D. 管理人员和作业人员每年至少进行 2 次安全生产教育培训并考核合格

2. 【单选】依据《建筑施工企业安全生产许可证管理规定》，某施工企业在其安全生产许可证有效期内未发生死亡事故，则安全生产许可证有效期届满时（　　　）。

    A. 不再审查，直到发生死亡事故时终止

    B. 经原安全生产许可证颁发机关重新办理

    C. 经原安全生产许可证颁发机关同意，不再审查，有效期延期 3 年

    D. 必须再次审查，审查合格延期 3 年

3. 【单选】依据《建筑施工企业安全生产许可证管理规定》，施工企业变更名称、地址、法定代表人等，应当在变更后（　　　）内，到原安全生产许可证颁发管理机关办理安

全生产许可证变更手续。

    A. 7 日　　　　　　B. 10 日　　　　　　C. 15 日　　　　　　D. 30 日

4. 【单选】某施工企业在 2017 年 2 月 1 日办理了安全生产许可证，则其向原发证机关办理延期手续的期间为（　　）。

    A. 2019 年 2 月至 2019 年 5 月　　　　　　B. 2018 年 11 月至 2019 年 1 月

    C. 2020 年 2 月至 2020 年 5 月　　　　　　D. 2019 年 11 月至 2020 年 1 月

5. 【多选】依据《建筑施工企业安全生产许可证管理规定》，关于安全生产许可证管理制度的说法，正确的有（　　）。

    A. 安全生产许可证的有效期为 3 年

    B. 未取得安全生产许可证的企业，不得从事建筑施工活动

    C. 建设主管部门在颁发施工许可证时，必须审查安全生产许可证

    D. 企业未发生死亡事故的，许可证有效期届满时自动延期

    E. 企业未发生死亡事故的，许可证有效期届满时，经原办证机关同意，可延期

6. 【多选】依据《建筑施工企业安全生产许可证管理规定》，下列要求中，属于施工企业取得安全生产许可证应当具备的安全生产条件有（　　）。

    A. 建立、健全安全生产责任制

    B. 保证本单位安全生产条件所需资金投入

    C. 保障工程质量和安全的具体措施

    D. 管理人员每年至少进行 1 次安全生产教育培训

    E. 已经取得建设工程规划许可证

第三十二节　建筑起重机械安全监督管理规定

【基础知识训练】　　　　　　　　　　　　　　　　　　　答案：441 页

1. 【单选】根据《建筑起重机械安全监督管理规定》，建筑起重机械安装完毕后，由（　　）组织验收。

    A. 建设单位　　　　　　　　　　B. 监理单位

    C. 施工企业　　　　　　　　　　D. 安装单位

2. 【单选】根据《建筑起重机械安全监督管理规定》，关于建筑起重机械安装单位安全责任的说法，正确的是（　　）。

    A. 安装单位应当与建设单位签订建筑起重机械安装工程安全协议书

    B. 施工总承包企业不负责对建筑起重机械安装工程专项施工方案进行审查

    C. 建筑起重器械安装完毕后，建设主管部门应当参加验收

    D. 建筑起重机械安装完毕后，安装单位应当自检，出具自检合格证明

3. 【多选】根据《建筑起重机械安全监督管理规定》，建筑起重机械不得出租、使用的情形有（　　）。

    A. 经检验未达到安全技术标准规定的

B. 属于国家不鼓励使用的

C. 没有完整安全技术档案的

D. 安全保护装置齐全有效的

E. 超过安全技术标准或者制造厂家规定的使用年限的

4. 【多选】根据《建筑起重机械安全监督管理规定》，建筑起重机械安装、拆卸工程档案应当包括以下资料（　　　）。

A. 安装、拆卸合同及安全协议书

B. 建筑起重机械出厂合格证

C. 安装拆卸工程专项施工方案

D. 安全施工技术交底的有关资料

E. 安装工程验收资料

第三十三节　建筑施工企业主要负责人、项目负责人和专职安全生产管理人员安全生产管理规定

【基础知识训练】　　　　　　　　　　　　　　　　　　　答案：441 页

1. 【单选】住建部《建筑施工企业主要负责人、项目负责人和专职安全生产管理人员安全生产管理规定》，建筑施工企业专职安全生产管理人员，是指在企业专职从事安全生产管理工作的人员，包括（　　　）。

A. 施工单位安全生产管理机构的人员

B. 分管安全生产工作的副经理

C. 施工单位安全生产管理机构的负责人

D. 施工单位安全生产委员会负责人

2. 【单选】根据《建筑施工企业主要负责人、项目负责人和专职安全生产管理人员安全生产管理规定》，安全生产考核合格证书有效期届满需要延续的，应当在有效期届满前（　　　）内申请证书延续。

A. 30 日　　　　　B. 45 日　　　　　C. 60 日　　　　　D. 3 个月

3. 【多选】根据《建筑施工企业主要负责人、项目负责人和专职安全生产管理人员安全生产管理规定》，说法正确的有（　　　）。

A. "安管人员"应当参加安全生产考核，履行安全生产责任

B. 安全生产考核合格证书有效期届满需要延续的，应当在有效期届满前 3 个月内申请证书延续

C. 安全生产考核合格证书有效期 3 年，未发生死亡事故的，证书有效期延续 5 年

D. 建筑施工企业每年对"安管人员"进行培训和考核，考核不合格的，不得上岗

E. "安管人员"以欺骗、贿赂等不正当手段取得安全生产考核合格证书的，由原考核机关撤销安全生产考核合格证书；"安管人员"1 年内不得再次申请考核

第三十四节 危险性较大的分部分项工程安全管理规定

【基础知识训练】   答案：442 页

1. 【单选】根据《危险性较大的分部分项工程安全管理规定》，实行施工总承包的，专项施工方案应当由（　　）组织编制。
   A. 施工总承包单位   B. 设计单位
   C. 建设单位   D. 监理单位

2. 【单选】根据《危险性较大的分部分项工程安全管理规定》，对于超过一定规模的危大工程，实行施工总承包的，由（　　）组织召开专家论证会。
   A. 建设单位   B. 监理单位
   C. 施工总承包单位   D. 分包单位

3. 【单选】根据《危险性较大的分部分项工程安全管理规定》，对于按照规定需要验收的危大工程，施工单位、监理单位应当组织相关人员进行验收。验收合格的，经（　　）签字确认后，方可进入下一道工序。
   A. 施工单位项目负责人
   B. 总监理工程师
   C. 施工单位项目技术负责人
   D. 施工单位项目技术负责人及总监理工程师

4. 【多选】根据《危险性较大的分部分项工程安全管理规定》，以下说法正确的有（　　）。
   A. 施工单位应当在施工现场显著位置公告危大工程名称、施工时间和具体责任人员，并在危险区域设置安全警示标志
   B. 专项施工方案实施前，编制人员或者项目技术负责人应当向施工现场管理人员进行方案交底。
   C. 监理单位应当结合危大工程专项施工方案编制监理实施细则，并对危大工程施工实施定期抽查
   D. 施工单位应当严格按照专项施工方案组织施工，不得擅自修改专项施工方案
   E. 按照规定需要进行第三方监测的危大工程，监测方案由监测单位技术负责人审核签字并加盖单位公章，报送监理单位后方可实施

第三十五节 海洋石油安全生产规定

【基础知识训练】   答案：442 页

1. 【单选】依据《海洋石油安全生产规定》的规定，海洋石油生产设施试生产后，应当经海油安办有关分部应对海洋石油生产设施的状况及安全措施的落实情况进行检查，

经验收合格，取得（　　）后，方可正式投入生产使用。

A. 临时检验证书 B. 最终检验证书

C. 安全生产许可证 D. 海洋石油开采资质证书

2. 【单选】依据《海洋石油安全生产规定》的规定，海油安办及其各分部依法对作业者和承包者执行有关安全生产的法律、行政法规和国家标准或者行业标准的情况进行监督检查，对有根据认为不符合保障安全生产的国家标准或者行业标准的设施、设备、器材予以查封或者扣押，应当在（　　）内依法作出处理决定。

A. 10 日 B. 15 日 C. 30 日 D. 60 日

3. 【单选】依据《海洋石油安全生产规定》的规定，作业者或者承包者在编制钻井、采油和井下作业等作业计划时，应当根据地质条件与海域环境确定安全可靠的井控程序和防（　　）措施。

A. 氯气 B. 光气 C. 硫化氢 D. 一氧化碳

4. 【多选】依据《海洋石油安全生产规定》的规定，海油安办及其各分部依法对作业者和承包者执行有关安全生产的法律、行政法规和国家标准或者行业标准的情况进行监督检查，可以依法行使的职权有（　　）。

A. 现场检查权 B. 当场处理权

C. 紧急处置权 D. 行政拘留权

E. 查封扣押权

5. 【多选】依据《海洋石油安全生产规定》，关于海洋石油开采活动的安全生产保障，正确的有（　　）。

A. 作业者和承包者的主要负责人对本单位的安全生产工作全面负责

B. 海洋石油生产设施的主要负责人、安全管理人员应当经考核合格取得安全资格证书

C. 作业者和承包者应当制定海洋石油作业设施、生产设施及其专业设备的安全检查、维护保养制度，建立安全检查、维护保养档案，并指定兼职人员负责

D. 海洋石油生产设施试生产前，应当经发证检验机构检验合格，取得最终检验证书或者临时检验证书

E. 打开油（气）层前，作业者或者承包者应当确认井控和防一氧化碳措施的落实情况

参考答案与解析

第一章　安全生产相关国家政策

第一节　习近平法治思想概述

【基础知识训练】

1. B 【解析】2020 年 11 月 16 日至 17 日，中央全面依法治国工作会议在北京召开。这次会议的一个重要成果，就是首次提出习近平法治思想。会议强调，习近平法治思想从历史和现实相贯通、国际和国内相关联、理论和实际相结合上深刻回答了新时代为什么实行全面依法治国、怎样实行全面依法治国等一系列重大问题。这次会议主题重大，意义重大，最重要的是明确了习近平法治思想在全面依法治国工作中的指导地位。这是中国社会主义法治建设进程中具有重大现实意义和深远历史意义的大事。

2. ACDE 【解析】习近平总书记在中央全面依法治国工作会议上提出并系统阐述的"十一个坚持"：坚持党对全面依法治国的领导；坚持以人民为中心；坚持中国特色社会主义法治道路；坚持依宪治国、依宪执政；坚持在法治轨道上推进国家治理体系和治理能力现代化；坚持建设中国特色社会主义法治体系；坚持依法治国、依法执政、依法行政共同推进，法治国家、法治政府、法治社会一体建设；坚持全面推进科学立法、严格执法、公正司法、全民守法；坚持统筹推进国内法治和涉外法治；坚持建设德才兼备的高素质法治工作队伍；坚持抓住领导干部这个"关键少数"。

第二节　习近平有关安全生产重要讲话和指示批示

【基础知识训练】

1. A 【解析】发展决不能以牺牲安全为代价。这必须作为一条不可逾越的红线。

2. C 【解析】争分夺秒全力抢险救援，生存权高于一切，应优先保障人的生命安全，而不是国家财产安全。

3. B 【解析】2020 年 4 月，中共中央总书记、国家主席、中央军委主席习近平对安全生产作出重要批示。习近平强调，生命重于泰山，各级党委和政府务必把安全生产摆到重要位置，树牢安全发展理念，绝不能只重发展不顾安全，更不能将其视作无关痛痒的事，搞形式主义、官僚主义。

4. ABE 【解析】"四不两直"指的是：不发通知、不打招呼、不听汇报、不用陪同和接待，直奔基层、直插现场。

5. ABDE 【解析】"四不放过"原则指的是：必须坚持事故原因分析不清不放过；事故责任者和群众没有受到教育不放过；整改措施未落实不放过；事故责任者没有受到严肃处理不放过的原则。

第三节　有关安全生产的重要文件

【基础知识训练】

1. C 【解析】企业实行全员安全生产责任制度，法定代表人和实际控制人同为安全生产第一责任人。

2. D 【解析】D选项错误生产经营单位是本单位的责任主体，生产经营单位委托依法设立的机构提供安全生产技术、管理服务的，保证安全生产的责任仍由本单位负责。

3. B 【解析】各级政府要对同级安全生产委员会成员单位和下级政府实施严格的安全生产工作责任考核。

4. A 【解析】A选项错误。制定完善高危行业领域安全规程。设区的市依据《立法法》的立法精神，加强安全生产地方性法规建设，解决区域性安全生产突出问题。不是省级，是设区的市级。

5. B 【解析】国务院应急管理部门负责生产经营单位职业危害预防治理国家标准制定发布工作。

6. C 【解析】A选项错误。对违法行为当事人拒不执行安全生产行政执法决定的，负有安全生产监督管理职责的部门应依法申请司法机关强制执行。是申请司法机关强制执行，不是有安全生产监督管理职责的部门强制执行。

B选项错误。建立完善负有安全生产监督管理职责的部门监管执法经费保障机制，将监管执法经费纳入同级财政全额保障范围。是同级财政。

D选项错误。完善生产安全事故调查组组长负责制。调查组长负责制。

7. ABCE 【解析】《意见》提出了五项基本原则，一是坚持安全发展；二是坚持改革创新；三是坚持依法监管；四是坚持源头防范；五是坚持系统治理。

8. ACE 【解析】推进安全生产领域改革发展，建立安全预防控制体系，具体包括：①加强安全风险管控；②强化企业预防措施；③建立隐患治理监督机制；④强化城市运行安全保障；⑤加强重点领域工程治理；⑥建立完善职业病防治体系。

9. ABD 【解析】《意见》推进安全生产领域改革发展的目标任务是到2020年，安全生产监管体制机制基本成熟，法律制度基本完善，全国生产安全事故总量明显减少，职业病危害防治取得积极进展，重特大生产安全事故频发势头得到有效遏制，安全生产整体水平与全面建成小康社会目标相适应。到2030年，实现安全生产治理体系和治理能力现代化，全民安全文明素质全面提升，安全生产保障能力显著增强，为实现中华民族伟大复兴的中国梦奠定稳固可靠的安全生产基础。

【能力提升训练】

1. C 【解析】应建立安全生产"12350"专线与社会公共管理平台统一接报、分类处置的举报投诉机制。

2. DE 【解析】《中共中央　国务院关于推进安全生产领域改革发展的意见》第二十一条规定，树立隐患就是事故的观念，建立健全隐患排查治理制度、重大隐患治理情况向负有安全生产监督管理职责的部门和企业职代会"双报告"制度，实行自查自改自报闭环管理。严格执行安全生产和职业健康"三同时"制度。

《中共中央　国务院关于推进安全生产领域改革发展的意见》第二十八条规定，健全社会化服务体系。将安全生产专业技术服务纳入现代服务业发展规划，培育多元化服务主体。

故 D、E 选项正确。

【历年真题实战】

1. D 【解析】"坚持安全第一、预防为主，建立大安全大应急框架，完善公共安全体系，推动公共安全治理模式向事前预防转型。"习近平总书记在党的二十大报告中针对提高公共安全治理水平作出重要部署，标注出新时代应急管理工作的前行坐标、努力方向。

2. B 【解析】A 选项错误。根据《中共中央　国务院关于推进安全生产领域改革发展的意见》第二项健全落实安全生产责任制规定，企业实行全员安全生产责任制度，法定代表人和实际控制人同为安全生产第一责任人，主要技术负责人负有安全生产技术决策和指挥权，强化部门安全生产职责，落实一岗双责。

B 选项正确。坚持党政同责、一岗双责、齐抓共管、失职追责，完善安全生产责任体系。地方各级党委和政府要始终把安全生产摆在重要位置，加强组织领导。

C 选项错误。建立企业全过程安全生产和职业健康管理制度，做到安全责任、管理、投入、培训和应急救援"五到位"。国有企业要发挥安全生产工作示范带头作用，自觉接受属地监管。

D 选项错误。树立隐患就是事故的观念，建立健全隐患排查治理制度、重大隐患治理情况向负有安全生产监督管理职责的部门和企业职代会"双报告"制度，实行自查自改自报闭环管理。

第二章　安全生产法律基础知识

第一节　法律基础知识

【基础知识训练】

1. C 【解析】《安全生产法》属于法律，由全国人民代表大会及其常务委员会制定。

2. B 【解析】部门规章是指国务院的部、委员会和直属机构依照法律、行政法规或者国务院的授权制定的在全国范围内实施行政管理的规范性文件。

3. B 【解析】《特种设备安全法》属于法律；《注册安全工程师分类管理办法》是由国家安全生产监督管理总局、人力资源社会保障部印发的部门规章；《女职工劳动保护特别规定》《生产安全事故应急条例》属于行政法规。

4. C 【解析】根据法的创制和表达形式不同为标准，可以把法分为成文法（制定法）和不成文法（习惯法）。

5. BD 【解析】《立法法》第一百零五条规定，行政法规之间对同一事项的新的一般规定与旧的特别规定不一致，不能确定如何适用时，由国务院裁决。

第一百零六条规定，地方性法规、规章之间不一致时，由有关机关依照下列规定的权限作出裁决：①同一机关制定的新的一般规定与旧的特别规定不一致时，由制定机关裁决；②地方性法规与部门规章之间对同一事项的规定不一致，不能确定如何适用时，由国务院提出意见，国务院认为应当适用地方性法规的，应当决定在该地方适用地方性法规的规定；认为应当适用部门规章的，应当提请全国人民代表大会常务委员会裁决；③部门规章之间、部门规章与地方政府规章之间对同一事项的规定不一致时，由国务院裁决。根据授权制定的法规与法律规定不一致，不能确定如何适用时，由全国人民代表大会常务委员会裁决。

【能力提升训练】

1. C 【解析】在我国法律体系中，宪法具有最高法律效力，其次是法律，行政法规的法律地位和法律效力仅次于宪法和法律，高于地方性法规和部门规章。地方性法规的效力，高于本级和下级地方政府规章。省、自治区人民政府制定的规章的效力，高于本行政区域内的设区的市、自治州人民政府制定的规章。部门规章之间、部门规章与地方政府规章之间具有同等效力，在各自的权限范围内施行。因而A、B选项错误。同一机关制定的法律、行政法规、地方性法规、自治条例和单行条例、规章，特别规定与一般规定不一致的，适用特别规定。因而D选项错误。同一机关制定的新的一般规定与旧的特别规定不一致时，由制定机关裁决，C选项正确。

2. A 【解析】A选项正确。行政法规的法律地位和法律效力次于宪法和法律，但高于地方性法规、行政规章。

B选项错误。《工伤保险条例》属于行政法规，是由最高国家行政机关即国务院制定的规范性文件。

C选项错误。《安全生产法》属于法律，由全国人大及其常务委员会制定，《危险化学品安全管理条例》属于行政法规，由国务院制定，行政法规的法律地位和法律效力次于宪法和法律，所以，《安全生产法》的法律效力高于《危险化学品安全管理条例》。

D选项错误。国家应急管理部制定的规范性文件属于部门规章，部门规章与地方政府规章之间具有同等法律效力，在各自的权限范围内施行。

3. C 【解析】A选项错误。《安全生产法》是普通法，《消防法》是特殊法。在同一层级的安全生产立法对同一类问题的法律适用上，特殊法优于普通法。

B选项错误、C选项正确。安全生产法规可分为国务院行政法规和地方性法规，部门规章和地方政府规章属于行政规章。行政法规的效力高于地方性法规、规章。

D 选项错误。《安全生产法》由全国人大及其常委会制定，属于法律；强制性安全生产国家标准是由国家标准化行政主管部门依据《标准化法》制定的在全国范围内适用的安全生产技术规范。

4. C 【解析】A 选项，《安全生产法》与《特种设备安全法》均属于法律，效力相同。

B 选项，《特种设备安全法》属于法律，《特种设备安全监察条例》属于行政法规，法律效力高于行政法规。

D 选项，《建设工程安全生产管理条例》属于行政法规，《建筑施工企业主要负责人、项目负责人和专职安全生产管理人员安全生产管理规定》属于部门规章，行政法规效力高于部门规章。

5. D 【解析】D 选项错误。从不同角度或标准，我们对法作不同分类：①依据法的创制和适用主体不同为标准，可以把法分为国内法和国际法；②依据法的效力、内容和制定程序不同为标准，可以把法分为根本法和普通法；③依据法的适用范围的不同为标准，可以把法分为一般法和特别法；④依据法律规定的内容的不同为标准，可以把法分为实体法和程序法；⑤依据法律的创制和表达形式不同为标准，可以把法分为成文法和不成文法；⑥根据国家的意识形态不同为标准，可以把法分为社会主义法和资本主义法。

6. ACD 【解析】《立法法》规定，根据授权制定的法规与法律规定不一致，不能确定如何适用时，由全国人民代表大会常务委员会裁决。部门规章之间、部门规章与地方政府规章之间对同一事项的规定不一致时，由国务院裁决。

7. CDE 【解析】A 选项错误。没有地方性法规高于部门规章的说法。

B 选项错误。地方性法规效力高于地方政府规章。

【历年真题实战】

1. B 【解析】《中华人民共和国消防救援衔条例》属于法律，《女职工劳动保护特别规定》属于国务院行政法规，《北京市安全生产条例》属于地方性法规，《建筑起重机械安全监督管理规定》属于部门规章。

2. D 【解析】A 选项错误。《河南省安全生产条例》属于河南省的地方性法规，而《北京市生产经营单位安全生产主体责任规定》属于北京市的地方政府规章，不属于同一管辖范畴。

B 选项错误。《北京市生产经营单位安全生产主体责任规定》属于地方政府规章，《生产安全事故应急预案管理办法》属于部门规章，在同一位阶的法之间，特别规定优于一般规定。

C 选项错误。《河南省安全生产条例》的法律地位"低于"《危险化学品安全管理条例》。

D 选项正确。《危险化学品安全管理条例》属于国务院制定的行政法规，《生产安全事故应急预案管理办法》属于应急管理部制定的部门规章，行政法规的法律效力层级高于部门规章。

3. C 【解析】A 选项错误。法与法之间没有高低之分。B 选项错误。行政法规之间没有高低之分。C 选项正确。两个都是行政法规。D 选项错误。两个都是地方法规。

4. B 【解析】A 选项错误。法律效力一致。B 选项正确。C 选项错误。二者属于同一层级。D 选项错误。地方性法规高于地方性政府规章。

第二节 安全生产法及安全生产法律体系的基础框架

【基础知识训练】

1. B 【解析】同一层级的法的效力上，可以分为普通法和一般法，在同一层级的不同安全生产法律法规对同一类问题的适用上，应当适用特殊法优于普通法的原则。

2. C 【解析】行政法规的法律效力高于行政规章、国家强制性标准。因此 A 选项错误。行政法规的法律效力低于安全生产法、低于宪法。因此 B 选项错误，C 选项正确。国家安全生产监督管理总局令属于部门规章，效力低于行政法规。

3. D 【解析】A、B 选项错误。《某省安全生产条例》属于地方性法规，《某省生产经营单位安全生产主体责任规定》属于地方政府规章。《立法法》第一百条规定，地方性法规的效力高于本级和下级地方政府规章。即《某省安全生产条例》法律效力高于《某省生产经营单位安全生产主体责任规定》。因此 C 选项错误。地方政府可以对本级人大没有规定的事项作出规定。因此 D 选项正确。

4. C 【解析】行政法规效力高于地方性法规、规章；地方性法规效力高于本级和下级地方政府规章；部门规章与地方政府规章之间具有同等法律效力，在各自的权限范围内施行。

5. D 【解析】A 选项错误。《安全生产法》属于法律，由全国人大及其常委会制定；《建设工程安全生产管理条例》属于行政法规，由国务院制定；法律的效力层级高于行政法规，即《安全生产法》的法律效力层级高于《建设工程安全生产管理条例》。

B 选项错误。安全生产法规可分为国务院行政法规和地方性法规（部门规章和地方政府规章属于"行政规章"，而不是"法规"）。

C 选项错误。经济特区安全生产法规的法律地位与地方性安全生产法规相同，没有上下位之分。

D 选项正确。对于"综合性法"与"单行法"是一个相对的纬度；在一定条件下，综合性法与单行法的区分是相对的、可分的。对于一部法律在不同的领域里可能所划分的类型也就不同。

6. CE 【解析】按照法律效力范围的不同，可以将法分为特殊法与一般法（普通法）；根据法的创制和表达形式不同为标准，可以把法分为成文法（制定法）和不成文法（习惯法），A 选项错误。法律的内容和效力强弱的不同，可以将法分为宪法与普通法律，B 选项错误。按照法律规定的内容不同，可以将法律分为实体法和程序法，C 选项正确；行政规章可以分为部门规章和地方政府规章，部门规章与地方政府规章之间具有同等法律效力，因此 D 选项错误。

7. ABD 【解析】《安全生产法》是安全生产领域的具有普遍适用的法律效力一部综合性法律。因此，A 选项正确。《消防法》属于法律，《消防监督检查规定》属于部门规章，部门规章是法律的下位法，法律的法律效力高于部门规章。因此 B 选项正确。国家安全生产监督管理总局制定的规范性文件属于部门规章，部门规章与地方政府规章之间具有同等法律效力。因此 C 选项错误。同一层次的安全生产立法对同一问题规定不一致时，特殊法优于普通法。因此 D 选项正确。地方政府规章的效力低于行政法规。因此 E 选项错误。

【历年真题实战】

1. B 【解析】根据《标准化法》的规定可知，行业标准的制定修订程序和国家标准的制定修订程序一样，不同之处，行业标准有一个备案阶段，需向国务院标准化管理委员会备案。

第三章　安全生产法

第一节　立法目的、适用范围

【基础知识训练】

1. D 【解析】《安全生产法》（2021 年版）第二条规定，在中华人民共和国领域内从事生产经营活动的单位（以下统称生产经营单位）的安全生产，适用本法；有关法律、行政法规对消防安全和道路交通安全、铁路交通安全、水上交通安全、民用航空安全以及核与辐射安全、特种设备安全另有规定的，适用其规定。

2. C 【解析】在中华人民共和国领域内从事生产经营活动的单位（以下统称生产经营单位）的安全生产，适用本法；有关法律、行政法规对消防安全和道路交通安全、铁路交通安全、水上交通安全、民用航空安全以及核与辐射安全、特种设备安全另有规定的，适用其规定。生产经营单位：是在中华人民共和国领域内从事生产经营活动的单位，是指一切合法或者非法从事生产经营活动的企业、事业单位和个体经济组织以及其他组织。

3. B 【解析】《安全生产法》适用范围为在中华人民共和国领域内从事生产经营活动的单位。有关法律、行政法规对消防安全和道路交通安全、铁路交通安全、水上交通安全、民用航空安全以及核与辐射安全、特种设备安全另有规定的，适用其规定。按照我国香港、澳门两个特别行政区基本法的规定，只有列入这两个基本法附件三的全国性法律才能在两个特别行政区适用，《安全生产法》暂未列入其中。

4. AC 【解析】《安全生产法》（2021 年版）第二条规定，在中华人民共和国领域内从事生产经营活动的单位的安全生产，适用本法；有关法律、行政法规对消防安全和道路交通安全、铁路交通安全、水上交通安全、民用航空安全以及核与辐射安全、特种设备安全另有规定的，适用其规定。

第二节　安全生产法的基本规定

【基础知识训练】

1. C 【解析】《安全生产法》（2021 年版）第三条规定，安全生产工作应当以人为本，坚持人民至上，把保护人民生命安全摆在首位，树立安全发展理念，坚持安全第一、预防为主、综合治理的方针，从源头上防范化解重大安全风险。

2. C 【解析】《安全生产法》（2021年版）第三条规定，安全生产工作应当以人为本，坚持人民至上，把保护人民生命安全摆在首位，树立安全发展理念，坚持安全第一、预防为主、综合治理的方针，从源头上防范化解重大安全风险。安全生产工作实行管行业必须管安全、管业务必须管安全、管生产必须管安全，强化和落实生产经营单位主体责任与政府监管责任，建立生产经营单位负责、职工参与、政府监管、行业自律和社会监督的机制。

3. C 【解析】《安全生产法》（2021年版）第一百一十条规定，生产经营单位的主要负责人在本单位发生生产安全事故时，不立即组织抢救或者在事故调查处理期间擅离职守或者逃匿的，给予降级、撤职的处分，并由应急管理部门处上一年年收入百分之六十至百分之一百的罚款；对逃匿的处十五日以下拘留；构成犯罪的，依照刑法有关规定追究刑事责任。

4. C 【解析】《安全生产法》（2021年版）第九十三条规定，生产经营单位的决策机构、主要负责人或者个人经营的投资人不依照本法规定保证安全生产所必需的资金投入，致使生产经营单位不具备安全生产条件的，导致发生生产安全事故的，对生产经营单位的主要负责人给予撤职处分。

5. B 【解析】《安全生产法》（2021年版）第九十三条规定，生产经营单位的决策机构、主要负责人或者个人经营的投资人不依照本法规定保证安全生产所必需的资金投入，致使生产经营单位不具备安全生产条件的，导致发生生产安全事故的，对生产经营单位的主要负责人给予撤职处分，对个人经营的投资人处2万元以上20万元以下的罚款；构成犯罪的，依照刑法有关规定追究刑事责任。

6. C 【解析】《安全生产法》（2021年版）第九十四条规定，生产经营单位的主要负责人未履行本法规定的安全生产管理职责的，责令限期改正，处2万元以上5万元以下的罚款；逾期未改正的，处5万元以上10万元以下的罚款，责令生产经营单位停产停业整顿。生产经营单位的主要负责人有前款违法行为，导致发生生产安全事故的，给予撤职处分；构成犯罪的，依照刑法有关规定追究刑事责任。生产经营单位的主要负责人依照前款规定受刑事处罚或者撤职处分的，自刑罚执行完毕或者受处分之日起，5年内不得担任任何生产经营单位的主要负责人；对重大、特别重大生产安全事故负有责任的，终身不得担任本行业生产经营单位的主要负责人。

7. D 【解析】《安全生产法》（2021年版）第十六条规定，国家实行生产安全事故责任追究制度，依照本法和有关法律、法规的规定，追究生产安全事故责任单位和责任人员的法律责任。事故责任主体是指对发生生产安全事故负有责任的单位或者人员，事故责任主体包括发生生产安全事故的生产经营单位的责任人员和对发生生产安全事故负有监管职责的有关人民政府及其有关部门的责任人员。发生生产安全事故的生产经营单位的责任人员包括应负法律责任的生产经营单位主要负责人、主管人员、管理人员和从业人员。负有监管职责的有关人民政府及其有关部门的责任人员，包括对生产安全事故负有失职、渎职和应负领导责任的各级人民政府领导人，负有安全生产监督管理职责的部门的负责人、安全生产监督管理和行政执法人员等。

8. A 【解析】《安全生产法》(2021年版)第三十一条规定，生产经营单位新建、改建、扩建工程项目的安全设施，必须与主体工程同时设计、同时施工、同时投入生产和使用。安全设施投资应当纳入建设项目概算。

9. D 【解析】A选项错误。《安全生产法》(2021年版)第六十条规定，工会对生产经营单位违反安全生产法律、法规，侵犯从业人员合法权益的行为，有权要求纠正；发现危及从业人员生命安全的情况时，有权向生产经营单位建议组织从业人员撤离危险场所，生产经营单位必须立即做出处理。

B选项错误。第十五条规定，依法设立的为安全生产提供技术、管理服务的机构，依照法律、行政法规和执业准则，接受生产经营单位的委托为其安全生产工作提供技术、管理服务。生产经营单位委托为安全生产提供技术、管理服务的机构提供安全生产技术、管理服务的，保证安全生产的责任仍由本单位负责。

C选项错误。第九条规定，国务院和县级以上地方各级人民政府应当加强对安全生产工作的领导，建立健全安全生产工作协调机制，支持、督促各有关部门依法履行安全生产监督管理职责，及时协调、解决安全生产监督管理中存在的重大问题。

第十条规定，国务院应急管理部门依照本法，对全国安全生产工作实施综合监督管理；县级以上地方各级人民政府应急管理部门依照本法，对本行政区域内安全生产工作实施综合监督管理。

10. C 【解析】《安全生产法》(2021年版)第七条规定，工会依法对安全生产工作进行监督。生产经营单位的工会依法组织职工参加本单位安全生产工作的民主管理和民主监督，维护职工在安全生产方面的合法权益。生产经营单位制定或者修改有关安全生产的规章制度，应当听取工会的意见。

11. B 【解析】《安全生产法》第九十五条规定，生产经营单位的主要负责人未履行本法规定的安全生产管理职责，导致发生生产安全事故的，由应急管理部门依照下列规定处以罚款：①发生一般事故的，处上一年年收入百分之四十的罚款；②发生较大事故的，处上一年年收入百分之六十的罚款；③发生重大事故的，处上一年年收入百分之八十的罚款；④发生特别重大事故的，处上一年年收入百分之一百的罚款。

《安全生产法》第一百一十四条规定，发生生产安全事故，对负有责任的生产经营单位除要求其依法承担相应的赔偿等责任外，由应急管理部门依照下列规定处以罚款：①发生一般事故的，处三十万元以上一百万元以下的罚款；②发生较大事故的，处一百万元以上二百万元以下的罚款；③发生重大事故的，处二百万元以上一千万元以下的罚款；④发生特别重大事故的，处一千万元以上二千万元以下的罚款。发生生产安全事故，情节特别严重、影响特别恶劣的，应急管理部门可以按照前款罚款数额的2倍以上5倍以下对负有责任的生产经营单位处以罚款。根据题干可知，该事故为较大事故，故对主要负责人处上一年年收入百分之六十的罚款；对生产经营单位处一百万元以上二百万元以下的罚款。

12. BCD 【解析】《安全生产法》(2021年版)第三十一条规定，生产经营单位新建、改建、扩建工程项目的安全设施，必须与主体工程同时设计、同时施工、同时投入生产和使用。安全设施投资应当纳入建设项目概算。

13. BCE 【解析】《安全生产法》（2021 年版）第一百一十条规定，生产经营单位的主要负责人在本单位发生生产安全事故时，不立即组织抢救或者在事故调查处理期间擅离职守或者逃匿的，给予降级、撤职的处分，并由应急管理部门处上一年年收入百分之六十至百分之一百的罚款；对逃匿的处 15 日以下拘留；构成犯罪的，依照刑法有关规定追究刑事责任。

生产经营单位的主要负责人对生产安全事故隐瞒不报、谎报或者迟报的，依照前款规定处罚。

【能力提升训练】

1. C 【解析】《安全生产法》（2021 年版）第五条规定，生产经营单位的主要负责人是本单位安全生产第一责任人，对本单位的安全生产工作全面负责。其他负责人对职责范围内的安全生产工作负责。当董事长或者总经理长期缺位（因生病、学习等情况不能主持全面领导工作）时，将由其授权或者委托的副职或者其他人主持生产经营单位的全面工作。如果在这种情况下，只能追究其授权或者委托主持全面工作的实际负责人的法律责任。

2. D 【解析】《安全生产法》（2021 年版）第十五条规定，依法设立的为安全生产提供技术、管理服务的机构，依照法律、行政法规和执业准则，接受生产经营单位的委托为其安全生产工作提供技术、管理服务。生产经营单位委托前款规定的机构提供安全生产技术、管理服务的，保证安全生产的责任仍由本单位负责。

3. D 【解析】《安全生产法》（2021 年版）第九十四条规定，生产经营单位的主要负责人未履行本法规定的安全生产管理职责的，责令限期改正，处 2 万元以上 5 万元以下的罚款；逾期未改正的，处 5 万元以上 10 万元以下的罚款，责令生产经营单位停产停业整顿。生产经营单位的主要负责人有前款违法行为，导致发生生产安全事故的，给予撤职处分；构成犯罪的，依照刑法有关规定追究刑事责任。生产经营单位的主要负责人依照前款规定受刑事处罚或者撤职处分的，自刑罚执行完毕或者受处分之日起，5 年内不得担任任何生产经营单位的主要负责人；对重大、特别重大生产安全事故负有责任的，终身不得担任本行业生产经营单位的主要负责人。

4. C 【解析】《安全生产法》（2021 年版）第九十四条规定，生产经营单位的主要负责人未履行本法规定的安全生产管理职责的，责令限期改正，处 2 万元以上 5 万元以下的罚款；逾期未改正的，处 5 万元以上 10 万元以下的罚款，责令生产经营单位停产停业整顿。生产经营单位的主要负责人有前款违法行为，导致发生生产安全事故的，给予撤职处分；构成犯罪的，依照刑法有关规定追究刑事责任。生产经营单位的主要负责人依照前款规定受刑事处罚或者撤职处分的，自刑罚执行完毕或者受处分之日起，5 年内不得担任任何生产经营单位的主要负责人；对重大、特别重大生产安全事故负有责任的，终身不得担任本行业生产经营单位的主要负责人。

5. B 【解析】《安全生产法》（2021 年版）第五条规定，生产经营单位的主要负责人是本单位安全生产第一责任人，对本单位的安全生产工作全面负责。该起事故发生在马副总住院前，因此应由马副总负责。

6. ABC 【解析】《安全生产法》（2021 年版）第九十四条规定，生产经营单位的主要负责人未履行本法规定的安全生产管理职责的，导致发生生产安全事故的，给予撤职处分；生产经营单位的主要负责人依照前款规定受刑事处罚或者撤职处分的，自刑罚执行完毕或者受处分之日起，5 年内不得担任任何生产经营单位的主要负责人；对重大、特别重大生产安全事故负有责任的，终身不得担任本行业生产经营单位的主要负责人。第一百零六条规定，生产经营单位的主要负责人在本单位发生生产安全事故时，不立即组织抢救或者在事故调查处理期间擅离职守或者逃匿的，给予降级、撤职的处分，并由应急管理部门处上一年年收入百分之六十至百分之一百的罚款；对逃匿的处 15 日以下拘留。第一百一十四条规定，发生生产安全事故，对负有责任的生产经营单位除要求其依法承担相应的赔偿等责任外，由应急管理部门依照下列规定处以罚款：①发生一般事故的，处 30 万元以上 100 万元以下的罚款；②发生较大事故的，处 100 万元以上 200 万元以下的罚款；③发生重大事故的，处 200 万元以上 1000 万元以下的罚款；④发生特别重大事故的，处 1000 万元以上 2000 万元以下的罚款。本案是较大事故。

7. CD 【解析】《安全生产法》（2021 年版）第九十二条规定，承担安全评价、认证、检测、检验职责的机构租借资质、挂靠、出具虚假报告的，没收违法所得；违法所得在 10 万元以上的，并处违法所得 2 倍以上 5 倍以下的罚款；没有违法所得或者违法所得不足 10 万元的，单处或者并处 10 万元以上 20 万元以下的罚款；对其直接负责的主管人员和其他直接责任人员处 5 万元以上 10 万元以下的罚款。对有前款违法行为的机构，吊销其相应资质。

【历年真题实战】

1. A 【解析】B 选项错误《安全生产法》第五条规定，生产经营单位的主要负责人是本单位安全生产第一责任人，对本单位的安全生产工作全面负责。其他负责人对职责范围内的安全生产工作负责。

C、D 选项错误。第四十六条规定，生产经营单位的安全生产管理人员应当根据本单位的生产经营特点，对安全生产状况进行经常性检查；对检查中发现的安全问题，应当立即处理；不能处理的，应当及时报告本单位有关负责人，有关负责人应当及时处理。检查及处理情况应当如实记录在案。

生产经营单位的安全生产管理人员在检查中发现重大事故隐患，依照前款规定向本单位有关负责人报告，有关负责人不及时处理的，安全生产管理人员可以向主管的负有安全生产监督管理职责的部门报告，接到报告的部门应当依法及时处理。

2. CE 【解析】根据《安全生产法》第二条规定，在中华人民共和国领域内从事生产经营活动的单位（以下统称生产经营单位）的安全生产，适用本法；有关法律、行政法规对消防安全和道路交通安全、铁路交通安全、水上交通安全、民用航空安全以及核与辐射安全、特种设备安全另有规定的，适用其规定。

3. B 【解析】B 选项正确。任何单位和个人不得擅自决定不按照批准的安全设施设计施工或者擅自更改设计文件。

A、C 选项错误。《安全生产法》（2021 年版）第三十一条规定，生产经营单位新建、改建、扩建工程项目（以下统称建设项目）的安全设施，必须与主体工程同时设计、同时施工、同时投入生产和使用。安全设施投资应当纳入建设项目概算。

D选项错误。《安全生产法》（2021年版）第三十三条规定，建设项目安全设施的设计人、设计单位应当对安全设施设计负责。

4. D【解析】A、C选项错误。省、自治区、直辖市根据当地实际情况，可以解决将基层管理迫切需要的县级人民政府部门的行政处罚权交由能够有效承接的乡政府、街道办事处行使。县人民政府无权授权乡人民政府行政处罚权。

B选项错误，D选项正确。根据《安全生产法》（2021年版）第九条，国务院和县级以上地方各级人民政府应当加强对安全生产工作的领导，建立健全安全生产工作协调机制，支持、督促各有关部门依法履行安全生产监督管理职责，及时协调、解决安全生产监督管理中存在的重大问题。乡镇人民政府和街道办事处，以及开发区、工业园区、港区、风景区等应当明确负责安全生产监督管理的有关工作机构及其职责，加强安全生产监管力量建设，按照职责对本行政区域或者管理区域内生产经营单位安全生产状况进行监督检查，协助人民政府有关部门或者按照授权依法履行安全生产监督管理职责。

第三节 生产经营单位的安全生产保障

【基础知识训练】

1. B【解析】《安全生产法》（2021年版）第三十二条规定，矿山、金属冶炼建设项目和用于生产、储存、装卸危险物品的建设项目，应当按照国家有关规定进行安全评价。

2. C【解析】《安全生产法》（2021年版）第四十条规定，生产经营单位对重大危险源应当登记建档，进行定期检测、评估、监控，并制定应急预案，告知从业人员和相关人员在紧急情况下应当采取的应急措施。生产经营单位应当按照国家有关规定将本单位重大危险源及有关安全措施、应急措施报有关地方人民政府应急管理部门和有关部门备案。

3. A【解析】《安全生产法》（2021年版）第二十三条规定，生产经营单位应当具备的安全生产条件所必需的资金投入，由生产经营单位的决策机构、主要负责人或者个人经营的投资人予以保证，并对由于安全生产所必需的资金投入不足导致的后果承担责任。对于实行公司制的生产经营单位，就要由其决策机构如股东会、董事会，保证其安全生产的资金投入；非公司制的国有生产经营单位、集体生产经营单位就要由其主要负责人保证其安全生产的资金投入；个人投资经营的生产经营单位，如私营企业、合伙企业和个体户等，就要由投资人保证安全生产的资金投入。

4. D【解析】《安全生产法》（2021年版）第二十七条规定，危险物品的生产、经营、储存、装卸单位以及矿山、金属冶炼、建筑施工、道路运输单位的主要负责人和安全生产管理人员，应当由主管的负有安全生产监督管理职责的部门对其安全生产知识和管理能力考核合格。考核不得收费。

5. B【解析】《安全生产法》（2021年版）第二十八条规定，生产经营单位使用被派遣劳动者的，应当将被派遣劳动者纳入本单位从业人员统一管理，对被派遣劳动者进行岗位安全操作规程和安全操作技能的教育和培训。劳务派遣单位应当对被派遣劳动者进行必要的安全生产教育和培训。生产经营单位接收中等职业学校、高等学校学生实习的，应当对实习学生进行相应的安全生产教育和培训，提供必要的劳动防护用品。学校应当协助生产经营单位对实习学生进行安全生产教育和培训。

6. A 【解析】《安全生产法》（2021年版）第三十四条规定，矿山、金属冶炼建设项目和用于生产、储存、装卸危险物品的建设项目的施工单位必须按照批准的安全设施设计施工，并对安全设施的工程质量负责。矿山、金属冶炼建设项目和用于生产、储存、装卸危险物品的建设项目竣工投入生产或者使用前，应当由建设单位负责组织对安全设施进行验收；验收合格后，方可投入生产和使用。负有安全生产监督管理职责部门应当加强对建设单位验收活动和验收结果的监督核查。A选项错误。有关部门应当进行设施设计审查，但是安全设施的验收应该是建设单位的职责。

7. B 【解析】《安全生产法》（2021年版）第五十一条规定，生产经营单位必须依法参加工伤保险，为从业人员缴纳保险费。

8. ACE 【解析】《安全生产法》（2021年版）第二十五条规定，生产经营单位的安全生产管理机构以及安全生产管理人员履行下列职责：①组织或者参与拟订本单位安全生产规章制度、操作规程和生产安全事故应急救援预案；②组织或者参与本单位安全生产教育和培训，如实记录安全生产教育和培训情况；③组织开展危险源辨识和评估，督促落实本单位重大危险源的安全管理措施；④组织或者参与本单位应急救援演练；⑤检查本单位的安全生产状况，及时排查生产安全事故隐患，提出改进安全生产管理的建议；⑥制止和纠正违章指挥、强令冒险作业、违反操作规程的行为；⑦督促落实本单位安全生产整改措施。

9. ABC 【解析】《安全生产法》（2021年版）第二十三条规定，生产经营单位应当具备的安全生产条件所必需的资金投入，由生产经营单位的决策机构、主要负责人或者个人经营的投资人予以保证，并对由于安全生产所必需的资金投入不足导致的后果承担责任。①股份制企业、合资企业等安全生产投入资金由董事会予以保证；②一般国有企业由主要负责人、厂长或者经理予以保证；③个体工商户等个体经济组织由投资人予以保证。

10. ABD 【解析】《安全生产法》（2021年版）第二十一条规定，生产经营单位的主要负责人对本单位安全生产工作负有下列职责：①建立健全并落实本单位全员安全生产责任制，加强安全生产标准化建设；②组织制定并实施本单位安全生产规章制度和操作规程；③组织制定并实施本单位安全生产教育和培训计划；④保证本单位安全生产投入的有效实施；⑤组织建立并落实安全风险分级管控和隐患排查治理双重预防工作机制，督促、检查本单位的安全生产工作，及时消除生产安全事故隐患；⑥组织制定并实施本单位的生产安全事故应急救援预案；⑦及时、如实报告生产安全事故。

11. ABE 【解析】《安全生产法》（2021年版）第二十七条规定，危险物品的生产、经营、储存、装卸单位以及矿山、金属冶炼、建筑施工、道路运输单位的主要负责人和安全生产管理人员，应当由主管的负有安全生产监督管理职责的部门对其安全生产知识和管理能力考核合格。考核不得收费。

【能力提升训练】

1. B 【解析】负责组织制定并实施该化工公司安全生产应急预案是主要负责人的职

责，由于总经理由贸易公司王某担任，全面负责生产经营活动，所以本题主要负责人是王某。

2. B 【解析】甲、乙、丁应当设置安全生产管理机构或者配备专职安全生产管理人员，丙不属于高危企业，从业人员在一百人以下的，应当配备专职或者兼职的安全生产管理人员。

3. D 【解析】《安全生产法》（2021年版）第二十六条规定，危险物品的生产、储存单位以及矿山、金属冶炼单位的安全生产管理人员的任免，应当告知主管的负有安全生产监督管理职责的部门。第二十七条规定，危险物品的生产、储存、装卸单位以及矿山、金属冶炼单位应当有注册安全工程师从事安全生产管理工作。鼓励其他生产经营单位聘用注册安全工程师从事安全生产管理工作。

4. C 【解析】《安全生产法》（2021年版）第二十六条规定，危险物品的生产、储存单位以及矿山、金属冶炼单位的安全生产管理人员的任免，应当告知主管的负有安全生产监督管理职责的部门。

5. B 【解析】《安全生产法》（2021年版）第四十五条规定，生产经营单位必须为从业人员提供符合国家标准或者行业标准的劳动防护用品，并监督、教育从业人员按照使用规则佩戴、使用。

6. C 【解析】《安全生产法》（2021年版）第四十六条规定，生产经营单位的安全生产管理人员对检查中发现的安全问题，应当立即处理；不能处理的，应当及时报告本单位有关负责人，有关负责人应当及时处理。生产经营单位的安全生产管理人员在检查中发现重大事故隐患，依照前款规定向本单位有关负责人报告，有关负责人不及时处理的，安全生产管理人员可以向主管的负有安全生产监督管理职责的部门报告，接到报告的部门应当依法及时处理。

7. B 【解析】《安全生产法》（2021年版）第四十八条规定，两个以上生产经营单位在同一作业区域内进行生产经营活动，可能危及对方生产安全的，应当签订安全生产管理协议，明确各自的安全生产管理职责和应当采取的安全措施，并指定专职安全生产管理人员进行安全检查与协调。

8. B 【解析】《安全生产法》（2021年版）第四十九条规定，生产经营单位不得将生产经营项目发包给不具备相应资质的单位或者个人。生产经营项目发包给其他单位的，生产经营单位应当与承包单位签订专门的安全生产管理协议，或者在承包合同中约定各自的安全生产管理职责；生产经营单位对承包单位的安全生产工作统一协调、管理，定期进行安全检查，发现安全问题的，应当及时督促整改。

9. D 【解析】《安全生产法》（2021年版）第四十九条规定，生产经营项目、场所发包或者出租给其他单位的，生产经营单位应当与承包单位、承租单位签订专门的安全生产管理协议，或者在承包合同、租赁合同中约定各自的安全生产管理职责；生产经营单位对承包单位、承租单位的安全生产工作统一协调、管理，定期进行安全检查，发现安全问题的，应当及时督促整改。

《民法典》第七百九十七条规定，发包人在不妨碍承包人正常作业的情况下，可以随时对作业进度、质量进行检查。

10. D 【解析】《安全生产法》（2021 年版）第五十六条规定，因生产安全事故受到损害的从业人员，除依法享有工伤保险外，依照有关民事法律尚有获得赔偿的权利的，有权提出赔偿要求。

11. A 【解析】A 选项正确。张某是企业的主要负责人。《安全生产法》（2021 年版）第二十三条规定，生产经营单位应当具备的安全生产条件所必需的资金投入，由生产经营单位的决策机构、主要负责人或者个人经营的投资人予以保证，并对由于安全生产所必需的资金投入不足导致的后果承担责任。

12. D 【解析】《安全生产法》（2021 年版）第三十三条规定，建设项目安全设施的设计人、设计单位应当对安全设施设计负责。

矿山、金属冶炼建设项目和用于生产、储存、装卸危险物品的建设项目的安全设施设计应当按照国家有关规定报经有关部门审查，审查部门及其负责审查的人员对审查结果负责。

13. B 【解析】B 选项错误，生产经营场所和员工宿舍应当设有符合紧急疏散要求、标志明显、保持畅通的出口。禁止锁闭、封堵生产经营场所或者员工宿舍的出口。

14. ABE 【解析】《安全生产法》（2021 年版）第二十四条规定，矿山、金属冶炼、建筑施工、运输单位和危险物品的生产、经营、储存、装卸单位，应当设置安全生产管理机构或者配备专职安全生产管理人员。规定以外的其他生产经营单位，从业人员超过一百人的，应当设置安全生产管理机构或者配备专职安全生产管理人员；从业人员在一百人以下的，应当配备专职或者兼职的安全生产管理人员。

15. CE 【解析】安某为主要负责人，肖某、李某、乔某为安全生产管理人员。

A 选项错误。如实记录安全生产教育和培训情况是安全生产管理人员的职责。

B 选项错误。保证本单位安全生产投入的有效实施是主要负责人的职责。

D 选项错误。督促、检查本单位的安全生产工作，及时消除生产安全事故隐患是主要负责人的职责。

【历年真题实战】

1. D 【解析】A 选项错误。《安全生产法》第二十条规定，生产经营单位应当具备本法和有关法律、行政法规和国家标准或者行业标准规定的安全生产条件，不具备安全生产条件的，不得从事生产经营活动。

各类生产经营单位的安全条件千差万别，法律不宜也难以作出统一的规定，《安全生产法》仅是作出原则性规定，受行业、管理方式、规模和地区差别等因素的影响，不同生产经营单位的安全生产条件差异很大，各有自身的特殊性。

B 选项错误。不论是有关法律、行政法规还是国家标准、行业标准，只要其中规定了相应的安全生产条件的，有关生产经营单位都必须具备。B 选项中表述为各类标准，如地方标准也属于各类标准，并不是必须具备的。

C 选项错误。《安全生产许可证条例》规定国家对矿山企业、建筑施工企业和危险化学品、烟花爆竹、民用爆破器材生产企业实施安全生产许可证制度。

D 选项正确。个体工商户虽然不是企业法人，但其从事生产经营活动，其安全生产也必须适用《安全生产法》。

2. D 【解析】《安全生产法》第二十五条规定，生产经营单位的安全生产管理机构以及安全生产管理人员履行下列职责：①组织或者参与拟订本单位安全生产规章制度、操作规程和生产安全事故应急救援预案；②组织或者参与本单位安全生产教育和培训，如实记录安全生产教育和培训情况；③组织开展危险源辨识和评估，督促落实本单位重大危险源的安全管理措施；④组织或者参与本单位应急救援演练；⑤检查本单位的安全生产状况，及时排查生产安全事故隐患，提出改进安全生产管理的建议；⑥制止和纠正违章指挥、强令冒险作业、违反操作规程的行为；⑦督促落实本单位安全生产整改措施。因此 D 选项正确。

3. A 【解析】《安全生产法》第二十四条规定，矿山、金属冶炼、建筑施工、运输单位和危险物品的生产、经营、储存、装卸单位，应当设置安全生产管理机构或者配备专职安全生产管理人员。前款规定以外的其他生产经营单位，从业人员超过 100 人的，应当设置安全生产管理机构或者配备专职安全生产管理人员；从业人员在 100 人以下的，应当配备专职或者兼职的安全生产管理人员。

机械加工企业从业人员超过 100 人的，应当设置安全生产管理机构或者配备专职安全生产管理人员，因此 B 选项错误。建筑施工企业应当设置安全生产管理机构或者配备专职安全生产管理人员，因此 C 选项错误。金融服务企业从业人员超过 100 人的，应当设置安全生产管理机构或者配备专职安全生产管理人员，因此 D 选项错误。

4. D 【解析】A、B 选项错误，D 选项正确。《安全生产法》第二十八条规定，生产经营单位应当对从业人员进行安全生产教育和培训，保证从业人员具备必要的安全生产知识，熟悉有关的安全生产规章制度和安全操作规程，掌握本岗位的安全操作技能，了解事故应急处理措施，知悉自身在安全生产方面的权利和义务。未经安全生产教育和培训合格的从业人员，不得上岗作业。

C 选项错误。生产经营单位使用被派遣劳动者的，应当将被派遣劳动者纳入本单位从业人员统一管理，对被派遣劳动者进行岗位安全操作规程和安全操作技能的教育和培训。劳务派遣单位应当对被派遣劳动者进行必要的安全生产教育和培训。

5. A 【解析】《安全生产法》第四十三条规定，生产经营单位进行爆破、吊装、动火、临时用电以及国务院应急管理部门会同国务院有关部门规定的其他危险作业，应当安排专门人员进行现场安全管理，确保操作规程的遵守和安全措施的落实。

6. C 【解析】《安全生产法》第四十一条规定，生产经营单位应当建立安全风险分级管控制度，按照安全风险分级采取相应的管控措施。

生产经营单位应当建立健全并落实生产安全事故隐患排查治理制度，采取技术、管理措施，及时发现并消除事故隐患。事故隐患排查治理情况应当如实记录，并通过职工大会或者职工代表大会、信息公示栏等方式向从业人员通报。其中，重大事故隐患排查治理情况应当及时向负有安全生产监督管理职责的部门和职工大会或者职工代表大会报告。

县级以上地方各级人民政府负有安全生产监督管理职责的部门应当将重大事故隐患纳入相关信息系统，建立健全重大事故隐患治理督办制度，督促生产经营单位消除重大事故隐患。

事故隐患排查治理情况应当如实记录向从业人员通报，因此 B 选项错误。重大事故隐患排查治理情况应当及时向负有安全生产监督管理职责的部门和职工大会或者职工代表大会报告，因此 D 选项错误。

《安全生产事故隐患排查治理暂行规定》第八条规定，生产经营单位是事故隐患排查、治理和防控的责任主体。生产经营单位应当建立健全事故隐患排查治理和建档监控等制度，逐级建立并落实从主要负责人到每个从业人员的隐患排查治理和监控责任制。因此 A 选项错误。

7. BD 【解析】B、D 选项正确，C 选项错误。《安全生产法》第四十八条规定，两个以上生产经营单位在同一作业区域内进行生产经营活动，可能危及对方生产安全的，应当签订安全生产管理协议，明确各自的安全生产管理职责和应当采取的安全措施，并指定专职安全生产管理人员进行安全检查与协调。

A、E 选项错误。第四十九条第二款规定，生产经营项目、场所发包或者出租给其他单位的，生产经营单位应当与承包单位、承租单位签订专门的安全生产管理协议，或者在承包合同、租赁合同中约定各自的安全生产管理职责；生产经营单位对承包单位、承租单位的安全生产工作统一协调、管理，定期进行安全检查，发现安全问题的，应当及时督促整改。

8. ABCD 【解析】第四十九条规定，生产经营单位不得将生产经营项目、场所、设备发包或者出租给不具备安全生产条件或者相应资质的单位或者个人。

生产经营项目、场所发包或者出租给其他单位的，生产经营单位应当与承包单位、承租单位签订专门的安全生产管理协议，或者在承包合同、租赁合同中约定各自的安全生产管理职责；生产经营单位对承包单位、承租单位的安全生产工作统一协调、管理，定期进行安全检查，发现安全问题的，应当及时督促整改。

9. DE 【解析】A 选项错误。《安全生产法》第三十一条规定，生产经营单位新建、改建、扩建工程项目（以下统称建设项目）的安全设施，必须与主体工程同时设计、同时施工、同时投入生产和使用。安全设施投资应当纳入建设项目概算。

B 选项错误。第三十二条规定，矿山、金属冶炼建设项目和用于生产、储存、装卸危险物品的建设项目，应当按照国家有关规定进行安全评价。

D、E 选项正确。第三十三条规定，建设项目安全设施的设计人、设计单位应当对安全设施设计负责。矿山、金属冶炼建设项目和用于生产、储存、装卸危险物品的建设项目的安全设施设计应当按照国家有关规定报经有关部门审查，审查部门及其负责审查的人员对审查结果负责。

C 选项错误。第三十四条规定，矿山、金属冶炼建设项目和用于生产、储存、装卸危险物品的建设项目的施工单位必须按照批准的安全设施设计施工，并对安全设施的工程质量负责。

10. D 【解析】《安全生产法》（2021 年版）第二十五条规定，生产经营单位的安全生产管理机构以及安全生产管理人员履行下列职责：①组织或者参与拟订本单位安全生产规章制度、操作规程和生产安全事故应急救援预案；②组织或者参与本单位安全生产教育和培训，如实记录安全生产教育和培训情况；③组织开展危险源辨识和评估，督促落实本单位重大危险源的安全管理措施；④组织或者参与本单位应急救援演练；⑤检查本单位的安全生产状况，及时排查生产安全事故隐患，提出改进安全生产管理的建议；⑥制止和纠正违章指挥、强令冒险作业、违反操作规程的行为；⑦督促落实本单位安全生产整改措施。生产经营单位可以设置专职安全生产分管负责人，协助本单位主要负责人履行安全生产管理职责。

11. D 【解析】A选项错误，D选项正确。吊装和现场动火作业需要分别安排专人进行现场安全管理。《安全生产法》（2021年版）第四十三条规定，生产经营单位进行爆破、吊装、动火、临时用电以及国务院应急管理部门会同国务院有关部门规定的其他危险作业，应当安排专门人员进行现场安全管理，确保操作规程的遵守和安全措施的落实。

B选项错误。吊装和现场动火作业要履行作业审批制度，报有关负责人审批。

C选项错误。吊装作业、动火作业不用报所在地应急管理部门备案。

12. D 【解析】安全生产责任保险：保险机构对投保的生产经营单位发生的生产安全事故造成的人员伤亡和有关经济损失等予以赔偿，并且为投保的生产经营单位提供事故预防服务的商业保险，一种带有公益性质的强制性商业保险。《安全生产法》（2021年版）第五十一条规定，生产经营单位必须依法参加工伤保险，为从业人员缴纳保险费。国家鼓励生产经营单位投保安全生产责任保险；属于国家规定的高危行业、领域的生产经营单位，应当投保安全生产责任保险。投保单位按照安全生产责任保险请求经济赔偿，不影响依法请求工伤保险赔偿的权利。

13. A 【解析】《安全生产法》（2021年版）第二十三条规定，生产经营单位应当具备的安全生产条件所必需的资金投入，由生产经营单位的决策机构、主要负责人或者个人经营的投资人予以保证，并对由于安全生产所必需的资金投入不足导致的后果承担责任。有关生产经营单位应当按照规定提取和使用安全生产费用，专门用于改善安全生产条件。安全生产费用在成本中据实列支。安全生产费用提取、使用和监督管理的具体办法由国务院财政部门会同国务院应急管理部门征求国务院有关部门意见后制定。

14. B 【解析】A选项错误。《安全生产法》（2021年版）第四十一条规定，事故隐患排查治理情况应当如实记录，并通过职工大会或者职工代表大会、信息公示栏等方式向从业人员通报。其中，重大事故隐患排查治理情况应当及时向负有安全生产监督管理职责的部门和职工大会或者职工代表大会报告。

B选项正确。设置作业点岗位风险告知卡属于安全风险管控措施中的一种措施。

C选项错误。第四十一条规定，生产经营单位应当建立安全风险分级管控制度，按照安全风险分级采取相应的管控措施。

D选项错误。企业有下列情形之一的，应当在确定或者调整安全风险等级后15日内进行变更报告：①有新的较大以上安全风险的；②原报告的较大以上安全风险等级发生变化的。企业名称、主要负责人等基本信息发生变化的，应当在发生变化后15日内进行变更报告。

15. ACE 【解析】《安全生产法》（2021年版）第四十八条规定，2个以上生产经营单位在同一作业区域内进行生产经营活动，可能危及对方生产安全的，应当签订安全生产管理协议，明确各自的安全生产管理职责和应当采取的安全措施，并指定专职安全生产管理人员进行安全检查与协调。

16. BC 【解析】A 选项错误。根据《注册安全工程师管理规定》第六条规定，从业人员 300 人以上的煤矿、非煤矿矿山、建筑施工单位和危险物品生产、经营单位，应当按照不少于安全生产管理人员 15% 的比例配备注册安全工程师；安全生产管理人员在 7 人以下的，至少配备 1 名。

B 选项正确。根据《生产经营单位安全培训规定》第十六条规定，班组级岗前安全培训内容应当包括：①岗位安全操作规程；②岗位之间工作衔接配合的安全与职业卫生事项；③有关事故案例；④其他需要培训的内容。

C 选项正确。根据《安全生产法》第二十一条规定，生产经营单位的主要负责人对本单位安全生产工作负有下列职责：组织制定并实施本单位安全生产教育和培训计划。

D 选项错误。《生产经营单位安全培训规定》第十三条规定生产经营单位新上岗的从业人员，岗前安全培训时间不得少于 24 学时。煤矿、非煤矿山、危险化学品、烟花爆竹、金属冶炼等生产经营单位新上岗的从业人员安全培训时间不得少于 72 学时，每年再培训的时间不得少于 20 学时。

E 选项错误。《生产经营单位安全培训规定》第十四条规定，厂（矿）级岗前安全培训内容应当包括：①本单位安全生产情况及安全生产基本知识；②本单位安全生产规章制度和劳动纪律；③从业人员安全生产权利和义务；④有关事故案例等。

17. A 【解析】根据《安全生产法》（2021 年版）第二十条，生产经营单位应当具备本法和有关法律、行政法规和国家标准或者行业标准规定的安全生产条件；不具备安全生产条件的，不得从事生产经营活动。

18. A 【解析】A 选项正确，B 选项错误。根据《安全生产法》（2021 年版）第二十四条，矿山、金属冶炼、建筑施工、运输单位和危险物品的生产、经营、储存、装卸单位，应当设置安全生产管理机构或者配备专职安全生产管理人员。

C、D 选项错误。前款规定以外的其他生产经营单位，从业人员超过 100 人的，应当设置安全生产管理机构或者配备专职安全生产管理人员；从业人员在 100 人以下的，应当配备专职或者兼职的安全生产管理人员。

19. C 【解析】A 选项错误。生产经营单位接收中等职业学校、高等学校学生实习的，应当对实习学生进行相应的安全生产教育和培训，提供必要的劳动防护用品。学校应当协助生产经营单位对实习学生进行安全生产教育和培训。

B 选项错误。根据《安全生产法》（2021 年版）第三十条，生产经营单位的特种作业人员必须按照国家有关规定经专门的安全作业培训，取得相应资格，方可上岗作业。

C 选项正确。根据《安全生产法》（2021 年版）第二十八条，未经安全生产教育和培训合格的从业人员，不得上岗作业。

D 选项错误。培训合格后才能进行上岗作业。

20. ABE 【解析】根据《安全生产法》（2021 年版）第三十七条，生产经营单位使用的危险物品的容器、运输工具，以及涉及人身安全、危险性较大的海洋石油开采特种设备和矿山井下特种设备，必须按照国家有关规定，由专业生产单位生产，并经具有专业资质的检测、检验机构检测、检验合格，取得安全使用证或者安全标志，方可投入使用。检测、检验机构对检测、检验结果负责。

21. ABCD 【解析】根据《安全生产法》（2021年版）第四十九条，生产经营单位不得将生产经营项目、场所、设备发包或者出租给不具备安全生产条件或者相应资质的单位或者个人。生产经营项目、场所发包或者出租给其他单位的，生产经营单位应当与承包单位、承租单位签订专门的安全生产管理协议，或者在承包合同、租赁合同中约定各自的安全生产管理职责；生产经营单位对承包单位、承租单位的安全生产工作统一协调、管理，定期进行安全检查，发现安全问题的，应当及时督促整改。

22. B 【解析】A选项错误。D选项错误。依据《安全生产法》（2014年版）第四十六条，生产经营单位不得将生产经营项目、场所、设备发包或者出租给不具备安全生产条件或者相应资质的单位或者个人。

B选项正确。第四十六条规定，生产经营项目、场所发包或者出租给其他单位的，生产经营单位应当与承包单位、承租单位签订专门的安全生产管理协议，或者在承包合同、租赁合同中约定各自的安全生产管理职责。

C选项错误。第四十六条规定，生产经营单位对承包单位、承租单位的安全生产工作统一协调、管理，定期进行安全检查，发现安全问题的，应当及时督促整改。

23. D 【解析】《安全生产法》（2014年版）第四十二条规定，生产经营单位必须为从业人员提供符合国家标准或者行业标准的劳动防护用品，并监督、教育从业人员按照使用规则佩戴、使用。

24. B 【解析】《安全生产法》（2014年版）第二十五条规定，生产经营单位应当对从业人员进行安全生产教育和培训，保证从业人员具备必要的安全生产知识，熟悉有关的安全生产规章制度和安全操作规程，掌握本岗位的安全操作技能，了解事故应急处理措施，知悉自身在安全生产方面的权利和义务。未经安全生产教育和培训合格的从业人员，不得上岗作业。

25. A 【解析】A选项正确。《安全生产法》（2014年版）第二十二条规定，生产经营单位的安全生产管理机构以及安全生产管理人员组织或者参与本单位安全生产教育和培训，如实记录安全生产教育和培训情况。

B选项错误。第二十二条规定，生产经营单位的安全生产管理机构以及安全生产管理人员组织或者参与拟订本单位安全生产规章制度、操作规程和生产安全事故应急救援预案。

C选项错误。第二十二条规定，生产经营单位的安全生产管理机构以及安全生产管理人员检查本单位的安全生产状况，及时排查生产安全事故隐患，提出改进安全生产管理的建议。

D选项错误。第十八条规定，生产经营单位的主要负责人组织制定并实施本单位的生产安全事故应急救援预案。

26. A 【解析】《安全生产法》（2014年版）第三十四条规定，生产经营单位使用的危险物品的容器、运输工具，以及涉及人身安全、危险性较大的海洋石油开采特种设备和矿山井下特种设备，必须按照国家有关规定，由专业生产单位生产，并经具有专业资质的检测、检验机构检测、检验合格，取得安全使用证或者安全标志，方可投入使用。检测、检验机构对检测、检验结果负责。

27. BC 【解析】《安全生产法》（2014年版）第四十五条规定，两个以上生产经营单位在同一作业区域内进行生产经营活动，可能危及对方生产安全的，应当签订安全生产管理协议，明确各自的安全生产管理职责和应当采取的安全措施，并指定专职安全生产管理人员进行安全检查与协调。

28. C 【解析】《安全生产法》（2014年版）第二十条规定，有关生产经营单位应当按照规定提取和使用安全生产费用，专门用于改善安全生产条件。安全生产费用在成本中据实列支。

29. A 【解析】《安全生产法》（2014年版）第二十一条规定，矿山、金属冶炼、建筑施工、道路运输单位和危险物品的生产、经营、储存单位，应当设置安全生产管理机构或者配备专职安全生产管理人员。题干中"某客运公司"属道路运输单位。

30. C 【解析】《安全生产法》（2014年版）第三十一条规定，矿山、金属冶炼建设项目和用于生产、储存、装卸危险物品的建设项目的施工单位必须按照批准的安全设施设计施工，并对安全设施的工程质量负责。矿山、金属冶炼建设项目和用于生产、储存危险物品的建设项目竣工投入生产或者使用前，应当由建设单位负责组织对安全设施进行验收；验收合格后，方可投入生产和使用。题干中，甲煤矿企业的矿井改扩建项目属矿山建设项目，施工单位为丙公司，因此C选项正确。

31. C 【解析】根据《安全生产法》（2014年版）第二十九条和第三十九条：A选项违反了"生产、经营、储存、使用危险物品的车间、商店、仓库不得与员工宿舍在同一座建筑物内"的规定；B选项违反了"禁止锁闭、封堵生产经营场所或者员工宿舍的出口"的规定；D选项中地面炸药库的建设应当按照国家有关规定进行安全评价，紧邻生产经营场所不符合外部距离的规定。

32. B 【解析】《安全生产法》（2014年版）第四十条规定，生产经营单位进行爆破、吊装以及国务院安全生产监督管理部门会同国务院有关部门规定的其他危险作业，应当安排专门人员进行现场安全管理，确保操作规程的遵守和安全措施的落实。该题中，甲建筑公司为进行吊装作业的生产经营单位，因此B选项正确。

33. B 【解析】《安全生产法》（2014年版）第四十五条规定，两个以上生产经营单位在同一作业区域内进行生产经营活动，可能危及对方生产安全的，应当签订安全生产管理协议，明确各自的安全生产管理职责和应当采取的安全措施，并指定专职安全生产管理人员进行安全检查与协调。

34. C 【解析】《安全生产法》（2014年版）第四十六条规定，生产经营单位不得将生产经营项目、场所、设备发包或者出租给不具备安全生产条件或者相应资质的单位或者个人。生产经营项目、场所发包或者出租给其他单位的，生产经营单位应当与承包单位、承租单位签订专门的安全生产管理协议，或者在承包合同、租赁合同中约定各自的安全生产管理职责；生产经营单位对承包单位、承租单位的安全生产工作统一协调、管理，定期进行安全检查，发现安全问题的，应当及时督促整改。因此，从中分析得出，①正确，②④错误。第四十三条规定，生产经营单位的安全生产管理人员应当根据本单位的生产经营特点，对安全生产状况进行经常性检查；对检查中发现的安全问题，应立即处理。甲公司也属于生产经营单位。据此可知，③正确。因此 C 选项正确。

35. ABE 【解析】A 选项正确。《安全生产法》（2014 年版）第十八条规定，生产经营单位的主要负责人应保证本单位安全生产投入的有效实施。

B 选项正确。第十八条规定，生产经营单位的主要负责人应组织制定本单位安全生产规章制度和操作规程；

C 选项错误。第十八条规定，生产经营单位的主要负责人应组织制定并实施本单位的生产安全事故应急救援预案；

D 选项错误。第二十二条规定，生产经营单位的安全生产管理机构以及安全生产管理人员应督促落实本单位安全生产整改措施。

E 选项正确。第二十二条规定，生产经营单位的安全生产管理机构以及安全生产管理人员检查本单位的安全生产状况，及时排查生产安全事故隐患，提出改进安全生产管理的建议。

36. ADE 【解析】《安全生产法》（2014 年版）第二十一条规定，矿山、金属冶炼、建筑施工、道路运输单位和危险物品的生产、经营、储存单位，应当设置安全生产管理机构或者配备专职安全生产管理人员。前款规定以外的其他生产经营单位，从业人员超过一百人的，应当设置安全生产管理机构或者配备专职安全生产管理人员；从业人员在一百人以下的，应当配备专职或者兼职的安全生产管理人员。由此分析得出，A、D、E 选项正确。

第四节　从业人员的权利和义务

【基础知识训练】

1. B 【解析】B 选项错误。从业人员应当接受安全生产教育和培训，掌握本职工作所需的安全生产知识，提高安全生产技能，增强事故预防和应急处理能力。"管理人员"应当考核合格。

2. C 【解析】A 选项错误。本题要注意，发现直接危及人身安全的紧急情况时，从业人员首先是停止作业，然后采取可能的应急措施；采取应急措施无效时，再撤离作业场所。《安全生产法》（2021 年版）第五十九条规定，从业人员发现事故隐患或者其他不安全因素，应当立即向现场安全生产管理人员或者本单位负责人报告；接到报告的人员应当及时予以处理。

3. C 【解析】A 选项错误。《安全生产法》（2021 年版）第五十四条规定，生产经营单位不得因从业人员对本单位安全生产工作提出批评、检举、控告或者拒绝违章指挥、强令冒险作业而降低其工资、福利等待遇或者解除与其订立的劳动合同。

B 选项错误。第五十五条规定，从业人员发现直接危及人身安全的紧急情况时，有权停止作业或者在采取可能的应急措施后撤离作业场所。

C 选项正确。第五十八条规定，从业人员应当接受安全生产教育和培训，掌握本职工作所需的安全生产知识，提高安全生产技能，增强事故预防和应急处理能力。

D 选项错误。第五十六条规定，因生产安全事故受到损害的从业人员，除依法享有工伤保险外，依照有关民事法律尚有获得赔偿的权利的，有权向本单位提出赔偿要求。

4. **ABD** 【解析】佩戴安全帽是作业人员的义务，从业人员不得擅自修改作业方案。《安全生产法》（2021年版）第五十三条规定，生产经营单位的从业人员有权了解其作业场所和工作岗位存在的危险因素、防范措施及事故应急措施，有权对本单位的安全生产工作提出建议。第五十四条规定，从业人员有权对本单位安全生产工作中存在的问题提出批评、检举、控告；有权拒绝违章指挥和强令冒险作业。第五十五条规定，从业人员发现直接危及人身安全的紧急情况时，有权停止作业或者在采取可能的应急措施后撤离作业场所。

5. **ABE** 【解析】《安全生产法》（2021年版）第五十二条规定，生产经营单位与从业人员订立的劳动合同，应当载明有关保障从业人员劳动安全、防止职业危害的事项，以及依法为从业人员办理工伤保险的事项。生产经营单位不得以任何形式与从业人员订立协议，免除或者减轻其对从业人员因生产安全事故伤亡依法应承担的责任。

6. **BCD** 【解析】《安全生产法》（2021年版）第五十三条规定，生产经营单位的从业人员有权了解其作业场所和工作岗位存在的危险因素、防范措施及事故应急措施，有权对本单位的安全生产工作提出建议。

【能力提升训练】

1. **A** 【解析】《安全生产法》（2021年版）第五十四条规定，从业人员有权对本单位安全生产工作中存在的问题提出批评、检举、控告；有权拒绝违章指挥和强令冒险作业。生产经营单位不得因从业人员对本单位安全生产工作提出批评、检举、控告或者拒绝违章指挥、强令冒险作业而降低其工资、福利等待遇或者解除与其订立的劳动合同。

2. **C** 【解析】《安全生产法》（2021年版）第五十二条规定，生产经营单位不得以任何形式与从业人员订立协议，免除或者减轻其对从业人员因生产安全事故伤亡依法应承担的责任。第一百零三条规定，生产经营单位与从业人员订立协议，免除或者减轻其对从业人员因生产安全事故伤亡依法应承担的责任的，该协议无效；对生产经营单位的主要负责人、个人经营的投资人处2万元以上10万元以下的罚款。

3. **C** 【解析】《安全生产法》（2021年版）第五十四条规定，从业人员有权对本单位安全生产工作中存在的问题提出批评、检举、控告；有权拒绝违章指挥和强令冒险作业。

4. **C** 【解析】《安全生产法》（2021年版）第五十三条、第五十四条规定，生产经营单位的从业人员有权了解其作业场所和工作岗位存在的危险因素、防范措施及事故应急措施，有权对本单位的安全生产工作提出建议。从业人员有权对本单位安全生产工作中存在的问题提出批评、检举、控告；有权拒绝违章指挥和强令冒险作业。第五十八条规定，从业人员应当接受安全生产教育和培训，掌握本职工作所需的安全生产知识，提高安全生产技能，增强事故预防和应急处理能力。

【历年真题实战】

1. **B** 【解析】《安全生产法》第五十六条规定，生产经营单位发生生产安全事故后，应当及时采取措施救治有关人员。因生产安全事故受到损害的从业人员，除依法享有工伤保险外，依照有关民事法律尚有获得赔偿的权利的，有权提出赔偿要求。因此 B 选项正确。

2. B 【解析】《安全生产法》第五十九条规定，从业人员发现事故隐患或者其他不安全因素，应当立即向现场安全生产管理人员或者本单位负责人报告；接到报告的人员应当及时予以处理。

3. C 【解析】根据《安全生产法》（2021 年版）第五十五条，从业人员发现直接危及人身安全的紧急情况时，有权停止作业或者在采取可能的应急措施后撤离作业场所。生产经营单位不得因从业人员在前款紧急情况下停止作业或者采取紧急撤离措施而降低其工资、福利等待遇或者解除与其订立的劳动合同。

4. C 【解析】根据《安全生产法》（2021 年版）第五十九条，从业人员发现事故隐患或者其他不安全因素，应当立即向现场安全生产管理人员或者本单位负责人报告；接到报告的人员应当及时予以处理。

5. C 【解析】《安全生产法》（2014 年版）第五十一条规定，从业人员有权对本单位安全生产工作中存在的问题提出批评、检举、控告；有权拒绝违章指挥和强令冒险作业。生产经营单位不得因从业人员对本单位安全生产工作提出批评、检举、控告或者拒绝违章指挥、强令冒险作业而降低其工资、福利等待遇或者解除与其订立的劳动合同。

6. D 【解析】A 选项错误。《安全生产法》（2014 年版）第五十二条规定，从业人员发现直接危及人身安全的紧急情况时，有权停止作业或者在采取可能的应急措施后撤离作业场所。

B 选项错误。第五十二条规定，生产经营单位不得因从业人员在前款紧急情况下停止作业或者采取紧急撤离措施而降低其工资、福利等待遇或者解除与其订立的劳动合同。

C 选项错误。第五十三条规定，因生产安全事故受到损害的从业人员，除依法享有工伤保险外，依照有关民事法律尚有获得赔偿的权利的，有权向本单位提出赔偿要求。

D 选项正确。第五十三条规定，因生产安全事故受到损害的从业人员，除依法享有工伤保险外，依照有关民事法律尚有获得赔偿的权利的，有权向本单位提出赔偿要求。

7. C 【解析】《安全生产法》（2014 年版）第五十条规定，生产经营单位的从业人员有权了解其作业场所和工作岗位存在的危险因素、防范措施及事故应急措施，有权对本单位的安全生产工作提出建议。第五十四条规定，从业人员在作业过程中，应当严格遵守本单位的安全生产规章制度和操作规程，服从管理，正确佩戴和使用劳动防护用品。第五十五条规定，从业人员应当接受安全生产教育和培训，掌握本职工作所需的安全生产知识，提高安全生产技能，增强事故预防和应急处理能力。第五十八条的规定，生产经营单位使用被派遣劳动者的，被派遣劳动者享有本法规定的从业人员的权利，并应当履行本法规定的从业人员的义务。通过以上规定分析可知，C 选项错误。

第五节　安全生产的监督管理

【基础知识训练】

1. C 【解析】《安全生产法》（2021 年版）第七十八条规定，负有安全生产监督管理职责的部门应当建立安全生产违法行为信息库,如实记录生产经营单位及其有关从业人员的安全生产违法行为信息;对违法行为情节严重的生产经营单位及其有关从业人员,应当及时向社会公告,并通报行业主管部门、投资主管部门、自然资源主管部门、生态环境主管部门、证券监督管理机构以及有关金融机构。有关部门和机构应当对存在失信行为的生产经营单位及其有关从业人员采取加大执法检查频次、暂停项目审批、上调有关保险费率、行业或者职业禁入等联合惩戒措施,并向社会公示。

负有安全生产监督管理职责的部门应当加强对生产经营单位行政处罚信息的及时归集、共享、应用和公开,对生产经营单位作出处罚决定后七个工作日内在监督管理部门公示系统予以公开曝光,强化对违法失信生产经营单位及其有关从业人员的社会监督,提高全社会安全生产诚信水平。

2. D 【解析】《安全生产法》(2021年版)第六十八条规定,安全生产监督检查人员应当将检查的时间、地点、内容、发现的问题及其处理情况,作出书面记录,并由检查人员和被检查单位的负责人签字。

3. D 【解析】A、B选项错误。《安全生产法》(2021年版)第六十二条规定,县级以上地方各级人民政府应当依据本行政区域内的安全生产状况,组织有关部门按照职责分工,对本行政区域内容易发生重大生产安全事故的生产经营单位进行严格检查。应急管理部门应当按照分类分级监督管理的要求,制定安全生产年度监督检查计划,并按照年度监督检查计划进行监督检查,发现事故隐患,应当及时处理。

C选项错误。第六十条规定,负有安全生产监督管理职责的部门依照有关法律、法规的规定,对涉及安全生产的事项需要审查批准(包括批准、核准、许可、注册、认证、颁发证照等,下同)或者验收的,必须严格依照有关法律、法规和国家标准或者行业标准规定的安全生产条件和程序进行审查。

4. B 【解析】负有安全生产监督管理职责的部门依照前款规定采取停止供电措施,除有危及生产安全的紧急情形外,应当提前24小时通知生产经营单位。生产经营单位依法履行行政决定、采取相应措施消除事故隐患的,负有安全生产监督管理职责的部门应当及时解除前款规定的措施。

5. C 【解析】C选项错误,《安全生产法》(2021年版)第七十五条规定,居民委员会、村民委员会发现其所在区域内的生产经营单位存在事故隐患或者安全生产违法行为时,应当向当地人民政府或者有关部门报告。第七十四条规定,任何单位或者个人对事故隐患或者安全生产违法行为,均有权向负有安全生产监督管理职责的部门报告或者举报。

6. ABCE 【解析】安全生产监管部门执法人员可以行使的职权有:现场检查权、当场处理权、紧急处置权、查封扣押权。

7. AC 【解析】《安全生产法》(2021年版)第六十五条规定,应急管理部门和其他负有安全生产监督管理职责的部门依法开展安全生产行政执法工作,对生产经营单位执行有关安全生产的法律、法规和国家标准或者行业标准的情况进行监督检查,行使的职权:对有依据认为不符合保障安全生产的国家标准或者行业标准的设施、设备、器材以及违法生产、储存、使用、经营、运输的危险物品予以查封或者扣押,对违法生产、储存、使用、经营危险物品的作业场所予以查封,并依法作出处理决定。

【能力提升训练】

1. B 【解析】《安全生产法》（2021 年版）第六十五条规定，应急管理部门和其他负有安全生产监督管理职责的部门依法开展安全生产行政执法工作，对生产经营单位执行有关安全生产的法律、法规和国家标准或者行业标准的情况进行监督检查，对检查中发现的事故隐患，应当责令立即排除；重大事故隐患排除后，经审查同意，方可恢复生产经营和使用。

2. C 【解析】A 选项错误。检查前，向企业负责人出示行政执法证件。

B 选项错误。"企业未实施风险公告"不属于重大隐患，不必停产，应当责令限期改正。应急管理部门和其他负有安全生产监督管理职责的部门依法开展安全生产行政执法工作，有权进入生产经营单位进行检查，调阅有关资料，向有关单位和人员了解情况。对涉及被检查单位的技术秘密和业务秘密，应当为其保密。

D 选项错误。检查结束，应当要求企业负责人在检查记录上签字。

3. C 【解析】负有安全生产监督管理职责的部门依照前款规定采取停止供电措施，除有危及生产安全的紧急情形外，应当提前 24 小时通知生产经营单位。

4. D 【解析】A 选项错误。应当由检查人员和被检查单位的"负责人"签字。B 选项，负有安全生产监督管理职责的部门对涉及安全生产的事项进行审查、验收，不得收取费用；不得要求接受审查、验收的单位购买其指定品牌或者指定生产、销售单位的安全设备、器材或者其他产品。

5. C 【解析】A 选项错误。负有安全生产监督管理职责的部门对涉及安全生产的事项进行审查、验收，不得收取费用。

B 选项错误。被检查单位的负责人拒绝签字的，检查人员应当将情况记录在案，并向负有安全生产监督管理职责的部门报告。

D 选项错误。安全生产监督检查人员执行监督检查任务时，必须出示有效的行政执法证件；对涉及被检查单位的技术秘密和业务秘密，应当为其保密。

【历年真题实战】

1. D 【解析】A、C 选项错误，D 选项正确。有权扣押危险化学品，但是无权限制人身自由。

《安全生产法》第三十九条规定，生产、经营、储存、使用危险物品的车间、商店、仓库不得与员工宿舍在同一座建筑物内，并应当与员工宿舍保持安全距离。

第六十五条规定，应急管理部门和其他负有安全生产监督管理职责的部门依法开展安全生产行政执法工作，对生产经营单位执行有关安全生产的法律、法规和国家标准或者行业标准的情况进行监督检查，行使以下职权：

（1）进入生产经营单位进行检查，调阅有关资料，向有关单位和人员了解情况；

（2）对检查中发现的安全生产违法行为，当场予以纠正或者要求限期改正；对依法应当给予行政处罚的行为，依照本法和其他有关法律、行政法规的规定作出行政处罚决定；

（3）对检查中发现的事故隐患，应当责令立即排除；重大事故隐患排除前或者排除过程中无法保证安全的，应当责令从危险区域内撤出作业人员，责令暂时停产停业或者停止使用相关设施、设备；重大事故隐患排除后，经审查同意，方可恢复生产经营和使用；

（4）对有根据认为不符合保障安全生产的国家标准或者行业标准的设施、设备、器材以及违法生产、储存、使用、经营、运输的危险物品予以查封或者扣押，对违法生产、储存、使用、经营危险物品的作业场所予以查封，并依法作出处理决定。

B选项错误。应当是根据法律作出的查封决定，部门规章必须在法律设定范围内作出具体规定，不能单独设置查封的行政处罚《行政处罚法》第十二条规定，国务院部、委员会制定的规章可以在法律、行政法规规定的给予行政处罚的行为、种类和幅度的范围内作出具体规定。

尚未制定法律、行政法规的，前款规定的国务院部、委员会制定的规章对违反行政管理秩序的行为，可以设定警告或者一定数量罚款的行政处罚。罚款的限额由国务院规定。

2. C 【解析】《安全生产法》第七十八条规定，负有安全生产监督管理职责的部门应当建立安全生产违法行为信息库，如实记录生产经营单位及其有关从业人员的安全生产违法行为信息；对违法行为情节严重的生产经营单位及其有关从业人员，应当及时向社会公告，并通报行业主管部门、投资主管部门、自然资源主管部门、生态环境主管部门、证券监督管理机构以及有关金融机构。有关部门和机构应当对存在失信行为的生产经营单位及其有关从业人员采取加大执法检查频次、暂停项目审批、上调有关保险费率、行业或者职业禁入等联合惩戒措施，并向社会公示。

3. A 【解析】A选项说法错误。《安全生产法》第六十五条规定，应急管理部门和其他负有安全生产监督管理职责的部门依法开展安全生产行政执法工作，对生产经营单位执行有关安全生产的法律、法规和国家标准或者行业标准的情况进行监督检查，行使以下职权：①进入生产经营单位进行检查，调阅有关资料，向有关单位和人员了解情况；②对检查中发现的安全生产违法行为，当场予以纠正或者要求限期改正；对依法应当给予行政处罚的行为，依照本法和其他有关法律、行政法规的规定作出行政处罚决定；③对检查中发现的事故隐患，应当责令立即排除；重大事故隐患排除前或者排除过程中无法保证安全的，应当责令从危险区域内撤出作业人员，责令暂时停产停业或者停止使用相关设施、设备；重大事故隐患排除后，经审查同意，方可恢复生产经营和使用；④对有根据认为不符合保障安全生产的国家标准或者行业标准的设施、设备、器材以及违法生产、储存、使用、经营、运输的危险物品予以查封或者扣押，对违法生产、储存、使用、经营危险物品的作业场所予以查封，并依法作出处理决定。监督检查不得影响被检查单位的正常生产经营活动。

4. C 【解析】《安全生产法》（2021年版）第七十条规定，负有安全生产监督管理职责的部门可以采取通知有关单位停止供电、停止供应民用爆炸物品等措施，强制生产经营单位履行决定。通知应当采用书面形式，有关单位应当予以配合。负有安全生产监督管理职责的部门依照前款规定采取停止供电措施，除有危及生产安全的紧急情形外，应当提前24小时通知生产经营单位。生产经营单位依法履行行政决定、采取相应措施消除事故隐患的，负有安全生产监督管理职责的部门应当及时解除前款规定的措施。

5. A 【解析】《安全生产法》（2021年版）第七十八条规定，有关部门和机构应当对存在失信行为的生产经营单位及其有关从业人员采取加大执法检查频次、暂停项目审批、上调有关保险费率、行业或者职业禁入等联合惩戒措施，并向社会公示。

6. D 【解析】A、B 选项错误。《安全生产法》（2021 年版）第六十四条规定，负有安全生产监督管理职责的部门对涉及安全生产的事项进行审查、验收，不得收取费用。不得要求接受审查、验收的单位购买其指定品牌或者指定生产、销售单位的安全设备、器材或者其他产品。

C 选项错误。《安全生产法》（2021 年版）规定，对未依法取得批准或者验收合格的单位擅自从事有关活动的，负责行政审批的部门发现或者接到举报后应当立即予以取缔，并依法予以处理。

D 选项正确。《安全生产法》（2021 年版）对已经依法取得批准的单位，负责行政审批的部门发现其不再具备安全生产条件的，应当撤销原批准。

7. D 【解析】应当提起安全生产公益诉讼是不正确的，根据《安全生产法》（2021年版）第七十四条，因安全生产违法行为造成重大事故隐患或者导致重大事故，致使国家利益或者社会公共利益受到侵害的，人民检察院可以根据民事诉讼法、行政诉讼法的相关规定提起公益诉讼。

8. A 【解析】根据《安全生产法》（2021 年版）第七十三条，涉及人员死亡的举报事项，应当由县级以上人民政府组织核查处理。

9. B 【解析】根据《安全生产法》（2021 年版）第六十五条，对检查中发现的事故隐患，应当责令立即排除；重大事故隐患排除前或者排除过程中无法保证安全的，应当责令从危险区域内撤出作业人员，责令暂时停产停业或者停止使用相关设施、设备；重大事故隐患排除后，经审查同意，方可恢复生产经营和使用。

10. C 【解析】根据《安全生产法》（2021 年版）第七十条，负有安全生产监督管理职责的部门依照前款规定采取停止供电措施，除有危及生产安全的紧急情形外，应当提前24 小时通知生产经营单位。生产经营单位依法履行行政决定、采取相应措施消除事故隐患的，负有安全生产监督管理职责的部门应当及时解除前款规定的措施。

11. ACD 【解析】A 选项正确。根据《安全生产法》（2021 年版）第七十条，负有安全生产监督管理职责的部门依法对存在重大事故隐患的生产经营单位作出停产停业、停止施工、停止使用相关设施或者设备的决定，生产经营单位应当依法执行，及时消除事故隐患。

B 选项错误。根据第九十七条，生产经营单位有特种作业人员未按照规定经专门的安全作业培训并取得相应资格，上岗作业的行为的，责令限期改正，处 10 万元以下的罚款；逾期未改正的，责令停产停业整顿，并处 10 万元以上 20 万元以下的罚款，对其直接负责的主管人员和其他直接责任人员处 2 万元以上 5 万元以下的罚款。

C 选项正确。根据第六十七条，安全生产监督检查人员执行监督检查任务时，必须出示有效的行政执法证件；对涉及被检查单位的技术秘密和业务秘密，应当为其保密。

D 选项正确，E 选项错误。根据第六十五条，应急管理部门和其他负有安全生产监督管理职责的部门对有根据认为不符合保障安全生产的国家标准或者行业标准的设施、设备、器材以及违法生产、储存、使用、经营、运输的危险物品予以查封或者扣押，对违法生产、储存、使用、经营危险物品的作业场所予以查封，并依法作出处理决定。

12. CDE 【解析】A选项错误，C选项正确。《安全生产事故隐患排查治理暂行规定》第二十条规定，安全监管监察部门应当建立事故隐患排查治理监督检查制度，定期组织对生产经营单位事故隐患排查治理情况开展监督检查；应当加强对重点单位的事故隐患排查治理情况的监督检查。对检查过程中发现的重大事故隐患，应当下达整改指令书，并建立信息管理台账。必要时，报告同级人民政府并对重大事故隐患实行挂牌督办。安全监管监察部门应当配合有关部门做好对生产经营单位事故隐患排查治理情况开展的监督检查，依法查处事故隐患排查治理的非法和违法行为及其责任者。安全监管监察部门发现属于其他有关部门职责范围内的重大事故隐患的，应该及时将有关资料移送有管辖权的有关部门，并记录备查。

B选项错误，D、E选项正确。《安全生产法》（2014年版）第六十七条规定，负有安全生产监督管理职责的部门依法对存在重大事故隐患的生产经营单位作出停产停业、停止施工、停止使用相关设施或者设备的决定，生产经营单位应当依法执行，及时消除事故隐患。生产经营单位拒不执行，有发生生产安全事故的现实危险的，在保证安全的前提下，经本部门主要负责人批准，负有安全生产监督管理职责的部门可以采取通知有关单位停止供电、停止供应民用爆炸物品等措施，强制生产经营单位履行决定。通知应当采用书面形式，有关单位应当予以配合。负有安全生产监督管理职责的部门依照前款规定采取停止供电措施，除有危及生产安全的紧急情形外，应当提前24小时通知生产经营单位。生产经营单位依法履行行政决定、采取相应措施消除事故隐患的，负有安全生产监督管理职责的部门应当及时解除前款规定的措施。

13. C 【解析】《安全生产法》（2014年版）第六十七条规定，负有安全生产监督管理职责的部门依法对存在重大事故隐患的生产经营单位作出停产停业、停止施工、停止使用相关设施或者设备的决定，生产经营单位应当依法执行，及时消除事故隐患。生产经营单位拒不执行，有发生生产安全事故的现实危险的，在保证安全的前提下，经本部门主要负责人批准，负有安全生产监督管理职责的部门可以采取通知有关单位停止供电、停止供应民用爆炸物品等措施，强制生产经营单位履行决定。通知应当采用书面形式，有关单位应当予以配合。负有安全生产监督管理职责的部门依照前款规定采取停止供电措施，除有危及生产安全的紧急情形外，应当提前24小时通知生产经营单位。生产经营单位依法履行行政决定、采取相应措施消除事故隐患的，负有安全生产监督管理职责的部门应当及时解除前款规定的措施。

14. C 【解析】《安全生产法》（2014年版）第六十一条规定，负有安全生产监督管理职责的部门对涉及安全生产的事项进行审查、验收，不得收取费用；不得要求接受审查、验收的单位购买其指定品牌或者指定生产、销售单位的安全设备、器材或者其他产品。第六十二条规定，监督检查不得影响被检查单位的正常生产经营活动。第六十六条规定，负有安全生产监督管理职责的部门在监督检查中，应当互相配合，实行联合检查；确需分别进行检查的，应当互通情况，发现存在的安全问题应当由其他有关部门进行处理的，应当及时移送其他有关部门并形成记录备查，接受移送的部门应当及时进行处理。根据以上规定分析可知，C选项正确。

15. D 【解析】《安全生产法》（2014 年版）第六十二条规定，安全生产监督管理部门和其他负有安全生产监督管理职责的部门依法开展安全生产行政执法工作，对生产经营单位执行有关安全生产的法律、法规和国家标准或者行业标准的情况进行监督检查，行使以下职权：①进入生产经营单位进行检查，调阅有关资料，向有关单位和人员了解情况；②对检查中发现的安全生产违法行为，当场予以纠正或者要求限期改正；对依法应当给予行政处罚的行为，依照本法和其他有关法律、行政法规的规定作出行政处罚决定；③对检查中发现的事故隐患，应当责令立即排除；重大事故隐患排除前或者排除过程中无法保证安全的，应当责令从危险区域内撤出作业人员，责令暂时停产停业或者停止使用相关设施、设备；重大事故隐患排除后，经审查同意，方可恢复生产经营和使用；④对有根据认为不符合保障安全生产的国家标准或者行业标准的设施、设备、器材以及违法生产、储存、使用、经营、运输的危险物品予以查封或者扣押，对违法生产、储存、使用、经营危险物品的作业场所予以查封，并依法作出处理决定。监督检查不得影响被检查单位的正常生产经营活动。据此分析可知，检查发现安全设备使用不符合国家标准的，应予以查封或者扣押，因此 D 选项错误。

16. D 【解析】《安全生产法》（2014 年版）第六十四条规定，安全生产监督检查人员应当忠于职守，坚持原则，秉公执法。安全生产监督检查人员执行监督检查任务时，必须出示有效的监督执法证件；对涉及被检查单位的技术秘密和业务秘密，应当为其保密。第六十五条规定，安全生产监督检查人员应当将检查的时间、地点、内容、发现的问题及其处理情况，作出书面记录，并由检查人员和被检查单位的负责人签字；被检查单位的负责人拒绝签字的，检查人员应当将情况记录在案，并向负有安全生产监督管理职责的部门报告。

第六节 生产安全事故的应急救援与调查处理

【基础知识训练】

1. B 【解析】《安全生产法》（2021 年版）第八十二条规定，危险物品的生产、经营、储存单位以及矿山、金属冶炼、城市轨道交通运营、建筑施工单位应当建立应急救援组织；生产经营规模较小的，可以不建立应急救援组织，但应当指定兼职的应急救援人员。B 选项错在"生产经营单位"。

2. C 【解析】《安全生产法》（2021 年版）第八十三条规定，生产经营单位发生生产安全事故后，事故现场有关人员应当立即报告本单位负责人。单位负责人接到事故报告后，应当迅速采取有效措施，组织抢救，防止事故扩大，减少人员伤亡和财产损失，并按照国家有关规定立即如实报告当地负有安全生产监督管理职责的部门，不得隐瞒不报、谎报或者迟报，不得故意破坏事故现场、毁灭有关证据。

3. D 【解析】A 选项错误。危险物品的生产、经营、储存、装卸单位规模较大的应当建立应急救援组织，规模较小的可以不建立应急救援组织。B、C 选项都应该立即核实，立即赶赴现场。

4. A 【解析】《安全生产法》（2021 年版）第八十三条规定，生产经营单位发生生产安全事故后，事故现场有关人员应当立即报告本单位负责人。单位负责人接到事故报告后，应当迅速采取有效措施，组织抢救，防止事故扩大，减少人员伤亡和财产损失，并按照国家有关规定立即如实报告当地负有安全生产监督管理职责的部门，不得隐瞒不报、谎报或者迟报，不得故意破坏事故现场、毁灭有关证据。

5. D 【解析】《安全生产法》（2021年版）第七十九条规定，国家加强生产安全事故应急能力建设，在重点行业、领域建立应急救援基地和应急救援队伍，并由国家安全生产应急救援机构统一协调指挥；鼓励生产经营单位和其他社会力量建立应急救援队伍，配备相应的应急救援装备和物资，提高应急救援的专业化水平。国务院应急管理部门建立全国统一的生产安全事故应急救援信息系统，国务院交通运输、住房和城乡建设、水利、民航等有关部门和级以上地方人民政府建立健全相关行业、领域地区的生产安全事故应急救援信息系统。

6. C 【解析】《安全生产法》（2021年版）第八十二条规定，危险物品的生产、经营、储存单位以及矿山、金属冶炼、城市轨道交通运营、建筑施工单位应当建立应急救援组织；生产经营规模较小的，可以不建立应急救援组织，但应当指定兼职的应急救援人员。危险物品的生产、经营、储存、运输单位以及矿山、金属冶炼、城市轨道交通运营、建筑施工单位应当配备必要的应急救援器材、设备和物资，并进行经常性维护、保养，保证正常运转。

7. D 【解析】A、B、C选项错误，《安全生产法》（2021年版）第八十三条规定，生产经营单位发生生产安全事故后，事故现场有关人员应当立即报告本单位负责人。单位负责人接到事故报告后，应当迅速采取有效措施，组织抢救，防止事故扩大，减少人员伤亡和财产损失，并按照国家有关规定立即如实报告当地负有安全生产监督管理职责的部门，不得隐瞒不报、谎报或者迟报，不得故意破坏事故现场、毁灭有关证据。

【能力提升训练】

1. BE 【解析】《安全生产法》（2021年版）第八十二条规定，危险物品的生产、经营、储存单位以及矿山、金属冶炼、城市轨道交通运营、建筑施工单位应当建立应急救援组织；生产经营规模较小的，可以不建立应急救援组织，但应当指定兼职的应急救援人员。

【历年真题实战】

1. B 【解析】《安全生产法》第八十二条规定，危险物品的生产、经营、储存单位以及矿山、金属冶炼、城市轨道交通运营、建筑施工单位应当建立应急救援组织；生产经营规模较小的，可以不建立应急救援组织，但应当指定兼职的应急救援人员。

危险物品的生产、经营、储存、运输单位以及矿山、金属冶炼、城市轨道交通运营、建筑施工单位应当配备必要的应急救援器材、设备和物资，并进行经常性维护、保养，保证正常运转。因此B选项正确。

2. AD 【解析】A、D选项正确。《安全生产法》（2021年版）第八十六条规定，负责事故调查处理的国务院有关部门和地方人民政府应当在批复事故调查报告后1年内，组织有关部门对事故整改和防范措施落实情况进行评估，并及时向社会公开评估结果；对不履行职责导致事故整改和防范措施没有落实的有关单位和人员，应当按照有关规定追究责任。

3. A 【解析】A 选项说法错误。应立即救援，并不是立即保护现场。根据《安全生产法》（2021 年版）第八十三条，单位负责人接到事故报告后，应当迅速采取有效措施，组织抢救，防止事故扩大，减少人员伤亡和财产损失，并按照国家有关规定立即如实报告当地负有安全生产监督管理职责的部门，不得隐瞒不报、谎报或者迟报，不得故意破坏事故现场、毁灭有关证据。

B、C 选项说法正确。根据第八十五条，参与事故抢救的部门和单位应当服从统一指挥，加强协同联动，采取有效的应急救援措施，并根据事故救援的需要采取警戒、疏散等措施，防止事故扩大和次生灾害的发生，减少人员伤亡和财产损失。

D 选项说法正确。根据第八十五条，任何单位和个人都应当支持、配合事故抢救，并提供一切便利条件。

4. B 【解析】《安全生产法》（2014 年版）第八十条规定，生产经营单位发生生产安全事故后，事故现场有关人员应当立即报告本单位负责人。单位负责人接到事故报告后，应当迅速采取有效措施，组织抢救，防止事故扩大，减少人员伤亡和财产损失，并按照国家有关规定立即如实报告当地负有安全生产监督管理职责的部门。不得隐瞒不报、谎报或者迟报，不得故意破坏事故现场、毁灭有关证据。

5. BDE 【解析】A、C 选项错误。《安全生产法》（2014 年版）第七十八条规定，生产经营单位应当制定本单位生产安全事故应急救援预案，与所在地县级以上地方人民政府组织制定的生产安全事故应急救援预案相衔接，并定期组织演练。

B、D 选项正确。第七十九条规定，危险物品的生产、经营、储存单位以及矿山、金属冶炼、城市轨道交通运营、建筑施工单位应当建立应急救援组织；生产经营规模较小的，可以不建立应急救援组织，但应当指定兼职的应急救援人员。

E 选项正确。危险物品的生产、经营、储存、运输单位以及矿山、金属冶炼、城市轨道交通运营、建筑施工单位应当配备。

6. D 【解析】D 选项正确。《安全生产法》（2014 年版）第八十条规定，生产经营单位发生生产安全事故后，事故现场有关人员应当立即报告本单位负责人。单位负责人接到事故报告后，应当迅速采取有效措施，组织抢救，防止事故扩大，减少人员伤亡和财产损失，并按照国家有关规定立即如实报告当地负有安全生产监督管理职责的部门，不得隐瞒不报、谎报或者迟报，不得故意破坏事故现场、毁灭有关证据。

7. B 【解析】《安全生产法》（2014 年版）第八十一条规定，负有安全生产监督管理职责的部门接到事故报告后，应当立即按照国家有关规定上报事故情况。负有安全生产监督管理职责的部门和有关地方人民政府对事故情况不得隐瞒不报、谎报或者迟报。第八十二条规定，任何单位和个人都应当支持、配合事故抢救，并提供一切便利条件。据此可知，C 选项错误，A、D 选项无依据，B 选项正确。

8. B 【解析】《安全生产法》（2014 年版）第八十二条规定，危险物品的生产、经营、储存单位以及矿山、金属冶炼、城市轨道交通运营、建筑施工单位应当建立应急救援组织；生产经营规模较小的，可以不建立应急救援组织，但应当指定兼职的应急救援人员。危险物品的生产、经营、储存、运输单位以及矿山、金属冶炼、城市轨道交通运营、建筑施工单位应当配备必要的应急救援器材、设备和物资，并进行经常性维护、保养，保证正常运转。据此可知，甲企业、乙企业、丙企业均应当建立应急救援组织，D 选项企业可以不建立应急救援组织，但应当指定兼职的应急救援人员。因此，B 选项正确。

9. ABDE 【解析】《安全生产法》（2014 年版）第七十九条规定，生产经营单位发生生产安全事故后，事故现场有关人员应当立即报告本单位负责人。单位负责人接到事故报告后，应当迅速采取有效措施，组织抢救，防止事故扩大，减少人员伤亡和财产损失，并按照国家有关规定立即如实报告当地负有安全生产监督管理职责的部门，不得隐瞒不报、谎报或者迟报，不得故意破坏事故现场、毁灭有关证据。《危险化学品安全管理条例》第七十一条规定，发生危险化学品事故，事故单位主要负责人应当立即按照本单位危险化学品应急预案组织救援，并向当地安全生产监督管理部门和环境保护、公安、卫生主管部门报告。由此分析得出，C 选项错误，其余选项正确。

第七节　安全生产法律责任

【基础知识训练】

1. ABC 【解析】《安全生产法》（2021 年版）第九十条规定，负有安全生产监督管理职责的部门的工作人员，有下列行为之一的，给予降级或者撤职的处分；构成犯罪的，依照刑法有关规定追究刑事责任：①对不符合法定安全生产条件的涉及安全生产的事项予以批准或者验收通过的；②发现未依法取得批准、验收的单位擅自从事有关活动或者接到举报后不予取缔或者不依法予以处理的；③对已经依法取得批准的单位不履行监督管理职责，发现其不再具备安全生产条件而不撤销原批准或者发现安全生产违法行为不予查处的；④在监督检查中发现重大事故隐患，不依法及时处理的。

【能力提升训练】

1. D 【解析】《安全生产法》（2021 年版）第九十二条规定，承担安全评价、认证、检测、检验职责的机构出具失实报告的，责令停业整顿，并处 3 万元以上 10 万元以下的罚款；给他人造成损害的，依法承担赔偿责任。承担安全评价、认证、检测、检验职责的机构租借资质、挂靠、出具虚假报告的，没收违法所得；违法所得在 10 万元以上的，并处违法所得 2 倍以上 5 倍以下的罚款；没有违法所得或者违法所得不足 10 万元的，单处或者并处 10 万元以上 20 万元以下的罚款；对其直接负责的主管人员和其他直接责任人员处 5 万元以上 10 万元以下的罚款；给他人造成损害的，与生产经营单位承担连带赔偿责任；构成犯罪的，依照刑法有关规定追究刑事责任。

2. D 【解析】《安全生产法》（2021 年版）第一百零三条规定，生产经营单位将生产经营项目、场所、设备发包或者出租给不具备安全生产条件或者相应资质的单位或者个人的，责令限期改正，没收违法所得；导致发生生产安全事故给他人造成损害的，与承包方、承租方承担连带赔偿责任。

3. C 【解析】《安全生产法》（2021年版）第一百零六条规定，生产经营单位与从业人员订立协议，免除或者减轻其对从业人员因生产安全事故伤亡依法应承担的责任的，该协议无效；对生产经营单位的主要负责人、个人经营的投资人处2万元以上10万元以下的罚款。

4. B 【解析】《安全生产法》（2021年版）第九十二条规定，承担安全评价、认证、检测、检验职责的机构租借资质、挂靠、出具虚假报告的，没收违法所得；违法所得在10万元以上的，并处违法所得2倍以上5倍以下的罚款；没有违法所得或者违法所得不足10万元的，单处或者并处10万元以上20万元以下的罚款。本题中，需要没收违法所得9万元，并处以10万~20万元的罚款。因此，甲公司账户应减少19万~29万元之间。120−19＝101，120−29＝91。因此在91~101之间的数字是最可能的数字。

5. A 【解析】《安全生产法》（2021年版）第九十三条规定，生产经营单位的决策机构、主要负责人或者个人经营的投资人不依照本法规定保证安全生产所必需的资金投入，致使生产经营单位不具备安全生产条件的，责令限期改正，提供必需的资金；逾期未改正的，责令生产经营单位停产停业整顿。有前款违法行为，导致发生生产安全事故的，对生产经营单位的主要负责人给予撤职处分，对个人经营的投资人处2万元以上20万元以下的罚款；构成犯罪的，依照刑法有关规定追究刑事责任。

6. A 【解析】《安全生产法》（2021年版）第一百一十六条规定，生产经营单位发生生产安全事故造成人员伤亡、他人财产损失的，应当依法承担赔偿责任；拒不承担或者其负责人逃匿的，由人民法院依法强制执行。

【历年真题实战】

1. A 【解析】70万元×0.8＝56万元。《安全生产法》（2021年版）第九十五条规定，生产经营单位的主要负责人未履行本法规定的安全生产管理职责，导致发生生产安全事故的，由应急管理部门依照下列规定处以罚款：发生一般事故的，处上一年年收入百分之四十的罚款；发生较大事故的，处上一年年收入百分之六十的罚款；发生重大事故的，处上一年年收入百分之八十的罚款；发生特别重大事故的，处上一年年收入百分之一百的罚款。

2. B 【解析】《安全生产法》（2021年版）第九十六条规定，生产经营单位的其他负责人和安全生产管理人员未履行本法规定的安全生产管理职责的，责令限期改正，处1万元以上3万元以下的罚款；导致发生生产安全事故的，暂停或者吊销其与安全生产有关的资格，并处上1年年收入百分之二十以上百分之五十以下的罚款；构成犯罪的，依照刑法有关规定追究刑事责任。

3. C 【解析】《安全生产法》（2021年版）第九十七条规定，生产经营单位有下列行为之一的，责令限期改正，处10万元以下的罚款；逾期未改正的，责令停产停业整顿，并处10万元以上20万元以下的罚款，对其直接负责的主管人员和其他直接责任人员处2万元以上5万元以下的罚款：未按照规定设置安全生产管理机构或者配备安全生产管理人员、注册安全工程师的。第一百一十二条规定，生产经营单位违反本法规定，被责令改正且受到罚款处罚，拒不改正的，负有安全生产监督管理职责的部门可以自作出责令改正之日的次日起，按照原处罚数额按日连续处罚。

4. A 【解析】根据《安全生产法》（2021 年版）第一百一十条，生产经营单位的主要负责人在本单位发生生产安全事故时，不立即组织抢救或者在事故调查处理期间擅离职守或者逃匿的，给予降级、撤职的处分，并由应急管理部门处上一年年收入百分之六十至百分之一百的罚款；对逃匿的处 15 日以下拘留；构成犯罪的，依照刑法有关规定追究刑事责任。B、C、D 选项错误。

5. A 【解析】事故时间为 2021 年 8 月 2 日，《安全生产法》实施时间为 2021 年 9 月 1 日。本事故造成 1 人重伤，直接经济损失 800 万元，属于一般事故。根据《安全生产法》（2014 年版）第一百零九条，发生一般事故的，处 20 万元以上 50 万元以下的罚款，A 选项正确。

6. B 【解析】根据《安全生产法》（2021 年版）第九十二条，承担安全评价、认证、检测、检验职责的机构租借资质、挂靠、出具虚假报告的，没收违法所得；违法所得在 10 万元以上的，并处违法所得 2 倍以上 5 倍以下的罚款。B 选项 75 万元符合处违法所得 2 倍以上 5 倍以下的罚款。

7. A 【解析】本事故为较大事故，2021 年 9 月 5 日新《安全生产法》实施，根据《安全生产法》（2021 年版）第九十三条，有前款违法行为，导致发生生产安全事故的，对生产经营单位的主要负责人给予撤职处分，对个人经营的投资人处 2 万元以上 20 万元以下的罚款；构成犯罪的，依照刑法有关规定追究刑事责任。根据第一百一十四条，发生生产安全事故，对负有责任的生产经营单位除要求其依法承担相应的赔偿等责任外，由应急管理部门依照下列规定处以罚款：①发生一般事故的，处 30 万元以上 10 万元以下的罚款。②发生较大事故的，处 100 万元以上 200 万元以下的罚款。③发生重大事故的，处 200 万元以上 1000 万元以下的罚款。④发生特别重大事故的，处 1000 万元以上 2000 万元以下的罚款。发生生产安全事故，情节特别严重、影响特别恶劣的，应急管理部门可以按照前款罚款数额的 2 倍以上 5 倍以下对负有责任的生产经营单位处以罚款。

8. D 【解析】本次事故为重大事故。根据《生产安全事故报告和调查处理条例》第三条，重大事故，是指造成 10 人以上 30 人以下死亡，或者 50 人以上 100 人以下重伤，或者 5000 万元以上 1 亿元以下直接经济损失的事故。A 选项错误。根据第九十五条，生产经营单位的主要负责人未履行本法规定的安全生产管理职责，导致发生生产安全事故的，由应急管理部门依照规定处以罚款：重大事故的，处上一年年收入百分之八十的罚款。B 选项错误。根据第一百一十四条，发生生产安全事故，对负有责任的生产经营单位除要求其依法承担相应的赔偿等责任外，由应急管理部门依照下列规定处以罚款：发生重大事故的，处 200 万元以上 1000 万元以下的罚款。C 选项错误。不得担任任何行业是不对的，根据《安全生产法》（2021 年版）第九十四条，对重大、特别重大生产安全事故负有责任的，终身不得担任本行业生产经营单位的主要负责人。

9. D 【解析】D 选项错误。依据《生产安全事故报告和调查处理条例》第三条规定，3 人死亡属于较大事故。对重大、特别重大生产安全事故负有责任的，终身不得担任本行业生产经营单位的主要负责人。

10. B 【解析】依据《安全生产法》（2014 年版）第一百零三条规定，生产经营单位与从业人员订立协议，免除或者减轻其对从业人员因生产安全事故伤亡依法应承担的责任的，该协议无效；对生产经营单位的主要负责人、个人经营的投资人处2万元以上10万元以下的罚款。

11. C 【解析】《安全生产法》（2014年版）第一百零六条规定，生产经营单位的主要负责人在本单位发生生产安全事故时，不立即组织抢救或者在事故调查处理期间擅离职守或者逃匿的，给予降级、撤职的处分，并由应急管理部门处上一年年收入百分之六十至百分之一百的罚款；对逃匿的处15日以下拘留；构成犯罪的，依照刑法有关规定追究刑事责任。

12. C 【解析】《安全生产法》（2014年版）第八十九条的规定，承担安全评价、认证、检测、检验工作的机构，出具虚假证明的，没收违法所得；违法所得在10万元以上的，并处违法所得2倍以上5倍以下的罚款；没有违法所得或者违法所得不足10万元的，单处或者并处10万元以上20万元以下的罚款；对其直接负责的主管人员和其他直接责任人员处2万元以上5万元以下的罚款；给他人造成损害的，与生产经营单位承担连带赔偿责任；构成犯罪的，依照刑法有关规定追究刑事责任。对有前款违法行为的机构，吊销其相应资质。因此，除没收该机构违法所得外，还应处违法所得2倍以上5倍以下的罚款，即处60万元以上150万元以下的罚款。据此可知，C选项中所述应急管理部门作出的处罚是正确的。

13. BDE 【解析】《安全生产法》（2014年版）第九十六条规定，生产经营单位有下列行为之一的，责令限期改正，可以处5万元以下的罚款；逾期未改正的，可以处5万元以上20万元以下的罚款，对其直接负责的主管人员和其他直接责任人员处1万元以上2万元以下的罚款；情节严重的，责令停产停业整顿；构成犯罪的，依照刑法有关规定追究刑事责任：①未在有较大危险因素的生产经营场所和有关设施、设备上设置明显的安全警示标志的；②安全设备的安装、使用、检测、改造和报废不符合国家标准或者行业标准的；③未对安全设备进行经常性维护、保养和定期检测的；④未为从业人员提供符合国家标准或者行业标准的劳动防护用品的；⑤危险物品的容器、运输工具，以及涉及人身安全、危险性较大的海洋石油开采特种设备和矿山井下特种设备未经具有专业资质的机构检测、检验合格，取得安全使用证或者安全标志，投入使用的；⑥使用应当淘汰的危及生产安全的工艺、设备的。由此判断，B、D、E选项正确。

第四章 安全生产单行法律

第一节 矿山安全法

【基础知识训练】

1. D 【解析】作为矿山开采系统的重要组成部分，安全设施是保障矿井建设和矿山开采安全的主要设施。《矿山安全法》第七条规定，矿山建设工程的安全设施必须和主体工程同时设计、同时施工、同时投入生产和使用。

2. A 【解析】《矿山安全法》第三十二条规定，矿山企业必须从矿产品销售额中按照国家规定提取安全技术措施专项费用。安全技术措施专项费用必须全部用于改善矿山安全生产条件，不得挪作他用。

3. A 【解析】《矿山安全法》第十条规定，每个矿井必须有两个以上能行人的安全出口，出口之间的直线水平距离必须符合矿山安全规程和行业技术规范。矿山运输设施是保证矿山开采的运送传输设施，保证其正常运行对于正常生产和预防事故必不可少。由于各类矿山的运输、通信设施有所不同，法律对此的最低要求是矿山必须有与外界相通的、符合安全要求的运输和通信设施。

4. D 【解析】《矿山安全法》第十条规定，每个矿井必须有两个以上能行人的安全出口，出口之间的直线水平距离必须符合矿山安全规程和行业技术规范。

5. D 【解析】《矿山安全法》第十四条规定，矿山设计规定保留的矿柱、岩柱，在规定的期限内，应当予以保护，不得开采或者毁坏。B选项，第十七条规定，矿山企业必须对作业场所中的有毒有害物质和井下空气含氧量进行检测，保证符合安全要求。C选项，第十五条规定，矿山使用的有特殊安全要求的设备、器材、防护用品和安全检测仪器，必须符合国家安全标准或者行业安全标准；不符合国家安全标准或者行业安全标准的，不得使用。D选项，第十六条规定，矿山企业必须对机电设备及其防护装置、安全检测仪器，定期检查、维修，保证使用安全。

6. C 【解析】《矿山安全法》第十七条规定，矿山企业必须对作业场所中的有毒有害物质和井下空气含氧量进行检测，保证符合安全要求。

7. C 【解析】《矿山安全法》第二十七条规定，矿长必须经过考核，具备安全专业知识，具有领导安全生产和处理矿山事故的能力。矿山企业安全工作人员必须具备必要的安全专业知识和矿山安全工作经验。

8. A 【解析】矿山建设工程的设计文件，必须符合矿山安全规程和行业技术规范，并按照国家规定经管理矿山企业的主管部门批准；不符合矿山安全规程和行业技术规范的，不得批准。矿山建设工程安全设施的设计必须由负责安全生产监督管理的部门参加审查。

9. D 【解析】矿山设计中安全规程和行业技术规范的内容包括：①矿井的通风系统和供风量、风质、风速；②露天矿的边坡角和台阶的宽度、高度；③供电系统；④提升、运输系统；⑤防水、排水系统和防火、灭火系统；⑥防瓦斯系统和防尘系统；⑦有关矿山安全的其他项。

10. C 【解析】矿山建设工程必须按照管理矿山的主管部门批准的设计文件施工。矿山建设工程安全设施竣工后，由管理矿山企业的主管部门组织验收，并需有劳动行政主管部门参加。

11. ABCE 【解析】《矿山安全法》的立法目的是保障矿山生产安全，防止矿山事故，保护矿山职工人身安全，促进采矿业的发展。

12. ABCE 【解析】《矿山安全法》第九条规定，矿山设计下列项目必须符合矿山安全规程和行业技术规范：①矿井的通风系统和供风量、风质、风速；②露天矿的边坡角和台阶的宽度、高度；③供电系统；④提升、运输系统；⑤防水、排水系统和防火、灭火系统；⑥防瓦斯系统和防尘系统；⑦有关矿山安全的其他项目。

13. ABC 【解析】《矿山安全法》第十九条规定，矿山企业对使用机械、电气设备、排土场、矸石山、尾矿库和矿山闭坑后可能引起的危害，应当采取预防措施。

【能力提升训练】

1. C 【解析】《矿山安全法》第三十一条规定，矿山企业应当建立由专职或者兼职人员组成的救护和医疗急救组织，配备必要的装备、器材和药物。第二十九条规定，矿山企业对女职工按照国家规定实行特殊劳动保护，不得分配女职工从事矿山井下劳动。第二十七条规定，矿长必须经过考核，具备安全专业知识，具有领导安全生产和处理矿山事故的能力。第二十六条规定，矿山企业必须对职工进行安全教育、培训；未经安全教育、培训的，不得上岗作业。

2. D 【解析】《矿山安全法》第十四条规定，矿山设计规定保留的矿柱、岩柱，在规定的期限内，应当予以保护，不得开采或者毁坏。第十五条规定，矿山使用的有特殊安全要求的设备、器材、防护用品和安全检测仪器，必须符合国家安全标准或者行业安全标准；不符合国家安全标准或者行业安全标准的，不得使用。

第二十五条规定，矿山企业工会发现企业行政方面违章指挥、强令工人冒险作业或者生产过程中发现明显重大事故隐患和职业危害，有权提出解决的建议；发现危及职工生命安全的情况时，有权向矿山企业行政方面建议组织职工撤离危险现场，矿山企业行政方面必须及时作出处理决定。第十九条规定，矿山企业对使用机械、电气设备、排土场、矸石山、尾矿库和矿山闭坑后可能引起的危害，应当采取预防措施。

3. CE 【解析】A选项，矿山使用的有特殊安全要求的设备、器材、防护用品和安全检测仪器，必须符合国家安全标准或者行业安全标准，不符合国家安全标准或者行业安全标准的，不得使用；B选项，矿山企业必须对作业场所中的有毒有害物质和井下空气含氧量进行检测，保证符合安全要求；D选项，每个矿井必须有两个以上能行人的安全出口。

4. BD 【解析】《矿山安全法》第二十六条规定，矿山企业必须对职工进行安全教育、培训；未经安全教育、培训的，不得上岗作业；矿山企业安全生产的特种作业人员必须接受专门培训，经考核合格取得操作资格证书的，方可上岗作业。第二十七条规定，矿长必须经过考核，具备安全专业知识，具有领导安全生产和处理矿山事故的能力。

5. ABDE 【解析】《矿山安全法》第十八条规定，矿山企业必须对下列危害安全的事故隐患采取预防措施：①冒顶、片帮、边坡滑落和地表塌陷；②瓦斯爆炸、煤尘爆炸；③冲击地压、瓦斯突出、井喷；④地面和井下的火灾、水灾；⑤爆破器材和爆破作业发生的危害；⑥粉尘、有毒有害气体、放射性物质和其他有害物质引起的危害；⑦其他危害。

6. AE 【解析】《矿山安全法》第二十五条规定，矿山企业工会发现企业行政方面违章指挥、强令工人冒险作业或者生产过程中发现明显重大事故隐患和职业危害，有权提出解决的建议；发现危及职工生命安全的情况时，有权向矿山企业行政方面建议组织职工撤离危险现场，矿山企业行政方面必须及时作出处理决定。

7. ABE 【解析】《矿山安全法》第三十一条规定，矿山企业应当建立由专职或者兼职人员组成的救护和医疗急救组织，配备必要的装备、器材和药物。

【历年真题实战】

1. BCD 【解析】A 选项错误。《矿山安全法》第十条规定，每个矿井必须有两个以上能行人的安全出口，出口之间的直线水平距离必须符合矿山安全规程和行业技术规范。

B 选项正确。《矿山安全法》第七条规定，矿山建设工程的安全设施必须和主体工程同时设计、同时施工、同时投入生产和使用。

C 选项正确。《矿山安全法》第八条规定，矿山建设工程的设计文件，必须符合矿山安全规程和行业技术规范，并按照国家规定经管理矿山企业的主管部门批准；不符合矿山安全规程和行业技术规范的，不得批准。矿山建设工程安全设施的设计必须有劳动行政主管部门参加审查。矿山安全规程和行业技术规范，由国务院管理矿山企业的主管部门制定。

D 选项正确。第十一条规定，矿山必须有与外界相通的、符合安全要求的运输和通信设施。

E 选项错误。第十二条规定，矿山建设工程必须按照管理矿山企业的主管部门批准的设计文件施工。矿山建设工程安全设施竣工后，由管理矿山企业的主管部门验收，并须有劳动行政主管部门参加；不符合矿山安全规程和行业技术规范的，不得验收，不得投入生产。

2. A 【解析】《矿山安全法》第十四条规定，矿山设计规定保留的矿柱、岩柱，在规定的期限内，应当予以保护，不得开采或者毁坏。由此判断 B 选项错误。第十五条规定，矿山使用的有特殊安全要求的设备、器材、防护用品和安全检测仪器，必须符合国家安全标准或者行业安全标准；不符合国家安全标准或者行业安全标准的，不得使用。由此判断 D 选项错误。第十七条规定，矿山企业必须对作业场所中的有毒有害物质和井下空气含氧量进行检测，保证符合安全要求。由此判断 C 选项错误。第十九条规定，矿山企业对使用机械、电气设备，排土场、矸石山、尾矿库和矿山闭坑后可能引起的危害，应当采取预防措施。由此判断 A 选项正确。

第二节 消　防　法

【基础知识训练】

1. A 【解析】《消防法》第四十五条规定，消防救援机构统一组织和指挥火灾现场扑救，应当优先保障遇险人员的生命安全。

2. C 【解析】《消防法》第十九条规定，生产、储存、经营易燃易爆危险品的场所不得与居住场所设置在同一建筑物内，并应当与居住场所保持安全距离。

3. C 【解析】A 选项错误，《消防法》第四十三条规定，县级以上地方人民政府应当组织有关部门针对本行政区域内的火灾特点制定应急预案，建立应急反应和处置机制，为火灾扑救和应急救援工作提供人员、装备等保障。

B 选项错误。第四十四条规定，任何人发现火灾都应当立即报警。任何单位、个人都应当无偿为报警提供便利，不得阻拦报警。严禁谎报火警。

C选项正确。人员密集场所发生火灾，该场所的现场工作人员应当立即组织、引导在场人员疏散。任何单位发生火灾，必须立即组织力量扑救。邻近单位应当给予支援。消防队接到火警，必须立即赶赴火灾现场，救助遇险人员，排除险情，扑灭火灾。

D选项错误。第四十五条规定，消防救援机构统一组织和指挥火灾现场扑救，应当优先保障遇险人员的生命安全。

4. B 【解析】《消防法》第三条规定，国务院领导全国的消防工作，地方各级人民政府负责本行政区域内的消防工作。

5. A 【解析】《消防法》第五条规定，任何单位和个人都有维护消防安全、保护消防设施、预防火灾、报告火警的义务。任何单位和成年人都有参加有组织的灭火工作的义务。第六条规定，各级人民政府应当组织开展经常性的消防宣传教育，提高公民的消防安全意识。机关、团体、企业、事业等单位，应当加强对本单位人员的消防宣传教育。应急管理部门及消防救援机构应当加强消防法律、法规的宣传，并督促、指导、协助有关单位做好消防宣传教育工作。教育、人力资源行政主管部门和学校、有关职业培训机构应当将消防知识纳入教育、教学、培训的内容。新闻、广播、电视等有关单位，应当有针对性地面向社会进行消防宣传教育。工会、共产主义青年团、妇女联合会等团体应当结合各自工作对象的特点，组织开展消防宣传教育。村民委员会、居民委员会应当协助人民政府以及公安机关、应急管理等部门，加强消防宣传教育。

6. C 【解析】《消防法》第十条规定，对按照国家工程建设消防技术标准需要进行消防设计的建设工程，实行建设工程消防设计审查验收制度。

7. C 【解析】《消防法》第二十条规定，举办大型群众性活动，承办人应当依法向公安机关申请安全许可，制定灭火和应急疏散预案并组织演练，明确消防安全责任分工，确定消防安全管理人员，保持消防设施和消防器材配置齐全、完好有效，保证疏散通道、安全出口、疏散指示标志、应急照明和消防车通道符合消防技术标准和管理规定。第十九条规定，生产、储存、经营易燃易爆危险品的场所不得与居住场所设置在同一建筑物内，并应当与居住场所保持安全距离。生产、储存、经营其他物品的场所与居住场所设置在同一建筑物内的，应当符合国家工程建设消防技术标准。第二十一条规定，进行电焊、气焊等具有火灾危险作业的人员和自动消防系统的操作人员，必须持证上岗，并遵守消防安全操作规程。第二十九条规定，负责公共消防设施维护管理的单位，应当保持消防供水、消防通信、消防车通道等公共消防设施的完好有效。在修建道路以及停电、停水、截断通信线路时有可能影响消防队灭火救援的，有关单位必须事先通知当地消防救援机构。

8. C 【解析】《消防法》第二十六条规定，建筑构件、建筑材料和室内装修、装饰材料的防火性能必须符合国家标准；没有国家标准的，必须符合行业标准。人员密集场所室内装修、装饰，应当按照消防技术标准的要求，使用不燃、难燃材料。

9. C 【解析】《消防法》第二十八条规定，任何单位、个人不得损坏、挪用或者擅自拆除、停用消防设施、器材，不得埋压、圈占、遮挡消火栓或者占用防火间距，不得占用、堵塞、封闭疏散通道、安全出口、消防车通道。人员密集场所的门窗不得设置影响逃生和灭火救援的障碍物。

10. C 【解析】《消防法》第三十六条规定，县级以上地方人民政府应当按照国家规定建立国家综合性消防救援队、专职消防队，并按照国家标准配备消防装备，承担火灾扑救工作。乡镇人民政府应当依据当地经济发展和消防工作的需要，建立专职消防队、志愿消防队，承担火灾扑救工作。

11. B 【解析】《消防法》第四十五条规定，消防救援机构统一组织和指挥火灾现场扑救，应当优先保障遇险人员的生命安全。

12. C 【解析】《消防法》第四十六条规定，国家综合性消防救援队、专职消防队参加火灾以外的其他重大灾害事故的应急救援工作，由县级以上人民政府统一领导。

13. C 【解析】《消防法》第四十九条规定，国家综合性消防救援队、专职消防队扑救火灾、应急救援，不得收取任何费用。单位专职消防队、志愿消防队参加扑救外单位火灾所损耗的燃料、灭火剂和器材、装备等，由火灾发生地的人民政府给予补偿。

14. ABCE 【解析】《消防法》第十七条规定，消防安全重点单位应当履行下列消防安全职责：①确定消防安全管理人，组织实施本单位的消防安全管理工作；②建立消防档案，确定消防安全重点部位，设置防火标志，实行严格管理；③实行每日防火巡查，并建立巡查记录；④对职工进行岗前消防安全培训，定期组织消防安全培训和消防演练。

15. ACDE 【解析】《消防法》第三十一条规定，在农业收获季节、森林和草原防火期间、重大节假日期间以及火灾多发季节，地方各级人民政府应当组织开展有针对性的消防宣传教育，采取防火措施，进行消防安全检查。

【能力提升训练】

1. C 【解析】《消防法》第四十九条规定，国家综合性消防救援队、专职消防队扑救火灾、应急救援，不得收取任何费用。单位专职消防队、志愿消防队参加扑救外单位火灾所损耗的燃料、灭火剂和器材、装备等，由火灾发生地的人民政府给予补偿。

2. B 【解析】《消防法》第四十四条规定，任何人发现火灾都应当立即报警。任何单位、个人都应当无偿为报警提供便利，不得阻拦报警。严禁谎报火警。人员密集场所发生火灾，该场所的现场工作人员应当立即组织、引导在场人员疏散。任何单位发生火灾，必须立即组织力量扑救。邻近单位应当给予支援。消防队接到火警，必须立即赶赴火灾现场，救助遇险人员，排除险情，扑灭火灾。

3. A 【解析】A选项不属于应当履行的事项。《消防法》第三十三条规定，国家鼓励、引导公众聚集场所和生产、储存、运输、销售易燃易爆危险品的企业投保火灾公众责任保险。

B选项属于应当履行的事项。第十六条规定，对建筑消防设施每年至少进行1次全面检测，确保完好有效，检测记录应当完整准确，存档备查。

C选项属于应当履行的事项。第十七条规定，消防安全重点单位除应当履行本法第十六条规定的职责外，还应当履行实行每日防火巡查，并建立巡查记录等职责。

D选项属于应当履行的事项。第二十六条规定，人员密集场所室内装修、装饰，应当按照消防技术标准的要求，使用不燃、难燃材料。

4. ABD 【解析】《消防法》第十八条规定，同一建筑物由两个以上单位管理或者使用的，应当明确各方的消防安全责任，并确定责任人对共用的疏散通道、安全出口、建筑消防设施和消防车通道进行统一管理。

【历年真题实战】

1. A 【解析】《消防法》第十五条规定，公众聚集场所投入使用、营业前消防安全检查实行告知承诺管理。公众聚集场所在投入使用、营业前，建设单位或者使用单位应当向场所所在地的县级以上地方人民政府消防救援机构申请消防安全检查，作出场所符合消防技术标准和管理规定的承诺，提交规定的材料，并对其承诺和材料的真实性负责。

2. AB 【解析】《消防法》第三十九条规定，下列单位应当建立单位专职消防队，承担本单位的火灾扑救工作：①大型核设施单位、大型发电厂、民用机场、主要港口；②生产、储存易燃易爆危险品的大型企业；③储备可燃的重要物资的大型仓库、基地；④第一项、第二项、第三项规定以外的火灾危险性较大、距离国家综合性消防救援队较远的其他大型企业；⑤距离国家综合性消防救援队较远、被列为全国重点文物保护单位的古建筑群的管理单位。

3. D 【解析】A 选项错误。《消防法》第十五条规定，建设单位或者使用单位应当向场所所在地的县级以上地方人民政府消防救援机构申请消防安全检查。

B 选项错误。第十三条规定，建设单位应当向住房和城乡建设主管部门申请消防验收。

C 选项错误，D 选项正确。第十五条规定，申请人选择不采用告知承诺方式办理的，消防救援机构应当自受理申请之日起 10 个工作日内，根据消防技术标准和管理规定，对该场所进行检查。

4. BE 【解析】A 选项错误。《消防法》第四十五条规定，消防救援机构统一组织和指挥火灾现场扑救，应当优先保障遇险人员的生命安全。火灾现场总指挥根据扑救火灾的需要，有权决定截断电力、可燃气体和可燃液体的输送，限制用火用电。

B 选项正确。第四十四条规定，人员密集场所发生火灾，该场所的现场工作人员应当立即组织、引导在场人员疏散。

C 选项错误。第四十四条规定，任何人发现火灾都应当立即报警。任何单位、个人都应当无偿为报警提供便利，不得阻拦报警。严禁谎报火警。

D 选项错误。第四十七条规定，消防车、消防艇前往执行火灾扑救或者应急救援任务，在确保安全的前提下，不受行驶速度、行驶路线、行驶方向和指挥信号的限制，其他车辆、船舶以及行人应当让行，不得穿插超越。

E 选项正确。第四十九条规定，单位专职消防队、志愿消防队参加扑救外单位火灾所损耗的燃料、灭火剂和器材、装备等，由火灾发生地的人民政府给予补偿。

5. D 【解析】A 选项错误。《消防法》第四十六条规定，国家综合性消防救援队、专职消防队参加火灾以外的其他重大灾害事故的应急救援工作，由县级以上人民政府统一领导。

B 选项错误。《消防法》第四十九条规定，国家综合性消防救援队、专职消防队扑救火灾、应急救援，不得收取任何费用。

C选项错误。《消防法》第四十九条规定，单位专职消防队、志愿消防队参加扑救外单位火灾所损耗的燃料、灭火剂和器材、装备等，由火灾发生地的人民政府给予补偿。

D选项正确。《消防法》第四十五条规定，消防救援机构统一组织和指挥火灾现场扑救，应当优先保障遇险人员的生命安全。火灾现场总指挥根据扑救火灾的需要，有权决定截断电力、可燃气体和可燃液体的输送，限制用火用电等。

6. ABC 【解析】A选项正确。根据《消防法》第三十六条，乡镇人民政府应当根据当地经济发展和消防工作的需要，建立专职消防队、志愿消防队，承担火灾扑救工作。

B选项正确。E选项错误。第四十一条，机关、团体、企业、事业等单位以及村民委员会、居民委员会根据需要，建立志愿消防队等多种形式的消防组织，开展群众性自防自救工作。

C选项正确。第四十二条，消防救援机构应当对专职消防队、志愿消防队等消防组织进行业务指导。

D选项错误。第四十九条，单位专职消防队、志愿消防队参加扑救外单位火灾所损耗的燃料、灭火剂和器材、装备等，由火灾发生地的人民政府给予补偿。

7. BE 【解析】《消防法》第三十九条规定，下列单位应当建立单位专职消防队，承担本单位的火灾扑救工作：①大型核设施单位、大型发电厂、民用机场、主要港口；②生产、储存易燃易爆危险品的大型企业；③储备可燃的重要物资的大型仓库、基地；④第一项、第二项、第三项规定以外的火灾危险性较大、距离国家综合性消防救援队较远的其他大型企业；⑤距离国家综合性消防救援队较远、被列为全国重点文物保护单位的古建筑群的管理单位。

8. C 【解析】《消防法》第三十九条规定，下列单位应当建立单位专职消防队，承担本单位的火灾扑救工作：①大型核设施单位、大型发电厂、民用机场、主要港口；②生产、储存易燃易爆危险品的大型企业；③储备可燃的重要物资的大型仓库、基地；④第一项、第二项、第三项规定以外的火灾危险性较大、距离国家综合性消防救援队较远的其他大型企业；⑤距离国家综合性消防救援队较远、被列为全国重点文物保护单位的古建筑群的管理单位。由此分析可知，4个选项中只有大型发电厂应当建立专职消防队，因此C选项正确。

9. D 【解析】《消防法》第四十四条规定，任何人发现火灾都应当立即报警。任何单位、个人都应当无偿为报警提供便利，不得阻拦报警。严禁谎报火警。人员密集场所发生火灾，该场所的现场工作人员应当立即组织、引导在场人员疏散。任何单位发生火灾，必须立即组织力量扑救。邻近单位应当给予支援。消防队接到火警，必须立即赶赴火灾现场，救助遇险人员，排除险情，扑灭火灾。由此判断，D选项正确。第四十五条规定，消防救援机构统一组织和指挥火灾现场扑救，应当优先保障遇险人员的生命安全。火灾现场总指挥根据扑救火灾的需要，有权决定抢救人员和重要物资，防止火势蔓延，拆除或者破损毗邻火灾现场的建筑物、构筑物或者设施等，由此B、C选项错误。第四十九条规定，国家综合性消防救援队、专职消防队扑救火灾、应急救援，不得收取任何费用。单位专职消防队、志愿消防队参加扑救外单位火灾所损耗的燃料、灭火剂和器材、装备等，由火灾发生地的人民政府给予补偿。由此判断，A选项错误。

10. ABCD 【解析】《消防法》第十六条规定，机关、团体、企业、事业等单位应当履行下列消防安全职责：①落实消防安全责任制，制定本单位的消防安全制度、消防安全操作规程，制定灭火和应急疏散预案；②按照国家标准、行业标准配置消防设施、器材，设置消防安全标志，并定期组织检验、维修，确保完好有效；③对建筑消防设施每年至少进行1次全面检测，确保完好有效，检测记录应当完整准确，存档备查；④保障疏散通道、安全出口、消防车通道畅通，保证防火防烟分区、防火间距符合消防技术标准；⑤组织防火检查，及时消除火灾隐患；⑥组织进行有针对性的消防演练；⑦法律、法规规定的其他消防安全职责。单位的主要负责人是本单位的消防安全责任人。由此判断，A、B、C、D选项正确。E选项中应为每年全面检测1次。

第三节　道路交通安全法

【基础知识训练】

1. D 【解析】《道路交通安全法》第四十四条规定，机动车通过交叉路口，应当按照交通信号灯、交通标志、交通标线或者交通警察的指挥通过；通过没有交通信号灯、交通标志、交通标线或者交通警察指挥的交叉路口时，应当减速慢行，并让行人和优先通行的车辆先行。

2. A 【解析】B选项错误。《道路交通安全法》第四十八条规定，机动车载运爆炸物品、易燃易爆化学物品以及剧毒、放射性等危险物品，应当经公安机关批准后，按指定的时间、路线、速度行驶，悬挂警示标志并采取必要的安全措施。

C选项错误。电动自行车在非机动车道内行驶时，最高速度不能超过15公里。

D选项错误。铰接式客车不得驶入高速公路。

3. C 【解析】《道路交通安全法》第三十二条规定，因工程建设需要占用、挖掘道路，或者跨越、穿越道路架设、增设管线设施，应当事先征得道路主管部门的同意；影响交通安全的，还应当征得公安机关交通管理部门的同意。施工作业完毕，应当迅速清除道路上的障碍物，消除安全隐患，经道路主管部门和公安机关交通管理部门验收合格，符合通行要求后，方可恢复通行。

4. B 【解析】《道路交通安全法》第六十七条规定，行人、非机动车、拖拉机、轮式专用机械车、铰接式客车、全挂拖斗车以及其他设计最高时速低于70公里的机动车，不得进入高速公路。高速公路限速标志标明的最高时速不得超过120公里。

5. C 【解析】《道路交通安全法》第六十八条规定，机动车在高速公路上发生故障时，警告标志应当设置在故障车来车方向150米以外，车上人员应当迅速转移到右侧路肩上或者应急车道内，并且迅速报警。

6. C 【解析】《道路交通安全法》第二十五条规定，全国实行统一的道路交通信号。交通信号包括交通信号灯、交通标志、交通标线和交通警察的指挥。

7. B 【解析】《道路交通安全法》第三十四条规定，学校、幼儿园、医院、养老院门前的道路没有行人过街设施的，应当施划人行横道线，设置提示标志。城市主要道路的人行道，应当按照规划设置盲道。盲道的设置应当符合国家标准。

8. A 【解析】《道路交通安全法》第六十九条规定，任何单位、个人不得在高速公路上拦截检查行驶的车辆，公安机关的人民警察依法执行紧急公务除外。

9. ABCE 【解析】《道路交通安全法》第九十六条规定，伪造、变造或者使用伪造、变造的机动车登记证书、号牌、行驶证、驾驶证的，由公安机关交通管理部门予以收缴，扣留该机动车，处 15 日以下拘留，并处 2000 元以上 5000 元以下罚款；构成犯罪的，依法追究刑事责任。

10. BCD 【解析】《道路交通安全法》第八十八条规定，对道路交通安全违法行为的处罚种类包括：警告、罚款、暂扣或者吊销机动车驾驶证、拘留。

11. BCE 【解析】《道路交通安全法》第一百零五条规定，道路施工作业或者道路出现损毁，未及时设置警示标志、未采取防护措施，或者应当设置交通信号灯、交通标志、交通标线而没有设置或者应当及时变更交通信号灯、交通标志、交通标线而没有及时变更，致使通行的人员、车辆及其他财产遭受损失的，负有相关职责的单位应当依法承担赔偿责任。

12. ABDE 【解析】《道路交通安全法》第七十条规定，在道路上发生交通事故，车辆驾驶人应当立即停车，保护现场；造成人身伤亡的，车辆驾驶人应当立即抢救受伤人员，并迅速报告执勤的交通警察或者公安机关交通管理部门。因抢救受伤人员变动现场的，应当标明位置。乘车人、过往车辆驾驶人、过往行人应当予以协助。

13. ACE 【解析】《道路交通安全法》第二十七条规定，铁路与道路平面交叉的道口，应当设置警示灯、警示标志或者安全防护设施。无人看守的铁路道口，应当在距道口一定距离处设置警示标志。

【能力提升训练】

1. D 【解析】《道路交通安全法》第三十六条规定，根据道路条件和通行需要，道路划分为机动车道、非机动车道和人行道的，机动车、非机动车、行人实行分道通行。没有划分机动车道、非机动车道和人行道的，机动车在道路中间通行，非机动车和行人在道路两侧通行。

2. C 【解析】《道路交通安全法》第六十七条规定，行人、非机动车、拖拉机、轮式专用机械车、铰接式客车、全挂拖斗车以及其他设计最高时速低于 70 公里的机动车，不得进入高速公路。高速公路限速标志标明的最高时速不得超过 120 公里。《道路交通安全法》第五十八条规定，残疾人机动轮椅车、电动自行车在非机动车道内行驶时，最高时速不得超过 15 公里。

3. D 【解析】《道路交通安全法》第七十六条规定，机动车与非机动车驾驶人、行人之间发生交通事故，非机动车驾驶人、行人没有过错的，由机动车一方承担赔偿责任；有证据证明非机动车驾驶人、行人有过错的，根据过错程度适当减轻机动车一方的赔偿责任；机动车一方没有过错的，承担不超过百分之十的赔偿责任。交通事故的损失是由非机动车驾驶人、行人故意碰撞机动车造成的，机动车一方不承担赔偿责任。

4. D 【解析】《道路交通安全法》第九十一条规定，饮酒后驾驶机动车的，处暂扣 6 个月机动车驾驶证，并处 1000 元以上 2000 元以下罚款。因饮酒后驾驶机动车被处罚，再次饮酒后驾驶机动车的，处 10 日以下拘留，并处 1000 元以上 2000 元以下罚款，吊销机动车驾驶证。醉酒驾驶机动车的，由公安机关交通管理部门约束至酒醒，吊销机动车驾驶证，依法追究刑事责任，5 年内不得重新取得机动车驾驶证。饮酒后或者醉酒驾驶机动车发生重大交通事故，构成犯罪的，依法追究刑事责任，并由公安机关交通管理部门吊销机动车驾驶证，终生不得重新取得机动车驾驶证。

5. B 【解析】《道路交通安全法》第三十条规定，道路出现坍塌、坑漕、水毁、隆起等损毁或者交通信号灯、交通标志、交通标线等交通设施损毁、灭失的，道路、交通设施的养护部门或者管理部门应当设置警示标志并及时修复。

6. C 【解析】《道路交通安全法》第三十二条规定，因工程建设需要占用、挖掘道路，或者跨越、穿越道路架设、增设管线设施，应当事先征得道路主管部门的同意；影响交通安全的，还应当征得公安机关交通管理部门的同意。施工作业单位应当在经批准的路段和时间内施工作业，并在距离施工作业地点来车方向安全距离处设置明显的安全警示标志，采取防护措施；施工作业完毕，应当迅速清除道路上的障碍物，消除安全隐患，经道路主管部门和公安机关交通管理部门验收合格，符合通行要求后，方可恢复通行。对未中断交通的施工作业道路，公安机关交通管理部门应当加强交通安全监督检查，维护道路交通秩序。

7. A 【解析】《道路交通安全法》第四十九条规定，机动车载人不得超过核定的人数，客运机动车不得违反规定载货。第五十条规定，禁止货运机动车载客。货运机动车需要附载作业人员的，应当设置保护作业人员的安全措施。第四十八条规定，机动车载运爆炸物品、易燃易爆化学物品以及剧毒、放射性等危险物品，应当经公安机关批准后，按指定的时间、路线、速度行驶，悬挂警示标志并采取必要的安全措施。第六十八条规定，机动车在高速公路上发生故障时，应当依照本法第五十二条的有关规定办理；但是，警告标志应当设置在故障车来车方向 150 米以外，车上人员应当迅速转移到右侧路肩上或者应急车道内，并且迅速报警。

8. B 【解析】《道路交通安全法》第五十三条规定，警车、消防车、救护车、工程救险车执行紧急任务时，可以使用警报器、标志灯具；在确保安全的前提下，不受行驶路线、行驶方向、行驶速度和信号灯的限制，其他车辆和行人应当让行。警车、消防车、救护车、工程救险车非执行紧急任务时，不得使用警报器、标志灯具，不享有前款规定的道路优先通行权。第五十四条规定，道路养护车辆、工程作业车进行作业时，在不影响过往车辆通行的前提下，其行驶路线和方向不受交通标志、标线限制，过往车辆和人员应当注意避让。洒水车、清扫车等机动车应当按照安全作业标准作业；在不影响其他车辆通行的情况下，可以不受车辆分道行驶的限制，但是不得逆向行驶。

9. C 【解析】A 选项错误。第五十四条规定，道路养护车辆、工程作业车进行作业时，在不影响过往车辆通行的前提下，其行驶路线和方向不受交通标志、标线限制，过往车辆和人员应当注意避让。

B 选项错误。第五十四条规定，洒水车、清扫车等机动车应当按照安全作业标准作业；在不影响其他车辆通行的情况下，可以不受车辆分道行驶的限制，但是不得逆向行驶。

C 选项正确。第五十条规定，禁止货运机动车载客。货运机动车需要附载作业人员的，应当设置保护作业人员的安全措施。

D 选项错误。第四十三条规定，同车道行驶的机动车，后车应当与前车保持足以采取紧急制动措施的安全距离，前车正在左转弯、掉头、超车的不得超车。

10. ADE 【解析】《道路交通安全法》第九十六条规定，伪造、变造或者使用伪造、变造的机动车登记证书、号牌、行驶证、驾驶证的，由公安机关交通管理部门予以收缴，扣留该机动车，处 15 日以下拘留，并处 2000 元以上 5000 元以下罚款；构成犯罪的，依法追究刑事责任。伪造、变造或者使用伪造、变造的检验合格标志、保险标志的，由公安机关交通管理部门予以收缴，扣留该机动车，处 10 日以下拘留，并处 1000 元以上 3000 元以下罚款；构成犯罪的，依法追究刑事责任。使用其他车辆的机动车登记证书、号牌、行驶证、检验合格标志、保险标志的，由公安机关交通管理部门予以收缴，扣留该机动车，处 2000 元以上 5000 元以下罚款。当事人提供相应的合法证明或者补办相应手续的，应当及时退还机动车。

11. ACDE 【解析】《道路交通安全法》第五十二条规定，机动车在道路上发生故障，需要停车排除故障时，驾驶人应当立即开启危险报警闪光灯，将机动车移至不妨碍交通的地方停放；难以移动的，应当持续开启危险报警闪光灯，并在来车方向设置警告标志等措施扩大示警距离，必要时迅速报警。第六十八条规定，机动车在高速公路上发生故障时，应当依照本法第五十二条的有关规定办理；但是，警告标志应当设置在故障车来车方向 150 米以外，车上人员应当迅速转移到右侧路肩上或者应急车道内，并且迅速报警。机动车在高速公路上发生故障或者交通事故，无法正常行驶的，应当由救援车、清障车拖曳、牵引。

【历年真题实战】

1. A 【解析】A 选项正确，D 选项错误。《道路交通安全法》第六十九条规定，任何单位、个人不得在高速公路上拦截检查行驶的车辆，公安机关的人民警察依法执行紧急公务除外。

B、C 选项错误。第六十七条规定，行人、非机动车、拖拉机、轮式专用机械车、铰接式客车、全挂拖斗车以及其他设计最高时速低于 70 公里的机动车，不得进入高速公路。高速公路限速标志标明的最高时速不得超过 120 公里。

2. B 【解析】《道路交通安全法》第三十二条规定，因工程建设需要占用、挖掘道路，或者跨越、穿越道路架设、增设管线设施，应当事先征得道路主管部门的同意；影响交通安全的，还应当征得公安机关交通管理部门的同意。

3. A 【解析】A 选项说法错误。《道路交通安全法》第五十八条规定，残疾人机动轮椅车、电动自行车在非机动车道内行驶时，最高时速不得超过 15 公里。

4. D 【解析】A 选项错误。根据《道路交通安全法》第三十三条，投入使用的停车场不得擅自停止使用或者改作他用。

C 选项错误。根据《道路交通安全法》第二十八条，任何单位和个人不得擅自设置、移动、占用、损毁交通信号灯、交通标志、交通标线。道路两侧及隔离带上种植的树木或者其他植物，设置的广告牌、管线等，应当与交通设施保持必要的距离，不得遮挡路灯、交通信号灯、交通标志，不得妨碍安全视距，不得影响通行。

D 选项正确。根据《道路交通安全法》第三十二条，因工程建设需要占用、挖掘道路，或者跨越、穿越道路架设、增设管线设施，应当事先征得道路主管部门的同意；影响交通安全的，还应当征得公安机关交通管理部门的同意。

5. C 【解析】C 选项正确。《道路交通安全法》第三十二条规定，施工作业单位应当在经批准的路段和时间内施工作业，并在距离施工作业地点来车方向安全距离处设置明显的安全警示标志，采取防护措施；施工作业完毕，应当迅速清除道路上的障碍物，消除安全隐患，经道路主管部门和公安机关交通管理部门验收合格，符合通行要求后，方可恢复通行。对未中断交通的施工作业道路，公安机关交通管理部门应当加强交通安全监督检查，维护道路交通秩序。

A 选项错误。《道路交通安全法》第二十七条规定，铁路与道路平面交叉的道口，应当设置警示灯、警示标志或者安全防护设施。无人看守的铁路道口，应当在距道口一定距离处设置警示标志。

B 选项错误。《道路交通安全法》第三十二条规定，因工程建设需要占用、挖掘道路，或者跨越、穿越道路架设、增设管线设施，应当事先征得道路主管部门的同意；影响交通安全的，还应当征得公安机关交通管理部门的同意。

D 选项错误。《道路交通安全法》第三十三条规定，新建、改建、扩建的公共建筑、商业街区、居住区、大（中）型建筑等，应当配建、增建停车场；停车泊位不足的，应当及时改建或者扩建；投入使用的停车场不得擅自停止使用或者改作他用。

在城市道路范围内，在不影响行人、车辆通行的情况下，政府有关部门可以施划停车泊位。

6. D 【解析】《道路交通安全法》第六十七条规定，行人、非机动车、拖拉机、轮式专用机械车、铰接式客车、全挂拖斗车以及其他设计最高时速低于 70 公里的机动车，不得进入高速公路。高速公路限速标志标明的最高时速不得超过 120 公里。由此判断，A、B 选项错误。第六十九条规定，任何单位、个人不得在高速公路上拦截检查行驶的车辆，公安机关的人民警察依法执行紧急公务除外。由此判断，C 选项错误，D 选项正确。

7. D 【解析】《道路交通安全法》第三十二条规定，因工程建设需要占用、挖掘道路，或者跨越、穿越道路架设、增设管线设施，应当事先征得道路主管部门的同意；影响交通安全的，还应当征得公安机关交通管理部门的同意。施工作业单位应当在经批准的路段和时间内施工作业，并在距离施工作业地点来车方向安全距离处设置明显的安全警示标志，采取防护措施。由此判断，B、C 选项错误。第三十三条规定，在城市道路范围内，在不影响行人、车辆通行的情况下，政府有关部门可以施划停车泊位。由此判断，A 选项错误。第三十四条规定，学校、幼儿园、医院、养老院门前的道路没有行人过街设施的，应当施划人行横道线，设置提示标志。由此判断，D 选项正确。

8. AE 【解析】《道路交通安全法》第四十九条规定，机动车载人不得超过核定的人数，客运机动车不得违反规定载货。第五十条规定，禁止货运机动车载客。货运机动车需要附载作业人员的，应当设置保护作业人员的安全措施。第五十五条规定，高速公路、大中城市中心城区内的道路，禁止拖拉机通行。其他禁止拖拉机通行的道路，由省、自治区、直辖市人民政府根据当地实际情况规定。在允许拖拉机通行的道路上，拖拉机可以从事货运，但是不得用于载人。第五十八条规定，残疾人机动轮椅车、电动自行车在非机动车道内行驶时，最高时速不得超过 15 公里。由以上规定分析得出，A、E 选项正确。

第四节　特种设备安全法

【基础知识训练】

1. B　【解析】A 选项错误，B 选项正确。《特种设备安全法》第二十九条规定，特种设备在出租期间的使用管理和维护保养义务由特种设备出租单位承担，法律另有规定或者当事人另有约定的除外。

C 选项错误。第二十七条规定，禁止销售未取得许可生产的特种设备，未经检验和检验不合格的特种设备，或者国家明令淘汰和已经报废的特种设备。

D 选项错误。第三十条规定，进口特种设备随附的技术资料和文件应当符合本法第二十一条的规定，其安装及使用维护保养说明、产品铭牌、安全警示标志及其说明应当采用中文。

2. C　【解析】A 选项错误。《特种设备安全法》第三十三条规定，特种设备使用单位应当在特种设备投入使用前或者投入使用后 30 内，向负责特种设备安全监督管理的部门办理使用登记，取得使用登记证书。登记标志应当置于该特种设备的显著位置。

B 选项错误。第四十条规定，特种设备使用单位应当按照安全技术规范的要求，在检验合格有效期届满前一个月向特种设备检验机构提出定期检验要求。

D 选项错误。第四十二条规定，特种设备出现故障或者发生异常情况，特种设备使用单位应当对其进行全面检查，消除事故隐患，方可继续使用。

3. D　【解析】《特种设备安全法》第十三条规定，特种设备生产、经营、使用单位及其主要负责人对其生产、经营、使用的特种设备安全负责。特种设备生产、经营、使用单位应当按照国家有关规定配备特种设备安全管理人员、检测人员和作业人员，并对其进行必要的安全教育和技能培训。

第十四条规定，特种设备安全管理人员、检测人员和作业人员应当按照国家有关规定取得相应资格，方可从事相关工作。特种设备安全管理人员、检测人员和作业人员应当严格执行安全技术规范和管理制度，保证特种设备安全。

4. D　【解析】A 选项错误。《特种设备安全法》第四十五条规定，电梯的维护保养单位应当对其维护保养的电梯的安全性能负责；接到故障通知后，应当立即赶赴现场，并采取必要的应急救援措施。

B 选项错误。第二十四条规定，特种设备安装、改造、修理竣工后，安装、改造、修理的施工单位应当在验收后 30 日内将相关技术资料和文件移交特种设备使用单位。特种设备使用单位应当将其存入特种设备的安全技术档案。

C 选项错误。第三十一条规定，进口特种设备，应当向进口地负责特种设备安全监督管理的部门履行提前告知义务。

5. C 【解析】负责特种设备安全监督管理的部门实施安全监督检查时，应当有二名以上特种设备安全监察人员参加，并出示有效的特种设备安全行政执法证件。

6. A 【解析】《特种设备安全法》第二十条规定，锅炉、气瓶、氧舱、客运索道、大型游乐设施的设计文件，应当经负责特种设备安全监督管理的部门核准的检验机构鉴定，方可用于制造。

7. C 【解析】达到设计使用年限可以继续使用的，应当按照安全技术规范的要求通过检验或者安全评估，并办理使用登记证书变更，方可继续使用。允许继续使用的，应当采取加强检验、检测和维护保养等措施，确保使用安全。

8. C 【解析】C选项错误。《特种设备安全法》第三十八条规定，特种设备属于共有的，共有人可以委托物业服务单位或者其他管理人管理特种设备，受托人履行本法规定的特种设备使用单位的义务，承担相应责任。共有人未委托的，由共有人或者实际管理人履行管理义务，承担相应责任。

9. B 【解析】《特种设备安全法》第五十九条规定，负责特种设备安全监督管理的部门在办理许可时，其受理、审查、许可的程序必须公开，并应当自受理申请之日起三十日内，作出许可或者不予许可的决定；不予许可的，应当书面向申请人说明理由。

10. D 【解析】《特种设备安全法》第六十六条规定，负责特种设备安全监督管理的部门对特种设备生产、经营、使用单位和检验、检测机构实施监督检查，应当对每次监督检查的内容、发现的问题及处理情况作出记录，并由参加监督检查的特种设备安全监察人员和被检查单位的有关负责人签字后归档。被检查单位的有关负责人拒绝签字的，特种设备安全监察人员应当将情况记录在案。

11. A 【解析】《特种设备安全法》第七十二条规定，特种设备发生特别重大事故，由国务院或者国务院授权有关部门组织事故调查组进行调查。发生重大事故，由国务院负责特种设备安全监督管理的部门会同有关部门组织事故调查组进行调查。发生较大事故，由省、自治区、直辖市人民政府负责特种设备安全监督管理的部门会同有关部门组织事故调查组进行调查。发生一般事故，由设区的市级人民政府负责特种设备安全监督管理的部门会同有关部门组织事故调查组进行调查。事故调查组应当依法、独立、公正开展调查，提出事故调查报告。

12. B 【解析】《特种设备安全法》第五条，国务院负责特种设备安全监督管理的部门对全国特种设备安全实施监督管理。县级以上地方各级人民政府负责特种设备安全监督管理的部门对本行政区域内特种设备安全实施监督管理。

13. ABC 【解析】《特种设备安全法》第六十二条规定，负责特种设备安全监督管理的部门在依法履行职责过程中，发现违反本法规定和安全技术规范要求的行为或者特种设备存在事故隐患时，应当以书面形式发出特种设备安全监察指令，责令有关单位及时采取措施予以改正或者消除事故隐患。紧急情况下要求有关单位采取紧急处置措施的，应当随后补发特种设备安全监察指令。

14. ABDE 【解析】安全技术档案应当包括以下内容：①特种设备的设计文件、产品质量合格证明、安装及使用维护保养说明、监督检验证明等相关技术资料和文件；②特种设备的定期检验和定期自行检查记录；③特种设备的日常使用状况记录；④特种设备及其附属仪器仪表的维护保养记录；⑤特种设备的运行故障和事故记录。

15. BDE 【解析】电梯、客运索道、大型游乐设施等为公众提供服务的特种设备的运营使用单位，应当对特种设备的使用安全负责，设置特种设备安全管理机构或者配备专职的特种设备安全管理人员；其他特种设备使用单位，应当根据情况设置特种设备安全管理机构或者配备专职、兼职的特种设备安全管理人员。

16. ABCD 【解析】《特种设备安全法》第二十五条规定，锅炉、压力容器、压力管道元件等特种设备的制造过程和锅炉、压力容器、压力管道、电梯、起重机械、客运索道、大型游乐设施的安装、改造、重大修理过程，应当经特种设备检验机构按照安全技术规范的要求进行监督检验；未经监督检验或者监督检验不合格的，不得出厂或者交付使用。

17. ACE 【解析】《特种设备安全法》第五十条规定，从事本法规定的监督检验、定期检验的特种设备检验机构，以及为特种设备生产、经营、使用提供检测服务的特种设备检测机构，应当具备下列条件，并经负责特种设备安全监督管理的部门核准，方可从事检验、检测工作：①有与检验、检测工作相适应的检验、检测人员；②有与检验、检测工作相适应的检验、检测仪器和设备；③有健全的检验、检测管理制度和责任制度。

18. ABD 【解析】《特种设备安全法》第五十七条规定，负责特种设备安全监督管理的部门应当对学校、幼儿园以及医院、车站、客运码头、商场、体育场馆、展览馆、公园等公众聚集场所的特种设备，实施重点安全监督检查。

【能力提升训练】

1. D 【解析】特种设备属于共有的，共有人可以委托物业服务单位或者其他管理人管理特种设备，受托人履行本法规定的特种设备使用单位的义务，承担相应责任。所以本题由大厦物业管理方丁公司提出定期检验申请。

2. C 【解析】特种设备使用单位应当按照安全技术规范的要求，在检验合格有效期届满前1个月向特种设备检验机构提出定期检验要求。

3. B 【解析】锅炉使用单位应当按照安全技术规范的要求进行锅炉水（介）质处理，并接受特种设备检验机构的定期检验。从事锅炉清洗，应当按照安全技术规范的要求进行，并接受特种设备检验机构的监督检验。

4. D 【解析】电梯投入使用后，电梯制造单位应当对其制造的电梯的安全运行情况进行跟踪调查和了解，对电梯的维护保养单位或者使用单位在维护保养和安全运行方面存在的问题，提出改进建议，并提供必要的技术帮助。

5. C 【解析】特种设备检验、检测机构及其检验、检测人员在检验、检测中发现特种设备存在严重事故隐患时，应当及时告知相关单位，并立即向负责特种设备安全监督管理的部门报告。

6. A 【解析】《特种设备安全法》第二十九条规定，特种设备在出租期间的使用管理和维护保养义务由特种设备出租单位承担，法律另有规定或者当事人另有约定的除外。

7. B 【解析】A选项错误，《特种设备安全法》第四十条规定，特种设备使用单位应当按照安全技术规范的要求，在检验合格有效期届满前1个月向特种设备检验机构提出定期检验要求，应该由B公司履行该项义务。

B选项正确。第三十四条规定，特种设备使用单位应当建立岗位责任、隐患治理、应急救援等安全管理制度，制定操作规程，保证特种设备安全运行。

C选项错误。第三十九条规定，特种设备使用单位应当对其使用的特种设备的安全附件、安全保护装置进行定期校验、检修，并作出记录，题中B公司是使用单位。

D选项错误。第四十条规定，特种设备使用单位应当按照安全技术规范的要求，在检验合格有效期届满前1个月向特种设备检验机构提出定期检验要求，应由B公司完成。

8. BDE 【解析】A选项错误。"安监部门"，应改为"特种设备安全监督管理的部门"。

C选项错误。电梯的维护保养应当由电梯制造单位或者依照本法取得许可的安装、改造、修理单位进行。

E选项正确。电梯、客运索道、大型游乐设施等为公众提供服务的特种设备的运营使用单位，应当对特种设备的使用安全负责，设置特种设备安全管理机构或者配备专职的特种设备安全管理人员；其他特种设备使用单位，应当根据情况设置特种设备安全管理机构或者配备专职、兼职的特种设备安全管理人员。

9. ACE 【解析】B选项错误。《特种设备安全法》第五十一条规定，特种设备检验、检测机构的检验、检测人员不得同时在两个以上检验、检测机构中执业；变更执业机构的，应当依法办理变更手续。

D选项错误。第五十三条规定，负责特种设备安全监督管理的部门应当组织对特种设备检验、检测机构的检验、检测结果和鉴定结论进行监督抽查，但应当防止重复抽查。监督抽查结果应当向社会公布。

10. BE 【解析】A选项错误。企业需经负责特种设备安全监督管理的部门许可，还需要满足《特种设备安全法》第十八条的3个条件，方可从事电梯生产。

C选项错误。电梯"制造"单位对电梯安全性能负责。

D选项错误。特种设备安装、改造、修理的施工单位应当在施工前将拟进行的特种设备安装、改造、修理情况书面告知直辖市或者设区的市级人民政府负责特种设备安全监督管理的部门。

11. ABE 【解析】C选项错误。进口特种设备，应当向"进口地"负责特种设备安全监督管理的部门履行提前告知义务。

D选项错误。达到设计使用年限可以继续使用的，应当按照安全技术规范的要求通过检验或者安全评估，并办理使用登记证书变更，方可继续使用。允许继续使用的，应当采取加强检验、检测和维护保养等措施，确保使用安全。

12. BCDE 【解析】《特种设备安全法》第四十三条规定，客运索道、大型游乐设施在每日投入使用前，其运营使用单位应当进行试运行和例行安全检查，并对安全附件和安全保护装置进行检查确认。电梯、客运索道、大型游乐设施的运营使用单位应当将电梯、客运索道、大型游乐设施的安全使用说明、安全注意事项和警示标志置于易于为乘客注意的显著位置。公众乘坐或者操作电梯、客运索道、大型游乐设施，应当遵守安全使用说明和安全注意事项的要求，服从有关工作人员的管理和指挥；遇有运行不正常时，应当按照安全指引，有序撤离。

13. ABD 【解析】《特种设备安全法》第六十一条规定，负责特种设备安全监督管理的部门在依法履行监督检查职责时，可以行使下列职权：①进入现场进行检查，向特种设备生产、经营、使用单位和检验、检测机构的主要负责人和其他有关人员调查、了解有关情况；②依据举报或者取得的涉嫌违法证据，查阅、复制特种设备生产、经营、使用单位和检验、检测机构的有关合同、发票、账簿以及其他有关资料；③对有证据表明不符合安全技术规范要求或者存在严重事故隐患的特种设备实施查封、扣押；④对流入市场的达到报废条件或者已经报废的特种设备实施查封、扣押；⑤对违反本法规定的行为作出行政处罚决定。

【历年真题实战】

1. D 【解析】《特种设备安全法》第四十八条规定，特种设备存在严重事故隐患，无改造、修理价值，或者达到安全技术规范规定的其他报废条件的，特种设备使用单位应当依法履行报废义务，采取必要措施消除该特种设备的使用功能，并向原登记的负责特种设备安全监督管理的部门办理使用登记证书注销手续。

前款规定报废条件以外的特种设备，达到设计使用年限可以继续使用的，应当按照安全技术规范的要求通过检验或者安全评估，并办理使用登记证书变更，方可继续使用。允许继续使用的，应当采取加强检验、检测和维护保养等措施，确保使用安全。因此，D选项正确。

2. B 【解析】A选项错误。《特种设备安全法》第五十一条规定，特种设备检验、检测机构的检验、检测人员应当经考核，取得检验、检测人员资格，方可从事检验、检测工作。特种设备检验、检测机构的检验、检测人员不得同时在两个以上检验、检测机构中执业；变更执业机构的，应当依法办理变更手续。

C、D选项错误。第五十三条规定，特种设备检验、检测机构及其检验、检测人员应当客观、公正、及时地出具检验、检测报告，并对检验、检测结果和鉴定结论负责。特种设备检验、检测机构及其检验、检测人员在检验、检测中发现特种设备存在严重事故隐患时，应当及时告知相关单位，并立即向负责特种设备安全监督管理的部门报告。

负责特种设备安全监督管理的部门应当组织对特种设备检验、检测机构的检验、检测结果和鉴定结论进行监督抽查，但应当防止重复抽查。监督抽查结果应当向社会公布。

3. A 【解析】A选项正确。《特种设备安全法》第三条规定，特种设备安全工作应当坚持安全第一、预防为主、节能环保、综合治理的原则。

B选项错误。第四条规定，国家对特种设备的生产、经营、使用，实施分类的、全过程的安全监督管理。

C、D选项错误。第五条规定，国务院负责特种设备安全监督管理的部门对全国特种设备安全实施监督管理。县级以上地方各级人民政府负责特种设备安全监督管理的部门对本行政区域内特种设备安全实施监督管理。

4. D 【解析】根据《特种设备安全监察条例》第六十二条，特种设备事故造成10

人以上 30 人以下死亡，或者 50 人以上 100 人以下重伤，或者 5000 万元以上 1 亿元以下直接经济损失的，为重大事故。

第六十七条规定，特别重大事故由国务院或者国务院授权有关部门组织事故调查组进行调查。重大事故由国务院特种设备安全监督管理部门会同有关部门组织事故调查组进行调查。

5. B 【解析】《特种设备安全法》第九十三条违反本法规定，特种设备检验、检测机构及其检验、检测人员有下列行为之一的，责令改正，对机构处 5 万元以上 20 万元以下罚款，对直接负责的主管人员和其他直接责任人员处 5000 元以上 5 万元以下罚款；情节严重的，吊销机构资质和有关人员的资格：①未经核准或者超出核准范围、使用未取得相应资格的人员从事检验、检测的；②未按照安全技术规范的要求进行检验、检测的；③出具虚假的检验、检测结果和鉴定结论或者检验、检测结果和鉴定结论严重失实的；④发现特种设备存在严重事故隐患，未及时告知相关单位，并立即向负责特种设备安全监督管理的部门报告的；⑤泄露检验、检测过程中知悉的商业秘密的；⑥从事有关特种设备的生产、经营活动的；⑦推荐或者监制、监销特种设备的；⑧利用检验工作故意刁难相关单位的。违反本法规定，特种设备检验、检测机构的检验、检测人员同时在 2 个以上检验、检测机构中执业的，处 5000 元以上 5 万元以下罚款；情节严重的，吊销其资格。

6. AD 【解析】A 选项正确。《特种设备安全法》第二十七条规定，特种设备销售单位应当建立特种设备检查验收和销售记录制度。

B 选项错误。《特种设备安全监察条例》第三十一条规定，电梯的日常维护保养必须由依照本条例取得许可的安装、改造、维修单位或者电梯制造单位进行。电梯应当至少每 15 日进行一次清洁、润滑、调整和检查。

C 选项错误。第三十三条规定，特种设备使用单位应当在特种设备投入使用前或者投入使用后 30 日内，向负责特种设备安全监督管理的部门办理使用登记，取得使用登记证书。登记标志应当置于该特种设备的显著位置。

D 选项正确。第四十六条规定，电梯投入使用后，电梯制造单位应当对其制造的电梯的安全运行情况进行跟踪调查和了解。

E 选项错误。第四十条规定，特种设备使用单位应当按照安全技术规范的要求，在检验合格有效期届满前 1 个月向特种设备检验机构提出定期检验要求。

7. C 【解析】A 选项错误。根据《特种设备安全法》第三十六条，梯、客运索道、大型游乐设施等为公众提供服务的特种设备的运营使用单位，应当对特种设备的使用安全负责，设置特种设备安全管理机构或者配备专职的特种设备安全管理人员；其他特种设备使用单位，应当根据情况设置特种设备安全管理机构或者配备专职、兼职的特种设备安全管理人员。

B 选项错误。根据《特种设备安全法》第四十三条，客运索道、大型游乐设施在每日投入使用前，其运营使用单位应当进行试运行和例行安全检查，并对安全附件和安全保护装置进行检查确认。

C 选项正确，D 选项错误。电梯、客运索道、大型游乐设施的运营使用单位应当将电梯、客运索道、大型游乐设施的安全使用说明、安全注意事项和警示标志置于易于为乘客注意的显著位置。

8. AD 【解析】A选项正确。根据《特种设备安全法》第三十四条，特种设备使用单位应当建立岗位责任、隐患治理、应急救援等安全管理制度，制定操作规程，保证特种设备安全运行。

B选项错误。根据《特种设备安全法》第三十六条，电梯、客运索道、大型游乐设施等为公众提供服务的特种设备的运营使用单位，应当对特种设备的使用安全负责，设置特种设备安全管理机构或者配备专职的特种设备安全管理人员；其他特种设备使用单位，应当根据情况设置特种设备安全管理机构或者配备专职、兼职的特种设备安全管理人员。

C选项错误。根据《特种设备安全法》第二十二条，电梯的安装、改造、修理，必须由电梯制造单位或者其委托的依照本法取得相应许可的单位进行。

D选项正确，E选项错误。根据《特种设备安全法》第三十三条，特种设备使用单位应当在特种设备投入使用前或者投入使用后30日内，向负责特种设备安全监督管理的部门办理使用登记，取得使用登记证书。登记标志应当置于该特种设备的显著位置。

9. A 【解析】《特种设备安全法》第九十六条规定，违反本法规定，被依法吊销许可证的，自吊销许可证之日起3年内，负责特种设备安全监督管理的部门不予受理其新的许可申请。

10. B 【解析】A选项错误。《特种设备安全法》第二十二条规定，电梯的安装、改造、修理，必须由电梯制造单位或者其委托的依照本法取得相应许可的单位进行。电梯制造单位委托其他单位进行电梯安装、改造、修理的，应当对其安装、改造、修理进行安全指导和监控，并按照安全技术规范的要求进行校验和调试。电梯制造单位对电梯安全性能负责。

B选项正确，C选项错误。《特种设备安全法》第二十三条规定，特种设备安装、改造、修理的施工单位应当在施工前将拟进行的特种设备安装、改造、修理情况书面告知直辖市或者设区的市级人民政府负责特种设备安全监督管理的部门。

D选项错误。《特种设备安全法》第二十四条规定，特种设备安装、改造、修理竣工后，安装、改造、修理的施工单位应当在验收后30日内将相关技术资料和文件移交特种设备使用单位。特种设备使用单位应当将其存入该特种设备的安全技术档案。

11. D 【解析】《特种设备安全法》第七十二条规定，特种设备发生特别重大事故，由国务院或者国务院授权有关部门组织事故调查组进行调查。发生重大事故，由国务院负责特种设备安全监督管理的部门会同有关部门组织事故调查组进行调查。发生较大事故，由省、自治区、直辖市人民政府负责特种设备安全监督管理的部门会同有关部门组织事故调查组进行调查。发生一般事故，由设区的市级人民政府负责特种设备安全监督管理的部门会同有关部门组织事故调查组进行调查。事故调查组应当依法、独立、公正开展调查，提出事故调查报告。

12. B 【解析】《特种设备安全法》第二条规定，本法所称特种设备，是指对人身和财产安全有较大危险性的锅炉、压力容器（含气瓶）、压力管道、电梯、起重机械、客运索道、大型游乐设施、场（厂）内专用机动车辆，以及法律、行政法规规定适用本法的其他特种设备。第一百条规定，军事装备、核设施、航空航天器使用的特种设备安全的监督管理不适用本法。由此判断，B选项符合要求。

13. D 【解析】《特种设备安全法》第五十一条规定，特种设备检验、检测机构的检验、检测人员应当经考核，取得检验、检测人员资格，方可从事检验、检测工作。特种设备检验、检测机构的检验、检测人员不得同时在两个以上检验、检测机构中执业；变更执业机构的，应当依法办理变更手续。由此判断，A、C选项错误，D选项正确。第五十五条规定，特种设备检验、检测机构及其检验、检测人员不得从事有关特种设备的生产、经营活动，不得推荐或者监制、监销特种设备。由此判断，B选项错误。

14. A 【解析】《特种设备安全法》第六十二条规定，负责特种设备安全监督管理的部门在依法履行职责过程中，发现违反本法规定和安全技术规范要求的行为或者特种设备存在事故隐患时，应当以书面形式发出特种设备安全监察指令，责令有关单位及时采取措施予以改正或者消除事故隐患。紧急情况下要求有关单位采取紧急处置措施的，应当随后补发特种设备安全监察指令。由此判断，A选项正确。第六十四条规定，地方各级人民政府负责特种设备安全监督管理的部门不得要求已经依照本法规定在其他地方取得许可的特种设备生产单位重复取得许可，不得要求对已经依照本法规定在其他地方检验合格的特种设备重复进行检验。由此判断，B选项错误。第六十五条规定，负责特种设备安全监督管理的部门实施安全监督检查时，应当有二名以上特种设备安全监察人员参加，并出示有效的特种设备安全行政执法证件。由此判断，C选项错误。第六十七条规定，负责特种设备安全监督管理的部门及其工作人员不得推荐或者监制、监销特种设备；对履行职责过程中知悉的商业秘密负有保密义务。由此判断，D选项错误。

15. B 【解析】《特种设备安全法》第七十二条规定，特种设备发生特别重大事故，由国务院或者国务院授权有关部门组织事故调查组进行调查。发生重大事故，由国务院负责特种设备安全监督管理的部门会同有关部门组织事故调查组进行调查。发生较大事故，由省、自治区、直辖市人民政府负责特种设备安全监督管理的部门会同有关部门组织事故调查组进行调查。发生一般事故，由设区的市级人民政府负责特种设备安全监督管理的部门会同有关部门组织事故调查组进行调查。事故调查组应当依法、独立、公正开展调查，提出事故调查报告。《特种设备安全监察条例》第六十三条规定，有下列情形之一的，为较大事故：①特种设备事故造成3人以上10人以下死亡，或者10人以上50人以下重伤，或者1000万元以上5000万元以下直接经济损失的；②锅炉、压力容器、压力管道爆炸的；③压力容器、压力管道有毒介质泄漏，造成1万人以上5万人以下转移的；④起重机械整体倾覆的；⑤客运索道、大型游乐设施高空滞留人员12小时以上的。根据以上规定分析得出，起重机倾覆属于较大事故，应由省级负责特种设备安全监管的部门会同有关部门组织事故调查，因此B选项正确。

16. ABCD 【解析】《特种设备安全法》第二十条规定，锅炉、气瓶、氧舱、客运索道、大型游乐设施的设计文件，应当经负责特种设备安全监督管理的部门核准的检验机构鉴定，方可用于制造。特种设备产品、部件或者试制的特种设备新产品、新部件以及特种设备采用的新材料，按照安全技术规范的要求需要通过型式试验进行安全性验证的，应当经负责特种设备安全监督管理的部门核准的检验机构进行型式试验。由此判断，规定中不包括电梯，因此排除E选项。

第五节 建 筑 法

【基础知识训练】

1. B 【解析】《建筑法》第七条规定，建筑工程开工前，建设单位应当按照国家有关规定向工程所在地县级以上人民政府建设行政主管部门申请领取施工许可证。

2. B 【解析】《建筑法》第四十八条规定，建筑施工企业应当为职工参加工伤保险缴纳工伤保险费。鼓励企业为从事危险作业的职工办理意外伤害保险，支付保险费。

3. C 【解析】《建筑法》第三十八条规定，建筑施工企业在编制施工组织设计时，应当依据建筑工程的特点制定相应的安全技术措施；对专业性较强的工程项目，应当编制专项安全施工组织设计，并采取安全技术措施。

4. B 【解析】《建筑法》第四十条规定，建设单位应当向建筑施工企业提供与施工现场相关的地下管线资料，建筑施工企业应当采取措施加以保护。

5. AE 【解析】《建筑法》第八条规定，申请领取施工许可证，应当具备下列条件：①已经办理该建筑工程用地批准手续；②依法应当办理建设工程规划许可证的，已经取得建设工程规划许可证；③需要拆迁的，其拆迁进度符合施工要求；④已经确定建筑施工企业；⑤有满足施工需要的资金安排、施工图纸及技术资料；⑥有保证工程质量和安全的具体措施。

【能力提升训练】

1. B 【解析】A 选项错误。A 要求设计单位有监理资质才可以。C 选项、D 选项错误，工程监理单位可以与建设单位或设计单位有隶属或利害关系。

2. B 【解析】A 选项错误。应该是 3 个月。C 选项错误，应该是 1 年。D 选项错误。应该是县级以上人民政府建设主管部门。

3. A 【解析】A 选项正确。禁止总承包单位将工程分包给不具备相应资质条件的单位。

B 选项错误。两个以上不同资质等级的单位实行联合共同承包的，应当按照资质等级低的单位的业务许可范围承揽工程。

C 选项错误，禁止建筑施工企业以任何形式允许其他单位或者个人使用本企业的资质证书、营业执照，以本企业的名义承揽工程。

D 选项错误，承揽分包工程业务的主体必须是具有相应资质的单位，不得是个人。

4. A 【解析】B 选项错误。总包单位不得将全部建设工程拆分成若干部分后全部分包给其他施工企业。C、D 选项错误，主体结构、关键性工作不得分包。

5. B 【解析】《建筑法》第四十八条规定，建筑施工企业应当依法为职工参加工伤保险缴纳工伤保险费。鼓励企业为从事危险作业的职工办理意外伤害保险，支付保险费。

6. D 【解析】《建筑法》第七条规定，建筑工程开工前，建设单位应当按照国家有关规定向工程所在地县级以上人民政府建设行政主管部门申请领取施工许可证；但是，国务院建设行政主管部门确定的限额以下的小型工程除外。第八条规定，建设行政主管部门应当自收到申请之日起 7 日内，对符合条件的申请颁发施工许可证。

第九条规定，建设单位应当自领取施工许可证之日起 3 个月内开工。因故不能按期开工的，应当向发证机关申请延期；延期以 2 次为限，每次不超过 3 个月。既不开工又不申请延期或者超过延期时限的，施工许可证自行废止。

7. C 【解析】《中华人民共和国建筑法》第六十六条规定，建筑施工企业转让、出借资质证书或者以其他方式允许他人以本企业的名义承揽工程的，责令改正，没收违法所得，并处罚款，可以责令停业整顿，降低资质等级；情节严重的，吊销资质证书。对因该项承揽工程不符合规定的质量标准造成的损失，建筑施工企业与使用本企业名义的单位或者个人承担连带赔偿责任。

8. A 【解析】B、C 选项错误。《建筑法》第十条规定，在建的建筑工程因故中止施工的，建设单位应当自中止施工之日起 1 个月内，向发证机关报告，并按照规定做好建筑工程的维护管理工作。

建筑工程恢复施工时，应当向发证机关报告；中止施工满 1 年的工程恢复施工前，建设单位应当报发证机关核验施工许可证。

D 选项错误。《中华人民共和国建筑法》第十一条规定，按照国务院有关规定批准开工报告的建筑工程，因故不能按期开工或者中止施工的，应当及时向批准机关报告情况。因故不能按期开工超过 6 个月的，应当重新办理开工报告的批准手续。

9. ACD 【解析】建设单位应当自领取施工许可证之日起 3 个月内开工。因故不能按期开工的，应当向发证机关申请延期；延期以 2 次为限，每次不超过 3 个月。既不开工又不申请延期或者超过延期时限的，施工许可证自行废止。因此 A、C 选项正确，B 选项错误。

在建的建筑工程因故中止施工的，建设单位应当自中止施工之日起 1 个月内，向发证机关报告，并按照规定做好建筑工程的维护管理工作。因此 D 选项正确。

建筑工程恢复施工时，应当向发证机关报告；中止施工满 1 年的工程恢复施工前，建设单位应当报发证机关核验施工许可证。因此 E 选项错误。

10. CD 【解析】A 选项错误。分包单位与建设单位没有合同关系，是法定连带。

B 选项错误。建筑工程总承包单位按照总承包合同的约定对建设单位负责；分包单位按照分包合同的约定对总承包单位负责。总承包单位和分包单位就分包工程对建设单位承担连带责任。

E 选项错在"应当"，建设单位可以向总承包单位请求赔偿，也可以要求分包单位赔偿。

【历年真题实战】

1. A 【解析】《建筑法》第三十九条规定，建筑施工企业应当在施工现场采取维护安全、防范危险、预防火灾等措施；有条件的，应当对施工现场实行封闭管理。施工现场对毗邻的建筑物、构筑物和特殊作业环境可能造成损害的，建筑施工企业应当采取安全防护措施。

2. B 【解析】B 选项正确。《建筑法》第四十九条规定，涉及建筑主体和承重结构变动的装修工程，建设单位应当在施工前委托原设计单位或者具有相应资质条件的设计单位提出设计方案；没有设计方案的，不得施工。

3. B 【解析】《建筑法》第五十条规定，房屋拆除应当由具备保证安全条件的建筑施工单位承担，由建筑施工单位负责人对安全负责。

4. B 【解析】依据《建设工程安全生产管理条例》第二十四条规定，建设工程实行施工总承包的，由总承包单位对施工现场的安全生产负总责。总承包单位应当自行完成建设工程主体结构的施工。总承包单位依法将建设工程分包给其他单位的，分包合同中应当明确各自的安全生产方面的权利、义务。总承包单位和分包单位对分包工程的安全生产承担连带责任。分包单位应当服从总承包单位的安全生产管理，分包单位不服从管理导致生产安全事故的，由分包单位承担主要责任。

第五章　安全生产相关法律

第一节　民　法　典

【基础知识训练】

1. C 【解析】《民法典》第一千一百六十五条第一款规定："行为人因过错侵害他人民事权益造成损害的，应当承担侵权责任。"在过错责任原则中，过错是确定行为人是否承担侵权责任的核心要件。行为人的过错造成损害需要承担责任的构成要件包括：①存在侵权行为。行为人实施了某一侵权行为，若不存在行为人的行为，就不会产生侵权责任。②行为人存在过错。在过错责任原则中，过错是确定行为人是否承担侵权责任的核心要件。过错包括故意与过失两种形态。③受害人的民事权益受到损害。损害是指行为人的行为对受害人的民事权益造成的不利后果，它包括"造成损失"的损害，也包括没有损害结果的损害。④行为人的行为与受害人的损害之间有因果关系。因果关系是指侵权行为与损害之间的内在联系。

2. B 【解析】《民法典》第一千一百六十六条规定："行为人造成他人民事权益损害，不论行为人有无过错，法律规定应当承担侵权责任的，依照其规定。"本条是关于无过错责任原则的规定。无过错责任的构成需要具备下列要件：①存在致害行为。无过错责任原则适用的前提条件必须存在行为人的行为，没有行为也就没有责任。②造成损害。无损害则无赔偿责任，受害人受损害是无过错责任另一个构成要件。③致害行为与损害之间有因果关系。通常受害人要举证证明损害和行为之间存在因果关系，但法律规定采取因果关系举证责任倒置的，由行为人承担证明其行为与损害之间没有因果关系的证明，否则推定存在因果关系。④不存在法定的免责事由。在无过错责任的场合下，法律多规定行为人免除责任的事由，如果存在法定免责事由，行为人的责任也将被免除。

3. ABCD 【解析】知识产权是以智力成果为客体的权利，其具有人身权和财产权双重属性。民事主体依法享有知识产权。知识产权是权利人依法就下列客体享有的专有的权利：①作品；②发明、实用新型、外观设计；③商标；④地理标志；⑤商业秘密；⑥集成电路布图设计；⑦植物新品种；⑧法律规定的其他客体。

4. BCDE 【解析】《民法典》第一百七十九条的规定，民事责任的承担方式主要有：①停止侵害；②排除妨碍；③消除危险；④返还财产；⑤恢复原状；⑥修理、重作、更换；⑦继续履行；⑧赔偿损失；⑨支付违约金；⑩消除影响、恢复名誉；赔礼道歉。

【能力提升训练】

1. D 【解析】侵权责任具有以下几个方面的特征：①侵权责任以侵权行为为前提。侵权责任是行为人对侵权行为造成的损害后果依法承担的责任，没有侵权行为就不会出现侵权责任；②侵权责任是民事责任的一种类型。民事责任是民事主体对违反民事义务的行为承担的不利后果。民事责任主要分为侵权责任和违约责任，侵权责任是民事责任的一种；③侵权责任以损害赔偿为中心，但不限于损害赔偿。侵权责任的构成需要有损害后果的出现，没有损害后果，不产生侵权责任；④侵权责任具有强制性，但有一定的任意性。侵权责任是行为人依法对侵权行为承担的民事责任，具有强制性。但是，侵权人可以与受害人协商确定赔偿的数额，承担责任的方式等。

【历年真题实战】

1. D 【解析】《民法典》第一千一百八十条规定，因同一侵权行为造成多人死亡的，可以以相同数额确定死亡赔偿金。

2. D 【解析】《民法典》第一千二百五十八条规定，在公共场所或者道路上挖掘、修缮安装地下设施等造成他人损害，施工人不能证明已经设置明显标志和采取安全措施的，应当承担侵权责任。

第二节 刑 法

【基础知识训练】

1. B 【解析】重大劳动安全事故罪，是指安全生产设施或者安全生产条件不符合国家规定，因而发生重大伤亡事故或者造成其他严重后果的行为。

2. C 【解析】强令、组织他人违章冒险作业，因而发生重大伤亡事故或者造成其他严重后果的，处 5 年以下有期徒刑或者拘役；情节特别恶劣的，处 5 年以上有期徒刑。

3. C 【解析】工程重大安全事故罪。是指建设单位、设计单位、施工单位、工程监理单位违反国家规定，降低工程质量标准，造成重大安全事故的，对直接责任人员，处 5 年以下有期徒刑或者拘役，并处罚金；后果特别严重的，处 5 年以上 10 年以下有期徒刑，并处罚金。实施刑法工程重大安全事故罪，因而发生安全事故，具有如下情形的，对直接责任人员，处 5 年以上 10 年以下有期徒刑，并处罚金。①造成死亡 3 人以上或者重伤 10 人以上，负事故主要责任的；②造成直接经济损失 500 万元以上，负事故主要责任的；③其他造成特别严重后果、情节特别恶劣或者后果特别严重的情形。

《生产安全事故报告和调查处理条例》，较大事故，是指造成 3 人以上 10 人以下死亡，或者 10 人以上 50 人以下重伤，或者 1000 万元以上 5000 万元以下直接经济损失的事故。依据《刑法》，属于后果特别严重的，所以量刑是 5 年以上 10 年以下，并处罚金。

4. C 【解析】C选项错误。危险作业罪侵犯的客体是生产作业的安全。

5. AD 【解析】重大劳动安全事故罪是指安全生产设施或者安全生产条件不符合国家规定，因而发生重大伤亡事故或者造成其他严重后果的。对直接负责的主管人员和其他直接责任人员，处3年以下有期徒刑或者拘役；情节特别恶劣的，处3年以上7年以下有期徒刑。

【能力提升训练】

1. C 【解析】不报、谎报安全事故罪是指在安全事故发生后，负有报告职责的人员不报或者谎报事故情况，贻误事故抢救，情节严重的，处3年以下有期徒刑或者拘役；情节特别严重的，处3年以上7年以下有期徒刑。

2. C 【解析】重大责任事故罪的犯罪主体：《刑法》第一百三十四条第一款规定的犯罪主体，包括对生产、作业负有组织、指挥或者管理职责的负责人、管理人员、实际控制人、投资人等人员，以及直接从事生产、作业的人员。重大劳动安全事故罪的犯罪主体："直接负责的主管人员和其他直接责任人员"，是指对安全生产设施或者安全生产条件不符合国家规定负有直接责任的负责人、管理人员、实际控制人、投资人，以及对安全生产设施或者安全生产条件负有管理、维护职责的电工、瓦斯检查工等人员。

3. AB 【解析】《刑法》第一百三十九条之一规定，【不报、谎报安全事故罪】在安全事故发生后，负有报告职责的人员不报或者谎报事故情况，贻误事故抢救，情节严重的，处3年以下有期徒刑或者拘役；情节特别严重的，处3年以上7年以下有期徒刑。

4. BC 【解析】《中华人民共和国安全生产法》第一百一十条规定，生产经营单位的主要负责人在本单位发生生产安全事故时，不立即组织抢救或者在事故调查处理期间擅离职守或者逃匿的，给予降级、撤职的处分，并由应急管理部门处上一年年收入60%~100%的罚款；对逃匿的处15日以下拘留；构成犯罪的，依照刑法有关规定追究刑事责任。

生产经营单位的主要负责人对生产安全事故隐瞒不报、谎报或者迟报的，依照前款规定处罚。

《中华人民共和国刑法》第一百三十四条规定，【重大责任事故罪】在生产、作业中违反有关安全管理的规定，因而发生重大伤亡事故或者造成其他严重后果的，处3年以下有期徒刑或者拘役；情节特别恶劣的，处3年以上7年以下有期徒刑。

【历年真题实战】

1. B 【解析】《关于办理危害生产安全刑事案件适用法律若干问题的解释》第六条规定，发生重大伤亡事故或者造成其他严重后果：①造成死亡1人以上，或者重伤3人以上的；②造成直接经济损失100万元以上的；③其他造成严重后果或者重大安全事故的情形。

2. AE 【解析】A、E选项正确，C选项错误。《刑法》第一百三十五条规定，安全生产设施或者安全生产条件不符合国家规定，因而发生重大伤亡事故或者造成其他严重后果的，对直接负责的主管人员和其他直接责任人员，处三年以下有期徒刑或者拘役；情节特别恶劣的，处3年以上7年以下有期徒刑。

《关于办理危害生产安全刑事案件适用法律若干问题的解释》第六条规定，实施刑法第一百三十二条、第一百三十四条第一款、第一百三十五条、第一百三十五条之一、第一百三十六条、第一百三十九条规定的行为，因而发生安全事故，具有下列情形之一的，应当认定为"造成严重后果"或者"发生重大伤亡事故或者造成其他严重后果"，对相关责任人员，处3年以下有期徒刑或者拘役：

造成死亡1人以上，或者重伤3人以上的；B选项和D选项无表述。

3. D 【解析】矿长何某强令他人违章冒险作业，造成重大经济损失，属于情节特别恶劣。《刑法》第一百三十四条规定，【强令、组织他人违章冒险作业罪】强令他人违章冒险作业，或者明知存在重大事故隐患而不排除，仍冒险组织作业，因而发生重大伤亡事故或者造成其他严重后果的，处5年以下有期徒刑或者拘役；情节特别恶劣的，处5年以上有期徒刑。

4. D 【解析】《关于办理危害生产安全刑事案件适用法律若干问题的解释》第八条规定，在安全事故发生后，负有报告职责的人员不报或者谎报事故情况，贻误事故抢救，具有下列情形之一的，应当认定为刑法第一百三十九条之一规定的"情节严重"：（一）导致事故后果扩大，增加死亡一人以上，或者增加重伤三人以上，或者增加直接经济损失100万元以上的；（二）实施下列行为之一，致使不能及时有效开展事故抢救的：①决定不报、迟报、谎报事故情况或者指使、串通有关人员不报、迟报、谎报事故情况的；②在事故抢救期间擅离职守或者逃匿的；③伪造、破坏事故现场，或者转移、藏匿、毁灭遇难人员尸体，或者转移、藏匿受伤人员的；④毁灭、伪造、隐匿与事故有关的图纸、记录、计算机数据等资料以及其他证据的。其他情节严重的情形。具有下列情形之一的，应当认定为刑法第一百三十九条之一规定的"情节特别严重"：①导致事故后果扩大，增加死亡3人以上，或者增加重伤十人以上，或者增加直接经济损失500万元以上的；②采用暴力、胁迫、命令等方式阻止他人报告事故情况，导致事故后果扩大的；③其他情节特别严重的情形。

5. BDE 【解析】《刑法》第一百三十四条规定，【重大责任事故罪】在生产、作业中违反有关安全管理的规定，因而发生重大伤亡事故或者造成其他严重后果的，处3年以下有期徒刑或者拘役；情节特别恶劣的，处3年以上7年以下有期徒刑。

【强令、组织他人违章冒险作业罪】强令他人违章冒险作业，或者明知存在重大事故隐患而不排除，仍冒险组织作业，因而发生重大伤亡事故或者造成其他严重后果的，处5年以下有期徒刑或者拘役；情节特别恶劣的，处5年以上有期徒刑。

第一百三十六条规定，【危险物品肇事罪】违反爆炸性、易燃性、放射性、毒害性、腐蚀性物品的管理规定，在生产、储存、运输、使用中发生重大事故，造成严重后果的，处3年以下有期徒刑或者拘役；后果特别严重的，处3年以上7年以下有期徒刑。

6. C 【解析】根据《刑法》负有报告职责的人员有：负有组织、指挥或者管理职责的负责人、管理人员、实际控制人、投资人以及其他负责报告职责的人员。

7. D 【解析】A、B、C选项没有发生重大伤亡事故或者其他严重后果的现实危险的，不属于危险作业罪，根据《刑法》第一百三十四条之一，在生产、作业中违反有关安全管理的规定，有下列情形之一，具有发生重大伤亡事故或者其他严重后果的现实危险的，处 1 年以下有期徒刑、拘役或者管制：①关闭、破坏直接关系生产安全的监控、报警、防护、救生设备、设施，或者篡改、隐瞒、销毁其相关数据、信息的；②因存在重大事故隐患被依法责令停产停业、停止施工、停止使用有关设备、设施、场所或者立即采取排除危险的整改措施，而拒不执行的；③涉及安全生产的事项未经依法批准或者许可，擅自从事矿山开采、金属冶炼、建筑施工，以及危险物品生产、经营、储存等高度危险的生产作业活动的。

8. CE 【解析】A 选项错误，C 选项正确。根据《刑法》第一百三十四条，强令他人违章冒险作业，或者明知存在重大事故隐患而不排除，仍冒险组织作业，因而发生重大伤亡事故或者造成其他严重后果的，处 5 年以下有期徒刑或者拘役；情节特别恶劣的，处 5 年以上有期徒刑。

B 选项错误。根据《刑法》第一百三十九条之一，在安全事故发生后，负有报告职责的人员不报或者谎报事故情况，贻误事故抢救，情节严重的，处 3 年以下有期徒刑或者拘役；情节特别严重的，处 3 年以上 7 年以下有期徒刑。

D 选项错误。根据《刑法》第一百三十五条之一，举办大型群众性活动违反安全管理规定，因而发生重大伤亡事故或者造成其他严重后果的，对直接负责的主管人员和其他直接责任人员，处 3 年以下有期徒刑或者拘役；情节特别恶劣的，处 3 年以上 7 年以下有期徒刑。

E 选项正确。根据《刑法》第一百三十五条，安全生产设施或者安全生产条件不符合国家规定，因而发生重大伤亡事故或者造成其他严重后果的，对直接负责的主管人员和其他直接责任人员，处 3 年以下有期徒刑或者拘役；情节特别恶劣的，处 3 年以上 7 年以下有期徒刑。

9. C 【解析】《刑法》第一百三十五条规定，工厂、矿山、林场、建筑企业或者其他企业、事业单位的劳动安全设施不符合国家规定，经有关部门或者单位职工提出后，对事故隐患仍不采取措施，因而发生重大伤亡事故或者造成其他严重后果的，对直接责任人员，处 3 年以下有期徒刑或者拘役；情节特别恶劣的，处 3 年以上 7 年以下有期徒刑。

10. BCE 【解析】本题考察的是《刑法》及相关解释中的情节特别严重。A 选项错误。导致事故后果扩大增加死亡 2 人以下的属于"情节严重"。D 选项错误。注意应是"直接经济损失"。在安全事故发生后，负有报告职责的人员不报或者谎报事故情况，贻误事故抢救，应当认定为"情节严重"。

11. B 【解析】《刑法》第一百三十四条规定，（重大责任事故罪、强令、组织他人违章冒险作业罪）在生产、作业中违反有关安全管理的规定，因而发生重大伤亡事故或者造成其他严重后果的，处 3 年以下有期徒刑或者拘役；情节特别恶劣的，处 3 年以上 7 年以下有期徒刑。《最高人民法院最高人民检察院关于办理危害生产安全刑事案件适用法律若干问题的解释》第六条第一款规定，实施刑法第一百三十二条、第一百三十四条第一款、第一百三十五条、第一百三十五条之一、第一百三十六条、第一百三十九条规定的行为，因而发生安全事故，具有下列情形之一的，应当认定为"造成严重后果"或者"发生重大伤亡事故或者造成其他严重后果"，对相关责任人员，处 3 年以下有期徒刑或者拘役：①造成死亡一人以上，或者重伤 3 人以上的；②造成直接经济损失 100 万元以上的；

③其他造成严重后果或者重大安全事故的情形。同时，《最高人民法院最高人民检察院关于办理危害生产安全刑事案件适用法律若干问题的解释》第一条规定，刑法第一百三十四条第一款规定的犯罪主体，包括对生产、作业负有组织、指挥或者管理职责的负责人、管理人员、实际控制人、投资人等人员，以及直接从事生产、作业的人员。题干中事故造成2人死亡，同时李某为项目负责人，因此应认定李某涉嫌构成重大责任事故罪，所以B选项正确。

12. D 【解析】《刑法》第一百三十五条规定，（重大劳动安全事故罪，大型群众性活动重大安全事故罪）安全生产设施或者安全生产条件不符合国家规定，因而发生重大伤亡事故或者造成其他严重后果的，对直接负责的主管人员和其他直接责任人员，处3年以下有期徒刑或者拘役；情节特别恶劣的，处3年以上7年以下有期徒刑。根据这一规定，可以得出该事故涉嫌重大劳动安全事故罪。同时，《最高人民法院最高人民检察院关于办理危害生产安全刑事案件适用法律若干问题的解释》第三条规定，刑法第一百三十五条规定的"直接负责的主管人员和其他直接责任人员"，是指对安全生产设施或者安全生产条件不符合国家规定负有直接责任的生产经营单位负责人、管理人员、实际控制人、投资人，以及其他对安全生产设施或者安全生产条件负有管理、维护职责的人员。由此判断，自来水公司直接负责的主管人员为犯罪主体之一。因此，综合分析，D选项正确。

第三节 行 政 处 罚 法

【基础知识训练】

1. C 【解析】行为罚又称为能力罚、资格罚，包括责令停产停业、吊销营业执照等。

2. A 【解析】法律可以设定各种种类的行政处罚。限制人身自由的行政处罚只能由法律设定。

3. B 【解析】行政法规可以设定除限制人身自由以外的行政处罚；地方性法规可设定除限制人身自由、吊销企业营业执照以外的行政处罚。

4. B 【解析】《行政处罚法》（2021年版）第三十六条规定，违法行为在两年内未被发现的，不再给予行政处罚；涉及公民生命健康安全、金融安全且有危害后果的，上述期限延长至5年。法律另有规定的除外。前款规定的期限，从违法行为发生之日起计算；违法行为有连续或者继续状态的，从行为终了之日起计算。

5. C 【解析】《行政处罚法》（2021年版）第八条规定，违法行为构成犯罪的，应当依法追究刑事责任的，不得以行政处罚代替刑事处罚。

6. C 【解析】地域管辖又称一般管辖或者属地管辖，它是以违法行为发生地作为确定管辖权的依据，以违法行为发生地的行政机关管辖为一般原则，即违法行为发生在何处，就由当地有行政处罚权的行政机关管辖，这样便于及时发现和查处违法行为。

7. A 【解析】《行政处罚法》（2021年版）第二十二条规定，行政处罚由违法行为发生地的行政机关管辖。法律、行政法规、部门规章另有规定的，从其规定。

8. B 【解析】听证程序是指对重大行政处罚决定作出之前，在违法案件调查承办人员和当事人双方的参与下，由行政机关专门人员主持听取当事人申辩、质证和意见，进一步核实证据和查清事实，以保证处理结果合法、公正的程序。《行政处罚法》（2021年版）第六十三条规定，行政机关拟作出责令停产停业、较大数额罚款等行政处罚决定，应当告知当事人有要求听证的权利。第六十四条规定，当事人要求听证的，应当在行政机关告知后5日内提出。当事人不承担行政机关组织听证的费用。

9. B 【解析】处罚的简易程序又称为当场处罚程序，指在具备某些条件的情况下，由执法人员当场作出行政处罚的决定的步骤、方式、时限和形式等过程。《行政处罚法》（2021年版）第五十一条规定，违法事实确凿并有法定依据，对公民处以200元以下、对法人或者其他组织处以3000元以下罚款或者警告的行政处罚的，可以当场作出行政处罚决定。

10. B 【解析】《行政处罚法》（2021年版）第六十六条规定，行政处罚依法作出后，当事人应当在行政处罚决定载明的期限内，予以履行。第七十三条规定，当事人对行政处罚决定不服，申请行政复议或者提起行政诉讼的，行政处罚不停止执行，法律另有规定的除外。

11. A 【解析】处罚的简易程序又称为当场处罚程序，指在具备某些条件的情况下，由执法人员当场作出行政处罚的决定的步骤、方式、时限和形式等过程。本题情形适用《行政处罚法》（2021年版）第五十一条规定。

12. C 【解析】《行政处罚法》（2021年版）第六十三条规定，行政机关作出责令停产停业、较大数额罚款等行政处罚决定，应当告知当事人有要求听证的权利；当事人要求举行听证的，行政机关应当组织听证。当事人不承担行政机关组织听证的费用。

13. C 【解析】依照《行政处罚法》（2021年版）的规定，行政当事人拒不履行行政机关的处罚规定时，行政机关可以依法将查封、扣押的财物拍卖、依法处理或者将冻结的存款、汇款划拨抵缴罚款。

14. A 【解析】《行政处罚法》（2021年版）第七十五条规定，行政机关应当建立健全对行政处罚的监督制度。县级以上人民政府应当定期组织开展行政执法评议、考核，加强对行政处罚的监督检查，规范和保障行政处罚的实施。

15. A 【解析】《行政处罚法》（2021年版）第二十五条规定，两个以上行政机关都有管辖权的，由最先立案的行政机关管辖。

16. B 【解析】《行政处罚法》（2021年版）第二十八条规定，行政机关实施行政处罚时，应当责令当事人改正或者限期改正违法行为。

17. C 【解析】《行政处罚法》（2021年版）第三十一条规定，精神病人、智力残疾人在不能辨认或者不能控制自己行为时有违法行为的，不予行政处罚，但应当责令其监护人严加看管和治疗。间歇性精神病人在精神正常时有违法行为的，应当给予行政处罚。尚未完全丧失辨认或者控制自己行为能力的精神病人、智力残疾人有违法行为的，可以从轻或者减轻行政处罚。

18. B 【解析】《行政处罚法》（2021年版）第四十三条规定，执法人员与案件有直接利害关系或者有其他关系可能影响公正执法的，应当回避。当事人认为执法人员与案件有直接利害关系或者有其他关系可能影响公正执法的，有权申请回避。当事人提出回避申请的，行政机关应当依法审查，由行政机关负责人决定。决定作出之前，不停止调查。

19. A 【解析】《行政处罚法》（2021 年版）第四十八条规定，具有一定社会影响的行政处罚决定应当依法公开。公开的行政处罚决定被依法变更、撤销、确认违法或者确认无效的，行政机关应当在三日内撤回行政处罚决定信息并公开说明理由。

20. A 【解析】《行政处罚法》（2021 年版）第五十二条规定，执法人员当场作出行政处罚决定的，应当向当事人出示执法证件，填写预定格式、编有号码的行政处罚决定书，并当场交付当事人。当事人拒绝签收的，应当在行政处罚决定书上注明。

21. ACDE 【解析】行政相对人的权利有：①陈述权；②申辩权；③复议权；④诉讼权；⑤索赔权。

22. ABE 【解析】《行政处罚法》（2021 年版）第十二条规定，地方性法规可设定除限制人身自由、吊销企业营业执照以外的行政处罚。法律、行政法规对违法行为已经作出行政处罚规定，地方性法规需要作出具体规定的，必须在法律、行政法规规定的给予行政处罚的行为、种类和幅度的范围内规定。

23. BDE 【解析】第五十一条规定，违法事实确凿并有法定依据，对公民处以 200 元以下、对法人或者其他组织处以 3000 元以下罚款或者警告的行政处罚的，可以当场作出行政处罚决定。法律另有规定的，从其规定。

24. ABCD 【解析】第五十二条规定，行政处罚决定书应当载明当事人的违法行为，行政处罚的种类和依据、罚款数额、时间、地点，申请行政复议、提起行政诉讼的途径和期限以及行政机关名称，并由执法人员签名或者盖章。

25. CD 【解析】第六十八条规定，依照本法第五十一条的规定当场作出行政处罚决定，有下列情形之一，执法人员可以当场收缴罚款：①依法给予 100 元以下罚款的；②不当场收缴事后难以执行的。D 选项属于不当场收缴事后难以执行的情况。E 选项错误。必须经当事人提出。

26. AC 【解析】第十八条规定，国务院或者省、自治区、直辖市人民政府可以决定一个行政机关行使有关行政机关的行政处罚权。

27. ABD 【解析】第四十一条规定，行政机关依照法律、行政法规规定利用电子技术监控设备收集、固定违法事实的，应当经过法制和技术审核，确保电子技术监控设备符合标准、设置合理、标志明显，设置地点应当向社会公布。

28. ABCE 【解析】第四十六条规定，证据包括：①书证；②物证；③视听资料；④电子数据；⑤证人证言；⑥当事人的陈述；⑦鉴定意见；⑧勘验笔录、现场笔录。

【能力提升训练】

1. B 【解析】A 选项错误。行政法规可以设定除限制人身自由以外的行政处罚。

B 选项正确。地方性法规可以设定除限制人身自由、吊销企业营业执照以外的行政处罚。

C 选项错误。部门规章只能在法律、行政法规规定的给予行政处罚的行为、种类和幅度的范围内作出具体规定。

D 选项错误。地方政府规章可以在法律、法规规定的给予行政处罚的行为、种类和幅度的范围内作出具体规定。

2．C 【解析】A 选项，对于责令停产停业、较大数额罚款等行政处罚决定，当事人要求举行听证的，应当在行政机关告知后五日内提出；B 选项，当事人可以亲自参加听证，也可以委托 1~2 人代理；D 选项，听证由行政机关指定的非本案调查人员主持。

3．B 【解析】实行处罚机关与收缴罚款机构相分离，作出行政处罚决定的行政机关及其执法人员不得自行收缴罚款。当事人应当自收到行政处罚决定书之日起 15 日内，到指定的银行或者通过电子支付系统缴纳罚款。银行应当收受罚款，并将罚款直接上缴国库。行政机关及其执法人员当场收缴罚款的，必须向当事人出具国务院财政部门或者省、自治区、直辖市人民政府财政部门统一制发的专用票据；不出具财政部门统一制发的专用票据的，当事人有权拒绝缴纳罚款。

4．D 【解析】A 选项错误。违法行为轻微的，该怎么罚就怎么罚，而不是不罚。

B 选项错误。确有应受行政处罚的违法行为的，按规定行政处罚决定，而不是"从重"。

C 选项错误，违法行为已构成犯罪的，应当直接移送司法机关。

5．C 【解析】A 选项错误。改为行政处罚不停止执行。

B 选项错误，C 选项正确。行政机关给予用人单位 2000 元罚款的行政处罚不得当场收缴罚款，应该在该单位应当自收到行政处罚决定书之日起 15 日内，到指定的银行或者通过电子支付系统缴纳罚款。

D 选项错误。应该是"3%"。

6．D 【解析】《行政处罚法》（2021 年版）第六十七条规定，当事人应当自收到行政处罚决定书之日起十五日内，到指定的银行或者通过电子支付系统缴纳罚款。

7．A 【解析】《行政处罚法》（2021 年版）第二十九条规定，对当事人的同一个违法行为，不得给予 2 次以上罚款的行政处罚。同一个违法行为违反多个法律规范应当给予罚款处罚的，按照罚款数额高的规定处罚。

8．C 【解析】《行政处罚法》（2021 年版）第三十五条规定，违法行为构成犯罪，人民法院判处拘役或者有期徒刑时，行政机关已经给予当事人行政拘留的，应当依法折抵相应刑期。违法行为构成犯罪，人民法院判处罚金时，行政机关已经给予当事人罚款的，应当折抵相应罚金；行政机关尚未给予当事人罚款的，不再给予罚款。

9．A 【解析】《行政处罚法》（2021 年版）第三十六条规定，违法行为在 2 年内未被发现的，不再给予行政处罚；涉及公民生命健康安全、金融安全且有危害后果的，上述期限延长至 5 年。法律另有规定的除外。

10．B 【解析】《行政处罚法》（2021 年版）第三十七条规定，实施行政处罚，适用违法行为发生时的法律、法规、规章的规定。但是，作出行政处罚决定时，法律、法规、规章已被修改或者废止，且新的规定处罚较轻或者不认为是违法的，适用新的规定。

11．B 【解析】《行政处罚法》（2021 年版）第七十二条规定，到期不缴纳罚款的，每日按罚款数额的百分之三加处罚款，加处罚款的数额不得超出罚款的数额。

第七十三条规定，当事人申请行政复议或者提起行政诉讼的，加处罚款的数额在行政复议或者行政诉讼期间不予计算。提起行政复议时，该厂应缴纳罚款为 $5000+（5000×0.03）×20=8000$ 元。加处罚款的数额在行政复议或者行政诉讼期间不予计算。故应缴纳

8000 元罚款。

12. C 【解析】《行政处罚法》第三十条规定，不满十四周岁的未成年人有违法行为的，不予行政处罚，责令监护人加以管教；已满十四周岁不满十八周岁的未成年人有违法行为的，应当从轻或者减轻行政处罚。

13. D 【解析】A 选项错误。《中华人民共和国行政处罚法》第七十一条规定，执法人员当场收缴的罚款，应当自收缴罚款之日起 2 日内，交至行政机关；在水上当场收缴的罚款，应当自抵岸之日起 2 日内交至行政机关；行政机关应当在 2 日内将罚款缴付指定的银行。

B 选项错误。第六十九条规定，在边远、水上、交通不便地区，行政机关及其执法人员依照本法第五十一条、第五十七条的规定作出罚款决定后，当事人到指定的银行或者通过电子支付系统缴纳罚款确有困难，经当事人提出，行政机关及其执法人员可以当场收缴罚款。

C 选项错误。第七十四条规定，除依法应当予以销毁的物品外，依法没收的非法财物必须按照国家规定公开拍卖或者按照国家有关规定处理。罚款、没收的违法所得或者没收非法财物拍卖的款项，必须全部上缴国库，任何行政机关或者个人不得以任何形式截留、私分或者变相私分。

D 选项正确。第七十二条规定，当事人逾期不履行行政处罚决定的，作出行政处罚决定的行政机关可以依照《中华人民共和国行政强制法》的规定申请人民法院强制执行。

14. CDE 【解析】A 选项，行政处罚的追诉时效为 2 年；行政处罚由违法行为发生地的县级人民政府行政机关管辖。

15. AB 【解析】第六十六条规定，当事人确有经济困难，需要延期或者分期缴纳罚款的，经当事人申请和行政机关批准，可以暂缓或者分期缴纳。

第七十二条规定，行政机关批准延期、分期缴纳罚款的，申请人民法院强制执行的期限，自暂缓或者分期缴纳罚款期限结束之日起计算。

16. ABE 【解析】A 选项错误。《行政处罚法》第六十五条规定，应急管理部门和其他负有安全生产监督管理职责的部门依法开展安全生产行政执法工作，对生产经营单位执行有关安全生产的法律、法规和国家标准或者行业标准的情况进行监督检查。

B、E 选项错误。《行政处罚法》第三十八条规定，行政处罚没有依据或者实施主体不具有行政主体资格的，行政处罚无效。违反法定程序构成重大且明显违法的，行政处罚无效。

【历年真题实战】

1. D 【解析】A 选项错误。当事人要求听证的，应当在行政机关告知后五日内提出。

B 选项错误。行政机关应当在举行听证的七日前，通知当事人及有关人员听证的时间、地点。

C 选项错误。听证由行政机关指定的非本案调查人员主持；当事人认为主持人与本案有直接利害关系的，有权申请回避。

D 选项正确。当事人可以亲自参加听证，也可以委托一至二人代理。

2. B 【解析】A选项错误。根据《行政处罚法》（2021年版），只有法律和国务院规定有关行政机关才有行政处罚权，不是所有的行政机关都有行政处罚权。

C选项错误。加处罚款属于执行罚。

D选项错误。根据第十三条，国务院部门规章可以在法律、行政法规规定的给予行政处罚的行为、种类和幅度的范围内作出具体规定。尚未制定法律、行政法规的，国务院部门规章对违反行政管理秩序的行为，可以设定警告、通报批评或者一定数额罚款的行政处罚。罚款的限额由国务院规定。

3. A 【解析】A选项正确。根据《行政处罚法》第二十二条（2021年版），行政处罚由违法行为发生地的行政机关管辖。法律、行政法规、部门规章另有规定的，从其规定。

B选项错误。根据第二十三条，行政处罚由县级以上地方人民政府具有行政处罚权的行政机关管辖。法律、行政法规另有规定的，从其规定。

C选项错误。根据第三十一条，精神病人、智力残疾人在不能辨认或者不能控制自己行为时有违法行为的，不予行政处罚，但应当责令其监护人严加看管和治疗。间歇性精神病人在精神正常时有违法行为的，应当给予行政处罚。尚未完全丧失辨认或者控制自己行为能力的精神病人、智力残疾人有违法行为的，可以从轻或者减轻行政处罚。

D选项错误。根据第三十条，不满14周岁的未成年人有违法行为的，不予行政处罚，责令监护人加以管教；已满14周岁不满18周岁的未成年人有违法行为的，应当从轻或者减轻行政处罚。

4. C 【解析】《行政处罚法》（2021年版）第四十二条规定，行政处罚应当由具有行政执法资格的执法人员实施。执法人员不得少于两人，法律另有规定的除外。执法人员应当文明执法，尊重和保护当事人合法权益。第四十三条规定，执法人员与案件有直接利害关系或者有其他关系可能影响公正执法的，应当回避。当事人认为执法人员与案件有直接利害关系或者有其他关系可能影响公正执法的，有权申请回避。当事人提出回避申请的，行政机关应当依法审查，由行政机关负责人决定。决定作出之前，不停止调查。

第五十六条规定，行政机关在收集证据时，可以采取抽样取证的方法；在证据可能灭失或者以后难以取得的情况下，经行政机关负责人批准，可以先行登记保存，并应当在七日内及时作出处理决定，在此期间，当事人或者有关人员不得销毁或者转移证据。

5. D 【解析】《行政处罚法》（2021年版）第九条规定，行政处罚的种类：①警告、通报批评；②罚款、没收违法所得、没收非法财物；③暂扣许可证件、降低资质等级、吊销许可证件；④限制开展生产经营活动、责令停产停业、责令关闭、限制从业；⑤行政拘留；⑥法律、行政法规规定的其他行政处罚。

6. B 【解析】《行政处罚法》（2021年版）第六十七条规定，作出罚款决定的行政机关应当与收缴罚款的机构分离。除依照本法第六十八条、第六十九条的规定当场收缴的罚款外，作出行政处罚决定的行政机关及其执法人员不得自行收缴罚款。当事人应当自收到行政处罚决定书之日起15日内，到指定的银行或者通过电子支付系统缴纳罚款。银行应当收受罚款，并将罚款直接上缴国库。由此判断，B选项正确。

7. ABCD 【解析】《行政处罚法》第二十三条规定，行政处罚由违法行为发生地的县级以上地方人民政府具有行政处罚权的行政机关管辖。法律、行政法规另有规定的除外。第二十五条规定，对管辖发生争议的，应当协商解决，协商不成的，报请共同的上一级行政机关指定管辖。由以上规定分析得出，E选项错误，其余选项正确。

第四节 行政强制法

【基础知识训练】

1. D 【解析】行政强制措施的种类：①限制公民人身自由；②查封场所、设施或者财物；③扣押财物；④冻结存款、汇款；⑤其他行政强制措施。

2. C 【解析】行政强制执行的方式包括：①加处罚款或者滞纳金；②划拨存款、汇款；③拍卖或者依法处理查封、扣押的场所、设施或者财物；④排除妨碍、恢复原状；⑤代履行；⑥其他强制执行方式。

3. D 【解析】有下列情形之一的，行政机关应当及时作出解除查封、扣押决定：①当事人没有违法行为；②查封、扣押的场所、设施或者财物与违法行为无关；③行政机关对违法行为已经作出处理决定，不再需要查封、扣押；④查封、扣押期限已经届满；⑤其他不再需要采取查封、扣押措施的情形。解除查封、扣押应当立即退还财物；已将鲜活物品或者其他不易保管的财物拍卖或者变卖的，退还拍卖或者变卖所得款项。变卖价格明显低于市场价格，给当事人造成损失的，应当给予补偿。

4. D 【解析】依据《行政强制法》第四十条，有下列情形之一的，终结执行：①公民死亡，无遗产可供执行，又无义务承受人的；②法人或者其他组织终止，无财产可供执行，又无义务承受人的；③执行标的灭失的；④据以执行的行政决定被撤销的；⑤行政机关认为需要终结执行的其他情形。

5. A 【解析】依据《行政强制法》第三十九条，有下列情形之一的，中止执行：①当事人履行行政决定确有困难或者暂无履行能力的；②第三人对执行标的主张权利，确有理由的；③执行可能造成难以弥补的损失，且中止执行不损害公共利益的；④行政机关认为需要中止执行的其他情形。中止执行的情形消失后，行政机关应当恢复执行。对没有明显社会危害，当事人确无能力履行，中止执行满3年未恢复执行的，行政机关不再执行。

6. C 【解析】人民法院应当自受理之日起三十日内作出是否执行的裁定。

【能力提升训练】

1. C 【解析】行政机关作出强制执行决定前，应当事先催告当事人履行义务。催告应当以书面形式作出，并载明下列事项：①履行义务的期限；②履行义务的方式；③涉及金钱给付的，应当有明确的金额和给付方式；④当事人依法享有的陈述权和申辩权。

2. ACDE 【解析】行政机关实施行政强制措施的程序：①实施前须向行政机关负责人报告并经批准；②由两名以上行政执法人员实施；③出示执法身份证件；④通知当事人到场；⑤当场告知当事人采取行政强制措施的理由、依据以及当事人依法享有的权利、救济途径；⑥听取当事人的陈述和申辩；⑦制作现场笔录；⑧现场笔录由当事人和行政执法人员签名或者盖章，当事人拒绝的，在笔录中予以注明；⑨当事人不到场的，邀请见证人到场，由见证人和行政执法人员在现场笔录上签名或者盖章；⑩法律、法规规定的其他程序。

3. ABDE 【解析】行政机关向人民法院申请强制执行，应当提供下列材料：①强制执行申请书；②行政决定书及作出决定的事实、理由和依据；③当事人的意见及行政机关催告情况；④申请强制执行标的情况；⑤法律、行政法规规定的其他材料。强制执行申请书应当由行政机关负责人签名，加盖行政机关的印章，并注明日期。

4. ABC 【解析】人民法院发现有下列情形之一的，在作出裁定前可以听取被执行人和行政机关的意见：①明显缺乏事实根据的；②明显缺乏法律、法规依据的；③其他明显违法并损害被执行人合法权益的。

【历年真题实战】

1. A 【解析】A选项正确，B选项错误。《行政强制法》第二十六条规定，对查封、扣押的场所、设施或者财物，行政机关应当妥善保管，不得使用或者损毁；造成损失的，应当承担赔偿责任。对查封的场所、设施或者财物，行政机关可以委托第三人保管，第三人不得损毁或者擅自转移、处置。因第三人的原因造成的损失，行政机关先行赔付后，有权向第三人追偿。因查封、扣押发生的保管费用由行政机关承担。

C、D选项错误。第二十五条规定，查封、扣押的期限不得超过30日；情况复杂的，经行政机关负责人批准，可以延长，但是延长期限不得超过30日。法律、行政法规另有规定的除外。延长查封、扣押的决定应当及时书面告知当事人，并说明理由。对物品需要进行检测、检验、检疫或者技术鉴定的，查封、扣押的期间不包括检测、检验、检疫或者技术鉴定的期间。检测、检验、检疫或者技术鉴定的期间应当明确，并书面告知当事人。检测、检验、检疫或者技术鉴定的费用由行政机关承担。

第五节 劳 动 法

【基础知识训练】

1. D 【解析】《劳动法》明确规定，国家对女工和未成年工实行特殊保护。未成年工是指年满16周岁未满18周岁的劳动者。

2. B 【解析】《劳动法》关于女职工保护的规定有：①禁止安排女职工从事矿山井下、国家规定的第四级体力劳动强度的劳动和其他禁忌从事的劳动；②不得安排女职工在经期从事高处、低温、冷水作业和国家规定的第三级体力劳动强度的劳动；③不得安排女职工在怀孕期间从事国家规定的第三级体力劳动强度的劳动和孕期禁忌从事的活动。对怀孕7个月以上的女职工，不得安排其延长工作时间和夜班劳动；④不得安排女职工在哺乳未满1周岁的婴儿间从事国家规定的第三级体力劳动强度的劳动和哺乳期禁忌从事的其他劳动，不得安排其延长工作时间和夜班劳动。

3. B 【解析】《劳动法》规定，国家对女工和未成年工实行特殊保护。禁止用人单位安排女职工在哺乳未满1周岁婴儿期间从事国家规定的第三级体力劳动强度的劳动和哺乳禁忌从事的其他劳动，不得延长其工作时间和夜班劳动。

4. B 【解析】《劳动法》明确规定，国家对女工和未成年工实行特殊保护。未成年工是指年满 16 周岁未满 18 周岁的劳动者。

5. C 【解析】《劳动法》第六十三条规定，禁止用人单位安排女职工在哺乳未满 1 周岁婴儿期间从事国家规定的第三级体力劳动强度的劳动和哺乳期禁忌从事的其他劳动，不得延长其工作时间和夜班劳动。

6. ABE 【解析】《劳动法》第六十四条规定，不得安排未成年工从事矿山井下、有毒有害、国家规定的第四级体力劳动强度的劳动和其他禁忌从事的劳动。

7. AD 【解析】《劳动法》第五十八条规定，国家对女职工和未成年工实行特殊劳动保护。未成年工是指年满 16 周岁未满 18 周岁的劳动者。第六十四条规定，不得安排未成年工从事矿山井下、有毒有害、国家规定的第四级体力劳动强度的劳动和其他禁忌从事的劳动。

第六十条不得安排女职工在经期从事高处、低温、冷水作业和国家规定的第三级体力劳动强度的劳动。

D 选项正确。第六十二条规定女职工生育享受不少于 90 天的产假。

E 选项错误。第十五条规定禁止用人单位招用未满 16 周岁的未成年人。

8. ADE 【解析】第五十八条规定，国家对女职工和未成年工实行特殊劳动保护。未成年工是指年满 16 周岁未满 18 周岁的劳动者。

第五十九条规定，禁止安排女职工从事矿山井下、国家规定的第四级体力劳动强度的劳动和其他禁忌从事的劳动。第六十条规定，不得安排女职工在经期从事高处、低温、冷水作业和国家规定的第三级体力劳动强度的劳动。

第六十一条规定，不得安排女职工在怀孕期间从事国家规定的第三级体力劳动强度的劳动和孕期禁忌从事的活动。对怀孕 7 个月以上的女职工，不得安排其延长工作时间和夜班劳动。

第六十三条规定，不得安排女职工在哺乳未满 1 周岁的婴儿期间从事国家规定的第三级体力劳动强度的劳动和哺乳期禁忌从事的其他劳动，不得安排其延长工作时间和夜班劳动。

第六十四条规定，不得安排未成年工从事矿山井下、有毒有害、国家规定的第四级体力劳动强度的劳动和其他禁忌从事的劳动。

9. BD 【解析】第五十九条规定，禁止安排女职工从事矿山井下、国家规定的第四级体力劳动强度的劳动和其他禁忌从事的劳动。

10. CE 【解析】第六十条规定，不得安排女职工在经期从事高处、低温、冷水作业和国家规定的第三级体力劳动强度的劳动。

【能力提升训练】

1. C 【解析】《劳动法》关于女职工保护的规定有：①禁止安排女职工从事矿山井下、国家规定的第四级体力劳动强度的劳动和其他禁忌从事的劳动；②不得安排女职工在经期从事高处、低温、冷水作业和国家规定的第三级体力劳动强度的劳动；③不得安排女职工在怀孕期间从事国家规定的第三级体力劳动强度的劳动和孕期禁忌从事的活动。对怀孕 7 个月以上的女职工，不得安排其延长工作时间和夜班劳动；④不得安排女职工在哺乳未满 1 周岁的婴儿期间从事国家规定的第三级体力劳动强度的劳动和哺乳期禁忌从事的其他劳动，不得安排其延长工作时间和夜班劳动。

2. C 【解析】《劳动法》明确规定，不得安排女职工在经期从事高处、低温、冷水作业和国家规定的第三级体力劳动强度的劳动。

3. B 【解析】A 选项错误。未成年工是指 16~18 周岁的劳动者。禁止安排未成年工从事矿山井下、有毒有害、第四级体力劳动和其他禁忌的劳动。因此 B 选项正确。C 选项，产假不得少于 90 天；D 选项，怀孕 7 个月以上的不得延长其工作时间和夜班劳动。

4. ACE 【解析】B 选项错误。禁止用人单位招用未满 16 周岁的未成年人。

D 选项错误，不得安排女职工在经期从事高处、低温、冷水作业和国家规定的第三级体力劳动强度的劳动。

5. AD 【解析】第六十三条规定，不得安排女职工在哺乳未满 1 周岁的婴儿期间从事国家规定的第三级体力劳动强度的劳动和哺乳期禁忌从事的其他劳动，不得安排其延长工作时间和夜班劳动。

【历年真题实战】

1. A 【解析】A 选项正确，D 选项错误。《劳动法》第六十四条规定，不得安排未成年工从事矿山井下、有毒有害、国家规定的第四级体力劳动强度的劳动和其他禁忌从事的劳动。

B、C 选项错误。第六十一条规定，不得安排女职工在怀孕期间从事国家规定的第三级体力劳动强度的劳动和孕期禁忌从事的劳动。对怀孕七个月以上的女职工，不得安排其延长工作时间和夜班劳动。

2. C 【解析】A 选项错误。《劳动法》第五十八条规定，未成年工是指年满 16 周岁未满 18 周岁的劳动者。第六十四条规定，不得安排未成年工从事矿山井下、有毒有害、国家规定的第四级体力劳动强度的劳动和其他禁忌从事的劳动。

B 选项错误。第五十九条规定，禁止安排女职工从事矿山井下、国家规定的第四级体力劳动强度的劳动和其他禁忌从事的劳动。

C 选项正确。第六十条规定，不得安排女职工在经期从事高处、低温、冷水作业和国家规定的第三级体力劳动强度的劳动。第六十一条规定，不得安排女职工在怀孕期间从事国家规定的第三级体力劳动强度的劳动和孕期禁忌从事的劳动。对怀孕 7 个月以上的女职工，不得安排其延长工作时间和夜班劳动。

D 选项错误。第六十三条规定，不得安排女职工在哺乳未满 1 周岁的婴儿期间从事国家规定的第三级体力劳动强度的劳动和哺乳期禁忌从事的其他劳动，不得安排其延长工作时间和夜班劳动。

3. B 【解析】根据《劳动法》第六十四条、第六十五条及相关，不得安排未成年工从事矿山井下、有毒有害、国家规定的第四级体力劳动强度的劳动和其他禁忌从事的劳动。用人单位应当对未成年工定期进行健康检查。

4. C 【解析】《劳动法》第六十一条规定，不得安排女职工在怀孕期间从事国家规定的第三级体力劳动强度的劳动和孕期禁忌从事的劳动。对怀孕 7 个月以上的女职工，不得安排其延长工作时间和夜班劳动。第六十三条规定，不得安排女职工在哺乳未满 1 周岁的婴儿期间从事国家规定的第三级体力劳动强度的劳动和哺乳期禁忌从事的其他劳动，不得安排其延长工作时间和夜班劳动。从以上规定可以判断，C 选项正确。

第六节 劳动合同法

【基础知识训练】

1. A 【解析】《劳动合同法》规定，建立劳动关系，应当订立书面劳动合同。已建立劳动关系，未同时订立书面劳动合同的，应当自用工之日起 1 个月内订立书面劳动合同。

2. D 【解析】劳动者不能胜任工作，经过培训或者调整工作岗位，仍不能胜任工作的，用人单位提前 30 日以书面形式通知劳动者本人或者额外支付劳动者 1 个月工资后，可以解除劳动合同。

3. D 【解析】劳动者在试用期内被证明不能胜任工作，用人单位可以立即解除劳动合同。

4. B 【解析】用人单位自用工之日起超过 1 个月不满 1 年未与劳动者订立书面劳动合同的，应当向劳动者每月支付 2 倍的工资。

5. B 【解析】第四十条规定，有下列情形之一的，用人单位提前 30 日以书面形式通知劳动者本人或者额外支付劳动者 1 个月工资后，可以解除劳动合同：①劳动者患病或者非因工负伤，在规定的医疗期满后不能从事原工作，也不能从事由用人单位另行安排的工作的；②劳动者不能胜任工作，经过培训或者调整工作岗位，仍不能胜任工作的；③劳动合同订立时所依据的客观情况发生重大变化，致使劳动合同无法履行，经用人单位与劳动者协商，未能就变更劳动合同内容达成协议的。

6. B 【解析】A 选项错误。第七条规定，用人单位自用工之日起即与劳动者建立劳动关系。用人单位应当建立职工名册备查。

B 选项正确。《劳动合同法》第十九条规定，劳动合同期限 3 个月以上不满 1 年的，试用期不得超过 1 个月；劳动合同期限 1 年以上不满 3 年的，试用期不得超过 2 个月。

C 选项错误。第二十条规定，劳动者在试用期的工资不得低于本单位相同岗位最低档工资或者劳动合同约定工资的百分之八十，并不得低于用人单位所在地的最低工资标准。

D 选项错误。第二十二条规定，劳动者违反服务期约定的，应当按照约定向用人单位支付违约金。违约金的数额不得超过用人单位提供的培训费用。用人单位要求劳动者支付的违约金不得超过服务期尚未履行部分所应分摊的培训费用。

7. DE 【解析】用人单位以暴力、威胁或者非法限制人身自由的手段强迫劳动者劳动的，或者用人单位违章指挥、强令冒险作业威胁劳动者人身安全的，劳动者可以立即解除合同，不需事先告知用人单位。

8. AE 【解析】《劳动合同法》第四十六条规定，有下列情形之一的，用人单位应当向劳动者支付经济补偿：①劳动者依照本法第三十八条规定解除劳动合同的；②用人单位依照本法第三十六条规定向劳动者提出解除劳动合同并与劳动者协商一致解除劳动合同的；③用人单位依照本法第四十条规定解除劳动合同的；④用人单位依照本法第四十一条第一款规定解除劳动合同的；⑤除用人单位维持或者提高劳动合同约定条件续订劳动合同，劳动者不同意续订的情形外，依照本法第四十四条第一项规定终止固定期限劳动合同的；⑥依照本法第四十四条第四项、第五项规定终止劳动合同的；⑦法律、行政法规规定的其他情形。

9. ABE 【解析】劳动者有下列情形之一的，用人单位可以解除劳动合同：①在试用期间被证明不符合录用条件的；②严重违反用人单位的规章制度的；③严重失职，营私舞弊，给用人单位造成重大损害的；④劳动者同时与其他用人单位建立劳动关系，对完成本单位的工作任务造成严重影响，或者经用人单位提出，拒不改正的；⑤被依法追究刑事责任的。

10. BDE 【解析】第四十二条规定，劳动者有下列情形之一的，用人单位不得解除劳动合同：①从事接触职业病危害作业的劳动者未进行离岗前职业健康检查，或者疑似职业病病人在诊断或者医学观察期间的；②在本单位患职业病或者因工负伤并被确认丧失或者部分丧失劳动能力的；③患病或者非因工负伤，在规定的医疗期内的；④女职工在孕期、产期、哺乳期的；⑤在本单位连续工作满 15 年，且距法定退休年龄不足 5 年的；⑥法律、行政法规规定的其他情形。

【能力提升训练】

1. B 【解析】劳动合同期限 1 年以上不满 3 年的，试用期不得超过 2 个月。

2. C 【解析】劳动者提前 30 日以书面形式通知用人单位，可以解除劳动合同。劳动者在试用期内提前 3 日通知用人单位，可以解除劳动合同。

3. C 【解析】A 选项甲可以立即解除劳动合同；B 选项非因工负伤，在规定的医疗期内不能解除合同；D 选项应该提前 30 日通知。

4. B 【解析】经济性仍然属于用人单位与劳动者单方解除的情形，需要用人单位提前三十日向工会或者全体职工说明情况，听取工会或者职工的意见后才能裁员；因此 D 选项错误。A 选项不需要还为其支付的专业技术培训费；B 选项正确，电焊工特种作业容易患职业病电光性眼炎，所以应组织对赵某进行离岗前职业健康检查；C 选项错误，竞业限制的人员限于用人单位的高级管理人员、高级技术人员和其他负有保密义务的人员。竞业限制的限制期限，不得超过两年。

5. C 【解析】经济补偿按劳动者在本单位工作的年限，每满 1 年支付 1 个月工资的标准向劳动者支付。6 个月以上不满 1 年的，按 1 年计算；不满 6 个月的，向劳动者支付半个月工资的经济补偿。劳动者月工资高于用人单位所在直辖市、设区的市级人民政府公布的本地区上年度职工月平均工资 3 倍的，向其支付经济补偿的标准按职工月平均工资 3 倍的数额支付，向其支付经济补偿的年限最高不超过 12 年。本题劳动者的工资高于当地的市级人民政府公布的本地区上年度职工月平均工资的 3 倍，所以按照 2500 的 3 倍计算。

6. D 【解析】李某在该企业工作了 2 年零 3 个月，应该向其支付 2 个半月工资的经济补偿。

【历年真题实战】

1. C 【解析】《劳动合同法》第三十八条规定，用人单位有下列情形之一的，劳动者可以解除劳动合同：①未按照劳动合同约定提供劳动保护或者劳动条件的；②未及时足额支付劳动报酬的；③未依法为劳动者缴纳社会保险费的；④用人单位的规章制度违反法律、法规的规定，损害劳动者权益的；⑤因本法第二十六条第一款规定的情形致使劳动合同无效的；⑥法律、行政法规规定劳动者可以解除劳动合同的其他情形。

用人单位以暴力、威胁或者非法限制人身自由的手段强迫劳动者劳动的，或者用人单位违章指挥、强令冒险作业危及劳动者人身安全的，劳动者可以立即解除劳动合同，不需事先告知用人单位。因此 C 选项正确。

2. C 【解析】A、D 选项错误。《劳动合同法》第七条规定，用人单位自用工之日起即与劳动者建立劳动关系。用人单位应当建立职工名册备查。

B 选项错误，C 选项正确。第十六条规定，劳动合同由用人单位与劳动者协商一致，并经用人单位与劳动者在劳动合同文本上签字或者盖章生效。

第十九条规定，试用期包含在劳动合同期限内。劳动合同仅约定试用期的，试用期不成立，该期限为劳动合同期限。

3. C 【解析】C 选项正确。A、B 选项错误。李某有权不服从王某安排，可以立即解除劳动合同，可以获得经济补偿。《劳动合同法》第三十八条规定，用人单位以暴力、威胁或者非法限制人身自由的手段强迫劳动者劳动的，或者用人单位违章指挥、强令冒险作业危及劳动者人身安全的，劳动者可以立即解除劳动合同，不需事先告知用人单位。

D 选项错误。《劳动合同法》第四十六条规定，劳动者依照本法第三十八条规定解除劳动合同的，用人单位应当向劳动者支付经济补偿。

4. B 【解析】A 选项错误。第八十四条规定，用人单位违反本法规定，扣押劳动者居民身份证等证件的，由劳动行政部门责令限期退还劳动者本人，并依照有关法律规定给予处罚。

B 选项正确。第八十二条规定，用人单位自用工之日起超过 1 个月不满 1 年未与劳动者订立书面劳动合同的，应当向劳动者每月支付 2 倍的工资。

C 选项错误。第十九条规定，劳动合同期限 3 个月以上不满 1 年的，试用期不得超过 1 个月；劳动合同期限 1 年以上不满 3 年的，试用期不得超过 2 个月；3 年以上固定期限和无固定期限的劳动合同，试用期不得超过 6 个月。

D 选项错误。第二十四条规定，竞业限制的人员限于用人单位的高级管理人员、高级技术人员和其他负有保密义务的人员。竞业限制的范围、地域、期限由用人单位与劳动者约定，竞业限制的约定不得违反法律、法规的规定。在解除或者终止劳动合同后，前款规定的人员到与本单位生产或者经营同类产品、从事同类业务的有竞争关系的其他用人单位，或者自己开业生产或者经营同类产品、从事同类业务的竞业限制期限，不得超过 2 年。

5. D 【解析】D 选项正确。根据《劳动合同法》第三十二条，【劳动者拒绝违章指挥、强令冒险作业】劳动者拒绝用人单位管理人员违章指挥、强令冒险作业的，不视为违反劳动合同。

6. CE 【解析】A选项错误。根据《劳动合同法》第七条,用人单位自用工之日起即与劳动者建立劳动关系。用人单位应当建立职工名册备查。

B选项错误。E选项正确。根据第八条,用人单位招用劳动者时,应当如实告知劳动者工作内容、工作条件、工作地点、职业危害、安全生产状况、劳动报酬,以及劳动者要求了解的其他情况;用人单位有权了解劳动者与劳动合同直接相关的基本情况,劳动者应当如实说明。

C选项正确。根据第十九条,同一用人单位与同一劳动者只能约定1次试用期。

D选项错误。根据第九条,用人单位招用劳动者,不得扣押劳动者的居民身份证和其他证件,不得要求劳动者提供担保或者以其他名义向劳动者收取财物。

7. C 【解析】《劳动合同法》第三十二条规定,劳动者拒绝用人单位管理人员违章指挥、强令冒险作业的,不视为违反劳动合同。劳动者对危害生命安全和身体健康的劳动条件,有权对用人单位提出批评、检举和控告。第三十八条规定,用人单位以暴力、威胁或者非法限制人身自由的手段强迫劳动者劳动的,或者用人单位违章指挥、强令冒险作业危及劳动者人身安全的,劳动者可以立即解除劳动合同,不需事先告知用人单位。

8. D 【解析】《劳动合同法》第四十二条规定,劳动者有下列情形之一的,用人单位不得依照本法第四十条、第四十一条的规定解除劳动合同:①从事接触职业病危害作业的劳动者未进行离岗前职业健康检查,或者疑似职业病病人在诊断或者医学观察期间的;②在本单位患职业病或者因工负伤并被确认丧失或者部分丧失劳动能力的;③患病或者非因工负伤,在规定的医疗期内的;④女职工在孕期、产期、哺乳期的;⑤在本单位连续工作满15年,且距法定退休年龄不足5年的;⑥法律、行政法规规定的其他情形。由此判断,D选项正确。

第七节　突发事件应对法

【基础知识训练】

1. D 【解析】《突发事件应对法》规定,国家建立健全突发事件应急预案体系。应急预案的制定、修订程序由国务院规定。应急预案制定单位应当根据实际情况和形势的变化,适时修订应急预案。

2. B 【解析】《突发事件应对法》第五十条规定,社会安全事件发生后,组织处置工作的人民政府应当立即组织有关部门并由公安机关针对事件的性质和特点,依照有关法律、行政法规和国家其他有关规定,采取应急处理措施。

3. C 【解析】一般突发事件,由发生地县级人民政府统一领导和协调应急处置工作;较大突发事件,由发生地设区的市级人民政府统一领导和协调应急处置工作;重大和特别重大自然灾害、公共卫生事件、事故灾难的应急处置工作由发生地省级人民政府统一领导和协调,其中影响全国或者跨省级行政区域的特别重大事件由国务院统一领导和协调。

4. ABCE 【解析】《突发事件应对法》所指的突发事件,是指突然发生,造成或者可能造成严重社会危害,需要采取应急处置措施予以应对的自然灾害、事故灾难、公共卫生事件和社会安全事件。其具有以下特征：①具有明显的公共性或者社会性；②突发性和紧迫性；③危害性和破坏性；④需要公权介入和社会力量。

5. BCD 【解析】《突发事件应对法》按照事件的性质、过程和机理的不同，将突发事件分为四类，即自然灾害、事故灾难、公共卫生事件和社会安全事件。其中事故灾难主要包括工矿商贸等企业的各类安全事故、交通运输事故、公共设施和设备事故、环境污染生态破坏事件等。

6. BCE 【解析】《突发事件应对法》规定的应急管理机制，着重强调了属地为主原则下的县级人民政府的责任，以及分级负责原则下各级人民政府的责任，还强调了分类管理原则下国务院有关部门对特定突发事件应对工作的责任，同时按照条块结合的原则对地方人民政府的协助义务提出了要求。

7. ABDE 【解析】《突发事件应对法》全面规定了突发事件预防与应急准备的基础性工作，主要包括制定应急预案、开展应急培训、宣传及应急演练，各类救援队伍组建、物资储备、经费保障、通信保障，建设应急避难场所、建立健全监测预警制度，开展危险源调查、登记、风险评估，调处和化解易引发突发事件的基层矛盾纠纷等。C选项属于应急处置和救援的内容。

8. ABCE 【解析】应急保障措施内容比较多，包括：①人力资源保障；②财力保障；③物资保障；④基本生活保障；⑤医疗卫生保障；⑥交通运输保障；⑦治安维护；⑧人员防护；⑨通信保障；⑩公共设施和科技支撑等。

9. ABCD 【解析】《突发事件应对法》规定县级以上人民政府应当整合应急资源，建立综合性或者专业性的应急救援队伍，对有关部门负责处置突发事件职责的工作人员定期培训，为专业应急救援人员购买人身意外伤害保险，配备必要的防护装备与器材，组织开展应急宣传普及和必要的演练，开展学校应急教育，为保障突发事件应对提供经费，建立应急通信保障，完善公用通信网，鼓励并发展保险事业，鼓励并扶持应急教学科研等内容。

10. ABDE 【解析】《突发事件应对法》第二十三条规定，矿山、建筑施工单位和易燃易爆物品、危险化学品、放射性物品等危险物品的生产、经营、储运、使用单位，应当制定具体应急预案，并对生产经营场所、有危险物品的建筑物、构筑物及周边环境开展隐患排查，及时采取措施消除隐患，防止发生突发事件。第二十四条规定，公共交通工具、公共场所和其他人员密集场所的经营单位或者管理单位应当制定具体应急预案。

11. ACD 【解析】《突发事件应对法》第三十条规定，各级各类学校应当把应急知识教育纳入教学内容，对学生进行应急知识教育，培养学生的安全意识和自救与互救能力。

12. ACE 【解析】《突发事件应对法》第三条规定，按照社会危害程度、影响范围等因素，自然灾害、事故灾难、公共卫生事件分为特别重大、重大、较大和一般四级。

【能力提升训练】

1. B 【解析】A选项，《突发事件应对法》第三十二条第二款规定，设区的市级以上人民政府和突发事件易发、多发地区的县级人民政府应当建立应急救援物资、生活必需品和应急处置装备的储备制度。B选项，第三十条规定，各级各类学校应当把应急知识教育纳入教学内容，对学生进行应急知识教育，培养学生的安全意识和自救与互救能力。C选项，第十七条第二款规定，国务院制定国家突发事件总体应急预案，组织制定国家突发事件专项应急预案，国务院有关部门根据各自的职责和国务院相关应急预案，制定国家突发事件部门应急预案。D选项，第二十九条第三款规定，新闻媒体应当无偿开展突发事件预防与应急、自救与互救知识的公益宣传。

2. C 【解析】可以预警的自然灾害、事故灾难和公共卫生事件的预警级别，按照突发事件发生的紧急程度、发展势态和可能造成的危害程度分为一级、二级、三级和四级，分别用红色、橙色、黄色和蓝色标示，一级为最高级别。

3. B 【解析】《突发事件应对法》第三十八条规定，县级以上人民政府及其有关部门、专业机构应当通过多种途径收集突发事件信息。县级人民政府应当在居民委员会、村民委员会和有关单位建立专职或者兼职信息报告员制度。C选项，第七条规定，突发事件发生之后，发生地县级人民政府应当立即采取措施控制事态发展，组织开展应急救援处置工作，并立即向上一级人民政府报告，必要时可以越级上报。D选项，第四十二条规定，国家建立健全突发事件预警制度。预警级别的划分标准由国务院或者国务院确定的部门制定。

4. A 【解析】三级、四级警报，县级以上地方各级人民政府应当采取五种措施：①启动应急预案；②责令有关部门、专业机构、监测网点和负有特定职责的人员收集、报告有关信息，向社会公布反映突发事件信息的渠道，加强监测、预报和预警；③组织对突发事件信息进行分析评估，预测事件的可能性与影响范围和强度，以及可能发生的突发事件的级别；④向社会公布预测的信息和分析评价的结果，并对信息的报道进行管理；⑤及时发布警告、宣传减灾常识和公布咨询电话。

B选项、C选项、D选项是一、二级预警应采取的应急措施。

5. D 【解析】A选项，应急预案制定机关应当"根据实际需要和情势变化"，适时修订应急预案。应急预案的制定、修订程序由国务院规定。

6. A 【解析】《突发事件应对法》第三十八条规定，获悉突发事件信息的公民、法人或者其他组织，应当立即向所在地人民政府、有关主管部门或者指定的专业机构报告。

7. D 【解析】A选项错误。《突发事件应对法》第五十八条规定，突发事件的威胁和危害得到控制或者消除后，履行统一领导职责或者组织处置突发事件的人民政府应当停止执行依照本法规定采取的应急处置措施。

B选项错误。第六十一条规定，受突发事件影响地区的人民政府应当根据本地区遭受损失的情况，制定救助、补偿、抚慰、抚恤、安置等善后工作计划并组织实施，妥善解决因处置突发事件引发的矛盾和纠纷。

C选项错误。第五十九条规定，制定恢复重建计划，并向上一级人民政府报告。

D选项正确。第六十二条规定，履行统一领导职责的人民政府应当及时查明突发事件的发生经过和原因，总结突发事件应急处置工作的经验教训，制定改进措施，并向上一级人民政府提出报告。

8. D 【解析】《突发事件应对法》第二十九条规定，新闻媒体应当无偿开展突发事件预防与应急、自救与互救知识的公益宣传。第三十七条规定，国务院建立全国统一的突发事件信息系统。第三十八条规定，县级人民政府应当在居民委员会、村民委员会和有关单位建立专职或者兼职信息报告员制度。

9. A **【解析】**《突发事件应对法》第十七条规定，国家建立健全突发事件应急预案体系。国务院制定国家突发事件总体应急预案，组织制定国家突发事件专项应急预案；国务院有关部门根据各自的职责和国务院相关应急预案，制定国家突发事件部门应急预案。

10. D **【解析】**《突发事件应对法》第二十条规定，县级人民政府应当对本行政区域内容易引发自然灾害、事故灾难和公共卫生事件的危险源、危险区域进行调查、登记、风险评估，定期进行检查、监控，并责令有关单位采取安全防范措施。

省级和设区的市级人民政府应当对本行政区域内容易引发特别重大、重大突发事件的危险源、危险区域进行调查、登记、风险评估，组织进行检查、监控，并责令有关单位采取安全防范措施。

11. C **【解析】**《突发事件应对法》第二十一条规定，县级人民政府及其有关部门、乡级人民政府、街道办事处、居民委员会、村民委员会应当及时调解处理可能引发社会安全事件的矛盾纠纷。第二十六条规定，县级以上人民政府应当整合应急资源，建立或者确定综合性应急救援队伍。人民政府有关部门可以根据实际需要设立专业应急救援队伍。县级以上人民政府及其有关部门可以建立由成年志愿者组成的应急救援队伍。单位应当建立由本单位职工组成的专职或者兼职应急救援队伍。

第二十九条规定，新闻媒体应当无偿开展突发事件预防与应急、自救与互救知识的公益宣传。

12. C **【解析】**《突发事件应对法》第四十三条规定，可以预警的自然灾害、事故灾难或者公共卫生事件即将发生或者发生的可能性增大时，县级以上地方各级人民政府应当根据有关法律、行政法规和国务院规定的权限和程序，发布相应级别的警报，决定并宣布有关地区进入预警期，同时向上一级人民政府报告，必要时可以越级上报，并向当地驻军和可能受到危害的毗邻或者相关地区的人民政府通报。

13. ABCE **【解析】**《突发事件应对法》第二十二条规定，所有单位应当建立健全安全管理制度，定期检查本单位各项安全防范措施的落实情况，及时消除事故隐患；掌握并及时处理本单位存在的可能引发社会安全事件的问题，防止矛盾激化和事态扩大；对本单位可能发生的突发事件和采取安全防范措施的情况，应当按照规定及时向所在地人民政府或者人民政府有关部门报告。

14. ABCD **【解析】**《突发事件应对法》第五十六条规定，受到自然灾害危害或者发生事故灾难、公共卫生事件的单位，应当立即组织本单位应急救援队伍和工作人员营救受害人员，疏散、撤离、安置受到威胁的人员，控制危险源，标明危险区域，封锁危险场所，并采取其他防止危害扩大的必要措施，同时向所在地县级人民政府报告。

【历年真题实战】

1. D **【解析】**《突发事件应对法》第四十二条规定，国家建立健全突发事件预警制度。可以预警的自然灾害、事故灾难和公共卫生事件的预警级别，按照突发事件发生的紧急程度、发展势态和可能造成的危害程度分为一级、二级、三级和四级，分别用红色、橙色、黄色和蓝色标示，一级为最高级别。

2. C 【解析】A选项错误，C选项正确。《突发事件应对法》第五十八条规定，突发事件的威胁和危害得到控制或者消除后，履行统一领导职责或者组织处置突发事件的人民政府应当停止执行依照本法规定采取的应急处置措施，同时采取或者继续实施必要措施，防止发生自然灾害、事故灾难、公共卫生事件的次生、衍生事件或者重新引发社会安全事件。

B选项错误。第五十九条规定，突发事件应急处置工作结束后，履行统一领导职责的人民政府应当立即组织对突发事件造成的损失进行评估，组织受影响地区尽快恢复生产、生活、工作和社会秩序，制定恢复重建计划，并向上一级人民政府报告。

D选项错误。第六十二条规定，履行统一领导职责的人民政府应当及时查明突发事件的发生经过和原因，总结突发事件应急处置工作的经验教训，制定改进措施，并向上一级人民政府提出报告。

3. ACE 【解析】A选项正确。《突发事件应对法》第五十五条规定，突发事件发生地的居民委员会、村民委员会和其他组织应当按照当地人民政府的决定、命令，进行宣传动员，组织群众开展自救和互救，协助维护社会秩序。

B、D选项错误，E选项正确。第五十六条规定，受到自然灾害危害或者发生事故灾难、公共卫生事件的单位，应当立即组织本单位应急救援队伍和工作人员营救受害人员，疏散、撤离、安置受到威胁的人员，控制危险源，标明危险区域，封锁危险场所，并采取其他防止危害扩大的必要措施，同时向所在地县级人民政府报告；对因本单位的问题引发的或者主体是本单位人员的社会安全事件，有关单位应当按照规定上报情况，并迅速派出负责人赶赴现场开展劝解、疏导工作。

突发事件发生地的其他单位应当服从人民政府发布的决定、命令，配合人民政府采取的应急处置措施，做好本单位的应急救援工作，并积极组织人员参加所在地的应急救援和处置工作。

C选项正确。第五十七条规定，突发事件发生地的公民应当服从人民政府、居民委员会、村民委员会或者所属单位的指挥和安排，配合人民政府采取的应急处置措施，积极参加应急救援工作，协助维护社会秩序。

4. B 【解析】A选项错误。《突发事件应对法》第三十七条规定，县级以上地方各级人民政府应当建立或者确定本地区统一的突发事件信息系统。

B选项正确。第三十八条规定，县级以上人民政府及其有关部门、专业机构应当通过多种途径收集突发事件信息。

C选项错误。第三十八条规定，县级人民政府应当在居民委员会、村民委员会和有关单位建立专职或者兼职信息报告员制度。

D选项错误。第四十条规定，县级以上地方各级人民政府应当及时汇总分析突发事件隐患和预警信息。

5. BCE 【解析】A选项错误。第四十九条规定，自然灾害、事故灾难或者公共卫生事件发生后，履行统一领导职责的人民政府可以采取下列一项或者多项应急处置措施：组织营救和救治受害人员，疏散、撤离并妥善安置受到威胁的人员以及采取其他救助措施。

B选项正确。第四十九条规定，迅速控制危险源，标明危险区域，封锁危险场所，划定警戒区，实行交通管制以及其他控制措施。

C选项正确。启用本级人民政府设置的财政预备费和储备的应急救援物资，必要时调用其他急需物资、设备、设施、工具。

D选项错误。《突发事件应对法》第十二条规定，有关人民政府及其部门为应对突发事件，可以征用单位和个人的财产。被征用的财产在使用完毕或者突发事件应急处置工作结束后，应当及时返还。财产被征用或者征用后毁损、灭失的，应当给予补偿。

E选项正确。依法从严惩处囤积居奇、哄抬物价、制假售假等扰乱市场秩序的行为，稳定市场价格，维护市场秩序。

6. D 【解析】根据《突发事件应对法》第五十三条，履行统一领导职责或者组织处置突发事件的人民政府，应当按照有关规定统一、准确、及时发布有关突发事件事态发展和应急处置工作的信息。

7. C 【解析】《突发事件应对法》第四十五条的规定，发布一级、二级警报，宣布进入预警期后，县级以上地方各级人民政府除采取本法第四十四条规定的措施外，还应当针对即将发生的突发事件的特点和可能造成的危害，采取下列一项或者多项措施：①责令应急救援队伍、负有特定职责的人员进入待命状态，并动员后备人员做好参加应急救援和处置工作的准备；②调集应急救援所需物资、设备、工具，准备应急设施和避难场所，并确保其处于良好状态、随时可以投入正常使用；③加强对重点单位、重要部位和重要基础设施的安全保卫，维护社会治安秩序；④采取必要措施，确保交通、通信、供水、排水、供电、供气、供热等公共设施的安全和正常运行；⑤及时向社会发布有关采取特定措施避免或者减轻危害的建议、劝告；⑥转移、疏散或者撤离易受突发事件危害的人员并予以妥善安置，转移重要财产；⑦关闭或者限制使用易受突发事件危害的场所，控制或者限制容易导致危害扩大的公共场所的活动；⑧法律、法规、规章规定的其他必要的防范性、保护性措施。由此判断，题干符合措施"（一）"，因此C选项正确。

8. B 【解析】A选项错误。依据《突发事件应对法》第三十二条规定，国家建立健全应急物资储备保障制度，完善重要应急物资的监管、生产、储备、调拨和紧急配送体系。

设区的市级以上人民政府和突发事件易发、多发地区的县级人民政府应当建立应急救援物资、生活必需品和应急处置装备的储备制度。

县级以上地方各级人民政府应当根据本地区的实际情况，与有关企业签订协议，保障应急救援物资、生活必需品和应急处置装备的生产、供给。

B选项正确。各级各类学校应当把应急知识教育纳入教学内容，对学生进行应急知识教育，培养学生的安全意识和自救与互救能力。教育主管部门应当对学校开展应急知识教育进行指导和监督。

C选项错误。应急预案制定机关应当根据实际需要和情势变化，适时修订应急预案。应急预案的制定、修订程序由国务院规定。

D选项错误。本法所称突发事件，是指突然发生，造成或者可能造成严重社会危害，需要采取应急处置措施予以应对的自然灾害、事故灾难、公共卫生事件和社会安全事件。

按照社会危害程度、影响范围等因素，自然灾害、事故灾难、公共卫生事件分为特别重大、重大、较大和一般四级。法律、行政法规或者国务院另有规定的，从其规定。

9. D 【解析】《突发事件应对法》第四十九条规定，自然灾害、事故灾难或者公共卫生事件发生后，履行统一领导职责的人民政府可以采取下列一项或者多项应急处置措施：①组织营救和救治受害人员，疏散、撤离并妥善安置受到威胁的人员以及采取其他救助措施；②迅速控制危险源，标明危险区域，封锁危险场所，划定警戒区，实行交通管制以及其他控制措施；③立即抢修被损坏的交通、通信、供水、排水、供电、供气、供热等公共设施，向受到危害的人员提供避难场所和生活必需品，实施医疗救护和卫生防疫以及其他保障措施；④禁止或者限制使用有关设备、设施，关闭或者限制使用有关场所，中止人员密集的活动或者可能导致危害扩大的生产经营活动以及采取其他保护措施；⑤启用本级人民政府设置的财政预备费和储备的应急救援物资，必要时调用其他急需物资、设备、设施、工具；⑥组织公民参加应急救援和处置工作，要求具有特定专长的人员提供服务；⑦保障食品、饮用水、燃料等基本生活必需品的供应；⑧依法从严惩处囤积居奇、哄抬物价、制假售假等扰乱市场秩序的行为，稳定市场价格，维护市场秩序；⑨依法从严惩处哄抢财物、干扰破坏应急处置工作等扰乱社会秩序的行为，维护社会治安；⑩采取防止发生次生、衍生事件的必要措施。

10. A 【解析】《突发事件应对法》第五十九条规定，突发事件应急处置工作结束后，履行统一领导职责的人民政府应当立即组织对突发事件造成的损失进行评估，组织受影响地区尽快恢复生产、生活、工作和社会秩序，制定恢复重建计划，并向上一级人民政府报告。由此判断，A 选项正确。

11. AD 【解析】A 选项，对易受突发事件危害的人员转移、疏散或者撤离，并予以妥善安置；D 选项，关闭或者限制使用易受突发事件危害的场所，控制或者限制容易导致危害扩大的公共场所的活动。

第八节 职业病防治法

【基础知识训练】

1. B 【解析】《职业病防治法》第三十七条第一款规定，发生或者可能发生急性职业病危害事故时，用人单位应当立即采取应急救援和控制措施，并及时报告所在地卫生行政部门和有关部门。卫生行政部门接到报告后，应当及时会同有关部门组织调查处理；必要时，可以采取临时控制措施。

2. A 【解析】《职业病防治法》第四十三条规定，职业病诊断应当由取得《医疗机构执业许可证》的医疗卫生机构承担。

3. D 【解析】《职业病防治法》第十六条第二款规定，用人单位工作场所存在职业病目录所列职业病的危害因素的，应当及时、如实向所在地卫生行政部门申报危害项目，接受监督。

4. D 【解析】《职业病防治法》第十七条规定，职业病危害预评价报告应当对建设项目可能产生的职业病危害因素及其对工作场所和劳动者健康的影响作出评价，确定危害类别和职业病防护措施。

5. C 【解析】《职业病防治法》第十八条规定，建设项目在竣工验收前，建设单位应当进行职业病危害控制效果评价。

6. D 【解析】《职业病防治法》第二十六条规定，职业病危害因素检测、评价由依法设立的取得国务院卫生行政部门或者设区的市级以上地方人民政府卫生行政部门按照职责分工给予资质认可的职业卫生技术服务机构进行。

7. C 【解析】《职业病防治法》第二十九条规定，国内首次使用或者首次进口与职业病危害有关的化学材料，使用单位或者进口单位按照国家规定经国务院有关部门批准后，应当向国务院卫生行政部门报送该化学材料的毒性鉴定以及经有关部门登记注册或者批准进口的文件等资料。

8. B 【解析】《职业病防治法》第五十九条规定，劳动者被诊断患有职业病，但用人单位没有依法参加工伤保险的，其医疗和生活保障由该用人单位承担。

9. D 【解析】《职业病防治法》第五十六条规定，用人单位应当保障职业病病人依法享受国家规定的职业病待遇。用人单位应当按照国家有关规定，安排职业病病人进行治疗、康复和定期检查。用人单位对不适宜继续从事原工作的职业病病人，应当调离岗位，并妥善安置。用人单位对从事接触职业病危害的作业的劳动者，应当给予适当岗位津贴。

10. A 【解析】《职业病防治法》第二十五条规定，对可能发生急性职业损伤的有毒、有害工作场所，用人单位应当设置报警装置，配置现场急救用品、冲洗设备、应急撤离通道和必要的泄险区。

11. ABDE 【解析】《职业病防治法》第十五条规定，产生职业病危害的用人单位的设立除应当符合法律、行政法规规定的设立条件外，其工作场所还应当符合的职业卫生要求：①职业病危害因素的强度或者浓度符合国家职业卫生标准；②有与职业病危害防护相适应的设施；③生产布局合理，符合有害与无害作业分开的原则；④有配套的更衣间、洗浴间、孕妇休息间等卫生设施；⑤设备、工具、用具等设施符合保护劳动者生理、心理健康的要求；⑥法律、行政法规和国务院卫生行政部门关于保护劳动者健康的其他要求。

12. CDE 【解析】用人单位在职业病管理方面应当履行的义务包括：①职业危害公告和警示；②劳动合同的职业病危害内容，用人单位与劳动者订立劳动合同时，应当将工作过程中可能产生的职业病危害及后果，职业病防护措施和待遇等如实告诉劳动者；③发生或者可能发生急性职业病危害事故时，用人单位应当立即采取应急救援和控制措施；④职业病危害因素的监测、检测、评价及治理；⑤职业卫生培训；⑥职业健康检查；⑦建立职业健康监护档案；⑧对未成年工和女职工劳动保护；⑨职业病防治费用的承担。A选项属于医疗卫生机构的职责；B选项属于职业病的前期预防。

13. ABDE 【解析】《职业病防治法》第二十四条规定，产生职业病危害的用人单位，应当在醒目位置设置公告栏，公布有关职业病防治的规章制度，操作规程，职业病危害事故应急救援措施和工作场所职业病危害因素检测结果。对产生严重职业病危害的作业岗位，应当在其醒目位置，设置警示标识和中文警示说明。警示说明应当载明产生职业病危害的种类、后果、预防以及应急救治措施等内容。

14. ABCE 【解析】《职业病防治法》第二十九条规定，向用人单位提供可能产生职业病危害的化学品、放射性同位素和含有放射性物质的材料的，应当提供中文说明书。说明书应当载明产品特性、主要成分、存在的有害因素、可能产生的危害后果、安全使用注意事项、职业病防护以及应急救治措施等内容。产品包装应当有醒目的警示标识和中文警示说明。

15. ABDE 【解析】《职业病防治法》第三十六条规定，用人单位应当为劳动者建立职业健康监护档案，并按照规定的期限妥善保存。职业健康监护档案应当包括劳动者的职业史、职业病危害接触史、职业健康检查结果和职业病诊疗等有关个人健康资料。劳动者离开用人单位时，有权索取本人职业健康监护档案复印件，用人单位应当如实、无偿提供，并在所提供的复印件上签章。

16. AD 【解析】《职业病防治法》第六十条规定，职业病病人变动工作单位，其依法享有的待遇不变。用人单位在发生分立、合并、解散、破产等情形时，应当对从事接触职业病危害的作业的劳动者进行健康检查，并按照国家有关规定妥善安置职业病病人。

【能力提升训练】

1. B 【解析】《职业病防治法》第六十条规定，职业病病人变动工作单位，其依法享有的待遇不变。用人单位发生分立、合并、解散、破产等情形的，应当对从事接触职业病危害作业的劳动者进行健康检查，并按照国家有关规定妥善安置职业病病人。

2. C 【解析】《职业病防治法》第二条规定，本法所称职业病，是指企业、事业单位和个体经济组织等用人单位的劳动者在职业活动中，因接触粉尘、放射性物质和其他有毒、有害因素而引起的疾病。

3. D 【解析】《职业病防治法》第五十二条规定，职业病诊断争议由设区的市级以上地方人民政府卫生行政部门根据当事人的申请，组织职业病诊断鉴定委员会进行鉴定。

第五十三条规定，省、自治区、直辖市人民政府卫生行政部门应当设立相关的专家库，需要对职业病争议作出诊断鉴定时，由当事人或者当事人委托有关卫生行政部门从专家库中以随机抽取的方式确定参加诊断鉴定委员会的专家。职业病诊断、鉴定费用由用人单位承担。

4. B 【解析】《职业病防治法》第五十六条规定，用人单位对不适宜继续从事原工作的职业病病人，应当调离原岗位，并妥善安置。用人单位对从事接触职业病危害的作业的劳动者，应当给予适当岗位津贴。

5. B 【解析】A选项说法正确。《职业病防治法》第五十五条规定，疑似职业病病人在诊断、医学观察期间的费用，由用人单位承担。

B选项说法错误。《职业病防治法》第三十五条规定，对从事接触职业病危害的作业的劳动者，用人单位应当按照国务院卫生行政部门的规定组织上岗前、在岗期间和离岗时的职业健康检查，并将检查结果书面告知劳动者。职业健康检查费用由用人单位承担。

C选项说法正确。《职业病防治法》第三十五条规定，对在职业健康检查中发现有与所从事的职业相关的健康损害的劳动者，应当调离原工作岗位，并妥善安置。第五十六条规定，用人单位对不适宜继续从事原工作的职业病病人，应当调离原岗位，并妥善安置。

D 选项说法正确。《职业病防治法》第三十六条规定，劳动者离开用人单位时，有权索取本人职业健康监护档案复印件，用人单位应当如实、无偿提供，并在所提供的复印件上签章。

6. BE 【解析】A 选项，职业卫生档案，定期向所在地卫生行政部门报告并向劳动者公布。C 选项，劳动者在已订立劳动合同期间因工作岗位或者工作内容变更，从事劳动合同中未告知的存在职业中毒危害的作业时，用人单位应当依照规定，如实告知劳动者，并协商变更原劳动合同有关条款。D 选项，医疗卫生机构需要取得许可证。

7. BCD 【解析】A 选项，《职业病防治法》第三十三条规定，用人单位与劳动者订立劳动合同时，应当将工作过程中可能产生的职业病危害及其后果、职业病防护措施和待遇等如实告诉劳动者，并在劳动合同中写明，不得隐瞒或者欺骗。E 选项，第三十六条规定，劳动者离开用人单位时，有权索取本人职业健康监护档案复印件，用人单位应当如实、无偿提供，并在所提供的复印件上签章。

【历年真题实战】

1. A 【解析】B 选项错误。根据《职业病防治法》第三十五条规定，对从事接触职业病危害的作业的劳动者，用人单位应当按照国务院卫生行政部门的规定组织上岗前、在岗期间和离岗时的职业健康检查，并将检查结果书面告知劳动者。职业健康检查费用由用人单位承担。

C、D 选项错误。用人单位不得安排未经上岗前职业健康检查的劳动者从事接触职业病危害的作业；不得安排有职业禁忌的劳动者从事其所禁忌的作业；对在职业健康检查中发现有与所从事的职业相关的健康损害的劳动者，应当调离原工作岗位，并妥善安置；对未进行离岗前职业健康检查的劳动者不得解除或者终止与其订立的劳动合同。

2. C 【解析】A 选项说法正确。《职业病防治法》第二十四条规定，应当在其醒目位置，设置警示标识和中文警示说明。警示说明应当载明产生职业病危害的种类、后果、预防以及应急救治措施等内容。

B 选项说法正确。第三十五条规定，对从事接触职业病危害的作业的劳动者，用人单位应当按照国务院卫生行政部门的规定组织上岗前、在岗期间和离岗时的职业健康检查，并将检查结果书面告知劳动者。

C 选项说法错误。第二十六条规定，用人单位应当实施由专人负责的职业病危害因素日常监测，并确保监测系统处于正常运行状态。

D 选项说法正确。第三十四条规定，用人单位的主要负责人和职业卫生管理人员应当接受职业卫生培训，遵守职业病防治法律、法规，依法组织本单位的职业病防治工作。

3. AC 【解析】A 选项正确。《职业病防治法》第四十四条规定，医疗卫生机构承担职业病诊断，应当经省、自治区、直辖市人民政府卫生行政部门批准。省、自治区、直辖市人民政府卫生行政部门应当向社会公布本行政区域内承担职业病诊断的医疗卫生机构的名单。承担职业病诊断的医疗卫生机构应当具备下列条件：持有《医疗机构执业许可证》。

B 选项错误。第四十五条规定，劳动者可以在用人单位所在地、本人户籍所在地或者经常居住地依法承担职业病诊断的医疗卫生机构进行职业病诊断。

C选项正确。第四十四条规定，承担职业病诊断的医疗卫生机构不得拒绝劳动者进行职业病诊断的要求。

D选项错误。第四十六条规定，没有证据否定职业病危害因素与病人临床表现之间的必然联系的，应当诊断为职业病。

E选项错误。第五十条规定，职业病诊断、鉴定过程中，在确认劳动者职业史、职业病危害接触史时，当事人对劳动关系、工种、工作岗位或者在岗时间有争议的，可以向当地的劳动人事争议仲裁委员会申请仲裁；接到申请的劳动人事争议仲裁委员会应当受理，并在30日内作出裁决。劳动者对仲裁裁决不服的，可以依法向人民法院提起诉讼。

4. D 【解析】A、B、C选项说法正确，D选项说法错误。根据《职业病防治法》第三十三条，用人单位与劳动者订立劳动合同（含聘用合同，下同）时，应当将工作过程中可能产生的职业病危害及其后果、职业病防护措施和待遇等如实告知劳动者，并在劳动合同中写明，不得隐瞒或者欺骗。

5. B 【解析】《职业病防治法》第十七条规定，新建、扩建、改建建设项目和技术改造、技术引进项目（以下统称建设项目）可能产生职业病危害的，建设单位在可行性论证阶段应当进行职业病危害预评价。医疗机构建设项目可能产生放射性职业病危害的，建设单位应当向卫生行政部门提交放射性职业病危害预评价报告。卫生行政部门应当自收到预评价报告之日起30日内，作出审核决定并书面通知建设单位。未提交预评价报告或者预评价报告未经卫生行政部门审核同意的，不得开工建设。职业病危害预评价报告应当对建设项目可能产生的职业病危害因素及其对工作场所和劳动者健康的影响作出评价，确定危害类别和职业病防护措施。由此判断，B选项正确。

第六章　安全生产行政法规

第一节　安全生产许可证条例

【基础知识训练】

1. A 【解析】国家对矿山企业、建筑施工企业和危险化学品、烟花爆竹、民用爆炸物品生产企业（以下统称企业）实行安全生产许可制度。

2. C 【解析】《安全生产许可证条例》第七条规定，安全生产许可证颁发管理机关应当自收到申请之日起45日内审查完毕，经审查符合本条例规定的安全生产条件的，颁发安全生产许可证；不符合本条例规定的安全生产条件的，不予颁发安全生产许可证，书面通知企业并说明理由。

3. C 【解析】《安全生产许可证条例》第九条第一款规定，安全生产许可证的有效期为3年。安全生产许可证有效期满需要延期的，企业应当于期满前3个月向原安全生产许可证颁发管理机关办理延期手续。

4. B 【解析】第五条规定，省、自治区、直辖市人民政府民用爆炸物品行业主管部门负责民用爆炸物品生产企业安全生产许可证的颁发和管理，并接受国务院民用爆炸物品行业主管部门的指导和监督。

5. B 【解析】第八条规定，安全生产许可证由国务院安全生产监督管理部门规定统一的式样。

6. ABE 【解析】第十二条规定，国务院安全生产监督管理部门和省、自治区、直辖市人民政府安全生产监督管理部门对建筑施工企业、民用爆炸物品生产企业、煤矿企业取得安全生产许可证的情况进行监督。

【能力提升训练】

1. A 【解析】A 选项正确。安全生产许可证的有效期为 3 年。安全生产许可证有效期满需要延期的，企业应当于期满前 3 个月向原安全生产许可证颁发管理机关办理延期手续，不需要年检。

B 选项错误。非煤矿企业安全生产许可证由安监部门负责颁发。

C 选项错误。安全生产许可证颁发管理机关应当自收到申请之日起 45 日内审查完毕，经审查符合本条例规定的安全生产条件的，颁发安全生产许可证。

D 选项错误。安全生产许可证可以在企业试生产前提出申请。

2. C 【解析】安全生产许可证的有效期为 3 年。安全生产许可证有效期满需要延期的，企业应当于期满前 3 个月向原安全生产许可证颁发管理机关办理延期手续。未发生死亡事故的，安全生产许可证有效期届满时，经原安全生产许可证颁发管理机关同意，不再审查，安全生产许可证有效期延期 3 年。

3. C 【解析】企业取得安全生产许可证，应当具备下列安全生产条件：

A 选项错误。设置安全生产管理机构，配备专职安全生产管理人员。

B 选项错误。主要负责人和安全生产管理人员经考核合格。

D 选项错误。依法参加工伤保险，为从业人员缴纳保险费。

4. B 【解析】A、C、D 选项错误。第三条规定，国务院安全生产监督管理部门负责中央管理的非煤矿矿山企业和危险化学品、烟花爆竹生产企业安全生产许可证的颁发和管理。省、自治区、直辖市人民政府安全生产监督管理部门负责前款规定以外的非煤矿矿山企业和危险化学品、烟花爆竹生产企业安全生产许可证的颁发和管理，并接受国务院安全生产监督管理部门的指导和监督。国家煤矿安全监察机构负责中央管理的煤矿企业安全生产许可证的颁发和管理。

B 选项正确，第四条规定，省、自治区、直辖市人民政府建设主管部门负责建筑施工企业安全生产许可证的颁发和管理，并接受国务院建设主管部门的指导和监督。

5. ABD 【解析】第六条规定，企业取得安全生产许可证，应当具备下列安全生产条件：①建立、健全安全生产责任制，制定完备的安全生产规章制度和操作规程；②安全投入符合安全生产要求；③设置安全生产管理机构，配备专职安全生产管理人员；④主要负责人和安全生产管理人员经考核合格；⑤特种作业人员经有关业务主管部门考核合格，取得特种作业操作资格证书；⑥从业人员经安全生产教育和培训合格；⑦依法参加工伤保险，为从业人员缴纳保险费；⑧厂房、作业场所和安全设施、设备、工艺符合有关安全生产法律、法规、标准和规程的要求；⑨有职业危害防治措施，并为从业人员配备符合国家标准或者行业标准的劳动防护用品；⑩依法进行安全评价；⑪有重大危险源检测、评估、监控措施和应急预案；⑫有生产安全事故应急救援预案、应急救援组织或者应急救援人员，配备必要的应急救援器材、设备；⑬法律、法规规定的其他条件。

【历年真题实战】

1. A　**【解析】**《安全生产许可证条例》第二条规定，国家对矿山企业、建筑施工企业和危险化学品、烟花爆竹、民用爆炸物品生产企业（以下统称企业）实行安全生产许可制度。企业未取得安全生产许可证的，不得从事生产活动。

2. D　**【解析】**《安全生产许可证条例》第六条规定，企业取得安全生产许可证，应当具备下列安全生产条件：

A选项错误。不能配备兼职安全生产管理人员。设置安全生产管理机构，配备专职安全生产管理人员。

B选项错误。从业人员经安全生产教育和培训合格。

C选项错误。依法参加工伤保险，为从业人员缴纳保险费。

D选项正确。有重大危险源检测、评估、监控措施和应急预案。

3. D　**【解析】**安全生产许可证颁发管理机关进行实质性审查的方式主要有3种：①委派本机关的工作人员直接进行审查或者核实；②委托其他行政机关代为进行审查或者核实；③委托安全中介机构对一些专业技术性很强的设施、设备和工艺进行专门的检测、检验。

4. ABD　**【解析】**根据《安全生产许可证条例》第二条，国家对矿山企业、建筑施工企业和危险化学品、烟花爆竹、民用爆炸物品生产企业实行安全生产许可制度。

5. D　**【解析】**A选项错误。《安全生产许可证条例》第十二条规定，国务院安全生产监督管理部门和省、自治区、直辖市人民政府安全生产监督管理部门对建筑施工企业、民用爆炸物品生产企业、煤矿企业取得安全生产许可证的情况进行监督。

B选项错误。安全生产许可证颁发管理机关应当加强对取得安全生产许可证的企业的监督检查，发现其不再具备本条例规定的安全生产条件的，应当暂扣或者吊销安全生产许可证。

C选项错误。

D选项正确。第十四条规定，企业取得安全生产许可证后，不得降低安全生产条件，并应当加强日常安全生产管理，接受安全生产许可证颁发管理机关的监督检查。

6. B　**【解析】**《安全生产许可证条例》第六条规定，企业取得安全生产许可证，应当具备下列安全生产条件：①建立、健全安全生产责任制，制定完备的安全生产规章制度和操作规程；②安全投入符合安全生产要求；③设置安全生产管理机构，配备专职安全生产管理人员；④主要负责人和安全生产管理人员经考核合格；⑤特种作业人员经有关业务主管部门考核合格，取得特种作业操作资格证书；⑥从业人员经安全生产教育和培训合格；⑦依法参加工伤保险，为从业人员缴纳保险费；⑧厂房、作业场所和安全设施、设备、工艺符合有关安全生产法律、法规、标准和规程的要求；⑨有职业危害防治措施，并为从业人员配备符合国家标准或者行业标准的劳动防护用品；⑩依法进行安全评价；有重大危险源检测、评估、监控措施和应急预案；有生产安全事故应急救援预案、应急救援组织或者应急救援人员，配备必要的应急救援器材、设备；法律、法规规定的其他条件。由第"⑦"款判断，B选项正确。

第二节　煤矿安全生产条例

【基础知识训练】

1. A 【解析】《煤矿安全生产条例》第五条规定，县级以上人民政府应当加强对煤矿安全生产工作的领导，建立健全工作协调机制，支持、督促各有关部门依法履行煤矿安全生产工作职责，及时协调、解决煤矿安全生产工作中的重大问题。

2. C 【解析】《煤矿安全生产条例》第十四条第二款规定，安全设施设计应当包括煤矿水、火、瓦斯、冲击地压、煤尘、顶板等主要灾害的防治措施，符合国家标准或者行业标准的要求，并报省、自治区、直辖市人民政府负有煤矿安全生产监督管理职责的部门审查。安全设施设计需要作重大变更的，应当报原审查部门重新审查，不得先施工后报批、边施工边修改。

3. D 【解析】《煤矿安全生产条例》第二十一条规定，煤矿企业主要负责人和安全生产管理人员应当通过安全生产知识和管理能力考核，并持续保持相应水平和能力。煤矿企业从业人员经安全生产教育和培训合格，方可上岗作业。煤矿企业特种作业人员应当按照国家有关规定经专门的安全技术培训和考核合格，并取得相应资格。

4. C 【解析】《煤矿安全生产条例》第四十四条规定，县级以上地方人民政府负有煤矿安全生产监督管理职责的部门依法对煤矿企业进行监督检查，并将煤矿现场安全生产状况作为监督检查重点内容。监督检查可以采取以下措施：①进入煤矿企业进行检查，重点检查一线生产作业场所，调阅有关资料，向有关单位和人员了解情况；②对检查中发现的安全生产违法行为，当场予以纠正或者要求限期改正；③对检查中发现的事故隐患，应当责令立即排除；重大事故隐患排除前或者排除过程中无法保证安全的，应当责令从危险区域内撤出作业人员，责令暂时停止或者停止使用相关设施、设备；④对有根据认为不符合保障安全生产的国家标准或者行业标准的设施、设备、器材予以查封或者扣押。监督检查不得影响煤矿企业的正常生产经营活动。

5. A 【解析】《煤矿安全生产条例》第四十九条规定，县级以上地方人民政府负有煤矿安全生产监督管理职责的部门对被责令停产整顿或者关闭的煤矿企业，应当在5个工作日内向社会公告；对被责令停产整顿的煤矿企业经验收合格恢复生产的，应当自恢复生产之日起5个工作日内向社会公告。

6. D 【解析】《煤矿安全生产条例》第三十一条规定，煤矿企业不得超能力、超强度或者超定员组织生产。正常生产煤矿因地质、生产技术条件、采煤方法或者工艺等发生变化导致生产能力发生较大变化的，应当依法重新核定其生产能力。

7. D 【解析】《煤矿安全生产条例》第二十九条规定，煤矿企业应当依法制定生产安全事故应急救援预案，与所在地县级以上地方人民政府组织制定的生产安全事故应急救援预案相衔接，并定期组织演练。煤矿企业应当设立专职救护队；不具备设立专职救护队条件的，应当设立兼职救护队，并与邻近的专职救护队签订救护协议。发生事故时，专职救护队应当在规定时间内到达煤矿开展救援。

8. B 【解析】《煤矿安全生产条例》第三十五条第二款规定，煤矿企业应当建立健全事故隐患排查治理制度，采取技术、管理措施，及时发现并消除事故隐患。事故隐患排查治理情况应当如实记录，并定期向从业人员通报。重大事故隐患排查治理情况的书面报告经煤矿企业负责人签字后，每季度报县级以上地方人民政府负有煤矿安全生产监督管理职责的部门和所在地矿山安全监察机构。煤矿企业应当加强对所属煤矿的安全管理，定期对所属煤矿进行安全检查。

9. C 【解析】《煤矿安全生产条例》第五十四条规定，国家矿山安全监察机构及其设在地方的矿山安全监察机构发现煤矿企业存在重大事故隐患责令停产整顿的，应当及时移送县级以上地方人民政府负有煤矿安全生产监督管理职责的部门处理并进行督办。

10. D 【解析】本次事故属于较大事故。较大事故，是指造成 3 人以上 10 人以下死亡，或者 10 人以上 50 人以下重伤，或者 1000 万元以上 5000 万元以下直接经济损失的事故。

《煤矿安全生产条例》第六十条规定，煤矿生产安全事故按照事故等级实行分级调查处理。特别重大事故由国务院或者国务院授权有关部门依照《生产安全事故报告和调查处理条例》的规定组织调查处理。重大事故、较大事故、一般事故由国家矿山安全监察机构及其设在地方的矿山安全监察机构依照《生产安全事故报告和调查处理条例》的规定组织调查处理。

11. B 【解析】《煤矿安全生产条例》第六十一条规定，未依法取得安全生产许可证等擅自进行煤矿生产的，应当责令立即停止生产，没收违法所得和开采出的煤炭以及采掘设备；违法所得在 10 万元以上的，并处违法所得 2 倍以上 5 倍以下的罚款；没有违法所得或者违法所得不足 10 万元的，并处 10 万元以上 20 万元以下的罚款。关闭的煤矿企业擅自恢复生产的，依照前款规定予以处罚。

12. BCE 【解析】《煤矿安全生产条例》第二十二条规定，煤矿企业应当为煤矿分别配备专职矿长、总工程师，分管安全、生产、机电的副矿长以及专业技术人员。对煤（岩）与瓦斯（二氧化碳）突出、高瓦斯、冲击地压、煤层容易自燃、水文地质类型复杂和极复杂的煤矿，还应当设立相应的专门防治机构，配备专职副总工程师。

13. BCD 【解析】《煤矿安全生产条例》第七十条规定，有关地方人民政府作出予以关闭的决定，应当立即组织实施。关闭煤矿应当达到下列要求：①依照法律法规有关规定吊销、注销相关证照；②停止供应并妥善处理民用爆炸物品；③停止供电，拆除矿井生产设备、供电、通信线路；④封闭、填实矿井井筒，平整井口场地，恢复地貌；⑤妥善处理劳动关系，依法依规支付经济补偿、工伤保险待遇，组织离岗时职业健康检查，偿还拖欠工资，补缴欠缴的社会保险费；⑥设立标识牌；⑦报送、移交相关报告、图纸和资料等；⑧有关法律法规规定的其他要求。

【能力提升训练】

1. A 【解析】B、C 选项错误。《煤矿安全生产条例》第十五条规定，煤矿建设项目的建设单位应当对参与煤矿建设项目的设计、施工、监理等单位进行统一协调管理，对煤矿建设项目安全管理负总责。

施工单位应当按照批准的安全设施设计施工，不得擅自变更设计内容。

D选项错误。第十六条规定，煤矿建设项目竣工投入生产或者使用前，应当由建设单位负责组织对安全设施进行验收，并对验收结果负责；经验收合格后，方可投入生产和使用。

2. C 【解析】A、D选项错误。第二十条规定，煤矿企业从业人员负有下列安全生产职责：①遵守煤矿企业安全生产规章制度和作业规程、操作规程，严格落实岗位安全责任；②参加安全生产教育和培训，掌握本职工作所需的安全生产知识，提高安全生产技能，增强事故预防和应急处理能力；③及时报告发现的事故隐患或者其他不安全因素。对违章指挥和强令冒险作业的行为，煤矿企业从业人员有权拒绝并向县级以上地方人民政府负有煤矿安全生产监督管理职责的部门、所在地矿山安全监察机构报告。煤矿企业不得因从业人员拒绝违章指挥或者强令冒险作业而降低其工资、福利等待遇，无正当理由调整工作岗位，或者解除与其订立的劳动合同。

B选项错误。及时消除事故隐患是主要负责人的职责。

3. C 【解析】A选项错误。井工煤矿企业的负责人和生产经营管理人员应当轮流带班下井，并建立下井登记档案。

B选项错误，C选项正确。《煤矿安全生产条例》第二十四条规定，煤矿企业应当为从业人员提供符合国家标准或者行业标准的劳动防护用品，并监督、教育从业人员按照使用规则佩戴、使用。

煤矿井下作业人员实行安全限员制度。煤矿企业应当依法制定井下工作时间管理制度。煤矿井下工作岗位不得使用劳务派遣用工。

D选项错误。第二十一条第二款规定，煤矿企业从业人员经安全生产教育和培训合格，方可上岗作业。

4. B 【解析】《煤矿安全生产条例》第六十四条规定，对存在重大事故隐患仍然进行生产的煤矿企业，责令停产整顿，明确整顿的内容、时间等具体要求，并处50万元以上200万元以下的罚款；对煤矿企业主要负责人处3万元以上15万元以下的罚款。

5. D 【解析】《煤矿安全生产条例》第四十一条规定，省、自治区、直辖市人民政府负有煤矿安全生产监督管理职责的部门审查煤矿建设项目安全设施设计，应当自受理之日起30日内审查完毕，签署同意或者不同意的意见，并书面答复。省、自治区、直辖市人民政府负有煤矿安全生产监督管理职责的部门应当加强对建设单位安全设施验收活动和验收结果的监督核查。

6. B 【解析】A选项错误。《煤矿安全生产条例》第四十二条规定，省、自治区、直辖市人民政府负有煤矿安全生产监督管理职责的部门负责煤矿企业安全生产许可证的颁发和管理，并接受国家矿山安全监察机构及其设在地方的矿山安全监察机构的监督。

C、D选项错误。第四十三条规定，县级以上地方人民政府负有煤矿安全生产监督管理职责的部门应当编制煤矿安全生产年度监督检查计划，并按照计划进行监督检查。煤矿安全生产年度监督检查计划应当抄送所在地矿山安全监察机构。

7. BCDE 【解析】《煤矿安全生产条例》第三十六条规定，煤矿企业有下列情形之一的，属于重大事故隐患，应当立即停止受影响区域生产、建设，并及时消除事故隐患：①超能力、超强度或者超定员组织生产的；②瓦斯超限作业的；③煤（岩）与瓦斯（二氧化碳）突出矿井未按照规定实施防突措施的；④煤（岩）与瓦斯（二氧化碳）突出矿井、高瓦斯矿井未按照规定建立瓦斯抽采系统，或者系统不能正常运行的；⑤通风系统不完善、不可靠的；⑥超层、越界开采的；⑦有严重水患，未采取有效措施的；⑧有冲击地压危险，未采取有效措施的；⑨自然发火严重，未采取有效措施的；⑩使用应当淘汰的危及生产安全的设备、工艺的；⑪未按照规定建立监控与通讯系统，或者系统不能正常运行的；⑫露天煤矿边坡角大于设计最大值或者边坡发生严重变形，未采取有效措施的；⑬未按照规定采用双回路供电系统的；⑭新建煤矿边建设边生产，煤矿改扩建期间，在改扩建的区域生产，或者在其他区域的生产超出设计规定的范围和规模的；⑮实行整体承包生产经营后，未重新取得或者及时变更安全生产许可证而从事生产，或者承包方再次转包，以及将井下采掘工作面和井巷维修作业外包的；⑯改制、合并、分立期间，未明确安全生产责任人和安全生产管理机构，或者在完成改制、合并、分立后，未重新取得或者及时变更安全生产许可证等的；⑰有其他重大事故隐患的。

8. ADE 【解析】A选项正确，B、C选项错误。《煤矿安全生产条例》第十八条规定，煤矿企业主要负责人对本企业安全生产工作负有下列职责：①建立健全并落实全员安全生产责任制，加强安全生产标准化建设；②组织制定并实施安全生产规章制度和作业规程、操作规程；③组织制定并实施安全生产教育和培训计划；④保证安全生产投入的有效实施；⑤组织建立并落实安全风险分级管控和隐患排查治理双重预防工作机制，督促、检查安全生产工作，及时消除事故隐患；⑥组织制定并实施生产安全事故应急救援预案；⑦及时、如实报告煤矿生产安全事故。

D、E选项正确。第十九条规定，煤矿企业应当设置安全生产管理机构并配备专职安全生产管理人员。安全生产管理机构和安全生产管理人员负有下列安全生产职责：①组织或者参与拟订安全生产规章制度、作业规程、操作规程和生产安全事故应急救援预案；②组织或者参与安全生产教育和培训，如实记录安全生产教育和培训情况；③组织开展安全生产法律法规宣传教育；④组织开展安全风险辨识评估，督促落实重大安全风险管控措施；⑤制止和纠正违章指挥、强令冒险作业、违反规程的行为，发现威胁安全的紧急情况时，有权要求立即停止危险区域内的作业，撤出作业人员；⑥检查安全生产状况，及时排查事故隐患，对事故隐患排查治理情况进行统计分析，提出改进安全生产管理的建议；⑦组织或者参与应急救援演练；⑧督促落实安全生产整改措施。煤矿企业应当配备主要技术负责人，建立健全并落实技术管理体系。

9. ABE 【解析】《煤矿安全生产条例》第七十条规定，煤矿企业存在下列情形之一的，应当提请县级以上地方人民政府予以关闭：①未依法取得安全生产许可证等擅自进行生产的；②3个月内2次或者2次以上发现有重大事故隐患仍然进行生产的；③经地方人民政府组织的专家论证在现有技术条件下难以有效防治重大灾害的；④有《中华人民共和国安全生产法》规定的应当提请关闭的其他情形。

第三节　建设工程安全生产管理条例

【基础知识训练】

1. B 【解析】《建设工程安全生产管理条例》第八条规定，建设单位在编制工程概算时，应当确定建设工程安全作业环境及安全施工所需要费用。工程建设中改善安全作业环境、落实安全生产措施及其相应资金一般由施工单位承担，但是安全作业环境及施工措施所需费用应由建设单位承担。

2. A 【解析】《建设工程安全生产管理条例》第十条规定，建设单位在申请领取施工许可证时，应当提供建设工程有关安全施工措施的资料。依法批准开工报告的建设工程，建设单位应当自开工报告批准之日起15日内，将保证安全施工的措施报送建设工程所在地的县级以上人民政府建设行政主管部门或者其他有关部门备案。

3. A 【解析】《建设工程安全生产管理条例》第六条规定，建设单位应当向施工单位提供施工现场及毗邻区域内供水、排水、供电、供气、供热、通信、广播电视等地下观测资料，相邻建筑物和构筑物、地下工程的有关资料，并保证资料的真实、准确、完整。

4. A 【解析】《建设工程安全生产管理条例》第三十八条规定，施工单位应当为施工现场从事危险作业的人员办理意外伤害保险。意外伤害保险费由施工单位支付。实行施工总承包的，由总承包单位支付意外伤害保险费。

5. C 【解析】《建设工程安全生产管理条例》第十四条规定，工程监理单位应当审查施工组织设计中的安全技术措施或者专项施工方案是否符合工程建设强制性标准。

6. D 【解析】《建设工程安全生产管理条例》第二十五条规定，垂直运输机械作业人员、安装拆卸工、爆破作业人员、起重信号工、登高架设作业人员等特种作业人员，必须按照国家有关规定经过专门的安全作业培训，并取得特种作业操作资格证书后，方可上岗作业。

7. D 【解析】《建设工程安全生产管理条例》第四十二条规定，建设行政主管部门在审核发放施工许可证时，应当对建设工程是否有安全施工措施进行审查，对没有安全施工措施的，不得颁发施工许可证。建设行政主管部门或者其他有关部门对建设工程是否有安全施工措施进行审查时，不得收取费用。

8. B 【解析】《建设工程安全生产管理条例》第七条规定，建设单位不得对勘察、设计、施工、工程监理等单位提出不符合建设工程安全生产法律、法规和强制性标准规定的要求，不得压缩合同约定的工期。

9. B 【解析】A选项错误，《建设工程安全生产管理条例》第十七条规定，在施工现场安装、拆卸施工起重机械和整体提升脚手架、模板等自升式架设设施，必须由具有相应资质的单位承担。

C选项错误。安装、拆卸施工起重机械和整体提升脚手架、模板等自升式架设设施，应当编制拆装方案、制定安全施工措施，并由专业技术人员现场监督。

施工起重机械和整体提升脚手架、模板等自升式架设设施安装完毕后，安装单位应当自检，出具自检合格证明，并向施工单位进行安全使用说明，办理验收手续并签字。

10. D 【解析】《建设工程安全生产管理条例》第二十七条规定，建设工程施工前，施工单位负责项目管理的技术人员应当对有关安全施工的技术要求向施工作业班组、作业人员作出详细说明，并由双方签字确认。

11. B 【解析】《建设工程安全生产管理条例》第十四条规定，工程监理单位应当审查施工组织设计中的安全技术措施或者专项施工方案是否符合工程建设强制性标准。

12. ABE 【解析】《建设工程安全生产管理条例》第四十三条规定，县级以上人民政府负有建设工程安全生产监督管理职责的部门在各自的职责范围内履行安全监督检查职责时，有权采取下列措施：①要求被检查单位提供有关建设工程安全生产的文件和资料；②进入被检查单位施工现场进行检查；③纠正施工中违反安全生产要求的行为；④对检查中发现的安全事故隐患，责令立即排除；⑤重大安全事故隐患排除前或者排除过程中无法保证安全的，责令从危险区域内撤出作业人员或者暂时停止施工。

13. ABCD 【解析】《建设工程安全生产管理条例》第十二条规定，勘察单位应当按照法律、法规和工程建设强制性标准进行勘察，提供的勘察文件应当真实、准确，满足建设工程安全生产的需要。勘察单位在勘察作业时，应当严格执行操作规程，采取措施保证各类管线、设施和周边建筑物、构筑物的安全。E选项属于工程监理单位的主要安全责任之一。

14. ABC 【解析】工程监理单位的安全责任有：①审查施工组织设计中的安全技术措施或者专项施工方案是否符合工程建设强制性标准；②在实施监理过程中，发现事故隐患的，应当要求施工单位整改，情节严重的，应当要求施工单位停止施工，并及时报告建设单位，施工单位拒不整改或者不停止施工的，工程监理单位应当及时向有关主管部门报告；③工程监理单位和监理工程师应当按照法律、法规和工程建设强制性标准实施监理，对建设工程安全生产承担监理职责。

15. ABCD 【解析】第十七条规定，在施工现场安装、拆卸施工起重机械和整体提升脚手架、模板等自升式架设设施，必须由具有相应资质的单位承担。安装、拆卸施工起重机械和整体提升脚手架、模板等自升式架设设施，应当编制拆装方案、制定安全施工措施，并由专业技术人员现场监督。

16. ACDE 【解析】第二十一条规定，施工单位的项目负责人应当由取得相应执业资格的人员担任，对建设工程项目的安全施工负责，落实安全生产责任制度、安全生产规章制度和操作规程，确保安全生产费用的有效使用，并根据工程的特点组织制定安全施工措施，消除安全事故隐患，及时、如实报告生产安全事故。

【能力提升训练】

1. B 【解析】A选项，合理的工期应当根据项目本身特点，结合客观的条件，由业主和参建各方共同确定。B选项正确，建设单位在编制工程概算时，应当确定建设工程的安全作业环境和安全施工措施所需费用。C选项，建设单位应当向施工单位提供施工现场及毗邻区域内供水、排水、供电、供气、供热、通信、广播电视等地下管线资料。D选项，建设单位应当自开工报告批准之日起15日内，将保证安全施工的措施报送建设工程所在地的县级以上地方人民政府建设行政主管部门或者其他有关部门备案。

2. B 【解析】实行施工总承包的，施工现场由总承包单位全面统一负责，包括工程质量、建设工期、造价控制、施工组织等，由此，施工现场的安全生产也应当由施工总承包单位负责。《建筑法》第二十九条规定，施工总承包的建筑工程主体结构的施工必须由总承包单位自行完成。

3. B 【解析】A选项，实行施工总承包的，施工现场由总承包单位全面统一负责，建筑工程主体结构的施工必须由总承包单位自行完成。C选项，总承包单位依法将建设工程分包给其他单位的，分包合同中应当明确各自的安全生产方面的权利、义务。总承包单位和分包单位对分包工程的安全生产承担连带责任。D选项，分包单位当服从总承包单位的安全生产管理，分包单位不服从管理导致生产安全事故的，由分包单位承担主要责任。

4. D 【解析】A选项，不得压缩工期。B、C选项，应该为15日前。

5. C 【解析】C选项，备案报送的部门应当是建设行政主管部门或者其他有关部门。其他有关部门是指水利、交通、铁路等专业部门，相关的专业建设工程的保证安全施工的措施应当报送相关的专业部门备案。

6. A 【解析】第二十八条规定，施工单位应当在施工现场入口处、施工起重机械、临时用电设施、脚手架、出入通道口、楼梯口、电梯井口、孔洞口、桥梁口、隧道口、基坑边沿、爆破物及有害危险气体和液体存放处等危险部位，设置明显的安全警示标志。

第二十九条规定，施工单位应当将施工现场的办公、生活区与作业区分开设置，并保持安全距离；办公、生活区的选址应当符合安全性要求。职工的膳食、饮水、休息场所等应当符合卫生标准。施工单位不得在尚未竣工的建筑物内设置员工集体宿舍。

第三十条规定，在城市市区内的建设工程，施工单位应当对施工现场实行封闭围挡。

第三十二条规定，在施工中发生危及人身安全的紧急情况时，作业人员有权立即停止作业或者在采取必要的应急措施后撤离危险区域。

7. D 【解析】A选项错误。《建设工程安全生产管理条例》第十一条规定，建设单位应当将拆除工程发包给具有相应资质等级的施工单位。第二十条规定，施工单位从事建设工程的新建、扩建、改建和拆除等活动，应当具备国家规定的注册资本、专业技术人员、技术装备和安全生产等条件，依法取得相应等级的资质证书，并在其资质等级许可的范围内承揽工程。

B选项错误。《建设工程安全生产管理条例》第十一条规定，实施爆破作业的，应当遵守国家有关民用爆炸物品管理的规定。《民用爆炸物品安全管理条例》第三十三条规定，爆破作业单位应当对本单位的爆破作业人员、安全管理人员、仓库管理人员进行专业技术培训。爆破作业人员应当经设区的市级人民政府公安机关考核合格，取得《爆破作业人员许可证》后，方可从事爆破作业。

C选项错误。《民用爆炸物品安全管理条例》第三十五条规定，在城市、风景名胜区和重要工程设施附近实施爆破作业的，应当向爆破作业所在地设区的市级人民政府公安机关提出申请，提交《爆破作业单位许可证》和具有相应资质的安全评估企业出具的爆破设计、施工方案评估报告。受理申请的公安机关应当自受理申请之日起20日内对提交的有关材料进行审查，对符合条件的，作出批准的决定；对不符合条件的，作出不予批准的决定，并书面向申请人说明理由。

D选项正确。《建设工程安全生产管理条例》第十一条规定，建设单位应当将拆除工程发包给具有相应资质等级的施工单位。建设单位应当在拆除工程施工 15 日前，将下列资料报送建设工程所在地的县级以上地方人民政府建设行政主管部门或者其他有关部门备案：①施工单位资质等级证明；②拟拆除建筑物、构筑物及可能危及毗邻建筑的说明；③拆除施工组织方案；④堆放、清除废弃物的措施。

8. C 【解析】A 选项错误。《建设工程安全生产管理条例》第二十三条规定，专职安全生产管理人员的配备办法由国务院建设行政主管部门会同国务院其他有关部门制定。《建筑施工企业安全生产管理机构设置及专职安全生产管理人员配备办法》第八条规定，建筑施工企业安全生产管理机构专职安全生产管理人员的配备应满足下列要求，并应根据企业经营规模、设备管理和生产需要予以增加：①建筑施工总承包资质序列企业：特级资质不少于 6 人；一级资质不少于 4 人；二级和二级以下资质企业不少于 3 人；②建筑施工专业承包资质序列企业：一级资质不少于 3 人；二级和二级以下资质企业不少于 2 人；③建筑施工劳务分包资质序列企业：不少于 2 人；④建筑施工企业的分公司、区域公司等较大的分支机构（以下简称分支机构）应依据实际生产情况配备不少于 2 人的专职安全生产管理人员。

B、D 选项错误，C 选项正确。《建设工程安全生产管理条例》第二十一条规定，施工单位主要负责人依法对本单位的安全生产工作全面负责。施工单位应当建立健全安全生产责任制度和安全生产教育培训制度，制定安全生产规章制度和操作规程，保证本单位安全生产条件所需资金的投入，对所承担的建设工程进行定期和专项安全检查，并做好安全检查记录。施工单位的项目负责人应当由取得相应执业资格的人员担任，对建设工程项目的安全施工负责，落实安全生产责任制度、安全生产规章制度和操作规程，确保安全生产费用的有效使用，并根据工程的特点组织制定安全施工措施，消除安全事故隐患，及时、如实报告生产安全事故。

【历年真题实战】

1. A 【解析】A 选项正确。重大责任事故罪，是指在生产、作业中违反有关安全管理的规定，因而发生重大伤亡事故或者造成其他严重后果的行为。

B 选项错误。犯罪主体为单位。工程重大安全事故罪，是指建设单位、设计单位、施工单位、工程监理单位违反国家规定，降低工程质量标准，造成重大安全事故的行为。

C、D 选项错误。《建设工程安全生产管理条例》第十四条规定，工程监理单位和监理工程师应当按照法律、法规和工程建设强制性标准实施监理，并对建设工程安全生产承担监理责任。

2. C 【解析】A、B、D 选项说法正确。根据《建设工程安全生产管理条例》第二十一条，施工单位主要负责人依法对本单位的安全生产工作全面负责。施工单位应当建立健全安全生产责任制度和安全生产教育培训制度，制定安全生产规章制度和操作规程，保证本单位安全生产条件所需资金的投入，对所承担的建设工程进行定期和专项安全检查，并做好安全检查记录。

C 选项说法错误。根据第二十一条，建设工程项目的安全施工应由施工单位的项目负责人负责。

3. B 【解析】B选项正确，C选项错误。根据《建设工程安全生产管理条例》第四十九条，实行施工总承包的，由总承包单位统一组织编制建设工程生产安全事故应急救援预案，工程总承包单位和分包单位按照应急救援预案，各自建立应急救援组织或者配备应急救援人员，配备救援器材、设备，并定期组织演练。

A、D选项错误。根据第五十条，施工单位发生生产安全事故，应当按照国家有关伤亡事故报告和调查处理的规定，及时、如实地向负责安全生产监督管理的部门、建设行政主管部门或者其他有关部门报告；特种设备发生事故的，还应当同时向特种设备安全监督管理部门报告。接到报告的部门应当按照国家有关规定，如实上报。实行施工总承包的建设工程，由总承包单位负责上报事故。

4. C 【解析】《建设工程安全生产管理条例》第四十九条规定，施工单位应当根据建设工程施工的特点、范围，对施工现场易发生重大事故的部位、环节进行监控，制定施工现场生产安全事故应急救援预案。实行施工总承包的，由总承包单位统一组织编制建设工程生产安全事故应急救援预案，工程总承包单位和分包单位按照应急救援预案，各自建立应急救援组织或者配备应急救援人员，配备救援器材、设备，并定期组织演练。

5. B 【解析】A选项错误。《建设工程安全生产管理条例》第十七条规定，在施工现场安装、拆卸施工起重机械和整体提升脚手架、模板等自升式架设设施，必须由具有相应资质的单位承担。

C选项错误。《建设工程安全生产管理条例》第十七条规定，安装、拆卸施工起重机械和整体提升脚手架、模板等自升式架设设施，应当编制拆装方案、制定安全施工措施，并由专业技术人员现场监督。

D选项错误。施工起重机械和整体提升脚手架、模板等自升式架设设施安装完毕后，安装单位应当自检，出具自检合格证明，并向施工单位进行安全使用说明，办理验收手续并签字。

6. B 【解析】《建设工程安全生产管理条例》第二十四条规定，建设工程实行施工总承包的，由总承包单位对施工现场的安全生产负总责。总承包单位应当自行完成建设工程主体结构的施工。总承包单位依法将建设工程分包给其他单位的，分包合同中应当明确各自的安全生产方面的权利、义务。总承包单位和分包单位对分包工程的安全生产承担连带责任。分包单位应当服从总承包单位的安全生产管理，分包单位不服从管理导致生产安全事故的，由分包单位承担主要责任。

7. ADE 【解析】《建设工程安全生产管理条例》第十二条规定，勘察单位应当按照法律、法规和工程建设强制性标准进行勘察，提供的勘察文件应当真实、准确，满足建设工程安全生产的需要。由此判断，A选项正确。第十三条规定，设计单位应当考虑施工安全操作和防护的需要，对涉及施工安全的重点部位和环节在设计文件中注明，并对防范生产安全事故提出指导意见。采用新结构、新材料、新工艺的建设工程和特殊结构的建设工程，设计单位应当在设计中提出保障施工作业人员安全和预防生产安全事故的措施建议。由此判断，D、E选项正确。第十四条规定，工程监理单位应当审查施工组织设计中的安全技术措施或者专项施工方案是否符合工程建设强制性标准。工程监理单位在实施监理过程中，发现存在安全事故隐患的，应当要求施工单位整改；情况严重的，应当要求施工单位暂时停止施工，并及时报告建设单位。施工单位拒不整改或者不停止施工的，工程监理单位应当及时向有关主管部门报告。工程监理单位和监理工程师应当按照法律、法规和工程建设强制性标准实施监理，并对建设工程安全生产承担监理责任。由此判断，B、C选项错误。

第四节　危险化学品安全管理条例

【基础知识训练】

1. B　【解析】《危险化学品安全管理条例》第二条规定，危险化学品生产、储存、使用、经营和运输的安全管理，适用本条例。

2. C　【解析】《危险化学品安全管理条例》规定，本条例所称危险化学品，是指具有毒害、腐蚀、爆炸、燃烧、助燃等性质，对人体、设施、环境具有危害的剧毒化学品和其他化学品。

3. C　【解析】《危险化学品安全管理条例》规定，环境保护主管部门负责废弃危险化学品处置的监督管理，组织危险化学品的环境危害性鉴定和环境风险程度评估，确定实施重点环境管理的危险化学品，负责危险化学品环境管理登记和新化学物质环境管理登记；依照职责分工调查相关危险化学品环境污染事故和生态破坏事件，负责危险化学品事故现场的应急环境监测。

4. B　【解析】《危险化学品安全管理条例》规定，对重复使用的危险化学品包装物、容器，使用单位在重复使用前应当进行检查；发现存在安全隐患的，应当维修或者更换。使用单位应当检查情况作出记录，记录的保存期限不得少于2年。

5. A　【解析】《危险化学品安全管理条例》规定，生产、储存危险化学品的企业，应当委托具备国家规定的资质条件的机构，对本企业的安全生产条件每3年进行1次安全评价，提出安全评价报告。安全评价报告的内容应当包括对安全生产条件存在的问题进行整改的方案。

6. C　【解析】《危险化学品安全管理条例》规定，危险化学品应当储存在专用仓库、专用场地或者专用储存室内，并由专人负责管理；剧毒化学品以及储存数量构成重大危险源的其他危险化学品，应当在专用仓库内单独存放，并实行双人收发、双人保管制度。

7. D　【解析】《危险化学品安全管理条例》第四十条规定，禁止向个人销售剧毒化学品（属于剧毒化学品的农药除外）和易制爆危险化学品。

8. A　【解析】《危险化学品安全管理条例》第四十一条规定，危险化学品生产企业、经营企业销售剧毒化学品、易制爆危险化学品，应当如实记录购买单位的名称、地址、经办人的姓名、身份证号码以及所购买的剧毒化学品、易制爆危险化学品的品种、数量、用途。销售记录以及经办人的身份证明复印件、相关许可证件复印件或者证明文件的保存期限不得少于1年。

9. D　【解析】《危险化学品安全管理条例》第四十五条第一款规定，运输危险化学品，应当根据危险化学品的危险特性采取相应的安全防护措施，并配备必要的防护用品和应急救援器材。

10. C　【解析】《危险化学品安全管理条例》第五十四条的规定，禁止通过内河运输的剧毒化学品以及其他危险化学品的范围，由国务院交通运输主管部门会同国务院环境保护主管部门、工业和信息化主管部门、安全生产监督管理部门，根据危险化学品的危险特性、危险化学品对人体和水环境的危害程度以及消除危害后果的难易程度等因素规定并公布。

11. C 【解析】《危险化学品安全管理条例》第七十条规定，危险化学品单位应当制定本单位危险化学品事故应急预案，配备应急救援人员和必要的应急救援器材、设备，并定期组织应急救援演练。危险化学品单位应当将其危险化学品事故应急预案报所在地设区的市级人民政府安全生产监督管理部门备案。

12. C 【解析】《危险化学品安全管理条例》第九十七条第二款规定，民用爆炸物品、烟花爆竹、放射性物品、核能物质以及用于国防科研生产的危险化学品的安全管理，不适用本条例。

13. C 【解析】《危险化学品安全管理条例》第六条第二项规定，公安机关负责危险化学品的公共安全管理，核发剧毒化学品购买许可证、剧毒化学品道路运输通行证，并负责危险化学品运输车辆的道路交通安全管理。

14. A 【解析】《危险化学品安全管理条例》第十四条第三款规定，负责颁发危险化学品安全生产许可证、工业品生产许可证的部门，应当将其颁发许可证的情况及时向同级工业和信息化主管部门、环境保护主管部门和公安机关通报。

15. A 【解析】第八条规定，县级以上人民政府应当建立危险化学品安全监督管理工作协调机制，支持、督促负有危险化学品安全监督管理职责的部门依法履行职责，协调、解决危险化学品安全监督管理工作中的重大问题。

16. C 【解析】《危险化学品安全管理条例》第三十条规定，申请危险化学品安全使用许可证的化工企业，除应当符合本条例第二十八条的规定外，还应当具备下列条件：①有与所使用的危险化学品相适应的专业技术人员；②有安全管理机构和专职安全管理人员；③有符合国家规定的危险化学品事故应急预案和必要的应急救援器材、设备；④依法进行了安全评价。

17. B 【解析】县级公安机关应当自收到前款规定的材料之日起 7 日内，作出批准或者不予批准的决定。予以批准的，颁发剧毒化学品道路运输通行证；不予批准的，书面通知申请人并说明理由。

18. A 【解析】载运危险化学品的船舶在内河航行，通过过船建筑物的，应当提前向交通部门申报，并接受交通部门的管理。

19. CDE 【解析】生产、储存剧毒化学品、易制爆危险化学品的单位，应当设置治安保卫机构，配备专职治安保卫人员。

20. ABCD 【解析】《危险化学品安全管理条例》第四十四条规定，危险化学品道路运输企业、水路运输企业的驾驶人员、船员、装卸管理人员、押运人员、申报人员、集装箱装箱现场检查员应当经交通运输主管部门考核合格，取得从业资格。

21. AD 【解析】第六条规定，安全生产监督管理部门负责危险化学品安全监督管理综合工作，组织确定、公布、调整危险化学品目录，对新建、改建、扩建生产、储存危险化学品（包括使用长输管道输送危险化学品，下同）的建设项目进行安全条件审查，核发危险化学品安全生产许可证、危险化学品安全使用许可证和危险化学品经营许可证，并负责危险化学品登记工作。

22. AD 【解析】第二十一条规定，生产、储存危险化学品的单位，应当在其作业场所设置通信、报警装置，并保证处于适用状态。

23. ABDE 【解析】第二十七条规定，生产、储存危险化学品的单位转产、停产、停业或者解散的，应当采取有效措施，及时、妥善处置其危险化学品生产装置、储存设施以及库存的危险化学品，不得丢弃危险化学品；处置方案应当报所在地县级人民政府安全生产监督管理部门、工业和信息化主管部门、环境保护主管部门和公安机关备案。安监部门应当会同环保部门和公安机关对处置情况进行监督检查，发现未依照规定处置的，应当责令其立即处置。

24. ABCE 【解析】第二十八条规定，使用危险化学品的单位，其使用条件（包括工艺）应当符合法律、行政法规的规定和国家标准、行业标准的要求，并根据所使用的危险化学品的种类、危险特性以及使用量和使用方式，建立、健全使用危险化学品的安全管理规章制度和安全操作规程，保证危险化学品的安全使用。

25. BE 【解析】第三十四条规定，从事危险化学品经营的企业应当具备下列条件：①有符合国家标准、行业标准的经营场所，储存危险化学品的，还应当有符合国家标准、行业标准的储存设施；②从业人员经过专业技术培训并经考核合格；③有健全的安全管理规章制度；④有专职安全管理人员；⑤有符合国家规定的危险化学品事故应急预案和必要的应急救援器材、设备；⑥法律、法规规定的其他条件。

26. BE 【解析】《危险化学品安全管理条例》第七条规定，负有危险化学品安全监督管理职责的部门依法进行监督检查，可以采取下列措施：①进入危险化学品作业场所实施现场检查，向有关单位和人员了解情况，查阅、复制有关文件、资料；②发现危险化学品事故隐患，责令立即消除或者限期消除；③对不符合法律、行政法规、规章规定或者国家标准、行业标准要求的设施、设备、装置、器材、运输工具，责令立即停止使用；④经本部门主要负责人批准，查封违法生产、储存、使用、经营危险化学品的场所，扣押违法生产、储存、使用、经营、运输的危险化学品以及用于违法生产、使用、运输危险化学品的原材料、设备、运输工具；⑤发现影响危险化学品安全的违法行为，当场予以纠正或者责令限期改正。负有危险化学品安全监督管理职责的部门依法进行监督检查，监督检查人员不得少于2人，并应当出示执法证件；有关单位和个人对依法进行的监督检查应当予以配合，不得拒绝、阻碍。

27. BCD 【解析】第五十一条规定，剧毒化学品、易制爆危险化学品在道路运输途中丢失、被盗、被抢或者出现流散、泄漏等情况的，驾驶人员、押运人员应当立即采取相应的警示措施和安全措施，并向当地公安机关报告。公安机关接到报告后，应当根据实际情况立即向安全生产监督管理部门、环境保护主管部门、卫生主管部门通报。有关部门应当采取必要的应急处置措施。

【能力提升训练】

1. A 【解析】《危险化学品安全管理条例》规定，使用危险化学品从事生产并且使用量达到规定数量的化工企业（属于危险化学品生产企业的除外），应当依照本条例的规定取得危险化学品安全使用许可证。使用危险化学品的单位，申请危险化学品安全使用许可证的化工企业，应当向所在地设区的市级人民政府安全生产监督管理部门提出申请，并提交其符合申办规定条件的证明材料。设区的市级人民政府安全生产监督管理部门应当依法进行审查，自收到证明材料之日起45日内作出批准或者不予批准的决定。

2. C 【解析】《危险化学品安全管理条例》第三十五条规定，从事剧毒化学品、易制爆危险化学品经营的企业，应当向所在地设区的市级人民政府安全生产监督管理部门提出申请；从事其他危险化学品经营的企业，应当向所在地县级人民政府安全生产监督管理部门提出申请（有储存设施的，应当向所在地设区的市级人民政府安全生产监督管理部门提出申请）。申请人应当提交其符合申办规定条件的证明材料。

3. D 【解析】依据《危险化学品安全管理条例》的规定，禁止通过内河封闭水域运输剧毒化学品以及国家规定禁止通过内河运输的其他危险化学品。因此A、B选项错误，C选项，公安机关负责危险化学品的公共安全管理，核发剧毒化学品购买许可证、剧毒化学品道路运输通行证，并负责危险化学品运输车辆的道路交通安全管理。D选项，海事管理机构应当根据危险化学品的种类和危险特性，确定船舶运输危险化学品的相关安全运输条件。

4. C 【解析】A选项，《危险化学品安全管理条例》第五十四条规定，禁止通过内河封闭水域运输剧毒化学品以及国家规定禁止通过内河运输的其他危险化学品。前款规定以外的内河水域，禁止运输国家规定禁止通过内河运输的剧毒化学品以及其他危险化学品。B选项，载运危险化学品的船舶在内河航行，按照国务院交通运输主管部门的规定需要引航的，应当申请引航。D选项，危险化学品道路运输企业、水路运输企业应当配备专职安全管理人员。

5. C 【解析】C选项错误。第六条规定，对危险化学品的生产、储存、使用、经营、运输实施安全监督管理的有关部门（以下统称负有危险化学品安全监督管理职责的部门），依照下列规定履行职责：公安机关负责危险化学品的公共安全管理，核发剧毒化学品购买许可证、剧毒化学品道路运输通行证，并负责危险化学品运输车辆的道路交通安全管理。

6. B 【解析】A选项错误。第二十九条规定，使用危险化学品从事生产并且使用量达到规定数量的化工企业（属于危险化学品生产企业的除外，下同），应当取得危险化学品安全使用许可证。

C选项错误。第三十一条规定，申请危险化学品安全使用许可证的化工企业，应当向所在地设区的市级人民政府安监部门提出申请。

D选项错误。第三十八条规定，个人不得购买剧毒化学品（属于剧毒化学品的农药除外）和易制爆危险化学品。

7. C 【解析】第十二条规定，建设单位应当对建设项目进行安全条件论证，委托具备国家规定的资质条件的机构对建设项目进行安全评价，并将安全条件论证和安全评价的情况报告报建设项目所在地设区的市级以上人民政府安监部门。

8. D 【解析】D选项错误，第二十三条规定，生产、储存剧毒化学品、易制爆危险化学品的单位，应当设置治安保卫机构，配备专职治安保卫人员。第二十四条规定，危险化学品应当储存在专用仓库、专用场地或者专用储存室（以下统称专用仓库）内，并由专人负责管理；剧毒化学品以及储存数量构成重大危险源的其他危险化学品，应当在专用仓库内单独存放，并实行双人收发、双人保管制度。剧毒化学品以及储存数量构成重大危险源的其他危险化学品实行的是双人收发、双人保管制度，并非易制爆化学品。

9. B 【解析】第九条规定，任何单位和个人对违反本条例规定的行为，有权向负有危险化学品安全监督管理职责的部门举报。负有危险化学品安全监督管理职责的部门接到举报，应当及时依法处理；对不属于本部门职责的，应当及时移送有关部门处理。

第八条规定，县级以上人民政府应当建立危险化学品安全监督管理工作协调机制，支持、督促负有危险化学品安全监督管理职责的部门依法履行职责，协调、解决危险化学品安全监督管理工作中的重大问题。

负有危险化学品安全监督管理职责的部门应当相互配合、密切协作，依法加强对危险化学品的安全监督管理。

10. B 【解析】第十二条规定，新建、改建、扩建生产、储存危险化学品的建设项目（以下简称建设项目），应当由安监部门进行安全条件审查。建设单位应当对建设项目进行安全条件论证，委托具备国家规定的资质条件的机构对建设项目进行安全评价，并将安全条件论证和安全评价的情况报告报建设项目所在地设区的市级以上人民政府安监部门；安监部门应当自收到报告之日起45日内作出审查决定，并书面通知建设单位。具体办法由国务院安监部门制定。

11. A 【解析】第十三条规定，进行可能危及危险化学品管道安全的施工作业，施工单位应当在开工的7日前书面通知管道所属单位，并与管道所属单位共同制定应急预案，采取相应的安全防护措施。管道所属单位应当指派专门人员到现场进行管道安全保护指导。

12. D 【解析】第十八条规定，生产列入国家实行生产许可证制度的工业产品目录的危险化学品包装物、容器的企业，应当依照《工业产品生产许可证管理条例》的规定，取得工业产品生产许可证；其生产的危险化学品包装物、容器经国务院质检部门认定的检验机构检验合格，方可出厂销售。

对重复使用的危险化学品包装物、容器，使用单位在重复使用前应当进行检查；发现存在安全隐患的，应当维修或者更换。使用单位应当对检查情况作出记录，记录的保存期限不得少于2年。

13. C 【解析】第二十二条规定，生产、储存危险化学品的企业，应当委托具备国家规定的资质条件的机构，对本企业的安全生产条件每3年进行1次安全评价，提出安全评价报告。安全评价报告的内容应当包括对安全生产条件存在的问题进行整改的方案。生产、储存危险化学品的企业，应当将安全评价报告以及整改方案的落实情况报所在地县级安监部门备案。在港区内储存危险化学品的企业，应当将安全评价报告以及整改方案的落实情况报港口部门备案。

14. B 【解析】第三十九条规定，申请取得剧毒化学品购买许可证，申请人应当向所在地县级公安机关提交下列材料：①营业执照或者法人证书（登记证书）的复印件；②拟购买的剧毒化学品品种、数量的说明；③购买剧毒化学品用途的说明；④经办人的身份证明。

县级公安机关应当自收到前款规定的材料之日起 3 日内，作出批准或者不予批准的决定。予以批准的，颁发剧毒化学品购买许可证；不予批准的，书面通知申请人并说明理由。

15. C 【解析】申请剧毒化学品道路运输通行证，托运人应当向县级公安机关提交下列材料：①拟运输的剧毒化学品品种、数量的说明；②运输始发地、目的地、运输时间和运输路线的说明；③承运人取得危险货物道路运输许可、运输车辆取得营运证以及驾驶人员、押运人员取得上岗资格的证明文件；④符合规定的购买剧毒化学品的相关许可证件，或者海关出具的进出口证明文件。

16. D 【解析】第八十条规定，生产、储存、使用危险化学品的单位有下列情形之一的，由安全生产监督管理部门责令改正，处 5 万元以上 10 万元以下的罚款；拒不改正的，责令停产停业整顿直至由原发证机关吊销其相关许可证件，并由工商行政部门责令其办理经营范围变更登记或者吊销其营业执照；有关责任人员构成犯罪的，依法追究刑事责任：未依照本条例规定对其安全生产条件定期进行安全评价的。

17. C 【解析】A 选项正确。《常用化学危险品贮存通则》规定，同一区域贮存两种或两种以上不同级别的危险品时，应按最高等级危险物品的性能标志。

B 选项正确。《危险化学品安全管理条例》第二十五条规定，储存危险化学品的单位应当建立危险化学品出入库核查、登记制度。

C 选项错误。《危险化学品安全管理条例》第二十四条规定，剧毒化学品以及储存数量构成重大危险源的其他危险化学品，应当在专用仓库内单独存放，并实行双人收发、双人保管制度。

D 选项正确。《危险化学品安全管理条例》第二十条规定，生产、储存危险化学品的单位，应当根据其生产、储存的危险化学品的种类和危险特性，在作业场所设置相应的监测、监控、通风、防晒、调温、防火、灭火、防爆、泄压、防毒、中和、防潮、防雷、防静电、防腐、防泄漏以及防护围堤或者隔离操作等安全设施、设备，并按照国家标准、行业标准或者国家有关规定对安全设施、设备进行经常性维护、保养，保证安全设施、设备的正常使用。

18. ABDE 【解析】C 选项错误，《危险化学品安全管理条例》第五十条规定，通过道路运输剧毒化学品的，托运人应当向运输始发地或者目的地县级人民政府公安机关申请剧毒化学品道路运输通行证。

19. ACD 【解析】B 选项，《危险化学品安全管理条例》第四十三条规定，危险化学品道路运输企业、水路运输企业应当配备专职安全管理人员。E 选项，第五十条规定，通过道路运输剧毒化学品的，托运人应当向运输始发地或者目的地县级人民政府公安机关申请剧毒化学品道路运输通行证。

20. AC 【解析】第三十一条规定，申请危险化学品安全使用许可证的化工企业，应当向所在地设区的市级人民政府安监部门提出申请，并提交其符合规定条件的证明材料。设区的市级人民政府安监部门应当依法进行审查，自收到证明材料之日起 45 日内作出批准或者不予批准的决定。予以批准的，颁发危险化学品安全使用许可证；不予批准的，书面通知申请人并说明理由。

21. AC 【解析】第七十七条规定，违反本条例规定，化工企业未取得危险化学品安全使用许可证，使用危险化学品从事生产的，由安监部门责令限期改正，处 10 万元以上20 万元以下的罚款；逾期不改正的，责令停产整顿。

22. ABC 【解析】D、E 选项错误。《危险化学品安全管理条例》第十八条规定，对重复使用的危险化学品包装物、容器，使用单位在重复使用前应当进行检查；发现存在安全隐患的，应当维修或者更换。使用单位应当对检查情况作出记录，记录的保存期限不得少于 2 年。

【历年真题实战】

1. C 【解析】《危险化学品安全管理条例》第九十七条规定，监控化学品、属于危险化学品的药品和农药的安全管理，依照本条例的规定执行；法律、行政法规另有规定的，依照其规定。

民用爆炸物品、烟花爆竹、放射性物品、核能物质以及用于国防科研生产的危险化学品的安全管理，不适用本条例。

法律、行政法规对燃气的安全管理另有规定的，依照其规定。

危险化学品容器属于特种设备的，其安全管理依照有关特种设备安全的法律、行政法规的规定执行。

2. D 【解析】A 选项错误。《危险化学品安全管理条例》第六十七条规定，危险化学品生产企业、进口企业，应当向国务院安全生产监督管理部门负责危险化学品登记的机构办理危险化学品登记。危险化学品登记包括下列内容：①分类和标签信息；②物理、化学性质；③主要用途；④危险特性；⑤储存、使用、运输的安全要求；⑥出现危险情况的应急处置措施。对同一企业生产、进口的同一品种的危险化学品，不进行重复登记。危险化学品生产企业、进口企业发现其生产、进口的危险化学品有新的危险特性的，应当及时向危险化学品登记机构办理登记内容变更手续。危险化学品登记的具体办法由国务院安全生产监督管理部门制定。

B、C 选项错误。第七十条规定，危险化学品单位应当制定本单位危险化学品事故应急预案，配备应急救援人员和必要的应急救援器材、设备，并定期组织应急救援演练。危险化学品单位应当将其危险化学品事故应急预案报所在地设区的市级人民政府安全生产监督管理部门备案。

3. AE 【解析】A 选项正确。《危险化学品安全管理条例》第三十条规定，申请危险化学品安全使用许可证的化工企业，除应当符合本条例第二十八条的规定外，还应当具备依法进行了安全评价条件。

E 选项正确。第二十七条规定，生产、储存危险化学品的单位转产、停产、停业或者解散的，应当采取有效措施，及时、妥善处置其危险化学品生产装置、储存设施以及库存的危险化学品，不得丢弃危险化学品；处置方案应当报所在地县级人民政府安全生产监督管理部门、工业和信息化主管部门、环境保护主管部门和公安机关备案。安全生产监督管理部门应当会同环境保护主管部门和公安机关对处置情况进行监督检查，发现未依照规定处置的，应当责令其立即处置。

B 选项错误。第二十九条规定，使用危险化学品从事生产并且使用量达到规定数量的化工企业（属于危险化学品生产企业的除外，下同），应当依照本条例的规定取得危险化学品安全使用许可证。

C 选项错误。第三十一条规定，申请危险化学品安全使用许可证的化工企业，应当向所在地设区的市级人民政府安全生产监督管理部门提出申请，并提交其符合本条例第三十条规定条件的证明材料。

D 选项错误。第三十一条第二款规定，安全生产监督管理部门应当将其颁发危险化学品安全使用许可证的情况及时向同级环境保护主管部门和公安机关通报。

4. B 【解析】A 选项错误。《危险化学品安全管理条例》第六条规定，（一）安全生产监督管理部门负责危险化学品安全监督管理综合工作，组织确定、公布、调整危险化学品目录，对新建、改建、扩建生产、储存危险化学品（包括使用长输管道输送危险化学品，下同）的建设项目进行安全条件审查，核发危险化学品安全生产许可证、危险化学品安全使用许可证和危险化学品经营许可证，并负责危险化学品登记工作。

B 选项正确。第六条规定，环境保护主管部门负责废弃危险化学品处置的监督管理，组织危险化学品的环境危害性鉴定和环境风险程度评估，确定实施重点环境管理的危险化学品，负责危险化学品环境管理登记和新化学物质环境管理登记；依照职责分工调查相关危险化学品环境污染事故和生态破坏事件，负责危险化学品事故现场的应急环境监测。

C 选项错误。第六条规定，交通运输主管部门负责危险化学品道路运输、水路运输的许可以及运输工具的安全管理，对危险化学品水路运输安全实施监督，负责危险化学品道路运输企业、水路运输企业驾驶人员、船员、装卸管理人员、押运人员、申报人员、集装箱装箱现场检查员的资格认定。铁路监管部门负责危险化学品铁路运输及其运输工具的安全管理。民用航空主管部门负责危险化学品航空运输以及航空运输企业及其运输工具的安全管理。

D 选项错误。卫生主管部门负责危险化学品毒性鉴定的管理，负责组织、协调危险化学品事故受伤人员的医疗卫生救援工作。

5. A 【解析】A 选项正确。根据《危险化学品安全管理条例》规定，甲化工企业应当对"甲酸甲酯混合液"做毒理特性鉴定。

B 选项错误。该起事故属于危险化学品中毒事故。

C 选项错误。甲化工企业未进行毒理特性鉴定，间接导致了事故的发生，甲企业应承担责任。

D 选项错误。安全标签应当标明其物理危害、环境危害和健康危害。第十五条规定，危险化学品生产企业应当提供与其生产的危险化学品相符的化学品安全技术说明书，并在危险化学品包装（包括外包装件）上粘贴或者拴挂与包装内危险化学品相符的化学品安全标签。化学品安全技术说明书和化学品安全标签所载明的内容应当符合国家标准的要求。

6. A 【解析】A 选项正确。第四十三条规定，从事危险化学品道路运输、水路运输的，应当分别依照有关道路运输、水路运输的法律、行政法规的规定，取得危险货物道路运输许可、危险货物水路运输许可，并向工商行政管理部门办理登记手续。

B 选项错误。《危险化学品安全管理条例》第四十八条规定，运输危险化学品途中因住宿或者发生影响正常运输的情况，需要较长时间停车的，驾驶人员、押运人员应当采取相应的安全防范措施；运输剧毒化学品或者易制爆危险化学品的，还应当向当地公安机关报告。

C 选项错误。第五十六条规定，通过内河运输危险化学品，应当由依法取得危险货物水路运输许可的水路运输企业承运，其他单位和个人不得承运。托运人应当委托依法取得危险货物水路运输许可的水路运输企业承运，不得委托其他单位和个人承运。

D 选项错误。第八十七条规定，在托运的普通货物中夹带危险化学品，或者将危险化学品谎报或者匿报为普通货物托运的。在邮件、快件内夹带危险化学品，或者将危险化学品谎报为普通物品交寄的，依法给予治安管理处罚；构成犯罪的，依法追究刑事责任。邮政企业、快递企业收寄危险化学品的，依照《中华人民共和国邮政法》的规定处罚。

7. C 【解析】A 选项错误。《危险化学品安全管理条例》第三十三条规定，依法设立的危险化学品生产企业在其厂区范围内销售本企业生产的危险化学品，不需要取得危险化学品经营许可。

B 选项错误。第三十五条规定，申请人持危险化学品经营许可证向工商行政管理部门办理登记手续后，方可从事危险化学品经营活动。

C 选项正确。第三十五条规定，从事剧毒化学品、易制爆危险化学品经营的企业，应当向所在地设区的市级人民政府安全生产监督管理部门提出申请，从事其他危险化学品经营的企业，应当向所在地县级人民政府安全生产监督管理部门提出申请（有储存设施的，应当向所在地设区的市级人民政府安全生产监督管理部门提出申请）。申请人应当提交其符合本条例第三十四条规定，条件的证明材料。设区的市级人民政府安全生产监督管理部门或者县级人民政府安全生产监督管理部门应当依法进行审查，并对申请人的经营场所、储存设施进行现场核查，自收到证明材料之日起 30 日内作出批准或者不予批准的决定。予以批准的，颁发危险化学品经营许可证；不予批准的，书面通知申请人并说明理由。

D 选项错误。不需要办理经营许可证备案。

8. BCD 【解析】A 选项错误。第二十九条规定，使用危险化学品从事生产并且使用量达到规定数量的化工企业，应当依照本条例的规定取得危险化学品安全使用许可证。

B、D 选项正确。《危险化学品安全管理条例》第二十三条规定，生产、储存剧毒化学品或者国务院公安部门规定的可用于制造爆炸物品的危险化学品的单位，应当如实记录其生产、储存的剧毒化学品、易制爆危险化学品的数量、流向，并采取必要的安全防范措施，防止剧毒化学品、易制爆危险化学品丢失或者被盗；发现剧毒化学品、易制爆危险化学品丢失或者被盗的，应当立即向当地公安机关报告。

C 选项正确。第二十三条规定，生产、储存剧毒化学品、易制爆危险化学品的单位，应当设置治安保卫机构，配备专职治安保卫人员。

E 选项错误。第四十二条规定，使用剧毒化学品、易制爆危险化学品的单位不得出借、转让其购买的剧毒化学品、易制爆危险化学品；因转产、停产、搬迁、关闭等确需转让的，应当向具有本条例第三十八条第一款、第二款规定的相关许可证件或者证明文件的单位转让，并在转让后将有关情况及时向所在地县级人民政府公安机关报告。

9. B 【解析】根据《危险化学品安全管理条例》第六条，对不符合法律、行政法规、规章规定或者国家标准、行业标准要求的设施、设备、装置、器材、运输工具，责令立即停止使用。D 选项错误。建立应急预案，而不是消除。

10. B 【解析】A 选项错误。不是所有企业都需要取得危险化学品安全使用许可证，根据《危险化学品安全管理条例》第二十九条，使用危险化学品从事生产并且使用量达到规定数量的化工企业（属于危险化学品生产企业的除外，下同），应当依照本条例的规定取得危险化学品安全使用许可证。

B 选项正确。根据第二十九条，生产、储存危险化学品的单位，应当在其作业场所和安全设施、设备上设置明显的安全警示标志。

C 选项错误。根据第二十七条，处置方案应当报所在地县级人民政府安全生产监督管理部门、工业和信息化主管部门、环境保护主管部门和公安机关备案。

D 选项错误。根据第二十三条，发现剧毒化学品、易制爆危险化学品丢失或者被盗的，应当立即向当地公安机关报告。

11. B 【解析】B 选项正确，A、C、D 选项错误。根据《危险化学品安全管理条例》第五十四条，禁止通过内河封闭水域运输剧毒化学品以及国家规定禁止通过内河运输的其他危险化学品。前款规定以外的内河水域，禁止运输国家规定禁止通过内河运输的剧毒化学品以及其他危险化学品。

12. D 【解析】A、B、C 选项错误。根据《危险化学品安全管理条例》第七十一条，发生危险化学品事故，事故单位主要负责人应当立即按照本单位危险化学品应急预案组织救援，并向当地安全生产监督管理部门和环境保护、公安、卫生主管部门报告；道路运输、水路运输过程中发生危险化学品事故的，驾驶人员、船员或者押运人员还应当向事故发生地交通运输主管部门报告。

D 选项正确。根据第七十二条，发生危险化学品事故，有关地方人民政府应当立即组织安全生产监督管理、环境保护、公安、卫生、交通运输等有关部门，按照本地区危险化学品事故应急预案组织实施救援，不得拖延、推诿。

13. BC 【解析】A 选项错误，B 选项正确。根据《危险化学品安全管理条例》第十二条，新建、改建、扩建储存、装卸危险化学品的港口建设项目，由港口行政管理部门按照国务院交通运输主管部门的规定进行安全条件审查。

C 选项正确。根据第十三条，生产、储存危险化学品的单位，应当对其铺设的危险化学品管道设置明显标志，并对危险化学品管道定期检查、检测。

D、E 选项错误。根据第十九条，危险化学品生产装置或者储存数量构成重大危险源的危险化学品储存设施（运输工具加油站、加气站除外），与学校、医院、影剧院、体育场（馆）等公共设施的距离应当符合国家有关规定；已建的危险化学品生产装置或者储存数量构成重大危险源的危险化学品储存设施不符合前款规定的，由所在地设区的市级人民政府安全生产监督管理部门（即现在的应急管理部门）会同有关部门监督其所属单位在规定期限内进行整改。

14. B 【解析】根据《危险化学品安全管理条例》第七十条规定，危险化学品单位应当制定本单位危险化学品事故应急预案，配备应急救援人员和必要的应急救援器材、设备，并定期组织应急救援演练。危险化学品单位应当将其危险化学品事故应急预案报所在地设区的市级人民政府安全生产监督管理部门备案。

15. B 【解析】《危险化学品安全管理条例》第二十九条规定，使用危险化学品从事生产并且使用量达到规定数量的化工企业（属于危险化学品生产企业的除外，下同），应当依照本条例的规定取得危险化学品安全使用许可证。前款规定的危险化学品使用量的数量标准，由国务院安全生产监督管理部门会同国务院公安部门、农业主管部门确定并公布。

16. C 【解析】《危险化学品安全管理条例》第七十五条规定，生产、经营、使用国家禁止生产、经营、使用的危险化学品的，由安全生产监督管理部门责令停止生产、经营、使用活动，处20万元以上50万元以下的罚款，有违法所得的，没收违法所得；构成犯罪的，依法追究刑事责任。有前款规定行为的，安全生产监督管理部门还应当责令其对所生产、经营、使用的危险化学品进行无害化处理。违反国家关于危险化学品使用的限制性规定使用危险化学品的，依照本条第一款的规定处理。

17. A 【解析】《危险化学品安全管理条例》第九十七条规定，监控化学品、属于危险化学品的药品和农药的安全管理，依照本条例的规定执行；法律、行政法规另有规定的，依照其规定。民用爆炸物品、烟花爆竹、放射性物品、核能物质以及用于国防科研生产的危险化学品的安全管理，不适用本条例。法律、行政法规对燃气的安全管理另有规定的，依照其规定。危险化学品容器属于特种设备的，其安全管理依照有关特种设备安全的法律、行政法规的规定执行。

18. BCE 【解析】B选项正确。第十三条规定，生产、储存危险化学品的单位，应当对其铺设的危险化学品管道设置明显标志，并对危险化学品管道定期检查、检测。进行可能危及危险化学品管道安全的施工作业，施工单位应当在开工的7日前书面通知管道所属单位，并与管道所属单位共同制定应急预案，采取相应的安全防护措施。管道所属单位应当指派专门人员到现场进行管道安全保护指导。

A选项错误，E选项正确。第二十三条规定，生产、储存剧毒化学品或者国务院公安部门规定的可用于制造爆炸物品的危险化学品（以下简称易制爆危险化学品）的单位，应当如实记录其生产、储存的剧毒化学品、易制爆危险化学品的数量、流向，并采取必要的安全防范措施，防止剧毒化学品、易制爆危险化学品丢失或者被盗；发现剧毒化学品、易制爆危险化学品丢失或者被盗的，应当立即向当地公安机关报告。

D选项错误。生产、储存剧毒化学品、易制爆危险化学品的单位，应当设置治安保卫机构，配备专职治安保卫人员。

C选项正确。第二十六条规定，危险化学品专用仓库应当符合国家标准、行业标准的要求，并设置明显的标志。储存剧毒化学品、易制爆危险化学品的专用仓库，应当按照国家有关规定设置相应的技术防范设施。储存危险化学品的单位应当对其危险化学品专用仓库的安全设施、设备定期进行检测、检验。

19. AE 【解析】A选项正确。《危险化学品安全管理条例》第十四条规定，危险化学品生产企业进行生产前，应当依照《安全生产许可证条例》的规定，取得危险化学品安全生产许可证。生产列入国家实行生产许可证制度的工业产品目录的危险化学品的企业，应当依照《中华人民共和国工业产品生产许可证管理条例》的规定，取得工业产品生产许可证。负责颁发危险化学品安全生产许可证、工业产品生产许可证的部门，应当将其颁发许可证的情况及时向同级工业和信息化主管部门、环境保护主管部门和公安机关通报。

B 选项错误。《危险化学品安全管理条例》第十三条规定，生产、储存危险化学品的单位，应当对其铺设的危险化学品管道设置明显标志，并对危险化学品管道定期检查、检测。进行可能危及危险化学品管道安全的施工作业，施工单位应当在开工的 7 日前书面通知管道所属单位，并与管道所属单位共同制定应急预案，采取相应的安全防护措施。管道所属单位应当指派专门人员到现场进行管道安全保护指导。

C 选项错误。第十九条规定，已建的危险化学品生产装置或者储存数量构成重大危险源的危险化学品储存设施不符合前款规定的，由所在地设区的市级人民政府安全生产监督管理部门会同有关部门监督其所属单位在规定期限内进行整改；需要转产、停产、搬迁、关闭的，由本级人民政府决定并组织实施。

D 选项错误。第二十二条规定，生产、储存危险化学品的企业，应当委托具备国家规定的资质条件的机构，对本企业的安全生产条件每 3 年进行 1 次安全评价，提出安全评价报告。安全评价报告的内容应当包括对安全生产条件存在的问题进行整改的方案。

E 选项正确。第二十四条规定，危险化学品应当储存在专用仓库、专用场地或者专用储存室（以下统称专用仓库）内，并由专人负责管理；剧毒化学品以及储存数量构成重大危险源的其他危险化学品，应当在专用仓库内单独存放，并实行双人收发、双人保管制度。危险化学品的储存方式、方法以及储存数量应当符合国家标准或者国家有关规定。

20. B 【解析】《危险化学品安全管理条例》第七十八条规定，有下列情形之一的，由安全生产监督管理部门责令改正，可以处 5 万元以下的罚款；拒不改正的，处 5 万元以上 10 万元以下的罚款；情节严重的，责令停产停业整顿：生产、储存危险化学品的单位未在作业场所和安全设施、设备上设置明显的安全警示标志，或者未在作业场所设置通信、报警装置的。

21. D 【解析】A 选项错误。《危险化学品安全管理条例》第二十二条规定，生产、储存危险化学品的企业，应当委托具备国家规定的资质条件的机构，对本企业的安全生产条件每 3 年进行 1 次安全评价，提出安全评价报告。

B 选项错误。第十三条规定，生产、储存危险化学品的单位，应当对其铺设的危险化学品管道设置明显标志，并对危险化学品管道定期检查、检测。进行可能危及危险化学品管道安全的施工作业，施工单位应当在开工的 7 日前书面通知管道所属单位，并与管道所属单位共同制定应急预案，采取相应的安全防护措施。管道所属单位应当指派专门人员到现场进行管道安全保护指导。

C 选项错误。第二十五条第二款规定，对剧毒化学品以及储存数量构成重大危险源的其他危险化学品，储存单位应当将其储存数量、储存地点以及管理人员的情况，报所在地县级人民政府安全生产监督管理部门（在港区内储存的，报港口行政管理部门）和公安机关备案。

D 选项正确。第二十四条规定，危险化学品应当储存在专用仓库、专用场地或者专用储存室（以下统称专用仓库）内，并由专人负责管理；剧毒化学品以及储存数量构成重大危险源的其他危险化学品，应当在专用仓库内单独存放，并实行双人收发、双人保管制度。危险化学品的储存方式、方法以及储存数量应当符合国家标准或者国家有关规定。

22. C 【解析】《危险化学品安全管理条例》第三十八条规定，依法取得危险化学品安全生产许可证、危险化学品安全使用许可证、危险化学品经营许可证的企业，凭相应的许可证件购买剧毒化学品、易制爆危险化学品。民用爆炸物品生产企业凭民用爆炸物品生产许可证购买易制爆危险化学品。前款规定以外的单位购买剧毒化学品的，应当向所在地县级人民政府公安机关申请取得剧毒化学品购买许可证；购买易制爆危险化学品的，应当持本单位出具的合法用途说明。个人不得购买剧毒化学品（属于剧毒化学品的农药除外）和易制爆危险化学品。

23. C 【解析】A选项错误。《危险化学品安全管理条例》第五十条第一款规定，通过道路运输剧毒化学品的，托运人应当向运输始发地或者目的地县级人民政府公安机关申请剧毒化学品道路运输通行证。第六十条规定，船舶载运危险化学品进出内河港口，应当将危险化学品的名称、危险特性、包装以及进出港时间等事项，事先报告海事管理机构。海事管理机构接到报告后，应当在国务院交通运输主管部门规定的时间内作出是否同意的决定，通知报告人，同时通报港口行政管理部门。定船舶、定航线、定货种的船舶可以定期报告。在内河港口内进行危险化学品的装卸、过驳作业，应当将危险化学品的名称、危险特性、包装和作业的时间、地点等事项报告港口行政管理部门。港口行政管理部门接到报告后，应当在国务院交通运输主管部门规定的时间内作出是否同意的决定，通知报告人，同时通报海事管理机构。载运危险化学品的船舶在内河航行，通过过船建筑物的，应当提前向交通运输主管部门申报，并接受交通运输主管部门的管理。由此判断，C选项正确。

24. ABCE 【解析】《危险化学品安全管理条例》第三十条规定，申请危险化学品安全使用许可证的化工企业，除应当符合本条例第二十八条的规定外，还应当具备下列条件：①有与所使用的危险化学品相适应的专业技术人员；②有安全管理机构和专职安全管理人员；③有符合国家规定的危险化学品事故应急预案和必要的应急救援器材、设备；④依法进行了安全评价。由此判断，D选项错误，其余选项正确。

第五节　烟花爆竹安全管理条例

【基础知识训练】

1. D 【解析】《烟花爆竹安全管理条例》第二条第二款规定，本条例所称的烟花爆竹，是指烟花爆竹制品和用于生产烟花爆竹的民用黑火药、烟火药、引火线等物品。

2. B 【解析】《烟花爆竹安全管理条例》第十九条第三款规定，《烟花爆竹经营（零售）许可证》应当载明经营负责人、经营场所地址、经营期限、烟花爆竹种类和限制存放量。

3. A 【解析】依据《烟花爆竹安全管理条例》的规定，经由道路运输烟花爆竹的，应当经公安部门许可。从事道路运输烟花爆竹的，托运人应当向运达地县级人民政府公安部门提出申请，并提交相关材料。受理申请的公安部门应当自受理申请之日起3日内对提交的有关材料进行审查，对符合条件的，核发《烟花爆竹道路运输许可证》；对不符合条件的，应当说明理由。

4. B 【解析】烟花爆竹运达目的地后，收货人应当在 3 日内将《烟花爆竹道路运输许可证》交回发证机关核销。

5. D 【解析】《烟花爆竹安全管理条例》第三十二条规定，举办焰火晚会以及其他大型焰火燃放活动，应当按照举办的时间、地点、环境、活动性质、规模以及燃放烟花爆竹的种类、规格和数量，确定危险等级，实行分级管理。分级管理的具体办法，由国务院公安部门规定。

6. B 【解析】《烟花爆竹安全管理条例》第四十二条第一款规定，对未经许可举办焰火晚会以及其他大型焰火燃放活动，或者焰火晚会以及其他大型焰火燃放活动燃放作业单位和作业人员违反焰火燃放安全规程、燃放作业方案进行燃放作业的，由公安部门责令停止燃放，对责任单位处 1 万元以上 5 万元以下的罚款。

7. A 【解析】《烟花爆竹安全管理条例》第四十二条第二款规定，在禁止燃放烟花爆竹的时间、地点燃放烟花爆竹，或者以危害公共安全和人身、财产安全的方式燃放烟花爆竹的，由公安部门责令停止燃放，处 100 元以上 500 元以下的罚款，构成违反治安管理行为的，依法给予处罚。

8. D 【解析】第十二条规定，从事危险工序的作业人员经设区的市人民政府安全生产监督管理部门考核合格，方可上岗作业。

9. A 【解析】第二十八条规定，燃放烟花爆竹，应当遵守有关法律、法规和规章的规定。县级以上地方人民政府可以根据本行政区域的实际情况，确定限制或者禁止燃放烟花爆竹的时间、地点和种类。

10. ABCE 【解析】依据《烟花爆竹安全管理条例》的规定，禁止在法律法规明确规定禁燃的地点燃放烟花爆竹，这些地点包括：①文物保护单位；②车站、码头、飞机场等交通枢纽以及铁路线路安全保护区内；③易燃易爆物品生产、储存单位；④输变电设施安全保护区为；⑤医疗机构、幼儿园、中小学校、敬老院；⑥山林、草原等重点防火区。

11. ABDE 【解析】《烟花爆竹安全管理条例》第十七条规定，从事烟花爆竹批发的企业，应当具备下列条件：①具有企业法人条件；②经营场所与周边建筑、设施保持必要的安全距离；③有符合国家标准的经营场所和储存仓库；④有保管员、仓库守护员；⑤依法进行了安全评价；⑥有事故应急救援预案、应急救援组织和人员，并配备必要的应急救援器材、设备；⑦法律、法规规定的其他条件。

12. ABC 【解析】第十二条规定，生产烟花爆竹的企业，应当对生产作业人员进行安全生产知识教育，对从事药物混合、造粒、筛选、装药、筑药、压药、切引、搬运等危险工序的作业人员进行专业技术培训。

13. ABCD 【解析】第二十四条规定，《烟花爆竹道路运输许可证》应当载明托运人、承运人、一次性运输有效期限、起始地点、行驶路线、经停地点、烟花爆竹的种类、规格和数量。

【能力提升训练】

1. B 【解析】本题考查烟花爆竹生产安全的规定。A 选项错误。生产烟花爆竹的企业，应当在投入生产前向所在地设区的市人民政府安全生产监督管理部门提出安全审查申请，省、自治区、直辖市人民政府安全生产监督管理部门应当自受理申请之日起 45 日内进行安全审查，对符合条件的，核发《烟花爆竹安全生产许可证》。

B 选项正确。生产烟花爆竹的企业为扩大生产能力进行基本建设或者技术改造的，应当依照规定申请办理安全生产许可证。

C 选项错误。生产烟花爆竹使用的原料，国家标准有用量限制的，不得超过规定的用量。不得使用国家标准规定禁止使用或者禁忌配伍的物质生产烟花爆竹。

D 选项错误。生产烟花爆竹的企业，应当按照国家标准的规定，在烟花爆竹产品上标注燃放说明，并在烟花爆竹包装物上印制易燃易爆危险物品警示标志。

2. D 【解析】D 选项错误。最长 65 日。第九条规定，生产烟花爆竹的企业，应当在投入生产前向所在地设区的市人民政府安全生产监督管理部门提出安全审查申请，并提交能够证明符合本条例第八条规定条件的有关材料。设区的市人民政府安全生产监督管理部门应当自收到材料之日起 20 日内提出安全审查初步意见，报省、自治区、直辖市人民政府安全生产监督管理部门审查。省、自治区、直辖市人民政府安全生产监督管理部门应当自受理申请之日起 45 日内进行安全审查，对符合条件的，核发《烟花爆竹安全生产许可证》；对不符合条件的，应当说明理由。

3. B 【解析】B 选项错误。第十四条规定，生产烟花爆竹的企业，应当按照国家标准的规定，在烟花爆竹产品上标注燃放说明，并在烟花爆竹包装物上印制易燃易爆危险物品警示标志。

4. C 【解析】第二十条规定，从事烟花爆竹批发的企业，应当向生产烟花爆竹的企业采购烟花爆竹，向从事烟花爆竹零售的经营者供应烟花爆竹。从事烟花爆竹零售的经营者，应当向从事烟花爆竹批发的企业采购烟花爆竹。从事烟花爆竹批发的企业，不得向从事烟花爆竹零售的经营者供应按照国家标准规定应由专业燃放人员燃放的烟花爆竹。从事烟花爆竹零售的经营者，不得销售按照国家标准规定应由专业燃放人员燃放的烟花爆竹。第二十一条规定，生产、经营黑火药、烟火药、引火线的企业，不得向未取得烟花爆竹安全生产许可的任何单位或者个人销售黑火药、烟火药和引火线。

5. B 【解析】第二十三条规定，经由道路运输烟花爆竹的，托运人应当向运达地县级人民政府公安部门提出申请，并提交相关材料。

6. B 【解析】B 选项正确。《烟花爆竹安全管理条例》第十六条规定，烟花爆竹的经营分为批发和零售。从事烟花爆竹批发的企业和零售经营者的经营布点，应当经安全生产监督管理部门审批。禁止在城市市区布设烟花爆竹批发场所；城市市区的烟花爆竹零售网点，应当按照严格控制的原则合理布设。

A、C 选项错误。《烟花爆竹安全管理条例》第十七条规定，从事烟花爆竹批发的企业，应当具备下列条件：①具有企业法人条件；②经营场所与周边建筑、设施保持必要的安全距离；③有符合国家标准的经营场所和储存仓库；④有保管员、仓库守护员；⑤依法进行了安全评价；⑥有事故应急救援预案、应急救援组织和人员，并配备必要的应急救援器材、设备；⑦法律、法规规定的其他条件。

D 选项错误。第十八条规定，烟花爆竹零售经营者，应当具备下列条件：①主要负责人经过安全知识教育；②实行专店或者专柜销售，设专人负责安全管理；③经营场所配备必要的消防器材，张贴明显的安全警示标志；④法律、法规规定的其他条件。

【历年真题实战】

1. B【解析】B选项错误。《烟花爆竹安全管理条例》第十条规定，生产烟花爆竹的企业，持《烟花爆竹安全生产许可证》到工商行政管理部门办理登记手续后，方可从事烟花爆竹生产活动。

2. B【解析】A选项错误。《烟花爆竹安全管理条例》第二十八条规定，燃放烟花爆竹，应当遵守有关法律、法规和规章的规定。县级以上地方人民政府可以根据本行政区域的实际情况，确定限制或者禁止燃放烟花爆竹的时间、地点和种类。

C选项错误。第三十三条规定，申请举办焰火晚会以及其他大型焰火燃放活动，主办单位应当按照分级管理的规定，向有关人民政府公安部门提出申请，并提交下列有关材料：①举办焰火晚会以及其他大型焰火燃放活动的时间、地点、环境、活动性质、规模；②燃放烟花爆竹的种类、规格、数量；③燃放作业方案；④燃放作业单位、作业人员符合行业标准规定条件的证明。受理申请的公安部门应当自受理申请之日起20日内对提交的有关材料进行审查，对符合条件的，核发《焰火燃放许可证》；对不符合条件的，应当说明理由。

D选项错误。第三十五条规定，公安部门应当加强对危险等级较高的焰火晚会以及其他大型焰火燃放活动的监督检查。

3. D【解析】A、B选项错误。依据《烟花爆竹安全管理条例》第二十三条规定，经由道路运输烟花爆竹的，托运人应当向运达地县级人民政府公安部门提出申请，并提交下列有关材料。

C选项错误。第二十五条规定，经由道路运输烟花爆竹的，除应当遵守《中华人民共和国道路交通安全法》外，还应当遵守下列规定：运输车辆限速行驶，途中经停必须有专人看守；出现危险情况立即采取必要的措施，并报告当地公安部门。

D选项正确。第二十六条规定，烟花爆竹运达目的地后，收货人应当在3日内将《烟花爆竹道路运输许可证》交回发证机关核销。

4. B【解析】A选项错误。《烟花爆竹安全管理条例》第十一条规定，生产烟花爆竹的企业，应当按照安全生产许可证核定的产品种类进行生产，生产工序和生产作业应当执行有关国家标准和行业标准。

B选项正确。第八条规定，（四）厂房和仓库的设计、结构和材料以及防火、防爆、防雷、防静电等安全设备、设施符合国家有关标准和规范。

C选项错误。第十条规定，生产烟花爆竹的企业，持《烟花爆竹安全生产许可证》到工商行政管理部门办理登记手续后，方可从事烟花爆竹生产活动。

D选项错误。第十一条规定，企业生产的产品品种、类别、级别、规格、质量、包装、标志应当符合《烟花爆竹安全与质量》（GB 10631）等国家标准、行业标准的规定。

5. B【解析】A、C选项错误，B选项正确。根据《烟花爆竹安全管理条例》第三十三条，申请举办焰火晚会以及其他大型焰火燃放活动，主办单位应当按照分级管理的规定，向有关人民政府公安部门提出申请，并提交下列有关材料：①举办焰火晚会以及其他大型焰火燃放活动的时间、地点、环境、活动性质、规模；②燃放烟花爆竹的种类、规格、数量；③燃放作业方案；④燃放作业单位、作业人员符合行业标准规定条件的证明。

D 选项错误。根据第三十四条，焰火晚会以及其他大型焰火燃放活动燃放作业单位和作业人员，应当按照焰火燃放安全规程和经许可的燃放作业方案进行燃放作业。

6. C 【解析】A 选项错误。根据《烟花爆竹安全管理条例》第六条，中华全国供销合作总社应当加强对本系统企业烟花爆竹经营活动的管理。

B 选项错误。根据第三条，国家对烟花爆竹的生产、经营、运输和举办焰火晚会以及其他大型焰火燃放活动，实行许可证制度。

C 选项正确。根据第六条，烟花爆竹生产、经营、运输企业和焰火晚会以及其他大型焰火燃放活动主办单位的主要负责人，对本单位的烟花爆竹安全工作负责。

D 选项错误。根据第五条，公安部门、安全生产监督管理部门、质量监督检验部门、工商行政管理部门应当按照职责分工，组织查处非法生产、经营、储存、运输、邮寄烟花爆竹以及非法燃放烟花爆竹的行为。

7. A 【解析】《烟花爆竹安全管理条例》第十九条规定，申请从事烟花爆竹批发的企业，应当向所在地设区的市人民政府安全生产监督管理部门提出申请，并提供能够证明符合本条例第十七条规定条件的有关材料。受理申请的安全生产监督管理部门应当自受理申请之日起 30 日内对提交的有关材料和经营场所进行审查，对符合条件的，核发《烟花爆竹经营（批发）许可证》；对不符合条件的，应当说明理由。申请从事烟花爆竹零售的经营者，应当向所在地县级人民政府安全生产监督管理部门提出申请，并提供能够证明符合本条例第十八条规定条件的有关材料。受理申请的安全生产监督管理部门应当自受理申请之日起 20 日内对提交的有关材料和经营场所进行审查，对符合条件的，核发《烟花爆竹经营（零售）许可证》；对不符合条件的，应当说明理由。《烟花爆竹经营（零售）许可证》，应当载明经营负责人、经营场所地址、经营期限、烟花爆竹种类和限制存放量。

8. D 【解析】《烟花爆竹安全管理条例》规定，生产烟花爆竹的企业，持《烟花爆竹安全生产许可证》到工商行政管理部门办理登记手续后，方可从事烟花爆竹生产活动。

A 选项错误。第十二条规定，生产烟花爆竹的企业，应当对生产作业人员进行安全生产知识教育，对从事药物混合、造粒、筛选、装药、筑药、压药、切引、搬运等危险工序的作业人员进行专业技术培训。从事危险工序的作业人员经设区的市人民政府安全生产监督管理部门考核合格，方可上岗作业。

B 选项错误。第十三条规定，生产烟花爆竹使用的原料，应当符合国家标准的规定。生产烟花爆竹使用的原料，国家标准有用量限制的，不得超过规定的用量。不得使用国家标准规定禁止使用或者禁忌配伍的物质生产烟花爆竹。

C 选项错误。第十四条规定，生产烟花爆竹的企业，应当按照国家标准的规定，在烟花爆竹产品上标注燃放说明，并在烟花爆竹包装物上印制易燃易爆危险物品警示标志。

D 选项正确。第十条规定，生产烟花爆竹的企业为扩大生产能力进行基本建设或者技术改造的，应当依照本条例的规定申请办理安全生产许可证。

9. D 【解析】《烟花爆竹安全管理条例》第二十三条规定，经由道路运输烟花爆竹的，托运人应当向运达地县级人民政府公安部门提出申请。由此分析，甲应该向 D 县公安机关提出申请。

10. A 【解析】《烟花爆竹安全管理条例》第十条规定，生产烟花爆竹的企业为扩大生产能力进行基本建设或者技术改造的，应当依照本条例的规定申请办理安全生产许可证。生产烟花爆竹的企业，持《烟花爆竹安全生产许可证》到工商行政管理部门办理登记手续后，方可从事烟花爆竹生产活动。由此判断，A 选项正确，B 选项错误。第十二条规定，生产烟花爆竹的企业，应当对生产作业人员进行安全生产知识教育，对从事药物混合、造粒、筛选、装药、筑药、压药、切引、搬运等危险工序的作业人员进行专业技术培训。从事危险工序的作业人员经设区的市人民政府安全生产监督管理部门考核合格，方可上岗作业。由此可知 C 选项错误。第十四条规定，生产烟花爆竹的企业，应当按照国家标准的规定，在烟花爆竹产品上标注燃放说明，并在烟花爆竹包装物上印制易燃易爆危险物品警示标志。由此可知，D 选项错误。

第六节　民用爆炸物品安全管理条例

【基础知识训练】

1. B 【解析】《民用爆炸物品安全管理条例》第六条规定，无民事行为能力人、限制民事行为能力人或者曾因犯罪受过刑事处罚的人，不得从事民用爆炸物品的生产、销售、购买、运输和爆破作业。民用爆炸物品从业单位应当加强对本单位从业人员的安全教育、法制教育和岗位技术培训，从业人员经考核合格的，方可上岗作业；对有资格要求的岗位，应当配备具有相应资格的人员。

2. D 【解析】《民用爆炸物品安全管理条例》第十九条第一款规定，申请从事民用爆炸物品销售的企业，应当向所在地省、自治区、直辖市人民政府民用爆炸物品行业主管部门提交申请书、可行性研究报告以及能够证明其符合规定条件的有关材料。

3. B 【解析】《民用爆炸物品安全管理条例》第二十一条规定，民用爆炸物品使用单位购买民用爆炸物品的，应当向所在地县级人民政府公安机关提出购买申请，并提交有关材料。

4. A 【解析】《民用爆炸物品安全管理条例》第二十四条规定，购买民用爆炸物品的单位，应当自民用爆炸物品买卖成交之日起 3 日内，将购买的品种、数量向所在地县级人民政府公安机关备案。

5. D 【解析】《民用爆炸物品安全管理条例》第二十三条规定，销售、购买民用爆炸物品，应当通过银行账户进行交易，不得使用现金或者实物进行交易。销售民用爆炸物品的企业，应当将购买单位的许可证、银行账户转账凭证、经办人的身份证明复印件保存 2 年备查。

6. D 【解析】《民用爆炸物品安全管理条例》第三十二条第二款规定，营业性爆破作业单位持《爆破作业单位许可证》到工商行政管理部门办理工商登记后，方可从事营业性爆破作业活动。

7. D 【解析】《民用爆炸物品安全管理条例》第四十三条规定，民用爆炸物品变质和过期失效的，应当及时清理出库，并予以销毁。销毁前应当登记造册，提出销毁方案，报省、自治区、直辖市人民政府民用爆炸物品行业主管部门、所在地县级人民政府公安机关组织监督销毁。

8. A 【解析】《民用爆炸物品安全管理条例》第二条第一款规定，民用爆炸物品的生产、销售、购买、进出口、运输、爆破作业和储存以及硝酸铵的销售、购买，适用本条例。

9. C 【解析】第十二条规定，申请从事民用爆炸物品生产的企业，应当向民用爆炸物品行业主管部门提交申请书、可行性研究报告以及能够证明其符合本条例第十一条规定条件的有关材料。民用爆炸物品行业主管部门应当自受理申请之日起 45 日内进行审查，对符合条件的，核发《民用爆炸物品生产许可证》；对不符合条件的，不予核发《民用爆炸物品生产许可证》，书面向申请人说明理由。

10. C 【解析】第三十三条规定，爆破作业人员应当经设区的市级人民政府公安机关考核合格，取得《爆破作业人员许可证》后，方可从事爆破作业。

11. ABC 【解析】《民用爆炸物品安全管理条例》第五十条规定，有下列情形之一的，由公安机关处 2 万元以上 10 万元以下的罚款；情节严重的，吊销其许可证；有违反治安管理行为的，依法给予治安管理处罚：①违反安全管理制度，致使民用爆炸物品丢失、被盗、被抢的；②民用爆炸物品丢失、被盗、被抢，未按照规定向当地公安机关报告或者故意隐瞒不报的；③转让、出借、转借、抵押、赠送民用爆炸物品的。

12. ABE 【解析】第十八条规定，申请从事民用爆炸物品销售的企业，应当具备下列条件：①符合对民用爆炸物品销售企业规划的要求；②销售场所和专用仓库符合国家有关标准和规范；③有具备相应资格的安全管理人员、仓库管理人员；④有健全的安全管理制度、岗位安全责任制度；⑤法律、行政法规规定的其他条件。

13. ABC 【解析】第三十三条规定，爆破作业单位应当对本单位的爆破作业人员、安全管理人员、仓库管理人员进行专业技术培训。

【能力提升训练】

1. B 【解析】B 选项，依据《民用爆炸物品安全管理条例》的规定，销售、购买民用爆炸物品，应当通过银行账户进行交易，不得使用现金或者实物进行交易。A 选项，甲公司为生产企业，无须办理《民用爆炸物品销售许可证》。C 选项，《民用爆炸物品安全管理条例》并未对交易的期限作出规定。D 选项，销售民用爆炸物品的企业，应当自民用爆炸物品买卖成交之日起 3 天内，将销售的品种、数量和购买单位向所在地省、自治区、直辖市人民政府民用爆炸物品行业主管部门和所在地县级人民政府公安机关备案。

2. D 【解析】D 选项，《民用爆炸物品安全管理条例》规定，对性质相抵触的民用爆炸物品必须分库储存，严禁在库房内存放其他物品。

3. B 【解析】A 选项错误。民用爆炸物品生产企业凭《民用爆炸物品生产许可证》，可以销售本企业生产的民用爆炸物品，不得超出核定的品种、数量。即该厂无须取得《民用爆炸物品销售许可证》。

C 选项错误。购买民用爆炸物品的单位，应当自民用爆炸物品买卖成交之日起 3 日内，将购买的品种、数量向所在地县级人民政府公安机关备案。

D 选项错误。销售、购买民用爆炸物品，应当通过银行账户进行交易，不得使用现金或者实物进行交易。

4. A 【解析】第十三条规定，取得《民用爆炸物品生产许可证》的企业应当在基本建设完成后，向省、自治区、直辖市人民政府民用爆炸物品行业主管部门申请安全生产许可。省、自治区、直辖市人民政府民用爆炸物品行业主管部门应当依照《安全生产许可证条例》的规定对其进行查验，对符合条件的，核发《民用爆炸物品安全生产许可证》。民用爆炸物品生产企业取得《民用爆炸物品安全生产许可证》后，方可生产民用爆炸物品。

5. D 【解析】第二十三条规定，销售、购买民用爆炸物品，应当通过银行账户进行交易，不得使用现金或者实物进行交易。销售民用爆炸物品的企业，应当将购买单位的许可证、银行账户转账凭证、经办人的身份证明复印件保存 2 年备查。

第二十四条规定，销售民用爆炸物品的企业，应当自民用爆炸物品买卖成交之日起 3 日内，将销售的品种、数量和购买单位向所在地省、自治区、直辖市人民政府民用爆炸物品行业主管部门和所在地县级人民政府公安机关备案。购买民用爆炸物品的单位，应当自民用爆炸物品买卖成交之日起 3 日内，将购买的品种、数量向所在地县级人民政府公安机关备案。

6. B 【解析】第十五条规定，民用爆炸物品生产企业应当对民用爆炸物品做出警示标识、登记标识，对雷管编码打号。

7. C 【解析】C 选项错误。是凭《民用爆炸物品购买许可证》购买。第二十二条规定，民用爆炸物品生产企业凭《民用爆炸物品生产许可证》购买属于民用爆炸物品的原料，民用爆炸物品销售企业凭《民用爆炸物品销售许可证》向民用爆炸物品生产企业购买民用爆炸物品，民用爆炸物品使用单位凭《民用爆炸物品购买许可证》购买民用爆炸物品，还应当提供经办人的身份证明。销售民用爆炸物品的企业，应当查验前款规定的许可证和经办人的身份证明；对持《民用爆炸物品购买许可证》购买的，应当按照许可的品种、数量销售。

8. B 【解析】A 选项错误。第三十六条规定，爆破作业单位跨省、自治区、直辖市行政区域从事爆破作业的，应当事先将爆破作业项目的有关情况向爆破作业所在地县级人民政府公安机关报告。

B 选项正确，C 选项错误。第三十七条规定，爆破作业单位应当如实记载领取、发放民用爆炸物品的品种、数量、编号以及领取、发放人员姓名。领取民用爆炸物品的数量不得超过当班用量，作业后剩余的民用爆炸物品必须当班清退回库。爆破作业单位应当将领取、发放民用爆炸物品的原始记录保存 2 年备查。

D 选项错误。第三十九条规定，爆破作业单位不再使用民用爆炸物品时，应当将剩余的民用爆炸物品登记造册，报所在地县级人民政府公安机关组织监督销毁。

【历年真题实战】

1. A 【解析】A 选项错误。《民用爆炸物品安全管理条例》第三十三条规定，爆破作业单位应当对本单位的爆破作业人员、安全管理人员、仓库管理人员进行专业技术培训。爆破作业人员应当经设区的市级人民政府公安机关考核合格，取得《爆破作业人员许可证》后，方可从事爆破作业。

B、C选项正确。第三十五条规定，在城市、风景名胜区和重要工程设施附近实施爆破作业的，应当向爆破作业所在地设区的市级人民政府公安机关提出申请，提交《爆破作业单位许可证》和具有相应资质的安全评估企业出具的爆破设计、施工方案评估报告。受理申请的公安机关应当自受理申请之日起20日内对提交的有关材料进行审查，对符合条件的，作出批准的决定；对不符合条件的，作出不予批准的决定，并书面向申请人说明理由。实施前款规定的爆破作业，应当由具有相应资质的安全监理企业进行监理，由爆破作业所在地县级人民政府公安机关负责组织实施安全警戒。

D选项正确。第三十九条规定，爆破作业单位不再使用民用爆炸物品时，应当将剩余的民用爆炸物品登记造册，报所在地县级人民政府公安机关组织监督销毁。发现、拣拾无主民用爆炸物品的，应当立即报告当地公安机关。

2. B 【解析】B选项正确。第六条规定，无民事行为能力人、限制民事行为能力人或者曾因犯罪受过刑事处罚的人，不得从事民用爆炸物品的生产、销售、购买、运输和爆破作业。民用爆炸物品从业单位应当加强对本单位从业人员的安全教育、法制教育和岗位技术培训，从业人员经考核合格的，方可上岗作业；对有资格要求的岗位，应当配备具有相应资格的人员。

A、C、D选项错误。第二条规定，民用爆炸物品的生产、销售、购买、进出口、运输、爆破作业和储存以及硝酸铵的销售、购买，适用本条例。

本条例所称民用爆炸物品，是指用于非军事目的、列入民用爆炸物品品名表的各类火药、炸药及其制品和雷管、导火索等点火、起爆器材。

民用爆炸物品品名表，由国务院民用爆炸物品行业主管部门会同国务院公安部门制订、公布。

第四条规定，民用爆炸物品行业主管部门负责民用爆炸物品生产、销售的安全监督管理。

公安机关负责民用爆炸物品公共安全管理和民用爆炸物品购买、运输、爆破作业的安全监督管理，监控民用爆炸物品流向。

3. C 【解析】A选项错误。《民用爆炸物品安全管理条例》第十一条规定，申请从事民用爆炸物品生产的企业，应当具备符合国家产业结构规划和产业技术标准条件。

B选项错误。《民用爆炸物品安全管理条例》第十二条规定，申请从事民用爆炸物品生产的企业，应当向国务院民用爆炸物品行业主管部门提交申请书、可行性研究报告以及能够证明其符合依据《民用爆炸物品安全管理条例》第十一条规定条件。

C选项正确。第十二条规定，民用爆炸物品生产企业为调整生产能力及品种进行改建、建的，应当申请办理《民用爆炸物品生产许可证》。

D选项错误。第十三条规定，民用爆炸物品生产企业取得《民用爆炸物品安全生产许可证》后，方可生产民用爆炸物品。

4. D 【解析】A选项错误。《危险化学品安全管理条例》第三十一条的规定，申请危险化学品安全使用许可证的化工企业，应当向所在地设区的市级人民政府安全生产监督管理部门提出申请，并提交其符合本条例第三十条规定条件的证明材料。设区的市级人民政府安全生产监督管理部门应当依法进行审查，自收到证明材料之日起45日内作出批准或者不予批准的决定。

B选项错误。《民用爆炸物品安全管理条例》第十九条规定，民用爆炸物品销售企业持《民用爆炸物品销售许可证》到工商行政管理部门办理工商登记后，方可销售民用爆炸物品。民用爆炸物品销售企业应当在办理工商登记后3日内，向所在地县级人民政府公安机关备案。

C选项错误。依据《民用爆炸物品安全管理条例》第二十一条规定，民用爆炸物品使用单位申请购买民用爆炸物品的，应当向所在地县级人民政府公安机关提出购买申请，并提交下列有关材料：①工商营业执照或者事业单位法人证书；②《爆破作业单位许可证》或者其他合法使用的证明；③购买单位的名称、地址、银行账户；④购买的品种、数量和用途说明。

D选项正确。第二十三条规定，销售、购买民用爆炸物品，应当通过银行账户进行交易，不得使用现金或者实物进行交易。

5. C 【解析】A选项错误。根据《民用爆炸物品安全管理条例》第四条，民用爆炸物品行业主管部门、公安机关、工商行政管理部门按照职责分工，负责组织查处非法生产、销售、购买、储存、运输、邮寄、使用民用爆炸物品的行为。

C选项正确。根据第四条，公安机关负责民用爆炸物品公共安全管理和民用爆炸物品购买、运输、爆破作业的安全监督管理，监控民用爆炸物品流向。

B、D选项错误。根据第四条，民用爆炸物品行业主管部门负责民用爆炸物品生产、销售的安全监督管理。

6. C 【解析】A选项错误。根据《民用爆炸物品安全管理条例》第四十一条，储存民用爆炸物品应当遵守下列规定：储存的民用爆炸物品数量不得超过储存设计容量，对性质相抵触的民用爆炸物品必须分库储存，严禁在库房内存放其他物品。

B选项错误。民用爆炸物品丢失、被盗、被抢，应当立即报告当地公安机关。

C选项正确。根据第四十三条，民用爆炸物品变质和过期失效的，应当及时清理出库，并予以销毁。销毁前应当登记造册，提出销毁实施方案，报省、自治区、直辖市人民政府民用爆炸物品行业主管部门、所在地县级人民政府公安机关组织监督销毁。

D选项错误。对性质相抵触的民用爆炸物品必须分库储存。

7. D 【解析】A选项错误。《民用爆炸物品安全管理条例》第四十一条规定，储存民用爆炸物品应当遵守下列规定：建立出入库检查、登记制度，收存和发放民用爆炸物品必须进行登记，做到账目清楚，账物相符。储存的民用爆炸物品数量不得超过储存设计容量，对性质相抵触的民用爆炸物品必须分库储存，严禁在库房内存放其他物品。

B选项错误。专用仓库应当指定专人管理、看护，严禁无关人员进入仓库区内，严禁在仓库区内吸烟和用火，严禁把其他容易引起燃烧、爆炸的物品带入仓库区内，严禁在库房内住宿和进行其他活动。民用爆炸物品丢失、被盗、被抢，应当立即报告当地公安机关。

C 选项错误。第四十二条规定，在爆破作业现场临时存放民用爆炸物品的，应当具备临时存放民用爆炸物品的条件，并设专人管理、看护，不得在不具备安全存放条件的场所存放民用爆炸物品。

D 选项正确。第四十条规定，民用爆炸物品应当储存在专用仓库内，并按照国家规定设置技术防范设施。

8. B 【解析】《民用爆炸物品安全管理条例》第二十六条规定，运输民用爆炸物品，收货单位应当向运达地县级人民政府公安机关提出申请，并提交包括下列内容的材料：①民用爆炸物品生产企业、销售企业、使用单位以及进出口单位分别提供的《民用爆炸物品生产许可证》《民用爆炸物品销售许可证》《民用爆炸物品购买许可证》或者进出口批准证明；②运输民用爆炸物品的品种、数量、包装材料和包装方式；③运输民用爆炸物品的特性、出现险情的应急处置方法；④运输时间、起始地点、运输路线、经停地点。受理申请的公安机关应当自受理申请之日起 3 日内对提交的有关材料进行审查，对符合条件的，核发《民用爆炸物品运输许可证》；对不符合条件的，不予核发《民用爆炸物品运输许可证》，书面向申请人说明理由。《民用爆炸物品运输许可证》应当载明收货单位、销售企业、承运人，一次性运输有效期限、起始地点、运输路线、经停地点，民用爆炸物品的品种、数量。

9. D 【解析】《民用爆炸物品安全管理条例》第十二条规定，申请从事民用爆炸物品生产的企业，应当向国务院民用爆炸物品行业主管部门提交申请书、可行性研究报告以及能够证明其符合本条例第十一条规定条件的有关材料。国务院民用爆炸物品行业主管部门应当自受理申请之日起 45 日内进行审查，对符合条件的，核发《民用爆炸物品生产许可证》；对不符合条件的，不予核发《民用爆炸物品生产许可证》，书面向申请人说明理由。民用爆炸物品生产企业为调整生产能力及品种进行改建、扩建的，应当依照前款规定申请办理《民用爆炸物品生产许可证》。民用爆炸物品生产企业持《民用爆炸物品生产许可证》到工商行政管理部门办理工商登记，并在办理工商登记后 3 日内，向所在地县级人民政府公安机关备案。由此得出，A 选项错误，D 选项正确。第十五条规定，民用爆炸物品生产企业应当对民用爆炸物品做出警示标识、登记标识，对雷管编码打号。由此判断，B 选项错误。第十七条规定，试验或者试制民用爆炸物品，必须在专门场地或者专门的试验室进行。严禁在生产车间或者仓库内试验或者试制民用爆炸物品。由此得出，C 选项错误。

10. A 【解析】《民用爆炸物品安全管理条例》第十九条规定，申请从事民用爆炸物品销售的企业，应当向所在地省、自治区、直辖市人民政府民用爆炸物品行业主管部门提交申请书、可行性研究报告以及能够证明其符合本条例第十八条规定条件的有关材料。省、自治区、直辖市人民政府民用爆炸物品行业主管部门应当自受理申请之日起 30 日内进行审查，并对申请单位的销售场所和专用仓库等经营设施进行查验，对符合条件的，核发《民用爆炸物品销售许可证》；对不符合条件的，不予核发《民用爆炸物品销售许可证》，书面向申请人说明理由。民用爆炸物品销售企业持《民用爆炸物品销售许可证》到工商行政管理部门办理工商登记后，方可销售民用爆炸物品。民用爆炸物品销售企业应当在办理工商登记后 3 日内，向所在地县级人民政府公安机关备案。由此判断，C 选项错误。第二十条规定，民用爆炸物品生产企业凭《民用爆炸物品生产许可证》，可以销售本企业生产的民用爆炸物品。由此判断，A 选项正确。第二十三条第一款规定，销售、购买民用爆炸物品，应当通过银行账户进行交易，不得使用现金或者实物进行交易。由此判断，B 选项错误。第二十四条第二款规定，购买民用爆炸物品的单位，应当自民用爆炸物品买卖成交之日起 3 日内，将购买的品种、数量向所在地县级人民政府公安机关备案。由此判断，D 选项错误。

第七节　特种设备安全监察条例

【基础知识训练】

1. D 【解析】《特种设备安全监察条例》第十二条规定，锅炉、压力容器中的气瓶、氧舱和客运索道、大型游乐设施以及高耗能特种设备的设计文件，应当经国务院特种设备安全监督管理部门核准的检验检测机构鉴定，方可用于制造。

2. B 【解析】《特种设备安全监察条例》第二十五条规定，特种设备在投入使用前或者投入使用后 30 日内，特种设备使用单位应当向直辖市或者设区的市的特种设备安全监督管理部门登记。登记标志应当置于或者附着于该特种设备的显著位置。

3. A 【解析】《特种设备安全监察条例》第二十七条规定，特种设备使用单位应当对在用特种设备进行经常性日常维护保养，并定期自行检查。特种设备使用单位对在用特种设备应当至少每月进行 1 次自行检查，并作出记录。

4. B 【解析】《特种设备安全监察条例》第三十四条第二款规定，电梯、客运索道、大型游乐设施的运营使用单位应当将电梯、客运索道、大型游乐设施的安全注意事项和警示标志置二易于为乘客注意的显著位置。

5. B 【解析】《特种设备安全监察条例》第十三条规定，按照安全技术规范的要求，应当进行型式实验的特种设备产品、部件或新式制特种设备新产品、新部件、新材料，必须进行型式实验和能效测试。

6. C 【解析】《特种设备安全监察条例》第十一条第一款规定，压力容器的设计单位应当经国务院特种设备安全监督管理部门许可，方可从事压力容器的设计活动。

7. B 【解析】《特种设备安全监察条例》第十六条规定，锅炉、压力容器、电梯、起重机械、客运索道、大型游乐设施、场（厂）内专用机动车辆的维修单位，应当有与特种设备维修相适应的专业技术人员和技术工人以及必要的检测手段，并经省、自治区、直辖市特种设备安全监督管理部门许可，方可从事相应的维修活动。

8. B 【解析】《特种设备安全监察条例》第二十条规定，锅炉、压力容器、电梯、起重机械、客运索道、大型游乐设施的安装、改造、维修以及场（厂）内专用机动车辆的改造、维修竣工后，安装、改造、维修的施工单位应当在验收后 30 日内将有关技术资料移交使用单位，高耗能特种设备还应当按照安全技术规范的要求提交能效测试报告。使用单位应当将其存入该特种设备的安全技术档案。

9. B 【解析】《特种设备安全监察条例》第二十六条规定，特种设备使用单位应当建立特种设备安全技术档案。安全技术档案应当包括以下内容：①特种设备的设计文件、制造单位、产品质量合格证明、使用维护说明等文件以及安装技术文件和资料；②特种设备的定期检验和定期自行检查的记录；③特种设备的日常使用状况记录；④特种设备及其安全附件、安全保护装置、测量调控装置及有关附属仪器仪表的日常维护保养记录；⑤特种设备运行故障和事故记录；⑥高耗能特种设备的能效测试报告、能耗状况记录以及节能改造技术资料。

10. C 【解析】《特种设备安全监察条例》第三十三条第一款规定，电梯、客运索道、大型游乐设施等为公众提供服务的特种设备运营使用单位，应当设置特种设备安全管理机构或者配备专职的安全管理人员；其他特种设备使用单位，应当根据情况设置特种设备安全管理机构或者配备专职、兼职的安全管理人员。

11. C 【解析】《特种设备安全监察条例》第三十四条规定，客运索道、大型游乐设施的运营使用单位应当设置特种设备安全管理机构或者配备专职的安全管理人员，在设施每日投入使用前，应当进行试运行和例行安全检查，并对安全装置进行检查确认。

12. B 【解析】《特种设备安全监察条例》第三十五条规定，客运索道、大型游乐设施的运营使用单位的主要负责人至少应当每月召开 1 次会议，督促、检查客运索道、大型游乐设施的安全使用工作。

13. A 【解析】特种设备使用单位应当按照安全技术规范的定期检验要求，在安全检验合格有效期届满前 1 个月向特种设备检验检测机构提出定期检验要求，未经定期检验或者检验不合格的特种设备，不得继续使用。

14. CD 【解析】《特种设备安全监察条例》第二条规定，本条例所称特种设备是指涉及生命安全、危险性较大的锅炉、压力容器（含气瓶）、压力管道、电梯、起重机械、客运索道、大型游乐设施和场（厂）内专用机动车辆。但本条例另有规定的除外。军事装备、核设施、航空航天器、铁路机车、海上设施和船舶以及矿山井下使用的特种设备、民用机场专用设备的安全监察不适用本条例。房屋建筑工地和市政工程工地用起重机械、场（厂）内专用机动车辆的安装、使用的监督管理，由建设行政主管部门依照有关法律、法规的规定执行。

15. ADE 【解析】《特种设备安全监察条例》第三十条规定，特种设备存在严重事故隐患，无改造、维修价值，或者超过安全技术规范规定使用年限，特种设备使用单位应当及时予以报废，并应当向原登记的特种设备安全监督管理部门办理注销。

16. ABC 【解析】《特种设备安全监察条例》第八十三条规定，特种设备使用单位未依照规定对电梯进行清洁、润滑、调整和检查的，由特种设备安全监督管理部门责令限期改正；逾期未改正的，处 2000 元以上 2 万元以下罚款，情节严重的，责令停止使用或者停产停业整顿。

17. AB 【解析】特种设备生产单位对其生产的特种设备的安全性能和能效指标负责，不得生产不符合安全性能要求和能效指标的特种设备，不得生产国家明令淘汰的特种设备。

18. ABCD 【解析】《特种设备安全监察条例》第十五条规定，特种设备出厂时，应当附有安全技术规范要求的设计文件、产品质量合格证明、安装及使用维修说明、监督检验证明等文件。特种设备生产许可证可以不附在出厂文件中，它是表明一个厂是否具有特种设备生产资格的文件。

19. BCD 【解析】《特种设备安全监察条例》第四十二条规定，特种设备检验检测机构，应当具备下列条件：①有与所从事的检验检测工作相适应的检验检测人员；②有与所从事的检验检测工作相适应的检验检测仪器和设备；③有健全的检验检测管理制度、检验检测责任制度。

20. ABDE 【解析】《特种设备安全监察条例》第六十六条规定，特种设备事故发生后，事故发生单位应当立即启动事故应急预案，组织抢救，防止事故扩大，减少人员伤亡和财产损失，并及时向事故发生地县以上特种设备安全监督管理部门和有关部门报告。

21. BD 【解析】第三条规定，军事装备、核设施、航空航天器、铁路机车、海上设施和船舶以及矿山井下使用的特种设备、民用机场专用设备的安全监察不适用本条例。

【能力提升训练】

1. D 【解析】《特种设备安全监察条例》第三十八条规定，特种设备的作业人员及其相关管理人员，应当按照国家有关规定经特种设备安全监督管理部门考核合格，取得国家统一格式的特种作业人员证书，方可从事相应的作业或者管理工作。

2. B 【解析】第四十一条规定，从事本条例规定的监督检验、定期检验、型式试验以及专门为特种设备生产、使用、检验检测提供无损检测服务的特种设备检验检测机构，应当经国务院特种设备安全监督管理部门核准。

特种设备使用单位设立的特种设备检验检测机构，经国务院特种设备安全监督管理部门核准，负责本单位核准范围内的特种设备定期检验工作。

3. ABCE 【解析】D选项，锅炉、压力容器、压力管道元件、起重机械、大型游乐设施的制造过程和锅炉、压力容器、电梯、起重机械、客运索道、大型游乐设施的安装、改造、重大维修过程，必须经国务院特种设备安全监督管理部门核准的检验检测机构按照安全技术规范的要求进行监督检验；未经监督检验合格的不得出厂或者交付使用。

4. ABDE 【解析】C选项，《特种设备安全法》第三十三条规定，特种设备使用单位应当在特种设备投入使用前或者投入使用后三十日内，向负责特种设备安全监督管理的部门办理使用登记，取得使用登记证书。登记标志应当置于该特种设备的显著位置。

5. AC 【解析】B选项，检验检测结果、鉴定结论经检验检测人员签字后，由检验检测机构负责人签署；D选项，特种设备检验检测机构和检验检测人员不得从事特种设备的生产、销售，不得以其名义推荐或者监制、监销特种设备；E选项，特种设备检验检测机构进行特种设备检验检测，发现严重事故隐患，应当及时告知特种设备使用单位，并立即向特种设备安全监督管理部门报告。

6. ABC 【解析】依据《特种设备安全监察条例》的规定，国务院特种设备安全监督管理部门和省、自治区、直辖市特种设备安全监督管理部门应当定期向社会公布特种设备安全以及能效状况，内容包括：①特种设备质量安全状况；②特种设备事故的情况、特点、原因分析、防范对策；③特种设备能效状况；④其他需要公布的情况。

【历年真题实战】

1. C 【解析】《特种设备安全监察条例》第三条规定，特种设备的生产（含设计、制造、安装、改造、维修，下同）、使用、检验检测及其监督检查，应当遵守本条例，但本条例另有规定的除外。军事装备、核设施、航空航天器、铁路机车、海上设施和船舶以及矿山井下使用的特种设备、民用机场专用设备的安全监察不适用本条例。房屋建筑工地和市政工程工地用起重机械、场（厂）内专用机动车辆的安装、使用的监督管理，由建设行政主管部门依照有关法律、法规的规定执行。

2. B 【解析】B选项正确。《特种设备安全监察条例》第二十六条规定，特种设备使用单位应当建立特种设备安全技术档案。安全技术档案应当包括特种设备运行故障和事故记录。

A选项错误。第二十五条规定，特种设备在投入使用前或者投入使用后30日内，特种设备使用单位应当向直辖市或者设区的市的特种设备安全监督管理部门登记。登记标志应当置于或者附着于该特种设备的显著位置。

C选项错误。第二十七条第二款规定，特种设备使用单位对在用特种设备应当至少每月进行一次自行检查，并作出记录。

D选项错误。第三十五条规定，客运索道、大型游乐设施的运营使用单位的主要负责人应当熟悉客运索道、大型游乐设施的相关安全知识，并全面负责客运索道、大型游乐设施的安全使用。客运索道、大型游乐设施的运营使用单位的主要负责人至少应当每月召开一次会议，督促、检查客运索道、大型游乐设施的安全使用工作。客运索道、大型游乐设施的运营使用单位，应当结合本单位的实际情况，配备相应数量的营救装备和急救物品。

3. D 【解析】A选项错误。《特种设备安全监察条例》第二十五条规定，特种设备在投入使用前或者投入使用后30日内，特种设备使用单位应当向直辖市或者设区的市的特种设备安全监督管理部门登记。登记标志应当置于或者附着于该特种设备的显著位置。

B选项错误。第二十七条规定，特种设备使用单位对在用特种设备应当至少每月进行1次自行检查，并作出记录。

C选项错误。第三十条规定，特种设备存在严重事故隐患，无改造、维修价值，或者超过安全技术规范规定使用年限，特种设备使用单位应当及时予以报废，并应当向原登记的特种设备安全监督管理部门办理注销。

D选项正确。第三十五条规定，客运索道、大型游乐设施的运营使用单位的主要负责人应当熟悉客运索道、大型游乐设施的相关安全知识，并全面负责客运索道、大型游乐设施的安全使用。

4. C 【解析】A选项错误。一般事故。《特种设备安全监察条例》第六十四条规定，（一）特种设备事故造成3人以下死亡，或者10人以下重伤，或者1万元以上1000万元以下直接经济损失的。

B选项错误。一般事故。第六十四条规定，起重机械主要受力结构件折断或者起升机构坠落的。

C选项正确。较大事故。第六十三条规定，压力容器、压力管道有毒介质泄漏，造成1万人以上5万人以下转移的。

D选项错误。较大事故。第六十三条规定，客运索道、大型游乐设施高空滞留人员12

小时以上的。

5. CD 【解析】《特种设备安全监察条例》第二条规定，本条例所称特种设备是指涉及生命安全、危险性较大的锅炉、压力容器（含气瓶，下同）、压力管道、电梯、起重机械、客运索道、大型游乐设施和场（厂）内专用机动车辆。特种设备的目录由国务院负责特种设备安全监督管理的部门制订，报国务院批准后执行。

6. D 【解析】A、B 选项错误。根据《特种设备安全监察条例》第四十四条，从事本条例规定的监督检验、定期检验、型式试验和无损检测的特种设备检验检测人员应当经国务院特种设备安全监督管理部门组织考核合格，取得检验检测人员证书，方可从事检验检测工作。检验检测人员从事检验检测工作，必须在特种设备检验检测机构执业，但不得同时在两个以上检验检测机构中执业。

C 选项错误。根据第四十六条，特种设备检验检测机构和检验检测人员对检验检测结果、鉴定结论负责。

D 选项正确。根据第四十八条，特种设备检验检测机构进行特种设备检验检测，发现严重事故隐患或者能耗严重超标的，应当及时告知特种设备使用单位，并立即向特种设备安全监督管理部门报告。

7. B 【解析】《特种设备安全监察条例》第四十一条规定，从事本条例规定的监督检验、定期检验、型式试验以及专门为特种设备生产、使用、检验检测提供无损检测服务的特种设备检验检测机构，应当经国务院特种设备安全监督管理部门核准。

特种设备使用单位设立的特种设备检验检测机构，经国务院特种设备安全监督管理部门核准，负责本单位核准范围内的特种设备定期检验工作。

8. A 【解析】《特种设备安全监察条例》第二十五条规定，特种设备在投入使用前或者投入使用后 30 日内，特种设备使用单位应当向直辖市或者设区的市的特种设备安全监督管理部门登记。登记标志应当置于或者附着于该特种设备的显著位置。由此判断，A 选项符合要求。

第八节 生产安全事故应急条例

【基础知识训练】

1. C 【解析】《生产安全事故应急条例》第十四条规定，下列单位应当建立应急值班制度，配备应急值班人员：①县级以上人民政府及其负有安全生产监督管理职责的部门；②危险物品的生产、经营、储存、运输单位以及矿山、金属冶炼、城市轨道交通运营、建筑施工单位；③应急救援队伍。规模较大、危险性较高的易燃易爆物品、危险化学品等危险物品的生产、经营、储存、运输单位应当成立应急处置技术组，实行 24 小时应急值班。

2. C 【解析】第二十一条规定，现场指挥部实行总指挥负责制，按照本级人民政府的授权组织制定并实施生产安全事故现场应急救援方案，协调、指挥有关单位和个人参加现场应急救援。

3. ACD 【解析】《生产安全事故应急条例》第八条第二款规定，易燃易爆物品、危险化学品等危险物品的生产、经营、储存、运输单位，矿山、金属冶炼、城市轨道交通运营、建筑施工单位，以及宾馆、商场、娱乐场所、旅游景区等人员密集场所经营单位，应当至少每半年组织 1 次生产安全事故应急救援预案演练，并将演练情况报送所在地县级以上地方人民政府负有安全生产监督管理职责的部门。

4. BCDE 【解析】有下列情形之一的，生产安全事故应急救援预案制定单位应当及时修订相关预案：①制定预案所依据的法律、法规、规章、标准发生重大变化；②应急指挥机构及其职责发生调整；③安全生产面临的风险发生重大变化；④重要应急资源发生重大变化；⑤在预案演练或者应急救援中发现需要修订预案的重大问题；⑥其他应当修订的情形。

5. ABE 【解析】第十七条规定，发生生产安全事故后，生产经营单位应当立即启动生产安全事故应急救援预案，采取下列一项或者多项应急救援措施，并按照国家有关规定报告事故情况：①迅速控制危险源，组织抢救遇险人员；②根据事故危害程度，组织现场人员撤离或者采取可能的应急措施后撤离；③及时通知可能受到事故影响的单位和人员；④采取必要措施，防止事故危害扩大和次生、衍生灾害发生；⑤根据需要请求邻近的应急救援队伍参加救援，并向参加救援的应急救援队伍提供相关技术资料、信息和处置方法；⑥维护事故现场秩序，保护事故现场和相关证据；⑦法律、法规规定的其他应急救援措施。

【能力提升训练】

1. B 【解析】A、C、D 选项错误。《生产安全事故应急条例》第八条规定，县级以上地方人民政府以及县级以上人民政府负有安全生产监督管理职责的部门，乡、镇人民政府以及街道办事处等地方人民政府派出机关，应当至少每 2 年组织 1 次生产安全事故应急救援预案演练。

易燃易爆物品、危险化学品等危险物品的生产、经营、储存、运输单位，矿山、金属冶炼、城市轨道交通运营、建筑施工单位，以及宾馆、商场、娱乐场所、旅游景区等人员密集场所经营单位，应当至少每半年组织 1 次生产安全事故应急救援预案演练，并将演练情况报送所在地县级以上地方人民政府负有安全生产监督管理职责的部门。

2. D 【解析】《生产安全事故应急条例》第十条规定，易燃易爆物品、危险化学品等危险物品的生产、经营、储存、运输单位，矿山、金属冶炼、城市轨道交通运营、建筑施工单位，以及宾馆、商场、娱乐场所、旅游景区等人员密集场所经营单位，应当建立应急救援队伍；其中，小型企业或者微型企业等规模较小的生产经营单位，可以不建立应急救援队伍，但应当指定兼职的应急救援人员，并且可以与邻近的应急救援队伍签订应急救援协议。工业园区、开发区等产业聚集区域内的生产经营单位，可以联合建立应急救援队伍。

3. A 【解析】第三条规定，国务院统一领导全国的生产安全事故应急工作，县级以上地方人民政府统一领导本行政区域内的生产安全事故应急工作。生产安全事故应急工作涉及两个以上行政区域的，由有关行政区域共同的上一级人民政府负责，或者由各有关行政区域的上一级人民政府共同负责。

4. D 【解析】A 选项错误。《生产安全事故应急条例》第五条规定，生产经营单位应当针对本单位可能发生的生产安全事故的特点和危害，进行风险辨识和评估，制定相应的生产安全事故应急救援预案，并向本单位从业人员公布。

B 选项错误。《生产安全事故应急条例》第五条规定，县级以上人民政府及其负有安全生产监督管理职责的部门和乡、镇人民政府以及街道办事处等地方人民政府派出机关，应当针对可能发生的生产安全事故的特点和危害，进行风险辨识和评估，制定相应的生产安全事故应急救援预案，并依法向社会公布。

C 选项错误。乙企业生产普通洗衣皂，不属于《生产安全事故应急条例》第七条规定的易燃易爆物品、危险化学品等危险物品的生产、经营、储存、运输单位，故不需要将其制定的生产安全事故应急救援预案按照国家有关规定报送县级以上人民政府负有安全生产监督管理职责的部门备案，并依法向社会公布。乙企业应符合《生产安全事故应急条例》第五条规定，生产经营单位应当针对本单位可能发生的生产安全事故的特点和危害，进行风险辨识和评估，制定相应的生产安全事故应急救援预案，并向本单位从业人员公布。

5. C 【解析】A 选项错误。《生产安全事故应急预案管理办法》第八条规定，生产经营单位风险种类多、可能发生多种事故类型的，应当组织编制本单位的综合应急预案。

B 选项错误。《生产安全事故应急条例》第八条规定，宾馆、商场、娱乐场所、旅游景区等人员密集场所经营单位，应当至少每半年组织 1 次生产安全事故应急救援预案演练。

D 选项错误。《生产安全事故应急条例》第八条规定，县级以上地方人民政府负有安全生产监督管理职责的部门应当对本行政区域内前款规定的重点生产经营单位的生产安全事故应急救援预案演练进行抽查；发现演练不符合要求的，应当责令限期改正。

6. C 【解析】《生产安全事故应急条例》第十条规定，易燃易爆物品、危险化学品等危险物品的生产、经营、储存、运输单位，矿山、金属冶炼、城市轨道交通运营、建筑施工单位，以及宾馆、商场、娱乐场所、旅游景区等人员密集场所经营单位，应当建立应急救援队伍；小型企业或者微型企业等规模较小的生产经营单位，可以不建立应急救援队伍，但应当指定兼职的应急救援人员，并且可以与邻近的应急救援队伍签订应急救援协议。

工业园区、开发区等产业聚集区域内的生产经营单位，可以联合建立应急救援队伍。

因此，A 选项错误，丙企业属于小型规模生产经营企业，可以不建立应急救援队伍，但应当制定兼职的应急救援人员；B 选项错误，甲、乙、丙三家企业可以联合建立应急救援队伍，但并不是应当；D 选项错误，甲、乙企业应当建立应急救援队伍。

【历年真题实战】

1. C 【解析】《生产安全事故应急条例》第十一条规定，应急救援队伍的应急救援人员应当具备必要的专业知识、技能、身体素质和心理素质。应急救援队伍建立单位或者兼职应急救援人员所在单位应当按照国家有关规定对应急救援人员进行培训；应急救援人员经培训合格后，方可参加应急救援工作。应急救援队伍应当配备必要的应急救援装备和物资，并定期组织训练。

第十二条规定，生产经营单位应当及时将本单位应急救援队伍建立情况按照国家有关规定报送县级以上人民政府负有安全生产监督管理职责的部门，并依法向社会公布。县级以上人民政府负有安全生产监督管理职责的部门应当定期将本行业、本领域的应急救援队伍建立情况报送本级人民政府，并依法向社会公布。

2. B 【解析】《生产安全事故应急条例》第九条规定，县级以上人民政府应当加强对生产安全事故应急救援队伍建设的统一规划、组织和指导。县级以上人民政府负有安全生产监督管理职责的部门根据生产安全事故应急工作的实际需要，在重点行业、领域单独建立或者依托有条件的生产经营单位、社会组织共同建立应急救援队伍。国家鼓励和支持生产经营单位和其他社会力量建立提供社会化应急救援服务的应急救援队伍。

第十条规定，易燃易爆物品、危险化学品等危险物品的生产、经营、储存、运输单位，矿山、金属冶炼、城市轨道交通运营、建筑施工单位，以及宾馆、商场、娱乐场所、旅游景区等人员密集场所经营单位，应当建立应急救援队伍；其中，小型企业或者微型企业等规模较小的生产经营单位，可以不建立应急救援队伍，但应当指定兼职的应急救援人员，并且可以与邻近的应急救援队伍签订应急救援协议。工业园区、开发区等产业聚集区域内的生产经营单位，可以联合建立应急救援队伍。

3. B 【解析】《生产安全事故应急条例》第八条规定，易燃易爆物品、危险化学品等危险物品的生产、经营、储存、运输单位，矿山、金属冶炼、城市轨道交通运营、建筑施工单位，以及宾馆、商场、娱乐场所、旅游景区等人员密集场所经营单位，应当至少每半年组织1次生产安全事故应急救援预案演练，并将演练情况报送所在地县级以上地方人民政府负有安全生产监督管理职责的部门。

4. C 【解析】C选项正确。《生产安全事故应急条例》第十一条规定，应急救援队伍建立单位或者兼职应急救援人员所在单位应当按照国家有关规定对应急救援人员进行培训；应急救援人员经培训合格后，方可参加应急救援工作。

A、B选项错误。第十一条规定，应急救援队伍建立单位或者兼职应急救援人员所在单位应当按照国家有关规定对应急救援人员进行培训。

D选项错误。第十一条规定，应急救援人员经培训合格后，方可参加应急救援工作。

5. D 【解析】A选项错误。第十八条规定，有关地方人民政府及其部门接到生产安全事故报告后，应当按照国家有关规定上报事故情况，启动相应的生产安全事故应急救援预案，并按照应急救援预案的规定采取下列一项或者多项应急救援措施：依法发布调用和征用应急资源的决定。

B选项错误。第十八条规定，通知可能受到事故影响的单位和人员，隔离事故现场，划定警戒区域，疏散受到威胁的人员，实施交通管制。

C选项错误。第十八条规定，维护事故现场秩序，组织安抚遇险人员和遇险遇难人员亲属。

D选项正确。《生产安全事故应急条例》第十七条规定，发生生产安全事故后，生产经营单位应当立即启动生产安全事故应急救援预案，采取下列一项或者多项应急救援措施，并按照国家有关规定报告事故情况：迅速控制危险源，组织抢救遇险人员。

6. BE 【解析】《生产安全事故应急条例》第十条规定，易燃易爆物品、危险化学品等危险物品的生产、经营、储存、运输单位，矿山、金属冶炼、城市轨道交通运营、建筑施工单位，以及宾馆、商场、娱乐场所、旅游景区等人员密集场所经营单位，应当建立应急救援队伍；其中，小型企业或者微型企业等规模较小的生产经营单位，可以不建立应急救援队伍，但应当指定兼职的应急救援人员，并且可以与邻近的应急救援队伍签订应急救援协议。工业园区、开发区等产业聚集区域内的生产经营单位，可以联合建立应急救援队伍。

7. C 【解析】根据《安全生产法》《生产安全事故应急条例》，A、B、D选项说法正确，C选项说法错误。根据《生产安全事故应急条例》第九条，县级以上人民政府负有安全生产监督管理职责的部门根据生产安全事故应急工作的实际需要，在重点行业、领域单独建立或者依托有条件的生产经营单位、社会组织共同建立应急救援队伍。

8. D 【解析】根据《生产安全事故应急条例》第三条，国务院统一领导全国的生产安全事故应急工作，县级以上地方人民政府统一领导本行政区域内的生产安全事故应急工作。生产安全事故应急工作涉及两个以上行政区域的，由有关行政区域共同的上一级人民政府负责，或者由各有关行政区域的上一级人民政府共同负责。

9. A 【解析】A选项正确，B选项错误。根据《生产安全事故应急条例》第十条，易燃易爆物品、危险化学品等危险物品的生产、经营、储存、运输单位，矿山、金属冶炼、城市轨道交通运营、建筑施工单位，以及宾馆、商场、娱乐场所、旅游景区等人员密集场所经营单位，应当建立应急救援队伍；其中，小型企业或者微型企业等规模较小的生产经营单位，可以不建立应急救援队伍，但应当指定兼职的应急救援人员，并且可以与邻近的应急救援队伍签订应急救援协议。

C选项错误。根据第九条，县级以上人民政府负有安全生产监督管理职责的部门根据生产安全事故应急工作的实际需要，在重点行业、领域单独建立或者依托有条件的生产经营单位、社会组织共同建立应急救援队伍。

D选项错误。根据第十六条，生产经营单位可以通过生产安全事故应急救援信息系统办理生产安全事故应急救援预案备案手续，报送应急救援预案演练情况和应急救援队伍建设情况，但依法需要保密的除外。

10. C 【解析】根据《生产安全事故应急条例》第十七条，发生生产安全事故后，生产经营单位应当立即启动生产安全事故应急救援预案，采取下列一项或者多项应急救援措施，并按照国家有关规定报告事故情况：①迅速控制危险源，组织抢救遇险人员；②根据事故危害程度，组织现场人员撤离或者采取可能的应急措施后撤离；③及时通知可能受到事故影响的单位和人员；④采取必要措施，防止事故危害扩大和次生、衍生灾害发生；⑤根据需要请求邻近的应急救援队伍参加救援，并向参加救援的应急救援队伍提供相关技术资料、信息和处置方法；⑥维护事故现场秩序，保护事故现场和相关证据；⑦法律、法规规定的其他应急救援措施。

11. ABE 【解析】A、B选项正确，C选项错误。根据《生产安全事故应急条例》第十四条，县级以上人民政府及其负有安全生产监督管理职责的部门，应急救援队伍应当建立应急值班制度，配备应急值班人员；规模较大、危险性较高的易燃易爆物品、危险化学品等危险物品的生产、经营、储存、运输单位应当成立应急处置技术组，实行 24 小时应急值班。

D 选项错误，E 选项正确。根据第十三条规定，县级以上地方人民政府应当根据本行政区域内可能发生的生产安全事故的特点和危害，储备必要的应急救援装备和物资，并及时更新和补充；易燃易爆物品、危险化学品等危险物品的生产、经营、储存、运输单位、矿山、金属冶炼、城市轨道交通运营、建筑施工单位，以及宾馆、商场、娱乐场所、旅游景区等人员密集场所经营单位，应当根据本单位可能发生的生产安全事故的特点和危害，配备必要的灭火、排水、通风以及危险物品稀释、掩埋、收集等应急救援器材、设备和物资，并进行经常性维护、保养，保证正常运转。

12. CE 【解析】根据《生产安全事故应急条例》第八条，县级以上地方人民政府以及县级以上人民政府负有安全生产监督管理职责的部门，乡、镇人民政府以及街道办事处等地方人民政府派出机关，应当至少每 2 年组织 1 次生产安全事故应急救援预案演练。易燃易爆物品、危险化学品等危险物品的生产、经营、储存、运输单位，矿山、金属冶炼、城市轨道交通运营、建筑施工单位，以及宾馆、商场、娱乐场所、旅游景区等人员密集场所经营单位，应当至少每半年组织 1 次生产安全事故应急救援预案演练，并将演练情况报送所在地县级以上地方人民政府负有安全生产监督管理职责的部门。县级以上地方人民政府负有安全生产监督管理职责的部门应当对本行政区域内生产安全事故应急救援预案演练进行抽查；发现演练不符合要求的，应当责令限期改正。

13. C 【解析】《生产安全事故应急条例》第七条规定，县级以上人民政府负有安全生产监督管理职责的部门应当将其制定的生产安全事故应急救援预案报送本级人民政府备案；易燃易爆物品、危险化学品等危险物品的生产、经营、储存、运输单位，矿山、金属冶炼、城市轨道交通运营、建筑施工单位，以及宾馆、商场、娱乐场所、旅游景区等人员密集场所经营单位，应当将其制定的生产安全事故应急救援预案按照国家有关规定报送县级以上人民政府负有安全生产监督管理职责的部门备案，并依法向社会公布。

14. D 【解析】《生产安全事故应急条例》第三条规定，国务院统一领导全国的生产安全事故应急工作，县级以上地方人民政府统一领导本行政区域内的生产安全事故应急工作。生产安全事故应急工作涉及两个以上行政区域的，由有关行政区域共同的上一级人民政府负责，或者由各有关行政区域的上一级人民政府共同负责。

15. CD 【解析】B 选项错误。《生产安全事故应急条例》第十七条规定，发生生产安全事故后，生产经营单位应当立即启动生产安全事故应急救援预案，采取下列一项或者多项应急救援措施，并按照国家有关规定报告事故情况：迅速控制危险源，组织抢救遇险人员。A 选项错误。根据事故危害程度，组织现场人员撤离或者采取可能的应急措施后撤离。

C 选项正确。及时通知可能受到事故影响的单位和人员。

D 选项正确。采取必要措施，防止事故危害扩大和次生、衍生灾害发生。

E 选项错误。第十八条规定，有关地方人民政府及其部门接到生产安全事故报告后，应当按照国家有关规定上报事故情况，启动相应的生产安全事故应急救援预案，并按照应急救援预案的规定采取应急救援措施。

第九节 生产安全事故报告和调查处理条例

【基础知识训练】

1. B **【解析】**《生产安全事故报告和调查处理条例》对事故报告程序做了明确规定,包括:①特别重大事故、重大事故逐级上报至国务院安全生产监督管理部门和负有安全生产监督管理的有关部门;②较大事故逐级上报至省、自治区、直辖市人民政府安全生产监督管理部门和负有安全生产监督管理的有关部门;③一般事故上报至设区的市级安全生产监督管理部门和负有安全生产监督管理的有关部门。

2. B **【解析】**《生产安全事故报告和调查处理条例》对事故报告程序做了明确规定,包括:①特别重大事故、重大事故逐级上报至国务院安全生产监督管理部门和负有安全生产监督管理的有关部门;②较大事故逐级上报至省、自治区、直辖市人民政府安全生产监督管理部门和负有安全生产监督管理的有关部门;③一般事故上报至设区的市级安全生产监督管理部门和负有安全生产监督管理的有关部门。

3. A **【解析】**《生产安全事故报告和调查处理条例》第三条规定,造成 10 人以上 30 人以下死亡属于重大事故。第十九条规定,特别重大事故由国务院或者国务院授权有关部门组织事故调查组进行调查。重大事故,较大事故、一般事故分别由事故发生地省级人民政府、设区的市级人民政府、县级人民政府负责调查。

4. C **【解析】**《生产安全事故报告和调查处理条例》第二十九条规定,事故调查组应当自事故发生之日起 60 日内提交事故调查报告;特殊情况下,经负责事故调查的人民政府批准,提交事故调查报告的期限可以适当延长,但延长的期限最长不超过 60 日。

5. B **【解析】**第十一条规定,安全生产监督管理部门和负有安全生产监督管理职责的有关部门逐级上报事故情况,每级上报的时间不得超过 2 小时。

6. A **【解析】**第三条规定,根据生产安全事故(以下简称事故)造成的人员伤亡或者直接经济损失,事故一般分为以下等级:特别重大事故,是指造成 30 人以上死亡,或者 100 人以上重伤(包括急性工业中毒,下同),或者 1 亿元以上直接经济损失的事故。第十九条规定,特别重大事故由国务院或者国务院授权有关部门组织事故调查组进行调查。重大事故、较大事故、一般事故分别由事故发生地省级人民政府、设区的市级人民政府、县级人民政府负责调查。省级人民政府、设区的市级人民政府、县级人民政府可以直接组织事故调查组进行调查,也可以授权或者委托有关部门组织事故调查组进行调查。

7. D **【解析】**《生产安全事故报告和调查处理条例》第三十条第二款规定,事故调查报告应当附具有关证据材料。事故调查组成员应当在事故调查报告上签名。

8. ABCD **【解析】**《安全生产事故报告和调查处理条例》第三十条第一款规定,事故调查报告应当包括下列内容:①事故发生单位概况;②事故发生经过和事故救援情况;③事故造成的人员伤亡和直接经济损失;④事故发生的原因和事故性质;⑤事故责任的认定以及对事故责任者的处理建议;⑥事故防范整改措施。

9. ABDE **【解析】**《生产安全事故报告和调查处理条例》第二十五条规定,事故调查组履行下列职责:①查明事故发生的经过、原因、人员伤亡情况及直接经济损失;②认定事故的性质和事故责任；③提出对事故责任者的处理建议；④总结事故教训，提出防范和整改措施；⑤提交事故调查报告。

【能力提升训练】

1. D **【解析】** A 选项错误。负责人应在接到事故报告后 1 小时内，上报至 C 区安全监管部门。

B 选项错误。C 区安全监管部门必须在 2 小时内上报至 B 市安全监管部门。

C 选项错误。造成 3 人死亡，属于一起较大事故，需要上报至省安全监督管理部门。即 B 市安全监管部门应当上报至 A 省安全监管部门。

D 选项正确。安全生产监督管理部门和负有安全生产监督管理职责的有关部门依照规定上报事故情况，应当同时报告本级人民政府。即 C 区安全监管部门上报至 B 市安全监管部门时，应同时报 C 区人民政府。

2. B **【解析】**《生产安全事故报告和调查处理条例》第十三条规定，事故报告后出现新情况的，应当及时补报。自事故发生之日起 30 日内，事故造成的伤亡人数发生变化的，应当及时补报。道路交通事故、火灾事故自发生之日起 7 日内，事故造成的伤亡人数发生变化的，应当及时补报。

3. B **【解析】**《生产安全事故报告和调查处理条例》第九条第一款规定，事故发生后，事故现场有关人员应当立即向本单位负责人报告；单位负责人接到报告后，应当于 1 小时内向事故发生地县级以上人民政府安全生产监督管理部门和负有安全生产监督管理职责的有关部门报告。

4. B **【解析】** 自事故发生之日起 30 日内（道路交通事故、火灾事故自发生之日起 7 日内），事故造成的伤亡人数发生变化的，事故发生单位和安全生产监督部门和负有安全生产监督的有关部门应当及时补报。超过 30 天死亡的，不再进行补报和统计。本题中，重伤者在事故发生 1 个月后死亡，无须上报。

5. B **【解析】** A 选项错误。第二十四条规定，事故调查组组长由负责事故调查的人民政府指定。事故调查组组长主持事故调查组的工作。

B 选项正确，C 选项错误。第二十七条规定，事故调查中需要进行技术鉴定的，事故调查组应当委托具有国家规定资质的单位进行技术鉴定。必要时，事故调查组可以直接组织专家进行技术鉴定。技术鉴定所需时间不计入事故调查期限。

D 选项错误。第二十九条规定，事故调查组应当自事故发生之日起 60 日内提交事故调查报告；特殊情况下，经负责事故调查的人民政府批准，提交事故调查报告的期限可以适当延长，但延长的期限最长不超过 60 日。

6. BCDE **【解析】** 安全生产事故发生后，事故现场有关人员应当立即向本单位负责人报告。单位负责人接到报告后，应当于 1 小时内向事故发生地县级以上人民政府安全生产监督管理部门和负有安全生产监督职责的有关部门报告。自事故发生之日起 30 日内，事故造成的伤亡人数发生变化的，应当及时补报，道路交通事故、火灾事故自发生之日起 7 日内，事故造成的伤亡人数发生变化的，应当及时补报。较大事故应逐级上报至省、自治区、直辖市人民政府安全生产监督管理部门和负有安全生产监督管理职责的有关部门。

【历年真题实战】

1. C 【解析】《生产安全事故报告和调查处理条例》第十二条规定，报告事故应当包括下列内容：①事故发生单位概况；②事故发生的时间、地点以及事故现场情况；③事故的简要经过；④事故已经造成或者可能造成的伤亡人数（包括下落不明的人数）和初步估计的直接经济损失；⑤已经采取的措施；⑥其他应当报告的情况。

2. BE 【解析】《生产安全事故报告和调查处理条例》第三条规定，根据生产安全事故（以下简称事故）造成的人员伤亡或者直接经济损失，事故一般分为以下等级：

（1）特别重大事故，是指造成 30 人以上死亡，或者 100 人以上重伤（包括急性工业中毒，下同），或者 1 亿元以上直接经济损失的事故；

（2）重大事故，是指造成 10 人以上 30 人以下死亡，或者 50 人以上 100 人以下重伤，或者 5000 万元以上 1 亿元以下直接经济损失的事故；

（3）较大事故，是指造成 3 人以上 10 人以下死亡，或者 10 人以上 50 人以下重伤，或者 1000 万元以上 5000 万元以下直接经济损失的事故；

（4）一般事故，是指造成 3 人以下死亡，或者 10 人以下重伤，或者 1000 万元以下直接经济损失的事故。

第十三条规定，事故报告后出现新情况的，应当及时补报。

自事故发生之日起 30 日内，事故造成的伤亡人数发生变化的，应当及时补报。道路交通事故、火灾事故自发生之日起 7 日内，事故造成的伤亡人数发生变化的，应当及时补报。

3. C 【解析】A 选项错误，B 选项错误。《生产安全事故报告和调查处理条例》第九条规定，事故发生后，事故现场有关人员应当立即向本单位负责人报告。

C 选项正确。第九条规定，单位负责人接到报告后，应当于 1 小时内向事故发生地县级以上人民政府安全生产监督管理部门和负有安全生产监督管理职责的有关部门报告。

D 选项错误。第十六条规定，事故发生后，有关单位和人员应当妥善保护事故现场以及相关证据，任何单位和个人不得破坏事故现场、毁灭相关证据。因抢救人员、防止事故扩大以及疏通交通等原因，需要移动事故现场物件的，应当做出标志，绘制现场简图并做出书面记录，妥善保存现场重要痕迹、物证。

4. C 【解析】A 选项错误，C 选项正确。第十九条规定，特别重大事故由国务院或者国务院授权有关部门组织事故调查组进行调查。重大事故、较大事故、一般事故分别由事故发生地省级人民政府、设区的市级人民政府、县级人民政府负责调查。省级人民政府、设区的市级人民政府、县级人民政府可以直接组织事故调查组进行调查，也可以授权或者委托有关部门组织事故调查组进行调查。

B 选项错误。《生产安全事故报告和调查处理条例》第二十一条规定，特别重大事故以下等级事故，事故发生地与事故发生单位不在同一个县级以上行政区域的，由事故发生地人民政府负责调查，事故发生单位所在地人民政府应当派人参加。

D 选项错误。10 日超过了规定时限。《生产安全事故报告和调查处理条例》第二十条规定，自事故发生之日起 30 日内（道路交通事故、火灾事故自发生之日起 7 日内），因事故伤亡人数变化导致事故等级发生变化，依照本条例规定应当由上级人民政府负责调查的，上级人民政府可以另行组织事故调查组进行调查。

5. D 【解析】第一起事故属于特别重大事故；第二起事故属于较大事故；第三起、第四起事故属于一般事故。根据《生产安全事故报告和调查处理条例》第三条，根据生产安全事故（以下简称事故）造成的人员伤亡或者直接经济损失，事故一般分为特别重大事故、重大事故、较大事故、一般事故。

根据第十条，安全生产监督管理部门和负有安全生产监督管理职责的有关部门接到事故报告后，应当依照下列规定上报事故情况，并通知公安机关、劳动保障行政部门、工会和人民检察院：①特别重大事故、重大事故逐级上报至国务院安全生产监督管理部门和负有安全生产监督管理职责的有关部门；②较大事故逐级上报至省、自治区、直辖市人民政府安全生产监督管理部门和负有安全生产监督管理职责的有关部门；③一般事故上报至设区的市级人民政府安全生产监督管理部门和负有安全生产监督管理职责的有关部门。

6. BCD 【解析】A 选项错误，C 选项正确。根据《生产安全事故报告和调查处理条例》第九条，事故发生后，事故现场有关人员应当立即向本单位负责人报告；单位负责人接到报告后，应当于 1 小时内向事故发生地县级以上人民政府安全生产监督管理部门（即现在的应急管理部门）和负有安全生产监督管理职责的有关部门报告；情况紧急时，事故现场有关人员可以直接向事故发生地县级以上人民政府安全生产监督管理部门和负有安全生产监督管理职责的有关部门报告。

B、D 选项正确。根据第十一条，安全生产监督管理部门和负有安全生产监督管理职责的有关部门逐级上报事故情况，每级上报的时间不得超过 2 小时。

E 选项错误。根据第十三条，事故报告后出现新情况的，应当及时补报。道路交通事故、火灾事故自发生之日起 7 日内，事故造成的伤亡人数发生变化的，应当及时补报。

7. B 【解析】A 选项错误。《生产安全事故报告和调查处理条例》第九条规定，事故发生后，事故现场有关人员应当立即向本单位负责人报告；单位负责人接到报告后，应当于 1 小时内向事故发生地县级以上人民政府安全生产监督管理部门和负有安全生产监督管理职责的有关部门报告。情况紧急时，事故现场有关人员可以直接向事故发生地县级以上人民政府安全生产监督管理部门和负有安全生产监督管理职责的有关部门报告。

B 选项正确。安全生产监督管理部门和负有安全生产监督管理职责的有关部门依照前款规定上报事故情况，应当同时报告本级人民政府。国务院安全生产监督管理部门和负有安全生产监督管理职责的有关部门以及省级人民政府接到发生特别重大事故、重大事故的报告后，应当立即报告国务院。

C 选项错误。第十一条规定，安全生产监督管理部门和负有安全生产监督管理职责的有关部门逐级上报事故情况，每级上报的时间不得超过 2 小时。

D 选项错误。必要时，安全生产监督管理部门和负有安全生产监督管理职责的有关部门可以越级上报事故情况。

8. B 【解析】由丁市人民政府负责调查该事故。依据《生产安全事故报告和调查处理条例》第三条，属于较大事故。依据第十九条，由事故发生地省级人民政府、设区的市级人民政府、县级人民政府负责调查。

9. A 【解析】依据《生产安全事故报告和调查处理条例》第三条，属于一般事故。一般事故，是指造成 3 人以下死亡，或者 10 人以下重伤，或者 1000 万元以下直接经济损失的事故。依据第三十八条，发生一般事故，处上一年年收入 30% 的罚款。200 万元× 30% ＝60 万元。

10. D 【解析】D 选项正确。是火灾事故。《生产安全事故报告和调查处理条例》第十三条规定，事故报告后出现新情况的，应当及时补报。自事故发生之日起 30 日内，事故造成的伤亡人数发生变化的，应当及时补报。道路交通事故、火灾事故自发生之日起 7 日内，事故造成的伤亡人数发生变化的，应当及时补报。

11. ABC 【解析】《生产安全事故报告和调查处理条例》第三条规定，根据生产安全事故（以下简称事故）造成的人员伤亡或者直接经济损失，事故一般分为以下等级：①特别重大事故，是指造成 30 人以上死亡，或者 100 人以上重伤（包括急性工业中毒，下同），或者 1 亿元以上直接经济损失的事故；②重大事故，是指造成 10 人以上 30 人以下死亡，或者 50 人以上 100 人以下重伤，或者 5000 万元以上 1 亿元以下直接经济损失的事故；③较大事故，是指造成 3 人以上 10 人以下死亡，或者 10 人以上 50 人以下重伤，或者 1000 万元以上 5000 万元以下直接经济损失的事故；④一般事故，是指造成 3 人以下死亡，或者 10 人以下重伤，或者 1000 万元以下直接经济损失的事故。国务院安全生产监督管理部门可以会同国务院有关部门，制定事故等级划分的补充性规定。本条第一款所称的"以上"包括本数，所称的"以下"不包括本数。由此分析判断可知，A、B、C 选项符合要求。D、E 选项都属于重大事故。

第十节　工伤保险条例

【基础知识训练】

1. B 【解析】工伤保险费根据以支定收、收支平衡的原则，确定费率。

2. D 【解析】《工伤保险条例》第六十二条规定，用人单位依照本条例规定应当参加工伤保险而未参加的，由社会保险行政部门责令限期参加，补缴应当缴纳的工伤保险费，并自欠缴之日起，按日加收万分之五的滞纳金；逾期仍不缴纳的，处欠缴数额 1 倍以上 3 倍以下的罚款。

3. A 【解析】职工因工致残被鉴定为一级至四级伤残的，保留劳动关系，退出工作岗位，享受以下待遇：从工伤保险基金按伤残等级支付一次性伤残补助金，标准为：一级伤残为 27 个月的本人工资，二级伤残为 25 个月的本人工资，三级伤残为 23 个月的本人工资，四级伤残为 21 个月的本人工资。

4. B 【解析】第十五条规定，职工有下列情形之一的，视同工伤：①在工作时间和工作岗位，突发疾病死亡或者在 48 小时之内经抢救无效死亡的；②在抢险救灾等维护国家利益、公共利益活动中受到伤害的；③职工原在军队服役，因战、因公负伤致残，已取得革命伤残军人证，到用人单位后旧伤复发的。

5. C 【解析】第三十四条规定，工伤职工已经评定伤残等级并经劳动能力鉴定委员会确认需要生活护理的，从工伤保险基金按月支付生活护理费。生活护理费按照生活完全不能自理、生活大部分不能自理或者生活部分不能自理3个不同等级支付，其标准分别为统筹地区上年度职工月平均工资的50%、40%或30%。

6. ABD 【解析】C选项不选，应"视同"工伤。E选项不得认定也不得视同工伤。

7. ABCD 【解析】B选项认定为工伤，某职工外出参加会议期间，在宾馆内洗澡时滑倒，洗澡虽然与工作无关，但是属于满足生活最基本的需要，应当认定为工伤。E选项不属于工伤，吸烟与工作无关。

8. ACD 【解析】第十二条规定，工伤保险基金存入社会保障基金财政专户，用于本条例规定的工伤保险待遇，劳动能力鉴定，工伤预防的宣传、培训等费用，以及法律、法规规定的用于工伤保险的其他费用的支付。任何单位或者个人不得将工伤保险基金用于投资运营、兴建或者改建办公场所、发放奖金，或者挪作其他用途。

【能力提升训练】

1. D 【解析】A选项错误。应向市级劳动能力鉴定委员会提出劳动能力鉴定申请。
B选项错误。甲县所在省级的劳动能力鉴定委员会的劳动能力鉴定结论为最终结论。
C选项错误。小郝的父亲可以代小郝提出劳动能力鉴定申请。

2. D 【解析】A选项错误。企业未为其缴纳工伤保险，所以伤残补助金由单位支付。
B选项错误。六级劳动功能障碍企业不可以单方解除劳动合同。
C选项错误。劳动者自己主动提出解除合同的，用人单位应当准予。

3. B 【解析】A选项错误。治疗工伤所需费用符合工伤保险诊疗项目目录、工伤保险药品目录、工伤保险住院服务标准的，从工伤保险基金支付。
C选项错误。工伤职工拒不接受劳动能力鉴定的，停止享受工伤保险待遇。
D选项错误。职工被借调期间受到工伤事故伤害的，由原用人单位承担工伤保险责任。

4. B 【解析】本题考查的是劳动能力鉴定。A选项错误。劳动能力鉴定委员会应当视伤情程度等从医疗卫生专家库中随机抽取3名或者5名与工伤职工伤情相关科别的专家组成专家组进行鉴定。
B选项正确。设区的市级劳动能力鉴定委员会应当自收到劳动能力鉴定申请之日起60日内作出劳动能力鉴定结论，必要时，作出劳动能力鉴定结论的期限可以延长30日。2016年5月10日至6月20日共计40天，符合法律规定。
C选项错误。申请鉴定的单位或者个人对设区的市级劳动能力鉴定委员会作出的鉴定结论不服的，可以在收到该鉴定结论之日起15日内向省、自治区、直辖市劳动能力鉴定委员会提出再次鉴定申请。
D选项错误。对劳动能力鉴定结论不服的，既不能提起行政复议，也不能提起行政诉讼，只能提出再次鉴定申请。

5. C 【解析】第五条规定，国务院社会保险行政部门负责全国的工伤保险工作。第八条规定，工伤保险费根据以支定收、收支平衡的原则，确定费率。第十条规定，用人单位应当按时缴纳工伤保险费。职工个人不缴纳工伤保险费。

6. D 【解析】A 选项错误。在工作时间和工作岗位，因公受伤直接认定工伤。

B、C 选项错误。第十七条规定，职工发生事故伤害或者按照职业病防治法规定被诊断、鉴定为职业病，所在单位应当自事故伤害发生之日或者被诊断、鉴定为职业病之日起 30 日内，向统筹地区社会保险行政部门提出工伤认定申请。遇有特殊情况，经报社会保险行政部门同意，申请时限可以适当延长。用人单位未按前款规定提出工伤认定申请的，工伤职工或者其直系亲属、工会组织在事故伤害发生之日或者被诊断、鉴定为职业病之日起 1 年内，可以直接向用人单位所在地统筹地区劳动保障行政部门提出工伤认定申请。

7. C 【解析】第二十条规定，社会保险行政部门应当自受理工伤认定申请之日起 60 日内作出工伤认定的决定，并书面通知申请工伤认定的职工或者其近亲属和该职工所在单位。社会保险行政部门对受理的事实清楚、权利义务明确的工伤认定申请，应当在 15 日内作出工伤认定的决定。作出工伤认定决定需要以司法机关或者有关行政主管部门的结论为依据的，在司法机关或者有关行政主管部门尚未作出结论期间，作出工伤认定决定的时限中止。

社会保险行政部门工作人员与工伤认定申请人有利害关系的，应当回避。

8. C 【解析】第三十一条规定，社会保险行政部门作出认定为工伤的决定后发生行政复议、行政诉讼的，行政复议和行政诉讼期间不停止支付工伤职工治疗工伤的医疗费用。

9. C 【解析】第三十三条规定，职工因工作遭受事故伤害或者患职业病需要暂停工作接受工伤医疗的，在停工留薪期内，原工资福利待遇不变，由所在单位按月支付。停工留薪期一般不超过 12 个月。伤情严重或者情况特殊，经设区的市级劳动能力鉴定委员会确认，可以适当延长，但延长不得超过 12 个月。工伤职工评定伤残等级后，停发原待遇，按照本章的有关规定享受伤残待遇。工伤职工在停工留薪期满后仍需治疗的，继续享受工伤医疗待遇。生活不能自理的工伤职工在停工留薪期需要护理的，由所在单位负责。

10. ACDE 【解析】《最高人民法院关于审理工伤保险行政案件若干问题的规定》工伤认定，明确了四种认定情形：①在合理时间内往返于工作地与住所地、经常居住地、单位宿舍的合理路线的上下班途中；②在合理时间内往返于工作地与配偶、父母、子女居住地的合理路线的上下班途中；③从事属于日常工作生活所需要的活动，且在合理时间和合理路线的上下班途中；④在合理时间内其他合理路线的上下班途中。这就框定了上下班途中的工伤认定前提：合理时间、合理路线。而对于合理路线，最高法相关人员给出的解释是，如下班途中需要到菜市场买一点菜，然后再回家，而且是顺路，这就是合理路线。由此，上下班途中买菜发生意外，也可认定为工伤。

11. ACDE 【解析】A 选项正确，职工所在单位应当自事故伤害发生之日或者被诊断、鉴定为职业病之日起 30 日内，向统筹地区社会保险行政部门提出工伤认定申请。2016 年 3 月 10—25 日才 15 天，满足要求。

B 选项错误，C 选项正确。工伤职工或者其近亲属、工会组织在事故伤害发生之日或者被诊断、鉴定为职业病之日起 1 年内，可以直接向用人单位所在地统筹地区社会保险行政部门提出工伤认定申请。

D 选项正确，提出工伤认定申请应当提交下列材料：①工伤认定申请表；②与用人单位存在劳动关系（包括事实劳动关系）的证明材料；③医疗诊断证明或者职业病诊断证明书（或者职业病诊断鉴定书）。

E 选项正确。工伤认定申请表应当包括事故发生的时间、地点、原因以及职工伤害程度等基本情况。

12. BD 【解析】唐某与韩某提前开溜，仅是违反了用人单位的规定，下班路上唐某受到的是非本人主要责任的交通事故伤害，所以唐某属于工伤，韩某遭受的是天灾，不得认定为工伤。唐某五级伤残，与企业保留劳动关系，企业按月发放给唐某的伤残津贴标准为唐某工资的 70% 是完全正确的；劳动能力鉴定属于技术鉴定，不属于行政执法行为，所以不得提出行政复议或行政诉讼。

【历年真题实战】

1. A 【解析】B 选项错误。第三十五条规定，职工因工致残被鉴定为一级至四级伤残的，保留劳动关系，退出工作岗位，享受的待遇有从工伤保险基金按伤残等级支付一次性伤残补助金，标准为：一级伤残为 27 个月的本人工资，二级伤残为 25 个月的本人工资，三级伤残为 23 个月的本人工资，四级伤残为 21 个月的本人工资。

C 选项错误。第四十一条规定，职工因工外出期间发生事故或者在抢险救灾中下落不明的，从事故发生当月起 3 个月内照发工资，从第 4 个月起停发工资，由工伤保险基金向其供养亲属按月支付供养亲属抚恤金。生活有困难的，可以预支一次性工亡补助金的 50%。职工被人民法院宣告死亡的，按照本条例第三十九条职工因工死亡的规定处理。

D 选项错误。第三十九条规定，职工因工死亡，其近亲属按照下列规定从工伤保险基金领取丧葬补助金、供养亲属抚恤金和一次性工亡补助金：①丧葬补助金为 6 个月的统筹地区上年度职工月平均工资；②供养亲属抚恤金按照职工本人工资的一定比例发给由因工死亡职工生前提供主要生活来源、无劳动能力的亲属。标准为：配偶每月 40%，其他亲属每人每月 30%，孤寡老人或者孤儿每人每月在上述标准的基础上增加 10%。核定的各供养亲属的抚恤金之和不应高于因工死亡职工生前的工资。供养亲属的具体范围由国务院社会保险行政部门规定；③一次性工亡补助金标准为上一年度全国城镇居民人均可支配收入的 20 倍。伤残职工在停工留薪期内因工伤导致死亡的，其近亲属享受本条第一款规定的待遇。一级至四级伤残职工在停工留薪期满后死亡的，其近亲属可以享受本条第一款第①项、第②项规定的待遇。

2. C 【解析】A 选项错误。第十四条规定，职工有下列情形之一的，应当认定为工伤：①在工作时间和工作场所内，因工作原因受到事故伤害的；②工作时间前后在工作场所内，从事与工作有关的预备性或者收尾性工作受到事故伤害的；③在工作时间和工作场所内，因履行工作职责受到暴力等意外伤害的；④患职业病的；⑤因工外出期间，由于工作原因受到伤害或者发生事故下落不明的；⑥在上下班途中，受到非本人主要责任的交通事故或者城市轨道交通、客运轮渡、火车事故伤害的；⑦法律、行政法规规定应当认定为工伤的其他情形。

B选项错误。第十七条规定，职工发生事故伤害或者按照职业病防治法规定被诊断、鉴定为职业病，所在单位应当自事故伤害发生之日或者被诊断、鉴定为职业病之日起30日内，向统筹地区社会保险行政部门提出工伤认定申请。遇有特殊情况，经报社会保险行政部门同意，申请时限可以适当延长。用人单位未按前款规定提出工伤认定申请的，工伤职工或者其近亲属、工会组织在事故伤害发生之日或者被诊断、鉴定为职业病之日起1年内，可以直接向用人单位所在地统筹地区社会保险行政部门提出工伤认定申请。

D选项错误。第十九条规定，社会保险行政部门受理工伤认定申请后，根据审核需要可以对事故伤害进行调查核实，用人单位、职工、工会组织、医疗机构以及有关部门应当予以协助。职业病诊断和诊断争议的鉴定，依照职业病防治法的有关规定执行。对依法取得职业病诊断证明书或者职业病诊断鉴定书的，社会保险行政部门不再进行调查核实。职工或者其近亲属认为是工伤，用人单位不认为是工伤的，由用人单位承担举证责任。

3. BD 【解析】《工伤保险条例》第二条规定，中华人民共和国境内的企业、事业单位、社会团体、民办非企业单位、基金会、律师事务所、会计师事务所等组织和有雇工的个体工商户（以下称用人单位）应当依照本条例规定参加工伤保险，为本单位全部职工或者雇工缴纳工伤保险费。

中华人民共和国境内的企业、事业单位、社会团体、民办非企业单位、基金会、律师事务所、会计师事务所等组织的职工和个体工商户的雇工，均依照本条例的规定享受工伤保险待遇的权利。

第十四条规定，职工有下列情形之一的，应当认定为工伤：①在工作时间和工作场所内，因工作原因受到事故伤害的；②工作时间前后在工作场所内，从事与工作有关的预备性或者收尾性工作受到事故伤害的；③在工作时间和工作场所内，因履行工作职责受到暴力等意外伤害的；④患职业病的；⑤因工外出期间，由于工作原因受到伤害或者发生事故下落不明的；⑥在上下班途中，受到非本人主要责任的交通事故或者城市轨道交通、客运轮渡、火车事故伤害的；⑦法律、行政法规规定应当认定为工伤的其他情形。

4. B 【解析】A选项错误。不是境内企业人员。

B选项正确。《工伤保险条例》第二条规定，中华人民共和国境内的企业、事业单位、社会团体、民办非企业单位、基金会、律师事务所、会计师事务所等组织和有雇工的个体工商户应当依照本条例规定参加工伤保险，为本单位全部职工或者雇工缴纳工伤保险费。

C、D选项错误。县行政机关负责人和参照公务员法管理的事业单位领导为国家公务人员。

5. B 【解析】A选项错误。《工伤保险条例》第三十条规定，职工因工作遭受事故伤害或者患职业病进行治疗，享受工伤医疗待遇。职工治疗工伤应当在签订服务协议的医疗机构就医，情况紧急时可以先到就近的医疗机构急救。

B选项正确。第三十条规定，工伤职工治疗非工伤引发的疾病，不享受工伤医疗待遇，按照基本医疗保险办法处理。

C选项错误。第三十三条规定，停工留薪期一般不超过12个月。伤情严重或者情况特殊，经设区的市级劳动能力鉴定委员会确认，可以适当延长，但延长不得超过12个月。

工伤职工评定伤残等级后，停发原待遇，按照本章的有关规定享受伤残待遇。工伤职工在停工留薪期满后仍需治疗的，继续享受工伤医疗待遇。

D 选项错误。第三十五条规定，从工伤保险基金按伤残等级支付一次性伤残补助金，标准为：一级伤残为 27 个月的本人工资，二级伤残为 25 个月的本人工资，三级伤残为 23 个月的本人工资，四级伤残为 21 个月的本人工资。

6. AE 【解析】A 选项正确。第八条规定，工伤保险费根据以支定收、收支平衡的原则，确定费率。

B 选项错误。第八条规定，行业差别费率及行业内费率档次由国务院社会保险行政部门制定，报国务院批准后公布施行。

C 选项错误。第十条规定，用人单位缴纳工伤保险费的数额为本单位职工工资总额乘以单位缴费费率之积。

D 选项错误。第十条规定，用人单位应当按时缴纳工伤保险费。职工个人不缴纳工伤保险费。E 选项正确。第八条规定，统筹地区经办机构根据用人单位工伤保险费使用、工伤发生率等情况，适用所属行业内相应的费率档次确定单位缴费费率。

7. B 【解析】B 选项正确，D 选项错误。根据《工伤保险条例》第十二条，工伤保险基金存入社会保障基金财政专户，用于本条例规定的工伤保险待遇，劳动能力鉴定，工伤预防的宣传、培训等费用，以及法律、法规规定的用于工伤保险的其他费用的支付。

A 选项错误。根据第十二条，任何单位或者个人不得将工伤保险基金用于投资运营、兴建或者改建办公场所、发放奖金，或者挪作其他用途。

C 选项错误。根据第十三条，工伤保险基金应当留有一定比例的储备金，用于统筹地区重大事故的工伤保险待遇支付。

8. B 【解析】A 选项错误。根据《工伤保险条例》第二十一条，职工发生工伤，经治疗伤情相对稳定后存在残疾、影响劳动能力的，应当进行劳动能力鉴定。

B 选项正确。根据第二十三条，劳动能力鉴定由用人单位、工伤职工或者其近亲属向设区的市级劳动能力鉴定委员会提出申请，并提供工伤认定决定和职工工伤医疗的有关资料。

C、D 选项错误。根据第二十五条，设区的市级劳动能力鉴定委员会收到劳动能力鉴定申请后，应当从其建立的医疗卫生专家库中随机抽取 3 名或者 5 名相关专家组成专家组，由专家组提出鉴定意见。设区的市级劳动能力鉴定委员会根据专家组的鉴定意见作出工伤职工劳动能力鉴定结论；必要时，可以委托具备资格的医疗机构协助进行有关的诊断。

9. DE 【解析】A 选项错误。根据《工伤保险条例》第十五条，职工在工作时间和工作岗位，突发疾病死亡或者在 48 小时之内经抢救无效死亡的，视同工伤。

B 选项错误。根据第十九条，职工或者其近亲属认为是工伤，用人单位不认为是工伤的，由用人单位承担举证责任。

C 选项错误。根据第十七条，职工发生事故伤害或者按照职业病防治法规定被诊断、鉴定为职业病，所在单位应当自事故伤害发生之日或者被诊断、鉴定为职业病之日起 30 日内，向统筹地区社会保险行政部门提出工伤认定申请。遇有特殊情况，经报社会保险行政部门同意，申请时限可以适当延长。用人单位未按规定提出工伤认定申请的，工伤职工或者其近亲属、工会组织在事故伤害发生之日或者被诊断、鉴定为职业病之日起1年内，可以直接向用人单位所在地统筹地区社会保险行政部门提出工伤认定申请。

D、E选项正确。根据第三十九条，职工因工死亡，其近亲属按照丧葬补助金为6个月的统筹地区上年度职工月平均工资的规定从工伤保险基金领取丧葬补助金、供养亲属抚恤金和一次性工亡补助金。

10. A 【解析】《工伤保险条例》第十二条规定，工伤保险基金存入社会保障基金财政专户，用于本条例规定的工伤保险待遇，劳动能力鉴定，工伤预防的宣传、培训等费用，以及法律、法规规定的用于工伤保险的其他费用的支付。工伤预防费用的提取比例、使用和管理的具体办法，由国务院社会保险行政部门会同国务院财政、卫生行政、安全生产监督管理等部门规定。任何单位或者个人不得将工伤保险基金用于投资运营、兴建或者改建办公场所、发放奖金，或者挪作其他用途。

11. D 【解析】D选项正确。《工伤保险条例》第二条规定，中华人民共和国境内的企业、事业单位、社会团体、民办非企业单位、基金会、律师事务所、会计师事务所等组织和有雇工的个体工商户（以下称用人单位）应当依照本条例规定参加工伤保险，为本单位全部职工或者雇工（以下称职工）缴纳工伤保险费。

A、B选项错误。中华人民共和国境内的企业、事业单位、社会团体、民办非企业单位、基金会、律师事务所、会计师事务所等组织的职工和个体工商户的雇工，均有依照本条例的规定享受工伤保险待遇的权利。

C选项错误。第六十二条规定，用人单位依照本条例规定应当参加工伤保险而未参加的，由社会保险行政部门责令限期参加，补缴应当缴纳的工伤保险费，并自欠缴之日起，按日加收万分之五的滞纳金；逾期仍不缴纳的，处欠缴数额1倍以上3倍以下的罚款。依照本条例规定应当参加工伤保险而未参加工伤保险的用人单位职工发生工伤的，由该用人单位按照本条例规定的工伤保险待遇项目和标准支付费用。用人单位参加工伤保险并补缴应当缴纳的工伤保险费、滞纳金后，由工伤保险基金和用人单位依照本条例的规定支付新发生的费用。

12. C 【解析】《工伤保险条例》第十四条规定，职工有下列情形之一的，应当认定为工伤：①在工作时间和工作场所内，因工作原因受到事故伤害的；②工作时间前后在工作场所内，从事与工作有关的预备性或者收尾性工作受到事故伤害的；③在工作时间和工作场所内，因履行工作职责受到暴力等意外伤害的；④患职业病的；⑤因工外出期间，由于工作原因受到伤害或者发生事故下落不明的；⑥在上下班途中，受到非本人主要责任的交通事故或者城市轨道交通、客运轮渡、火车事故伤害的；⑦法律、行政法规规定应当认定为工伤的其他情形。

13. BD 【解析】A选项错误。《工伤保险条例》第二十二条规定，劳动能力鉴定是指劳动功能障碍程度和生活自理障碍程度的等级鉴定。劳动功能障碍分为十个伤残等级，最重的为一级，最轻的为十级。生活自理障碍分为三个等级：生活完全不能自理、生活大部分不能自理和生活部分不能自理。劳动能力鉴定标准由国务院社会保险行政部门会同国务院卫生行政部门等部门制定。

C 选项错误。第二十四条规定，省、自治区、直辖市劳动能力鉴定委员会和设区的市级劳动能力鉴定委员会分别由省、自治区、直辖市和设区的市级社会保险行政部门、卫生行政部门、工会组织、经办机构代表以及用人单位代表组成。

B 选项正确。第二十三条规定，劳动能力鉴定由用人单位、工伤职工或者其近亲属向设区的市级劳动能力鉴定委员会提出申请，并提供工伤认定决定和职工工伤医疗的有关资料。

D 选项正确。劳动能力鉴定委员会建立医疗卫生专家库。列入专家库的医疗卫生专业技术人员应当具备下列条件：①具有医疗卫生高级专业技术职务任职资格；②掌握劳动能力鉴定的相关知识；③具有良好的职业品德。第二十五条规定，设区的市级劳动能力鉴定委员会收到劳动能力鉴定申请后，应当从其建立的医疗卫生专家库中随机抽取 3 名或者 5 名相关专家组成专家组，由专家组提出鉴定意见。设区的市级劳动能力鉴定委员会根据专家组的鉴定意见作出工伤职工劳动能力鉴定结论。

E 选项错误。第二十八条规定，自劳动能力鉴定结论作出之日起 1 年后，工伤职工或者其近亲属、所在单位或者经办机构认为伤残情况发生变化的，可以申请劳动能力复查鉴定。

14. ABC 【解析】《工伤保险条例》第八条规定，工伤保险费根据以支定收、收支平衡的原则，确定费率。国家根据不同行业的工伤风险程度确定行业的差别费率，并根据工伤保险费使用、工伤发生率等情况在每个行业内确定若干费率档次。行业差别费率及行业内费率档次由国务院社会保险行政部门制定，报国务院批准后公布施行。

15. C 【解析】《工伤保险条例》第八条第一款规定，工伤保险费根据以支定收、收支平衡的原则，确定费率。由此判断，D 选项错误。第十条第一款、第二款规定，用人单位应当按时缴纳工伤保险费。职工个人不缴纳工伤保险费。用人单位缴纳工伤保险费的数额为本单位职工工资总额乘以单位缴费费率之积。由此判断，B 选项错误，C 选项正确。第十二条第三款规定，任何单位或者个人不得将工伤保险基金用于投资运营、兴建或者改建办公场所、发放奖金，或者挪作其他用途。由此判断，A 选项错误。

16. A 【解析】《工伤保险条例》第二十二条规定，劳动功能障碍分为十个伤残等级，最重的为一级，最轻的为十级。生活自理障碍分为三个等级：生活完全不能自理、生活大部分不能自理和生活部分不能自理。由此判断，A 选项正确，B 选项错误。第二十五条规定，设区的市级劳动能力鉴定委员会收到劳动能力鉴定申请后，应当从其建立的医疗卫生专家库中随机抽取 3 名或者 5 名相关专家组成专家组，由专家组提出鉴定意见。由此判断，C 选项错误。第二十八条规定，自劳动能力鉴定结论作出之日起 1 年后，工伤职工或者其近亲属、所在单位或者经办机构认为伤残情况发生变化的，可以申请劳动能力复查鉴定。由此判断，D 选项错误。

17. D 【解析】《工伤保险条例》第三十一条规定，社会保险行政部门作出认定为工伤的决定后发生行政复议、行政诉讼的，行政复议和行政诉讼期间不停止支付工伤职工治疗工伤的医疗费用。由此判断，A 选项错误。第三十三条规定，职工因工作遭受事故伤害或者患职业病需要暂停工作接受工伤医疗的，在停工留薪期内，原工资福利待遇不变，由所在单位按月支付。停工留薪期一般不超过 12 个月。伤情严重或者情况特殊，经设区的市级劳动能力鉴定委员会确认，可以适当延长，但延长不得超过 12 个月。由此判断，B 选项错误。第三十四条第二款规定，生活护理费按照生活完全不能自理、生活大部分不能自理或者生活部分不能自理 3 个不同等级支付，其标准分别为统筹地区上年度职工月平均工资的 50%、40% 或者 30%。由此判断，C 选项错误。第三十六条规定，职工因工致残被鉴定为五级、六级伤残的，享受以下待遇：从工伤保险基金按伤残等级支付一次性伤残补助金，标准为：五级伤残为 18 个月的本人工资，六级伤残为 16 个月的本人工资。由此判断，D 选项正确。

18. CDE 【解析】《工伤保险条例》第十七条规定，职工发生事故伤害或者按照职业病防治法规定被诊断、鉴定为职业病，所在单位应当自事故伤害发生之日或者被诊断、鉴定为职业病之日起 30 日内，向统筹地区社会保险行政部门提出工伤认定申请。遇有特殊情况，经报社会保险行政部门同意，申请时限可以适当延长。按照本条第一款规定应当由省级社会保险行政部门进行工伤认定的事项，根据属地原则由用人单位所在地的设区的市级社会保险行政部门办理。用人单位未在本条第一款规定的时限内提交工伤认定申请，在此期间发生符合本条例规定的工伤待遇等有关费用由该用人单位负担。由此判断，A、B 选项错误。第二十条规定，社会保险行政部门应当自受理工伤认定申请之日起 60 日内作出工伤认定的决定，并书面通知申请工伤认定的职工或者其近亲属和该职工所在单位。社会保险行政部门对受理的事实清楚、权利义务明确的工伤认定申请，应当在 15 日内作出工伤认定的决定。由此判断，C、D 选项正确。第十九条规定，职工或者其近亲属认为是工伤，用人单位不认为是工伤的，由用人单位承担举证责任。由此判断，E 选项正确。

第十一节　大型群众性活动安全管理条例

【基础知识训练】

1. D 【解析】《大型群众性活动安全管理条例》第二条规定，本条例所称大型群众性活动，是指法人或者其他组织面向社会公众举办的每场次预计参加人数达到 1000 人以上的下列活动：①体育比赛活动；②演唱会、音乐会等文艺演出活动；③展览、展销等活动；④游园、灯会、庙会、花会、焰火晚会等活动；⑤人才招聘会、现场开奖的彩票销售等活动。

2. B 【解析】第七条规定，承办者具体负责下列安全事项（8 项）：①落实大型群众性活动安全工作方案和安全责任制度，明确安全措施、安全工作人员岗位职责，开展大型群众性活动安全宣传教育；②保障临时搭建的设施、建筑物的安全，消除安全隐患；③按照负责许可的公安机关的要求，配备必要的安全检查设备，对参加大型群众性活动的人员进行安全检查，对拒不接受安全检查的，承办者有权拒绝其进入；④按照核准的活动场所容纳人员数量、划定的区域发放或者出售门票；⑤落实医疗救护、灭火、应急疏散等应急救援措施并组织演练；⑥对妨碍大型群众性活动安全的行为及时予以制止，发现违法犯罪行为及时向公安机关报告；⑦配备与大型群众性活动安全工作需要相适应的专业保安人员以及其他安全工作人员；⑧为大型群众性活动的安全工作提供必要的保障。

3. C 【解析】第十条规定，公安机关应当履行下列职责：①审核承办者提交的大型群众性活动申请材料，实施安全许可；②制订大型群众性活动安全监督方案和突发事件处置预案；③指导对安全工作人员的教育培训；④在大型群众性活动举办前，对活动场所组织安全检查，发现安全隐患及时责令改正；⑤在大型群众性活动举办过程中，对安全工作的落实情况实施监督检查，发现安全隐患及时责令改正；⑥依法查处大型群众性活动中的违法犯罪行为，处置危害公共安全的突发事件。

4. C 【解析】第十四条规定，公安机关收到申请材料应当依法做出受理或者不予受理的决定。对受理的申请，应当自受理之日起 7 日内进行审查，对活动场所进行查验，对符合安全条件的，做出许可的决定；对不符合安全条件的，做出不予许可的决定，并书面说明理由。

【能力提升训练】

1. B 【解析】《大型群众性活动安全管理条例》第十二条规定，大型群众性活动的预计参加人数在 1000 人以上 5000 人以下的，由活动所在地县级人民政府公安机关实施安全许可；预计参加人数在 5000 人以上的，由活动所在地设区的市级人民政府公安机关或者直辖市人民政府公安机关实施安全许可；跨省、自治区、直辖市举办大型群众性活动的，由国务院公安部门实施安全许可。

2. B 【解析】第十二条规定，大型群众性活动的预计参加人数在 1000 人以上 5000 人以下的，由活动所在地县级人民政府公安机关实施安全许可；预计参加人数在 5000 人以上的，由活动所在地设区的市级人民政府公安机关或者直辖市人民政府公安机关实施安全许可；跨省、自治区、直辖市举办大型群众性活动的，由国务院公安部门实施安全许可。

3. C 【解析】《大型群众性活动安全管理条例》第四条规定，县级以上人民政府公安机关负责大型群众性活动的安全管理工作。县级以上人民政府其他有关主管部门按照各自的职责，负责大型群众性活动的有关安全工作。再根据《大型群众性活动安全管理条例》第十条规定，公安机关应当履行下列职责：审核承办者提交的大型群众性活动申请材料，实施安全许可。

【历年真题实战】

1. D 【解析】按照负责许可的公安机关的要求，配备必要的安全检查设备，对参加大型群众性活动的人员进行安全检查，对拒不接受安全检查的，承办者有权拒绝其进入；配备与大型群众性活动安全工作需要相适应的专业保安人员以及其他安全工作人员。

乙传媒公司作为承办者，A、C 选项为乙传媒公司责任，因此 A、C 选项错误。

第八条规定，大型群众性活动的场所管理者具体负责保障疏散通道、安全出口、消防车通道、应急广播、应急照明、疏散指示标志符合法律、法规、技术标准的规定。

丙剧院作为场所管理者，因此 D 选项正确。

第十条规定，公安机关应当制订大型群众性活动安全监督方案和突发事件处置预案。

B 选项为公安机关责任，因此 B 选项错误。

2. D 【解析】A 选项错误。是大型群众性活动的场所管理者具体负责。《大型群众性活动安全管理条例》第八条规定，大型群众性活动的场所管理者负责保障监控设备和消防设施、器材配置齐全、完好有效。

B 选项错误。是承办者具体负责。第七条规定，承办者负责保障临时搭建的设施、建筑物的安全，消除安全隐患。

C 选项错误。第十条规定，公安机关应当履行下列职责：审核承办者提交的大型群众性活动申请材料，实施安全许可；制订大型群众性活动安全监督方案和突发事件处置预案；

D 选项正确。第十条规定，公安机关应当履行下列职责：在大型群众性活动举办前，对活动场所组织安全检查，发现安全隐患及时责令改正。

3. A 【解析】根据《大型群众性活动安全管理条例》第三条，大型群众性活动的安全管理应当遵循安全第一、预防为主的方针，坚持承办者负责、政府监管的原则。

4. A 【解析】《大型群众性活动安全管理条例》第十二条规定，大型群众性活动的预计参加人数在 1000 人以上 5000 人以下的，由活动所在地县级人民政府公安机关实施安全许可；预计参加人数在 5000 人以上的，由活动所在地设区的市级人民政府公安机关或者直辖市人民政府公安机关实施安全许可；跨省、自治区、直辖市举办大型群众性活动的，由国务院公安部门实施安全许可。

第十二节　女职工劳动保护特别规定

【基础知识训练】

1. D 【解析】第四条规定，女职工在经期禁忌从事的劳动范围：①冷水作业分级标准中规定的第二级、第三级、第四级冷水作业；②低温作业分级标准中规定的第二级、第三级、第四级低温作业；③体力劳动强度分级标准中规定的第三级、第四级体力劳动强度的作业；④高处作业分级标准中规定的第三级、第四级高处作业。

【能力提升训练】

1. A 【解析】女职工生育享受 98 天产假，其中产前可以休假 15 天；生育多胞胎的，每多生育 1 个婴儿，增加产假 15 天，即双胞胎是 113 天产假。怀孕女职工在劳动时间内进行产前检查，所需时间计入劳动时间。

2. C 【解析】第六条规定，女职工在孕期不能适应原劳动的，用人单位应根据医疗机构的证明，予以减轻劳动量或者安排其他能够适应的劳动。对怀孕 7 个月以上的女职工，用人单位不得延长劳动时间或者安排夜班劳动，并应当在劳动时间内安排一定的休息时间。怀孕女职工在劳动时间内进行产前检查，所需时间计入劳动时间。第七条规定，女职工生育享受 98 天产假，其中产前可以休假 15 天；难产的，应增加产假 15 天；生育多胞胎的，每多生育 1 个婴儿，可增加产假 15 天。女职工怀孕未满 4 个月流产的，享受 15 天产假；怀孕满 4 个月流产的，享受 42 天产假。

3. A 【解析】《女职工劳动保护特别规定》第七条规定，女职工在怀孕期间，所在单位不得安排其从事国家规定的第三级体力劳动强度的劳动和孕期禁忌从事的劳动，不得在正常劳动日以外延长劳动时间；对不能胜任原劳动的，应当根据医务部门的证明予以减轻劳动量或者安排其他劳动。怀孕7个月以上（含7个月）的女职工，一般不得安排其从事夜班劳动；在劳动时间内应当安排一定的休息时间。怀孕的女职工，在劳动时间内进行产前检查，应当算作劳动时间。

4. DE 【解析】A选项错误，对怀孕7个月以上的女职工，用人单位不得延长劳动时间或者安排夜班劳动。B选项错误，女职工产假期间的生育津贴，对已经参加生育保险的，按照用人单位上年度职工月平均工资的标准由生育保险基金支付；对未参加生育保险的，按照女职工产假前工资的标准由用人单位支付。即按照8000元的标准由用人单位支付。女职工生育或者流产的医疗费用，按照生育保险规定的项目和标准，对已经参加生育保险的，由生育保险基金支付；对未参加生育保险的，由用人单位支付。

5. ACD 【解析】女职工在哺乳期禁忌从事的劳动范围：①作业场所空气中铅及其化合物、汞及其化合物、苯、镉、铍、砷、氰化物、氮氧化物、一氧化碳、二硫化碳、氯、己内酰胺、氯丁二烯、氯乙烯、环氧乙烷、苯胺、甲醛等有毒物质浓度超过国家职业卫生标准的作业；②非密封源放射性物质的操作，核事故与放射事故的应急处置；③体力劳动强度分级标准中规定的第三级、第四级体力劳动强度的作业；④作业场所空气中锰、氟、溴、甲醇、有机磷化合物、有机氯化合物等有毒物质浓度超过国家职业卫生标准的作业。

【历年真题实战】

1. D 【解析】根据《女职工劳动保护特别规定》，女职工在经期禁忌从事高处作业分级标准中规定的第三级、第四级高处作业。

女职工在孕期禁忌从事噪声作业分级标准中规定的第三级、第四级作业；体力劳动强度分级标准中规定的第三级、第四级体力劳动强度的作业。

女职工在哺乳期禁忌从事孕期禁忌从事的劳动范围的第一项、第三项、第九项。因此，甲、乙、丙不可继续从事原岗位。

2. AC 【解析】根据《女职工劳动保护特别规定》，女职工禁忌从事的劳动范围包括：矿山井下作业；体力劳动强度分级标准中规定的第四级体力劳动强度的作业；每小时负重6次以上、每次负重超过20公斤的作业，或者间断负重、每次负重超过25公斤的作业。

3. B 【解析】根据《女职工劳动保护特别规定》附录，低温作业分级标准中规定的第二级、第三级、第四级低温作业，高处作业分级标准中规定的第三级、第四级高处作业属于女职工在经期禁忌从事的劳动范围。低温作业分级标准中规定的低温作业，高温作业分级标准中规定的第三级、第四级的作业属于女职工在孕期禁忌从事的劳动范围。

4. A 【解析】女职工禁忌从事的劳动范围：①矿山井下作业；②体力劳动强度分级标准中规定的第四级体力劳动强度的作业；③每小时负重6次以上、每次负重超过20公斤的作业，或者间断负重、每次负重超过25公斤的作业。

第七章　安全生产部门规章

第一节　注册安全工程师分类管理办法

【基础知识训练】

1. A　【解析】第十一条规定，中级注册安全工程师按照专业类别进行继续教育，其中专业课程学时应不少于继续教育总学时的一半。

2. D　【解析】第三条规定，注册安全工程师专业类别划分为：煤矿安全、金属非金属矿山安全、化工安全、金属冶炼安全、建筑施工安全、道路运输安全、其他安全（不包括消防安全）。

第九条规定，国家安全监管总局（应急管理部）或其授权的机构负责中级注册安全工程师职业资格公共科目和专业科目（建筑施工安全、道路运输安全类别除外）考试大纲的编制和命审题组织工作。

第十条规定，住房城乡建设部、交通运输部或其授权的机构分别负责其职责范围内建筑施工安全、道路运输安全类别中级注册安全工程师的注册初审工作。

3. A　【解析】第六条规定，注册安全工程师可在相应行业领域生产经营单位和安全评价检测等安全生产专业服务机构中执业。

4. BE　【解析】危险物品的生产、储存单位以及矿山、金属冶炼单位应当有相应专业类别的户级及以上注册安全工程师从事安全生产管理工作。危险物品的生产、储存单位以及矿山单位安全生产管理人员中的中级及以上注册安全工程师比例应自本办法施行之日起2年内，金属冶炼单位安全生产管理人员中的中级及以上注册安全工程师比例应自本办法施行之日起5年内达到15%左右并逐步提高。

5. AD　【解析】危险物品的生产、储存单位以及矿山单位安全生产管理人员中的中级及以上注册安全工程师比例应自本办法施行之日起2年内，金属冶炼单位安全生产管理人员中的中级及以上注册安全工程师比例应自本办法施行之日起5年内达到15%左右并逐步提高。

【能力提升训练】

1. BDE　【解析】A选项错误。《安全生产法》第二十四条规定，矿山、金属冶炼、建筑施工、运输单位和危险物品的生产、经营、储存、装卸单位，应当设置安全生产管理机构或者配备专职安全生产管理人员。前款规定以外的其他生产经营单位，从业人员超过100人的，应当设置安全生产管理机构或者配备专职安全生产管理人员；从业人员在100人以下的，应当配备专职或者兼职的安全生产管理人员。

C选项错误。《注册安全工程师分类管理办法》第十二条规定，危险物品的生产、储存单位以及矿山、金属冶炼单位应当有相应专业类别的中级及以上注册安全工程师从事安全生产管理工作。危险物品的生产、储存单位以及矿山单位安全生产管理人员中的中级及以上注册安全工程师比例应自本办法施行之日起 2 年内，金属冶炼单位安全生产管理人员中的中级及以上注册安全工程师比例应自本办法施行之日起 5 年内达到 15% 左右并逐步提高。

【历年真题实战】

1. B 【解析】《注册安全工程师管理规定》第十九条规定，生产经营单位的下列安全生产工作，应有注册安全工程师参与并签署意见：①制定安全生产规章制度、安全技术操作规程和作业规程；②排查事故隐患，制定整改方案和安全措施；③制定从业人员安全培训计划；④选用和发放劳动防护用品；⑤生产安全事故调查；⑥制定重大危险源检测、评估、监控措施和应急救援预案；⑦其他安全生产工作事项。

2. C 【解析】《注册安全工程师管理规定》第二十一条规定，注册安全工程师享有下列权利：①使用注册安全工程师称谓；②从事规定范围内的执业活动；③对执业中发现的不符合安全生产要求的事项提出意见和建议；④参加继续教育；⑤使用本人的执业证和执业印章；⑥获得相应的劳动报酬；⑦对侵犯本人权利的行为进行申诉；⑧法律、法规规定的其他权利。

第二十二条规定，注册安全工程师应当履行下列义务：①保证执业活动的质量，承担相应的责任；②接受继续教育，不断提高执业水准；③在本人执业活动所形成的有关报告上署名；④维护国家、公众的利益和受聘单位的合法权益；⑤保守执业活动中的秘密；⑥不得出租、出借、涂改、变造执业证和执业印章；⑦不得同时在 2 个或者 2 个以上单位受聘执业；⑧法律、法规规定的其他义务。

3. C 【解析】本题考的是注册安全工程师的职责。

A 选项错误。不能处理生产安全事故。

B 选项错误。应制定职工安全培训计划。

C 选项正确。D 选项错误。应指定应急救援预案。根据《注册安全工程师管理规定》第十九条，生产经营单位的下列安全生产工作，应有注册安全工程师参与并签署意见：①制定安全生产规章制度、安全技术操作规程和作业规程；②排查事故隐患，制定整改方案和安全措施；③制定从业人员安全培训计划；④选用和发放劳动防护用品；⑤生产安全事故调查；⑥制定重大危险源检测、评估、监控措施和应急救援预案；⑦其他安全生产工作事项。

4. C 【解析】《注册安全工程师分类管理办法》第十二条危险物品的生产、储存单位以及矿山、金属冶炼单位应当有相应专业类别的中级及以上注册安全工程师从事安全生产管理工作。危险物品的生产、储存单位以及矿山单位安全生产管理人员中的中级及以上注册安全工程师比例应自本办法施行之日起 2 年内，金属冶炼单位安全生产管理人员中的中级及以上注册安全工程师比例应自本办法施行之日起 5 年内达到 15% 左右并逐步提高。

5. A 【解析】《注册安全工程师分类管理办法》第三条规定，注册安全工程师专业类别划分为：煤矿安全、金属非金属矿山安全、化工安全、金属冶炼安全、建筑施工安全、道路运输安全、其他安全（不包括消防安全）。

第二节　生产经营单位安全培训规定

【基础知识训练】

1. C　**【解析】**第十条规定，生产经营单位主要负责人和安全生产管理人员的安全培训必须依照安全生产监管监察部门制定的安全培训大纲实施。非煤矿山、危险化学品、烟花爆竹、金属冶炼等生产经营单位主要负责人和安全生产管理人员的安全培训大纲及考核标准由国家安全生产监督管理总局（应急管理部）统一制定。煤矿主要负责人和安全生产管理人员的安全培训大纲及考核标准由国家煤矿安全监察局制定。煤矿、非煤矿山、危险化学品、烟花爆竹、金属冶炼以外的其他生产经营单位主要负责人和安全管理人员的安全培训大纲及考核标准，由省、自治区、直辖市安全生产监督管理部门制定。

2. A　**【解析】**第十三条规定，生产经营单位新上岗的从业人员，岗前安全培训时间不得少于24学时。煤矿、非煤矿山、危险化学品、烟花爆竹、金属冶炼等生产经营单位新上岗的从业人员安全培训时间不得少于72学时，每年再培训的时间不得少于20学时。

3. D　**【解析】**第七条规定，生产经营单位主要负责人安全培训应当包括下列内容：①国家安全生产方针、政策和有关安全生产的法律、法规、规章及标准；②安全生产管理基本知识、安全生产技术、安全生产专业知识；③重大危险源管理、重大事故防范、应急管理和救援组织以及事故调查处理的有关规定；④职业危害及其预防措施；⑤国内外先进的安全生产管理经验；⑥典型事故和应急救援案例分析；⑦其他需要培训的内容。

4. C　**【解析】**第十二条规定，加工、制造业等生产单位的其他从业人员，在上岗前必须经过厂（矿）、车间（工段、区、队）、班组三级安全培训教育。

5. AE　**【解析】**第四条规定，生产经营单位使用被派遣劳动者的，应当将被派遣劳动者纳入本单位从业人员统一管理，对被派遣劳动者进行岗位安全操作规程和安全操作技能的教育和培训。劳务派遣单位应当对被派遣劳动者进行必要的安全生产教育和培训。

6. ACD　**【解析】**第十一条规定，煤矿、非煤矿山、危险化学品、烟花爆竹、金属冶炼等生产经营单位必须对新上岗的临时工、合同工、劳务工、轮换工、协议工等进行强制性安全培训，保证其具备本岗位安全操作、自救互救以及应急处置所需的知识和技能后，方能安排上岗作业。

【能力提升训练】

1. B　**【解析】**A选项错误。高危行业生产经营单位新上岗的人员，岗前培训时间不少于72学时。

C选项错误。加工、制造业等生产单位的其他从业人员，在上岗前必须经过厂（矿）、车间（工段、区、队）、班组三级安全培训教育。

D选项错误。从业人员在本生产经营单位内调整工作岗位或离岗1年以上重新上岗时，应当重新接受车间（工段、区、队）和班组级的安全培训。

2. A　**【解析】**A选项，煤矿的主要负责人、安全生产管理人员由煤矿安全监察负责考核；非煤矿山、危险化学品、烟花爆竹的主要负责人、安全生产管理人员由安全生产监督管理部门负责考核。建筑等行业的主要负责人、安全生产管理人员由建设行政主管部门负责考核。

B选项，《生产经营单位安全培训规定》第十条规定，生产经营单位主要负责人和安全生产管理人员的安全培训必须依照安全生产监管监察部门制定的安全培训大纲实施。

C、D选项，《生产经营单位安全培训规定》第二十四条规定，煤矿、非煤矿山、危险化学品、烟花爆竹、金属冶炼等生产经营单位主要负责人和安全生产管理人员，自任职之日起6个月内，必须经安全生产监管监察部门对其安全生产知识和管理能力考核合格。

3. D 【解析】第十七条规定，从业人员在本生产经营单位内调整工作岗位或离岗1年以上重新上岗时，应当重新接受车间（工段、区、队）和班组级的安全培训。生产经营单位实施新工艺、新技术或者使用新设备、新材料时，应当对有关从业人员重新进行有针对性的安全培训。

4. A 【解析】第十四条规定，厂（矿）级岗前安全培训内容应当包括：①本单位安全生产情况及安全生产基本知识；②本单位安全生产规章制度和劳动纪律；③从业人员安全生产权利和义务；④有关事故案例等。煤矿、非煤矿山、危险化学品、烟花爆竹、金属冶炼等生产经营单位厂（矿）级安全培训除包括上述内容外，应当增加事故应急救援、事故应急预案演练及防范措施等内容。第十五条规定，车间（工段、区、队）级岗前安全培训内容应当包括：①工作环境及危险因素；②所从事工种可能遭受的职业伤害和伤亡事故；③所从事工种的安全职责、操作技能及强制性标准；④自救互救、急救方法、疏散和现场紧急情况的处理；⑤安全设备设施、个人防护用品的使用和维护；⑥本车间（工段、区、队）安全生产状况及规章制度；⑦预防事故和职业危害的措施及应注意的安全事项；⑧有关事故案例；⑨其他需要培训的内容。

第十六条规定，班组级岗前安全培训内容应当包括：①岗位安全操作规程；②岗位之间工作衔接配合的安全与职业卫生事项；③有关事故案例；④其他需要培训的内容。

5. D 【解析】《生产经营单位安全培训规定》第二十四条规定，煤矿、非煤矿山、危险化学品、烟花爆竹、金属冶炼等生产经营单位主要负责人和安全生产管理人员，自任职之日起6个月内，必须经安全生产监管监察部门对其安全生产知识和管理能力考核合格。第九条规定，生产经营单位主要负责人和安全生产管理人员初次安全培训时间不得少于32学时。每年再培训时间不得少于12学时。煤矿、非煤矿山、危险化学品、烟花爆竹、金属冶炼等生产经营单位主要负责人和安全生产管理人员初次安全培训时间不得少于48学时，每年再培训时间不得少于16学时。

6. C 【解析】《生产经营单位安全培训规定》第二十四条规定，煤矿、非煤矿山、危险化学品、烟花爆竹、金属冶炼等生产经营单位主要负责人和安全生产管理人员，自任职之日起6个月内，必须经安全生产监管监察部门对其安全生产知识和管理能力考核合格。

7. B 【解析】《生产经营单位安全培训规定》第二十三条规定，生产经营单位安排从业人员进行安全培训期间，应当支付工资和必要的费用。

【历年真题实战】

1. D 【解析】《生产经营单位安全培训规定》第九条规定，生产经营单位主要负责人和安全生产管理人员初次安全培训时间不得少于 32 学时。每年再培训时间不得少于 12 学时。煤矿、非煤矿山、危险化学品、烟花爆竹、金属冶炼等生产经营单位主要负责人和安全生产管理人员初次安全培训时间不得少于 48 学时，每年再培训时间不得少于 16 学时。

2. A 【解析】《生产经营单位安全培训规定》第四条规定，生产经营单位应当进行安全培训的从业人员包括主要负责人、安全生产管理人员、特种作业人员和其他从业人员。生产经营单位使用被派遣劳动者的，应当将被派遣劳动者纳入本单位从业人员统一管理，对被派遣劳动者进行岗位安全操作规程和安全操作技能的教育和培训。劳动派遣单位应当对被派遣劳动者进行必要的安全生产教育和培训。

生产经营单位接收中等职业学校、高等学校学生实习的，应当对实习学生进行相应的安全生产教育和培训，提供必要的劳动防护用品。学校应当协助生产经营单位对实习学生进行安全生产教育和培训。

生产经营单位从业人员应当接受安全培训，熟悉有关安全生产规章制度和安全操作规程，具备必要的安全生产知识，掌握本岗位的安全操作技能，了解事故应急处理措施，知悉自身在安全生产方面的权利和义务。

未经安全培训合格的从业人员，不得上岗作业。

3. D 【解析】《生产经营单位安全培训规定》第九条规定，生产经营单位主要负责人和安全生产管理人员初次安全培训时间不得少于 32 学时。每年再培训时间不得少于 12 学时。煤矿、非煤矿山、危险化学品、烟花爆竹、金属冶炼等生产经营单位主要负责人和安全生产管理人员初次安全培训时间不得少于 48 学时，每年再培训时间不得少于 16 学时。

4. B 【解析】A 选项错误，B 选项正确，C 选项错误。《生产经营单位安全培训规定》第十九条规定，生产经营单位从业人员的安全培训工作，由生产经营单位组织实施。生产经营单位应当坚持以考促学、以讲促学，确保全体从业人员熟练掌握岗位安全生产知识和技能；煤矿、非煤矿山、危险化学品、烟花爆竹、金属冶炼等生产经营单位还应当完善和落实师傅带徒弟制度。

D 选项错误。第二十条规定，具备安全培训条件的生产经营单位，应当以自主培训为主；可以委托具备安全培训条件的机构，对从业人员进行安全培训。不具备安全培训条件的生产经营单位，应当委托具备安全培训条件的机构，对从业人员进行安全培训。生产经营单位委托其他机构进行安全培训的，保证安全培训的责任仍由本单位负责。

5. D 【解析】A、B 选项错误。根据《生产经营单位安全培训规定》第十三条，生产经营单位新上岗的从业人员，岗前安全培训时间不得少于 24 学时，并没有要求每年再培训。

C 选项错误。根据第十七条，从业人员在本生产经营单位内调整工作岗位或离岗 1 年以上重新上岗时，应当重新接受车间（工段、区、队）和班组级的安全培训。不需要接受厂级培训。

D 选项正确。根据第十四条，厂（矿）级岗前安全培训内容应当包括有关事故案例等。

6. D 【解析】依据《生产经营单位安全培训规定》第九条规定，生产经营单位主要负责人和安全生产管理人员初次安全培训时间不得少于 32 学时。每年再培训时间不得少于 12 学时。煤矿、非煤矿山、危险化学品、烟花爆竹、金属冶炼等生产经营单位主要负责人和安全生产管理人员初次安全培训时间不得少于 48 学时，每年再培训时间不得少于 16 学时。第十三条规定，生产经营单位新上岗的从业人员，岗前安全培训时间不得少于 24 学时。煤矿、非煤矿山、危险化学品、烟花爆竹、金属冶炼等生产经营单位新上岗的从业人员安全培训时间不得少于 72 学时，每年再培训的时间不得少于 20 学时。

7. D 【解析】A、B 选项错误。《生产经营单位安全培训规定》第二十条规定，具备安全培训条件的生产经营单位，应当以自主培训为主；可以委托具备安全培训条件的机构，对从业人员进行安全培训。不具备安全培训条件的生产经营单位，应当委托具备安全培训条件的机构，对从业人员进行安全培训。生产经营单位委托其他机构进行安全培训的，保证安全培训的责任仍由本单位负责。

C 选项错误。第二十三条规定，生产经营单位安排从业人员进行安全培训期间，应当支付工资和必要的费用。

D 选项正确。第二十一条规定，生产经营单位应当将安全培训工作纳入本单位年度工作计划。保证本单位安全培训工作所需资金。

8. D 【解析】《生产经营单位安全培训规定》第十三条规定，生产经营单位新上岗的从业人员，岗前安全培训时间不得少于 24 学时。煤矿、非煤矿山、危险化学品、烟花爆竹、金属冶炼等生产经营单位新上岗的从业人员安全培训时间不得少于 72 学时，每年再培训的时间不得少于 20 学时。

9. ACDE 【解析】B 选项错误，其余选项正确。《生产经营单位安全培训规定》第九条规定，生产经营单位主要负责人和安全生产管理人员初次安全培训时间不得少于 32 学时。每年再培训时间不得少于 12 学时。煤矿、非煤矿山、危险化学品、烟花爆竹、金属冶炼等生产经营单位主要负责人和安全生产管理人员初次安全培训时间不得少于 48 学时，每年再培训时间不得少于 16 学时。

第三节　特种作业人员安全技术培训考核管理规定

【基础知识训练】

1. C 【解析】《特种作业人员安全技术培训考核管理规定》规定，特种作业操作证每 3 年复审 1 次。特种作业人员在特种作业证有效期内，连续从事本工种 10 年以上，严格遵守有关安全生产法律法规的，经原考核发证机关或者从业所在地考核发证机关同意，特种作业操作证的复审时间可以延长至每 6 年 1 次。

2. C 【解析】第六条规定，特种作业人员的安全技术培训、考核、发证、复审工作实行统一监管、分级实施、教考分离的原则。

3. C 【解析】第二十五条规定，特种作业人员有下列情形之一的，复审或者延期复审不予通过：①健康体检不合格的；②违章操作造成严重后果或者有 2 次以上违章行为，并经查证确实的；③有安全生产违法行为，并给予行政处罚的；④拒绝、阻碍安全生产监管监察部门监督检查的；⑤未按规定参加安全培训，或者考试不合格的；⑥具有本规定第三十条、第三十一条规定情形的。其中C选项属于第三十条规定，有下列情形之一的，考核发证机关应当撤销特种作业操作证：③对发生生产安全事故负有责任的。

4. B 【解析】第三十二条规定，离开特种作业岗位6个月以上的特种作业人员，应当重新进行实际操作考试，经确认合格后方可上岗作业。

【能力提升训练】

1. A 【解析】危险化学品特种作业人员应当具备高中或者相当于高中及以上文化程度。

2. C 【解析】《特种作业人员安全技术培训考核管理规定》第二十条规定，特种作业证遗失的，应当向原考核发证机关提出书面申请，经原考核发证机关审查同意后，予以补发。

3. B 【解析】特种作业操作证需要复审的，应当在期满前60日内，由申请人或者申请人的用人单位向原考核发证机关或者从业所在地考核发证机关提出申请。发证机关应当在收到申请之日起20个工作日内完成复审工作。工作期间余某有违章作业，但未受到行政处罚，不属于不予通过的情形。

4. B 【解析】B选项，《特种作业人员安全技术培训考核管理规定》第二十三条规定，特种作业操作证申请复审或者延期复审前，特种作业人员应当参加必要的安全培训并考试合格。安全培训时间不少于8个学时。特种作业操作证需要复审的，应当在期满前60日内，由申请人或者申请人的用人单位向原考核发证机关或者从业所在地考核发证机关提出申请。C选项，复审不允许补考。D选项，违章操作造成严重后果或者有2次以上违章行为，并经查证确实的复审或者延期复审不予通过。

5. C 【解析】A选项错误。特种作业操作证每3年复审1次。

B选项错误。特种作业人员在特种作业操作证有效期内，连续从事本工种10年以上，严格遵守有关安全生产法律法规的，经原考核发证机关或者从业所在地考核发证机关同意，特种作业证的复审时间可以延长至每6年1次。特种作业操作证申请复审或者延期复审前，应当参加必要的安全培训并考试合格。安全培训时间不少8个学时。

D选项错误，违章操作造成严重后果或者有2次以上违章行为，并经查证确实的，复审或者延期复审不予通过。

6. C 【解析】第二十二条规定，特种作业操作证需要复审的，应当在期满前60日内，由申请人或者申请人的用人单位向原考核发证机关或者从业所在地考核发证机关提出申请，并提交下列材料：①社区或者县级以上医疗机构出具的健康证明；②从事特种作业的情况；③安全培训考试合格记录。特种作业操作证有效期届满需要延期换证的，应当按照前款的规定申请延期复审。第二十三条规定，特种作业操作证申请复审或者延期复审前，特种作业人员应当参加必要的安全培训并考试合格。安全培训时间不少于8个学时，主要培训法律、法规、标准、事故案例和有关新工艺、新技术、新装备等知识。

7. B 【解析】A选项错误。《特种作业人员安全技术培训考核管理规定》第十二条规定，特种作业人员的考核包括考试和审核两部分。考试由考核发证机关或其委托的单位负责；审核由考核发证机关负责。

B选项正确。第十七条规定，收到申请的考核发证机关应当在5个工作日内完成对特种作业人员所提交申请材料的审查，作出受理或者不予受理的决定。

C选项错误。第十八条规定，对已经受理的申请，考核发证机关应当在20个工作日内完成审核工作。符合条件的，颁发特种作业操作证；不符合条件的，应当说明理由。

D选项错误。第十三条规定，考核发证机关或其委托的单位收到申请后，应当在60日内组织考试。

8. B 【解析】A选项错误。《特种作业人员安全技术培训考核管理规定》第九条规定，已经取得职业高中、技工学校及中专以上学历的毕业生从事与其所学专业相应的特种作业，持学历证明经考核发证机关同意，可以免予相关专业的培训。

C选项错误。《特种作业人员安全技术培训考核管理规定》第十条规定，生产经营单位委托其他机构进行特种作业人员安全技术培训的，保证安全技术培训的责任仍由本单位负责。

D选项错误。《特种作业人员安全技术培训考核管理规定》第二十三条规定，安全培训时间不少于8个学时。

9. D 【解析】A选项错误。《特种作业人员安全技术培训考核管理规定》第三十八条规定，生产经营单位未建立健全特种作业人员档案的，给予警告，并处1万元以下的罚款。

B选项错误。《特种作业人员安全技术培训考核管理规定》第三十九条规定，生产经营单位使用未取得特种作业操作证的特种作业人员上岗作业的，责令限期改正；可以处5万元以下的罚款；逾期未改正的，责令停产停业整顿，并处5万元以上10万元以下的罚款，对直接负责的主管人员和其他直接责任人员处1万元以上2万元以下的罚款。

C选项错误。《特种作业人员安全技术培训考核管理规定》第四十一条规定，特种作业人员转借、转让、冒用特种作业操作证的，给予警告，并处2000元以上10000元以下的罚款。

【历年真题实战】

1. C 【解析】第二十二条规定，特种作业操作证需要复审的，应当在期满前60日内，由申请人或者申请人的用人单位向原考核发证机关或者从业所在地考核发证机关提出申请，并提交下列材料：①社区或者县级以上医疗机构出具的健康证明；②从事特种作业的情况；③安全培训考试合格记录。

2. C 【解析】《特种作业人员安全技术培训考核管理规定》第五条规定，特种作业人员必须经专门的安全技术培训并考核合格，取得《中华人民共和国特种作业操作证》后，方可上岗作业。

《特种作业目录》制冷与空调作业。（1）制冷与空调设备运行操作作业是指对各类生产经营企业和事业等单位的大中型制冷与空调设备运行操作的作业。（2）制冷与空调设备安装修理作业是指对（1）所指制冷与空调设备整机、部件及相关系统进行安装、调试与维修的作业。

3. B 【解析】A 选项错误。《特种作业人员安全技术培训考核管理规定》第三十八条规定，生产经营单位未建立健全特种作业人员档案的，给予警告，并处 1 万元以下的罚款。

C、D 选项错误。第三十九条规定，生产经营单位使用未取得特种作业操作证的特种作业人员上岗作业的，责令限期改正；可以处 5 万元以下的罚款；逾期未改正的，责令停产停业整顿，并处 5 万元以上 10 万元以下的罚款，对直接负责的主管人员和其他直接责任人员处 1 万元以上 2 万元以下的罚款。

4. CE 【解析】A、B 选项错误，C、E 选项正确。《特种作业人员安全技术培训考核管理规定》第九条规定，特种作业人员应当接受与其所从事的特种作业相应的安全技术理论培训和实际操作培训。

已经取得职业高中、技工学校及中专以上学历的毕业生从事与其所学专业相应的特种作业，持学历证明经考核发证机关同意，可以免予相关专业的培训。

跨省、自治区、直辖市从业的特种作业人员，可以在户籍所在地或者从业所在地参加培训。

D 选项错误。第十条规定，对特种作业人员的安全技术培训，具备安全培训条件的生产经营单位应当以自主培训为主，也可以委托具备安全培训条件的机构进行培训。

不具备安全培训条件的生产经营单位，应当委托具备安全培训条件的机构进行培训。

生产经营单位委托其他机构进行特种作业人员安全技术培训的，保证安全技术培训的责任仍由本单位负责。

5. B 【解析】A 选项错误。《特种作业人员安全技术培训考核管理规定》第三十八条规定，生产经营单位未建立健全特种作业人员档案的，给予警告，并处 1 万元以下的罚款。

B 选项正确。第三十九条规定，生产经营单位使用未取得特种作业操作证的特种作业人员上岗作业的，责令限期改正，可以处 5 万元以下的罚款；逾期未改正的，责令停产停业整顿，并处 5 万元以上 10 万元以下的罚款，对直接负责的主管人员和其他直接责任人员处 1 万元以上 2 万元以下的罚款。煤矿企业使用未取得特种作业操作证的特种作业人员上岗作业的，依照《国务院关于预防煤矿生产安全事故的特别规定》的规定处罚。

C、D 选项错误。第四十一条规定，特种作业人员伪造、涂改特种作业操作证或者使用伪造的特种作业操作证的，给予警告，并处 1000 元以上 5000 元以下的罚款。特种作业人员转借、转让、冒用特种作业操作证的，给予警告，并处 2000 元以上 1 万元以下的罚款。

6. C 【解析】A 选项错误。《特种作业人员安全技术培训考核管理规定》第十三条规定，特种作业操作资格考试包括安全技术理论考试和实际操作考试两部分。考试不及格的，允许补考 1 次。经补考仍不及格的，重新参加相应的安全技术培训。

B 选项错误。第十六条规定，符合本规定第四条规定并经考试合格的特种作业人员，应当向其户籍所在地或者从业所在地的考核发证机关申请办理特种作业操作证，并提交身份证复印件、学历证书复印件、体检证明、考试合格证明等材料。

C 选项正确。对已经受理的申请，考核发证机关应当在 20 个工作日内完成审核工作。符合条件的，颁发特种作业操作证；不符合条件的，应当说明理由。

D 选项错误。第二十条规定，特种作业操作证遗失的，应当向原考核发证机关提出书面申请，经原考核发证机关审查同意后，予以补发。特种作业操作证所记载的信息发生变化或者损毁的，应当向原考核发证机关提出书面申请，经原考核发证机关审查确认后，予以更换或者更新。

7. C 【解析】A 选项错误。王某未满 18 周岁。

B 选项错误。张某有眩晕症。

D 选项错误。马某不具备高中或者相当于高中及以上文化程度。

《特种作业人员安全技术培训考核管理规定》第四条规定，特种作业人员应当符合下列条件：①年满 18 周岁，且不超过国家法定退休年龄；②经社区或者县级以上医疗机构体检健康合格，并无妨碍从事相应特种作业的器质性心脏病、癫痫病、美尼尔氏症、眩晕症、癔病、震颤麻痹症、精神病、痴呆症以及其他疾病和生理缺陷；③具有初中及以上文化程度；④具备必要的安全技术知识与技能；⑤相应特种作业规定的其他条件。危险化学品特种作业人员除符合前款第①项、第②项、第④项和第⑤项规定的条件外，应当具备高中或者相当于高中及以上文化程度。

8. CD 【解析】A 选项错误。第二十一条规定，特种作业操作证每 3 年复审 1 次。特种作业人员在特种作业操作证有效期内，连续从事本工种 10 年以上，严格遵守有关安全生产法律法规的，经原考核发证机关或者从业所在地考核发证机关同意，特种作业操作证的复审时间可以延长至每 6 年 1 次。

B 选项错误。第二十二条规定，特种作业操作证需要复审的，应当在期满前 60 日内，由申请人或者申请人的用人单位向原考核发证机关或者从业所在地考核发证机关提出申请，并提交下列材料：①社区或者县级以上医疗机构出具的健康证明；②从事特种作业的情况；③安全培训考试合格记录。特种作业操作证有效期届满需要延期换证的，应当按照前款的规定申请延期复审。

C 选项正确。《特种作业人员安全技术培训考核管理规定》第二十三条规定，特种作业操作证申请复审或者延期复审前，特种作业人员应当参加必要的安全培训并考试合格。安全培训时间不少于 8 个学时，主要培训法律、法规、标准、事故案例和有关新工艺、新技术、新装备等知识。

D 选项正确。第二十四条规定，申请复审的，考核发证机关应当在收到申请之日起 20 个工作日内完成复审工作。复审合格的，由考核发证机关签章、登记，予以确认；不合格的，说明理由。

E 选项错误。第二十五条规定，特种作业人员有下列情形之一的，复审或者延期复审不予通过：①健康体检不合格的；②违章操作造成严重后果或者有 2 次以上违章行为，并经查证确实的；③有安全生产违法行为，并给予行政处罚的；④拒绝、阻碍安全生产监管监察部门监督检查的；⑤未按规定参加安全培训，或者考试不合格的；⑥具有本规定第三十条、第三十一条规定情形的。

9. D 【解析】根据《特种作业人员安全技术培训考核管理规定》，电工作业指对电气设备进行运行、维护、安装、检修、改造、施工、调试等作业（不含电力系统进网作业），包括高压电工作业、低压电工作业、防爆电气作业。

10. B 【解析】B选项正确，A、C、D选项错误。小李做了9个月的安全管理工作。根据《特种作业人员安全技术培训考核管理规定》第三十二条，离开特种作业岗位6个月以上的特种作业人员，应当重新进行实际操作考试，经确认合格后方可上岗作业。

11. A 【解析】《特种作业人员安全技术培训考核管理规定》第九条规定，特种作业人员应当接受与其所从事的特种作业相应的安全技术理论培训和实际操作培训。

已经取得职业高中、技工学校及中专以上学历的毕业生从事与其所学专业相应的特种作业，持学历证明经考核发证机关同意，可以免予相关专业的培训。跨省、自治区、直辖市从业的特种作业人员，可以在户籍所在地或者从业所在地参加培训。

12. A 【解析】A选项正确。《特种作业人员安全技术培训考核管理规定》第二十三条规定，特种作业操作证申请复审或者延期复审前，特种作业人员应当参加必要的安全培训并考试合格。

B选项错误。《特种作业人员安全技术培训考核管理规定》第二十一条规定，特种作业操作证每3年复审1次。特种作业人员在特种作业操作证有效期内，连续从事本工种10年以上，严格遵守有关安全生产法律法规的，经原考核发证机关或者从业所在地考核发证机关同意，特种作业操作证的复审时间可以延长至每6年1次。

C选项错误。安全培训时间不少于8个学时，主要培训法律、法规、标准、事故案例和有关新工艺、新技术、新装备等知识。

D选项错误。第二十五条规定，特种作业人员有下列情形之一的，复审或者延期复审不予通过：①健康体检不合格的；②违章操作造成严重后果或者有2次以上违章行为，并经查证确实的；③有安全生产违法行为，并给予行政处罚的；④拒绝、阻碍安全生产监管监察部门监督检查的；⑤未按规定参加安全培训，或者考试不合格的；⑥具有本规定第三十条、第三十一条规定情形的。

13. C 【解析】《特种作业人员安全技术培训考核管理规定》第三十二条规定，离开特种作业岗位6个月以上的特种作业人员，应当重新进行实际操作考试，经确认合格后方可上岗作业。

14. BE 【解析】《特种作业人员安全技术培训考试管理规定》第四条规定，特种作业人员应当符合下列条件：

A选项错误。年满18周岁，且不超过国家法定退休年龄。

B选项正确。经社区或者县级以上医疗机构体检健康合格，并无妨碍从事相应特种作业的器质性心脏病、癫痫病、美尼尔氏症、眩晕症、癔病、震颤麻痹症、精神病、痴呆症以及其他疾病和生理缺陷。

C选项错误。危险化学品特种作业人员除符合前款第（1）项、第（2）项、第（3）项和第（5）项规定的条件外，应当具备高中或者相当于高中及以上文化程度。

D选项错误。对岗位经历没有明确要求。

E选项正确。(4) 具备必要的安全技术知识与技能。

15. AC 【解析】A选项正确。《特种作业人员安全技术培训考核管理规定》第五条规定，特种作业人员必须经专门的安全技术培训并考核合格，取得《中华人民共和国特种作业操作证》（以下简称特种作业操作证）后，方可上岗作业。

B 选项错误。第六条规定，特种作业人员的安全技术培训、考核、发证、复审工作实行统一监管、分级实施、教考分离的原则。

C 选项正确。第七条规定，国家安全生产监督管理总局（以下简称安全监管总局）指导、监督全国特种作业人员的安全技术培训、考核、发证、复审工作；省、自治区、直辖市人民政府安全生产监督管理部门指导、监督本行政区域特种作业人员的安全技术培训工作，负责本行政区域特种作业人员的考核、发证、复审工作；县级以上地方人民政府安全生产监督管理部门负责监督检查本行政区域特种作业人员的安全技术培训和持证上岗工作。

D 选项错误。国家煤矿安全监察局（以下简称煤矿安监局）指导、监督全国煤矿特种作业人员（含煤矿矿井使用的特种设备作业人员）的安全技术培训、考核、发证、复审工作；省、自治区、直辖市人民政府负责煤矿特种作业人员考核发证工作的部门或者指定的机构指导、监督本行政区域煤矿特种作业人员的安全技术培训工作，负责本行政区域煤矿特种作业人员的考核、发证、复审工作。

E 选项错误。省、自治区、直辖市人民政府安全生产监督管理部门和负责煤矿特种作业人员考核发证工作的部门或者指定的机构（以下统称考核发证机关）可以委托设区的市人民政府安全生产监督管理部门和负责煤矿特种作业人员考核发证工作的部门或者指定的机构实施特种作业人员的考核、发证、复审工作。

16. A 【解析】《特种作业人员安全技术培训考核管理规定》第四条规定，特种作业人员应当符合下列条件：①年满 18 周岁，且不超过国家法定退休年龄；②经社区或者县级以上医疗机构体检健康合格，并无妨碍从事相应特种作业的器质性心脏病、癫痫病、美尼尔氏症、眩晕症、癔病、震颤麻痹症、精神病、痴呆症以及其他疾病和生理缺陷；③具有初中及以上文化程度；④具备必要的安全技术知识与技能；⑤相应特种作业规定的其他条件。危险化学品特种作业人员除符合前款第一项、第二项、第四项和第五项规定的条件外，应当具备高中或者相当于高中及以上文化程度。

第四节　安全生产培训管理办法

【基础知识训练】

1. C 【解析】矿山新招的井下作业人员和危险物品生产经营单位新招的危险工艺操作岗位人员，除按照规定进行安全培训外，还应当在有经验的职工带领下实习满 2 个月后，方可独立上岗作业。

2. A 【解析】第二十二条规定，接受安全培训人员经考核合格的，由考核部门在考核结束后 10 个工作日内颁发相应的证书。

3. C 【解析】第二十五条规定，安全生产监管执法证、煤矿安全监察执法证、安全合格证的有效期为 3 年。有效期届满需要延期的，应当于有效期届满 30 日前向原发证部门申请办理延期手续。

4. ABCE 【解析】《安全生产培训管理办法》第五条规定，从事危险物品的生产、经营、储存单位以及矿山、金属冶炼单位的主要负责人和安全生产管理人员，特种作业人员以及注册安全工程师等相关人员培训的安全培训机构，应当将教师、教学和实习实训设施等情况书面报告所在地安全生产监督管理部门、煤矿安全培训监管机构。

【能力提升训练】

1. D 【解析】A 选项错误。生产经营单位的从业人员的安全培训，由生产经营单位负责。

B 选项错误。对从业人员的安全培训，具备安全培训条件的生产经营单位应当以自主培训为主，也可以委托具备安全培训条件的机构进行安全培训。

C 选项错误。应该实习"满 2 个月"。

2. C 【解析】A 选项错误。生产经营单位接收中等职业学校、高等学校学生实习的，应当对实习学生进行相应的安全生产教育和培训，提供必要的劳动防护用品。学校应当协助生产经营单位对实习学生进行安全生产教育和培训。

B 选项错误。生产经营单位使用被派遣劳动者的，应当将被派遣劳动者纳入本单位从业人员统一管理，对被派遣劳动者进行岗位安全操作规程和安全操作技能的教育和培训。

C 选项正确。特种作业人员对造成人员死亡的生产安全事故负有直接责任的，应当按照《特种作业人员安全技术培训考核管理规定》重新参加安全培训。

D 选项错误。职业院校毕业生从事与所学专业相关的作业，可以免予参加初次培训，实际操作培训除外。

3. C 【解析】第六条规定，安全培训应当按照规定的安全培训大纲进行。安全监管监察人员，危险物品的生产、经营、储存单位与非煤矿山、金属冶炼单位的主要负责人和安全生产管理人员、特种作业人员以及从事安全生产工作的相关人员的安全培训大纲，由国家安全监管总局（应急管理部）组织制定。煤矿企业的主要负责人和安全生产管理人员、特种作业人员的培训大纲由国家煤矿安监局组织制定。除危险物品的生产、经营、储存单位和矿山、金属冶炼单位以外其他生产经营单位的主要负责人、安全生产管理人员及其他从业人员的安全培训大纲，由省级安全生产监督管理部门（应急管理部门）、省级煤矿安全培训监管机构组织制定。

4. C 【解析】第十条规定，生产经营单位使用被派遣劳动者的，应当将被派遣劳动者纳入本单位从业人员统一管理，对被派遣劳动者进行岗位安全操作规程和安全操作技能的教育和培训。劳务派遣单位应当对被派遣劳动者进行必要的安全生产教育和培训。第十二条规定，中央企业的分公司、子公司及其所属单位和其他生产经营单位，发生造成人员死亡的生产安全事故的，其主要负责人和安全生产管理人员应当重新参加安全培训。第十四条规定，国家鼓励生产经营单位招录职业院校毕业生。职业院校毕业生从事与所学专业相关的作业，可以免予参加初次培训，实际操作培训除外。

5. C 【解析】第二十条规定，国家安全监管总局负责省级以上安全生产监督管理部门的安全生产监管人员、各级煤矿安全监察机构的煤矿安全监察人员的考核；负责中央企业的总公司、总厂或者集团公司的主要负责人和安全生产管理人员的考核。

省级安全生产监督管理部门负责市级、县级安全生产监督管理部门的安全生产监管人员的考核；负责省属生产经营单位和中央企业分公司、子公司及其所属单位的主要负责人和安全生产管理人员的考核；负责特种作业人员的考核。

市级安全生产监督管理部门负责本行政区域内除中央企业、省属生产经营单位以外的其他生产经营单位的主要负责人和安全生产管理人员的考核。

省级煤矿安全培训监管机构负责所辖区域内煤矿企业的主要负责人、安全生产管理人员和特种作业人员的考核。

除主要负责人、安全生产管理人员、特种作业人员以外的生产经营单位的其他从业人员的考核，由生产经营单位按照省级安全生产监督管理部门公布的考核标准，自行组织考核。

6. C 【解析】A选项错误。《安全生产培训管理办法》第八条规定，生产经营单位的从业人员的安全培训，由生产经营单位负责。

B选项错误。《安全生产培训管理办法》第九条规定，生产经营单位委托其他机构进行安全培训的，保证安全培训的责任仍由本单位负责。

C选项正确。《安全生产培训管理办法》第十二条规定，中央企业的分公司、子公司及其所属单位和其他生产经营单位，发生造成人员死亡的生产安全事故的，其主要负责人和安全生产管理人员应当重新参加安全培训。

D选项错误。《安全生产培训管理办法》第十三条规定，矿山新招的井下作业人员和危险物品生产经营单位新招的危险工艺操作岗位人员，除按照规定进行安全培训外，还应当在有经验的职工带领下实习满2个月后，方可独立上岗作业。

7. ABD 【解析】安全培训的机构应当具备从事安全培训工作所需要的条件。从事危险物品的生产、经营、储存单位以及矿山、金属冶炼单位的主要负责人和安全生产管理人员，特种作业人员以及注册安全工程师等相关人员培训的安全培训机构，应当将教师、教学和实习实训设施等情况书面报告所在地安全生产监督管理部门、煤矿安全培训监管机构。

【历年真题实战】

1. C 【解析】A、D选项错误。省级安全生产监督管理部门负责省属生产经营单位和中央企业分公司、子公司及其所属单位的主要负责人和安全生产管理人员的考核。

B选项错误。第二十条规定，市级安全生产监督管理部门负责本行政区域内除中央企业、省属生产经营单位以外的其他生产经营单位的主要负责人和安全生产管理人员的考核。

2. A 【解析】B选项错误。《安全生产培训管理办法》第十二条规定，特种作业人员对造成人员死亡的生产安全事故负有直接责任的，应当按照《特种作业人员安全技术培训考核管理规定》重新参加安全培训。

C选项错误。《安全生产培训管理办法》第二十三条规定。国家鼓励生产经营单位实行师傅带徒弟制度。矿山新招的井下作业人员和危险物品生产经营单位新招的危险工艺操作岗位人员，除按照规定进行安全培训外，还应当在有经验的职工带领下实习满2个月后，方可独立上岗作业。

D选项错误。《安全生产培训管理办法》第十四条规定。国家鼓励生产经营单位招录职业院校毕业生。职业院校毕业生从事与所学专业相关的作业，可以免予参加初次培训，实际操作培训除外。

3. D 【解析】A选项错误。《安全生产培训管理办法》第二十二条规定，接受安全培训人员经考核合格的，由考核部门在考核结束后10个工作日内颁发相应的证书。

B、C选项错误。第二十三条规定，安全生产监管人员经考核合格后，颁发安全生产监管执法证；煤矿安全监察人员经考核合格后，颁发煤矿安全监察执法证；危险物品的生产、经营、储存单位和矿山、金属冶炼单位主要负责人、安全生产管理人员经考核合格后，颁发安全合格证；特种作业人员经考核合格后，颁发《中华人民共和国特种作业操作证》；危险化学品登记机构的登记人员经考核合格后，颁发上岗证；其他人员经培训合格后，颁发培训合格证。

D选项正确。第二十六条规定，特种作业操作证和省级安全生产监督管理部门、省级煤矿安全培训监管机构颁发的主要负责人、安全生产管理人员的安全合格证，在全国范围内有效。

4. B 【解析】B选项正确。煤矿企业的主要负责人、安全生产管理人员和特种作业人员的考核标准，由国家煤矿安监局制定。A、C、D选项错误。安全监管监察人员，危险物品的生产、经营、储存单位及非煤矿山、金属冶炼单位主要负责人、安全生产管理人员和特种作业人员，以及从事安全生产工作的相关人员的考核标准，由国家安全监管总局（应急管理部）统一制定。国家安全监管总局（应急管理部）负责省级以上安全生产监督管理部门的安全生产监管人员、各级煤矿安全监察机构的煤矿安全监察人员的考核；负责中央企业的总公司、总厂或者集团公司的主要负责人和安全生产管理人员的考核。除危险物品的生产、经营、储存单位和矿山、金属冶炼单位以外其他生产经营单位主要负责人、安全生产管理人员及其他从业人员的考核标准，由省级安全生产监督管理部门制定。应急管理部承担安全评价、咨询、检测、检验的人员和安全生产应急救援人员的考核。

5. C 【解析】《安全生产培训管理办法》第二十六条规定，特种作业操作证和省级安全生产监督管理部门、省级煤矿安全培训监管机构颁发的主要负责人、安全生产管理人员的安全合格证，在全国范围内有效。

6. D 【解析】《安全生产培训管理办法》第二十条规定，国家安全监管总局负责省级以上安全生产监督管理部门的安全生产监管人员、各级煤矿安全监察机构的煤矿安全监察人员的考核；负责中央企业的总公司、总厂或者集团公司的主要负责人和安全生产管理人员的考核。

省级安全生产监督管理部门负责市级、县级安全生产监督管理部门的安全生产监管人员的考核；负责省属生产经营单位和中央企业分公司、子公司及其所属单位的主要负责人和安全生产管理人员的考核；负责特种作业人员的考核。

市级安全生产监督管理部门负责本行政区域内除中央企业、省属生产经营单位以外的其他生产经营单位的主要负责人和安全生产管理人员的考核。

省级煤矿安全培训监管机构负责所辖区域内煤矿企业的主要负责人、安全生产管理人员和特种作业人员的考核。

除主要负责人、安全生产管理人员、特种作业人员以外的生产经营单位的其他从业人员的考核，由生产经营单位按照省级安全生产监督管理部门公布的考核标准，自行组织考核。

7. C 【解析】A 选项错误。《安全生产培训管理办法》第六条规定，煤矿企业的主要负责人和安全生产管理人员、特种作业人员的培训大纲由国家煤矿安监局组织制定。

B 选项错误。第八条规定，生产经营单位的从业人员的安全培训，由生产经营单位负责。

C 选项正确，D 选项错误。第九条规定，对从业人员的安全培训，具备安全培训条件的生产经营单位应当以自主培训为主，也可以委托具备安全培训条件的机构进行安全培训。不具备安全培训条件的生产经营单位，应当委托具有安全培训条件的机构对从业人员进行安全培训。生产经营单位委托其他机构进行安全培训的，保证安全培训的责任仍由本单位负责。

第五节　安全生产事故隐患排查治理暂行规定

【基础知识训练】

1. A 【解析】生产经营单位是事故隐患排查、治理和防控的责任主体。生产经营单位应当建立健全事故隐患排查治理和建档监控等制度，逐级建立并落实从主要负责人到每个从业人员的隐患排查治理和监控责任制。生产经营单位主要负责人对本单位事故隐患排查治理工作全面负责。

2. C 【解析】《安全生产事故隐患排查治理暂行规定》第二十条规定，安全监管监察部门应当建立事故隐患排查治理监督检查制度，定期组织对生产经营单位事故隐患排查治理情况开展监督检查；应当加强对重点单位的事故隐患排查治理情况的监督检查。对检查过程中发现的重大事故隐患，应当下达整改指令书，并建立信息管理台账。必要时，报告同级人民政府并对重大事故隐患实行挂牌督办。

3. BC 【解析】《安全生产事故隐患排查治理暂行规定》第三条规定，事故隐患分为一般事故隐患和重大事故隐患。

4. ACE 【解析】依据《安全生产事故隐患排查治理暂行规定》的规定，对于重大事故隐患，生产经营单位除依照前款规定报送外，应当及时向安全监管监察部门和有关部门报告。重大事故隐患报告内容应当包括：①隐患的现状及其产生原因；②隐患的危害程度和整改难易程度分析；③隐患的治理方案。

5. ABC 【解析】对于重大事故隐患，由生产经营单位主要负责人组织制定并实施事故隐患治理方案。重大事故隐患治理方案应当包括以下内容：①治理的目标和任务；②采取的方法和措施；③经费和物资的落实；④负责治理的机构和人员；⑤治理的时限和要求；⑥安全措施和应急预案。

【能力提升训练】

1. B 【解析】根据《安全生产事故隐患排查治理暂行规定》第十四条，对于重大事故隐患，生产经营单位除依照有关规定报送外，应当及时向安全监管监察部门和有关部门报告。重大事故隐患报告内容应当包括：①隐患的现状及其产生原因；②隐患的危害程度和整改难易程度分析；③隐患的治理方案。第十五条规定，对于重大事故隐患，由生产经营单位主要负责人组织制定并实施事故隐患治理方案。重大事故隐患治理方案应当包括以下内容：①治理的目标和任务；②采取的方法和措施；③经费和物资的落实；④负责治理的机构和人员；⑤治理的时限和要求；⑥安全措施和应急预案。

2. C 【解析】《安全生产事故隐患排查治理暂行规定》第十六条规定，生产经营单位在事故隐患治理过程中，应当采取相应的安全防范措施，防止事故发生。事故隐患排除前或者排除过程中无法保证安全的，应当从危险区域内撤出作业人员，并疏散可能危及的其他人员，设置警戒标志，暂时停产停业或者停止使用；对暂时难以停产或者停止使用的相关生产储存装置、设施、设备，应当加强维护和保养，防止事故发生。

3. C 【解析】A选项，生产经营单位应当每季、每年对本单位事故隐患排查治理情况进行统计分析，并分别于下一季度15日前和下一年1月31日前向安全监管监察部门和有关部门报送书面统计分析表。B选项，生产经营单位将生产经营项目、场所、设备发包、出租的，应当与承包、承租单位签订安全生产管理协议，并在协议中明确各方对事故隐患排查、治理和防控的管理职责。D选项，地方人民政府或者安全监管监察部门及有关部门挂牌督办并责令全部或者局部停产停业治理的重大事故隐患，经治理后符合安全生产条件的，生产经营单位应当向安全监管监察部门和有关部门提出恢复生产的书面申请。安全监管监察部门收到生产经营单位恢复生产的申请报告后，应当在10日内进行现场审查。

4. C 【解析】《安全生产事故隐患排查治理暂行规定》第十四条规定，生产经营单位应当每季、每年对本单位事故隐患排查治理情况进行统计分析，并分别于下一季度15日前和下一年1月31日前向安全监管监察部门和有关部门报送书面统计分析表。统计分析表应当由生产经营单位主要负责人签字。

5. D 【解析】对于一般事故隐患，由生产经营单位（车间、分厂、区队等）负责人或者有关人员立即组织整改。对于重大事故隐患，由生产经营单位主要负责人组织制定并实施事故隐患治理方案。

6. B 【解析】本题考查的是生产经营单位将项目出租的事故隐患排查治理职责。

A选项错误。甲公司应当与乙公司签订安全生产管理协议，不得口头约定。

B选项正确。生产经营单位将生产经营项目、场所、设备发包、出租的，应当与承包、承租单位签订安全生产管理协议，并在协议中明确各方对事故隐患排查、治理和防控的管理职责。

C选项错误。生产经营单位对承包、承租单位的事故隐患排查治理负有统一协调和监督管理的职责。

D选项错误。甲公司对事故隐患排查治理负有统一协调和监督管理的职责，而不是乙公司。

7. B 【解析】第二十四条规定，安全监管监察部门应当每季将本行政区域重大事故隐患的排查治理情况和统计分析表逐级报至省级安全监管监察部门备案。省级安全监管监察部门应当每半年将本行政区域重大事故隐患的排查治理情况和统计分析表报国家安全生产监督管理总局备案（应急管理部）。

8. A 【解析】《安全生产事故隐患排查治理暂行规定》第二十六条规定，生产经营单位发现重大事故隐患不报或者未及时报告的，由安全监管监察部门给予警告，并处 3 万元以下的罚款。

【历年真题实战】

1. B 【解析】A 选项错误。《安全生产事故隐患排查治理暂行规定》第四条规定，生产经营单位应当建立健全事故隐患排查治理制度。生产经营单位主要负责人对本单位事故隐患排查治理工作全面负责。

B 选项正确。第十四条规定，生产经营单位应当每季、每年对本单位事故隐患排查治理情况进行统计分析，并分别于下一季度 15 日前和下一年 1 月 31 日前向安全监管监察部门和有关部门报送书面统计分析表。统计分析表应当由生产经营单位主要负责人签字。

C 选项错误。第十五条规定，对于一般事故隐患，由生产经营单位（车间、分厂、区队等）负责人或者有关人员立即组织整改。对于重大事故隐患，由生产经营单位主要负责人组织制定并实施事故隐患治理方案。

D 选项错误。第九条规定，生产经营单位应当保证事故隐患排查治理所需的资金，建立资金使用专项制度。

2. A 【解析】《安全生产事故隐患排查治理暂行规定》第十六条规定，生产经营单位在事故隐患治理过程中，应当采取相应的安全防范措施，防止事故发生。事故隐患排除前或者排除过程中无法保证安全的，应当从危险区域内撤出作业人员，并疏散可能危及的其他人员，设置警戒标志，暂时停产停业或者停止使用；对暂时难以停产或者停止使用的相关生产储存装置、设施、设备，应当加强维护和保养，防止事故发生。

3. A 【解析】A 选项正确。《安全生产事故隐患排查治理暂行规定》第四条规定，生产经营单位应当建立健全事故隐患排查治理制度。生产经营单位主要负责人对本单位事故隐患排查治理工作全面负责。第十五条规定，对于重大事故隐患，由生产经营单位主要负责人组织制定并实施事故隐患治理方案。

B 选项错误。第十五条规定，对于一般事故隐患，由生产经营单位（车间、分厂、区队等）负责人或者有关人员立即组织整改。

C 选项错误。第十四条规定，统计分析表应当由生产经营单位主要负责人签字。

D 选项错误。第三条规定，重大事故隐患，是指危害和整改难度较大，应当全部或者局部停产停业，并经过一定时间整改治理方能排除的隐患，或者因外部因素影响致使生产经营单位自身难以排除的隐患。

4. A 【解析】A 选项说法错误。《安全生产事故隐患排查治理暂行规定》第十六条规定，生产经营单位在事故隐患治理过程中，应当采取相应的安全防范措施，防止事故发生。事故隐患排除前或者排除过程中无法保证安全的，应当从危险区域内撤出作业人员，并疏散可能危及的其他人员，设置警戒标志，暂时停产停业或者停止使用；对暂时难以停产或者停止使用的相关生产储存装置、设施、设备，应当加强维护和保养，防止事故发生。

B、C、D选项说法正确。第十七条规定，生产经营单位应当加强对自然灾害的预防。对于因自然灾害可能导致事故灾难的隐患，应当按照有关法律、法规、标准和本规定的要求排查治理，采取可靠的预防措施，制定应急预案。在接到有关自然灾害预报时，应当及时向下属单位发出预警通知；发生自然灾害可能危及生产经营单位和人员安全的情况时，应当采取撤离人员、停止作业、加强监测等安全措施，并及时向当地人民政府及其有关部门报告。

5. ADE 【解析】《安全生产事故隐患排查治理暂行规定》第十四条，生产经营单位应当每季、每年对本单位事故隐患排查治理情况进行统计分析，并分别于下一季度15日前和下一年1月31日前向安全监管监察部门和有关部门报送书面统计分析表。统计分析表应当由生产经营单位主要负责人签字。对于重大事故隐患，生产经营单位除依照前款规定报送外，应当及时向安全监管监察部门和有关部门报告。重大事故隐患报告内容应当包括：①隐患的现状及其产生原因；②隐患的危害程度和整改难易程度分析；③隐患的治理方案。

6. A 【解析】A选项属于一般事故隐患，B、C、D选项属于重大事故隐患。根据《安全生产事故隐患排查治理暂行规定》，事故隐患分为一般事故隐患和重大事故隐患。一般事故隐患，是指危害和整改难度较小，发现后能够立即整改排除的隐患。重大事故隐患，是指危害和整改难度较大，应当全部或者局部停产停业，并经过一定时间整改治理方能排除的隐患，或者因外部因素影响致使生产经营单位自身难以排除的隐患。

7. B 【解析】A选项错误。根据《安全生产事故隐患排查治理暂行规定》第二十三条，安全监管监察部门收到生产经营单位恢复生产的申请报告后，应当在10日内进行现场审查。

B选项正确。审查合格的，对事故隐患进行核销，同意恢复生产经营。

C选项错误。审查不合格的，依法责令改正或者下达停产整改指令。

D选项错误。对整改无望或者生产经营单位拒不执行整改指令的，依法实施行政处罚。

8. ABC 【解析】根据《安全生产事故隐患排查治理暂行规定》第十七条，生产经营单位应当加强对自然灾害的预防。对于因自然灾害可能导致事故灾难的隐患，应当按照有关法律、法规、标准和本规定的要求排查治理，采取可靠的预防措施，制定应急预案。在接到有关自然灾害预报时，应当及时向下属单位发出预警通知；发生自然灾害可能危及生产经营单位和人员安全的情况时，应当采取撤离人员、停止作业、加强监测等安全措施，并及时向当地人民政府及其有关部门报告。

9. D 【解析】《安全生产事故隐患排查治理暂行规定》第十五条规定，对于一般事故隐患，由生产经营单位（车间、分厂、区队等）负责人或者有关人员立即组织整改。

对于重大事故隐患，由生产经营单位主要负责人组织制定并实施事故隐患治理方案。重大事故隐患治理方案应当包括以下内容：①治理的目标和任务；②采取的方法和措施；③经费和物资的落实；④负责治理的机构和人员；⑤治理的时限和要求；⑥安全措施和应急预案。

10. C 【解析】《安全生产事故隐患排查治理暂行规定》第二十三条规定，对挂牌督办并采取全部或者局部停产停业治理的重大事故隐患，安全监管监察部门收到生产经营单位恢复生产的申请报告后，应当在 10 日内进行现场审查。审查合格的，对事故隐患进行核销，同意恢复生产经营；审查不合格的，依法责令改正或者下达停产整改指令。对整改无望或者生产经营单位拒不执行整改指令的，依法实施行政处罚；不具备安全生产条件的，依法提请县级以上人民政府按照国务院规定的权限予以关闭。

11. C 【解析】《安全生产事故隐患排查治理暂行规定》第十八条规定，地方人民政府或者安全监管监察部门及有关部门挂牌督办并责令全部或者局部停产停业治理的重大事故隐患，治理工作结束后，有条件的生产经营单位应当组织本单位的技术人员和专家对重大事故隐患的治理情况进行评估；其他生产经营单位应当委托具备相应资质的安全评价机构对重大事故隐患的治理情况进行评估。经治理后符合安全生产条件的，生产经营单位应当向安全监管监察部门和有关部门提出恢复生产的书面申请，经安全监管监察部门和有关部门审查同意后，方可恢复生产经营。申请报告应当包括治理方案的内容、项目和安全评价机构出具的评价报告等。

12. A 【解析】A 选项正确。《安全生产事故隐患排查治理暂行规定》第十条规定，生产经营单位应当定期组织安全生产管理人员、工程技术人员和其他相关人员排查本单位的事故隐患。对排查出的事故隐患，应当按照事故隐患的等级进行登记，建立事故隐患信息档案，并按照职责分工实施监控治理。由此判断，

B 选项错误。第二十三条规定，对挂牌督办并采取全部或者局部停产停业治理的重大事故隐患，安全监管监察部门收到生产经营单位恢复生产的申请报告后，应当在 10 日内进行现场审查。审查合格的，对事故隐患进行核销，同意恢复生产经营；审查不合格的，依法责令改正或者下达停产整改指令。

C 选项错误。第十四条规定，生产经营单位应当每季、每年对本单位事故隐患排查治理情况进行统计分析，并分别于下一季度 15 日前和下一年 1 月 31 日前向安全监管监察部门和有关部门报送书面统计分析表。统计分析表应当由生产经营单位主要负责人签字。对于重大事故隐患，生产经营单位除依照前款规定报送外，应当及时向安全监管监察部门和有关部门报告。

D 选项错误。第十五条规定，对于一般事故隐患，由生产经营单位（车间、分厂、区队等）负责人或者有关人员立即组织整改。对于重大事故隐患，由生产经营单位主要负责人组织制定并实施事故隐患治理方案。

第六节　生产安全事故应急预案管理办法

【基础知识训练】

1. B 【解析】《生产安全事故应急预案管理办法》第十四条规定，对于某一种或者多种类型的事故风险，生产经营单位可以编制相应的专项应急预案，或将专项应急预案并入综合应急预案。

2. A 【解析】第六条规定，综合应急预案，是指生产经营单位为应对各种生产安全事故而制定的综合性工作方案，是本单位应对生产安全事故的总体工作程序、措施和应急

预案体系的总纲。专项应急预案，是指生产经营单位为应对某一种或者多种类型生产安全事故，或者针对重要生产设施、重大危险源、重大活动防止生产安全事故而制定的专项性工作方案。现场处置方案，是指生产经营单位根据不同生产安全事故类型，针对具体场所、装置或者设施所制定的应急处置措施。

3. C 【解析】第十九条规定，生产经营单位应当在编制应急预案的基础上，针对工作场所、岗位的特点，编制简明、实用、有效的应急处置卡。应急处置卡应当规定重点岗位、人员的应急处置程序和措施，以及相关联络人员和联系方式，便于从业人员携带。

4. C 【解析】第二十三条规定，应急预案的评审或者论证应当注重基本要素的完整性、组织体系的合理性、应急处置程序和措施的针对性、应急保障措施的可行性、应急预案的衔接性等内容。

5. B 【解析】第二十七条规定，生产经营单位申报应急预案备案，应当提交下列材料：①应急预案备案申报表；②本办法第二十一条所列单位，应当提供应急预案评审意见；③应急预案电子文档；④风险评估结果和应急资源调查清单。

6. ACD 【解析】《生产安全事故应急预案管理办法》第十三条规定，生产经营单位风险种类多、可能发生多种事故类型的，应当组织编制本单位的综合应急预案。综合应急预案应当包括本单位的应急组织机构及其职责、应急预案体系、事故风险描述、预警及信息报告、应急响应、保障措施、应急预案管理等内容。

7. ADE 【解析】第三十六条规定，有下列情形之一的，应急预案应当及时修订并归档：①依据的法律、法规、规章、标准及上位预案中的有关规定发生重大变化的；②应急指挥机构及其职责发生调整的；③安全生产面临的风险发生重大变化的；④重要应急资源发生重大变化的；⑤在应急演练和事故应急救援中发现需要修订预案的重大问题的；⑥编制单位认为应当修订的其他情况。

8. AB 【解析】第十三条规定，综合应急预案应当规定应急组织机构及其职责、应急预案体系、事故风险描述、预警及信息报告、应急响应、保障措施、应急预案管理等内容。第十四条专项应急预案应当规定应急指挥机构与职责、处置程序和措施等内容。

9. ABCE 【解析】第三十一条规定，生产经营单位应当组织开展本单位的应急预案、应急知识、自救互救和避险逃生技能的培训活动，使有关人员了解应急预案内容，熟悉应急职责、应急处置程序和措施。

【能力提升训练】

1. C 【解析】对于危险性较大的场所、装置或者设施，生产经营单位应当编制现场处置方案。对于某一种或者多种类型的事故风险，生产经营单位可以编制相应的专项应急预案，或将专项应急预案并入综合应急预案。生产经营单位编制的各类应急预案之间应当相互衔接，并与相关人民政府及其部门、应急救援队伍和涉及的其他单位的应急预案相衔接。地方各级安全生产监督管理部门应当组织有关专家对本部门编制的应急预案进行审定。

2. B 【解析】A 选项，生产经营单位应每年至少组织 1 次综合应急预案演练或者专项应急预案演练，每半年至少组织 1 次现场处置方案演练。易燃易爆物品、危险化学品等危险物品的生产、经营、储存、运输单位，矿山、金属冶炼、城市轨道交通运营、建筑施工单位，以及宾馆、商场、娱乐场所、旅游景区等人员密集场所经营单位，应当至少每半年组织 1 次生产安全事故应急预案演练，并将演练情况报送所在地县级以上人民政府负有安全生产监督管理职责的部门。C 选项，应急预案的要点和程序应当张贴在应急地点和应急指挥场所，并设有明显的标志。D 选项，面临的事故风险发生重大变化的、重要应急资源发生重大变化的、预案中的其他重要信息发生变化的，应急预案应当及时修订并归档。

3. C 【解析】A 选项，矿山、建筑施工单位和易燃易爆物品、危险化学品、放射性物品等危险物品的生产、经营、储存、使用单位和中型规模以上的其他生产经营单位，应当组织专家对本单位编制的应急预案进行评审。评审应当形成书面纪要并附有专家名单。B 选项，地方各级应急管理部门应当组织有关专家对本部门编制的应急预案进行审定；必要时，可以召开听证会，听取社会有关方面的意见。D 选项，生产经营单位的应急预案经评审或者论证后，由生产经营单位主要负责人签署公布。

4. B 【解析】非煤矿山、金属冶炼和危险化学品生产、经营、储存企业，以及使用危险化学品达到国家规定数量的化工企业、烟花爆竹生产、批发经营企业的应急预案，按照隶属关系报所在地县级以上地方人民政府应急管理部门备案；其他生产经营单位应急预案的备案，由省、自治区、直辖市人民政府负有安全生产监督管理职责的部门确定。

5. D 【解析】A 选项错误。地方各级应急管理部门的应急预案，应当报同级人民政府备案，并抄送上一级应急管理部门。

B 选项错误。生产经营单位应当在应急预案公布之日起 20 个工作日内，按照分级属地原则，向县级以上人民政府应急管理部门和其他负有安全生产监督管理职责的部门进行备案并依法向社会公布。

C 选项错误。中央企业总部（上市公司）的应急预案，报国务院主管的负有安全生产监督管理职责的部门备案，并抄送应急管理部。

D 选项正确。《生产安全事故应急预案管理办法》第二十八条第二款规定，对于实行安全生产许可的生产经营单位，已经进行应急预案备案的，在申请安全生产许可证时，可以不提供相应的应急预案，仅提供应急预案备案登记表。

6. B 【解析】第十三条规定，生产经营单位风险种类多、可能发生多种类型事故的，应当组织编制综合应急预案。综合应急预案应当规定应急组织机构及其职责、应急预案体系、事故风险描述、预警及信息报告、应急响应、保障措施、应急预案管理等内容。

7. C 【解析】第八条规定，应急预案的编制应当符合下列基本要求：有明确、具体的应急程序和处置措施，并与其应急能力相适应。第九条规定，编制应急预案应当成立编制工作小组，由本单位有关负责人任组长，吸收与应急预案有关的职能部门和单位的人员，以及有现场处置经验的人员参加。第十四条规定，对于某一种或者多种类型的事故风险，生产经营单位可以编制相应的专项应急预案，或将专项应急预案并入综合应急预案。专项应急预案应当规定应急指挥机构与职责、处置程序和措施等内容。第十五条规定，对于危险性较大的场所、装置或者设施，生产经营单位应当编制现场处置方案。

8. D 【解析】第十条规定，编制应急预案前，编制单位应当进行事故风险辨识、评估和应急资源调查。事故风险辨识、评估，是指针对不同事故种类及特点，识别存在的危险危害因素，分析事故可能产生的直接后果以及次生、衍生后果，评估各种后果的危害程度和影响范围，提出防范和控制事故风险措施的过程。应急资源调查，是指全面调查本地区、本单位第一时间可以调用的应急资源状况和合作区域内可以请求援助的应急资源状况，并结合事故风险辨识评估结论制定应急措施的过程。

9. C 【解析】第二十八条规定，受理备案登记的负有安全生产监督管理职责的部门应当在 5 个工作日内对应急预案材料进行核对，材料齐全的，应当予以备案并出具应急预案备案登记表；材料不齐全的，不予备案并一次性告知需要补齐的材料。逾期不予备案又不说明理由的，视为已经备案。对于实行安全生产许可的生产经营单位，已经进行应急预案备案的，在申请安全生产许可证时，可以不提供相应的应急预案，仅提供应急预案备案登记表。第二十六条规定，易燃易爆物品、危险化学品等危险物品的生产、经营、储存、运输单位，矿山、金属冶炼、城市轨道交通运营、建筑施工单位，以及宾馆、商场、娱乐场所、旅游景区等人员密集场所经营单位，应当在应急预案公布之日起 20 个工作日内，按照分级属地原则，向县级以上人民政府应急管理部门和其他负有安全生产监督管理职责的部门进行备案，并依法向社会公布。

10. ADE 【解析】《生产安全事故应急预案管理办法》第二十一条规定，矿山、金属冶炼企业和易燃易爆物品、危险化学品的生产、经营（带储存设施的，下同）、储存、运输企业，以及使用危险化学品达到国家规定数量的化工企业、烟花爆竹生产、批发经营企业和中型规模以上的其他生产经营单位，应当对本单位编制的应急预案进行评审，并形成书面评审纪要。

11. AD 【解析】第十八条规定，生产经营单位编制的各类应急预案之间应当相互衔接，并与相关人民政府及其部门、应急救援队伍和涉及的其他单位的应急预案相衔接。第二十条规定，地方各级安全生产监督管理部门应当组织有关专家对本部门编制的部门应急预案进行审定；必要时，可以召开听证会，听取社会有关方面的意见。第二十一条规定，矿山、金属冶炼企业和易燃易爆物品、危险化学品的生产、经营（带储存设施的，下同）、储存、运输企业，以及使用危险化学品达到国家规定数量的化工企业、烟花爆竹生产、批发经营企业和中型规模以上的其他生产经营单位，应当对本单位编制的应急预案进行评审，并形成书面评审纪要。前款规定以外的其他生产经营单位可以根据自身需要，对本单位编制的应急预案进行论证。第二十三条规定，应急预案的评审或者论证应当注重基本要素的完整性、组织体系的合理性、应急处置程序和措施的针对性、应急保障措施的可行性、应急预案的衔接性等内容。第二十四条规定，生产经营单位的应急预案经评审或者论证后，由本单位主要负责人签署，向本单位从业人员公布，并及时发放到本单位有关部门、岗位和相关应急救援队伍。

【历年真题实战】

1. B 【解析】B 选项正确，D 选项错误。《生产安全事故应急预案管理办法》第三十二条规定，各级人民政府应急管理部门应当至少每两年组织一次应急预案演练，提高本部门、本地区生产安全事故应急处置能力。

A、C 选项错误，第三十三条规定，生产经营单位应当制定本单位的应急预案演练计划，根据本单位的事故风险特点，每年至少组织一次综合应急预案演练或者专项应急预案演练，每半年至少组织一次现场处置方案演练。易燃易爆物品、危险化学品等危险物品的生产、经营、储存、运输单位，矿山、金属冶炼、城市轨道交通运营、建筑施工单位，以及宾馆、商场、娱乐场所、旅游景区等人员密集场所经营单位，应当至少每半年组织一次生产安全事故应急预案演练，并将演练情况报送所在地县级以上地方人民政府负有安全生产监督管理职责的部门。

2. D 【解析】《生产安全事故应急预案管理办法》第二十一条规定，矿山、金属冶炼企业和易燃易爆物品、危险化学品的生产、经营（带储存设施的，下同）、储存、运输企业，以及使用危险化学品达到国家规定数量的化工企业、烟花爆竹生产、批发经营企业和中型规模以上的其他生产经营单位，应当对本单位编制的应急预案进行评审，并形成书面评审纪要。

前款规定以外的其他生产经营单位可以根据自身需要，对本单位编制的应急预案进行论证。

3. D 【解析】《生产安全事故应急预案管理办法》第二十六条规定，易燃易爆物品、危险化学品等危险物品的生产、经营、储存、运输单位，矿山、金属冶炼、城市轨道交通运营、建筑施工单位，以及宾馆、商场、娱乐场所、旅游景区等人员密集场所经营单位，应当在应急预案公布之日起 20 个工作日内，按照分级属地原则，向县级以上人民政府应急管理部门和其他负有安全生产监督管理职责的部门进行备案，并依法向社会公布。

4. B 【解析】A、C、D 选项应当对本单位编制的应急预案进行评审。根据《生产安全事故应急预案管理办法》第二十一条，矿山、金属冶炼企业和易燃易爆物品、危险化学品的生产、经营（带储存设施的，下同）、储存、运输企业，以及使用危险化学品达到国家规定数量的化工企业、烟花爆竹生产、批发经营企业和中型规模以上的其他生产经营单位，应当对本单位编制的应急预案进行评审，并形成书面评审纪要。前款规定以外的其他生产经营单位可以根据自身需要，对本单位编制的应急预案进行论证。

5. D 【解析】本题考察的知识点为生产安全事故应急预案的修订。D 选项在法规中没有提到。根据《生产安全事故应急预案管理办法》第三十六条，有下列情形之一的，应急预案应当及时修订并归档：①依据的法律、法规、规章、标准及上位预案中的有关规定发生重大变化的；②应急指挥机构及其职责发生调整的；③安全生产面临的风险发生重大变化的；④重要应急资源发生重大变化的；⑤在应急演练和事故应急救援中发现需要修订预案的重大问题的；⑥编制单位认为应当修订的其他情况。

6. A 【解析】《生产安全事故应急预案管理办法》第三十二条规定，各级人民政府应急管理部门应当至少每两年组织 1 次应急预案演练，提高本部门、本地区生产安全事故应急处置能力。

第三十三条规定，生产经营单位应当制定本单位的应急预案演练计划，根据本单位的事故风险特点，每年至少组织 1 次综合应急预案演练或者专项应急预案演练，每半年至少组织 1 次现场处置方案演练。易燃易爆物品、危险化学品等危险物品的生产、经营、储存、运输单位，矿山、金属冶炼、城市轨道交通运营、建筑施工单位，以及宾馆、商场、娱乐场所、旅游景区等人员密集场所经营单位，应当至少每半年组织 1 次生产安全事故应急预案演练，并将演练情况报送所在地县级以上地方人民政府负有安全生产监督管理职责的部门。县级以上地方人民政府负有安全生产监督管理职责的部门应当对本行政区域内前款规定的重点生产经营单位的生产安全事故应急救援预案演练进行抽查；发现演练不符合要求的，应当责令限期改正。

7. A 【解析】A选项正确，B选项错误。《生产安全事故应急预案管理办法》第二十一条规定，矿山、金属冶炼企业和易燃易爆物品、危险化学品的生产、经营（带储存设施的，下同）、储存、运输企业，以及使用危险化学品达到国家规定数量的化工企业、烟花爆竹生产、批发经营企业和中型规模以上的其他生产经营单位，应当对本单位编制的应急预案进行评审，并形成书面评审纪要。

C、D选项错误。前款规定以外的其他生产经营单位可以根据自身需要，对本单位编制的应急预案进行论证。

8. B 【解析】A选项错误。《生产安全事故应急预案管理办法》第六条规定，生产经营单位应急预案分为综合应急预案、专项应急预案和现场处置方案。综合应急预案，是指生产经营单位为应对各种生产安全事故而制定的综合性工作方案，是本单位应对生产安全事故的总体工作程序、措施和应急预案体系的总纲。专项应急预案，是指生产经营单位为应对某一种或者多种类型生产安全事故，或者针对重要生产设施、重大危险源、重大活动防止生产安全事故而制定的专项性工作方案。现场处置方案，是指生产经营单位根据不同生产安全事故类型，针对具体场所、装置或者设施所制定的应急处置措施。

D选项错误。第九条规定，编制应急预案应当成立编制工作小组，由本单位有关负责人任组长，吸收与应急预案有关的职能部门和单位的人员，以及有现场处置经验的人员参加。

C选项错误。第十四条规定，对于某一种或者多种类型的事故风险，生产经营单位可以编制相应的专项应急预案，或将专项应急预案并入综合应急预案。专项应急预案应当规定应急指挥机构与职责、处置程序和措施等内容。

B选项正确。第十九条第一款规定，生产经营单位应当在编制应急预案的基础上，针对工作场所、岗位的特点，编制简明、实用、有效的应急处置卡。

9. B 【解析】《生产安全事故应急预案管理办法》第二十六条规定，易燃易爆物品、危险化学品等危险物品的生产、经营、储存、运输单位，矿山、金属冶炼、城市轨道交通运营、建筑施工单位，以及宾馆、商场、娱乐场所、旅游景区等人员密集场所经营单位，应当在应急预案公布之日起20个工作日内，按照分级属地原则，向县级以上人民政府应急管理部门和其他负有安全生产监督管理职责的部门进行备案，并依法向社会公布。前款所列单位属于中央企业的，其总部（上市公司）的应急预案，报国务院主管的负有安全生产监督管理职责的部门备案，并抄送应急管理部；其所属单位的应急预案报所在地的省、自治区、直辖市或者设区的市级人民政府主管的负有安全生产监督管理职责的部门备案，并抄送同级人民政府应急管理部门。本条第一款所列单位不属于中央企业的，其中非煤矿山、金属冶炼和危险化学品生产、经营、储存、运输企业，以及使用危险化学品达到国家规定数量的化工企业、烟花爆竹生产、批发经营企业的应急预案，按照隶属关系报所在地县级以上地方人民政府应急管理部门备案；本款前述单位以外的其他生产经营单位应急预案的备案，由省、自治区、直辖市人民政府负有安全生产监督管理职责的部门确定。油气输送管道运营单位的应急预案，除按照本条第一款、第二款的规定备案外，还应当抄送所经行政区域的县级人民政府应急管理部门。海洋石油开采企业的应急预案，除按照本条第一款、第二款的规定备案外，还应当抄送所经行政区域的县级人民政府应急管理部门和海洋石油安全监管机构。煤矿企业的应急预案除按照本条第一款、第二款的规定备案外，还应当抄送所在地的煤矿安全监察机构。由此分析可知，按照隶属关系，省属金属冶炼企业的应急预案应报省级应急管理部门备案，因此 B 选项正确。

第七节　生产安全事故信息报告和处置办法

【基础知识训练】

1. B 【解析】事故信息报告后出现新情况的，负责事故报告的单位应及时续报。较大涉险事故、一般事故、较大事故每日至少续报 1 次；重大事故、特别重大事故每日至少续报 2 次。

2. D 【解析】《生产安全事故信息报告和处置办法》第十条规定，报告事故信息，应当包括下列内容：①事故发生单位的名称、地址、性质、产能等基本情况；②事故发生的时间、地点以及事故现场情况；③事故的简要经过（包括应急救援情况）；④事故已经造成或者可能造成的伤亡人数（包括下落不明、涉险的人数）和初步估计的直接经济损失；⑤已经采取的措施；⑥其他应当报告的情况。

使用电话快报，应当包括下列内容：①事故发生单位的名称、地址、性质；②事故发生的时间、地点；③事故已经造成或者可能造成的伤亡人数（包括下落不明、涉险的人数）。

3. A 【解析】第二十六条规定，本办法所称的较大涉险事故是指：①涉险 10 人以上的事故；②造成 3 人以上被困或者下落不明的事故；③紧急疏散人员 500 人以上的事故；④因生产安全事故对环境造成严重污染（人员密集场所、生活水源、农田、河流、水库、湖泊等）的事故；⑤危及重要场所和设施安全（电站、重要水利设施、危化品库、油气站和车站、码头、港口、机场及其他人员密集场所等）的事故。

4. B 【解析】第十二条规定，安全生产监督管理部门、煤矿安全监察机构接到任何单位或者个人的事故信息举报后，应当立即与事故单位或者下一级安全生产监督管理部门、煤矿安全监察机构联系，并进行调查核实。下一级安全生产监督管理部门、煤矿安全监察机构接到上级安全生产监督管理部门、煤矿安全监察机构的事故信息举报核查通知后，应当立即组织查证核实，并在 2 个月内向上一级安全生产监督管理部门、煤矿安全监察机构报告核实结果。

【能力提升训练】

1. C 【解析】本题考查的是举报事故信息的处置。

A 选项错误。乙市安全监管部门立即核实。

B 选项错误。5 日内对事故情况进行初步查证。

C 选项正确。事故信息经初步查证后，负责查证的安全生产监督管理部门，应当立即报告本级人民政府和上一级安全生产监督管理部门。

D 选项错误。详细核实结果在 2 个月内报告。

2. B 【解析】第六条规定，生产经营单位发生生产安全事故或者较大涉险事故，其单位负责人接到事故信息报告后应当于 1 小时内报告事故发生地县级安全生产监督管理部门、煤矿安全监察分局。发生较大以上生产安全事故的，事故发生单位在依照第一款规定报告的同时，应当在 1 小时内报告省级安全生产监督管理部门、省级煤矿安全监察机构。发生重大、特别重大生产安全事故的，事故发生单位在依照本条第一款、第二款规定报告的同时，可以立即报告国家安全生产监督管理总局、国家煤矿安全监察局。

3. A 【解析】第七条规定，安全生产监督管理部门、煤矿安全监察机构接到事故发生单位的事故信息报告后，应当按照下列规定上报事故情况，同时书面通知同级公安机关、劳动保障部门、工会、人民检察院和有关部门：①一般事故和较大涉险事故逐级上报至设区的市级安全生产监督管理部门、省级煤矿安全监察机构；②较大事故逐级上报至省级安全生产监督管理部门、省级煤矿安全监察机构；③重大事故、特别重大事故逐级上报至国家安全生产监督管理总局、国家煤矿安全监察局。前款规定的逐级上报，每一级上报时间不得超过 2 小时。安全生产监督管理部门依照前款规定上报事故情况时，应当同时报告本级人民政府。

4. B 【解析】第八条规定，发生较大生产安全事故或者社会影响重大的事故的，县级、市级安全生产监督管理部门或者煤矿安全监察分局接到事故报告后，在依照规定逐级上报的同时，应当在 1 小时内先用电话快报省级安全生产监督管理部门、省级煤矿安全监察机构，随后补报文字报告。

第九条规定，发生重大、特别重大生产安全事故或者社会影响恶劣的事故的，县级、市级安全生产监督管理部门或者煤矿安全监察分局接到事故报告后，在依照规定逐级上报的同时，应当在 1 小时内先用电话快报省级安全生产监督管理部门、省级煤矿安全监察机构，随后补报文字报告。

第十条规定，使用电话快报，应当包括下列内容：①事故发生单位的名称、地址、性质；②事故发生的时间、地点；③事故已经造成或者可能造成的伤亡人数（包括下落不明、涉险的人数）。

5. C 【解析】第十八条规定，安全生产监督管理部门、煤矿安全监察机构接到生产安全事故报告后，应当按照下列规定派员立即赶赴事故现场：①发生一般事故的，县级安全生产监督管理部门、煤矿安全监察分局负责人立即赶赴事故现场；②发生较大事故的，设区的市级安全生产监督管理部门、省级煤矿安全监察局负责人应当立即赶赴事故现场；③发生重大事故的，省级安全监督管理部门、省级煤矿安全监察局负责人立即赶赴事故现场；④发生特别重大事故的，国家安全生产监督管理总局、国家煤矿安全监察局负责人立即赶赴事故现场。上级安全生产监督管理部门、煤矿安全监察机构认为必要的，可以派员赶赴事故现场。

6. AC 【解析】B 选项，根据《生产安全事故信息报告和处置办法》的规定，发生较大生产安全事故或者社会影响重大的事故的，乡镇安监站（办）可以根据事故情况越级直接报告省级安全生产监督管理部门、省级煤矿安全监察机构。

D 选项，国家安全生产监督管理总局、国家煤矿安全监察局接到事故报告后，应当在 1 小时内先用电话快报国务院总值班室，随后补报文字报告。

E 选项，发生重大、特别重大生产安全事故或者社会影响恶劣的事故的，必要时可以直接用电话报告国家安全生产监督管理总局、国家煤矿安全监察局。

7. ACE 【解析】较大涉险事故、一般事故、较大事故每日至少续报 1 次；重大事故、特别重大事故每日至少续报 2 次。自事故发生之日起 30 日内（道路交通、火灾事故自发生之日起 7 日内），事故造成的伤亡人数发生变化的，应当当日补报。

【历年真题实战】

1. D 【解析】第二十六条规定，本办法所称的较大涉险事故是指：①涉险 10 人以上的事故；②造成 3 人以上被困或者下落不明的事故；③紧急疏散人员 500 人以上的事故；④因生产安全事故对环境造成严重污染（人员密集场所、生活水源、农田、河流、水库、湖泊等）的事故；⑤危及重要场所和设施安全（电站、重要水利设施、危化品库、油气站和车站、码头、港口、机场及其他人员密集场所等）的事故；⑥其他较大涉险事故。

2. A 【解析】《生产安全事故信息报告和处置办法》第二十六条规定，本办法所称的较大涉险事故是指：①涉险 10 人以上的事故；②造成 3 人以上被困或者下落不明的事故；③紧急疏散人员 500 人以上的事故；④因生产安全事故对环境造成严重污染（人员密集场所、生活水源、农田、河流、水库、湖泊等）的事故；⑤危及重要场所和设施安全（电站、重要水利设施、危化品库、油气站和车站、码头、港口、机场及其他人员密集场所等）的事故；⑥其他较大涉险事故。

3. A 【解析】A 选项正确。《生产安全事故信息报告和处置办法》第七条规定，安全生产监督管理部门、煤矿安全监察机构接到事故发生单位的事故信息报告后，应当按照规定上报事故情况，同时书面通知同级公安机关、劳动保障部门、工会、人民检察院和有关部门。逐级上报，每一级上报时间不得超过 2 小时。第八条规定，在依照本办法第七条规定逐级上报的同时，应当在 1 小时内先用电话快报省级安全生产监督管理部门、省级煤矿安全监察机构，随后补报文字报告。

B 选项错误。第十八条规定，发生较大事故的，设区的市级安全生产监督管理部门、省级煤矿安全监察局负责人应当立即赶赴事故现场。

C 选项错误。第十一条第三款规定，自事故发生之日起 30 日内（道路交通、火灾事故自发生之日起 7 日内），事故造成的伤亡人数发生变化的，应于当日续报。

D 选项错误。第二十一条规定，安全生产监督管理部门、煤矿安全监察机构应当根据事故信息报告的情况，启动相应的应急救援预案，或者组织有关应急救援队伍协助地方人民政府开展应急救援工作。

第八节 安全生产严重失信主体名单管理办法

【基础知识训练】

1. D 【解析】《安全生产严重失信主体名单管理办法》第五条规定，各级应急管理部门应当建立健全严重失信主体名单信息管理制度，加大信息保护力度。推进与其他部门间的信息共享共用，健全严重失信主体名单信息查询、应用和反馈机制，依法依规实施联合惩戒。

2. D 【解析】《安全生产严重失信主体名单管理办法》第六条规定，下列发生生产安全事故的生产经营单位及其有关人员应当列入严重失信主体名单：①发生特别重大、重大生产安全事故的生产经营单位及其主要负责人，以及经调查认定对该事故发生负有责任，应当列入名单的其他单位和人员；②12个月内累计发生2起以上较大生产安全事故的生产经营单位及其主要负责人；③发生生产安全事故，情节特别严重、影响特别恶劣，依照《中华人民共和国安全生产法》第一百一十四条的规定被处以罚款数额2倍以上5倍以下罚款的生产经营单位及其主要负责人；④瞒报、谎报生产安全事故的生产经营单位及其有关责任人员；⑤发生生产安全事故后，不立即组织抢救或者在事故调查处理期间擅离职守或者逃匿的生产经营单位主要负责人。

第七条规定，下列未发生生产安全事故，但因安全生产违法行为，受到行政处罚的生产经营单位或者机构及其有关人员，应当列入严重失信主体名单：①未依法取得安全生产相关许可或者许可被暂扣、吊销期间从事相关生产经营活动的生产经营单位及其主要负责人；②承担安全评价、认证、检测、检验职责的机构及其直接责任人员租借资质、挂靠、出具虚假报告或者证书的；③在应急管理部门作出行政处罚后，有执行能力拒不执行或者逃避执行的生产经营单位及其主要负责人；④其他违反安全生产法律法规受到行政处罚，且性质恶劣、情节严重的。

3. C 【解析】《安全生产严重失信主体名单管理办法》第十一条规定，应急管理部门应当自作出列入严重失信主体名单决定后3个工作日内将相关信息录入安全生产信用信息管理系统；自作出列入严重失信主体名单决定后20个工作日内，通过国家有关信用信息共享平台、国家企业信用信息公示系统和部门政府网站等公示严重失信主体信息。

4. C 【解析】《安全生产严重失信主体名单管理办法》第十三条规定，严重失信主体名单管理期限为3年。管理期满后由作出列入严重失信主体名单决定的应急管理部门负责移出，并停止公示和解除管理措施。

5. A 【解析】《安全生产严重失信主体名单管理办法》第十五条规定，列入严重失信主体名单的依据发生变化的，应急管理部门应当重新进行审核认定。不符合列入严重失信主体名单情形的，作出列入决定的应急管理部门应当撤销列入决定，立即将当事人移出严重失信主体名单并停止公示和解除管理措施。

6. B 【解析】《安全生产严重失信主体名单管理办法》第十九条规定，被列入对象申请提前移出严重失信主体名单的，应当向作出列入决定的应急管理部门提出申请。申请材料包括申请书和本办法第十八条规定的相关证明材料。应急管理部门应当在收到提前移出严重失信主体名单申请后5个工作日内作出是否受理的决定。申请材料齐全、符合条件的，应当予以受理。

7. ACD 【解析】《安全生产严重失信主体名单管理办法》第八条规定，应急管理部门对被列入严重失信主体名单的对象（以下简称被列入对象）可以采取下列管理措施：①在国家有关信用信息共享平台、国家企业信用信息公示系统和部门政府网站等公示相关信息；②加大执法检查频次、暂停项目审批、实施行业或者职业禁入；③不适用告知承诺制等基于诚信的管理措施；④取消参加应急管理部门组织的评先评优资格；⑤在政府资金项目申请、财政支持等方面予以限制；⑥法律、行政法规和党中央、国务院政策文件规定的其他管理措施。

8. AC 【解析】《安全生产严重失信主体名单管理办法》第二十条规定，应急管理部门自受理提前移出严重失信主体名单申请之日起 20 个工作日内进行核实，决定是否准予提前移出。制作决定书并按照有关规定送达被列入对象；不予提前移出的，应当说明理由。设区的市级、县级应急管理部门作出准予提前移出严重失信主体名单决定的，应当通过安全生产信用信息管理系统报告上一级应急管理部门。

【能力提升训练】

1. D 【解析】《安全生产严重失信主体名单管理办法》第四条规定，国务院应急管理部门负责组织、指导全国严重失信主体名单管理工作；省级、设区的市级应急管理部门负责组织、实施并指导下一级应急管理部门严重失信主体名单管理工作。县级以上地方应急管理部门负责本行政区域内严重失信主体名单管理工作。按照"谁处罚、谁决定、谁负责"的原则，由作出行政处罚决定的应急管理部门负责严重失信主体名单管理工作。

2. B 【解析】《安全生产严重失信主体名单管理办法》第十三条规定，被列入对象自列入严重失信主体名单之日起满 12 个月，可以申请提前移出。依照法律、行政法规或者国务院规定实施职业或者行业禁入期限尚未届满的不予提前移出。

3. B 【解析】《安全生产严重失信主体名单管理办法》第十二条规定，被列入对象公示信息包括市场主体名称、登记注册地址、统一社会信用代码、有关人员姓名和有效身份证件号码、管理期限、作出决定的部门等事项。用于对社会公示的信息，应当加强对信息安全、个人隐私和商业秘密的保护。

4. D 【解析】《安全生产严重失信主体名单管理办法》第二十一条规定，应急管理部门发现被列入对象申请提前移出严重失信主体名单存在隐瞒真实情况、弄虚作假情形的，应当撤销提前移出决定，恢复列入状态。名单管理期自恢复列入状态之日起重新计算。

5. CDE 【解析】《安全生产严重失信主体名单管理办法》第六条规定，下列发生生产安全事故的生产经营单位及其有关人员应当列入严重失信主体名单：①发生特别重大、重大生产安全事故的生产经营单位及其主要负责人，以及经调查认定对该事故发生负有责任，应当列入名单的其他单位和人员；②12 个月内累计发生 2 起以上较大生产安全事故的生产经营单位及其主要负责人；③发生生产安全事故，情节特别严重、影响特别恶劣，依照《中华人民共和国安全生产法》第一百一十四条的规定被处以罚款数额 2 倍以上 5 倍以下罚款的生产经营单位及其主要负责人；④瞒报、谎报生产安全事故的生产经营单位及其有关责任人员；⑤发生生产安全事故后，不立即组织抢救或者在事故调查处理期间擅离职守或者逃匿的生产经营单位主要负责人。

6. ABD 【解析】《安全生产严重失信主体名单管理办法》第十八条规定，被列入对象列入严重失信主体名单满 12 个月并符合下列条件的，可以向作出列入决定的应急管理部门提出提前移出申请：①已经履行行政处罚决定中规定的义务；②已经主动消除危害后果或者不良影响；③未再发生本办法第六条、第七条规定的严重失信行为。

7. CD 【解析】A 选项正确。《安全生产严重失信主体名单管理办法》第七条规定，下列未发生生产安全事故，但因安全生产违法行为，受到行政处罚的生产经营单位或者机构及其有关人员，应当列入严重失信主体名单：①未依法取得安全生产相关许可或者许可被暂扣、吊销期间从事相关生产经营活动的生产经营单位及其主要负责人；②承担安全评价、认证、检测、检验职责的机构及其直接责任人员租借资质、挂靠、出具虚假报告或者证书的；③在应急管理部门作出行政处罚后，有执行能力拒不执行或者逃避执行的生产经营单位及其主要负责人；④其他违反安全生产法律法规受到行政处罚，且性质恶劣、情节严重的。

B 选项正确。第八条规定，应急管理部门对被列入严重失信主体名单的对象（以下简称被列入对象）可以采取管理措施包括不适用告知承诺制等基于诚信的管理措施。

C 选项错误。第九条规定，应急管理部门作出列入严重失信主体名单书面决定前，应当告知当事人。告知内容应当包括列入时间、事由、依据、管理措施提示以及依法享有的权利等事项。

D 选项错误。第十七条规定，鼓励被列入对象进行信用修复，纠正失信行为、消除不良影响。符合信用修复条件的，应急管理部门应当按照有关规定将其移出严重失信主体名单并解除管理措施。

E 选项正确。第十三条规定，严重失信主体名单管理期限为 3 年。管理期满后由作出列入严重失信主体名单决定的应急管理部门负责移出，并停止公示和解除管理措施。

被列入对象自列入严重失信主体名单之日起满 12 个月，可以申请提前移出。依照法律、行政法规或者国务院规定实施职业或者行业禁入期限尚未届满的不予提前移出。

第九节 建设工程消防设计审查验收管理暂行规定

【基础知识训练】

1. A 【解析】《建设工程消防设计审查验收管理暂行规定》第九条规定，建设单位应当履行下列消防设计、施工质量责任和义务：①不得明示或者暗示设计、施工、工程监理、技术服务等单位及其从业人员违反建设工程法律法规和国家工程建设消防技术标准，降低建设工程消防设计、施工质量；②依法申请建设工程消防设计审查、消防验收，办理备案并接受抽查；③实行工程监理的建设工程，依法将消防施工质量委托监理；④委托具有相应资质的设计、施工、工程监理单位；⑤按照工程消防设计要求和合同约定，选用合格的消防产品和满足防火性能要求的建筑材料、建筑构配件和设备；⑥组织有关单位进行建设工程竣工验收时，对建设工程是否符合消防要求进行查验；⑦依法及时向档案管理机构移交建设工程消防有关档案。

2. C 【解析】A、B、D 选项属于建设单位的责任。

3. C 【解析】A 选项错误。总建筑面积大于 2500 平方米的公共图书馆的阅览室，应当向主管部门申请消防审核。

B 选项错误。国家标准规定的一类高层住宅建筑，应当向主管部门申请消防审核。

C 选项正确。城市轨道交通、隧道工程，大型发电、变配电工程，应当向主管部门申请消防审核。

D 选项错误。建筑总面积大于 2 万平方米的体育场馆、会堂，公共展览馆、博物馆的展示厅，应当向主管部门申请消防审核。

4. ABCE 【解析】依据《建设工程消防设计审查验收管理暂行规定》，工程监理单位应当参加建设单位组织的建设工程竣工验收，对建设工程消防施工质量签字确认。所以 D 选项属于工程监理单位的责任。

【能力提升训练】

1. C 【解析】A、D 选项属于建设单位的责任。B 选项属于监理单位的责任。

2. BDE 【解析】A、C 两项，主管部门应当在互联网上设立消防设计和竣工验收备案受理系统，结合辖区内建设工程数量和消防设计、施工质量情况，统一确定消防设计与竣工验收备案预设程序和抽查比例，并对备案、抽查实施情况进行定期检查，对设有人员密集场所的建设工程的抽查比例不应低于 50%。

【历年真题实战】

1. B 【解析】《建设工程消防设计审查验收管理暂行规定》第十二条规定，工程监理单位应当履行下列消防设计、施工质量责任和义务：①按照建设工程法律法规、国家工程建设消防技术标准，以及经消防设计审查合格或者满足工程需要的消防设计文件实施工程监理；②在消防产品和具有防火性能要求的建筑材料、建筑构配件和设备使用、安装前，核查产品质量证明文件，不得同意使用或者安装不合格的消防产品和防火性能不符合要求的建筑材料、建筑构配件和设备；③参加建设单位组织的建设工程竣工验收，对建设工程消防施工质量签章确认，并对建设工程消防施工质量承担监理责任。

2. C 【解析】A 选项错误。《建设工程消防设计审查验收管理暂行规定》第三十四条规定，其他建设工程竣工验收合格之日起 5 个工作日内，建设单位应当报消防设计审查验收主管部门备案。建设单位办理备案，应当提交下列材料：①消防验收备案表；②工程竣工验收报告；③涉及消防的建设工程竣工图纸。本规定第二十七条有关建设单位竣工验收消防查验的规定，适用于其他建设工程。

C 选项正确，B、D 选项错误。第三十六条规定，消防设计审查验收主管部门应当对备案的其他建设工程进行抽查。抽查工作推行"双随机、一公开"制度，随机抽取检查对象，随机选派检查人员。抽取比例由省、自治区、直辖市人民政府住房和城乡建设主管部门，结合辖区内消防设计、施工质量情况确定，并向社会公示。消防设计审查验收主管部门应当自其他建设工程被确定为检查对象之日起 15 个工作日内，按照建设工程消防验收有关规定完成检查，制作检查记录。检查结果应当通知建设单位，并向社会公示。

3. D 【解析】A、B 选项错误。《建设工程消防设计审查验收管理暂行规定》第八条规定，建设单位依法对建设工程消防设计、施工质量负首要责任。设计、施工、工程监理、技术服务等单位依法对建设工程消防设计、施工质量负主体责任。建设、设计、施工、工程监理、技术服务等单位的从业人员依法对建设工程消防设计、施工质量承担相应的个人责任。

C 选项错误。《建设工程消防设计审查验收管理暂行规定》第十二条规定，工程监理单位应当履行下列消防设计、施工质量责任和义务：参加建设单位组织的建设工程竣工验收，对建设工程消防施工质量签章确认，并对建设工程消防施工质量承担监理责任。

D 选项正确。第八条规定，建设、设计、施工、工程监理、技术服务等单位的从业人员依法对建设工程消防设计、施工质量承担相应的个人责任。

4. C 【解析】A 选项错误。根据《建设工程消防设计审查验收管理暂行规定》第八条，建设单位依法对建设工程消防设计、施工质量负首要责任。设计、施工、工程监理、技术服务等单位依法对建设工程消防设计、施工质量负主体责任。建设、设计、施工、工程监理、技术服务等单位的从业人员依法对建设工程消防设计、施工质量承担相应的个人责任。

B 选项错误。根据第十五条，对特殊建设工程实行消防设计审查制度。特殊建设工程的建设单位应当向消防设计审查验收主管部门申请消防设计审查，消防设计审查验收主管部门依法对审查的结果负责。

C 选项正确。根据第二十四条，实行施工图设计文件联合审查的，应当将建设工程消防设计的技术审查并入联合审查。

D 选项错误。根据第三十六条，消防设计审查验收主管部门应当对备案的其他建设工程进行抽查。抽查工作推行"双随机、一公开"制度，随机抽取检查对象，随机选派检查人员。抽取比例由省、自治区、直辖市人民政府住房和城乡建设主管部门，结合辖区内消防设计、施工质量情况确定，并向社会公示。

5. D 【解析】《建设工程消防设计审查验收管理暂行规定》第十四条规定，国家机关办公楼、电力调度楼、电信楼、邮政楼、防灾指挥调度楼、广播电视楼、档案楼的建设工程是特殊建设工程。

第十节　高层民用建筑消防安全管理规定

【基础知识训练】

1. B 【解析】《高层民用建筑消防安全管理规定》第四十四条规定，高层民用建筑应当每年至少进行 1 次全要素综合演练，建筑高度超过 100 米的高层公共建筑应当每半年至少进行 1 次全要素综合演练。编制分预案的，有关单位和职能部门应当每季度至少进行 1 次综合演练或者专项灭火、疏散演练。

2. D 【解析】《高层民用建筑消防安全管理规定》第四十五条规定，高层公共建筑内的人员密集场所应当按照楼层、区域确定疏散引导员，负责在火灾发生时组织、引导在场人员安全疏散。

3. D 【解析】《高层民用建筑消防安全管理规定》第四十七条规定，违反本规定，有下列行为之一的，由消防救援机构责令改正，对经营性单位和个人处 2000 元以上 10000

元以下罚款，对非经营性单位和个人处 500 元以上 1000 元以下罚款

4. B 【解析】《高层民用建筑消防安全管理规定》第三条规定，高层民用建筑消防安全管理贯彻预防为主、防消结合的方针，实行消防安全责任制。

5. A 【解析】《高层民用建筑消防安全管理规定》第三十八规定，鼓励高层民用建筑推广应用物联网和智能化技术手段对电气、燃气消防安全和消防设施运行等进行监控和预警。未设置自动消防设施的高层住宅建筑，鼓励因地制宜安装火灾报警和喷水灭火系统、火灾应急广播以及可燃气体探测、无线手动火灾报警、无线声光火灾警报等消防设施。

6. A 【解析】《高层民用建筑消防安全管理规定》第五十条规定，本规定下列用语的含义：①高层住宅建筑，是指建筑高度大于 27 米的住宅建筑。②高层公共建筑，是指建筑高度大于 24 米的非单层公共建筑，包括宿舍建筑、公寓建筑、办公建筑、科研建筑、文化建筑、商业建筑、体育建筑、医疗建筑、交通建筑、旅游建筑、通信建筑等。

7. ABD 【解析】《高层民用建筑消防安全管理规定》第三十九条规定，高层民用建筑的业主、使用人或者消防服务单位、统一管理人应当每年至少组织开展 1 次整栋建筑的消防安全评估。消防安全评估报告应当包括存在的消防安全问题、火灾隐患以及改进措施等内容。

【历年真题实战】

1. D 【解析】《高层民用建筑消防安全管理规定》第五条规定，同一高层民用建筑有两个及以上业主、使用人的，应当共同委托物业服务企业，或者明确一个业主、使用人作为统一管理人，对共有部分的消防安全实行统一管理，协调、指导业主、使用人共同做好整栋建筑的消防安全工作，并通过书面形式约定各方消防安全责任。

第三十六条规定，对防火巡查、检查发现的火灾隐患，高层民用建筑的业主、使用人、受委托的消防服务单位，应当立即采取措施予以整改。

2. C 【解析】《高层民用建筑消防安全管理规定》第五十条规定，高层住宅建筑，是指建筑高度大于 27 米的住宅建筑。高层公共建筑，是指建筑高度大于 24 米的非单层公共建筑，包括宿舍建筑、公寓建筑、办公建筑、科研建筑、文化建筑、商业建筑、体育建筑、医疗建筑、交通建筑、旅游建筑、通信建筑等。

第十一节　工贸企业粉尘防爆安全规定

【基础知识训练】

1. D 【解析】《工贸企业粉尘防爆安全规定》第二十八条规定，粉尘涉爆企业有下列行为之一的，由负责粉尘涉爆企业安全监管的部门依照《中华人民共和国安全生产法》有关规定，责令限期改正，处 10 万元以下的罚款；逾期未改正的，责令停产停业整顿，并处 10 万元以上 20 万元以下的罚款，对其直接负责的主管人员和其他直接责任人员处 2 万元以上 5 万元以下的罚款：①未按照规定对有关负责人和粉尘作业岗位相关从业人员进行粉尘防爆专项安全生产教育和培训，或者未如实记录专项安全生产教育和培训情况的；②未如实记录粉尘防爆隐患排查治理情况或者未向从业人员通报的；③未制定有关粉尘爆

炸事故应急救援预案或者未定期组织演练的。

2. C 【解析】《工贸企业粉尘防爆安全规定》第三十条规定，粉尘涉爆企业有下列情形之一的，由负责粉尘涉爆企业安全监管的部门责令限期改正，处 3 万元以下的罚款，对其直接负责的主管人员和其他直接责任人员处 1 万元以下的罚款：①企业新建、改建、扩建工程项目安全设施没有进行粉尘防爆安全设计，或者未按照设计进行施工的；②未按照规定建立粉尘防爆安全管理制度或者内容不符合企业实际的；③未按照规定辨识评估管控粉尘爆炸安全风险，未建立安全风险清单或者未及时维护相关信息档案的；④粉尘防爆安全设备未正常运行的。

3. B 【解析】《工贸企业粉尘防爆安全规定》第三十一条规定，安全生产技术服务机构接受委托开展技术服务工作，出具失实报告的，依照《中华人民共和国安全生产法》有关规定，责令停业整顿，并处 3 万元以上 10 万元以下的罚款；给他人造成损害的，依法承担赔偿责任。

4. C 【解析】《工贸企业粉尘防爆安全规定》第三十一条规定，安全生产技术服务机构接受委托开展技术服务工作，出具虚假报告的，依照《中华人民共和国安全生产法》有关规定，没收违法所得；违法所得在 10 万元以上的，并处违法所得 2 倍以上 5 倍以下的罚款；没有违法所得或者违法所得不足 10 万元的，单处或者并处 10 万元以上 20 万元以下的罚款；对其直接负责的主管人员和其他直接责任人员处 5 万元以上 10 万元以下的罚款；给他人造成损害的，与粉尘涉爆企业承担连带赔偿责任；构成犯罪的，依照刑法有关规定追究刑事责任。

5. B 【解析】《工贸企业粉尘防爆安全规定》第三十一条规定，对有前款违法行为的安全生产技术服务机构及其直接责任人员，吊销其相应资质和资格，5 年内不得从事安全评价、认证、检测、检验等工作，情节严重的，实行终身行业和职业禁入。

6. ABCD 【解析】《工贸企业粉尘防爆安全规定》的规定，存在可燃性粉尘爆炸危险的冶金、有色、建材、机械、轻工、纺织、烟草、商贸等工贸企业（以下简称粉尘涉爆企业）的粉尘防爆安全工作及其监督管理，适用本规定。

7. ABCE 【解析】粉尘涉爆企业有下列情形之一的，由负责粉尘涉爆企业安全监管的部门责令限期改正，处 3 万元以下的罚款，对其直接负责的主管人员和其他直接责任人员处 1 万元以下的罚款：①企业新建、改建、扩建工程项目安全设施没有进行粉尘防爆安全设计，或者未按照设计进行施工的；②未按照规定建立粉尘防爆安全管理制度或者内容不符合企业实际的；③未按照规定辨识评估管控粉尘爆炸安全风险，未建立安全风险清单或者未及时维护相关信息档案的；④粉尘防爆安全设备未正常运行的。

【能力提升训练】

1. B 【解析】A 选项错误。《工贸企业粉尘防爆安全规定》第六条规定，粉尘涉爆企业主要负责人是粉尘防爆安全工作的第一责任人，其他负责人在各自职责范围内对粉尘防爆安全工作负责。

B 选项正确。第七条规定，粉尘涉爆企业应当结合企业实际情况建立和落实粉尘防爆安全管理制度。粉尘防爆安全管理制度内容包括粉尘爆炸事故应急处置和救援。

C、D 选项错误。第三十条规定，粉尘涉爆企业未按照规定建立粉尘防爆安全管理制度或者内容不符合企业实际的，由负责粉尘涉爆企业安全监管的部门责令限期改正，处 3 万元以下的罚款，对其直接负责的主管人员和其他直接责任人员处 1 万元以下的罚款。

【历年真题实战】

1. A 【解析】A 选项正确。《工贸企业粉尘防爆安全规定》第十八条第二款规定，铝镁等金属粉尘和镁合金废屑的收集、贮存等处置环节，应当避免粉尘废屑大量堆积或者装袋后多层堆垛码放；需要临时存放的，应当设置相对独立的暂存场所，远离作业现场等人员密集场所，并采取防水防潮、通风、氢气监测等必要的防火防爆措施。含水镁合金废屑应当优先采用机械压块处理方式，镁合金粉尘应当优先采用大量水浸泡方式暂存。

B 选项错误。第十一条规定，涉及粉尘爆炸危险的工艺、场所、设施设备等发生变更的，粉尘涉爆企业应当重新进行安全风险辨识评估。

C 选项错误。第十五条规定，粉尘涉爆企业应当按照《粉尘防爆安全规程》等有关国家标准或者行业标准规定，将粉尘爆炸危险场所除尘系统按照不同工艺分区域相对独立设置，可燃性粉尘不得与可燃气体等易加剧爆炸危险的介质共用一套除尘系统，不同防火分区的除尘系统禁止互联互通。存在粉尘爆炸危险的工艺设备应当采用泄爆、隔爆、惰化、抑爆、抗爆等一种或者多种控爆措施，但不得单独采取隔爆措施。禁止采用粉尘沉降室除尘或者采用巷道式构筑物作为除尘风道。铝镁等金属粉尘应当采用负压方式除尘，其他粉尘受工艺条件限制，采用正压方式吹送时，应当采取可靠的防范点燃源的措施。

D 选项错误。第十四条规定，粉尘涉爆企业存在粉尘爆炸危险场所的建（构）筑物的结构和布局应当符合《粉尘防爆安全规程》等有关国家标准或者行业标准要求，采取防火防爆、防雷等措施，单层厂房屋顶一般应当采用轻型结构，多层厂房应当为框架结构，并设置符合有关标准要求的泄压面积。

2. B 【解析】A 选项错误。《工贸企业粉尘防爆安全规定》第十五条规定，粉尘涉爆企业应当按照《粉尘防爆安全规程》等有关国家标准或者行业标准规定，将粉尘爆炸危险场所除尘系统按照不同工艺分区域相对独立设置，可燃性粉尘不得与可燃气体等易加剧爆炸危险的介质共用一套除尘系统，不同防火分区的除尘系统禁止互联互通。存在粉尘爆炸危险的工艺设备应当采用泄爆、隔爆、惰化、抑爆、抗爆等一种或者多种控爆措施，但不得单独采取隔爆措施。

C 选项错误。第十八条第二款规定，铝镁等金属粉尘和镁合金废屑的收集、贮存等处置环节，应当避免粉尘废屑大量堆积或者装袋后多层堆垛码放；需要临时存放的，应当设置相对独立的暂存场所，远离作业现场等人员密集场所，并采取防水防潮、通风、氢气监测等必要的防火防爆措施。含水镁合金废屑应当优先采用机械压块处理方式，镁合金粉尘应当优先采用大量水浸泡方式暂存。

D 选项错误。第十九条规定，粉尘涉爆企业对粉尘爆炸危险场所设备设施或者除尘系统的检修维修作业，应当实行专项作业审批。作业前，应当制定专项方案；对存在粉尘沉积的除尘器、管道等设施设备进行动火作业前，应当清理干净内部积尘和作业区域的可燃性粉尘。作业时，生产设备应当处于停止运行状态，检修维修工具应当采用防止产生火花的防爆工具。作业后，应当妥善清理现场，作业点最高温度恢复到常温后方可重新开始生产。

3. C 【解析】A选项错误。《工贸企业粉尘防爆安全规定》第十四条规定，粉尘涉爆企业应当严格控制粉尘爆炸危险场所内作业人员数量，在粉尘爆炸危险场所内不得设置员工宿舍、休息室、办公室、会议室等，粉尘爆炸危险场所与其他厂房、仓库、民用建筑的防火间距应当符合《建筑设计防火规范》的规定。

B选项错误。第十五条规定，铝镁等金属粉尘应当采用负压方式除尘，其他粉尘受工艺条件限制，采用正压方式吹送时，应当采取可靠的防范点燃源的措施。

C选项正确。第十五条规定，铝镁等金属粉尘湿式除尘系统应当安装与打磨抛光设备联锁的液位、流速监测报警装置，并保持作业场所和除尘器本体良好通风，防止氢气积聚，及时规范清理沉淀的粉尘泥浆。

D选项错误。第十五条规定，禁止采用粉尘沉降室除尘或者采用巷道式构筑物作为除尘风道。

第十二节 建设项目安全设施"三同时"监督管理办法

【基础知识训练】

1. B 【解析】下列建设项目在进行可行性研究时，生产经营单位应当按照国家规定，进行安全预评价：①非煤矿矿山建设项目；②生产、储存危险化学品（包括使用长输管道输送危险化学品，下同）的建设项目；③生产、储存烟花爆竹的建设项目；④金属冶炼建设项目；⑤使用危险化学品从事生产并且使用量达到规定数量的化工建设项目（属于危险化学品生产的除外，以下简称化工建设项目）。

2. C 【解析】试运行时间应当不少于30日，最长不得超过180日，国家有关部门有规定或者特殊要求的行业除外。

3. C 【解析】处50万元以上100万元以下的罚款。

4. C 【解析】第十二条规定，本办法第七条第（1）项、第（2）项、第（3）项、第（4）项规定的建设项目安全设施设计完成后，生产经营单位应当按照本办法第五条的规定向安全生产监督管理部门提出审查申请，并提交下列文件资料（6项）：①建设项目审批、核准或者备案的文件；②建设项目安全设施设计审查申请；③设计单位的设计资质证明文件；④建设项目安全设施设计；⑤建设项目安全预评价报告及相关文件资料；⑥法律、行政法规、规章规定的其他文件资料。

5. D 【解析】第十六条规定，下列以外的建设项目安全设施设计，由生产经营单位组织审查，形成书面报告备查。①非煤矿矿山建设项目；②生产、储存危险化学品（包括使用长输管道输送危险化学品，下同）的建设项目；③生产、储存烟花爆竹的建设项目；④金属冶炼建设项目。

6. B 【解析】第十二条规定，安全生产监督管理部门收到申请后，对属于本部门职责范围内的，应当及时进行审查，并在收到申请后5个工作日内作出受理或者不予受理的决定，书面告知申请人。

7. B 【解析】第十三条规定，对已经受理的建设项目安全设施设计审查申请，安全生产监督管理部门应当自受理之日起20个工作日内作出是否批准的决定，并书面告知申请人。20个工作日内不能作出决定的，经本部门负责人批准，可以延长10个工作日，并应当将延长期限的理由书面告知申请人。

8. B 【解析】第十七条规定，施工单位应当在施工组织设计中编制安全技术措施和施工现场临时用电方案，同时对危险性较大的分部分项工程依法编制专项施工方案，并附具安全验算结果，经施工单位技术负责人、总监理工程师签字后实施。

9. ABC 【解析】下列建设项目在进行可行性研究时，生产经营单位应当按照国家规定，进行安全预评价：①非煤矿矿山建设项目；②生产、储存危险化学品（包括使用长输管道输送危险化学品，下同）的建设项目；③生产、储存烟花爆竹的建设项目；④金属冶炼建设项目；⑤使用危险化学品从事生产并且使用量达到规定数量的化工建设项目（属于危险化学品生产的除外，以下简称化工建设项目）。

10. BCDE 【解析】《建设项目安全设施"三同时"监督管理办法》第十四条第一款规定，建设项目安全设施设计有下列情形之一的，不予批准，并不得开工建设：①无建设项目审批、核准或者备案文件的；②未委托具有相应资质的设计单位进行设计的；③安全预评价报告由未取得相应资质的安全评价机构编制的；④未按照有关安全生产的法律、法规、规章和国家标准或者行业标准、技术规范的规定进行设计的；⑤未采纳安全预评价报告中的安全对策和建议，且未作充分论证说明的；⑥不符合法律、行政法规规定的其他条件的。

11. ABD 【解析】《建设项目安全设施"三同时"监督管理办法》第三十条规定，除非煤矿矿山建设项目，生产、储存危险化学品的建设项目，生产、储存烟花爆竹的建设项目和金属冶炼建设项目外，有下列情形之一的，对有关生产经营单位责令限期改正，可以并处5000元以上3万元以下的罚款：①没有安全设施设计的；②安全设施设计未组织审查，并形成书面审查报告的；③施工单位未按照安全设施设计施工的；④投入生产或者使用前，安全设施未经竣工验收合格，并形成书面报告的。

【能力提升训练】

1. B 【解析】A选项错误。建设项目安全设施的施工应当由取得相应资质的施工单位进行，并与建设项目主体工程同时施工。不分甲级乙级。

C选项错误。施工单位应当在施工组织设计中编制安全技术措施和施工现场临时用电方案，同时对危险性较大的分部分项工程依法编制专项施工方案。

D选项错误。施工单位应当对安全设施的工程质量负责。

2. C 【解析】第十八条规定，施工单位发现安全设施设计文件有错漏的，应当及时向生产经营单位、设计单位提出。生产经营单位、设计单位应当及时处理。施工单位发现安全设施存在重大事故隐患时，应当立即停止施工并报告生产经营单位进行整改。整改合格后，方可恢复施工。第十九条规定，工程监理单位应当审查施工组织设计中的安全技术措施或者专项施工方案是否符合工程建设强制性标准。工程监理单位在实施监理过程中，发现存在事故隐患的，应当要求施工单位整改；情况严重的，应当要求施工单位暂时停止施工，并及时报告生产经营单位。施工单位拒不整改或者不停止施工的，工程监理单位应当及时向有关主管部门报告。工程监理单位、监理人员应当按照法律、法规和工程建设强制性标准实施监理，并对安全设施工程的工程质量承担监理责任。

3. B 【解析】第二十八条规定，生产经营单位对非煤矿矿山建设项目；生产、储存危险化学品（包括使用长输管道输送危险化学品，下同）的建设项目；生产、储存烟花爆竹的建设项目；金属冶炼建设项目有下列情形之一的，责令停止建设或者停产停业整顿，限期改正；逾期未改正的，处 50 万元以上 100 万元以下的罚款，对其直接负责的主管人员和其他直接责任人员处 2 万元以上 5 万元以下的罚款；构成犯罪的，依照刑法有关规定追究刑事责任：没有安全设施设计或者安全设施设计未按照规定报经安全生产监督管理部门审查同意，擅自开工的。

4. B 【解析】第二十三条规定，建设项目竣工投入生产或者使用前，生产经营单位应当组织对安全设施进行竣工验收，并形成书面报告备查。安全设施竣工验收合格后，方可投入生产和使用。

安全监管部门应当按照下列方式之一对非煤矿矿山建设项目；生产、储存危险化学品（包括使用长输管道输送危险化学品，下同）的建设项目；生产、储存烟花爆竹的建设项目；金属冶炼建设项目的竣工验收活动和验收结果的监督核查：①对安全设施竣工验收报告按照不少于总数 10% 的比例进行随机抽查；②在实施有关安全许可时，对建设项目安全设施竣工验收报告进行审查。抽查和审查以书面方式为主。对竣工验收报告的实质内容存在疑问，需要到现场核查的，安全监管部门应当指派两名以上工作人员对有关内容进行现场核查。工作人员应当提出现场核查意见，并如实记录在案。

【历年真题实战】

1. D 【解析】《建设项目安全设施"三同时"监督管理办法》第三条规定，本办法所称的建设项目安全设施，是指生产经营单位在生产经营活动中用于预防生产安全事故的设备、设施、装置、构（建）筑物和其他技术措施的总称。

2. C 【解析】第十七条规定，建设项目安全设施的施工应当由取得相应资质的施工单位进行，并与建设项目主体工程同时施工。

施工单位应当在施工组织设计中编制安全技术措施和施工现场临时用电方案，同时对危险性较大的分部分项工程依法编制专项施工方案，并附具安全验算结果，经施工单位技术负责人、总监理工程师签字后实施。

3. BC 【解析】B、C选项正确。《建设项目安全设施"三同时"监督管理办法》第十条规定，生产经营单位在建设项目初步设计时，应当委托有相应资质的设计单位对建设项目安全设施同时进行设计，编制安全设施设计。

安全设施设计必须符合有关法律、法规、规章和国家标准或者行业标准、技术规范的规定，并尽可能采用先进适用的工艺、技术和可靠的设备、设施。本办法第七条规定的建设项目安全设施设计还应当充分考虑建设项目安全预评价报告提出的安全对策措施。

A、D选项错误。第十二条规定，本办法第七条第（一）项、第（二）项、第（三）项、第（四）项规定的建设项目安全设施设计完成后，生产经营单位应当按照本办法第五条的规定向安全生产监督管理部门提出审查申请。

E 选项错误。第十四条规定，建设项目安全设施设计有未采纳安全预评价报告中的安全对策和建议，且未作充分论证说明的，不予批准，并不得开工建设。

4. C 【解析】《建设项目安全设施"三同时"监督管理办法》第三条规定，本办法所称的建设项目安全设施，是指生产经营单位在生产经营活动中用于预防生产安全事故的设备、设施、装置、构（建）筑物和其他技术措施的总称。

5. C 【解析】A、B 选项错误。《建设项目安全设施"三同时"监督管理办法》第十一条规定，生产经营单位在建设项目初步设计时，应当委托有相应资质的设计单位对建设项目安全设施进行设计，编制安全专篇。

C 选项正确，D 选项错误。第十三条规定，安全生产监督管理部门收到申请后，对属于本部门职责范围内的，应当及时进行审查，并在收到申请后 5 个工作日内作出受理或者不予受理的决定，书面告知申请人；对不属于本部门职责范围内的，应当将有关文件资料转送有审查权的安全生产监督管理部门，并书面告知申请人。

6. DE 【解析】A 选项错误。《建设项目安全设施"三同时"监督管理办法》第十七条规定，施工单位应当在施工组织设计中编制安全技术措施和施工现场临时用电方案，同时对危险性较大的分部分项工程依法编制专项施工方案，并附具安全验算结果，经施工单位技术负责人、总监理工程师签字后实施。

B 选项错误。第二十一条规定，试运行时间应当不少于 30 日，最长不得超过 180 日，国家有关部门有规定或者特殊要求的行业除外。

C 选项错误。第二十一条规定，生产、储存危险化学品的建设项目和化工建设项目，应当在建设项目试运行前将试运行方案报负责建设项目安全许可的安全生产监督管理部门备案。

D 选项正确。第二十三条规定，在实施有关安全许可时，对建设项目安全设施竣工验收报告进行审查。

E 选项正确。第二十四条规定，建设项目的安全设施未依法设置安全生产管理机构或者配备安全生产管理人员的建设单位不得通过竣工验收，并不得投入生产或者使用。

7. D 【解析】先明确甲、乙、丙、丁公司从事的项目。

A 选项错误。根据第八条、第九条，生产经营单位应当委托具有相应资质的安全评价机构，对其建设项目进行安全预评价，并编制安全预评价报告。本办法第七条规定以外的其他建设项目，生产经营单位应当对其安全生产条件和设施进行综合分析，形成书面报告备查。

B 选项错误。根据第十二条，本办法第七条第（一）项、第（二）项、第（三）项、第（四）项规定的建设项目安全设施设计完成后，生产经营单位应当按照本办法第五条的规定向安全生产监督管理部门提出审查申请。

C 选项错误。根据第二十二条，本办法第七条规定的建设项目安全设施竣工或者试运行完成后，生产经营单位应当委托具有相应资质的安全评价机构对安全设施进行验收评价，并编制建设项目安全验收评价报告。建设项目安全验收评价报告应当符合国家标准或者行业标准的规定。

D 选项正确。根据第二十三条，建设项目竣工投入生产或者使用前，生产经营单位应当组织对安全设施进行竣工验收，并形成书面报告备查。安全设施竣工验收合格后，方可投入生产和使用。

8. ABD 【解析】根据《建设项目安全设施"三同时"监督管理办法》第七条，非煤矿矿山建设项目，生产、储存危险化学品（包括使用长输管道输送危险化学品）的建设项目，生产、储存烟花爆竹的建设项目，金属冶炼建设项目，使用危险化学品从事生产并且使用量达到规定数量的化工建设项目，法律、行政法规和国务院规定的其他建设项目在进行可行性研究时，生产经营单位应当按照国家规定，进行安全预评价。

9. A 【解析】《建设项目安全设施"三同时"监督管理办法》第七条规定，下列建设项目在进行可行性研究时，生产经营单位应当按照国家规定，进行安全预评价：①非煤矿矿山建设项目；②生产、储存危险化学品（包括使用长输管道输送危险化学品，下同）的建设项目；③生产、储存烟花爆竹的建设项目；④金属冶炼建设项目；⑤使用危险化学品从事生产并且使用量达到规定数量的化工建设项目（属于危险化学品生产的除外，以下简称化工建设项目）；⑥法律、行政法规和国务院规定的其他建设项目。第十六条规定，本办法第七条第一项、第二项、第三项和第四项规定以外的建设项目安全设施设计，由生产经营单位组织审查，形成书面报告备查。

10. D 【解析】《建设项目安全设施"三同时"监督管理办法》第七条规定，下列建设项目在进行可行性研究时，生产经营单位应当按照国家规定，进行安全预评价：①非煤矿矿山建设项目；②生产、储存危险化学品（包括使用长输管道输送危险化学品，下同）的建设项目；③生产、储存烟花爆竹的建设项目；④金属冶炼建设项目；⑤使用危险化学品从事生产并且使用量达到规定数量的化工建设项目（属于危险化学品生产的除外，以下简称化工建设项目）；⑥法律、行政法规和国务院规定的其他建设项目。

11. A 【解析】A选项正确，B、C选项错误。《建设项目安全设施"三同时"监督管理办法》第二十一条规定，本办法第七条规定的建设项目竣工后，根据规定建设项目需要试运行（包括生产、使用，下同）的，应当在正式投入生产或者使用前进行试运行。试运行时间应当不少于30日，最长不得超过180日，国家有关部门有规定或者特殊要求的行业除外。生产、储存危险化学品的建设项目和化工建设项目，应当在建设项目试运行前将试运行方案报负责建设项目安全许可的安全生产监督管理部门备案。D选项中安全设施竣工验收报告不需报安全监管部门备案。

第十三节　煤矿企业安全生产许可证实施办法

【基础知识训练】

1. D 【解析】A选项错误。设置安全生产管理机构，配备专职安全生产管理人员。
B选项错误。煤与瓦斯突出矿井、水文地质类型复杂矿井还应设置专门的防治煤与瓦斯突出管理机构和防治水管理机构。
C选项错误。主要负责人和安全生产管理人员的安全生产知识和管理能力经考核合格。

2. C 【解析】矿井至少有2个能行人的通达地面的安全出口，各个出口之间的距离不得小于30米。

3. B 【解析】安全生产许可证的有效期为3年。

4. B 【解析】安全生产许可证颁发管理机关发现有下列情形之一的，应当撤销已经颁发的安全生产许可证：①超越职权颁发安全生产许可证的；②违反本实施办法规定的程序颁发安全生产许可证的；③不具备本实施办法规定的安全生产条件颁发安全生产许可证的；④以欺骗、贿赂等不正当手段取得安全生产许可证的。

第十四节 煤矿建设项目安全设施监察规定

【基础知识训练】

1. B 【解析】煤矿建设项目在竣工完成后，应当在正式投入生产或使用前进行联合试运转。联合试运转的时间应不少于1个月，但最长不得超过6个月。

2. C 【解析】煤矿建设项目在竣工完成后，应当在正式投入生产或使用前进行联合试运转。联合试运转的时间一般为1~6个月，有特殊情况需要延长的，总时长不得超过12个月。

3. D 【解析】A选项错误。煤矿建设项目的安全设施应由具有相应资质的"施工单位"承担。

B选项错误，施工单位在施工期间，发现煤矿建设项目的安全设施设计不合理或者存在"重大"事故隐患时，应当立即停止施工。

C选项错误。煤矿建设项目联合试运转正常后，应当进行安全验收评价。

第十五节 煤矿安全规程

【基础知识训练】

1. B 【解析】入井人员必须戴安全帽、随身携带自救器和矿灯，严禁携带烟草和点火物品，严禁穿化纤衣服，入井前严禁喝酒。

2. D 【解析】至少有2个能行人的通达地面的安全出口，各个出口间的距离不得小于30米。未建成2个安全出口的水平或采区严禁生产。主要绞车道不得兼作人行道。对于通达地面的安全出口和2个水平之间的安全出口，倾角等于或小于45°时，必须设置人行道。

第十六节 煤矿安全培训规定

【基础知识训练】

1. D 【解析】煤矿特种作业人员在参加资格考试前应当按照规定的培训大纲进行安全生产知识和实际操作能力的专门培训。其中，初次培训的时间不得少于90学时。

2. B 【解析】煤矿企业其他从业人员的初次安全培训时间不得少于72学时，每年再培训的时间不得少于20学时。

3. C 【解析】煤矿企业新上岗的井下作业人员安全培训合格后，应当在有经验的工人师傅带领下，实习满4个月，并取得工人师傅签名的实习合格证明后，方可独立工作。

4. C 【解析】《煤矿安全培训规定》规定，从事采煤、掘进、机电、运输、通风、地测等工作的班组长，以及新招入矿的其他从业人员初次安全培训时间不得少于72学时，每年接受再培训的时间不得少于20学时。

5. C 【解析】《煤矿安全培训规定》第二十八条规定，特种作业操作证有效期6年，全国范围内有效。第二十九条规定，特种作业操作证有效期届满需要延期换证的，持证人应当在有效期届满60日前参加不少于24学时的专门培训。

第十七节 非煤矿矿山企业安全生产许可证实施办法

【基础知识训练】

1. C 【解析】《非煤矿矿山企业安全生产许可证实施办法》第十八条规定，安全生产许可证颁发管理机关应当依照下列规定颁发非煤矿矿山企业安全生产许可证：对地质勘探单位，向最下级具有企事业法人资格的单位颁发安全生产许可证。对采掘施工企业，向企业颁发安全生产许可证。

2. C 【解析】依据《非煤矿矿山企业安全生产许可证实施办法》第六条规定，非煤矿矿山企业取得安全生产许可证，应当具备下列安全生产条件：主要负责人和安全生产管理人员经安全生产监督管理部门考核合格，取得安全资格证书。

第十八节 非煤矿矿山外包工程安全管理暂行办法

【基础知识训练】

1. C 【解析】属非金属矿山总发包单位对地下矿山一个生产系统进行分项发包的，承包单位原则上不得超过3家。

2. D 【解析】承包地下矿山工程的项目部应当配备与工程施工作业相适应的专职工程技术人员，其中至少有1名注册安全工程师或者具有5年以上井下工作经验的安全生产管理人员。项目部具备初中以上文化程度的从业人员比例应当不低于50%。项目部负责人应当取得安全生产管理人员安全资格证。承包地下矿山工程的项目部负责人不得同时兼任其他工程的项目部负责人。

第十九节 尾矿库安全监督管理规定

【基础知识训练】

1. C 【解析】尾矿库应当每3年至少进行1次安全现状评价。

2. D 【解析】《尾矿库安全监督管理规定》第二十条规定，尾矿库经安全现状评价或者专家论证被确定为危库、险库和病库的，生产经营单位应当分别采取下列措施：①确定为危库的，应当立即停产，进行抢险，并向尾矿库所在地县级人民政府、安全生产监督管理部门和上级主管单位报告；②确定为险库的，应当立即停产，在限定的时间内消除险情，并向尾矿库所在地县级人民政府、安全生产监督管理部门和上级主管单位报告；③确定为病库的，应当在限定的时间内按照正常库标准进行整治，消除事故隐患。

3. A 【解析】尾矿库运行到设计最终标高或者不再进行排尾作业的，应当在1年内完成闭库。特殊情况不能按期完成闭库的，应当报经相应的安全生产监督管理部门同意后方可延期，但延长期限不得超过 6 个月。

4. ABE 【解析】《尾矿库安全监督管理规定》第十条规定，尾矿库的勘察、设计、安全评价、施工、监理等单位除符合前款规定外，还应当按照尾矿库的等别符合下列规定：①一等、二等、三等尾矿库建设项目，其勘察、设计、安全评价、监理单位具有甲级资质，施工单位具有总承包一级或者特级资质；②四等、五等尾矿库建设项目，其勘察、设计、安全评价、监理单位具有乙级或者乙级以上资质，施工单位具有总承包三级或者三级以上资质，或者专业承包一级、二级资质。

第二十节　冶金企业和有色金属企业安全生产规定

【基础知识训练】

1. B 【解析】《冶金企业和有色金属企业安全生产规定》第十条规定，企业存在金属冶炼工艺，从业人员在一百人以上的，应当设置安全生产管理机构或者配备不低于从业人员千分之三的专职安全生产管理人员，但最低不少于三人；从业人员在一百人以下的，应当设置安全生产管理机构或者配备专职安全生产管理人员。

2. ACD 【解析】依据《冶金企业和有色金属企业安全生产规定》，企业存在金属冶炼工艺，从业人员在一百人以上的，应当设置安全生产管理机构或者配备不低于从业人员千分之三的专职安全生产管理人员，但最低不少于 3 人；从业人员在 100 人以下的，应当设置安全生产管理机构或者配备专职安全生产管理人员。存在金属冶炼工艺的企业的主要负责人、安全生产管理人员自任职之日起 6 月内，必须接受负有冶金有色安全生产监管职责的部门对其进行安全生产知识和管理能力考核，并考核合格。

第二十一节　烟花爆竹生产企业安全生产许可证实施办法

【基础知识训练】

1. D 【解析】烟花爆竹生产企业应当设置安全生产管理机构，配备专职安全生产管理人员，并符合下列要求：①确定安全生产主管人员；②配备占本企业从业人员总数 1% 以上且至少有 2 名专职安全生产管理人员；③配备占本企业从业人员总数 5% 以上的兼职安全员。

2. C 【解析】《烟花爆竹生产企业安全生产许可证实施办法》第四十四条规定，企业有下列行为之一的，依法暂扣其安全生产许可证：①多股东各自独立进行烟花爆竹生产活动的；②从事礼花弹生产的企业将礼花弹销售给未经公安机关批准的燃放活动的；③改建、扩建烟花爆竹生产（含储存）设施未办理安全生产许可证变更手续的；④发生较大以上生产安全责任事故的；⑤不再具备本办法规定的安全生产条件的。第四十五条规定，企业有下列行为之一的，依法吊销其安全生产许可证：①出租、转让安全生产许可证的；②被暂扣安全生产许可证，经停产整顿后仍不具备本办法规定的安全生产条件的。

3. D 【解析】《烟花爆竹生产企业安全生产许可证实施办法》第二十七条规定，企业在安全生产许可证有效期内有下列情形之一的，应当按照本办法第二十八条的规定申请变更安全生产许可证：①改建、扩建烟花爆竹生产（含储存）设施的；②变更产品类别、级别范围的；③变更企业主要负责人的；④变更企业名称的。

第二十二节　烟花爆竹生产经营安全规定

【基础知识训练】

1. D 【解析】《烟花爆竹生产经营安全规定》第二十条规定，生产企业、批发企业应当按照设计用途、危险等级、核定药量使用药物总库和成品总库，并按规定堆码，分类分级存放，保持仓库内通道畅通，准确记录药物和产品数量。禁止在仓库内进行拆箱、包装作业。禁止将性质不相容的物质混存。禁止将高危险等级物品储存在危险等级低的仓库。禁止在烟花爆竹仓库储存不属于烟花爆竹的其他危险物品。

2. B 【解析】生产经营单位在中转库、中转间内，超量、超时储存药物、半成品、成品的，未采取措施消除事故隐患的，责令立即消除或者限期消除；生产经营单位拒不执行的，责令停业停业整顿，并处10万元以上50万元以下的罚款，对其直接负责的主管人员和其他直接责任人员处2万元以上5万元以下的罚款。

第二十三节　危险化学品生产企业安全生产许可证实施办法

【基础知识训练】

1. B 【解析】《危险化学品生产企业安全生产许可证实施办法》第十六条规定，危险化学品生产企业申请安全生产许可证应满足的条件包含：企业主要负责人、分管安全负责人和安全生产管理人员必须具备与其从事的生产经营活动相适应的安全生产知识和管理能力，依法参加安全生产培训，并经考核合格，取得安全资格证书。

2. B 【解析】《危险化学品生产企业安全生产许可证实施办法》第四十条规定，企业取得安全生产许可证后有下列情形之一的，实施机关应当注销其安全生产许可证：①安全生产许可证有效期届满未被批准延续的；②终止危险化学品生产活动的；③安全生产许可证被依法撤销的；④安全生产许可证被依法吊销的。

第二十四节　危险化学品经营许可证管理办法

【基础知识训练】

1. C 【解析】设区的市级人民政府安全生产监督管理部门负责下列企业的经营许可证审批、颁发：①经营剧毒化学品的企业；②经营易制爆危险化学品的企业；③经营汽油加油站的企业；④专门从事危险化学品仓储经营的企业；⑤从事危险化学品经营活动的中央企业所属省级、设区的市级公司（分公司）；⑥带有储存设施经营除剧毒化学品、易制爆危险化学品以外的其他危险化学品的企业；县级人民政府安全生产监督管理部门负责本行政区域内本条第三款规定以外企业的经营许可证审批、颁发；没有设立县级发证机关的，其经营许可证由市级发证机关审批、颁发。

2．D 【解析】从事下列危险化学品经营活动，不需要取得经营许可证：①依法取得危险化学品安全生产许可证的危险化学品生产企业在其厂区范围内销售本企业生产的危险化学品的；②依法取得港口经营许可证的港口经营人在港区内从事危险化学品仓储经营的。

3．ABDE 【解析】申请人经营剧毒化学品的，除符合本办法第六条规定的条件外，还应当建立剧毒化学品双人验收、双人保管、双人发货、双把锁、双本账等管理制度。

第二十五节 危险化学品安全使用许可证实施办法

【基础知识训练】

1．C 【解析】储存和使用氯气、氨气等对皮肤有强烈刺激的吸入性有毒有害气体的企业，应当配备至少两套以上全封闭防化服；构成重大危险源的，还应当设立气体防护站（组）。

第二十六节 危险化学品输送管道安全管理规定

【基础知识训练】

1．B 【解析】严格控制氨、硫化氢等其他有毒气体的危险化学品管道穿（跨）越公共区域。

2．A 【解析】第十四条规定，危险化学品管道试压半年后一直未投入生产（使用）的，管道单位应当在其投入生产（使用）前重新进行气密性试验。

3．C 【解析】第二十五条规定，实施下列可能危及危险化学品管道安全运行的施工作业的，施工单位应当在开工的 7 日前书面通知管道单位，将施工作业方案报管道单位，并与管道单位共同制定应急预案，采取相应的安全防护措施，管道单位应当指派专人到现场进行管道安全保护指导。

4．ACDE 【解析】《危险化学品输送管道安全管理规定》第二十五条规定，实施下列可能危及危险化学品管道安全运行的施工作业的，施工单位应当在开工的 7 日前书面通知管道单位，将施工作业方案报管道单位，并与管道单位共同制定应急预案，采取相应的安全防护措施，管道单位应当指派专人到现场进行管道安全保护指导：①穿（跨）越管道的施工作业；②在管道线路中心线两侧 5 米至 50 米和管道附属设施周边 100 米地域范围内，新建、改建、扩建铁路、公路、河渠，架设电力线路，埋设地下电缆、光缆，设置安全接地体、避雷接地体；③在管道线路中心线两侧 200 米和管道附属设施周边 500 米地域范围内，实施爆破、地震法勘探或者工程挖掘、工程钻探、采矿等作业。

5．ABD 【解析】第十一条规定，作业的人员应当具备相应的操作资格证书。参加危险化学品管道焊接、防腐、无损检测作业的人员应当具备相应的操作资格证书。

【能力提升训练】

1．A 【解析】禁止光气、氯气等剧毒气体化学品管道穿（跨）越公共区域。

2．C 【解析】第二条规定，生产、储存危险化学品的单位在厂区外公共区域埋地、地面和架空的危险化学品输送管道及其附属设施（以下简称危险化学品管道）的安全管理，适用本规定。

3. C 【解析】第十六条规定，管道单位应当建立、健全危险化学品管道巡护制度，配备专人进行日常巡护。巡护人员发现危害危险化学品管道安全生产情形的，应当立即报告单位负责人并及时处理。

4. D 【解析】《危险化学品输送管道安全管理规定》第十二条规定，负责危险化学品管道工程的监理单位应当对管道的总体建设质量进行全过程监督，并对危险化学品管道的总体建设质量负责。管道施工单位应当严格按照有关国家标准、行业标准的规定对管道的焊缝和防腐质量进行检查，并按照设计要求对管道进行压力试验和气密性试验。

5. D 【解析】A、C 选项错误。《危险化学品输送管道安全管理规定》第三十三条规定，新建、改建、扩建危险化学品管道建设项目未经安全条件审查的，由安全生产监督管理部门责令停止建设，限期改正；逾期不改正的，处 50 万元以上 100 万元以下的罚款；构成犯罪的，依法追究刑事责任。危险化学品管道建设单位将管道建设项目发包给不具备相应资质等级的勘察、设计、施工单位或者委托给不具有相应资质等级的工程监理单位的，由安全生产监督管理部门移送建设行政主管部门依照《建设工程质量管理条例》第五十四条规定予以处罚。

B 选项错误。《危险化学品输送管道安全管理规定》第三十四条规定，管道单位未对危险化学品管道设置明显的安全警示标志的，由安全生产监督管理部门责令限期改正，可以处 5 万元以下的罚款；逾期未改正的，处 5 万元以上 20 万元以下的罚款，对其直接负责的主管人员和其他直接责任人员处 1 万元以上 2 万元以下的罚款；情节严重的，责令停产停业整顿；构成犯罪的，依照《刑法》有关规定追究刑事责任。

6. BDE 【解析】A 选项应为专职人员，C 选项应为 5 米。

7. BD 【解析】第七条规定，禁止光气、氯气等剧毒气体化学品管道穿（跨）越公共区域。严格控制氨、硫化氢等其他有毒气体的危险化学品管道穿（跨）越公共区域。

【历年真题实战】

1. D 【解析】《危险化学品输送管道安全管理规定》第二条规定，生产、储存危险化学品的单位在厂区外公共区域埋地、地面和架空的危险化学品输送管道及其附属设施的安全管理，适用本规定。原油、成品油、天然气、煤层气、煤制气长输管道安全保护和城镇燃气管道的安全管理，不适用本规定。

2. C 【解析】A 选项错误。《危险化学品输送管道安全管理规定》第七条规定，禁止光气、氯气等剧毒气体化学品管道穿（跨）越公共区域。

B 选项错误。第二条，生产、储存危险化学品的单位在厂区外公共区域埋地、地面和架空的危险化学品输送管道及其附属设施（以下简称危险化学品管道）的安全管理，适用本规定。

C 选项正确。《危险化学品输送管道安全管理规定》第八条规定，危险化学品管道建设的选线应当避开地震活动断层和容易发生洪灾、地质灾害的区域；确实无法避开的，应当采取可靠的工程处理措施，确保不受地质灾害影响。

D 选项错误。《危险化学品输送管道安全管理规定》第十六条规定，管道单位应当建立、健全危险化学品管道巡护制度，配备专人进行日常巡护。巡护人员发现危害危险化学品管道安全生产情形的，应当立即报告单位负责人并及时处理。

3. D 【解析】A 选项错误。根据《危险化学品输送管道安全管理规定》第十九条，管道单位发现擅自开启、关闭危险化学品管道阀门的危害危险化学品管道安全运行行为的，应当及时予以制止，无法处置时应当向当地安全生产监督管理部门（即现在的应急管理部门）报告。

B 选项错误。根据第二十一条，在危险化学品管道及其附属设施外缘两侧各 5 米地域范围内，管道单位发现种植乔木、灌木、藤类、芦苇、竹子或者其他根系深达管道埋设部位可能损坏管道防腐层的深根植物的危害管道安全运行的行为的，应当及时予以制止，无法处置时应当向当地安全生产监督管理部门报告。

C 选项错误。根据第十七条，管道单位对危险化学品管道存在的事故隐患应当及时排除；对自身排除确有困难的外部事故隐患，应当向当地安全生产监督管理部门报告。

D 选项正确。根据第十八条，管道单位对不符合安全标准的危险化学品管道，应当及时更新、改造或者停止使用，并向当地安全生产监督管理部门报告。

4. B 【解析】《危险化学品输送管道安全管理规定》第二十一条规定，在危险化学品管道及其附属设施外缘两侧各 5 米地域范围内，管道单位发现下列危害管道安全运行的行为的，应当及时予以制止，无法处置时应当向当地安全生产监督管理部门报告：①种植乔木、灌木、藤类、芦苇、竹子或者其他根系深达管道埋设部位可能损坏管道防腐层的深根植物；②取土、采石、用火、堆放重物、排放腐蚀性物质、使用机械工具进行挖掘施工、工程钻探；③挖塘、修渠、修晒场、修建水产养殖场、建温室、建家畜棚圈、建房以及修建其他建（构）筑物。

5. C 【解析】《危险化学品输送管道安全管理规定》第七条规定，禁止光气、氯气等剧毒气体化学品管道穿（跨）越公共区域。严格控制氨、硫化氢等其他有毒气体的危险化学品管道穿（跨）越公共区域。

第二十七节　危险化学品建设项目安全监督管理办法

【基础知识训练】

1. B 【解析】《危险化学品建设项目安全监督管理办法》第五条规定，建设项目有下列情形之一的，应当由省级安全生产监督管理部门负责安全审查：①国务院投资主管部门审批（核准、备案）的；②生产剧毒化学品的；③省级安全生产监督管理部门确定的本办法第四条第一款规定以外的其他建设项目。

第二十八节　危险化学品重大危险源监督管理暂行规定

【基础知识训练】

1. C 【解析】《危险化学品重大危险源监督管理暂行规定》第十一条有下列情形之

一的，危险化学品单位应当对重大危险源重新进行辨识、安全评估及分级：①重大危险源安全评估已满 3 年的；②构成重大危险源的装置、设施或者场所进行新建、改建、扩建的；③危险化学品种类、数量、生产、使用工艺或者储存方式及重要设备、设施等发生变化，影响重大危险源级别或者风险程度的；④外界生产安全环境因素发生变化，影响重大危险源级别和风险程度的；⑤发生危险化学品事故造成人员死亡，或者 10 人以上受伤，或者影响到公共安全的；⑥有关重大危险源辨识和安全评估的国家标准、行业标准发生变化的。

2. D 【解析】第十条规定，重大危险源安全评估报告应当客观公正、数据准确、内容完整、结论明确、措施可行，并包括下列内容：①评估的主要依据；②重大危险源的基本情况；③事故发生的可能性及危害程度；④个人风险和社会风险值（仅适用定量风险评价方法）；⑤可能受事故影响的周边场所、人员情况；⑥重大危险源辨识、分级的符合性分析；⑦安全管理措施、安全技术和监控措施；⑧事故应急措施；⑨评估结论与建议。

3. A 【解析】危险化学品单位应当制定重大危险源事故应急预案演练计划，并按照下列要求进行事故应急预案演练：①对重大危险源专项应急预案，每年至少进行 1 次；②对重大危险源现场处置方案，每半年至少进行 1 次。

4. B 【解析】A 选项错误。《危险化学品重大危险源监督管理暂行规定》第二十六条规定，县级人民政府安全生产监督管理部门应当在每年 1 月 15 日前，将辖区内上一年度重大危险源的汇总信息报送至设区的市级人民政府安全生产监督管理部门。

C、D 选项错误。第二十九条规定，县级人民政府安全生产监督管理部门应当每季度将辖区内一级、二级重大危险源的核销材料报送至设区的市级人民政府安全生产监督管理部门。设区的市级人民政府安全生产监督管理部门应当每半年将辖区内一级重大危险源的核销材料报送至省级人民政府安全生产监督管理部门。

5. D 【解析】第九条规定，重大危险源有下列情形之一的，应当委托具有相应资质的安全评价机构，按照有关标准的规定采用定量风险评价方法进行安全评估，确定个人和社会风险值：①构成一级或者二级重大危险源，且毒性气体实际存在（在线）量与其在《危险化学品重大危险源辨识》中规定的临界量比值之和大于或等于 1 的；②构成一级重大危险源，且爆炸品或液化易燃气体实际存在（在线）量与其在《危险化学品重大危险源辨识》中规定的临界量比值之和大于或等于 1 的。

【能力提升训练】

1. A 【解析】直接负责的主管人员和其他直接责任人员处 2 万元以上 5 万元以下的罚款。

2. C 【解析】第三十二条规定，危险化学品单位有下列行为之一的，由县级以上人民政府安全生产监督管理部门责令限期改正，可以处 10 万元以下的罚款；逾期未改正的，责令停产停业整顿，并处 10 万元以上 20 万元以下的罚款，对其直接负责的主管人员和其他直接责任人员处 2 万元以上 5 万元以下的罚款；构成犯罪的，依照刑法有关规定追究刑事责任：①未按照本规定要求对重大危险源进行安全评估或者安全评价的；②未按照本规定要求对重大危险源进行登记建档的；③未按照本规定及相关标准要求对重大危险源进行安全监测监控的；④未制定重大危险源事故应急预案的。

3. A 【解析】B、C 选项错误。《危险化学品重大危险源监督管理暂行规定》第二十一条规定，危险化学品单位应当制定重大危险源事故应急预案演练计划，并按照下列要求进行事故应急预案演练：①对重大危险源专项应急预案，每年至少进行 1 次；②对重大危险源现场处置方案，每半年至少进行 1 次。

应急预案演练结束后，危险化学品单位应当对应急预案演练效果进行评估，撰写应急预案演练评估报告，分析存在的问题，对应急预案提出修订意见，并及时修订完善。

D 选项错误。《危险化学品重大危险源监督管理暂行规定》第二十三条规定，危险化学品单位在完成重大危险源安全评估报告或者安全评价报告后 15 日内，应当填写重大危险源备案申请表，连同本规定第二十二条规定的重大危险源档案材料（其中第二款第五项规定的文件资料只需提供清单），报送所在地县级人民政府安全生产监督管理部门备案。

4. B 【解析】A、C、D 选项错误。《危险化学品重大危险源监督管理暂行规定》第八条规定，危险化学品单位应当对重大危险源进行安全评估并确定重大危险源等级。危险化学品单位可以组织本单位的注册安全工程师、技术人员或者聘请有关专家进行安全评估，也可以委托具有相应资质的安全评价机构进行安全评估。

依照法律、行政法规的规定，危险化学品单位需要进行安全评价的，重大危险源安全评估可以与本单位的安全评价一起进行，以安全评价报告代替安全评估报告，也可以单独进行重大危险源安全评估。重大危险源根据其危险程度，分为一级、二级、三级和四级，一级为最高级别。

5. ABD 【解析】《危险化学品重大危险源监督管理暂行规定》第二十三条规定，危险化学品单位在完成重大危险源安全评估报告或者安全评价报告之日起 15 日内，报送所在地县级人民政府安全生产监督管理部门备案。

E 选项不选，重大变化，表意不明，需要判断是否影响重大危险源级别和风险程度。第十一条规定有下列情形之一的，危险化学品单位应当对重大危险源重新进行辨识、安全评估及分级：①重大危险源安全评估已满 3 年的；②构成重大危险源的装置、设施或者场所进行新建、改建、扩建的；③危险化学品种类、数量、生产、使用工艺或者储存方式及重要设备、设施等发生变化，影响重大危险源级别或者风险程度的；④外界生产安全环境因素发生变化，影响重大危险源级别和风险程度的；⑤发生危险化学品事故造成人员死亡，或者 10 人以上受伤，或者影响到公共安全的；⑥有关重大危险源辨识和安全评估的国家标准、行业标准发生变化的。

【历年真题实战】

1. ABC 【解析】《危险化学品重大危险源监督管理暂行规定》第十三条规定，危险化学品单位应当根据构成重大危险源的危险化学品种类、数量、生产、使用工艺（方式）或者相关设备、设施等实际情况，按照要求建立健全安全监测监控体系，完善控制措施，其中包括：

重大危险源配备温度、压力、液位、流量、组份等信息的不间断采集和监测系统以及可燃气体和有毒有害气体泄漏检测报警装置，并具备信息远传、连续记录、事故预警、信息存储等功能；一级或者二级重大危险源，具备紧急停车功能。记录的电子数据的保存时间不少于30天。

对重大危险源中的毒性气体、剧毒液体和易燃气体等重点设施，设置紧急切断装置；毒性气体的设施，设置泄漏物紧急处置装置。涉及毒性气体、液化气体、剧毒液体的一级或者二级重大危险源，配备独立的安全仪表系统（SIS）。

重大危险源中储存剧毒物质的场所或者设施，设置视频监控系统。

2. D【解析】D选项正确。《危险化学品重大危险源监督管理暂行规定》第九条规定，重大危险源有下列情形之一的，应当委托具有相应资质的安全评价机构，按照有关标准的规定采用定量风险评价方法进行安全评估，确定个人和社会风险值：构成一级或者二级重大危险源，且毒性气体实际存在（在线）量与其在《危险化学品重大危险源辨识》中规定的临界量比值之和大于或等于1的；构成一级重大危险源，且爆炸品或液化易燃气体实际存在（在线）量与其在《危险化学品重大危险源辨识》中规定的临界量比值之和大于或等于1的。

3. C【解析】A选项错误。记录的电子数据的保存时间不少于30天。

B选项错误。一级或者二级重大危险源，具备紧急停车功能。

C选项正确。涉及毒性气体液化气体、剧毒液体的一级或者二级重大危险源，配备独立的安全仪表系统（SIS）。

D选项错误。重大危险源中储存剧毒物质的场所或者设施，设置视频监控系统。对重大危险源中的毒性气体、剧毒液体和易燃气体等重点设施，设置紧急切断装置；毒性气体的设施，设置泄漏物紧急处置装置。

4. C【解析】根据《危险化学品重大危险源监督管理暂行规定》第二十二条，危险化学品单位应当对辨识确认的重大危险源及时、逐项进行登记建档。重大危险源档案应当包括下列文件、资料：①辨识、分级记录；②重大危险源基本特征表；③涉及的所有化学品安全技术说明书；④区域位置图、平面布置图、工艺流程图和主要设备一览表；⑤重大危险源安全管理规章制度及安全操作规程；⑥安全监测监控系统、措施说明、检测、检验结果；⑦重大危险源事故应急预案、评审意见、演练计划和评估报告；⑧安全评估报告或者安全评价报告；⑨重大危险源关键装置、重点部位的责任人、责任机构名称；⑩重大危险源场所安全警示标志的设置情况；⑪其他文件、资料。

5. C【解析】A、B选项正确。根据《危险化学品重大危险源监督管理暂行规定》第二十七条，重大危险源经过安全评价或者安全评估不再构成重大危险源的，危险化学品单位应当向所在地县级人民政府安全生产监督管理部门（即现在的应急管理部门）申请核销。

C选项错误。根据第二十八条，县级人民政府安全生产监督管理部门应当自收到申请核销的文件、资料之日起30日内进行审查。

D选项正确。根据第二十九条，县级人民政府安全生产监督管理部门应当每季度将辖区内一级、二级重大危险源的核销材料报送至设区的市级人民政府安全生产监督管理部门。设区的市级人民政府安全生产监督管理部门应当每半年将辖区内一级重大危险源的核销材料报送至省级人民政府安全生产监督管理部门。

6. C【解析】A选项错误。第八条规定，危险化学品单位应当对重大危险源进行安全评估并确定重大危险源等级。危险化学品单位可以组织本单位的注册安全工程师、技术人员或者聘请有关专家进行安全评估，也可以委托具有相应资质的安全评价机构进行安全评估。依照法律、行政法规的规定，危险化学品单位需要进行安全评价的，重大危险源安全评估可以与本单位的安全评价一起进行，以安全评价报告代替安全评估报告，也可以单独进行重大危险源安全评估。

B选项错误、C选项正确。第十一条规定，有下列情形之一的，危险化学品单位应当对重大危险源重新进行辨识、安全评估及分级：①重大危险源安全评估已满3年的；②构成重大危险源的装置、设施或者场所进行新建、改建、扩建的；③危险化学品种类、数量、生产、使用工艺或者储存方式及重要设备、设施等发生变化，影响重大危险源级别或者风险程度的；④外界生产安全环境因素发生变化，影响重大危险源级别和风险程度的；⑤发生危险化学品事故造成人员死亡，或者10人以上受伤，或者影响到公共安全的；⑥有关重大危险源辨识和安全评估的国家标准、行业标准发生变化的。

D选项错误。重大危险源根据其危险程度，分为一级、二级、三级和四级，一级为最高级别。

7. AB 【解析】A选项正确。《危险化学品重大危险源监督管理暂行规定》第十三条规定，危险化学品单位应当根据构成重大危险源的危险化学品种类、数量、生产、使用工艺（方式）或者相关设备、设施等实际情况，按照下列要求建立健全安全监测监控体系，完善控制措施：重大危险源的化工生产装置装备满足安全生产要求的自动化控制系统；一级或者二级重大危险源，装备紧急停车系统。

B选项正确。第十九条规定，危险化学品单位应当将重大危险源可能发生的事故后果和应急措施等信息，以适当方式告知可能受影响的单位、区域及人员。

C选项错误。第二十二条规定，危险化学品单位应当对辨识确认的重大危险源及时、逐项进行登记建档。

D选项错误。第二十一条规定，危险化学品单位应当制定重大危险源事故应急预案演练计划，并按照下列要求进行事故应急预案演练：对重大危险源专项应急预案，每年至少进行1次；对重大危险源现场处置方案，每半年至少进行1次。应急预案演练结束后，危险化学品单位应当对应急预案演练效果进行评估，撰写应急预案演练评估报告，分析存在的问题，对应急预案提出修订意见，并及时修订完善。

E选项错误。第二十三条规定，危险化学品单位在完成重大危险源安全评估报告或者安全评价报告后15日内，应当填写重大危险源备案申请表，连同本规定第二十二条规定的重大危险源档案材料（其中第二款第五项规定的文件资料只需提供清单），报送所在地县级人民政府安全生产监督管理部门备案。

8. B 【解析】A选项错误，B选项正确。《危险化学品重大危险源监督管理暂行规定》第十三条规定，危险化学品单位应当根据构成重大危险源的危险化学品种类、数量、生产、使用工艺（方式）或者相关设备、设施等实际情况，按照下列要求建立健全安全监测监控体系，完善控制措施：①重大危险源配备温度、压力、液位、流量、组分等信息的不间断采集和监测系统以及可燃气体和有毒有害气体泄漏检测报警装置，并具备信息远传、连续记录、事故预警、信息存储等功能；一级或者二级重大危险源，具备紧急停车功能。记录的电子数据的保存时间不少于 30 天；②重大危险源的化工生产装置装备满足安全生产要求的自动化控制系统；一级或者二级重大危险源，装备紧急停车系统；③对重大危险源中的毒性气体、剧毒液体和易燃气体等重点设施，设置紧急切断装置；毒性气体的设施，设置泄漏物紧急处置装置。涉及毒性气体、液化气体、剧毒液体的一级或者二级重大危险源，配备独立的安全仪表系统（SIS）；④重大危险源中储存剧毒物质的场所或者设施，设置视频监控系统；⑤全监测监控系统符合国家标准或者行业标准的规定。

C 选项错误。第二十条第二款规定，对存在吸入性有毒、有害气体的重大危险源，危险化学品单位应当配备便携式浓度检测设备、空气呼吸器、化学防护服、堵漏器材等应急器材和设备；涉及剧毒气体的重大危险源，还应当配备两套以上（含本数）气密型化学防护服。

D 选项错误。第二十一条规定，危险化学品单位应当制定重大危险源事故应急预案演练计划，并按照下列要求进行事故应急预案演练：①对重大危险源专项应急预案，每年至少进行 1 次；②重大危险源现场处置方案，每半年至少进行 1 次。

9. C 【解析】A 选项错误，C 选项正确。第十一条规定，有下列情形之一的，危险化学品单位应当对重大危险源重新进行辨识、安全评估及分级：①重大危险源安全评估已满 3 年的；②构成重大危险源的装置、设施或者场所进行新建、改建、扩建的；③危险化学品种类、数量、生产、使用工艺或者储存方式及重要设备、设施等发生变化，影响重大危险源级别或者风险程度的；④外界生产安全环境因素发生变化，影响重大危险源级别和风险程度的；⑤发生危险化学品事故造成人员死亡，或者 10 人以上受伤，或者影响到公共安全的；⑥有关重大危险源辨识和安全评估的国家标准、行业标准发生变化的。

B 选项错误。《危险化学品重大危险源监督管理暂行规定》第八条规定，重大危险源根据其危险程度，分为一级、二级、三级和四级，一级为最高级别。

D 选项错误。第九条规定，重大危险源有下列情形之一的，应当委托具有相应资质的安全评价机构，按照有关标准的规定采用定量风险评价方法进行安全评估，确定个人和社会风险值：①构成一级或者二级重大危险源，且毒性气体实际存在（在线）量与其在《危险化学品重大危险源辨识》中规定的临界量比值之和大于或等于 1 的；②构成一级重大危险源，且爆炸品或液化易燃气体实际存在（在线）量与其在《危险化学品重大危险源辨识》中规定的临界量比值之和大于或等于 1 的。

第二十九节　工贸企业有限空间作业安全规定

【基础知识训练】

1. D 【解析】《工贸企业有限空间作业安全规定》第四条规定，工贸企业主要负责人是有限空间作业安全第一责任人，应当组织制定有限空间作业安全管理制度，明确有限空间作业审批人、监护人员、作业人员的职责，以及安全培训、作业审批、防护用品、应急救援装备、操作规程和应急处置等方面的要求。

2. D 【解析】《工贸企业有限空间作业安全规定》第八条规定，工贸企业将有限空间作业依法发包给其他单位实施的，应当与承包单位在合同或者协议中约定各自的安全生产管理职责。工贸企业对其发包的有限空间作业统一协调、管理，并对现场作业进行安全检查，督促承包单位有效落实各项安全措施。

3. C 【解析】《工贸企业有限空间作业安全规定》第九条规定，工贸企业应当每年至少组织一次有限空间作业专题安全培训，对作业审批人、监护人员、作业人员和应急救援人员培训有限空间作业安全知识和技能，并如实记录。未经培训合格不得参与有限空间作业。

4. C 【解析】《工贸企业有限空间作业安全规定》第十四条规定，有限空间作业应当严格遵守"先通风、再检测、后作业"要求。存在爆炸风险的，应当采取消除或者控制措施，相关电气设施设备、照明灯具、应急救援装备等应当符合防爆安全要求。

5. A 【解析】B、C、D 选项错误。《工贸企业有限空间作业安全规定》第十五条第三款规定，作业过程中，工贸企业应当安排专人对作业区域持续进行通风和气体浓度检测。作业中断的，作业人员再次进入有限空间作业前，应当重新通风、气体检测合格后方可进入。

6. D 【解析】《工贸企业有限空间作业安全规定》第十七条规定，负责工贸企业安全生产监督管理的部门应当加强对工贸企业有限空间作业的监督检查，将检查纳入年度监督检查计划。对发现的事故隐患和违法行为，依法作出处理。

7. B 【解析】《工贸企业有限空间作业安全规定》第二十条规定，工贸企业有下列行为之一的，责令限期改正，处 10 万元以下的罚款；逾期未改正的，责令停产停业整顿，并处 10 万元以上 20 万元以下的罚款，对其直接负责的主管人员和其他直接责任人员处 2 万元以上 5 万元以下的罚款：①未按照规定开展有限空间作业专题安全培训或者未如实记录安全培训情况的；②未按照规定制定有限空间作业现场处置方案或者未按照规定组织演练的。

8. AE 【解析】《工贸企业有限空间作业安全规定》第七条规定，工贸企业应当根据有限空间作业安全风险大小，明确审批要求。对于存在硫化氢、一氧化碳、二氧化碳等中毒和窒息等风险的有限空间作业，应当由工贸企业主要负责人或者其书面委托的人员进行审批，委托进行审批的，相关责任仍由工贸企业主要负责人承担。未经工贸企业确定的作业审批人批准，不得实施有限空间作业。

9. ADE 【解析】B、C 选项错误。《工贸企业有限空间作业安全规定》第十八条规定，负责工贸企业安全生产监督管理的部门及其行政执法人员发现有限空间作业存在重大事故隐患的，应当责令立即或者限期整改；重大事故隐患排除前或者排除过程中无法保证安全的，应当责令暂时停止作业，撤出作业人员；重大事故隐患排除后，经审查同意，方可恢复作业。

10. ABC 【解析】《工贸企业有限空间作业安全规定》第十七条规定，负责工贸企业安全生产监督管理的部门应当加强对工贸企业有限空间作业的监督检查，将检查纳入年度监督检查计划。对发现的事故隐患和违法行为，依法作出处理。

负责工贸企业安全生产监督管理的部门应当将存在硫化氢、一氧化碳、二氧化碳等中毒和窒息风险的有限空间作业工贸企业纳入重点检查范围，突出对监护人员配备和履职情况、作业审批、防护用品和应急救援装备配备等事项的检查。

11. ABDE 【解析】《工贸企业有限空间作业安全规定》第九条规定，工贸企业应当每年至少组织一次有限空间作业专题安全培训，对作业审批人、监护人员、作业人员和应急救援人员培训有限空间作业安全知识和技能，并如实记录。未经培训合格不得参与有限空间作业。

12. BE 【解析】《工贸企业有限空间作业安全规定》第二十条规定，工贸企业有下列行为之一的，责令限期改正，处 10 万元以下的罚款；逾期未改正的，责令停产停业整顿，并处 10 万元以上 20 万元以下的罚款，对其直接负责的主管人员和其他直接责任人员处 2 万元以上 5 万元以下的罚款：①未按照规定开展有限空间作业专题安全培训或者未如实记录安全培训情况的；②未按照规定制定有限空间作业现场处置方案或者未按照规定组织演练的。

13. AC 【解析】B、D、E 选项错误。《工贸企业有限空间作业安全规定》第十九条规定，工贸企业有下列行为之一的，责令限期改正，处 5 万元以下的罚款；逾期未改正的，处 5 万元以上 20 万元以下的罚款，对其直接负责的主管人员和其他直接责任人员处 1 万元以上 2 万元以下的罚款；情节严重的，责令停产停业整顿；构成犯罪的，依照刑法有关规定追究刑事责任：①未按照规定设置明显的有限空间安全警示标志的；②未按照规定配备、使用符合国家标准或者行业标准的有限空间作业安全仪器、设备、装备和器材的，或者未对其进行经常性维护、保养和定期检测的。

【能力提升训练】

1. A 【解析】A 选项正确、B 选项错误。《工贸企业有限空间作业安全规定》第五条规定，工贸企业应当实行有限空间作业监护制，明确专职或者兼职的监护人员，负责监督有限空间作业安全措施的落实。

监护人员应当具备与监督有限空间作业相适应的安全知识和应急处置能力，能够正确使用气体检测、机械通风、呼吸防护、应急救援等用品、装备。

C、D 选项错误。第六条规定，工贸企业应当对有限空间进行辨识，建立有限空间管理台账，明确有限空间数量、位置以及危险因素等信息，并及时更新。

鼓励工贸企业采用信息化、数字化和智能化技术，提升有限空间作业安全风险管控水平。

2. D 【解析】《工贸企业有限空间作业安全规定》第十五条规定，监护人员应当全程进行监护，与作业人员保持实时联络，不得离开作业现场或者进入有限空间参与作业。

发现异常情况时，监护人员应当立即组织作业人员撤离现场。发生有限空间作业事故后，应当立即按照现场处置方案进行应急处置，组织科学施救。未做好安全措施盲目施救的，监护人员应当予以制止。

3. A 【解析】《工贸企业有限空间作业安全规定》第十九条规定，工贸企业有下列行为之一的，责令限期改正，处 5 万元以下的罚款；逾期未改正的，处 5 万元以上 20 万元以下的罚款，对其直接负责的主管人员和其他直接责任人员处 1 万元以上 2 万元以下的罚款；情节严重的，责令停产停业整顿；构成犯罪的，依照刑法有关规定追究刑事责任：①未按照规定设置明显的有限空间安全警示标志的；②未按照规定配备、使用符合国家标准或者行业标准的有限空间作业安全仪器、设备、装备和器材的，或者未对其进行经常性维护、保养和定期检测的。

4. D 【解析】A 选项错误。《工贸企业有限空间作业安全规定》第十一条规定，工贸企业应当在有限空间出入口等醒目位置设置明显的安全警示标志，并在具备条件的场所设置安全风险告知牌。

B 选项错误。第十四条第二款规定，作业前，应当组织对作业人员进行安全交底，监护人员应当对通风、检测和必要的隔断、清除、置换等风险管控措施逐项进行检查，确认防护用品能够正常使用且作业现场配备必要的应急救援装备，确保各项作业条件符合安全要求。有专业救援队伍的工贸企业，应急救援人员应当做好应急救援准备，确保及时有效处置突发情况。

C 选项错误。第十五条规定，监护人员应当全程进行监护，与作业人员保持实时联络，不得离开作业现场或者进入有限空间参与作业。

5. B 【解析】《工贸企业有限空间作业安全规定》第十二条规定，工贸企业应当对可能产生有毒物质的有限空间采取上锁、隔离栏、防护网或者其他物理隔离措施，防止人员未经审批进入。

6. B 【解析】《工贸企业有限空间作业安全规定》第二十一条规定，违反本规定，有下列情形之一的，责令限期改正，对工贸企业处 5 万元以下的罚款，对其直接负责的主管人员和其他直接责任人员处 1 万元以下的罚款：①未配备监护人员，或者监护人员未按规定履行岗位职责的；②未对有限空间进行辨识，或者未建立有限空间管理台账的；③未落实有限空间作业审批，或者作业未执行"先通风、再检测、后作业"要求的；④未按要求进行通风和气体检测的。

7. ABE 【解析】《工贸企业有限空间作业安全规定》第七条规定，工贸企业应当根据有限空间作业安全风险大小，明确审批要求。

对于存在硫化氢、一氧化碳、二氧化碳等中毒和窒息等风险的有限空间作业，应当由工贸企业主要负责人或者其书面委托的人员进行审批，委托进行审批的，相关责任仍由工贸企业主要负责人承担。

未经工贸企业确定的作业审批人批准，不得实施有限空间作业。

8. AB 【解析】C、D 选项错误。《工贸企业有限空间作业安全规定》第十二条规定，工贸企业应当对可能产生有毒物质的有限空间采取上锁、隔离栏、防护网或者其他物理隔离措施，防止人员未经审批进入。监护人员负责在作业前解除物理隔离措施。

9. ABC 【解析】《工贸企业有限空间作业安全规定》第二十一条规定，违反本规定，有下列情形之一的，责令限期改正，对工贸企业处 5 万元以下的罚款，对其直接负责的主管人员和其他直接责任人员处 1 万元以下的罚款：①未配备监护人员，或者监护人员未按规定履行岗位职责的；②未对有限空间进行辨识，或者未建立有限空间管理台账的；③未落实有限空间作业审批，或者作业未执行"先通风、再检测、后作业"要求的；④未按要求进行通风和气体检测的。

第三十节　食品生产企业安全生产监督管理暂行规定

【基础知识训练】

1. D 【解析】《食品生产企业安全生产监督管理暂行规定》第六条规定，从业人员超过 100 人的食品生产企业，应当设置安全生产管理机构或者配备 3 名以上专职安全生产管理人员，鼓励配备注册安全工程师从事安全生产管理工作。前款规定以外的其他食品生产企业，应当配备专职或者兼职安全生产管理人员，或者委托安全生产中介机构提供安全生产服务。

2. B 【解析】从业人员超过 100 人的食品生产企业，应当设置安全生产管理机构或者配备 3 名以上专职安全生产管理人员，鼓励配备注册安全工程师从事安全生产管理工作。前款规定以外的其他食品生产企业，应当配备专职或者兼职安全生产管理人员，或者委托安全生产中介机构提供安全生产服务。委托安全生产中介机构提供安全生产技术、管理服务的，保证安全生产的责任仍由本企业负责。

3. D 【解析】《食品生产企业安全生产监督管理暂行规定》第二十五条规定，县级以上地方人民政府负责食品生产企业安全生产监管的部门对食品生产企业进行监督检查时，发现其存在工程建设、消防和特种设备等方面的事故隐患或者违法行为的，应当及时移送本级人民政府有关部门处理。

第三十一节 建筑施工企业安全生产许可证管理规定

【基础知识训练】

1. A 【解析】B 选项错在"兼职"，应改为"专职"。C 选项错，应改为"为施工现场全部作业人员办理工伤保险"。D 选项应改为"每年至少进行 1 次"。

2. C 【解析】安全生产许可证的有效期为 3 年。安全生产许可证有效期满需要延期的，企业应当于期满前 3 个月向原安全生产许可证颁发管理机关申请办理延期手续。企业在安全生产许可证有效期内，严格遵守有关安全生产的法律法规，未发生死亡事故的，安全生产许可证有效期届满时，经原安全生产许可证颁发管理机关同意，不再审查，安全生产许可证有效期延期 3 年。

3. B 【解析】建筑施工企业变更名称、地址、法定代表人等，应当在变更后 10 日内，到原安全生产许可证颁发管理机关办理安全生产许可证变更手续。

4. D 【解析】安全生产许可证的有效期为 3 年，企业应当于期满前 3 个月向原安全生产许可证颁发管理机关办理延期手续。本题 2017 年 2 月 1 日办理的安全生产许可证的有效期至 2020 年 1 月 31 日，期满前 3 个月办理延期手续，因此 2020 年 1 月 31 日前 3 个月满足续期时间规定。

5. ABCE 【解析】企业在安全生产许可证有效期内，严格遵守有关安全生产的法律法规，未发生死亡事故的，安全生产许可证有效期届满时，经原安全生产许可证颁发管理机关同意，不再审查，安全生产许可证有效期延期 3 年。

6. ABD 【解析】建筑施工企业取得安全生产许可证，应当具备下列安全生产条件：①建立、健全安全生产责任制，制定完备的安全生产规章制度和操作规程；②安全投入符合安全生产要求；③设置安全生产管理机构，配备专职安全生产管理人员；④主要负责人和安全生产管理人员经考核合格；⑤特种作业人员经有关业务主管部门考核合格，取得特种作业操作资格证书；⑥从业人员经安全生产教育和培训合格；⑦依法参加工伤保险，为从业人员缴纳保险费；⑧厂房、作业场所和安全设施、设备、工艺符合有关安全生产法律、法规、标准和堆积的要求；⑨有职业危害防治措施，并为从业人员配备符合国家标准或者行业标准的劳动防护用品；⑩依法进行安全评价；⑪有重大危险源检测、评估、监控措施和应急预案；⑫有生产安全事故应急救援预案、应急救援组织或者应急救援人员，配备必要的应急救援器材、设备；⑬法律、法规规定的其他条件。

第三十二节　建筑起重机械安全监督管理规定

【基础知识训练】

1. C　【解析】建筑起重机械安装完毕后，使用单位应当组织出租、安装、监理等有关单位进行验收，或者委托具有相应资质的检验检测机构进行验收。建筑起重机械经验收合格后方可投入使用，未经验收或者验收不合格的不得使用。实行施工总承包的，由施工总承包单位组织验收。

2. D　【解析】A选项错误。安装单位应当与施工单位签订建筑起重机械安装工程安全协议书，而不是建设单位。

B选项错误。施工总承包企业和监理单位应当对建筑起重机械安装工程专项施工方案进行审查。

C选项错误。建筑起重机械安装完毕后，使用单位应当组织出租、安装、监理等有关单位进行验收，或者委托具有相应资质的检验检测机构进行验收。建设主管部门不是法律规定必须参加验收的单位。

3. ACE　【解析】有下列情形之一的建筑起重机械，不得出租、使用：①属国家明令淘汰或者禁止使用的；②超过安全技术标准或者制造厂家规定的使用年限的；③经检验达不到安全技术标准规定的；④没有完整安全技术档案的；⑤没有齐全有效的安全保护装置的。

4. ACDE　【解析】建筑起重机械安装、拆卸工程档案应当包括以下资料：①安装、拆卸合同及安全协议书；②安装、拆卸工程专项施工方案；③安全施工技术交底的有关资料；④安装工程验收资料；⑤安装、拆卸工程生产安全事故应急救援预案。

第三十三节　建筑施工企业主要负责人、项目负责人和专职安全生产管理人员安全生产管理规定

【基础知识训练】

1. A　【解析】专职安全生产管理人员，是指在企业专职从事安全生产管理工作的人员，包括企业安全生产管理机构的人员和工程项目专职从事安全生产管理工作的人员。

2. D　【解析】安全生产考核合格证书有效期届满需要延续的，应当在有效期届满前3个月内申请证书延续，证书有效期延续3年。

3. ABD　【解析】C选项，安全生产考核合格证书有效期届满需要延续的，应当在有效期届满前3个月内申请证书延续，证书有效期延续3年。

E选项，"安管人员"以欺骗、贿赂等不正当手段取得安全生产考核合格证书的，由原考核机关撤销安全生产考核合格证书；"安管人员"3年内不得再次申请考核。

第三十四节　危险性较大的分部分项工程安全管理规定

【基础知识训练】

1. A　**【解析】**实行施工总承包的，专项施工方案应当由施工总承包单位组织编制。危大工程实行分包的，专项施工方案可以由相关专业分包单位组织编制。

2. C　**【解析】**对于超过一定规模的危大工程，施工单位应当组织召开专家论证会对专项施工方案进行论证。实行施工总承包的，由施工总承包单位组织召开专家论证会。专家论证前专项施工方案应当通过施工单位审核和总监理工程师审查。

3. D　**【解析】**对于按照规定需要验收的危大工程，施工单位、监理单位应当组织相关人员进行验收。验收合格的，经施工单位项目技术负责人及总监理工程师签字确认后，方可进入下一道工序。

4. ABDE　**【解析】**监理单位应当结合危大工程专项施工方案编制监理实施细则，并对危大工程施工实施专项巡视检查。

第三十五节　海洋石油安全生产规定

【基础知识训练】

1. C　**【解析】**《海洋石油安全生产规定》第十四条规定，海洋石油生产设施试生产正常后，应当向海油安办申请安全竣工验收，并形成书面报告备查。经验收合格并办理安全生产许可证后，方可正式投入生产使用。

2. B　**【解析】**对有根据认为不符合保障安全生产的国家标准或者行业标准的设施、设备、器材予以查封或者扣押，并应当在 15 日内依法作出处理决定。

3. C　**【解析】**作业者或者承包者在编制钻井、采油和井下作业等作业计划时，应当根据地质条件与海域环境确定安全可靠的井控程序和防硫化氢措施。

4. ABCE　**【解析】**《海洋石油安全生产规定》第三十条规定，海油安办及其各分部依法对作业者和承包者执行有关安全生产的法律、行政法规和国家标准或者行业标准的情况进行监督检查，行使以下职权：①对作业者和承包者进行安全检查，调阅有关资料，向有关单位和人员了解情况；②对检查中发现的安全生产违法行为，当场予以纠正或者要求限期改正；③对检查中发现的事故隐患，应当责令立即排除；重大事故隐患排除前或者排除过程中无法保证安全的，应当责令从危险区域内撤出作业人员，责令暂时停产停业或者停止使用；重大事故隐患排除后，经审查同意，方可恢复生产和使用；④对有根据认为不符合保障安全生产的国家标准或者行业标准的设施、设备、器材予以查封或者扣押，并应当在 15 日内依法作出处理决定。

5. ABD　**【解析】**C 选项错误。作业者和承包者应当制定海洋石油作业设施、生产设施及其专业设备的安全检查、维护保养制度，建立安全检查、维护保养档案，并指定专门人员负责。

E 选项错误。打开油（气）层前，作业者或者承包者应当确认井控和防硫化氢措施的落实情况。